offcn 中公教育

河北省教师招聘考试专用教材

教育综合知识

中公教育河北教师招聘考试研究院 ◎ 编著

世界图书出版公司
北京·广州·上海·西安

图书在版编目（CIP）数据

教育综合知识/中公教育河北教师招聘考试研究院编著. — 北京：世界图书出版公司北京公司，2012.12
（2022.9重印）
河北省教师招聘考试专用教材
ISBN 978-7-5100-5462-4

Ⅰ.①教… Ⅱ.①中… Ⅲ.①教育学-教师-聘用-资格考试-教材 Ⅳ.①G40

中国版本图书馆CIP数据核字（2012）第290757号

书　　名	河北省教师招聘考试专用教材·教育综合知识
	HEBEI SHENG JIAOSHI ZHAOPIN KAOSHI ZHUANYONG JIAOCAI·JIAOYU ZONGHE ZHISHI
编　　著	中公教育河北教师招聘考试研究院
责任编辑	夏　丹
特约编辑	杨　阳
出版发行	世界图书出版公司北京公司
地　　址	北京市东城区朝内大街137号
邮　　编	100010
电　　话	010-64038355（发行）　64037380（客服）　64033507（总编室）
网　　址	http://www.wpcbj.com.cn
邮　　箱	wpcbjst@vip.163.com
销　　售	各地新华书店
印　　刷	山东汶上新华印刷有限公司
开　　本	889 mm×1194 mm　1/16
印　　张	34
字　　数	816千字
版　　次	2012年12月第1版
印　　次	2022年9月第22次印刷
国际书号	ISBN 978-7-5100-5462-4
定　　价	78.00元

如有质量或印装问题，请拨打售后服务电话010-82838515

前　言

河北省教招整体考情

当前，河北省教师招聘未在全省范围内实现统一考试，各地根据实际情况分别组织考试、单独命题。考试形式一般包括笔试和面试。各区县笔试科目和考试范围略有不同。

（1）考查内容包括教育综合知识和公共基础知识，如石家庄、保定、张家口、衡水、沧州、邯郸、廊坊、承德、邢台、唐山、雄安新区等地的大部分区县。

（2）考查内容包括教育综合知识和学科专业知识（内容为初高中阶段相应的学科内容），如邢台、秦皇岛、廊坊的部分区县。

有些地方会因岗位不同而考试科目不同。例如，有些地方的计算机、音乐、舞蹈、体育、美术等教师岗位的考试只考查教育法律法规、中小学教师职业道德、教育学、教育心理学等教育综合知识。

总之，河北省教师招聘考试考情比较复杂，考生要及时关注考试公告和往年考试信息，进行针对性的备考。

教育综合知识考查概况

一般情况下，教育综合知识是考试必考内容，考试内容包括教育学、心理学、教育心理学、基础教育课程改革、教师职业道德以及教育法律法规等知识。

从题型上看，考试题型主要有单选题、多选题、不定项选择题、判断题、材料分析题等。大部分地市考题全部为客观题。材料分析题往往设置为一篇材料后紧跟着4、5道不定项选择题，试题难度较大。

从题量上看，大部分地区考题题量较大，例如石家庄市教师招聘考试，教育综合知识题目一般为150道，考生需要把握好作答时间，合理分配解答每道题的时长。

从题目难度上看，中等难度题、较大难度题较多。容易题考查内容一般都较为基础，多涉及基本概念、典型人物、基本理论、基本原则、基本特征等，中等难度题、较大难度题一般综合性和理解性较强。

本书特点

1. 契合考试真题

本书编者首先细致作答解析各地区教师招聘考试真题，然后对真题考点进行细致统计分析，最后将考试的常考知识点按照教育理论基本逻辑进行编排。

本书编者总结了重要考点的常考题型、命题角度，整理了易错易混知识以及部分考点的识记技巧，帮助考生提高备考效率。

2. 内容出处权威

在教育理论领域，很多问题学术界尚未形成定论，不同的教材对同一问题的阐述可能有很大差异。这就可能使考生在复习时产生疑惑："不同的说法，究竟哪个是对的？"为了避免考生的这种疑惑，保证知识的正确性，编者参阅了多个版本的高等师范院校师范专业教科书，仔细对比分析，并结合考题洞悉命题规律，最终确定了每一考点的内容，尽力保证图书内容的出处权威。

3. 配套在线课程、配套真题模拟卷

本书配有图书专属精讲课程，书课同步讲解，更有学到考前的直播课。跟着科学的课程安排，学习效果事半功倍。扫描封二课程领取码，即可获取。

建议考生将本书与《河北省教师招聘考试专用教材·历年真题详解及标准预测试卷·教育综合知识》配套使用。通过本书学习考点，通过试卷巩固和强化。

本书所用考题均源于网络或根据考生回忆整理。期待广大考生为我们提出更多宝贵建议，以使图书更好地帮助更多的人。

中公教育河北教师招聘考试研究院
2022 年 9 月

目 录

第一部分 教育学

第一章 教育与教育学 / 3
- 第一节 教育概述 / 3
- 第二节 教育的历史发展 / 10
- 第三节 教育学的产生与发展 / 15

核心知识
教育的基本要素 /3　　教育的属性 /5
教育的功能 /7　　教育起源的学说 /9
古代社会教育的特征 /10　　中国古代教育的发展 /12
教育学的历史发展 /15　　《学记》/19

第二章 教育的基本规律 / 35
- 第一节 教育与社会发展 / 35
- 第二节 教育与人的发展 / 42

核心知识
社会对教育发展的影响 /35　　教育的社会变迁功能 /38
教育的社会流动功能 /41　　人的身心发展的一般规律 /42
内发论与外铄论 /45　　影响人的身心发展的因素 /46

第三章 教育目的 / 50
- 第一节 教育目的的基本问题 / 50
- 第二节 我国教育目的概述 / 53

核心知识
教育目的的功能 /50　　教育目的的层次结构 /51
教育目的的价值取向 /52　　我国教育目的的理论基础 /54
全面发展的教育 /55　　素质教育 /56

第四章 学校教育制度 / 58
- 第一节 学校概述 / 58
- 第二节 教育制度与学校教育制度 / 59
- 第三节 我国的学校教育制度 / 63

核心知识
学校产生的条件 /58　　校园文化 /59
义务教育 /60　　终身教育 /61
现代学制的类型 /62　　癸卯学制 /63
我国现行学校教育制度的形态 /64

第五章 教师与学生 / 66
- 第一节 教师 / 66
- 第二节 学生 / 72
- 第三节 师生关系 / 75

核心知识
教师的职业角色 /67　　教师劳动的特点 /69
教师的职业素养 /71　　现代学生观 /72
学生的地位 /74　　师生关系的内容 /76
我国新型师生关系的特点 /78

第六章　课程 / 80

第一节　课程概述 / 80

第二节　课程开发 / 86

第三节　课程资源 / 94

核心知识

课程的类型 /80　　　课程理论的主要流派 /85
课程开发的模式 /87　　课程目标的取向 /88
课程内容的组织形式 /91　课程实施的三种取向 /92
课程评价的主要模式 /93　课程资源的类型 /94

第七章　教学 / 96

第一节　教学概述 / 96

第二节　教学过程 / 97

第三节　教学原则 / 102

第四节　教学方法 / 107

第五节　教学模式 / 114

第六节　教学组织形式 / 119

第七节　教学工作的基本环节 / 125

第八节　教学评价 / 129

核心知识

教学的本质 /97　　　教学过程的基本规律 /97
教学过程的基本阶段 /100　直观性原则 /102
启发性原则 /103　　　循序渐进原则 /104
因材施教原则 /105　　讲授法 /108
谈话法 /109　　　　　演示法 /110
实验法 /111　　　　　选择教学方法的依据 /113
抛锚式教学 /115　　　微格教学 /118
班级授课制 /122　　　备课 /125
上课 /126　　　　　　教学评价的功能 /129
教学评价的类型 /130　测验的质量指标 /133

第八章　德育 / 135

第一节　德育概述 / 135

第二节　德育过程 / 137

第三节　德育原则 / 141

第四节　德育的途径与方法 / 144

核心知识

德育过程的构成要素与矛盾 /138
德育过程的基本规律 /139
尊重学生与严格要求学生相结合原则 /141
教育影响的一致性和连贯性原则 /142
榜样示范法 /146　　　实际锻炼法 /147

第九章　班级管理与班主任工作 / 150

第一节　班级组织 / 150

第二节　班级管理 / 152

第三节　良好班集体的培养 / 157

第四节　班主任工作 / 160

核心知识

班级的正式组织与非正式组织 /151
班级管理的内容 /153　　班级管理的模式 /154
班集体的基本特征 /157　班集体的发展阶段 /158
班集体的形成与培养 /159　班主任的领导方式 /161
班主任工作的主要内容与方法 /162

第十章 课外、校外教育与三结合教育 / 167

第一节 课外、校外教育 / 167
第二节 学校、家庭、社会三结合教育 / 169

核心知识
课外、校外教育与课堂教学的关系 /167
群众性活动、小组活动 /168
课外、校外教育的特点 /169

第二部分 心理学

第一章 心理与心理学 / 173

核心知识
科学心理学的诞生 /174　行为主义 /174

第二章 认知 / 176

第一节 注意 / 176
第二节 感觉 / 181
第三节 知觉 / 184
第四节 记忆 / 188
第五节 表象与想象 / 196
第六节 思维 / 199

核心知识
注意的类型 /177　注意的品质 /178
感觉适应 /182　感觉对比 /183
知觉的基本特征 /184　知觉的类型 /186
艾宾浩斯遗忘曲线 /190　遗忘的理论 /191
记忆的类型 /192　记忆的品质 /194
想象的类型 /198　思维的特征 /199
思维的类型 /200　思维的品质 /204

第三章 情绪、情感和意志 / 206

第一节 情绪和情感 / 206
第二节 意志 / 210

核心知识
情绪和情感的分类 /207　意志的品质 /210
意志行动中的冲突和矛盾 /212

第四章 个性心理 / 215

第一节 需要、动机与兴趣 / 215
第二节 能力 / 220
第三节 人格 / 225

核心知识
马斯洛的需要层次理论 /215
动机的类型 /218　能力的类型 /220
加德纳的多元智力理论 /222
人格理论 /226/　气质类型 /229

第三部分　教育心理学

第一章　教育心理学概述 / 237

第一节　教育心理学的学科概况 / 237
第二节　教育心理学的发展概况 / 239

核心知识
- 学习与教学的五个要素 /237
- 学习与教学的三个过程 /238
- 桑代克与《教育心理学》/239

第二章　学生的心理发展与个别差异 / 242

第一节　学生心理发展概述 / 242
第二节　学生的认知发展 / 244
第三节　学生人格和自我意识发展 / 250
第四节　学生的个别差异 / 253

核心知识
- 关键期 /244
- 皮亚杰的认知发展阶段理论 /244
- 维果茨基和最近发展区 /249
- 埃里克森的人格发展阶段理论 /250
- 学生的认知风格差异 /255

第三章　学习与学习理论 / 258

第一节　学习概述 / 258
第二节　行为主义学习理论 / 262
第三节　认知学习理论 / 271
第四节　建构主义学习理论 / 278
第五节　人本主义学习理论 / 282

核心知识
- 学习的含义 /258
- 加涅关于学习的分类 /259
- 刺激泛化与刺激分化 /263
- 桑代克的联结-试误说 /264
- 强化、消退和惩罚 /266
- 观察学习说 /270
- 认知-发现学习理论 /273
- 有意义学习 /276
- 建构主义学生观 /279
- 罗杰斯的学习理论 /282

第四章　学习心理 / 284

第一节　学习动机 / 284
第二节　学习策略 / 295
第三节　学习迁移 / 300
第四节　知识的学习 / 306
第五节　技能的形成 / 315
第六节　问题解决与创造性培养 / 325
第七节　态度与品德的形成 / 335

核心知识
- 耶克斯-多德森定律 /285
- 学习动机的类型 /286
- 成就动机理论 /289
- 成败归因理论 /290
- 学习动机的激发 /293
- 学习策略的类型 /295
- 学习迁移的类型 /300
- 影响学习迁移的因素 /304
- 知识的类型 /306
- 知识学习的类型 /309
- 操作技能与心智技能 /316
- 影响问题解决的因素 /329
- 创造性思维的特征 /332
- 品德的心理结构 /336
- 科尔伯格的道德发展阶段理论 /338
- 态度与品德形成的一般过程 /340

第五章 教学心理 / 344

第一节 教学设计 / 344
第二节 课堂管理 / 349

核心知识

教学目标的分类 /344　　课堂管理的功能 /350
课堂气氛的类型 /351　　课堂纪律的类型 /353
课堂问题行为的应对策略 /356

第六章 心理健康教育 / 357

第一节 心理健康概述 / 357
第二节 挫折与心理健康 / 362
第三节 学校心理健康教育 / 364
第四节 学校心理辅导 / 366

核心知识

心理健康的标准 /357　　考试焦虑 /359
强迫症 /360　　　　　　网络成瘾 /361
心理防御机制 /363　　　学校心理健康教育的对象 /364
学校心理辅导的目标 /336　代币奖励法 /367
系统脱敏法 /368　　　　理性－情绪疗法 /369

第七章 教师心理 / 371

第一节 教师的职业角色与威信 / 371
第二节 教师的职业心理特征 / 372
第三节 教师专业发展 / 375
第四节 教师的职业心理健康 / 380

核心知识

教师威信 /371　　　　　教师期望效应 /374
福勒和布朗的教师关注阶段论 /375
叶澜的自我更新阶段论 /376
教师专业发展的途径与方法 /379
教师职业倦怠 /381

第四部分 教师职业道德

第一章 教师职业道德概述 / 385

第一节 教师职业道德基本知识 / 385
第二节 教师职业道德基本原则 / 387
第三节 教师职业道德范畴 / 389

核心知识

教师职业道德的特点 /385
教师职业道德的功能 /386
忠诚于人民教育事业原则 /387
教师良心 /390　　　　　教师公正 /390

第二章 教师职业道德规范 / 391

第一节 《中小学教师职业道德规范》
　　　　（2008 年修订）/ 391
第二节 《中小学教师职业道德规范》
　　　　（1997 年修订）/ 393

核心知识

爱岗敬业——本质要求 /391
关爱学生——师德的灵魂 /391
教书育人——教师的天职 /391
为人师表——内在要求 /392

第三章 教师职业道德修养与评价 / 395

第一节 教师职业道德修养 / 395

第二节 教师职业道德评价 / 399

附录1 《新时代中小学教师职业行为十项准则》（2018年发布）/ 401

附录2 《中小学教师违反职业道德行为处理办法》（2018年修订）/ 402

核心知识
- 教师职业道德修养的内容 /395
- 教师职业道德修养的基本原则 /397
- 内省、慎独 /398
- 教师职业道德评价的方式 /400

第五部分　教育法律法规和政策

第一章 现行主要教育法律法规要点 / 405

第一节 《中华人民共和国教育法》（2021年修正）/ 405

第二节 《中华人民共和国义务教育法》（2018年修正）/ 414

第三节 《中华人民共和国教师法》（2009年修正）/ 421

第四节 《中华人民共和国未成年人保护法》（2020年修订）/ 426

第五节 《中华人民共和国预防未成年人犯罪法》（2020年修订）/ 436

第六节 《教师资格条例》（1995年发布）/ 444

第七节 《学生伤害事故处理办法》（2010年修正）/ 445

第八节 《中小学教育惩戒规则（试行）》（2020年发布）/ 451

第九节 教师专业标准（2012年发布）/ 453

核心知识
- 教育基本制度 /406
- 学校及其他教育机构设立的条件 /407
- 受教育者的权利和义务 /409
- 义务教育实施的对象 /414
- 接受义务教育的年龄 /415
- 校长负责制 /417
- 教课书的编写与管理 /418
- 学校及其工作人员的法律责任 /420
- 教师的职业性质 /421
- 教师的权利和义务 /421
- 获取教师资格的学历要求 /423
- 教师资格的限制和丧失 /423
- 教师考核内容及要求 /424
- 保护未成年人的原则和要求 /427
- 未成年人用工限制 /432
- 不良行为的范围 /439
- 严重不良行为的范围 /440
- 教师资格撤销 /444
- 学校承担事故责任的情形 /447
- 学校免责的情形 /448
- 实施教育惩戒的情形 /451

第二章 教育热点与政策 / 459

第一节 习近平总书记关于教育的重要论述 / 459
第二节 最新教育政策摘要 / 463

核心知识

四有好老师、四个引路人 /461
"双减"政策 /463
"五项管理"监督 /464

第六部分 新课程改革

第一章 新课程改革概述 / 471

第一节 新课程改革的背景与发展趋势 / 471
第二节 新课程改革的理论基础、理念及目标 / 472
第三节 新课程的结构 / 475

核心知识

新课程改革的理论基础 /472
新课程改革的理念 /472
新课程改革的具体目标 /474
新课程结构的基本特征 /475
综合实践活动的内容 /477

第二章 新课程背景下的转变 / 479

第一节 教学观、教师观的转变 / 479
第二节 学习方式的转变 / 481
第三节 教育评价的转变 / 484

核心知识

教学观的转变 /479
教师角色的转变 /480
教师教学行为的转变 /481
新课程倡导的学习方式 /481

第七部分 教学技能

第一章 教学技能概述 / 489

第一节 教学技能的含义与表现形态 / 489
第二节 教学技能的作用、特点和构成 / 489

核心知识

教学技能的表现形态 /489
教学技能的作用 /489
教学技能的构成 /490

第二章 教学设计技能 / 491

第一节　教学设计 / 491
第二节　教案设计技能 / 493

核心知识
教学设计的基本程序 /492
教案的类型 /493
教案的基本内容 /494

第三章 课堂教学技能 / 496

第一节　课堂导入技能 / 496
第二节　课堂讲授技能 / 501
第三节　课堂提问技能 / 503
第四节　教学反馈和教学强化技能 / 508
第五节　课堂板书技能 / 511
第六节　课堂教学结束技能 / 517
第七节　课堂教学语言技能 / 521

核心知识
课堂导入的方法 /497
课堂讲授的类型 /502
课堂提问的类型 /503
课堂提问的策略 /506
教学强化技术 /510
课堂板书的类型 /512
课堂教学结束的方法 /518
教学口语技能与体态语言技能 /521

第四章 教学研究技能 / 524

第一节　教学反思技能 / 524
第二节　说课技能 / 528
第三节　听课、评课技能 / 531

核心知识
教学反思的过程 /524
教学反思的形式 /526
教学反思的途径 /527
说课的注意事项 /528
说课的基本内容 /530

第一部分

教育学

PART 1

考情简报

本部分较为全面地阐述了教育与教育学的概念及历史、教育的功能、教育目的、课程、课堂教学、德育等教育学的基本问题，较好地呈现了教育理论与教育实践的内在关系，期望考生学习之后获得教师必备的教育理念和技能。

第一章至第四章为教育学的基本原理，介绍了教育学的基本框架和理论。

第五章是对教育主体的介绍，第六章到第十章是对教育教学实践所涉及的理论的讲解，包括课程、教学、德育、班级管理和班主任工作、课外校外教育等相关内容。

从题目分布情况上看，第五至八章题目占比较大，是本部分的重点章节。

从题目特点上看，前四章题目往往涉及一些人物、著作、思想、概念、理论，备考时需要着重对类似的知识进行辨别。例如，2022年邯郸考查了"泛智"教育思想的提出者，选项出现了夸美纽斯、洛克、杜威、裴斯泰洛齐，这就要求我们要牢固识记人物对应的重要思想和观点。

第六章、第七章、第八章、第九章题目考查时往往结合具体的教育教学情境，进行系统的分析判断。例如，2022年石家庄考查了教师劳动的特点，需要分析教师的行为，选择体现了哪一种劳动特点。这就需要我们结合具体的情境，进行针对性的辨别。

备考重难点：

1. 理解不同社会教育的特征，对各教育家及其教育思想、教育著作正确匹配。

2. 教学、课程、学生与教师、德育、班级管理等内容理解运用类题目考查相对较多，需要在识记的基础上进行理解记忆。

3. 重点理解记忆易混淆概念之间的联系与区别，如教育目的与教育方针、课程开发与编写教材、地方课程与校本课程等。

第一章 教育与教育学

第一节 教育概述

一、教育的概念

考点1 教育的词源

在我国，一般认为"教育"一词最早见于《孟子·尽心上》中的"得天下英才而教育之，三乐也"。东汉的许慎在《说文解字》中最早解释"教""育"的词义："教，上所施，下所效也；育，养子使作善也。"

在西方，"教育"一词源于拉丁文"educare"，本义为"导出"或"引出"，意思是采用一定的手段，把某种本来就隐藏于人身上的东西引导出来，从潜质变为现实。

考点2 教育的定义 ★★

（1）广义的教育泛指一切能增进人们的知识和技能、发展人们的智力和体力、影响人们的思想品德的活动，包括社会教育、学校教育和家庭教育。

（2）狭义的教育主要指学校教育，是指教育者根据一定的社会要求，有目的、有计划、有组织地对受教育者的身心施加影响，促使他们朝着期望的方向变化发展的活动。

（3）更狭义的教育有时指思想教育活动。

典型例题（2019·石家庄·多选）广义的教育包括（　　）。
A. 学校教育　　　　B. 实践教育　　　　C. 示范教育　　　　D. 社会教育
E. 家庭教育
【答案】ADE。

> **高分点睛**
> 1.【常考题型】单选、判断
> 2.【命题角度】考查最早使用、最早解释"教育"一词的人物、著作，以及广义、狭义教育的内容。

二、教育的基本要素 ★★★

教育者、受教育者（学习者）和教育影响（教育媒介、教育中介系统）是教育的基本要素。其中，教育者和受教育者是最基本、最活跃的要素，二者共同构成了教育活动的主体。

考点 1　教育者

教育者是指能够在一定社会背景下促进个体社会化和社会个性化活动的人。

广义的教育者是指对受教育者的知识、技能、思想、品德、态度等方面起到教育影响的人，既包括教育管理人员、专职和兼职教师，也包括家长、参与教育活动的其他人员，以及学生自己。

狭义的教育者是指专门从事学校教育活动的人，即教师。

考点 2　受教育者（学习者）

受教育者是指在各种教育活动中从事学习、以学为职责的人。广义的受教育者指所有为提高自身素质而处于学习状态的人；狭义的受教育者指教师"教"的对象，即学生。受教育者既是教育的对象，又是学习和发展的主体。

考点 3　教育影响（教育媒介、教育中介系统）

教育影响是指教育活动中教育者作用于学习者的全部信息。它既包括信息的内容，也包括信息选择、传递和反馈的形式，是内容与形式的统一。

从内容上说，教育影响主要是教育内容、教育材料或教科书。

从形式上说，教育影响主要是教育手段、教育方法和教育组织形式。

另外，马克思主义理论研究和建设工程重点教材《教育学原理》认为教育包括四个基本要素，即教育者、学习者、教育内容和教育手段。

高分点睛

1.【常考题型】单选、多选

2.【命题角度】直接考查教育基本要素的内容、各基本要素的地位。

3.【易错易混】教育目的、教育规律、教育过程、教育场所等不属于教育的基本要素。

三、教育的形态

考点 1　非制度化教育与制度化教育

根据教育系统自身形式化的程度（规范程度），教育形态可划分为非制度化教育与制度化教育。

非制度化教育是指没有形成相对独立的教育形式的教育。

制度化教育是指由专门的教育人员、机构及其运行制度构成的教育形态。制度化教育是人类教育的高级形态，它的出现是人类教育文明的一大进步。

考点 2　家庭教育、学校教育与社会教育

根据教育活动赖以运行的场所或空间标准，教育形态可划分为家庭教育、学校教育与社会教育。

家庭教育是指以家庭为单位进行的教育活动；学校教育是指以学校为单位进行的教育活动；社会教育是指在广泛的社会生活和生产过程中进行的教育活动。其中，学校教育是教育的主体形式。

高分点睛

1.【常考题型】单选、多选
2.【命题角度】给出分类维度，要求考生选出对应的教育形态。

四、教育的属性 ★★★

考点1　教育的本质属性（质的规定性）

教育是一种有目的地培养人的社会活动，这是教育区别于其他事物现象的根本特征，是教育的本质属性。教育的质的规定性表现在以下三个方面。

（1）教育是人类特有的一种有意识的社会活动，动物界没有教育。社会性和意识性是人的教育活动和动物的"教育活动"的本质区别。

（2）教育是人类有意识地传递社会经验的活动。

（3）教育是以培养人为直接目标的社会实践活动。

高分点睛

1.【常考题型】单选、多选、判断
2.【命题角度】
（1）直接考查教育的本质属性、人类教育活动与动物"教育活动"的本质区别。
（2）判断某种现象是否属于教育。
3.【易错易混】"五不是"原则：老母鸡带小鸡，妈妈哺乳不容易，初生婴儿把奶吸，同学教我把人欺，偶然受伤学道理，这些都不是教育。
（1）动物的学习、动物之间的哺育不是教育。例如，幼猴学跳跃、母鸡带小鸡。
（2）日常的"抚养""养育"不是教育。例如，妈妈给孩子哺乳是满足孩子的生理需求。
（3）人的先天本能不是教育。例如，新生儿吮吸母乳、膝跳反射。
（4）机械的灌输、错误观念的影响不是教育。例如，爸爸训练孩子以牙还牙报复欺侮者。
（5）无目的的偶然影响不是教育。例如，孩子偶然把手伸到火苗上被灼伤而获得相关知识。

考点2　教育的社会属性

1. 永恒性

教育是人类社会特有的现象。只要人类社会存在，教育就存在。教育与人类社会共始终。

2. 历史性

在不同的社会或同一社会的不同历史阶段，教育的性质、目的、内容等各不相同，每个时期的教育都有自己的特点。例如，西汉初期实行"罢黜百家，独尊儒术"的文教政策，体现了教育的历史性。

3. 社会性

教育的社会性是教育的根本属性。教育是人类社会特有的一种社会现象，是培养人的社会活动。

教育是整个社会生活的一部分，教育过程是一种社会过程，而非生物过程。教育社会性最主要的表现形式是社会制约性。

4. 相对独立性

教育的相对独立性是指教育具有自身规律，对社会的经济、政治、文化等方面具有能动作用。教育的相对独立性主要表现在：

（1）教育具有自身的历史继承性。每个时代的教育都与以往的教育有着传承与接续的关系，后一时期的教育是对前一时期的教育的继承与发展。例如，《三字经》等古代优秀著作，我们现在仍在学习；"长善救失"这一教学原则未因时代变迁而被丢弃。

（2）教育与生产力和政治经济制度的发展具有不平衡性。教育与生产力和政治经济制度的发展并非完全同步，可能"超前"或"落后"于生产力、政治经济制度的发展。例如，信息社会的"教育先行"要求教育面向未来，在适应现有生产力和政治经济发展水平的基础上，适当超前于社会生产力和政治经济的发展。

5. 生产性

教育的生产性表现在以下几个方面：①教育是劳动力再生产的重要手段；②教育是提高劳动生产率的重要手段；③教育促进科学技术的发展，从而推动生产力的发展。

6. 长期性

教育的长期性是指无论从一个教育活动完成的角度，还是从一个个体的教育生长的角度，其时间周期都比较长。例如，"十年树木，百年树人。"

7. 民族性

教育的民族性是指教育是在具体的民族或国家中进行的，无论是在思想、制度方面，还是在内容、方法、手段等方面都有其民族性的特征。教育的民族性特别表现在教师运用民族语言教学、传授本民族生产生活方式、传授本民族的文化心理等方面。

典型例题 1.（2022·石家庄·单选）教育发展有时不同步于社会发展水平，这体现了教育的（　　）。

A. 民族性　　　　　　B. 继承性　　　　　　C. 永恒性　　　　　　D. 相对独立性

【答案】D。

2.（2021·保定·单选）"强国必强教，强国先强教"的教育先行理念体现了（　　）。

A. 教育是一种转化活动过程

B. 教育具有历史继承性

C. 教育与政治经济制度和生产力发展具有不平衡性

D. 教育发展的绝对独立性

【答案】C。

高分点睛

1.【常考题型】单选、多选

2.【命题角度】

（1）给出含义或实例，要求辨别其属于教育的哪一社会属性。

（2）考查教育的社会属性包含哪些方面。作答多选题时需根据选项灵活选择。

3.【易错易混】

社会属性	特点	举例
历史性	不同时期，教育不同	原始社会时期的教育内容主要是生产劳动和生活方式，现当代的教育内容则主要是"五育并举"
历史继承性	不同时期，教育相同	古代学生学"四书五经"，现代学生也学《论语》《孟子》等儒家经典

五、教育的功能 ★★★

考点1　个体功能和社会功能

依据作用的对象不同，教育功能可分为个体功能和社会功能。

1. 个体功能（本体功能、固有功能）

教育的个体功能是指教育对个体发展的影响和作用。它由教育活动的内部结构特征决定，发生于教育活动内部，主要包括促进个体社会化、促进个体个性化、个体谋生功能与个体享用功能。

（1）个体社会化功能体现在促进个体思想意识和行为的社会化、培养个体的职业意识和角色。

（2）个体个性化功能体现在促进人的主体性的发展、促进个性特征的发展、促进人的个体价值的实现。

（3）个体谋生功能指向外部要求，个体将教育作为生存手段和工具。个体通过教育获得一定的职业知识和技能，为谋生创造条件。

（4）个体享用功能指个体不为外在目的而受教育，教育成为一种需要，个体通过教育获得精神享受、自由和幸福。

2. 社会功能（派生功能、工具功能）

教育的社会功能是指教育对社会的稳定、运行和发展的影响和作用，包括社会变迁功能和社会流动功能。

（1）社会变迁功能指教育通过开发人的潜能、提高人的素质影响人的社会实践，从而推动社会的发展和变革，主要表现为教育的经济功能、政治功能、文化功能、科技功能和人口功能。

（2）社会流动功能指社会成员通过教育的培养、筛选和提高，在不同的社会区域、层次、岗位、科层之间转换、调整和变动。按流向可分为横向流动功能和纵向流动功能。横向流动功能只改变环境，不提升社会阶层地位，纵向流动功能可以提高社会地位及作用。例如，"朝为田舍郎，暮登天子堂""寒门出贵子"体现了社会纵向流动功能。

典型例题　（2021·石家庄·判断）教育促进社会发展的功能，是教育的本体功能。（　　）

【答案】×。

考点 2　正向功能和负向功能

依据作用的方向不同，美国的默顿将教育功能分为正向功能和负向功能。

1. 正向功能

教育的正向功能是指教育有助于社会进步和个体发展的积极影响和作用。例如，教师开展学习竞赛活动，学生热情高涨，成绩明显提高。

2. 负向功能

教育的负向功能是指教育阻碍社会进步和个体发展的消极影响和作用。例如，标准化教学可能束缚学生的想象力和创造力，扼杀学生的创新精神。

对任何社会、任何时候的教育来说，正向和负向的功能都是存在的，只不过比重不同。

考点 3　显性功能和隐性功能

依据作用的呈现形式不同，默顿将教育功能分为显性功能和隐性功能。

1. 显性功能

教育的显性功能是指依照教育目的、任务，教育在实际运行中出现的与之相吻合的结果。显性功能的重要标志是计划性。例如，教师按照教学目标讲完课后，学生学会了相关的知识。

2. 隐性功能

教育的隐性功能是指伴随显性教育功能出现的非预期且具有较大隐蔽性的功能。隐性功能的标志是非计划性、非预期性。例如，教育复制了现有的社会关系、再现了社会的不平等体现了教育的隐性功能。

显性功能与隐性功能的区分是相对的，当隐性功能被有意识地开发、利用，就可以转变成显性功能。

典型例题　（2022·石家庄·单选）某学校为促进学生学习，组织开展"学习大比拼"活动，发现学生的学习积极性和学习成绩有所提高，但参与班级活动热情降低，学生之间人际关系变得紧张，这体现了教育的（　　）。

A. 正向显性功能和负向隐性功能　　　　B. 负向显性功能和负向隐性功能
C. 正向隐性功能和负向隐性功能　　　　D. 正向显性功能和正向隐性功能

【答案】A。

高分点睛

1.【常考题型】单选、多选、判断

2.【命题角度】

（1）给出分类维度，要求选出对应的教育功能的分类。

（2）给出例子，要求选出其对应的教育功能。

（3）考查对各种教育功能内涵、特点的理解。

3.【易错易混】显性功能不一定为正向功能，隐性功能不一定为负向功能。

六、教育起源的学说 ★★★

考点1　神话起源说

代表人物：宗教人士，朱熹。

主要观点：教育是人格化的神（上帝或天）创造的。

评价：这是人类关于教育起源的最古老的观点。这种观点是错误的、非科学的。

考点2　生物起源说

代表人物：利托尔诺（法国）、沛西·能（英国）。

主要观点：教育是一种生物现象，而非人类特有的现象，教育起源于动物界的生存本能。

评价：生物起源说是第一个正式提出的教育起源学说，标志着在教育起源问题上开始从神话解释转向科学解释；它把教育的起源归于动物的本能行为，抹杀了人与动物的区别，否认了教育的社会性、目的性。

考点3　心理起源说

代表人物：孟禄（美国）。

主要观点：教育起源于儿童对成人的无意识模仿；教育只存在于人类社会，动物界没有教育。

评价：心理起源说是对生物起源说的批判；将人类有目的、有意识的教育活动混同于无意识的模仿，同样导致了教育起源问题的生物学化，否认了教育的社会性和意识性。

考点4　劳动起源说（社会起源说）

代表人物：米丁斯基、凯洛夫等马克思主义者。

主要观点：生产劳动是人类最基本的实践活动；教育起源于生产劳动过程中经验的传递；生产劳动过程中的口耳相传和简单模仿是最原始和最基本的教育形式；生产劳动的变革是推动人类变革最深厚的动力。

评价：劳动起源说是在马克思历史唯物主义指导下形成的教育起源学说；提供了理解教育起源和教育性质的一把"金钥匙"。

典型例题　1.（2022·石家庄·单选）教育的生物起源说和心理起源说有一个共同的不足，就是都否认了教育的（　　）。

A. 社会性　　　　　　　　　　B. 自然性

C. 遗传性　　　　　　　　　　D. 理解性

【答案】A。

2.（2020·石家庄·判断）教育史上第一个正式提出有关教育起源的学说是神话起源说。（　　）

【答案】×。

高分点睛

1.【常考题型】单选、多选、判断

> 2.【命题角度】
> （1）考查各种教育起源学说的地位、代表人物、观点的对应。例如，第一个正式提出的教育起源学说是什么？答案：生物起源说。
> （2）考查对各种教育起源学说观点的理解和评价。
> 3.【识记技巧】
> （1）"本能生利息"——生物起源说。"本能"：生物本能；"利息"：利托尔诺、沛西·能。
> （2）"心理仿梦露"——心理起源说。"心理"：心理起源说；"仿"：无意识模仿；"梦露"：孟禄。
> （3）"米凯爱劳动"——劳动起源说。"米凯"：米丁斯基和凯洛夫；"劳动"：劳动起源说。

第二节　教育的历史发展

一、教育的时代特征

考点1　原始社会教育的特征

（1）教育具有非独立性。
（2）教育具有自发性、全民性（普及性）、广泛性、无等级性和无阶级性。
（3）教育具有原始性。

考点2　古代社会（奴隶社会和封建社会）教育的特征　★★

（1）出现了专门的教育机构和专职的教育人员。奴隶社会出现了专门从事知识传授活动的知识分子和专门进行教育活动的场所——学校。学校的出现意味着人类正规教育制度的诞生。
（2）具有鲜明的阶级性与严格的等级性、宗教性。奴隶社会的教育具有鲜明的阶级性；封建社会的教育具有阶级性、等级性和宗教性。
（3）教育内容丰富，教育与生产劳动分离。
（4）教育方法崇尚呆读死记与体罚。
（5）形成官私并行的教育体制，二者相互补充、相互影响。
（6）教学组织形式主要是个别施教或集体个别施教。

考点3　近代教育的特征

（1）国家加强了对教育的重视和干预，公立教育崛起。
（2）初等义务教育的普遍实施。德国是世界上最早提出普及义务教育的国家。
（3）教育的世俗化。教育逐渐从宗教教育中分离出来。
（4）教育的法制化。重视教育立法，依法治教。

考点4　20世纪以后教育的新特点

1. 教育的终身化

20世纪60年代，法国的保罗·朗格朗最早系统论述了终身教育。终身教育是当代国际社会中影响最大、传播最广、最具生命力的一种教育思潮。它是适应科学知识的加速增长和人的持续发展要求而逐渐形成的一种教育思想和教育制度。

2. 教育的全民化

全民教育是指教育必须面向所有人，人人都有接受教育的权利，且必须接受一定程度的教育。

3. 教育的民主化

教育民主化首先指教育机会均等，即教育要为所有的社会成员提供平等的教育权利，包括入学机会的均等、教育过程中享有教育资源的机会均等和教育结果的均等；其次指师生关系的民主化；再次指教育方式、教育内容等的民主化，为学生提供更多自由选择的机会；最后指追求教育的自由化，包括教育自主权的扩大、根据社会要求设置课程、编写教材的灵活性等。

4. 教育的多元化

教育的多元化是对教育的单一性和统一性的否定，它是社会生活多元化和人的个性化要求在教育上的反映。它具体表现为培养目标、办学形式、管理模式、教学内容、评价标准等的多元化。

5. 教育的现代化

教育现代化指教育将社会现代化的理念和要求逐渐现实化的过程。教育现代化包括教育观念、教育内容、教育体制机制、教育手段方法、教育管理和教师素质等方面的现代化。

6. 教育信息化

教育信息化就是在教育领域全面深入地运用现代信息技术来提升教育现代化水平的过程，其技术特点是数字化、网络化、智能化和多媒体化，基本特征是开放、共享、交互、协作。

高分点睛

1.【常考题型】单选、多选

2.【命题角度】

（1）直接考查或结合例子考查不同时期教育的特征。

（2）考查对各时期教育特征的理解。

3.【易错易混】

教育特点	内涵	举例
阶级性	统治阶级能受教育，被统治阶级无权受教育	西周时期"学在官府"，奴隶不能接受教育
等级性	统治阶级内部的品级不同，所受教育也不同	唐朝时中央官学设"六学二馆"，贵族与官僚子弟按出身门第入学

二、中国教育的发展历程

考点1 中国古代教育的发展 ★★

1. 原始社会

原始社会时期已出现学校的萌芽——成均和庠。成均是实施乐教之地，庠是敬老养老的地方，兼为教育的场所。

2. 夏朝

夏朝出现了我国最早的学校，教育机构分为序和校。序最初是教射的场所，后来发展成为奴隶主贵族教育子弟的场所；校最初是养马驯马的场所，后来成为军事训练、习武的学校。

3. 商朝

商朝根据不同年龄提出不同的教育要求，划分了教育的阶段，教育机构包括大学、小学、瞽宗、庠、序。其中，瞽宗为商朝大学特有的名称，是奴隶主贵族子弟学习礼乐的学校。

4. 西周时期

西周时期的教育特点是学在官府、官师合一。教育内容为六艺教育，包括礼、乐、射、御、书、数。其中，礼、乐是六艺教育的中心。

5. 春秋、战国时期

春秋、战国时期私学的发展是我国教育史、文化史上的一个重要里程碑，促成了百家争鸣的社会盛况。

稷下学宫是战国时期齐国的著名学府。它是由官家举办和私家主持的学校，是一所集讲学、著述、育才活动为一体并兼有咨议作用的高等学府。其特点是学术自由、尊师重道，待遇优厚、不治而议论。

6. 汉朝

汉朝的教育机构包括太学、鸿都门学、官邸学、郡国学、书馆和经馆。其中，太学是西汉最高教育机构，以经学教育为基本内容。鸿都门学由东汉灵帝设立，是世界上最早研究文学艺术的专门学校。

7. 魏晋南北朝时期

西晋时设立国子学，与太学并列。南朝设立四馆，是我国最早的分专业的综合学校。

8. 隋唐时期

隋朝创立科举考试制度，606年始建进士科，这是科举考试制度确立的标志。

唐朝时期的教育机构为六学二馆：国子学、太学、四门学、书学、律学、算学、崇文馆、弘文馆。六学中的前三学为大学性质，后三学为专科性质。六学二馆体现了我国古代教育的等级性。

9. 宋元时期

宋元时期的教育机构包括国子学、太学、辟雍、小学。其中，国子学也称国子监，它既是宋朝的最高教育管理机构，又是最高学府。

教育内容为"四书""五经"。"四书"包括《大学》《中庸》《论语》《孟子》；"五经"包括《诗》

《书》《礼》《易》《春秋》。"四书"被作为教学的基本教材以及科举考试的依据。

10. 明清时期

明清时期的教育内容依旧为"四书""五经";明朝时期八股文被规定为科举考试的固定格式;清朝科举制度走向衰落,于1905年被正式废除。

考点 2　中国近代教育的发展

1. 洋务运动时期

(1)指导思想是"中学为体,西学为用"。这是洋务派关于中西文化关系的核心命题。

(2)教育内容为西文和西艺。西文:西方语言文字。西艺:近代西方科技。

(3)创办京师同文馆。它是中国最早的新式学堂、中国近代教育史的开端、近代第一所官方学校。

(4)创办福州船政学堂。它是清政府为发展海军创办的第一所培养造船和航海人才的学校。

2. 维新变法时期

(1)创办京师大学堂。它是中国近代最早的国立大学和当时全国最高教育行政机关。

(2)废八股,改科举。

3. 清末新政时期

(1)清末学制的建立。

(2)废科举,兴学堂。

(3)改革教育行政体制,厘定教育宗旨。

(4)留学教育兴起。

高分点睛

1.【常考题型】单选、多选

2.【命题角度】考查历史发展时期、教育机构、教育内容、标志性历史事件的对应。

三、外国教育的发展历程

考点 1　外国古代教育的发展(表 1-1-1)

表 1-1-1　外国古代教育的发展

地域	典型的学校或教育		教育特点
古埃及	宫廷学校	法老教育皇子皇孙和贵族子弟的场所	以僧为师 以(书)吏为师
	僧侣学校 (寺庙学校)	进行的是较高深的科学教育,重在学术知识的传授和研讨	
	职官学校	用以训练本部门需要的官吏,其教学内容包括普通文化课程及专门职业教育	
	文士学校	教育目的是培养熟练运用文字从事书写及计算工作的人	

（续表）

地域	典型的学校或教育		教育特点
古印度	婆罗门教教育	以维持种族压迫和培养宗教意识为核心任务，以《吠陀》为主要内容，以背诵经典和钻研经义为主要活动	宗教权威至高无上，教育控制在婆罗门教和佛教手中
	佛教教育	比较关心大众，广设庙宇，使教育面向更多的群众，形成了寺院学府的特色	
古希腊	雅典教育	崇文教育，教育目的是培养政治家和商人；在西方最早形成德育、智育、体育、美育和谐发展的教育	不同社会阶层的人受教育的方式不同
	斯巴达教育	尚武教育，教育目的是培养军人和武士；强调军事体育训练（五项竞技——赛跑、跳跃、角力、投标枪、掷铁饼）和政治道德灌输	
中世纪的欧洲国家	教会教育	教育目的是培养教士和僧侣 教育内容是七艺，包括三科（文法、修辞、辩证法，也被称为三艺）和四学（算术、几何、天文、音乐）	脱离生产劳动，为封建地主阶级的统治服务
	骑士教育	教育目的是培养封建骑士 教育内容是骑士七技，即骑马、击剑、打猎、投枪、游泳、下棋、吟诗	

考点 2　外国近现代教育

1.14—17 世纪：文艺复兴和宗教改革时期的教育

文艺复兴和宗教改革时期的教育分为人文主义教育、新教教育和天主教教育。人文主义是文艺复兴的核心思想，人文主义教育的特点如下。

（1）赞扬人的价值和尊严，宣扬人的思想解放和个性自由，提倡学术，尊崇理性。

（2）古典文学、数学和自然科学开始成为重要课程。

（3）具有人文主义、古典主义、世俗性、宗教性、贵族性等特征。

2.19 世纪末 20 世纪初：新教育运动和进步教育运动

欧洲新教育运动的特点：①初期以建立不同于传统学校的新学校作为新教育的"实验室"；②注重精英教育而非大众教育，强调自由教育，理论基础多元化。

美国进步教育运动的特点：①关注普通民众的教育问题，强调教育和社会生活的联系；②强调儿童的个性发展，重视从做中学和学校的民主化问题。

高分点睛

1.【常考题型】单选、多选

2.【命题角度】考查各个国家或地区与其学校类型（教育场所）、教育内容、教育特点的对应。

第三节　教育学的产生与发展

一、教育学概述

考点1　教育学及其研究对象

教育学是一门研究教育现象和教育问题，揭示教育规律的科学。教育学的研究对象是教育现象和教育问题，根本任务是揭示教育规律。其中，教育问题是推动教育学发展的内在动力。

考点2　教育学的价值

教育学的价值包括以下三点：①反思日常教育经验；②科学解释教育问题；③沟通教育理论与实践。

典型例题　（2020·石家庄·单选）教育学的根本任务是（　　）。

A. 研究教育现象　　B. 揭示教育规律　　C. 发现教育问题　　D. 探寻教育逻辑

【答案】B。

> **高分点睛**
> 1.【常考题型】单选、多选、判断
> 2.【命题角度】大多直接考查教育学的研究对象、根本任务、内在动力分别是什么。有时给出例子，要求判断其是否属于教育学的研究对象。

二、教育学的历史发展 ★★★

（一）教育学的萌芽阶段（前教育学阶段）

在教育学的萌芽阶段，教育学还没有成为一门独立的学科，教育理论主要散见于哲学和其他学科的著述之中，专门论述教育理论的知识体系尚未单独建立起来。

中国教育学的萌芽最早见于春秋战国时期的孔子、孟子、墨子、荀子等诸子百家的论著。

西方教育学的渊源可以追溯到古希腊时期，有代表性的教育家包括苏格拉底、柏拉图、亚里士多德和昆体良。其中，苏格拉底、柏拉图和亚里士多德被誉为古希腊"三杰"。

考点1　孔子 ★★★

孔子是中国古代最伟大的教育家和思想家，儒家学派的创始者。他的教育思想主要体现在《论语》一书中。

1. 人性论

孔子将人性分为上、中、下三等，一等是"生而知之者"，属于上智；二等是"学而知之者"与

"困而学之"者，属于中人；三等是"困而不学"者，属于下愚。"中人"有条件接受教育，与他们可以谈论高深学问，上智和下愚是不可改变的。孔子将人性划分出等级，并断言有不可改变的上智和下愚是不科学的。

2. 教育作用

（1）社会作用："庶、富、教"

孔子认为，人口、财富、教育是立国的三大要素。孔子是中国历史上最早论述教育与经济发展关系的教育家。

（2）个体作用："性相近也，习相远也"

孔子在中国历史上首次提出"性相近也，习相远也"。"性"指先天素质，"习"指后天习染，包括教育与社会环境的影响。

3. 教育对象："有教无类"

孔子认为，人人都可以接受教育，没有贫穷、地域等区别。这使不少处于社会下层的人士也能有受教育的机会。

4. 教育目的：培养德才兼备的君子

孔子提出"学而优则仕"，即学习之后还有余力就去做官。他主张教育目的是培养德才兼备的君子，为社会发展培养政治家。这为封建官僚的政治体制准备了条件。

5. 道德教育："礼"与"仁"

"礼"与"仁"是道德教育的主要内容，孔子主张以"礼"为道德规范，以"仁"（仁者爱人）为最高道德准则，提倡立志、克己、力行、中庸、内省、改过。

著名论断①："君子去仁，恶乎成名？"

著名论断②："君子无终食之间违仁，造次必于是，颠沛必于是。"

6. 教学原则和方法

（1）学、思、行并重

著名论断①："学而不思则罔，思而不学则殆。"

著名论断②："君子耻其言而过其行。"

（2）启发诱导

孔子是世界上第一个提出启发式教学的人。

著名论断："不愤不启，不悱不发。举一隅不以三隅反，则不复也。"

（3）因材施教

孔子是我国历史上首倡因材施教的教育家。

著名论断："求也退，故进之；由也兼人，故退之。"

（4）实事求是

著名论断："知之为知之，不知为不知，是知也。"

7. 教育内容："文、行、忠、信"

孔子以文献、品行、忠诚、信实教育学生。其中，"文"包括《诗》《书》《礼》《乐》《易》《春秋》等基本科目。品行、忠诚、信实均属于道德教育。在他的整个教育中，道德教育居于首要地位。

孔子教育内容的特点：偏重社会人事，而不是崇拜神灵；偏重文事，有关军事知识技能的教学居于次要地位；轻视科技与生产劳动。

著名论断①："子以四教：文、行、忠、信。"

著名论断②："志于道，据于德，依于仁，游于艺。"

考点2 孟子 ★★★

1. 人性论与教育作用

孟子提出"性善论"，他认为人性本善，"仁义礼智，非由外铄我也，我固有之也"。

教育的作用是扩充"善性"，即扩充原有的"仁义礼智"四端，将其转化为现实的道德品质。他提出："学问之道无它，求其放心而已矣。"

2. 教育目的："明人伦"

孟子第一次明确概括出中国古代学校的教育目的是"明人伦"。"人伦"即父子有亲、君臣有义、夫妇有别、长幼有序、朋友有信的"五伦"，这是处理好五种社会关系的准则。

3. 理想人格："大丈夫"

孟子提出"大丈夫"的理想人格，即"富贵不能淫，贫贱不能移，威武不能屈"。

4. 道德教育原则与方法

孟子提出持志养气、反求诸己、动心忍性、存心养性四种道德教育原则与方法。

5. 教学原则与方法

（1）深造自得：在学习中应独立思考，有自己的独立见解。"尽信《书》，则不如无《书》。"

（2）盈科而进：学习和教育过程要循序渐进，不能揠苗助长。

（3）教亦多术：对不同的学生采取不同的教法。

（4）专心致志：学习必须专心致志，不能三心二意。

典型例题 1.（2020·石家庄·多选）孟子的教学思想包括（　　）。

A. 因材施教　　　　B. 教学相长　　　　C. 专心致志　　　　D. 教亦多术

E. 诱导启发

【答案】CD。

2.（2020·廊坊·判断）"学问之道无他，求其放心而已矣"的提出者是孔子。　　（　　）

【答案】×。

考点3 荀子

1. 人性论与教育作用

荀子提出性恶论，主张"人之性恶，其善者伪也"。"性"是人的先天素质、自然状态，人的本能中不存在道德和理智；"伪"是人为，泛指一切通过人为的努力而使人发生的变化。

教育的作用是"化性起伪"，即通过教育和学习来改变自己的本性，使人具有适应社会生活的道德智能。

2. 教育目的：以"大儒"为理想目标

荀子要求教育培养推行礼法的"贤能之士"，或者说具有儒家学者身份且长于治国理政的各级官僚。他将儒者分为俗儒、雅儒、大儒。大儒是最理想的一类，教育应以培养大儒为目标。

3. 教育内容：儒家经典

荀子重视《诗》《书》《礼》《乐》《春秋》等儒家经籍的传授。其中，《礼》是荀子教育理论的核心和重点。

4. 学习过程：闻—见—知—行

"不闻不若闻之，闻之不若见之，见之不若知之，知之不若行之。学至于行之而止矣。"荀子认为完整的学习过程是由感性认识到理性认识，再到行动的过程，即闻—见—知—行。

5. 关于教师：最强调尊师

在先秦诸子中，荀子是最强调尊师的。他将教师作为治国之本，提出："国将兴，必贵师而重傅，贵师而重傅，则法度存。"

典型例题（2019·邢台·单选）荀子一直以"五经"为教育教学内容。其中，（　　）是荀子教育理论的核心和重点。

A.《诗》　　　　B.《书》　　　　C.《礼》　　　　D.《春秋》

【答案】C。

考点 4　墨子

1. 人性论与教育作用

墨子提出"人性素丝说"，认为人性不是先天所成，而是如同待染的素丝，"染于苍则苍，染于黄则黄"，有什么样的教育和环境，就有什么样的人。

墨子认为教育是有功于天下的事业，主张通过"上说下教""有力者疾以助人，有财者勉以分人，有道者劝以教人"，建设一个民众平等互助的"兼爱"社会。

2. 教育目的：培养"兼士"或"贤士"

为实现"兼相爱、交相利"的社会理想，墨子主张培养"博乎道术""辩乎言谈""厚乎德行"的"兼士"或"贤士"。

3. 教育内容

出于培养"兼士"的需要，墨子及其弟子确定了一套有特色的教育内容，即政治和道德教育、科学和技术教育、文史教育和培养思维能力的教育。

4. 教育方法

墨子在中国历史上首先明确提出"量力"这一教育方法。他提出"深其深，浅其浅，益其益，尊其尊"，意思是要用深一点的知识去教育程度较深的人，用浅一点知识去教育程度较浅的人，用使其增长的办法对待人的长处，用尊重的态度去对待别人的自尊之处。

考点 5　道家

道家的代表人物包括老子、庄子等。道家主张"绝圣弃智"（弃绝智慧聪明，返归于人的天真纯朴）和"愚民"，认为"绝学无忧"（弃绝了学问和学业就会没有忧患与烦恼）；主张教育遵循自然原则，一切任其自然，便是好的教育；反对儒家的礼教，主张培养"上士"或"隐君子"；提倡怀疑的学习方法，讲究辩证法。

考点6 《学记》 ★★★

《学记》是人类历史上最早出现的专门论述教育问题的著作，大约成文于战国末期，被称为"教育学的雏形"。《学记》中的主要教育思想见表1-1-2。

表1-1-2 《学记》中的主要教育思想

类别	主张	著名论断
教育的社会作用	化民成俗、建国君民（教育与政治的关系）	君子如欲化民成俗，其必由学乎 是故古之王者，建国君民，教学为先
教育的个体功能	使人明理晓道（教育与人的关系）	玉不琢，不成器，人不学，不知道
教学原则和方法	循序渐进	不陵节而施之谓孙 学不躐等
	及时施教	当其可之谓时
	预防性原则	禁于未发之谓豫
	学习观摩	相观而善之谓摩
	启发诱导	道而弗牵，强而弗抑，开而弗达 君子之教，喻也
	藏息相辅	时教必有正业，退息必有居学 藏焉修焉，息焉游焉
	长善救失	教也者，长善而救其失者也
	教学相长	是故学然后知不足，教然后知困。知不足，然后能自反也；知困，然后能自强也。故曰：教学相长也
教师的社会价值	师严道尊	师严然后道尊，道尊然后民知敬学

典型例题 1.（2022·石家庄·单选）"化民成俗，其必由学乎"揭示了（　　）的关系。

A. 教育与政治　　B. 教育与生态　　C. 教育与人口　　D. 教育与生产力

【答案】A。

2.（2021·沧州·单选）"君子之教，喻也"体现了教学的启发性原则，这一句话出自（　　）。

A.《学记》　　B.《中庸》　　C.《大学》　　D.《论语》

【答案】A。

3.（2021·石家庄·单选）"不陵节而施之谓孙"体现的教育原则是（　　）。

A. 学习观摩原则　　B. 及时施教原则　　C. 循序渐进原则　　D. 长善救失原则

【答案】C。

考点7 中国教育学萌芽阶段其他教育思想

1. 韩愈

（1）作品：《师说》。

①教师的任务："古之学者必有师；师者，所以传道受业解惑也"。

②民主平等的师生关系："弟子不必不如师，师不必贤于弟子"。

（2）名言：业精于勤，荒于嬉；行成于思，毁于随。（《进学解》）

2. 朱熹

（1）教育作用："存天理，灭人欲"。

（2）著作：《四书章句集注》与《白鹿洞书院揭示》。其中，《四书章句集注》成为后世官学的重要教材、科举考试的主要标准。

（3）读书方法：朱子读书法。

朱子读书法包括"循序渐进、熟读精思、虚心涵泳、切己体察、着紧用力、居敬持志"六条。其中，涵泳指反复咀嚼，细心玩味。

高分点睛

1.【常考题型】单选、多选

2.【命题角度】

（1）考查某一教育家提出的人性论、教育目的、教育方法、教育内容等的对应。

（2）考查某一教育家的著名论断体现的教育思想。

（3）考查《学记》的历史地位、《学记》原文体现的教育思想。

3.【易错易混】注意区分各教育家的著名论断和《学记》原文内容。

4.【识记技巧】孔子、孟子、荀子、墨子思想对比见下表。

人物	孔子	孟子	荀子	墨子
人性论	性三品（上智、中人、下愚）	性善论	性恶论	人性素丝说
教育作用	社会作用：庶、富、教 个体作用：性相近也，习相远也	扩充"善性"	"化性起伪"	"兼爱"
教育目的	培养德才兼备的君子	明人伦	培养"大儒"	培养"兼士"或"贤士"
教育内容	文、行、忠、信 （文献、品德、忠诚、信实）	道德教育	儒家经典	政治道德、科学技术、文史知识、思维能力
教育方法	学、思、行结合，启发诱导，因材施教，实事求是	深造自得、盈科而进、教亦多术、专心致志	闻—见—知—行	量力

考点 8　苏格拉底

古希腊的苏格拉底是著名的哲学家和教育家，以其雄辩和与青年智者之间的问答法而著名，被誉为西方的孔子。

1. 教育目的与任务

苏格拉底认为教育的目的是培养治国人才，教育的首要任务是培养道德。

2. 教学方法

苏格拉底的教学方法被称为苏格拉底法或产婆术。这是西方最早的启发式教学思想。苏格拉底法由讥讽、助产术、归纳和定义四个步骤组成。

（1）讥讽，即就对方的发言不断提出追问，迫使对方自陷矛盾，无言以对，最终承认自己的无知。

（2）助产术，即帮助对方得到问题的答案。

（3）归纳，即从各种具体事物中找到事物的共性、本质，通过对具体事物的比较寻求"一般"。

（4）定义，即把个别事物归入一般概念，得到关于事物的普遍概念。

苏格拉底法实际上是师生平等的辩论方法，体现了对话教学的思想，它不是给予学生现成的答案，而是让学生通过自己的探索、理解得到结论。

考点 9　柏拉图

1. 政治观

古希腊的柏拉图在头脑中构建了一个"理想国"，将理想城邦的公民分为生产者（农工商）、辅助者（军人）和统治者（哲学家）三个等级。在"理想国"中，爱智慧、掌握真理、深明事理的哲学家居于统治地位。智慧、勇敢、节制、正义是理想国中的四种美德。

2. 认识论

柏拉图认为，人在出生以前已经获得了一切事物的知识，当灵魂依附于肉体（降生）后，这些已有的知识就被遗忘了。人只有通过接触感性事物，才能重新"回忆"起已被遗忘的知识。他提出了"认识就是回忆""一切研究、一切学习只不过是回忆罢了"的观点。

3. 教育观

柏拉图的教育思想集中体现在他的著作《理想国》之中，主要包括以下几点。

（1）国家应重视教育，理想国应对儿童实行公养公育。

（2）教育的最高目标是培养哲学王，教育的最终目的是促使"灵魂转向"。

（3）提倡女子应当和男子受同样的教育，从事同样的职业。

（4）重视早期教育。柏拉图是西方教育史上第一个提出完整的学前教育思想并建立了完整的教育体系的人，他规定了不同阶级的人的不同教育内容。

（5）是"寓学习于游戏"的最早提倡者；第一次提出以考试作为选拔人才的手段之一。

（6）将算术、几何学、天文学、音乐（"四艺"）列入教学科目。

考点 10　亚里士多德

古希腊的亚里士多德是百科全书式的哲学家，他的教育观点集中体现在其著作《政治学》中。他秉承了柏拉图的理性说，认为追求理性就是追求美德，是教育的最高目的。

1. 灵魂论与教育

亚里士多德将人的灵魂分为营养灵魂、感觉灵魂和理性灵魂三个部分，这三个部分分别对应植物的灵魂、动物的灵魂和人的生命。灵魂论为教育必须包括体育、德育和智育提供了人性论上的依据。

2. 教育遵循自然

亚里士多德在教育史上首次提出了教育遵循自然的观点，注意到儿童心理发展的自然特点，并主张按照儿童心理发展的规律对儿童进行分阶段教育。亚里士多德在教育史上第一个提出了儿童成长过程的年龄分期。

3. 和谐教育思想

亚里士多德全面系统地论述了人的身心和谐发展的问题，主张体育、德育、智育的和谐教育。

4. 文雅教育

亚里士多德最早提出了文雅教育（自由教育）。

5. 师生关系

亚里士多德提出了"吾爱吾师，吾更爱真理"的观点，体现了不唯师的精神。

考点 11　昆体良

古罗马的昆体良是西方教育史上第一个专门论述教育问题的教育家。他的《雄辩术原理》（又译《论演说家的教育》《论演说家的培养》）是西方第一本教育专著，也是世界上第一部研究教学教法的著作，被誉为欧洲古代教育理论发展的最高成就。

昆体良的教育思想包括以下几点。

（1）主张对儿童进行早期训练，根据儿童的年龄特点因材施教和量力而行，要劳逸结合和给学生奖励、反对体罚等。

（2）将学习过程概括为"模仿—理论—练习"三个阶段。

（3）对班级授课进行了一些阐述，这是班级授课制思想的萌芽。

典型例题　（2021·石家庄·多选）昆体良在《论演说家的教育》一书中主张，教学要根据学生的年龄特点，（　　）和给学生以奖励、反对体罚等。

A. 因材施教　　　　　　　　　　B. 量力而行

C. 授人以渔　　　　　　　　　　D. 劳逸结合

【答案】ABD。

高分点睛

1.【常考题型】单选、多选、判断

2.【命题角度】考查外国教育家的主要观点、名言、著作及主要贡献的对应。

3.【易错易混】
（1）关于启发式教学

著作与论断	《学记》："道而弗牵，强而弗抑，开而弗达""君子之教，喻也"
	《论语》："不愤不启，不悱不发。举一隅而不以三隅反，则不复也"
人物	孔子：世界最早提出启发式教学的人
	苏格拉底：西方最早提出启发式教学的人

（2）《论演说家的教育》与《学记》

《论演说家的教育》	《学记》
①西方最早的教育专著 ②世界上第一部研究教学教法的著作 ③"欧洲古代教育理论发展的最高成就"	①世界上最早的教育专著 ②"教育学的雏形"

（二）教育学的独立形态阶段

考点1　独立形态的教育学创立的标志

（1）从对象方面而言，教育问题成为一个专门的研究领域。
（2）从概念和范畴方面而言，形成了专门的反映教育本质和规律的教育概念与范畴及体系。
（3）从方法而言，有了科学的研究方法。
（4）从结果而言，产生了一些重要的教育学家，出现了一些专门的系统的教育学著作。
（5）从组织机构而言，已经出现了一些专门的教育研究机构。

考点2　培根

英国哲学家培根被称为近代实验科学的鼻祖。他提出的归纳法为教育学的发展奠定了方法论基础。他在1623年出版的《论科学的价值和发展》中，首次提出把教育学作为一门独立的学科，使其与其他学科并列。

考点3　夸美纽斯 ★★★

捷克教育家夸美纽斯被称为教育学之父、近代教育学之父。

1. 主要著作

（1）《大教学论》：教育学开始形成一门独立学科的标志，该书被认为是第一本近代教育学著作，1632年出版。
（2）《世界图解》：世界上第一部依据直观原则编写的、对儿童进行启蒙教育的课本；欧洲第一部儿童看图识字课本；指导家长进行学龄前儿童教育的指南。
（3）《母育学校》：西方教育史上第一本学前教育学著作和家庭教育专著。

2. 教育目的

教育的宗教目的是使人为来世生活做好准备。

教育的现实目的是使人认识和研究世界上的一切事物，培养和发展他们的各种能力、德行和信仰，以便享受现世的幸福，为永生做好准备。

3. "泛智"教育

夸美纽斯提出"泛智"教育思想，要求"把一切事物教给一切人""一切男女青年都应该进学校"。他从"泛智"教育出发，提出了普及教育的思想。

4. 教育制度

（1）建立全国统一学制，并为各级学校规定了广泛的百科全书式的教学内容。

（2）重视早期教育，首次将学前教育纳入学制。

（3）在《大教学论》中，首次从理论上系统论述了班级授课制。

5. 教学原则

（1）根本指导原则：教育适应自然

教育适应自然的原则是贯穿夸美纽斯整个教育体系的一条根本性的指导原则。这一原则包含两层含义：①教育活动应遵循自然界存在的普遍秩序；②教育应依据人的自然本性和儿童的年龄特征，每件事情的安排都应适应学生的能力。

（2）主要教学原则

夸美纽斯提出并论证了直观性原则、激发学生求知欲原则、巩固性原则、量力性原则、系统性原则和循序渐进性原则。他第一次从理论上对直观性原则做了论证，认为这是教师的一条"金科玉律"；他在教育史上首次提出量力性原则。

6. 道德教育

夸美纽斯将"谨慎、节制、刚毅、正义"作为道德教育的基本内容，把这四种品德称为"基本德行"，同时，夸美纽斯在德育内容中纳入了劳动教育。

典型例题 （2022·邯郸·单选）主张"泛智"教育思想，并提出把一切知识教给一切人类的教育家是（　　）。

A. 洛克　　　　B. 杜威　　　　C. 夸美纽斯　　　　D. 裴斯泰洛齐

【答案】C。

考点 4　洛克

洛克是英国著名哲学家、教育家，著有《教育漫话》。

1. 教育目的

洛克倡导教育的目的是培养绅士，主张绅士教育应在家庭实施。

2. 教育作用

洛克主张教育万能，提出了白板说，认为人的心灵如同白板，观念和知识都来自后天。他提出："我敢说日常所见的人中，他们之所以或好或坏，或有用或无用，十分之九都是他们的教育所决定的。

人类之所以千差万别，便是由于教育之故。"

3. 教育内容

洛克第一次把教育的三大部分德、智、体做了明确区分。

典型例题（2022·邯郸·单选）著名的白板说是由哪位学者提出的？（ ）
A. 卢梭　　　　　B. 斯宾塞　　　　　C. 培根　　　　　D. 洛克
【答案】D。

考点 5　卢梭 ★★★

卢梭是法国启蒙主义思想家和教育家，著有小说体教育著作《爱弥儿》。在西方近代教育史上，卢梭被认为"最先发现了儿童"。

1. 教育遵循自然本性

卢梭主张教育要遵循儿童的自然本性，根据不同年龄阶段儿童的身心特征和个体差异进行教育。他认为："出自造物主之手的东西都是好的，一到人的手里就全都变坏了。"

2. 教育目的

卢梭主张教育要培养"自然人"，即能适应资本主义生产关系需要的身心和谐发展的人。

3. 教育原则和方法

"模仿自然"，反对体罚；德育上实行自然后果法。

典型例题（2022·石家庄·多选）以下教育著作与作者对应有误的是（ ）。
A.《教育漫话》——洛克　　　　　B.《大教学论》——杜威
C.《爱弥儿》——赫尔巴特　　　　D.《雄辩术原理》——昆体良
【答案】BC。

考点 6　康德

德国哲学家康德最早将教育学作为一门课程在大学里讲授，其教育思想集中体现在《康德论教育》中。康德认为，教育的根本任务在于充分发展人的自然禀赋，使人人都成为自身，成为本来的自我并自我完善。"人是唯一需要教育的动物""人只有通过教育才能成为一个人"。

考点 7　裴斯泰洛齐 ★★★

裴斯泰洛齐是瑞士教育家，其代表作为《林哈德与葛笃德》。

1. 教育目的

裴斯泰洛齐认为，教育目的应该是"促进人的一切天赋能力或力量的全面、和谐发展"。通过教育使人成为有道德、有智慧、有劳动能力与身体健康的人。

2. 教育心理学化

裴斯泰洛齐是西方教育史上第一个明确提出"教育心理学化"口号和诉求的教育家。

3. 要素教育

初等学校的各种教育都应从最简单的要素开始。德育的基本要素是儿童对母亲的爱；智育的基本要素是数目、形状和语言；体育的基本要素为关节活动。裴斯泰洛齐由此被称为"现代初等学校各科教学法的奠基人"。

4. 教育与生产劳动相结合

裴斯泰洛齐是第一个将教育与生产劳动相结合思想付诸实践的教育家。

典型例题 （2020·廊坊·单选）关于瑞士教育家裴斯泰洛齐，下列说法错误的是（   ）。

A.《林哈德与葛笃德》是其代表性教育著作

B. 现代初等学校各科教学法的奠基人

C. 第一个明确提出"教育心理学化"口号和诉求的教育家

D. 把教学过程分为明了、联合、系统、方法四个阶段

【答案】D。

考点8　赫尔巴特 ★★★

赫尔巴特是近代德国著名的心理学家和教育学家，是康德在哥尼斯堡大学哲学教席的继承者；在世界教育史上他被认为是现代教育学之父或科学教育学的奠基人。赫尔巴特对19世纪以后的教育实践和教育思想产生了很大影响，被看作是传统教育理论的代表。

1806年，他的《普通教育学》的出版标志着教育学作为一门规范、独立的学科正式诞生，同时，这本书也被认为是第一本现代教育学著作。

1. 教育学的两个基础

赫尔巴特首次试图把教育学建立在伦理学和心理学的基础之上。他把道德教育理论建立在伦理学的基础上，把教学理论建立在心理学的基础上，奠定了科学教育学的基础。

伦理学即实践哲学，主要体现为五种道德观念，即内心自由、完善、仁慈、正义和公平。

心理学是研究观念的科学，赫尔巴特发展了两个重要的概念，即"意识阈"和"统觉"。其中，"统觉"就是新观念与旧观念的同化和吸收的过程。

2. 教育目的

赫尔巴特认为教育要达到的目的分为两种，即"可能的目的"和"必要的目的"。

（1）"可能的目的"：与儿童未来从事的职业有关的目的。

（2）"必要的目的"：教育的最高目的是道德和性格的完善，具体来说就是要养成内心自由、完善、仁慈、正义和公平这五种道德观念。

3. 教育性教学原则

在西方教学史上，赫尔巴特第一次提出了"教育性教学"的概念。"教育性教学"指没有任何无教学的教育，也没有任何无教育的教学。教学和教育（道德教育）是相互联系的同一过程的两个方面；教学和教育的关系是手段和目的的关系；决定教学具有教育性的主要因素在于强化教学工作中的教育目的性；对于教育性教学来说，一切都取决于其引起的智力活动。

4. 教学四阶段论

赫尔巴特认为儿童的兴趣是广泛的和多方面的，兴趣活动在过程上可以划分为四个阶段，即注

意、期望、要求、行动。相应地，他把教学过程划分为四个阶段，即明了（清楚）、联合（联想）、系统、方法。具体内容见表1-1-3。

表1-1-3 赫尔巴特的教学四阶段论

学生兴趣活动的阶段	教学过程阶段	教学要求
注意	明了（清楚）	运用直观教学使学生获得清晰表象，做好学习新知识的准备
期望	联合（联想）	产生新旧观念的联合，但未出现最终的结果，教师应与学生无拘束地谈话
要求	系统	使用综合的教学方法，使新旧观念的联合系统化，从而获得新概念
行动	方法	学生自己活动，通过练习巩固新习得的知识

后来，赫尔巴特的学生席勒将其发展为五阶段，即分析、综合、联想、系统、方法。席勒的学生赖因做了更符合教学实际的改进，将其演变为预备、提示、联合、总结、应用。

5. 传统三中心论

赫尔巴特强调系统知识的传授、课堂教学的作用以及教材的重要性，强调教师的权威作用和中心地位，形成了传统教育"课堂中心""教材中心""教师中心"的特点。

6. 儿童管理与训育

赫尔巴特认为教育过程应该遵循一定的顺序，包括管理、教学和训育三个阶段。

典型例题 （2019·邯郸·单选）德国教育学家赫尔巴特主张（　　）。

A."儿童中心论" B."教师中心论"
C."劳动中心论" D."活动中心论"

【答案】B。

考点9 福禄培尔（也译为福禄贝尔）

福禄培尔是德国著名教育家、幼儿园的创立者，近代学前教育理论的奠基人，被誉为世界幼儿教育之父，主要著作为《人的教育》。

1. 教育原则

福禄培尔提出四项教育原则：统一的原则、顺应自然的原则、发展的原则、创造的原则。

2. 幼儿园教育理论

（1）幼儿园教育方法的基本原理是自我活动或自动性。

（2）高度评价游戏的教育价值，认为游戏是儿童"创造性的自我活动和本能的自我教育"。

（3）建立起一个以活动与游戏为主要特征的幼儿园课程体系，包括游戏与歌谣、恩物游戏、手工作业、运动游戏、自然研究，以及唱歌、表演和讲故事等。

其中，恩物是福禄培尔创制的一套供儿童使用的教学用品，它是帮助儿童认识自然及其内在规律的重要工具。

考点 10　斯宾塞

斯宾塞是 19 世纪英国著名哲学家和教育家，科学教育的倡导者。其主要作品是《教育论》，全书由《什么知识最有价值？》《智育》《德育》《体育》四篇论文组成。斯宾塞认为教育的目的在于为完满的生活做准备；认为科学知识最有价值，主张制定注重科学的课程体系。

> **高分点睛**
> 1.【常考题型】单选、多选、判断
> 2.【命题角度】考查各教育家的著作、历史地位、观点、教育思想等的对应、对比。例如，首次系统论述班级授课制的是谁？答案：夸美纽斯。

（三）教育学的多样化发展阶段

考点 1　现代教育学流派与思潮 ★★★

1. 实验教育学

代表人物：德国教育学家梅伊曼和拉伊。梅伊曼于 1901 年首先提出"实验教育学"这个术语。

代表著作：梅伊曼的《实验教育学纲要》和拉伊的《实验教育学》。

主要观点：①反对以赫尔巴特为代表的思辨教育学；②提倡将实验心理学的研究成果与方法用于教育研究；③将教育实验分为形成假设、设计并实施实验、将结论应用于实践以检验实验结果三个阶段；④认为教育实验不同于心理实验，它是在学校与教学环境中进行的；⑤主张用实验、统计等方法探索儿童心理发展的特点及智力发展水平，并以此作为改革学制、课程和方法的依据。

2. 文化教育学（精神科学教育学）

代表人物：德国教育家狄尔泰、斯普朗格、利特等。

主要观点：①人类历史是一种文化的历史。②教育过程是一种历史文化过程。③教育的研究要用精神科学或文化科学的方法，即理解和解释的方法进行。④教育的目的是促使社会历史的客观文化向个体的主观文化转变，并培养完整的人格。培养完整人格的主要途径是"陶冶"和"唤醒"，强调构建和谐的、对话的师生关系。

3. 实用主义教育学

代表人物：美国教育家杜威和克伯屈。

代表著作：杜威的《民主主义与教育》《经验与教育》和克伯屈的《设计教学法》。

主要观点：①教育即生活；②教育即学生个体经验持续不断的增长；③学校是一个雏形的社会；④课程应以学生的经验为中心，而不是以学科知识体系为中心；⑤师生关系应以儿童为中心，而不是以教师为中心；⑥教学重视学生自己的独立发现、表现和体验，尊重学生的差异性。

以下主要介绍杜威的教育思想。

杜威是实用主义哲学的创始人，是实用主义教育学的代表人物之一。他的理论是现代教育理论的代表。

杜威的代表作包括《民主主义与教育》（又译《民本主义与教育》）、《我的教育信条》等。其中，《民主主义与教育》最集中、最系统地表述了杜威的教育理论，与柏拉图的《理想国》、卢梭的《爱弥儿》并称为西方教育史的三大里程碑。

（1）教育的本质

①教育即生活。杜威提出，"教育是生活的过程，而不是将来生活的准备"。基于此，杜威还提出"学校即社会"，这是对"教育即生活"的进一步引申。

②教育即生长。教育的目的是促进儿童本能的生长。教育应适合儿童的心理发展水平和兴趣、需要的要求。

③教育即经验的改组或改造。杜威将教育视为从已知经验到未知经验的连续过程，这种过程不是教给儿童既有的科学知识，而是发挥儿童的主体精神，让他们"从做中学"，在活动中不断增加经验。

（2）教育目的

杜威从"教育即生活"中引出了他的"教育无目的论"。他反对外在的、固定的、终极的教育目的。他认为，"教育的过程，在它自身以外没有目的，它就是它自己的目的；教育的过程是一个不断改组、不断改造和不断转化的过程"。

（3）课程理论

①批判传统教材。杜威批判传统教材不适合儿童的现有能力，超出儿童已有的经验范围，与学生的需要和目的脱离。他提出教材应与社会生活相联系。

②从做中学。在经验论的基础上，杜威提出以活动性、经验性的主动作业取代传统的书本式教材的统治地位。

③教材心理学化。杜威主张将间接经验转化为直接经验，并对直接经验加以组织、抽象和概括。

（4）教学阶段论

杜威提出的教学方法是思维五步说或五步探究教学法，具体包括创设疑难情境、确定疑难所在、提出解决问题的种种假设、推断哪个假设能解决这个困难、验证这个假设五个步骤。

（5）新三中心论

杜威批判赫尔巴特的教育学思想，提出了"儿童中心（学生中心）""活动中心""经验中心"的新三中心论。

4. 马克思主义教育学

（1）基本观点

①教育是一种社会历史现象，在阶级社会中具有鲜明的阶级性，不存在脱离社会影响的教育。

②教育起源于生产劳动，劳动方式和性质的变化必然引起教育形式和内容的改变。

③现代教育的根本目的是促进学生个体的全面发展。

④现代教育与现代大生产劳动的结合不仅是发展社会生产力的重要方法，而且是培养全面发展的人的唯一方法。

⑤在教育与社会的政治、经济、文化的关系上，教育一方面受它们的制约，另一方面又具有相对独立性，并反作用于它们，对于促进工业社会政治、经济与文化的发展具有巨大的作用。

⑥马克思主义唯物辩证法和历史唯物主义是教育科学研究的方法论基础。

（2）马克思主义教育学的发展（表1-1-4）

表1-1-4　马克思主义教育学的发展

国别	人物	代表作	影响或思想
苏联	克鲁普斯卡娅	《国民教育与民主主义》	克鲁普斯卡娅是最早以马克思主义为基础，探讨教育问题的教育家
	凯洛夫	《教育学》	凯洛夫的《教育学》被公认为世界上第一部马克思主义的教育学著作，对我国教育产生了重大影响
	马卡连柯	《教育诗》《论共产主义教育》《父母必读》等	马卡连柯在流浪儿童和少年违法者的改造方面做出了杰出贡献，其核心教育思想是集体主义教育。他还提出了平行教育原则，即通过教育集体去教育个人，又通过对个人的教育影响集体
中国	杨贤江	《新教育大纲》	《新教育大纲》是我国第一本以马克思主义为指导的教育学著作

典型例题 1.（2020·廊坊·单选）关于美国教育家杜威的教育观，下列说法错误的是（　　）。

A.教育即生活　　　B.教育即指导　　　C.教育即生长　　　D.教育即经验的改造

【答案】B。

2.（2020·石家庄·单选）美国教育家杜威提出的课程"三中心"思想是（　　）。

A.教材、教师、学科　　　　　　　　B.儿童、活动、经验

C.学生、知识、基础　　　　　　　　D.学校、兴趣、社会

【答案】B。

考点2　中国近现代教育思想

1.蔡元培

蔡元培是中国近代著名的资产阶级革命家、民主主义教育家。毛泽东评价蔡元培为学界泰斗，人世楷模。

（1）"五育并举"

1912年，蔡元培发表《对于教育方针的意见》，提出了军国民教育、实利主义教育、公民道德教育、世界观教育和美感教育"五育并举"的教育方针。其中，公民道德教育处于核心地位。蔡元培首先将"美育"作为教育方针提出，并提出"以美育代宗教"。

（2）改革北京大学

①抱定宗旨，改变校风。

②提出"思想自由，兼容并包"的办学原则。

③教授治校，民主管理。

④学科与教学体制改革。

（3）教育独立思想

蔡元培认为，教育独立的基本要求大致可归为教育经费独立、教育行政独立、教育学术和内容独立、教育脱离宗教而独立。

2. 黄炎培

黄炎培是我国近代职业教育的创始人,被誉为我国职业教育之父。关于职业教育的观点如下。

(1)作用:"谋个性之发展""为个人谋生之准备""为个人服务社会之准备""为国家及世界增进生产力之准备"。

(2)目的:"使无业者有业,使有业者乐业"。

(3)办学方针:社会化、科学化。

(4)教学原则:"手脑并用""做学合一""理论与实际并行""知识与技能并重"。

(5)基本要求:"敬业乐群"。

3. 晏阳初

晏阳初是著名的平民教育家、世界平民运动与乡村改造运动的倡导者。他被称为国际平民教育之父、中国平民教育家、乡村建设者。

(1)四大教育

中国农村问题可以用"愚""穷""弱""私"四个字来代表。要解决四大问题,他提出四大教育,即文艺教育、生计教育、卫生教育和公民教育。其中,公民教育最为根本。

(2)三大方式

为推行四大教育,必须采用三大方式,即学校式教育、家庭式教育和社会式教育。

(3)"化农民"与"农民化"

"化农民"与"农民化"是晏阳初进行乡村试验建设的目标和途径,他提出"农民科学化,科学简单化"的平民教育目标,为了实现平民教育的目标,我们欲"化农民",必先"农民化"。

4. 梁漱溟

梁漱溟是近代中国著名的乡村建设与乡村教育理论的创立者。

梁漱溟认为中国的问题是极严重的文化失调;乡村建设与乡村教育是一个问题的两个方面:乡村建设应以乡村教育为方法,乡村教育需以乡村建设为目标。

5. 陶行知 ★★★

陶行知是我国杰出的人民教育家和坚定的民主战士。毛泽东称颂他为伟大的人民教育家,周恩来称赞他为一个无保留追随党的党外布尔什维克,宋庆龄赞誉他为万世师表。"生活教育"是陶行知教育思想的核心。

(1)教育实践

① 1927年,在南京创办晓庄学校;② 1932年,在上海创办山海工学团;③ 1939年,在重庆创办育才学校。

(2)小先生制

陶行知认为,儿童是中国实现普及教育的重要力量,他提出了"即知即传"的小先生制。"小先生"的职责不只在教人识字学文化,更在"教自己的学生做小先生"。小先生制是为解决普及教育中师资奇缺、经费匮乏、谋生与教育难以兼顾、女子教育困难等提出来的,是"穷国普及教育最重要的钥匙"。

（3）生活教育理论

第一，生活即教育。生活即教育是陶行知生活教育理论的核心。

第二，社会即学校。它是"生活即教育"在学校与社会关系问题上的具体化。

第三，教学做合一。教学做合一是陶行知生活教育理论的教学论，即教师的责任不在教，而在教学，在教学生学，教师教的法子必须根据学生学的法子，主张改"教授法"为"教学法"。后来，他把"做"融入其中，形成了教学做合一的思想。

6.陈鹤琴

陈鹤琴是我国近代学前儿童教育理论和实践的开创者，著名的儿童教育家。他创立了中国第一所实验幼稚园——鼓楼幼稚园，被称为"中国的福禄培尔"。"活教育"是陈鹤琴教育思想的核心。

（1）"活教育"的目的

"做人，做中国人，做现代中国人"。

（2）"活教育"的课程论

① "大自然、大社会都是活教材"。

② "五指活动"。陈鹤琴提出能体现儿童生活整体性和连贯性的"五指活动"形式，即儿童健康活动、儿童社会活动、儿童科学活动、儿童艺术活动、儿童文学活动。

（3）"活教育"的教学论

①基本原则："做中教，做中学，做中求进步"。

②教学步骤：实验观察、阅读和思考、创作和发表、批评和研讨。

典型例题（2021·石家庄·多选）我国教育家陶行知的生活教育理论包括（　　）。

A. 生活即教育　　　　　　　　　　B. 教育即生活

C. 社会即学校　　　　　　　　　　D. 教学做合一

【答案】ACD。

高分点睛

1.【常考题型】单选、多选、判断

2.【命题角度】

（1）现代教育流派与思潮的观点、代表人物的对应。例如，德国教育家梅伊曼和拉伊创立的教育学说是什么？答案：实验教育学。

（2）教育家的著作、称号或成就、教育思想、主要观点的对应及对比关系。例如，杜威的"教育即生活"与陶行知的"生活即教育"本质相同。答案：×。

3.【易错易混】赫尔巴特和杜威教育思想的对比分析

人物	"三中心论"	教学阶段或方法	教育学派
赫尔巴特	课堂中心、教材中心、教师中心	教学四阶段论	传统教育学派
杜威	儿童中心（学生中心）、活动中心、经验中心	五步教学法	现代教育学派、实用主义教育学

（四）教育学的理论深化阶段

考点1　现代教学理论的三大流派

1. 赞科夫（也译为赞可夫）与发展性教学理论

苏联教育家赞科夫提出了发展性教学理论，著有《教学与发展》《和教师的谈话》。他的理论核心是"以最好的教学效果使学生达到最理想的发展水平"。赞科夫提出了发展性教学理论的五条教学原则：以高难度进行教学原则、以高速度进行教学原则、理论知识起主导作用的原则、使学生理解学习过程的原则、使所有学生包括"差生"都得到一般发展的原则。其中，高难度原则在实验教学体系中起决定性作用。

2. 布鲁纳与结构主义教育思想

美国教育家布鲁纳是结构主义教育思想的主要代表人物，著有《教育过程》。他的主要观点有以下几个：①强调学科结构，提出了结构主义教学理论。他认为"无论我们选教什么学科，务必使学生理解该学科的基本结构""任何学科的基本原理都可以用某种形式，教给任何年龄的任何儿童"。为此，他主张采用螺旋式课程。②倡导发现教学法，提出"发现是教育儿童的主要手段"。③主张培养学生的直觉思维、科学兴趣和创造力。

3. 瓦根舍因与范例教学理论

德国教育家瓦根舍因著有《范例教学原理》，创立了范例教学理论。他提出了选择教学内容的三个原则（基本性、基础性和范例性），提出了范例教学的基本过程：阐明"个"—阐明"类"—范例性地掌握规律与范畴—范例性地获得世界经验与生活经验。

考点2　其他教育理论

1. 苏霍姆林斯基与全面和谐发展的教育思想

苏联教育家苏霍姆林斯基著有《给教师的一百条建议》（也称《给教师的建议》）、《把整个心灵献给孩子》、《和青年校长的谈话》和《帕夫雷什中学》等。他的著作被称为活的教育学、学校生活的百科全书，他也被称为教育思想泰斗。

苏霍姆林斯基提出全面和谐发展的教育思想。全面和谐发展教育是指将德育、智育、体育、美育、劳动教育五个部分有机结合起来，使之成为相互渗透的统一整体。他认为"全面"与"和谐"是儿童个性发展不可缺少的两个方面，这对世界教育产生了很大的影响。

2. 布卢姆与掌握学习理论

美国教育家布卢姆提出了掌握学习理论，著有《教育目标分类学》等著作。他把教学目标分为认知、情感和动作技能三大领域，认为教学应该以掌握学习为指导思想，以教育目标为导向，以教育评价为调控手段。

3. 巴班斯基与教学过程最优化理论

苏联教育家巴班斯基著有《教学过程最优化》，提出了教学过程最优化理论。教学过程的最优化是指在一定的教学条件下寻求合理的教学方案，使教师和学生花最少的时间和精力获得最好的教学效果，使学生获得最好的发展。

4. 保罗·朗格朗与终身教育理论

法国成人教育家保罗·朗格朗于1970年出版的《终身教育引论》被视为终身教育理论的代表作。

典型例题 （2021·石家庄·单选）苏霍姆林斯基被誉为"教育思想泰斗"，其教育思想的核心内容是（　　）。

A. 教学过程最优化理论　　　　　　B. 发展性教学理论

C. 全面发展的教育理论　　　　　　D. 终身教育理论

【答案】C。

高分点睛

1.【常考题型】单选、多选

2.【命题角度】考查教育家与著作、观点的对应。例如，范例教学是由哪位教育家提出的？答案：瓦根舍因。

3.【识记技巧】

赞科夫的原则有五条，发展性教学效果好；

瓦根舍因内容少，范例教学别忘掉；

布鲁纳创发现法，过程、结构最重要；

布卢姆有目标，认知、情感、动作技能要记牢；

苏霍姆林斯基是泰斗，全面和谐教育提得妙。

第二章　教育的基本规律

第一节　教育与社会发展

一、教育与社会关系的相关理论

考点1　教育万能论

1. 主要代表人物：法国的爱尔维修
2. 主要观点：

教育对人的成长起决定作用，否认遗传因素对人的成长应有的作用。"人受了什么样的教育，就会成为什么样的人""教育包括自然环境和社会环境等一切生活条件的总和"。

考点2　人力资本理论

1. 代表人物：美国的舒尔茨
2. 主要观点：

（1）人力资本的积累是社会经济增长的源泉。教育是一种投资活动，能够提高生产效率，促进生产的经济效益。舒尔茨提出了人力资本收益测算法，强调教育及教育投资对国民经济增长的贡献率，将教育作为促进经济增长、发展社会经济的重要支撑点。（舒尔茨认为，教育对国民经济增长的贡献率是33%。）这一理论说明了教育对经济发展的促进作用。

（2）教育是使个体收入的社会分配趋于平等的因素。

二、社会对教育发展的影响（教育的社会制约性）★★★

考点1　生产力对教育的影响 ★★★

1. 影响教育发展的规模和速度

生产力的发展水平直接影响一个国家在教育经费方面的支付能力，而教育经费的支付能力直接影响校舍建设、仪器设备、教材建设、师资待遇和教师培养等多方面的教育条件，从而成为影响教育事业发展规模和速度的主要因素。

2. 影响教育目的和教育结构

社会生产力水平、方式决定了劳动力的规格，进而决定了教育培养的人的规格（即影响教育目的）。生产力的不断发展引起社会对各级各类人才的需求结构的变革，进而引起各级各类教育的比例关系以及其中的专业设置的比例关系的变化（即影响教育结构）。

3.影响课程设置及内容选择

生产力的发展水平促进着科学技术的发展与更新，也必然影响学校课程的设置与教学内容的选择。

4.影响教学方法、手段和组织形式

学校的物资设备、教学实验仪器、学校组织管理所使用的某些工具和技术，都是一定的生产工具和科学技术在教育领域的应用，它反映了生产力的发展水平。教学组织形式的演变也与生产力发展有关。例如，在古代社会，个别教学是主要的教学组织形式，到了近代社会，班级授课制成为基本的教学组织形式。

考点2 政治制度对教育的影响 ★★★

1.决定教育的社会性质

一定社会的教育具有什么性质是由这个社会的政治制度直接决定的。一般来说，有什么样的社会关系和政治制度就有什么样的教育。例如，欧洲中世纪教育的神学性是由宗教僧侣对教育的垄断决定的，近代资本主义教育的阶级性是由资本主义物质生活方式决定的。

2.影响教育宗旨和目的

统治阶级利用其拥有的立法权，颁布一系列教育法律、政策和规章，借此将教育部门执行教育宗旨和目的合法化；利用其拥有的组织人事权控制教育部门人员的教育行为，使之符合教育宗旨和目的的要求；利用经济手段控制教育发展的方向。

3.影响教育的领导权和受教育权

统治阶级依靠其掌握的政治经济权力掌握了教育领导权。谁有接受学校教育的权利、谁没有接受学校教育的权利、谁有接受什么样的学校教育的权利、学校教育以什么内容和方法来培养人等，都是由一定政治制度决定的。

4.影响教育管理体制

教育管理体制直接受制于社会关系和政治制度。例如，法国、日本高度中央集权的政治制度决定了学校管理体制的集中统一；美国地方分权的政治制度决定了美国的教育分权制，各州有权根据各州实际颁布各种教育法规。

> **知识拓展**
>
> 很多学者将政治制度、经济制度合起来表述为政治经济制度，认为政治经济制度决定或制约着教育的领导权、受教育权和教育目的的性质。

考点3 文化对教育的影响

1.文化观念影响教育观念

（1）文化观念影响人们对教育的态度和行为。例如，同样处在工业化历史进程中，日本、德国等具有大工业意识的国家十分重视人口素质的提高对社会高质量发展的重要作用；英国等传统和保守的国家认为政治制度对社会发展有重大作用。

（2）文化观念影响教育思想的产生和发展。任何教育家的教育思想都是在一定社会文化背景中孕育的，是其世界观和价值观的反映。例如，中国近代教育史上黄炎培的职业教育思想、晏阳初的平民

教育思想，都是他们所处时代社会需要的集中反映。

2. 文化类型影响教育目标

任何社会的教育目标都是社会统治阶级利益的集中体现，是统治阶级主观意志的产物。例如，中国古代社会的主流文化是以儒学为核心的伦理型文化，这种文化反映在人才培养上，强调教育目的是"在明明德，在亲民，在止于至善"；古希腊文化崇尚知识和理性，因而当时的教育目的是培养哲学家和哲学王。

3. 文化传统影响教育内容和教育方法

（1）文化传统影响教育内容的选择范围、选择倾向等方面。例如，欧洲中世纪占统治地位的文化是宗教文化，因此中世纪大学的教学内容以神学知识为主；到了文艺复兴时期，古希腊、古罗马的文学艺术被重新发现，学校的教学内容则以世俗性知识为主。

（2）文化传统影响教育方法。不同文化影响人们对知识的认识，影响人们的思考方式，这在教育上表现为影响教师对知识的传授方式以及对教育方法的选择和应用。

考点 4　科学技术对教育的影响

1. 改变教育者的观念

科学技术的发展水平决定了教育者的知识水平和知识结构，既影响教育者对教育内容、教育方法的选择和运用，又影响其对教育规律的认识和对教育过程中教育机制的设定。

2. 影响受教育者的数量和教育质量

一方面，科学技术的发展正日益揭示出教育对象的身心发展规律，从而使教育活动遵循这种规律；另一方面，科学技术的发展及其在教育上的广泛应用，使教育对象得以扩大。

3. 影响教育的内容、方法和手段

科学技术可以渗透到教育活动的所有环节中去，为教育资料的更新和发展提供思想基础和技术条件。学校类型规模的扩大、教育设施的兴建、教育内容的记载与表达方式、教育用具与器材的制造等都离不开科学技术的作用。

考点 5　人口对教育的影响

1. 人口数量对教育的影响

（1）人口数量影响教育事业发展的规模和速度。一定数量的人口是构成教育事业及其活动的前提和基础，尤其是学龄人口数量直接影响教育事业发展的规模和速度。

（2）人口数量增长速度影响教育发展战略目标的实现和战略重点的选择。人口增长过快，必然要求教育规模和速度有较大发展，战略重点也应该是扩大规模和增加数量。人口增长平缓，教育发展则应以提高教育质量为战略重点。

2. 人口质量影响教育质量

人口质量是指人口的身体素质、文化修养和道德水平。人口质量对教育质量的影响如下：①直接影响，即入学者已有的水平对教育质量的影响；②间接影响，即年长一代的人口质量影响新生一代的人口质量，从而影响以新生一代为教育对象的学校的教育质量。

3. 人口结构影响教育结构

（1）人口年龄结构影响教育发展。一般来说，有什么样的人口年龄结构，就会有什么样的教育结构与之相适应。

（2）人口就业结构影响教育发展。例如，当大多数劳动者集中在第一产业和第二产业就业，教育的发展水平必然十分有限，教育的类型结构也相对单一。如果产业结构和技术结构中的科技含量加大，劳动人口流向第三产业，就会促进教育发展水平提升、教育环境不断改善以及教育类型和结构的多样化。

三、教育的社会功能 ★★★

（一）教育的社会变迁功能

教育的社会变迁功能是指教育通过开发人的潜能，提高人的素质，引导人的社会化，影响人的社会实践，推动社会的发展与变革。教育的社会变迁功能具体表现为经济功能、政治功能、文化功能、科技功能、人口功能等。

考点1　教育的经济功能

1. 促进经济增长

教育是以培养人为己任的社会活动，它通过提高劳动力的熟练程度，进而提高劳动生产率，促进经济的增长和发展。

2. 推动科技发展

（1）教育是实现科学知识再生产的重要途径，可以高效地扩大科学知识的再生产，使原来少数人掌握的科学知识在较短时间内被更多人掌握，从而提高劳动生产率，促进生产力的发展。

（2）教育可以生产新的科学知识和生产力。学校特别是高等学校不仅是传授知识的教育机构，也是从事科学研究的重要基地，承担生产新科学知识和生产力的重要使命。

3. 提高劳动者素质

（1）教育可以使潜在的生产力转化为现实的生产力。

（2）教育可以提高劳动力的质量和素质，使之获得一定劳动部门认可的技能和技巧，成为发达的和专门的劳动力。

（3）教育可以改变劳动力的形态，把一个简单的劳动力转变为一个复杂的劳动力，把一个体力劳动者培养成一个脑力劳动者。

> **知识拓展**
>
> 本考点说法众多，以下是不同学者、不同编者给出的不同阐述。
>
> ①教育是科学知识再生产的重要手段，把科学知识转化为生产力。（柳海民）
>
> ②教育是使可能的劳动力转变为现实的劳动力的基本途径。（王道俊、郭文安）
>
> ③教育对生产力的促进作用主要通过两方面来实现：教育再生产劳动力，教育再生产科学知识。（教育部人事司、教育部考试中心制定的《教育学考试大纲》）

考点2 教育的政治功能

1. 维系社会政治稳定

教育维系社会稳定主要通过为社会培养政治人才和具有一定政治素质的社会公民、宣传统治阶级思想、制造社会舆论等方面实现。例如，《学记》中的"古之王者，建国君民，教学为先"，"君子如欲化民成俗，其必由学乎"，体现了教育的政治功能。

2. 提高社会政治文明水平

一般来说，教育是通过传播思想、制造舆论来影响社会政治生活的。在现代社会，教育弘扬着社会政治、思想、道德及文化领域中的正面因素，抑制与抵御腐朽、落后等消极因素，进而提高社会政治文明水平。

3. 促进社会政治变革

教育促进社会政治变革主要体现在三个方面：①教育的普及是社会政治变革的重要标志，是推进社会政治变革的重要力量；②教育通过传播先进思想和弘扬优良道德来促进社会政治变革；③教育推动政治民主化。因此，教育水平的提高是实现社会政治民主化的重要前提和基础。

4. 培养社会政治人才

教育通过人才的培养，服务于社会的政治，维护统治阶级的利益，这是教育发挥政治功能的最基本途径（主要途径）。教育为政治经济制度培养需要的人才表现在两个方面：一是培养政治人才以补充社会的管理阶层，执行统治阶级的意志，为统治阶级服务；二是对广大人民进行政治和意识形态教育，促使他们的政治社会化，并成为社会需要的合格公民。

考点3 教育的文化功能

1. 文化传承

教育是实现文化传承的重要机制，学校教育是文化传承最基本、最重要的途径。教育具有传递和保存文化的作用，教育者将人类积累起来的文化传递给受教育者，使他们迅捷、经济、高效地获得人类创造的精神文化财富的精华。与此同时，教育将人类的精神文化财富内化为个体的精神财富，教育也就有了文化保存的功能。

2. 文化选择

文化是教育的基本材料，但并不是所有文化都能够成为教育内容。教育必须对文化进行一定的选择、加工、整理，使其成为教育内容。教育的选择功能表现为"吸取"和"排斥"的持续过程。教育对文化的选择意味着价值的取舍和认知意向的改变，并且是为了文化自身的发展与进步。

3. 文化交流（融合）

教育通过传播文化，使不同国家和民族的文化相互交流、融合，促进文化的优化和发展。教育从两个方面促进文化的传播、交流：①通过交流活动，如互派留学生、学者的学术交流等；②教育过程本身通过对不同文化的学习，对文化进行选择、变革和创造，形成新的文化。

4. 文化创新

教育对文化的更新和创造作用主要体现在两个方面：①教育通过培养具有创新精神和创造能力的

人来发挥文化的更新和创造功能；②教育直接生产新的文化。

典型例题 （2022·石家庄·单选）当今学校教育不得传授封建迷信内容，这体现了教育的（　　）。

A. 文化传承功能　　　　　　　　B. 文化融合功能

C. 文化创新功能　　　　　　　　D. 文化选择功能

【答案】D。

考点4　教育的科技功能

1. 再生产科学技术知识

学校教育是科学知识再生产的最主要途径。教育对科学知识的影响体现在两个方面：①对科学知识的继承与积累；②对科学的扩大再生产，即把前人创造的科学知识传授给年轻一代，使他们能够生产出新的科学成果。

2. 推进科学的体制化

科学的体制化是指出现职业的科学家及专门的科研机构去开展科学研究。只有在教育高度发达的情况下，才会出现科学的体制化。

3. 具有科学研究功能

教育者在传播科学知识的同时，也从事着直接的科研工作，这在高校里尤为突出。

4. 推进科学技术研究

科学技术成果在教育上的应用能够丰富科学技术的活动，扩大科学技术成果的应用范围。

典型例题 （2021·沧州·单选）科学知识再生产的主要途径是（　　）。

A. 学校教育　　　　　　　　　　B. 调查研究

C. 职业培训　　　　　　　　　　D. 社会研究

【答案】A。

考点5　教育的人口功能

1. 调控人口数量

研究表明，全体国民受教育程度的高低与人口出生率的高低成反比，即人口的平均文化程度越高，人口出生率就越低，反之亦然。

2. 提高人口素质

教育作为促进人德智体美全面发展的实践活动，最直接的效果就是提高人口质量。

3. 促使人口结构趋于合理

人口结构的合理化是指人口结构有利于社会生产和人口的自然平衡。教育对人口结构的影响主要表现为以下两点：①教育可使人口的性别结构和城乡结构趋于合理；②教育可以改善人口的行业结构和职业结构。

4.有助于人口流动和迁移

教育对人口流动和迁移的影响主要表现为以下两点：①受过较好教育的人口更容易远距离流动和迁移；②教育本身就具有人口流动和迁移功能。

考点6　教育的生态功能

教育的生态功能是指教育对保护自然环境、促进可持续发展和建设生态文明所起的积极作用。具体表现在以下几个方面：①通过环境教育提高人们保护自然环境的责任意识，并养成绿色的生活习惯；②通过发展创造科学技术，提高人们解决环境问题的能力，有效地解决生态问题；③形成可持续发展的理念和生态文明的理念。

典型例题（2020·石家庄·单选）教育对于促进可持续发展和提高人们发现和解决环境问题的能力具有重要作用。这体现了教育具有（　　）。

A.政治功能　　　　　　　　　B.经济功能

C.生态功能　　　　　　　　　D.文化功能

【答案】C。

（二）教育的社会流动功能

教育的社会流动功能是指社会成员通过教育的培养、筛选和提高，能够在不同的社会区域、社会层次、职业岗位、科层组织之间转换、调整和变动，以充分发挥其个人的智慧才能，实现其人生价值。按其流向，教育的社会流动功能可分为横向流动功能和纵向流动功能。

考点1　横向流动功能

横向流动功能也称水平流动功能，指更换其工作地点、单位等，做水平的流动，改变其环境而不提升其在社会阶层或科层结构中的地位。

考点2　纵向流动功能

纵向流动功能也称垂直流动功能，指社会成员因受教育的培养与筛选，能够在社会阶层、科层结构中做纵向的提升，包括职称晋升、职务升迁、薪酬提级等，以提高其社会地位及作用。

高分点睛

1.【常考题型】单选、多选、判断

2.【命题角度】

（1）直接考查或结合例子考查生产力、政治制度、文化、人口等对教育的制约。例如，影响教育事业发展速度和规模的是什么因素？答案：生产力。

（2）直接考查或结合例子考查教育的功能。例如，"取其精华、去其糟粕"体现了教育的哪种文化功能？答案：选择功能。

（3）要求判断题干中关于某项教育的功能的表述是否正确。

第二节　教育与人的发展

一、人的身心发展的一般规律 ★★★

考点1　顺序性

1. 具体表现

人的身心发展的顺序性表现为个体的身心发展是一个由低级到高级、由简单到复杂、由量变到质变的连续不断的发展过程。这种顺序既不可逾越，也不可逆。例如，在生理方面，身体由头部、躯干向四肢发展，由中心向边缘发展；在心理方面，心理机能由具体形象思维到抽象逻辑思维发展，由机械记忆到意义记忆发展。

2. 教育要求

顺序性决定了教育活动必须循序渐进地进行。"揠苗助长""陵节而施"等有违人的身心发展的顺序性。

典型例题（2021·沧州·判断）"拔苗助长"违背了人的身心发展的个别差异性。　　（　　）

【答案】×。

考点2　阶段性

1. 具体表现

人的身心发展的阶段性是指人在不同的年龄阶段表现出身心发展不同的总体特征及主要矛盾，面临着不同的发展任务。例如，童年期学生的思维特点是具有较强的具体性和形象性，抽象思维能力还比较弱；少年期学生的抽象思维已经有了很大的发展。

2. 教育要求

阶段性要求教育必须根据每个阶段身心发展的不同特征，教授不同的教育内容，采用不同的方法，施以符合该年龄阶段的教育，不能搞"一刀切""一锅煮"。同时，还要注意各阶段间的衔接和过渡。

典型例题（2021·沧州·单选）小学阶段的教学多运用直观形象方式，中学以后可进行抽象讲解，这体现了儿童身心发展的（　　）特点。

A.顺序性　　　　B.个别差异性　　　　C.不平衡性　　　　D.阶段性

【答案】D。

考点3　不平衡性（不均衡性）

1. 具体表现

人的身心发展的不平衡性指人的发展并不总是匀速直线前进的，具体体现在以下两个方面：①身心发展的同一方面，在不同的年龄阶段发展速度不均衡。例如，人的身高有两个增长高峰，一个是出生后的第一年，另一个是青春发育期，这两个阶段身高增长速度远远高于其他阶段。②身心发展的不同方面，发展速度、起始时间、达到的成熟水平是不同的。例如，神经系统的发展是先快后慢，生殖系统的发展是先慢后快。

2. 教育要求

不平衡性要求教育教学要抓住身心发展的敏感期（关键期、最佳期）。敏感期是指身体或心理的某一方面机能和能力最适宜形成的时期。在这一特定的时期，人的发展对某些刺激非常敏感，受到适当的刺激，身心比较容易得到发展。过了敏感期，尽管还可以获得这些发展，但相对比较困难。

典型例题 1.（2022·石家庄·单选）人的身心发展速度快慢不一，呈现出加速和平缓交替发展的状态，这体现了身心发展的（　　）。

A. 顺序性　　　　B. 互补性　　　　C. 不均衡性　　　　D. 整体性

【答案】C。

2.（2022·石家庄·单选）"时过然后学，则勤苦而难成"，这一论述体现人的身心发展过程中存在（　　）。

A. 高原期　　　　B. 敏感期　　　　C. 最近发展区　　　　D. 平原期

【答案】B。

考点4　互补性

1. 具体表现

一方面，互补性是指机体某一方面的机能受损甚至缺失后，可通过其他方面的超常发挥得到部分补偿。例如，盲人的视力有缺陷，但通常其触觉或者味觉、嗅觉方面会优于常人。

另一方面，互补性也存在于心理机能与生理机能之间。人的精神力量、意志、情绪状态对整个机体能起到调节作用，帮助人战胜疾病和残缺，使身心依然得到发展。

2. 教育要求

互补性要求教育应结合学生实际，扬长避短，长善救失，重视发现学生的自身优势，促进学生的个性化发展。

考点5　个别差异性

1. 具体表现

（1）从个体的角度看，个别差异性表现在以下几个方面：

①不同个体的同一方面发展的速度和水平各不相同。例如，有人"聪明早慧"，有人"大器晚成"。

②不同个体的不同方面的发展存在差异。例如，有的学生数学能力强，但绘画能力差，有的学生则相反。

③不同个体具有不同的个性心理倾向。例如，同龄的儿童具有不同的兴趣、爱好和性格，"人心不同，各如其面"。

（2）从群体的角度看，个别差异主要表现为男女性别的差异。它不仅是自然性上的差异，还包括由性别带来的生理机能和社会地位、角色、交往群体的差异。

2.教育要求

个别差异性要求教育必须因材施教，坚持"一把钥匙开一把锁"。

典型例题 （2021·保定·单选）一年级三班的小刚虽然在语言表达方面有所欠缺，但他在绘画方面天赋极高。于是班主任老师总是让他帮忙布置黑板报和推动班级文化建设，以此增强小刚的自信心。班主任老师的做法遵循的是个体身心发展的（　　）。

A.不平衡性　　　　　　　　　　　B.阶段性
C.个体差异性　　　　　　　　　　D.顺序性

【答案】C。

考点6　整体性

1.具体表现

个体的生理、心理和社会性等方面的发展是密切联系在一起的，并在个体的发展过程中相互作用，使个体的发展表现出明显的整体性。

2.教育要求

整体性要求教学要促进学生的一般发展，注意做到认知因素与非认知因素、意识与潜意识、科学与艺术的统一。

典型例题 （2019·石家庄·多选）个体身心发展的一般规律有（　　）。

A.顺序性　　　B.阶段性　　　C.不平衡性　　　D.整体性
E.个别差异性

【答案】ABCDE。

高分点睛

1.【常考题型】单选、多选、判断

2.【命题角度】

（1）直接考查或结合例子考查人的身心发展规律与对应的具体表现、教育要求。例如，有的学生好动，有的学生好静，体现了人的身心发展的哪一规律？答案：个别差异性。

（2）要求判断题干描述的人的身心发展规律及其教育要求是否对应。

二、关于影响人的身心发展因素的主要观点

（一）单因素论与多因素论

考点1　单因素论

单因素论认为人的发展被某一种因素决定，常见的单因素论包括遗传决定论和环境决定论。

1. 遗传决定论

遗传决定论认为人的机体构造、形态、神经系统机制、能力和性格的发展以及差异的形成都是由遗传决定的。遗传决定论的代表观点有柏拉图的人分三等论、基督教的原罪说、以孟子为代表的性善论、高尔顿的血统论、霍尔提出的"一两的遗传胜过一吨的教育"以及格塞尔的成熟势力说。

2. 环境决定论

环境决定论强调人的机体构造、形态、神经系统机制、能力和性格的发展以及差异的形成都是由环境决定的。持这个观点的人，把人看作环境和教育的消极产物。环境决定论的代表人物是华生、洛克等。"染于苍则苍，染于黄则黄""近朱者赤，近墨者黑"等都体现了环境决定论。

考点2 多因素论

多因素论与单因素论相对，指从两个或多个侧面提出了遗传、环境和教育等因素在人的发展中的不同作用的观点。多因素论的代表理论有辐合论、三因素论和多因素交互作用论。

辐合论又称二因素论，认为先天遗传和后天环境两种因素对儿童发展都有重要影响，而且两者的作用各不相同，不能相互替代。例如，德国施泰伦（施特恩）提出的"儿童心理发展是受环境和遗传两种因素的'合并原则'共同影响"以及美国伍德沃斯（吴伟士）提出的"儿童的心理发展等于遗传与环境的乘积"。

（二）内发论与外铄论 ★★

考点1 内发论

1. 基本观点

内发论者认为个体的心理发展完全是由个体内部所固有的自然因素预先决定的，心理发展的实质是这种自然因素按其内在的目的或方向而展现的。外部条件只能影响其内在的固有发展节律，而不能改变节律。内发论的代表观点有自然成熟论、预成论、遗传决定论等。

2. 代表人物及其观点

（1）孟子：主张性善论，提出"仁义礼智，非由外铄我也，我固有之也，弗思耳矣"。

（2）高尔顿：优生学的创始人，遗传决定论的"鼻祖"。他认为个体的发展及其个性品质早在基因中就决定了，发展只是这些内在因素的自然展开，环境只起引发作用。

（3）威尔逊：把"基因复制"看作决定人的一切行为的本质力量。

（4）格塞尔：通过同卵双生子爬梯实验，强调成熟机制对人的发展的决定作用。

（5）霍尔：认为个体心理发展是人类进化过程的简单重复，个体心理发展由种系发展决定（复演说）。他的典型论断为"一两的遗传胜过一吨的教育"。

（6）弗洛伊德：人的性本能是最基本的自然本能，是推动人发展的最根本的动因。

典型例题（2022·邯郸·单选）美国心理学家格塞尔认为对人的发展起决定作用的因素是（　　）。

A. 环境因素　　　　B. 社会条件　　　　C. 主观努力　　　　D. 成熟机制

【答案】D。

考点 2　外铄论

1. 基本观点

外铄论者认为人的发展主要依靠外在的力量，诸如环境的刺激和要求、他人的影响和学校的教育等，外在力量的影响决定个体身心发展的水平和形式。外铄论的典型观点有环境决定论等。

2. 代表人物及其观点

（1）荀子：主张性恶论，提出"人之性恶，其善者伪也"，认为教育的作用是"化性起伪"，即通过教育使人性由恶转为善。

（2）洛克：提出白板说，认为人的心灵犹如一块白板，它本身没有内容，可以任人涂抹。

（3）华生：认为环境与教育是心理发展的唯一条件，提出"给我一打健康的婴儿，不管他们祖先的状况如何，我可以任意把他们培养成从领袖到小偷等各种类型的人"。

（4）斯金纳：认为人的行为乃至复杂的人格都可以通过外在的强化或惩罚手段来加以塑造、改变、控制或矫正。

典型例题（2021·石家庄·单选）下列符合教育"外铄论"观点的主张是（　　）。

A. 学习即回忆　　　　　　　　　B. 出自造物主之手的东西都是好的

C. 万物皆备于我　　　　　　　　D. 人之性恶，其善者伪也

【答案】D。

> **高分点睛**
>
> 1.【常考题型】单选、多选、判断
>
> 2.【命题角度】主要考查不同观点与代表人物及其主张的对应。例如，华生的观点属于哪种理论？答案：外铄论。

三、影响人的身心发展的因素 ★★★

考点 1　遗传素质——生理前提

遗传素质是指从上代继承下来的生理解剖上的特点。例如，机体的结构、形态、感官和神经系统等的特点。遗传素质在个体身心发展中的作用主要表现在以下几个方面。

（1）遗传素质是人的发展的生理前提，为人的身心发展提供了可能。例如，一个生而失聪的人，由于无法发展其听觉，很难成为一个音乐家。

（2）遗传素质的成熟程度制约着人的发展过程及年龄特征。遗传素质有一个发展成熟的过程，只有当人的发展达到一定的成熟程度，才会出现某种行为。遗传素质的成熟程度为一定年龄阶段身心发展的特点和程度提供了可能和限制，俗语"三翻、六坐、八爬叉，十个月会喊大大"正是体现了这一点。

（3）遗传素质的差异对人的发展有一定的影响。遗传素质的差异制约着教育培养人的重点和方向。

（4）遗传素质具有可塑性。随着环境、教育和实践活动的作用或训练，个体的遗传素质会逐渐地发生变化。

（5）遗传素质在个体身心发展中不起决定作用。一方面，遗传素质为个体身心发展提供的是可能性而非现实性，这种可能性必须在一定的环境和教育的影响下才能变为现实；另一方面，遗传素质随着环境和人类实践活动的改变而改变，即使有良好的遗传素质，如果没有处于良好环境或没有得到良好的教育，或者个人主观不努力，也难以有较好的发展。例如，王安石的《伤仲永》中的方仲永"泯然众人矣"；"印度狼孩"虽然拥有人类的遗传素质，却不能被培养为正常人都说明了这一点。

考点2　环境——现实基础

环境是指个体生活于其中、赖以生存并影响个体发展的一切外部条件的总和，主要包括自然环境和社会环境。环境对个体身心发展的作用表现在以下几个方面。

（1）环境为人的发展提供了现实条件和可能性。环境，尤其是社会环境，为人的发展提供了外在的客观基础和特定条件。人总是在一定环境的影响下发展，获得一定的生活知识和经验，形成各种思想意识和行为习惯。

（2）环境从总体上制约着人的发展状态，体现在以下几点：①社会生产力的发展水平决定着人的发展程度和范围；②社会关系影响着人的发展方向和性质；③社会意识形态影响着人的发展内容。

（3）环境的给定性与主体的选择性同时存在。环境的给定性指由自然与社会、历史遗传与他人为儿童创设的生存环境对于儿童来说是客观的、给定的。主体的选择性是指由于人们的知识、经验和心理倾向不同，对客观环境的反应也就不同，环境对人的影响具有个体差异性。例如，有的人"染于苍则苍，染于黄则黄"，有的人则"出淤泥而不染"。

（4）环境在个体身心发展中不起决定性作用。那种忽视个体的主观能动性，把个体看作环境的消极的适应者，夸大环境对个体身心发展的作用，特别是环境决定论的思想是错误的。

典型例题　1.（2022·石家庄·单选）"染于苍则苍，染于黄则黄"和"白沙在涅，与之俱黑"，这些语句论述了（　　）。

A.学校教育影响身心发展　　　　　　B.环境因素影响身心发展
C.遗传素质影响身心发展　　　　　　D.个体努力影响身心发展

【答案】B。

2.（2021·保定·单选）古语道："故君子居必择乡，游必就士，所以防邪辟而近中正也。"从教育的角度来看，表明教育者要重视（　　）对人发展的影响。

A.遗传　　　　　　B.环境　　　　　　C.教育　　　　　　D.经济

【答案】B。

考点3　个体主观能动性——决定性因素

主观能动性是指人的主观意识和活动对于客观世界的积极作用，包括能动地认识客观世界和能动地改造客观世界，并统一于人们的社会实践活动中。从活动水平角度来看，个体主观能动性包括生理活动、心理活动和社会实践活动三个层次。主观能动性对个体身心发展的作用表现在以下两个方面。

（1）个体在与环境相互作用中表现出来的个体主观能动性，是其身心发展的动力，是促进个体发展从潜在的可能状态转向现实状态的决定性因素。

（2）主观能动性的强弱直接关系学习的效果和质量。在同样的环境和教育条件下，每个学生发展的特点和成就，主要取决于他自身的态度，取决于他在学习、劳动和科研活动中所付出的精力。

考点4 教育（学校教育）——主导因素

教育，尤其是学校教育，在人的身心发展中起主导作用。

1.学校教育在个体身心发展中起主导作用的原因（学校教育的特殊性）

（1）学校教育具有明确的目的性、计划性、组织性和系统性。

（2）学校教育由专业教师来施教。

（3）学校教育能有效地控制和协调影响学生发展的各种因素。

（4）学校教育给人的影响比较全面、系统和深刻。

2.学校教育在个体身心发展中起主导作用的表现（学校教育的独特价值）

（1）学校教育引导个体发展的方向，为个体发展做出社会要求的规范。

（2）学校教育能加速个体发展，促进个体又好又快发展。

（3）学校教育能开发个体特殊才能、发展个性。

（4）学校教育唤醒生命的自觉意识，为个体生命发展奠基。

3.学校教育对人的发展的主导作用是有条件的

（1）受教育者的主观能动性。人的主观能动性是人的一种内在需要和动力，是一种积极的学习动机，当受教育者具备了积极的求教动机，环境和教育才能发挥相应的作用。

（2）教育的自身状况。包括教育的物质条件、教师的素质、管理水平及相应的精神条件等。

（3）家庭环境的效应。包括适当的家庭经济条件、父母的文化水平以及良好的家庭氛围、家庭教育与学校教育的配合与协调程度等。

（4）社会发展状况。包括生产力发展水平、政治经济制度的进步程度、整体的社会环境、文化传统等。

典型例题 1.（2019·石家庄·多选）关于人的身心发展的影响因素，下列描述正确的有（　　）。

A.遗传是人身心发展的生理前提

B.学生个体的主观能动性是其身心发展的动力

C.与家长相比，教师对学生的教育作用更大

D."孟母三迁"的故事说明了环境对人的重要作用

E.学校教育在人的身心发展中起主导作用

【答案】ABDE。

2.（2021·沧州·判断）遗传素质能使人发展的可能性变为现实性。　　　　　（　　）

【答案】×。

3.（2020·石家庄·判断）学校教育在人的发展中起主导作用，这种主导作用是无条件的。（　　）
【答案】×。

高分点睛

1.【常考题型】单选、多选、判断

2.【命题角度】直接考查或结合例子考查遗传、环境、教育和主观能动性对人身心发展的作用以及发挥作用的条件。例如，"近墨者黑"夸大了什么对人身心发展的影响？答案：环境。

3.【易错易混】影响人身心发展的因素

	影响因素	作用	常考俗语、典故
外部因素	环境	现实条件、可能性	①性相近，习相远。②蓬生麻中，不扶自直；白沙在涅，与之俱黑。③近朱者赤，近墨者黑。④染于苍则苍，染于黄则黄。⑤昔孟母，择邻处（孟母三迁）。⑥橘生淮南则为橘，生于淮北则为枳
	学校教育	主导作用	①严师出高徒。②生而同声，长而异俗，教使之然也
内部因素	遗传	生理前提、可能性	①虎父无犬子。②种瓜得瓜，种豆得豆。③龙生龙，凤生凤，老鼠生来会打洞
	主观能动性	决定作用、内部动力	①同流而不合污。②出淤泥而不染

第三章　教育目的

第一节　教育目的的基本问题

一、教育目的的概念

教育目的是指教育所预期实现的结果，主要回答教育要培养什么样的人这一根本问题。

广义的教育目的泛指所有团体或者个人对教育培养什么样人的期待。

狭义的教育目的是指国家对把受教育者培养成为什么样的人才的总的要求，是国家为培养人才而确定的质量规格和标准。本章主要介绍狭义的教育目的。

二、教育目的的意义和功能

考点1　教育目的的意义

教育目的是整个教育工作的方向，是教育活动的出发点和归宿。

教育目的贯穿于教育活动的整个过程，在教育活动中居于主导地位，是衡量教育质量的唯一标准。它是全部教育活动的主题和灵魂，是教育的最高理想。

考点2　教育目的的功能 ★★

1. 导向功能（定向功能）

教育目的不仅为受教育者指明了发展方向，预定了发展结果，也为教育工作者指明了工作方向和奋斗目标。例如，明确规定教育"为谁（哪个社会、哪个阶层）培养人"体现了教育的导向功能。

2. 激励功能

教育目的包含了对学生成长的期望和要求，不仅激励着教育者通过一定的方式，把教育目的和培养目标转化为学生的学习目的，也激励着学习者自觉地、积极地参与教育活动。

3. 评价功能

教育目的是衡量和评价教育实施效果的根本依据和标准。评价学校的办学方向、办学水平和办学效益，检查教育教学工作的质量，评价教师的教学质量和工作效果，检查学生的学习质量和发展程度等，都必须以教育目的为根本标准和依据。

4. 调控功能

教育目的对整个教育活动具有调控功能。一切教育活动过程都是实现教育目的的过程，教育过程在教育目的的调节控制下进行，教育目的在教育过程中实现。

此外，还有学者认为教育目的具有选择功能，即教育目的为教育内容的选择确定了基本范围，也为选择相应的教育途径、方法和形式提供了依据。例如，我国古代培养"君子"的目的决定了以"四书""五经"作为基本教育内容。

> **高分点睛**
>
> 1.【常考题型】单选、多选
> 2.【命题角度】
> （1）给出例子要求其判断体现了教育目的的何种功能。
> （2）直接考查教育目的具有哪些功能。

三、教育目的的层次结构 ★★

教育目的的层次结构从抽象到具体依次为国家的教育目的、各级各类学校的培养目标、课程目标、教师的教学目标。

1. 国家的教育目的

国家的教育目的是由国家提出来的，是国家对培养人的总的要求，规定着各级各类教育培养人的总的质量规格和标准要求。一般体现在国家的教育文件和教育法令中。

2. 各级各类学校的培养目标

各级各类学校的培养目标是教育目的在各级各类学校的具体化，是对各级各类学校人才培养的特殊要求。它是由特定的社会领域和特定的社会层次的需要决定的。例如，我国的小学、中学、中职、大专和大学都有各自不同的培养目标。

教育目的和培养目标之间是普遍与特殊的关系，培养目标是教育目的的具体化。

3. 课程目标

课程目标是指受教育者在学习完某一课程门类或科目后，在身心各方面能达到的发展水平。例如，小学一、二年级语文科目的课程目标是认识常用汉字1600个左右，其中800个左右会写。

课程目标是各级各类学校培养目标的具体化。

4. 教师的教学目标

教师的教学目标是对在完成某一教学时段（如一节课、一个单元）工作后，希望受教育者达到的要求或预期产生的变化的明确的、具体的表述。例如，教师确定《种子的结构》一课的教学目标之一是通过对蚕豆和玉米种子的解剖、观察，了解种子内胚的构成。

教学目标是课程目标在每个教学时段的分解和具体化。

典型例题（2022·石家庄·单选）下列有关教育目的层次的划分，从抽象到具体排列正确的是（　　）。

A. 课程目标 – 教育目的 – 培养目标　　B. 教育目的 – 培养目标 – 课程目标
C. 培养目标 – 教育目的 – 课程目标　　D. 培养目标 – 课程目标 – 教育目的

【答案】B。

高分点睛

1.【常考题型】单选、多选、判断

2.【命题角度】

（1）直接考查教育目的的层次结构的分类、定义、特点及相互关系。例如，各级各类学校要完成各自的任务，培养社会需要的人才，需要制定各自的什么？答案：培养目标。

（2）给出例子，要求判断其属于教育目的的哪一层次结构。

四、教育目的的确立依据

考点1 教育目的确立的客观依据

1. 社会政治、经济和文化因素

（1）社会生产力和科学技术发展水平是确定一定历史时期教育目的的物质基础。

（2）一定的社会经济和政治制度影响教育目的的确立。

（3）社会历史发展的进程影响教育目的的确立。

（4）不同国家的文化背景使教育培养的人各具特色。

2. 受教育者的身心发展特点和需要

教育目的的确立要反映人的发展特性、规律与需求，考虑受教育者的生理和心理特征，遵循人的发展的可能与限定。例如，在教育目的上逐步注重儿童的全面发展，把发展个性置于重要地位。

考点2 教育目的确立的主观依据

教育目的确立的主观依据是制定者的教育理想和价值取向。制定者在考虑教育目的时，往往受其主观的哲学观念、人性假设和理想人格等价值观和价值取向的影响。教育价值观、教育价值取向是教育思想的核心，是教育工作者的出发点和落脚点。

高分点睛

1.【常考题型】单选、多选、判断

2.【命题角度】

（1）直接考查教育目的的确立的客观依据、主观依据等。

（2）给出例子，要求辨别其属于教育目的确立的哪一依据。

五、教育目的的价值取向（教育目的的理论）★★

考点1 个人本位论

代表人物：孟子、卢梭、福禄培尔、裴斯泰洛齐、马斯洛、萨特、奈勒等。

主要观点：主张教育目的应以个人需要为根本或出发点，强调以个人自身完善和发展的需要为主来制定教育目的和建构教育活动，主张个人价值高于社会价值，教育的职能是使潜能得到发展。

考点2　社会本位论

代表人物：荀子、柏拉图、涂尔干、凯兴斯泰纳、那托尔普（又译诺笃尔普、纳托普）、孔德等。

主要观点：主张教育目的应以社会需要为根本或出发点，强调以社会发展的需要为主来制定教育目的和建构教育活动。

考点3　其他教育目的的理论

1. 宗教本位论（神学本位论）

代表人物：奥古斯丁、托马斯·阿奎那等。

主要观点：主张使人在宗教的影响下，以皈依上帝为其生活理想，把人培养成虔诚的宗教人士。

2. 生活本位论

代表人物：斯宾塞和杜威。

（1）斯宾塞提出了教育准备生活说，主张教育应当教导一个人怎样生活，使他获得生活所需要的各种科学知识，为完满的生活做好准备。由此，斯宾塞认为科学知识最有价值。

（2）杜威提出了教育适应生活说，主张教育就是儿童现在生活的过程，而不是将来生活的预备。杜威强调教育目的的过程性、动态性。

3. 教育无目的论

代表人物：杜威。

主要观点：教育的过程，在它自身以外没有目的，它就是它自己的目的。杜威不否认教育外在目的的存在，而是反对将外在的目的作为教育过程的内在目的。

典型例题　（2020·石家庄·判断）提出"教育为生活做准备"思想的代表人物是卢梭。（　　）

【答案】×。

高分点睛

1.【常考题型】单选、多选、判断

2.【命题角度】考查教育目的理论的代表人物与观点的对应。例如，柏拉图认为，国家是放大了的个人，教育应该按照国家的需求来塑造个人。这一观点属于什么？答案：社会本位论。

第二节　我国教育目的概述

一、我国当前教育目的的要求

我国教育方针和教育目的的总体要求是为社会主义现代化服务，为人民服务，与生产劳动和社会实践相结合，造就有理想、有道德、有文化、有纪律的德、智、体、美等方面全面发展的社会主义建设者和接班人。

二、我国教育目的的基本精神（精神实质）

虽然中华人民共和国成立后的教育目的的表述几经变化，但其基本精神是一致的。

（1）坚持人才培育的社会主义性质。社会主义是我国教育性质的根本所在。坚持社会主义方向，是我国教育目的的根本特点。这一基本精神明确了我国教育的社会主义方向。

（2）坚持受教育者德、智、体、美、劳等方面全面发展。这一基本精神明确了我国人才培养的素质要求。

（3）以提高全民素质为宗旨。这一基本精神明确了我国社会发展赋予教育的根本宗旨，也是我国当代教育的重要使命。

（4）为经济建设和社会全面发展进步培养各级各类人才。这一基本精神明确了我国教育的基本使命。培养坚持社会主义方向的各级各类人才是我国教育目的的基本要求。

（5）坚持教育与生产劳动和社会实践相结合。这一基本精神明确了培养社会主义建设者和接班人的途径和方法。

典型例题（2021·石家庄·判断）为经济建设和社会的全面发展进步培养各级各类的人才，是我国教育的基本使命。（　　）

【答案】√。

高分点睛

1.【常考题型】单选、多选

2.【命题角度】考查我国教育目的基本精神的全部内容或某一方面。例如，教育目的性质的根本所在、我国教育目的的根本特点。

三、我国教育目的的理论基础 ★★

马克思主义关于人的全面发展学说是我国教育目的的理论基础，其具体内容包括以下几点。

（1）人的发展是与社会生产发展相一致的。

（2）旧的社会分工造成人的片面发展。

（3）大工业机器生产要求人的全面发展，并为人的全面发展提供了物质基础和可能性。

（4）共产主义使人的全面发展得以实现。

（5）实现人的全面发展的根本途径是教育同生产劳动相结合。

典型例题（2019·邢台·单选）我国制定教育目的的理论基础是马克思主义的（　　）。

A. 剩余价值学说

B. 资本和商品学说

C. 劳动学说

D. 关于人的全面发展学说

【答案】D。

> **高分点睛**
>
> 1.【常考题型】单选、多选
> 2.【命题角度】直接考查我国教育目的的理论基础是什么，以及马克思主义关于人的全面发展学说的具体内容。

四、全面发展的教育的组成部分及其关系 ★★

考点1 全面发展的教育的组成部分

德育是通过师生交往活动，有目的、有计划、有组织地对学生施加政治意识、思想观念和道德品质等方面的影响，使学生通过内化形成社会所需要的品德的教育活动。

智育是通过师生交往活动，有计划、有组织并系统地向学生传递科学文化知识和技能，发展学生的智能，提升学生的核心素养，培养学生的创新精神和实践能力的活动。

体育是授予学生健身知识、技能，发展学生体力，增强学生体质的教育。学校体育的基本组织形式是体育课，根本任务是增强学生体质。学校体育具有健体功能、教育功能、娱乐功能。

美育是培养学生正确的审美观，发展他们感受美、鉴赏美、创造美的能力，培养他们的高尚情操与文明素质的教育。形成创造美的能力是美育最高层次的任务。美育的内容包括艺术美、社会美、科学美和自然美。

劳动技术教育是传授基本的生产技术知识和生产技能，培养正确的劳动态度和劳动习惯的教育。劳动技术教育的内容包括生产劳动与技术、家政与家务劳动、公益性劳动三个方面。

典型例题（2021·保定·多选）借由某著名画商到当地展出的机会，张老师向学校提出带班级学生去展馆开展鉴赏课的申请。参观前，张老师向学生科普了该画展的背景文化，同时在参观期间又对一些重要展品进行内容讲述。本次课程主要对学生进行了（　　）。

A. 德育　　　　B. 智育　　　　C. 体育　　　　D. 美育

【答案】BD。

考点2 全面发展的教育之间的关系

1."五育"各有其相对独立性

"五育"中的每一组成部分都有其相对独立性，有其特定的任务、内容和功能，对其他各育起着影响、促进的作用，各育不能相互代替。

2."五育"之间具有内在联系

"五育"相互依存、相互渗透、相互促进。体育是各育实施的物质前提，是人的一切活动的基础；智育是各育实施的认识基础和智力支持；德育是各育实施的方向统帅、动力源泉及思想基础；美育协调各育发展；劳动技术教育是各育的实践基础。

在教育实践中，"五育"往往也不是各自孤立实施的，而是在其他各育的配合下统一展开的。此外，"五育"虽有其不同的任务，但各育对人的全面发展都具有综合性的作用。

3. "五育"在全面发展教育中的地位存在不平衡性，要全面发展，但不是平均发展

全面发展的教育提倡"五育"并举，但这并非意味着各育在地位上是完全平均的。全面发展不能理解为学生样样都好的平均发展。

> **高分点睛**
>
> 1.【常考题型】单选、多选、判断
> 2.【命题角度】
> （1）直接考查全面发展的教育的组成部分。
> （2）结合实例考查其体现的"五育"的内容。
> （3）要求判断题干对各育的地位和关系的描述是否正确。

五、素质教育

考点1 素质教育的内涵 ★★

（1）素质教育要以提高国民素质为目的。
（2）素质教育要面向全体学生，这是素质教育最本质的规定、最基本的要求。
（3）素质教育要促进学生全面地、生动活泼地、可持续地发展。
（4）素质教育要促进学生个性发展。
（5）素质教育要着力提高学生的社会责任感、创新精神和实践能力。培养具有创新精神和实践能力的新一代人才，是素质教育的时代特征。重视创新能力的培养，是现代教育与传统教育的根本区别。

典型例题（2020·廊坊·单选）关于素质教育，下列说法不正确的是（　　）。

A. 素质教育以提高国民素质为根本宗旨
B. 素质教育是面向全体学生的教育
C. 素质教育是促进学生个性发展的教育
D. 素质教育是让所有学生平均发展的教育

【答案】D。

考点2 素质教育的根本目的与基本任务

素质教育的根本目的是全面地提高学生的素质。它可分为做人和成才两个层次。做人是素质教育的起码要求，是成才的基础；成才是做人的升华。

素质教育有三大任务，即提高学生的身体素质、培养学生的心理素质、形成学生的社会素质。这三大任务是交互作用、共同提高的。

考点3 素质教育与应试教育

素质教育与应试教育的本质区别是能否培养学生的创新精神和实践能力，主要区别见表1-3-1。

表 1-3-1　素质教育与应试教育的区别

类别	素质教育	应试教育
教育对象	面向所有学生	主要面向少数学生，忽视大多数学生
教育目的	智育、德育、体育、美育和劳动技术教育等全面进行	偏重知识传授，轻视德育、体育、美育和劳动技术教育等
教学内容	弱化学科体系，重视综合性内容，教学内容结合学生经验、联系实际	过于偏重学科体系，忽视综合性及应用性内容，教学内容脱离学生生活实际、脱离实践
教学方法	启发式、探究式教学，使学生生动、活泼、主动地学习，减轻学生课业负担	以死记硬背和机械重复训练为主，使学生课业负担过重
学生评价	发展性评价，评价方法多样化，评价主体多元化	筛选性评价，以考试成绩作为评价学生的主要标准甚至唯一标准
教育着眼点	注重发展性，终身教育	局限于学校教育

考点 4　实施素质教育容易出现的误区（表 1-3-2）

表 1-3-2　实施素质教育容易出现的误区

认识误区	正确观点
对素质教育要面向全体学生的误解： 素质教育就是不要"尖子生"	素质教育坚持面向全体学生，意味着素质教育要使每个学生都得到与其潜能相一致的发展
对素质教育要促进学生全面发展的误解： 素质教育就是要学生什么都学、什么都学好	素质教育强调为学生的全面发展奠定基础，同时又要发展学生的个性，因此素质教育对学生的要求是合格加特长，鼓励学生在某一方面形成优势，学有所长
对素质教育形式的误解： 素质教育就是多开展课外活动，多上文体课	素质教育的主渠道是教学，主阵地是课堂
对素质教育要促进学生生动活泼和主动发展的误解： 素质教育就是不要学生刻苦学习，"减负"就是不给或少给学生留课后作业	学生真正的负担是他们不情愿完成的学习任务。素质教育要求学生刻苦学习，真正体会到努力与成功的关系，形成日后所需的克服困难的勇气、信心和毅力
将素质教育与考试对立： 素质教育就是不要考试，特别是不要百分制考试	考试作为评价的手段，是衡量学生发展的尺度之一，也是激励学生发展的手段之一，不应废止考试，而应改革考试制度
将素质教育与升学率对立： 素质教育会降低升学率	素质教育强调激发学生的兴趣、爱好，培养他们自主学习和终身学习的能力，强调科学地学习，这有助于激发学生的求知欲和学习动机，有助于提高升学率

第四章　学校教育制度

第一节　学校概述

一、学校的含义

学校是有计划、有组织、有系统地进行教育教学活动的重要场所，是现代社会中最常见、最普遍的组织形式。

二、学校的产生

考点1　最早的学校

一般认为，原始社会晚期，学校的萌芽已经出现。奴隶社会产生了专门的、独立的教育机构——学校。

人类最早的学校是古代两河流域的苏美尔学校，也称"泥板书舍"。也有学者认为，出现在公元前2500年左右的埃及宫廷学校是人类最早的学校。

在我国，一般认为，最早的学校称为庠。尧舜时期的学校称为上庠、下庠，夏朝称东序、西序，商朝的学校称右学、左学，西周的学校称辟雍和泮宫。

考点2　学校产生的条件　★★

学校的产生需要具备一些条件，具体包括以下几个。

（1）社会生产水平的提高为学校的产生提供了必要的物质基础。

（2）脑力劳动和体力劳动的分离为学校的产生提供了专门从事教育活动的知识分子。

（3）文字的创造以及社会生产生活知识的大量积累为学校的产生提供了进行教育的工具和内容，以及进行文字教学和知识传授的社会需要。文字的产生和应用是学校产生的重要标志。

（4）国家机器的产生需要专门的教育机构培养维护统治阶级利益的官吏和知识分子。

> **高分点睛**
> 1.【常考题型】单选、多选
> 2.【命题角度】直接考查学校产生的时期、条件、标志。例如，学校产生的重要标志是什么？
> 答案：文字的产生和应用。

三、学校文化

考点1　学校文化概述

1.学校文化的含义

学校文化就是学校全体成员或部分成员习得且共同拥有的思想观念和行为方式。学校领导、教职工、学生是创造学校文化的主体，其中教职工是主力军。

2.学校文化的构成

从层次角度，学校文化可分为观念文化、制度文化和物质文化。学校文化的核心是学校各群体具有的思想观念和行为方式，其中最具决定作用的是思想观念，特别是价值观念。

从对象角度，学校文化可分为学生文化、教师文化和课程文化。学校文化的基本要素是课程文化。

考点2　校园文化——学校文化的缩影

校园文化是以学生为主体，以课外文化活动为主要内容，以校园为主要空间，以校园精神为主要特征的一种群体文化。

按照不同的层次和标准，校园文化可以分为校园物质文化、校园制度文化、校园精神文化。

校园物质文化是学校精神文化的物质载体，有两种表现方式：①学校环境文化，包括校园建筑与标识、教育教学场所、校园环境卫生等；②设施文化，包括教学仪器、图书、实验设备等。

校园制度文化是校园文化的内在机制。主要有以下三种表现形式：①保证学校正常运行的组织形态；②规章制度；③角色规范。

校园精神或观念文化是校园文化的核心，也是校园文化的最高层次，包括四种基本成分，即认知成分、情感成分、价值成分和理想成分。

校风是校园中物质文化、制度文化、精神文化的统一体，是经过长期实践形成的。

> **高分点睛**
>
> 1.【常考题型】单选、多选
>
> 2.【命题角度】直接考查或结合例子考查学校文化、校园文化的构成部分。例如，学校文化的核心是什么？答案：精神或观念文化。

第二节　教育制度与学校教育制度

一、教育制度

考点1　教育制度的含义

教育制度是指一个国家各级各类教育机构与组织的体系及其管理规则。

广义的教育制度指国民教育制度，狭义的教育制度指学校教育制度。

考点 2　教育制度的发展

1. 前制度化教育

前制度化教育始于人类早期教育，终于定型的形式化教育，即实体化教育。基督教教会学校，中国古代的私塾、乡学、书院等属于前制度化教育。

2. 制度化教育

制度化教育主要指正规教育，即具有层次结构的、按年龄分级的教育制度，即形成系统的各级各类学校。

严格意义上的学校教育系统在 19 世纪下半期已经基本形成，最早产生于欧洲。学校教育系统的形成即意味着制度化教育的形成。中国近代制度化教育兴起的标志是清朝末年的"废科举，兴学校"，以及颁布了全国统一的教育宗旨和现代学制。

3. 非制度化教育

非制度化教育推崇的理想是"教育不应再限于学校的围墙之内"。一般认为，库姆斯等人的"非正规教育"概念、伊里奇的"非学校化"主张都是非制度化教育的代表。

考点 3　义务教育 ★★

1. 义务教育的含义

义务教育是指依据法律规定，适龄儿童和少年都必须接受的，国家、社会、学校、家庭必须予以保证的国民教育。义务教育是基础教育的核心部分。在我国，基础教育包括学前教育、初等教育、中等教育（初中和高中），基础教育包括义务教育。

2. 义务教育的确立和发展

德国是世界上最早实施义务教育的国家。我国于 1986 年通过的《中华人民共和国义务教育法》规定，国家实行九年制义务教育。这标志着我国已确立了义务教育制度。

3. 义务教育的特征

义务教育包括强制性、免费性、普及性等特征。其中，强制性是义务教育最本质的特征。

（1）强制性，又叫义务性。它包含适龄儿童必须接受教育和国家必须予以保障两层含义。

（2）免费性，又叫公益性。义务教育是国家、社会、学校和家庭必须予以保证的教育，国家对接受义务教育的学生"不收学费、杂费"。

（3）普及性，又叫统一性。全体适龄儿童、少年，除依照法律规定办理缓学或免学手续的以外，都必须入学接受教育，并且必须完成规定年限的义务教育。

典型例题　（2021·石家庄·单选）全体适龄儿童、少年，除依照法律规定办理缓学或免学手续以外，都必须入学接受教育，并且必须完成规定年限的义务教育。这体现了义务教育的（　　）。

　　A. 公益性　　　　B. 基础性　　　　C. 国民性　　　　D. 普及性

【答案】D。

考点4　终身教育 ★★

1.终身教育的含义与特征

终身教育是指人们在一生中都应当和需要受到各种教育培养。它被联合国教科文组织认为是"知识社会的根本原理"。

终身教育具有终身性、全民性、广泛性、灵活性、实用性等特征。终身性是其最大的特征。

2.终身教育思想的产生和发展

（1）20世纪60年代，法国成人教育家保罗·朗格朗发表《论终身教育》报告书，标志着终身教育的概念化和体系化。"终身教育"这一术语由保罗·朗格朗于1965年正式提出。

（2）1996年，国际21世纪教育委员会提交给联合国教科文组织的报告《教育——财富蕴藏其中》成为终身教育理论体系最终形成的标志。这一报告提出了"教育应使受教育者学会求知、学会做事、学会共处（学会共同生活）和学会生存"，被称为学习的"四大支柱"。

（3）2003年，联合国教科文组织提出了"终身学习的五大支柱"，即学会求知、学会做事、学会共处、学会发展、学会改变。

高分点睛

1.【常考题型】单选、多选、判断

2.【命题角度】

（1）直接考查教育制度的定义、广义及狭义的教育制度。

（2）考查教育制度在形式上的发展及不同形式的教育制度的特点。例如，"教育不应再局限于学校的围墙之内"体现了哪种教育形式的特点？答案：非制度化教育。

（3）通过名言、谚语等考查终身教育。例如，"活到老，学到老"体现了现代教育制度的什么趋势？答案：终身教育体系的建构。

（4）考查终身教育的含义及其产生和发展过程中的代表人物、作品等。例如，"终身教育"的正式提出者是谁？答案：保罗·朗格朗。

二、学校教育制度

考点1　学校教育制度的含义

学校教育制度简称学制，是一个国家各级各类学校的总体系，具体规定各级各类学校的性质、任务、目的、要求、入学条件、修业年限及它们之间的相互关系。它是国民教育制度的核心。

考点2　制定学校教育制度的依据

（1）生产力发展水平和科学技术发展状况。社会生产力发展水平和科学技术发展状况为学校教育制度提供一定的物质基础并提出相应的客观要求。

（2）社会政治经济制度。学校教育制度的建立受一定社会的政治经济制度的制约，反映了一定历史时期政治经济制度的要求，并为一定的统治阶级服务。

（3）学生的身心发展特点。学生的身心发展特点直接影响着入学年龄、修业年限的确定，影响着各级各类学校阶段的划分与衔接。

（4）人口发展状况。教育事业的规模、教育结构的调整、教育发展规划的制定、教育经费的投入等与人口发展状况是分不开的。

（5）本国学制的历史发展和国外学制的影响。各国在建立新学制时，既不能脱离本国学制的历史沿革，又需要吸收其他国家学制改革的有益经验，根据国情加以改革。

考点3　现代学校教育制度的类型 ★★★

1. 双轨学制（双轨制）

双轨学制主要存在于19世纪的欧洲国家，如英国、法国、德国等。

特点：把学校分为两个轨道，一轨是为资产阶级子女设立的，自上而下，其结构是大学（后来也包括其他高等学校）、中学（包括中学预备班），具有较强的学术性；另一轨是为劳动人民子女设立的，自下而上，其结构是小学（后来是小学和初中）及其后的职业学校（早期是与小学相连的初等职业教育，后发展为与初中相连的中等职业教育），是为培养劳动者服务的。这两轨互不相通、互不衔接，最初甚至不相对应。

评价：双轨学制有利于提高办学效益，其最大的弊端是严重危害了教育机会均等，不利于教育的普及。

2. 单轨学制（单轨制）

单轨学制是19世纪末20世纪初在美国形成的一种学制。

特点：单轨学制是自下而上的，其结构是从小学、中学到大学，各级各类学校相互衔接。所有的学生在同样的学校系统中学习。

评价：单轨学制有利于普及教育，但教育水平参差不齐，教育效益低下，发展失衡，同级学校之间的教学质量相差较大。

3. 分支型学制（分支制、中间型学制）

分支型学制是20世纪上半叶由苏联建立的一种学制，这是一种介于双轨学制和单轨学制之间的学制。

特点：分支型学制在基础教育阶段是共同的，学生在接受了共同的基础教育后再行分流，一部分继续接受普通教育，一部分接受职业教育后就业。

评价：分支型学制既有利于教育的普及，又保持了较高的学术性。但由于课时多、课程复杂，教学计划、课程标准和教科书必须统一而使教学方式不够灵活。

典型例题　1.（2022·邯郸·单选）英国出台了一方面专为资产阶级子女服务的学校，另一方面为劳动人民子女设立职业学校，这属于（　　）。

A. 双轨制　　　　　　　　　　　　B. 单轨制

C. 中间型　　　　　　　　　　　　D. 分支型

【答案】A。

2.（2021·石家庄·单选）单轨学制最早产生于美国，先后被世界许多国家采纳，是因为它有利于（　　）。

A. 教育的逐级普及　　　　　　　　B. 学校的规范管理

C. 教师的快速发展　　　　　　　　D. 学生的成绩提升

【答案】A。

高分点睛

1.【常考题型】单选、多选、判断

2.【命题角度】直接考查不同类型的学制的特点、代表国家、优缺点等。例如，哪种学制的最大弊端是危害了教育机会均等？答案：双轨学制。

3.【识记技巧】学制类型及特点：双轨不通不普及，单轨普及效率低，分支普及学术高，不够灵活是难题。

第三节　我国的学校教育制度

一、我国学校教育制度的演变

考点1　壬寅学制

1902年，清政府正式颁布了《钦定学堂章程》，称壬寅学制。这是我国正式颁布的第一个学制，该学制虽正式颁布但没有实施。其将蒙学堂和寻常小学堂规划为义务教育性质。

考点2　癸卯学制 ★★★

1904年，清政府颁布了《奏定学堂章程》，称癸卯学制。该学制以日本学制为蓝本，是我国实施的第一个现代学制。它的颁布标志着封建传统学制的结束，新学制的开端。其突出特点是教育年限长。

癸卯学制明文规定教育宗旨是"忠君、尊孔、尚公、尚武、尚实"，明显体现了"中学为体，西学为用"的思想。该学制首次将实业教育纳入学制系统并实施，确立了我国的师范教育制度，另外还规定男女不得同校，轻视女子教育，体现了半殖民地半封建社会的特点。

典型例题 1.（2021·石家庄·单选）我国第一个实际执行的现代学制是（　　）。

A. 壬寅学制　　　　　　　　　　　B. 癸卯学制

C. 壬子癸丑学制　　　　　　　　　D. 壬戌学制

【答案】B。

2.（2021·石家庄·判断）壬戌学制的突出特点是教育年限长。　　　　　　　　　　（　　）

【答案】×。

考点3　壬子癸丑学制

1912年至1913年，南京临时政府制定并颁布了一系列学制改革方案，即壬子癸丑学制。这是我国教育史上第一个具有资本主义性质的学制。

该学制倡导男女平等，允许初等小学男女同校，废除了小学与师范学校的读经课程，充实了自然科学的内容，并将学堂改为学校。

考点4　壬戌学制 ★★★

1922年，当时的全国教育会联合会以美国学制为蓝本，提出了改革学制方案，由北洋政府于11月颁布了壬戌学制（又称新学制或六三三学制）。壬戌学制是中国近代史上实施时间最长、影响最大的学制。

"六三三"即小学六年、初中三年、高中三年。该学制明确以学龄儿童和青少年身心发展规律作为划分学校教育阶段的依据，这在我国现代学制史上是第一次。

典型例题　（2020·廊坊·单选）中国近代教育史上首次规定中小学"六三三制"的学制是（　　）。

A. 壬寅学制　　　　B. 壬戌学制　　　　C. 癸卯学制　　　　D. 壬子癸丑学制

【答案】B。

考点5　中华人民共和国成立后学制的沿革

（1）1951年，颁布《中央人民政府政务院关于改革学制的决定》，标志着我国学制发展到了一个新阶段。这个学制包括从幼儿教育到高等教育的完整体系。

（2）1958年，颁布《关于教育工作的指示》，提出了学制改革的"两条腿走路"的办学方针和"三个结合""六个并举"的具体办学原则。

（3）1985年，颁布《中共中央关于教育体制改革的决定》，主要改革与学制相关的教育体制。

（4）1993年，颁布《中国教育改革和发展纲要》，确定了20世纪末教育发展的总目标——基本普及九年义务教育，基本扫除青壮年文盲；全面贯彻党的教育方针，全面提高教育质量；建设好一批重点学校和一批重点学科。简称"两基""两全""两重"。

（5）1995年，《中华人民共和国教育法》以法律的形式巩固了学制的改革成果，并列专章规定了我国的基本教育制度。

二、我国现行学校教育制度的形态

（1）从级别层次上来看，我国当前学校教育制度包括学前教育（幼儿教育）、初等教育、中等教育和高等教育四个层次。

（2）从类别结构上来看，我国当前学校教育制度可划分为基础教育、职业技术教育、高等教育、成人继续教育和特殊教育五个大类。

（3）从学制类型上来看，我国现行学制是从单轨学制发展而来的分支型学制。

高分点睛

1.【常考题型】单选、多选

2.【命题角度】

（1）直接考查壬寅学制、癸卯学制、壬子癸丑学制、壬戌学制的地位、特点和具体内容。

（2）直接考查我国现行学校教育制度的形态。

3.【识记技巧】

（1）口诀

人（壬）颁布，提义务；鬼（癸）实施，实业入；壬子癸丑最小资，男女同校学知识；壬戌美国为蓝本，身心规律为标准。

（2）含义

壬寅学制是我国最早颁布的学制，是我国最早提出义务教育的学制。

癸卯学制是我国第一个正式实施的学制，且首次将实业教育纳入学制系统。

壬子癸丑学制是中国第一个具有资本主义性质的学制，第一次规定男女同校。

壬戌学制以美国学制为蓝本，首次明确以身心发展规律作为划分教育阶段的依据。

第五章 教师与学生

第一节 教　师

一、教师和教师职业

考点1　教师和教师职业的性质

从广义上来讲，凡是把知识、技能和技巧传授给别人的，都可称为教师；从狭义上讲，教师专指学校的专职教师。教师是学校教育工作的主要实施者，其根本任务是教书育人。

我国1993年公布的《教师法》对教师的概念作了全面、科学的界定：教师是履行教育教学职责的专业人员，承担教书育人，培养社会主义事业建设者和接班人、提高民族素质的使命。这是第一次从法律角度确认教师的专业地位。

因此，教师职业是一种专门职业，是促进个体社会化的职业。

考点2　教师职业的产生与发展

1. 非职业化阶段

在人类社会初期，教师不是一项独立的职业，一般是"长者为师""能者为师"。例如，中国奴隶社会时期的"官师一体"；西方社会的教师大多由僧侣担任。

2. 职业化阶段

随着社会的发展，私学兴起，由此出现了独立的教师职业。例如，中国春秋战国时期的"诸子百家"，古希腊的"智者"。但这时教师职业基本上不具备专门化水平。

3. 专门化阶段

教师职业的专门化发展以专门培养教师的教育机构的出现为标志。

世界上最早的独立师范教育机构诞生于法国。1681年，法国的拉萨尔创立了世界上第一所师资训练学校，这是世界上师范教育的开始。

中国最早的师范教育产生于清朝末年。1897年，盛宣怀在上海开办"南洋公学"，分为上院、中院、师范院和外院。其中，师范院就是中国最早的师范教育机构。

4. 专业化阶段

随着社会的进一步发展，教师职业开始走上专业化的发展道路，教师专业化的观念逐渐成为社会的共识。教师逐步向专业化方向发展已经成为许多重视教育的国家追求的目标。

> **高分点睛**
> 1.【常考题型】单选、多选
> 2.【命题角度】直接考查教师职业产生与发展的各个阶段及其典型特点、标志性事件。例如，春秋战国时期私学出现，这属于教师职业发展的哪一阶段？答案：职业化阶段。

二、教师的职业角色 ★★

考点1 教师主要的职业角色

教师职业的最大特点是职业角色的多样化。教师主要有以下几种职业角色。

1. 传道者

"道之所存，师之所存也。"教师具有传递社会传统道德和正统价值观念的使命，肩负培育学生心灵和塑造学生精神的责任。

2. 授业、解惑者（知识的传授者、人类文化的传递者）

教师要引导学生在短时期内掌握人类长期积累的基本知识与技能，要注重启发他们的智慧，解除他们人生与学习中的各种困惑。

3. 示范者（学生的榜样）

学生具有向师性的特点，教师的言行、为人处世的态度会潜移默化地影响学生。正如夸美纽斯所说，"教师的职责是用自己做榜样教育学生"。

4. 教学活动的设计者、组织者和管理者

教学活动是一种集体活动，要全面实现教学的整体功能，就必须精心设计、周密组织、科学管理。

5. "家长的代理人"与"朋友、知己"（学生的朋友）

教师是儿童继父母之后遇到的又一个社会权威，家长的代理人。低年级的学生倾向于把教师看作父母的化身，对教师的态度类似于对父母的态度；高年级的学生希望得到教师在学习、生活、人生等多方面的指导，希望教师成为分担自己的快乐与痛苦、幸福与忧愁的朋友。

6. 学习者和研究者

教师要通过学习持续不断地更新和充实自己，树立终身学习观念，同时要主动从教育教学实践中发现问题、思考问题、研究问题，不断反思教育实践，成为教育教学的研究者。

7. 学校的管理者

教师不仅是学校管理的对象，也是学校管理和教学管理的主体。

8. 学生心灵的培育者和学生心理的保健医生（"心理医生"、心理调节者）

教师是学生心灵的培育者。教师要调整学生的不良情绪和心态，培养学生良好的学习心理品质。教师是学生心理的保健医生，扮演着"心理医生"的角色。学校教育既要使学生拥有健康的体魄，又要培养学生美好的心灵。

> **典型例题**（2022·石家庄·单选）教师的言谈举止会潜移默化地影响学生，这体现了教师职业的（　　）。
>
> A. 示范者角色　　　　　　B. 传道者角色
> C. 解惑者角色　　　　　　D. 研究者角色
>
> 【答案】A。

考点2　新时代教师职业角色的新要求

习近平总书记在系列讲话中，对广大教师提出了明确指示与要求，具体内容如下。

（1）四有好老师：有理想信念、有道德情操、有扎实学识、有仁爱之心。

（2）四个引路人：做学生锤炼品格的引路人，做学生学习知识的引路人，做学生创新思维的引路人，做学生奉献祖国的引路人。

（3）四个相统一：坚持教书和育人相统一，坚持言传和身教相统一，坚持潜心问道和关注社会相统一，坚持学术自由和学术规范相统一。

高分点睛

1.【常考题型】单选、多选

2.【命题角度】

（1）给出例子，要求判断其体现了教师的哪一职业角色。例如，"道之所存，师之所存也"体现了教师职业的什么角色？答案：传道者。

（2）直接考查教师职业角色的具体内容。

（3）考查教师职业角色的最大特点。答案：职业角色的多样化。

（4）考查"四有好老师""四个引路人""四个相统一"的具体内容。

三、教师的职业形象

1. 道德形象

教师的道德形象被视为教师最基本的形象。例如，"为人师表""学高为师，身正为范"，乐于奉献、坚持公正等。

2. 文化形象

教师的文化形象是教师形象的核心。"才高八斗""学富五车"都是教师的典型文化特征。

3. 人格形象

教师的人格形象是教师在教育教学活动中的心理特征的整体体现，是学生亲近或疏远教师的首要因素。理想的教师人格包括善于理解学生、富有耐心与幽默感、性格开朗、情绪乐观、意志力强等。

> **典型例题**（2021·石家庄·判断）"才高八斗""学富五车"是教师的典型文化特征。（　　）
>
> 【答案】√。

高分点睛

1.【常考题型】单选、多选
2.【命题角度】
（1）考查教师职业的道德形象、文化形象和人格形象的地位。
（2）直接考查教师职业形象的三种类型。

四、教师劳动的特点 ★★★

考点1　教师劳动的复杂性和创造性

1. 教师劳动的复杂性

教师劳动的复杂性主要表现为以下几个方面。

（1）教师劳动的目的是复杂的。教师要培养全面发展的人，不仅要传授给学生知识和技能，还要注重他们良好思想品德的养成，同时还要发展其体力、智力、情感、意志等方面。

（2）教师劳动的对象是复杂的。学生在兴趣、能力、性格等方面存在个性差异，教师既要面向全体学生，又要尊重个性差异。

（3）教师劳动的任务是复杂的。教师承担着教学、班级管理、教学研究等多项繁重的任务。

（4）影响劳动对象发展的因素是广泛而复杂的。对学生产生影响的因素是多方面的，如社会和家庭的影响、同伴群体的影响、网络和电视等大众媒体的影响等。

（5）教师劳动的方式是复杂的。教师不仅要将自己的教学工作做好，还要主动与家长沟通和合作，将学校、家长、社会三方协调一致形成教育合力。

2. 教师劳动的创造性

教师劳动的创造性主要表现在以下三个方面。

（1）因材施教。教师必须灵活地针对每个学生的特点，采用不同的教育教学方法，使每个学生都得到充分的发展。

（2）不断更新教育内容、方法和手段。"教学有法，教无定法"充分体现这一特点。

（3）教育机智。教育机智是教师在教育教学过程中的一种特殊定向能力，是指教师能根据学生新的特别是意外的情况，迅速而正确地进行判断，随机应变地采取及时、恰当而有效的教育措施解决问题的能力。教育机智可以概括为因材施教、因势利导、随机应变、掌握分寸、对症下药等。

典型例题　（2022·石家庄·单选）教师面对生动活泼的青少年，既要关注他们学识提高和品行培养，也要协调影响其成长的家长社会等各方面关系，体现了教师劳动的（　　）。

A. 及时性　　　　　　　　　　　　B. 长期性
C. 间接性　　　　　　　　　　　　D. 复杂性

【答案】D。

考点 2 教师劳动的长期性和间接性

1. 教师劳动的长期性
长期性指人才培养的周期比较长，教育的影响具有迟效性。"十年树木，百年树人"说明人才培养是长期的系统工程。

2. 教师劳动的间接性
教师劳动的间接性是指教师的劳动不直接创造物质财富，教师劳动的价值是以学生为中介实现的。

典型例题（2020·石家庄·单选）法国文学家加缪获得诺贝尔文学奖后，第一时间给他的小学老师写了一封信表示感谢。这反映了教师劳动具有（　　）。

A. 复杂性　　　　B. 创造性　　　　C. 长期性　　　　D. 示范性

【答案】C。

考点 3 教师劳动的主体性和示范性

1. 教师劳动的主体性
教师劳动的主体性是指教师自身可以成为活生生的教育因素和具有影响力的榜样。主体性表现在以下两个方面：①教育教学过程就是教师直接用自身的知识、智慧、品德影响学生的过程；②教师劳动工具的主体化，即教材、教具必须为教师自己所掌握，成为教师自己的东西，才能向学生传授。

2. 教师劳动的示范性
教师劳动的示范性是指教师的言行举止都会成为学生仿效的对象，教师的人品、才能、治学态度等都会影响学生的发展。教师劳动的示范性是由学生的可塑性、向师性和模仿心理特征决定的。"以身立教，为人师表""学高为师，德高为范"等体现了教师劳动的示范性。

考点 4 教师劳动的连续性和广延性

1. 教师劳动的连续性
教师劳动的连续性是指教师的劳动没有严格的交接班时间界限，这是由教师劳动对象的相对稳定性决定的。

2. 教师劳动的广延性
教师劳动的广延性是指教师的劳动没有严格的劳动场所界限，这是由影响学生发展因素的多样性决定的。

考点 5 教师劳动方式的个体性和劳动成果的群体性

1. 教师劳动方式的个体性
从劳动手段角度来看，教师的劳动主要是以个体劳动的形式进行的。教育教学活动主要是通过一个个教师的个体劳动来完成的。

2. 教师劳动成果的群体性
教师劳动成果的群体性是指教师的劳动成果是集体劳动和多方面影响的结果。教师的个体劳动最终都要融于教师的集体劳动之中，教育工作需要教师的群体劳动。

高分点睛

1.【常考题型】单选、多选、判断
2.【命题角度】
（1）直接考查或结合例子考查教师劳动的特点。例如，"教学有法而教无定法"反映了教师劳动的什么特点？答案：创造性。
（2）以多选的形式考查教师劳动具有哪些特点。

五、教师职业素养 ★★★

考点1 道德素养

1. 忠于人民的教育事业

忠于人民的教育事业是教师最基本的职业道德，是教师对待自己从事的教育事业的基本态度。

2. 热爱学生

热爱学生是教师职业道德的核心，也是教师对待自己的劳动对象的基本态度。

3. 团结协作

团结协作是教师对待其所属的劳动集体的基本态度。只有团结一致的教师集体，才能保证教育的一致性和完整性，才能使教师集体给学生集体以良好的道德影响。

4. 以身作则

以身作则是在教育过程中教师对待自己的基本态度。教师从事的是培养人的工作，教师劳动最有影响力的手段是"言传身教"。

典型例题（2020·石家庄·单选）教师职业道德的核心是（　　）。

A. 忠于教育事业　　　B. 热爱学生　　　C. 以身作则　　　D. 团结合作

【答案】B。

考点2 知识素养（教师合理的知识结构）

1. 说法一

（1）精深的专业知识（系统的学科专业知识）

教师必须精通所教学科领域的专业知识，掌握该学科的基本知识和基本技能、基本理论和学科体系，了解该学科最新的研究成果和研究发展动向。

（2）广博的文化基础知识（广博的科学文化知识、宽厚的文化素养）

基于科学知识日益融合和渗透、青少年多方面发展的要求，教师的专业知识应建立在广博的文化知识修养的基础之上。

（3）必备的教育科学知识（丰富的教育理论知识、坚实的教育专业知识）

教师要加强教育工作的科学性和有效性，就必须掌握教育科学知识。其中，教育学、心理学及各科教材教法是教师首先要掌握的最为基本的教育科学知识。

2. 说法二

辛涛、申继亮、林崇德将教师专业知识结构分为以下几个：①**本体性知识**（对应说法一中"精深的专业知识"）；②**条件性知识**，主要是教育学、心理学知识，包括学生身心发展的知识、教与学的知识以及学生成绩评价的知识（对应说法一中"必备的教育科学知识"）；③**实践性知识**，即课堂情境知识；④**文化知识**（对应说法一中"广博的文化基础知识"）。

典型例题（2022·邯郸·单选）语文教师所拥有的教育学、心理学方面的知识属于（　　）。

A. 本体性知识　　　　B. 实践性知识　　　　C. 条件性知识　　　　D. 通识性知识

【答案】C。

考点 3　能力素养（现代教师应具备的能力）

教师的能力素养包括以下几个方面。

（1）语言表达能力。语言是教师向学生传递教育信息的重要工具。教师要具有较强的语言表达能力。

（2）组织管理能力，主要包括确定合理目标和计划的能力和引导学生的能力。

（3）组织教育和教学的能力，主要包括以下几点：①善于制订教育教学工作计划，编写教案，组织教材；②善于组织课堂教学；③善于组织学校、家庭及社会各方面的教育力量，使各方面相互配合。

（4）自我调控和自我反思能力，主要表现为对自身的教育教学表现进行自我监督、自我反馈、自我反思、自我改进的能力及根据新情况、新问题调整自己的预定计划，适应变化的能力。

考点 4　健康的心理素质

教师健康的心理素质包括高尚的师德、愉悦的情感、良好的人际关系、健康的人格、昂扬振奋的精神及坚韧不拔的毅力等。

高分点睛

1.【常考题型】单选、多选

2.【命题角度】

（1）直接考查教师职业素养的内容。

（2）给出例子，要求判断其体现了何种教师职业素养。

第二节　学　生

一、现代学生观（新型学生观）★★

考点 1　学生是发展的人

1. 学生的身心发展是有规律的

学生身心发展的一般规律包括顺序性、阶段性、不平衡性、互补性、个别差异性等，教师必须依据学生的身心发展规律和特点开展教育活动。

2. 学生具有巨大的发展潜能

教师应坚信每个学生都是可以积极成长的，是可以获得成功的，要对教育好每一位学生充满信心。

3. 学生是处于发展过程中的人

作为发展的人，学生的不完善是正常的。教师应理解学生身上存在的不足，允许学生犯错误，并帮助学生解决问题、改正错误，从而不断促进学生的进步和发展。

4. 学生的发展是全面的发展

教师不仅要重视"知识与技能"的传授，更要看到"过程与方法""情感态度与价值观"的重要性，把学生培养成全面发展的人。

考点 2　学生是独特的人

1. 学生是完整的人

学生是有着丰富个性的完整的人。学习过程是伴随着交往、创造、追求、选择、意志努力等的综合过程，有学生整个内心世界的全面参与。

2. 每个学生都有自身的独特性

独特性意味着差异性。教师要尊重学生的差异，使每个学生都得到完全、自由的发展。

3. 学生与成人之间存在着巨大的差异

学生的观察、思考、选择和体验都和成人有明显的不同。所以，教师应把学生看成孩子，而不是一个成人。

考点 3　学生是具有独立意义的人

1. 每个学生都是独立的、不以教师的意志为转移的客观存在

教师不能把自己的意志和知识强加给学生，否则会挫伤学生的学习主动性和积极性，扼杀他们的学习兴趣，禁锢他们的思想，引起他们自觉或不自觉地抵制或抗拒。

2. 学生是学习的主体

学生只有通过自己读书，自己感受事物，自己观察、分析、思考，才能明白事理，才能掌握事物发展变化的规律。

3. 学生是责权主体

学生是责任主体，学校和教师要引导学生学会对学习、对生活、对自己、对他人负责，学会承担责任；学生是权利主体，学校和教师要保护学生的合法权利。

高分点睛

1.【常考题型】单选、多选、材料分析
2.【命题角度】
（1）结合例子或名言，要求判断其体现了哪一种现代学生观。
（2）要求根据材料中的情境并结合实际，论述教师应树立怎样的学生观。

二、学生的地位

考点1　学生的社会地位

学生的社会地位是指学生作为社会成员应具有的主体地位。

1989年，联合国大会通过了《儿童权利公约》，其核心精神在于确立青少年儿童的社会权利和主体地位。这一精神的基本原则包括儿童利益最佳原则、尊重儿童尊严原则、尊重儿童观点与意见原则、无歧视原则。

考点2　学生在教育过程中的地位 ★★★

现代教育理论认为，在教育过程中，学生既是教育的对象，又是学习、发展的主体。学生与教师在教育过程中处于平等地位，教师是平等中的首席。这种观点强调学生的主体地位，并不否定教师的主导作用。

1. 学生作为教育的对象，具有以下特点。

（1）可塑性。学生的品德、人格等各方面尚未定型，具有很大的发展潜力，极容易受外部环境因素的影响。"染于苍则苍，染于黄则黄"表明学生具有可塑性。

（2）依赖性。学生大多是未成年人，还不具备完全独立生活的能力。

（3）向师性。入学后，学生会自然地把教师当作他亲近、信赖、尊敬甚至崇拜的对象，并把教师作为获取知识的智囊、解决问题的顾问、行为举止的楷模。

2. 学生作为学习、发展的主体，具有主观能动性，主要表现在自觉性、独立性、创造性三个方面。

（1）自觉性，也称主动性。这是学生主观能动性的最基本表现。它表现为学生根据一定的目标或要求，或在某种情境的激发下，自行采取相应态度或行为。

（2）独立性，也称自主性。这是自觉性进一步发展的表现。它表现为学生不仅具有自觉性，而且能自行确定或选择符合自身需要、特点和条件的目标及行动方式，并能在实现目标的行动中自我监督和调控。

（3）创造性。这是学生主观能动性的最高表现。它表现为学生不仅具有自觉性和独立性，而且有超越意识，如超越书本、超越教师、超越自己和群体等。

典型例题　（2021·石家庄·单选）（　　）是学生主观能动性最基本的表现。

A. 自主性　　　　B. 自觉性　　　　C. 独立性　　　　D. 创造性

【答案】B。

高分点睛

1.【常考题型】单选、多选

2.【命题角度】

（1）直接考查《儿童权利公约》确定的保护儿童的基本原则。

（2）考查现代教育理论中学生在教育过程中的地位。

（3）给出例子，要求判断其体现了学生的哪种特点。例如，"学生各方面还不成熟，极易受外部环境的影响"说明学生具有什么特点？答案：可塑性。

第三节　师生关系

一、师生关系的含义

师生关系是指教师和学生为完成一定的教育教学任务，在教育教学活动中结成的相互关系，包括彼此所处的地位、作用和相互对待的态度等。师生关系是教育活动过程中最基本、最重要的人际关系。

二、师生关系的表现形式

考点1　从对师生关系的意义及稳定性的角度分析 ★★★

1. 以年轻一代成长为目标的社会关系

社会关系是教师作为成人社会的代表与学生作为未成年的社会成员在教育教学中结成的代际关系、政治关系、文化关系、道德关系和法律关系等，具有规范性、稳定性的特点。

2. 以直接促进学生发展为目标的教育关系

教育关系也称工作关系，是指教师和学生在教育教学活动中为促进学生的整体发展和自主发展而结成的教育与被教育、组织与被组织、引导与被引导等主体间关系。教育关系是学校师生关系中最基本的关系。

3. 以维持和发展教育关系为目标的心理关系

心理关系是指教师和学生为了维持和发展教育关系而构成的内在联系，具有情境性、弥散性等特点。

典型例题　（2020·石家庄·多选）由教师与学生形成的社会关系具有（　　）。

A. 规范性　　　　　B. 弥散性　　　　　C. 情境性　　　　　D. 稳定性

E. 等级性

【答案】AD。

考点2　从系统管理学的角度分析

从系统管理学的角度看，师生关系体系包含师生之间的伦理关系、管理关系、心理关系、法律关系、人际关系等。其中，伦理关系居于最高层次，对其他关系形式具有指导、约束和规范的作用；人际关系是其他关系的基础。

高分点睛

1.【常考题型】单选、多选

2.【命题角度】

（1）直接考查师生关系的主要表现形式有哪些。

（2）考查师生教育关系、伦理关系、人际关系的地位。例如，师生关系中，具有约束和规范作用的最高层次关系是什么？答案：伦理关系。

三、师生关系的内容 ★★★

1. 师生在教育内容的教学上是授受关系

（1）从教师与学生的社会角色规定的意义上看，教师是传授者，学生是接受者。

（2）学生在教学中主体性的实现，既是教育目的的实现，又是教育成功的条件。

（3）对学生的指导、引导的目的是促进学生的自主发展。

2. 师生在人格上是平等关系

（1）学生作为独立的社会个体，在人格上与教师是平等的。

（2）教师和学生是一种朋友式的友好帮助关系。

3. 师生在社会道德上是相互促进关系

（1）师生关系在本质上是一种人与人的关系。

（2）教学永远具有教育性。教师对学生不仅仅是知识和智力上的影响，更是思想和人格上的影响。

典型例题（2020·廊坊·单选）师生关系在人格上是（　　）的关系。

A. 授受　　　　　　　　　　B. 民主平等

C. 相互促进　　　　　　　　D. 依附

【答案】B。

高分点睛

1.【常考题型】单选、判断

2.【命题角度】考查师生在教学内容、人格、社会道德方面分别是什么关系。

四、师生关系在教育中的作用（建立良好师生关系的意义）

（1）良好的师生关系是教育教学活动顺利进行的重要条件。

（2）师生关系是衡量教师和学生学校生活质量的重要指标。

（3）师生关系是一种重要的课程资源和校园文化。

五、师生关系的类型（模式）

教师的领导方式对师生关系有直接影响。心理学家勒温曾将教师的领导方式分为专断型（权威型、专制型、集权型）、放任型和民主型三种，后来李皮特和怀特在勒温的基础上，将专断型分为强硬专断型、仁慈专断型，即教师的领导方式可分为强硬专断型、仁慈专断型、放任型和民主型四种。这四种领导方式的具体内容见表 1-5-1。

表 1-5-1　不同类型的教师领导方式的特征及学生的典型反应

类型	特征（教师的心理特征及行为表现）	学生的典型反应
强硬专断型	①对学生时时严加监视 ②要求学生即刻无条件地接受一切命令——严厉的纪律 ③认为表扬可能宠坏学生，所以很少表扬 ④认为没有教师监督，学生就不可能自觉学习	①屈服，但一开始就不喜欢甚至厌恶这种教师 ②推卸责任是常见的事 ③学生易激怒，不愿合作，而且可能会在背后伤人 ④教师一离开课堂，学生就明显松垮
仁慈专断型	①不认为自己是一个专断横行的人 ②表扬学生，关心学生 ③专断的症结在于自信 ④以"我"为班级一切工作的标准	①大部分学生喜欢他，但看穿他这套方法的学生可能会恨他 ②在各方面都依赖教师，缺乏创造性 ③屈从并缺乏个性 ④班级工作的量可能是多的，而且质也可能是好的
放任型（放任自流型）	①在和学生打交道中几乎没有什么信心，或认为学生爱怎样就怎样 ②很难做出决定 ③没有明确的目标 ④既不鼓励学生，也不反对学生；既不参加学生的活动，也不提供帮助或方法	①不仅道德差，而且学习差 ②学生中有许多"推卸责任""寻找替罪羊""容易激怒"的行为 ③没有合作 ④谁也不知道该做什么
民主型	①和集体共同制订计划和做出决定 ②在不损害集体利益的情况下，很乐意给个别学生以帮助、指导 ③尽可能鼓励集体的活动 ④给予客观的表扬与批评	①学生喜欢学习，喜欢同别人尤其是教师一起工作 ②学生工作的质和量都很高 ③学生相互鼓励，而且独自承担某些责任 ④无论教师在不在课堂，学生都有学习动机

民主型师生关系是理想的师生关系类型，有利于师生情感的交流和沟通，促进学生的全面发展，促进学生良好个性的发展和创造性的培养。

高分点睛

1.【常考题型】单选、多选

2.【命题角度】

（1）给出例子或关键词，要求判断其属于哪种教师领导方式。

（2）考查教师领导方式的类型有哪些或不同的教师领导方式下学生的表现。

六、我国新型师生关系（良好师生关系）的特点 ★★★

1. 尊师爱生
学生应尊敬教师，教师应当热爱学生，这是建立良好师生关系的感情基础。

2. 民主平等
教师要调动学生的积极性，把学生当作学习的主人，平等对待学生，尊重学生的人格。民主平等是现代师生关系的核心要求。

3. 教学相长
"学然后知不足，教然后知困"，教与学、教师与学生是相互促进的。教学相长包括三层含义：①教师的教可以促进学生的学；②教师可以向学生学习；③学生可以超越教师。

4. 心理相容
心理相容是群体成员在心理和行为上的彼此协调一致和相互理解。它在教学实施过程中表现为师生之间关系密切、感情融洽、平等合作的和谐人际关系。

也有学者提出，良好师生关系的标准有以下三点：①尊师爱生，相互配合；②民主平等，和谐融洽；③合作共享，共同成长。

> **高分点睛**
> 1.【常考题型】单选、多选
> 2.【命题角度】直接考查我国新型师生关系（良好师生关系）的特点包括哪些内容。

七、良好师生关系的建立

考点1　影响师生关系的因素 ★★

1. 教师方面
教师方面的因素主要有以下几个：①教师对学生的态度；②教师的领导方式；③教师的智慧；④教师的人格因素，教师的人格对建立新型的师生关系起着关键作用。

2. 学生方面
学生对教师的认识是影响师生关系的主要因素。许多调查表明：学生认为教师喜欢自己，就会主动亲近这位教师；学生认为教师瞧不起自己，就会主动疏远教师。

3. 环境方面
影响师生关系的环境因素主要是学校的人际关系环境和课堂的组织环境等。

人际关系环境包括学校领导与教师的关系、教师与教师的关系、教师与家长的关系等；课堂的组织环境主要包括教室的布置、座位的排列、学生的人数等。

典型例题（2021·石家庄·多选）课堂的组织环境主要包括（　　）。

A. 教室的布置　　B. 座位的排列　　C. 学生的人数　　D. 教师的态度

【答案】ABC。

考点 2　良好师生关系建立的基本策略

为了建立良好的师生关系，教师应做到以下几点。

1. 了解和研究学生

了解和研究学生包括了解学生个体的思想意识、道德品质、兴趣、需要、知识水平、学习态度和方法、个性特点、身体状况，班集体的特点及其形成原因。

2. 树立正确的学生观

学生观是教师对学生的基本看法和态度。教师应把学生看作发展的人、独特的人、具有独立意义的人。

3. 热爱、尊重学生，公平公正对待学生

教师要热爱学生，对学生充满爱心，忌挖苦、讽刺学生，忌粗暴对待学生；要尊重学生的人格，保护学生的自尊心；处理问题必须公正无私，使学生心悦诚服。

4. 主动与学生沟通，善于与学生交往

师生关系一般要经历接触、亲近、共鸣、信赖等阶段。教师要发挥沟通与交往的主动性，经常与学生保持接触、交心，同时还要掌握与学生交往的策略和技巧。

5. 努力提高自我修养，健全自身人格

教师的素质是影响师生关系的核心因素。教师的师德修养、知识能力、教育态度、个性心理品质会对学生产生深刻的影响。教师必须做到以下几点：①加强学习和研究；②经常进行自我反思，正确评价自己，克服个人的偏见和定势；③培养自己多方面的兴趣和积极向上的人生观；④学会自我控制，培养耐心、豁达、宽容、理解等个性品质。

6. 发扬教育民主

民主平等是现代师生伦理关系的核心要求。教师要以平等的态度对待学生，尊重学生的看法，鼓励学生质疑，同时要营造民主的氛围，保护学生的积极性，保证学生具有安全感。

7. 正确处理师生矛盾

教师要善于驾驭自己的情绪，冷静全面地分析矛盾，正视自身的问题，敢于做自我批评，对学生的错误进行耐心的说服教育或必要的等待、解释，设身处地地为学生着想，帮助学生，启发学生自省改错。

8. 提高法制意识，保护学生的合法权利

教师要提高法制意识，明确师生的权利与义务，切实依法保护学生的合法权利。

9. 加强师德建设，纯化师生关系

教师应加强自身修养，提高抵御不良社会风气的积极性和能力。同时，要更新管理观念，树立以人为本的管理思想，为师生关系的纯化创造有利的教育环境。

高分点睛

1.【常考题型】单选、多选

2.【命题角度】结合教育情境考查或直接考查影响师生关系的因素、良好师生关系建立的基本策略。

第六章 课　程

第一节　课程概述

一、课程的由来及定义

考点1　"课程"一词的由来

在我国，"课程"一词最早见于唐代孔颖达为《诗经·小雅》的注疏中："以教护课程（或维护课程），必君子监之，乃得依法制也。"这里的"课程"指礼仪活动的程式，与如今课程的含义相差较大。

南宋朱熹在《朱子全书·论学》中曾多次用到"课程"一词，如"宽着期限，紧着课程""小立课程，大作工夫"。这里的"课程"指功课及其进程，与现今"课程"的含义比较相近。

在西方，英国教育家斯宾塞在其著作《什么知识最有价值》中提出了"课程"（curriculum）一词，意思是"组织起来的教育内容"。该词源于拉丁语，原意为"跑道"。据此，西方常见的课程定义是"学习的进程"。

美国学者博比特于1918年出版的《课程》是教育史上第一本课程理论专著，标志着课程作为专门研究领域的诞生。

考点2　课程的定义

一般认为，广义的课程是指各级各类学校为实现培养目标而规定的学习科目及其进程的总和，包括学校教师所教授的各门学科和有目的、有计划的各种教育活动。狭义的课程特指某一门学科。

> **高分点睛**
>
> 1.【常考题型】单选、判断
>
> 2.【命题角度】
>
> （1）直接考查我国和西方"课程"来源涉及的相关人物及其观点、著作等。
>
> （2）直接考查课程的定义。

二、课程的类型 ★★★

考点1　学科课程和活动课程（根据学科固有的属性划分）

1. 学科课程

学科课程是以文化知识为基础，从不同的知识领域或学术领域选择一定的内容，根据知识的逻辑体系，将所选出的知识组织为学科的课程。学科课程是最古老、使用范围最广的课程类型。其主导价值在于传承人类文明，使学生掌握、传递和发展千百年来人类积累起来的知识文化遗产。例如，我国中小学开设的语文、数学、历史等课程。

优点：①按照科学门类组织教材，系统传授文化遗产，知识涵盖量大，科学性强；②教学内容逻辑性强，符合儿童认知发展阶段的特点；③便于教师教学和发挥主导作用，保证学生在有限时间内接受更多间接经验；④易于学校组织教学和课程评价。

缺点：①容易导致重视记忆知识，轻视技能和能力培养；②仅从教材出发，教学内容与学生生活实际脱节，较少考虑学生兴趣、需要及能动性；③教学上的整齐划一不利于因材施教。

2. 活动课程（经验课程）

活动课程也称经验课程，是从学生的兴趣和需要出发，以学生的主体性活动或经验为中心组织的课程。其主导价值在于使学生获得关于现实世界的直接经验和真切体验。

优点：①开阔学生的思维，打破传统学科框架；②尊重学生主动精神，强调课程要适合儿童兴趣、需要和经验；③培养学生自律性、创造性和自学能力，促进个性发展。

缺点：①过分强调儿童"亲身体验"，课程内容及安排往往没有严格计划，忽视基础知识传授的系统性、逻辑性；②否认教师在教学过程中的主导地位；③容易导致教学质量下降。

典型例题（2022·石家庄·单选）从学生的兴趣和需要出发，以学生经验为基础组织的课程是（　　）。

A. 核心课程　　　　B. 分科课程　　　　C. 学科课程　　　　D. 活动课程

【答案】D。

考点 2　分科课程和综合课程（根据课程内容的组织形式划分）

1. 分科课程

分科课程是一种单学科的课程组织模式，它强调不同课程之间的相对独立性和一门学科的逻辑体系完整性。其主导价值在于使学生获得逻辑严密和条理清晰的文化知识。

2. 综合课程

综合课程是指打破传统的学科课程的知识领域，组合两门或两门以上学科领域而构成的课程。它强调学科之间的关联性、统一性和内在联系，是基于各门学科内在联系编制而成的课程。其主导价值在于通过相关学科的整合，促进学生认识的整体性发展，并形成把握和解决问题的全面的视野与方法。

根据综合程度及其不同的发展轨迹，综合课程可分为以下四种。

（1）相关课程是把两门或两门以上学科知识综合在一门课程中，但不打破原来的学科界限。例如，把语文与历史，数学与物理、化学关联起来。

图 1-6-1　综合课程

（2）融合课程是把相关学科内容融为一门学科，融合之后原来学科之间的界限不复存在。例如，动物学、植物学、微生物学、遗传学融合为生物学。

（3）广域课程是合并数门相邻学科内容而形成的综合性课程，其综合范围和综合程度高于融合课程，不仅横跨一个知识门类中的学科，而且横跨不同知识门类中的学科。例如，把地理、历史综合形成社会研究课程；把物理、化学、生物、生态、生理、实用技术综合成自然课程。

（4）核心课程是以某一社会或自然问题为核心，将几门学科综合起来的课程。例如，以冲突、暴力、民主、平等、公正等社会问题为核心，从心理学、社会学、政治学等角度进行分析的课程。

典型例题（2020·石家庄·单选）注重使学生获得体系严密、逻辑清晰的知识的课程是（   ）。

A. 分科课程　　　　　　　　　　　B. 综合课程
C. 显性课程　　　　　　　　　　　D. 国家课程

【答案】A。

考点3　必修课程和选修课程（根据对学生学习的要求划分）

1. 必修课程

必修课程是指国家、地方或学校规定，学生必须学习的公共课程，是为了保证所有学生的基础学力而开发的课程。必修课程的根本特性是强制性，其主导价值在于培养和发展学生的共性。

2. 选修课程

选修课程是为了适应学生的兴趣、爱好和人生发展规划而开设，允许学生在一定条件下自由选择的课程。

3. 必修课程与选修课程的关系

（1）从课程价值观上看，二者的关系是"公平发展"与"个性发展"之间的关系。

（2）从实现学校培养目标来看，二者具有等价性，不存在主次关系，选修课程不是必修课程的附庸和陪衬，它是具有相对独立性的一个课程领域。

（3）二者相互渗透、相互作用，既相对独立，又有内在统一性。

考点4　国家课程、地方课程和校本课程（根据课程设计、开发和管理主体划分）

1. 国家课程

国家课程是由中央教育行政机构自上而下负责编制、实施及评价的课程，其管理权属于中央级教育机关。国家课程是一级课程，其主导价值在于通过课程体现国家的教育意志，确保所有国民的共同基本素质。

2. 地方课程

地方课程是地方各级教育行政主管部门以国家课程标准为基础，在一定的教育思想和课程观念的指导下，根据地方经济特点和文化发展等实际情况而设计的课程。地方课程属于二级课程，其主导价值在于通过课程满足地方社会发展的现实需要。例如，某沿海城市在义务教育阶段的学校全面开设的海洋教育课程。

地方课程具有地域性、针对性、社会性、探究性等特征。

3.校本课程

校本课程是以学校为课程编制主体，学校自主开发与实施的课程。校本课程属于三级课程，其主导价值在于通过课程展示学校的办学宗旨和特色。例如，某学校开发的介绍当地民俗、物产与人物的课程。

校本课程是对国家课程、地方课程的丰富和补充，其开发的目的是满足学生和社区的发展需要。校本课程可以是选修课程、活动课程或非正式课程，也可以是必修课程、正式课程。

典型例题 （2021·保定·单选）某学校根据当地资源优势，将剪纸艺术开发成课程，并编印教材，制订教学计划与考核方案，把剪纸课程排入课表。按照相关的课程分类标准，这类课程属于（　　）。

A.隐性课程　　　　B.国家课程　　　　C.校本课程　　　　D.核心课程

【答案】C。

考点5　基础型课程、拓展型课程和研究型课程（根据课程任务划分）

1.基础型课程

基础型课程注重培养学生的基础学力，即培养学生作为一个公民必需的以"三基"（读、写、算）为中心的基础教养，是中小学课程的主要组成部分。基础型课程是必修的、共同的课程。

2.拓展型课程

拓展型课程注重拓展学生的知识与能力，开阔学生的知识视野，发展学生不同的特殊能力，并迁移到其他方面的学习。拓展型课程常常以选修课的形式出现。

3.研究型课程

研究型课程注重培养学生的探究态度与能力。

考点6　显性课程和隐性课程（根据课程的呈现方式或对学生的影响方式划分）

1.显性课程

显性课程也称公开课程，是指学校情境中以直接的、明显的方式呈现的课程。其特征是计划性，这是区分显性课程与隐性课程的主要标志。

2.隐性课程

（1）内涵

隐性课程也称潜在课程、自发课程等，是指学校情境中以间接的、内隐的方式呈现的课程。

（2）主要表现形式

观念性隐性课程，包括隐藏于显性课程之中的意识形态，学校的校风、学风，有关领导与教师的教育理念、价值观、知识观、教学风格、教学指导思想等。

物质性隐性课程，包括学校建筑、教室的布置、校园环境等。

制度性隐性课程，包括学校管理体制、学校组织机构、班级管理方式、班级运行方式等。

心理性隐性课程，主要包括学校人际关系状况，师生特有的心态、行为方式等。

3. 显性课程与隐性课程的关系

（1）显性课程是以直接的、明显的方式呈现的课程，它对课程的实施者和学习者来说都是有意识的；隐性课程对于某一个或某几个课程主体来说是内隐的、无意识的。

（2）显性课程的实施总是伴随着隐性课程，隐性课程总是蕴藏在显性课程的实施和评价过程之中。

（3）隐性课程可以转化为显性课程。

典型例题 1.（2022·邯郸/石家庄·单选）校风、班风、学风属于（　　）。

A. 显性课程　　　　B. 隐性课程　　　　C. 活动课程　　　　D. 学科课程

【答案】B。

2.（2021·石家庄·单选）学校组织机构、班级管理方式、班级运行方式属于（　　）。

A. 观念性隐性课程　　　　　　　　B. 物质性隐性课程

C. 制度性隐性课程　　　　　　　　D. 心理性隐性课程

【答案】C。

考点7　古德莱德归纳的五种课程

（1）理想的课程，是指由研究机构、学术团体和课程专家提出的应该开设的课程。

（2）正式的课程，是指由教育行政部门规定的课程计划、课程标准和教材。例如，课程表中的课程。

（3）领悟的课程，是指任课教师领悟的课程。这种课程与正式课程之间可能会产生一定的距离，从而减弱正式课程的某些预期的影响。

（4）运作的课程，是指在课堂上实际实施的课程。在实施中，教师常常会根据学生的反应随时进行调整。

（5）经验的课程，是指学生在课堂学习中实实在在体验到的东西，即课程经验。

典型例题（2021·石家庄·单选）美国学者古德莱德归纳的课程中，由研究机构、学术团体和课程专家提出应该开设的课程属于（　　）。

A. 领悟的课程　　　　　　　　　　B. 正式的课程

C. 理想的课程　　　　　　　　　　D. 经验的课程

【答案】C。

高分点睛

1.【常考题型】单选、多选、判断

2.【命题角度】

（1）呈现分类标准、关键词、例子，要求选出对应的课程类型（包括综合课程的四种类型）。例如，目前我国小学开设的"语文""数学""英语"课程属于什么课程？答案：学科课程。

（2）考查各类课程之间的关系。如必修课程与选修课程的关系。

（3）考查学科课程、活动课程的优缺点。

三、制约课程的主要因素

课程反映一定社会的政治、经济的要求，受一定社会生产力和科学文化发展水平以及学生身心发展规律的制约。社会、知识、学生（儿童）是制约学校课程的三大因素。

（1）一定历史时期社会发展的要求及提供的可能（社会要求）。

（2）一定时代人类文化及科学技术发展水平（学科知识水平）。

（3）学生的年龄特征、知识、能力基础及其可接受性（学习者身心发展的需求）。

此外，建立在不同的教育哲学理论基础上的课程论及课程的历史传统，对课程产生重要的结构性影响。

注意：正因为这三大因素制约学校课程，所以它们也是影响课程开发的主要因素，是确立课程目标的主要依据，是制约课程内容选择的主要因素。

四、课程理论的主要流派 ★★★

考点1　学科（知识）中心课程论

1. 代表人物及基本主张

学科中心课程论又称知识中心课程论，以斯宾塞、赫尔巴特和布鲁纳为代表，主张学校教育应以学科分类为基础，以学科知识为中心，以掌握学科的基本知识、基本规律和相应的技能为目标，教师的任务是把各门学科的知识教给学生，学生的任务是掌握各门学科知识。

2. 代表理论

（1）结构主义课程论，主要代表人物是布鲁纳。该理论强调以学科结构为课程中心，学科基本结构的学习应与儿童的认识发展水平一致。

（2）要素主义课程论，主要代表人物是巴格莱。该理论强调课程的内容应该是人类文化的共同要素，重视系统知识的传授，以学科课程为中心。

（3）永恒主义课程论，主要代表人物是赫钦斯。该理论强调具有理智训练价值的传统的"永恒学科"的价值高于实用学科的价值，永恒的古典学科应该在学校课程中占中心地位。

典型例题　（2021·石家庄·单选）(　　)包括要素主义、永恒主义和结构主义课程理论。

A. 经验主义课程理论　　　　　　　B. 学科中心主义课程理论

C. 存在主义课程理论　　　　　　　D. 社会改造主义课程理论

【答案】B。

考点2　社会中心课程论

社会中心课程论又称社会改造主义课程论，其主要代表人物为布拉梅尔德、金蒂斯、布尔迪厄。

该理论认为应该把课程的重点放在当代社会的问题、社会的主要功能、学生关心的社会现象以及社会改造和社会活动计划上。其核心观点在于课程不应该帮助学生去适应社会，而是要建立一种新的社会秩序和社会文化。其特点如下：①主张学生尽可能多地参与到社会中去；②主张课程以广泛的社会问题为中心。

考点3　学习者中心课程论

1. 经验主义课程论（儿童中心课程论、活动中心课程论）

经验主义课程论以杜威为代表，是以儿童的现实生活特别是活动为中心来编制课程的理论。

基本主张：①儿童是课程的出发点、中心和目的。②学校课程应以儿童的兴趣或生活为基础。③打破严格的学科界限，有步骤地扩充学习单元和组织教材，强调在活动中学习。④课程组织应将教材心理学化，考虑儿童心理发展的次序，以利用其既有的经验和能力。⑤以主动作业形式实施课程。主动作业是代表儿童活动的一种形式，是创设获得经验的实际情境的主要手段，是儿童的兴趣所在，是儿童获得知识的最自然的方法，在课程中占首要地位。

2. 存在主义课程论

存在主义课程论的主要代表人物是奈勒。该理论认为课程的功能是要为每一个学习者提供有助于个人自由和发展的经验，如果知识不能引起学习者的感情，就不可能是明确的知识。促进学生的自我实现是存在主义课程的核心。

基本主张：①教育的根本目的是促进人格的完成，真正的教育实际上就是品格教育。②教材是学生自我发展和自我实现的手段，人文学科应该成为课程的重点。③理想的课程应承认每个人在经验上的差异，以学生的兴趣作为学习计划与活动的根据。

3. 人本主义课程论

人本主义课程论的主要代表人物是罗杰斯和马斯洛。该理论认为教育要创设安全、自由的环境，促进儿童有意义的学习，逐步走向创造，实现培养"知情合一"的人或"完成的人"的目标。

典型例题　（2021·石家庄·单选）存在主义课程论认为教材是（　　）。

A. 对学生进行心智训练的材料　　　　B. 对学生谋求职业做好准备的手段

C. 给学生确立学习目标的依据　　　　D. 学生自我发展和自我实现的手段

【答案】D。

高分点睛

1.【常考题型】单选、多选

2.【命题角度】直接考查各课程理论的观点、代表人物。例如，"要素主义课程论"和"结构主义课程论"主张的课程观是什么？答案：学科中心。

第二节　课程开发

课程开发一般是指综合考虑学校教育的相关现实条件和目标，权衡并依据一定的价值取向，对课程中的各要素及其整体做出决定的过程。它包括确定课程目标、选择和组织课程内容、实施课程和评价课程等阶段。

课程开发应遵循超前性、多元性、基础性、灵活性、实践性原则。

一、课程开发的模式

考点1 目标模式

1. 代表人物和著作

目标模式的代表人物是泰勒，他被誉为现代评价理论之父、当代课程评价之父。他于1949年出版《课程与教学的基本原理》一书，该书被誉为现代课程理论的奠基石、现代课程理论的圣经。

2. 主要观点

泰勒指出，开发任何课程的教学计划都必须回答以下四个基本问题。

（1）学校应该试图达到什么教育目标？

（2）提供什么教育经验最有可能达到这些目标？

（3）怎样有效组织这些教育经验？泰勒提出了组织经验的三条准则：连续性、顺序性和整合性。

（4）我们如何确定这些目标正在得到实现？泰勒提出课程评价的四个步骤：①确立评价目标；②确定评价情境；③编制评价工具；④利用评价结果。

这四个基本问题——确定教育目标（确定课程目标）、选择教育经验（根据目标选择课程内容或教学内容）、组织教育经验（根据目标组织课程内容或教学内容）、评价教育效果（根据目标评价课程）构成著名的"泰勒原理"。其中，确定教育目标是最为关键的一步，因为其他所有步骤都是围绕目标而展开的。

3. 评价

优点：①可以应用于任何学科、任何水平的教材与教学方案的设计和处理；②提出了一系列容易掌握的、具体化的、层次化的程序和方法；③为课程开发提供了明确的方向和指南，推动了课程开发的科学化、合理化进程。

局限性：①强调课程设计的程序以及方法的技术化处理，导致的是价值与事实的脱节；②过分强调明确而具体的预设性教育目标，忽视了学生的需求。

考点2 过程模式

1. 代表人物

过程模式的思想渊源可以追溯到卢梭及其后的进步主义教育运动。其主要代表人物是斯腾豪斯。

2. 主要观点

过程模式强调课程开发关注的应是过程，而不是目的。它不预先指定目标，而是详细说明内容和过程中的各种原理，然后在教育活动、经验中，不断改进、修正。

3. 评价

优点：过程模式从一定程度上弥补了目标模式的局限性，否定了目标模式关于确立和表述课程目标的行为主义和机械主义偏向，肯定课程研究的重要性和课程内容的内在价值，并强调学习者的主动参与和探究学习，重视学生的思考能力和创造性的培养，使课程开发趋于成熟、完整。

局限性：在课程开发的程序设计上没有提出一个更为明确的方案，缺乏具体的步骤。

高分点睛

1. 【常考题型】单选、多选、判断

2. 【命题角度】考查课程开发模式的代表人物及其著作和主要观点。例如，被誉为"现代课程理论的圣经"的是什么？答案：泰勒的《课程与教学的基本原理》。

二、课程目标

考点1 课程目标的含义和类型

1. 含义

课程目标是受教育者在学习完某一课程门类或科目以后，在身心各方面所能达到的发展水平。课程目标是课程开发首先要解决的问题，是指导整个课程编制过程的最关键的准则。

2. 分类

我国基础教育课程标准在目标分类上包括三类：结果性目标、体验性目标与表现性目标。

（1）结果性目标。即说明学生的学习结果是什么，行为动词具体明确、可观测、可量化。主要应用于"知识与技能"领域。例如，"运用地图，说出我国地形地势的主要特征""认识常用汉字1600~1800个"等。

（2）体验性目标。即描述学生自己的心理感受、情绪体验，采用的行为动词往往是历时性的、过程性的，主要对应于"过程与方法""情感态度与价值观"领域。例如，领悟数学发展是生活实际的需要，激发学生学习数学的兴趣。

（3）表现性目标。即明确安排学生各种各样的表现机会，采用的行为动词通常是与学生表现什么有关的或者结果是开放性的。例如，列出自己印象最深的三件事并说明理由。

考点2 课程目标的取向 ★★

1. 普遍性目标取向

普遍性目标是根据一定的哲学或伦理观、意识形态、社会政治需要，对课程进行总括性和原则性规范与指导的目标，一般表现为对课程有较大影响的教育宗旨或教育目的。它对各门学科都有普遍的指导价值。例如，《大学》提出的"格物、致知、诚意、正心、修身、齐家、治国、平天下"的教育宗旨，即典型的普遍性目标。

2. 行为性目标取向

行为性目标指明了课程与教学过程结束后学生身上发生的行为变化，即期待的学生的学习结果。行为性目标具体、明确，便于操作、评价，对于学习以训练知识、技能为主的课程内容较为适合。行为取向的课程论主要有泰勒的课程目标理论和布卢姆的教育目标分类学等。例如，教师要求学生简述核酸的结构和功能，说出水和无机盐的作用。

3. 生成性目标取向

生成性目标不是由外部事先规定的目标，而是在教育情境之中随着教育过程的展开而自然生成的目标，它关注学习活动的过程，考虑学生的兴趣、能力差异，强调目标的适应性、生成性。生成性目标取向的渊源可以上溯到杜威"教育即生长"的命题。例如，学生突然提出一个全班感兴趣的问题，教师围绕这个问题展开教学，该后半节教学目标就属于生成性目标。

4. 表现性目标取向

表现性目标是指在教育情境的种种经历中，每一个学生个性化的创造性表现，关注学生的创造精神、批判思维，适合以学生活动为主的课程安排。例如，教师让学生利用画笔、卡纸和模具完成创意制作。

考点3 三维课程目标

新课程改革倡导的三维课程目标包括知识与技能、过程与方法、情感态度与价值观，与布卢姆提出的认知、动作技能、情感三大领域教育目标类型基本一致。三维课程目标是一个整体，三个方面互相联系，融为一体。

1."知识与技能"目标

"知识与技能"目标强调基础知识和基本技能的获得，相当于传统的"双基教学"，是课程目标中的基础性目标。例如，掌握圆的周长计算公式。

2."过程与方法"目标

"过程与方法"目标是指使学生在获得基础知识和基本技能的过程中学会学习的方法，培养学生各方面的能力，强调让学生"学会学习"。例如，《位置与方向》的课程目标之一是通过解决实际问题，体会确定位置在生活中的应用和探索确定位置的有效方法。

3."情感态度与价值观"目标

"情感态度与价值观"目标是对学生对待事物的基本看法与倾向性的要求，主要发展学生的非智力因素。例如，"加强学生对我国文化的了解，增强学生对我国文化的自豪感"属于情感态度与价值观目标。

> **高分点睛**
>
> 1.【常考题型】单选、多选、判断
>
> 2.【命题角度】
>
> （1）给出例子，要求判断其体现了哪种课程目标或课程目标取向。
>
> （2）考查课程目标或课程目标取向具体包括哪几种。

三、课程内容 ★★★

课程内容是根据课程目标，有目的地选择的一系列直接经验和间接经验的总和，是从人类的经验体系中选择出来，并按照一定的逻辑序列组织编排而成的知识体系和经验体系。

考点1　课程内容的文本表现形式

课程计划、课程标准、教材（教科书）是课程内容文本的一般表现形式。

1. 课程计划

（1）含义

1992年，原国家教委在制定《九年义务教育全日制小学、初级中学课程方案（试行）》时，把"教学计划"更名为"课程计划"。

课程计划是课程设置与编排的总体规划，是教育行政部门依据一定的教育目的和培养目标制定的有关学校教育和教学工作的指导性文件。

（2）构成要素

课程计划对学校的教学、生产劳动、课外活动等做出全面安排，具体规定了教学科目的设置（课程设置）、学科顺序（课程开设顺序）、课时分配（教学时数）、学年编制与学周安排。其中，开设哪些学科（课程设置）是课程计划的中心和首要问题。

（3）意义

课程计划体现了国家对学校的统一要求，是各级各类学校办学的基本纲领和组织教育教学工作的重要依据，也是学校安排课程检查、衡量学校工作和质量的基本依据。

（4）义务教育阶段课程计划的特征

①强制性。义务教育课程计划不是普通的课程计划，它是国家实施义务教育的具体保障，其制订依据是《中华人民共和国义务教育法》。义务教育的课程计划是义务教育法的实施计划，体现了义务教育法的基本精神。

②普遍性。义务教育课程计划的适用范围要比普通的课程计划广得多，它规定的培养目标和课程设置等是针对全国绝大多数学校、绝大部分地区和绝大多数学生的，既不过高也不过低，坚持"下要保底，上不封顶"。

③基础性。义务教育课程计划的作用在于充分保证为学生的各项素质全面和谐的发展打下良好基础。课程门类要齐全，不能重此轻彼，各门课程的课时比重要恰当。

2. 课程标准 ★★★

（1）含义

我国从2001年开始推行基础教育课程改革，以"课程标准"取代原来使用的"教学大纲"概念，"课程标准"也被称为"新课程纲领"。

课程标准是指在一定课程理论的指导下，依据培养目标和课程方案，以纲要的形式编制的关于教学科目内容、教学实施建议及课程资源开发等方面的指导性文件。它规定了学科的教学目的与任务，知识的范围、深度和结构，教学进度及有关教学法的基本要求。课程标准具有可评估性、可理解性、可完成性、可伸缩性等性质。

（2）构成要素

完整的课程标准包括前言、课程目标、内容标准、实施建议（教学建议、评价建议、教材编写建议、课程资源开发与利用建议等）、附录（术语解释、案例等）五部分。

（3）意义

课程标准是课程计划的具体化，是课程计划的分学科展开，它体现了国家对每门学科教学的统一要求。课程标准是教材编写和教师进行教学的直接依据，是考试命题的依据，是衡量各科教学质量的重要标准，也是国家管理和评价课程的基础。

3. 教材

（1）含义

广义的教材是指教师和学生进行教学活动的材料，包括教科书、讲义、补充读物、讲授提纲、参考书、活动指导书以及各种视听材料。其中，教科书和讲义是教材的主体部分，故人们常把教科书和讲义简称为教材。狭义的教材指教科书。

（2）意义

教材是课程标准的具体化，是课程资源的核心部分，是教学活动的载体、落实课程标准的媒介，也是教师开展教学活动的主要依据，学生学习、获得系统知识的主要材料。

（3）编写教材（教科书）的基本原则和要求

①科学性与思想性统一。

②强调内容的基础性与普适性。

③知识的内在逻辑与教学法要求统一。

④理论与实践统一。

⑤编排形式要有利于学生的学习，符合卫生学、教育学、心理学和美学的要求。

⑥兼顾同一年级各门学科内容之间的关系和同一学科各年级教材之间的衔接。

典型例题（2022·邯郸·单选）编写教科书和教师进行教学的主要依据是（　　）。

A. 课程计划（教学计划）　　　　B. 教学大纲（课程标准）

C. 教育目的　　　　　　　　　　D. 教育政策

【答案】B。

考点 2　课程内容的组织形式

1. 直线式与螺旋式 ★★★

直线式是指把课程内容组织成一条在逻辑上前后联系的"直线"，前后内容基本不重复。直线式适用于理论性相对较弱的学科知识和操作性较强的内容。

螺旋式是指在不同单元、不同阶段或不同课程门类中，使课程内容重复出现，逐渐扩大知识面，加深知识难度，即前面呈现的内容是后面内容的基础，后面内容是对前面内容的不断扩展和加深，层层递进。螺旋式适用于理论性较强、学生不易理解和掌握的内容，尤其对低年级的儿童来说，螺旋式较合适。例如，学生在小学数学课程中通过测量或拼图学习三角形的内角和为180°，在中学数学课程中通过证明学习三角形的内角和为180°。

2. 纵向组织与横向组织

纵向组织又称垂直组织，是指按照知识的逻辑序列，从已知到未知、从具体到抽象、由易到难、由简到繁等先后顺序组织编排课程内容。它注重课程内容的独立体系和知识的深度。例如，先学加减后学乘除。

横向组织又称水平组织，是指打破学科的知识界限和传统的知识体系，按照学生发展的阶段，以学生发展阶段需要探索的、社会和个人最关心的问题为依据组织课程内容，使课程内容构成一个个相对独立的专题。它强调课程内容的综合性和知识的广度。综合课程是横向组织的典范。

3. 逻辑顺序与心理顺序

逻辑顺序是指根据学科本身的体系和知识的内在联系来组织课程内容。

心理顺序是指按照学生心理发展的特点来组织课程内容。

课程内容的组织应将逻辑顺序和心理顺序统一起来，其实质是在课程观方面表现为学生与课程的统一，而在学生观方面则体现为学生的"未来生活世界"与"现实生活世界"的统一。

典型例题（2018·石家庄/2017·邯郸·单选）在教材编写过程中，课程内容前后反复出现，且后面的内容是对前面内容的深化。这种教材编排方式是（　　）。

A. 直线式　　　　B. 螺旋式　　　　C. 分科式　　　　D. 综合式

【答案】B。

> **高分点睛**
>
> 1.【常考题型】单选、多选、判断
>
> 2.【命题角度】
>
> （1）考查课程内容的文本表现形式包括哪几种。
>
> （2）考查课程计划、课程标准、教材的含义、意义、构成要素等具体内容。
>
> （3）结合例子、关键词考查或直接考查课程内容的组织形式。

四、课程实施

考点1　课程实施的含义

课程实施是指把课程计划付诸实践的过程，是达到预期的课程目标的基本途径。

考点2　课程实施的三种取向 ★★

1. 忠实取向

忠实取向认为，课程实施过程是忠实地执行课程计划的过程。衡量课程实施成功与否的基本标准是课程实施过程实现预定的课程计划的程度。实现程度高，则课程实施成功；实现程度低，则课程实施失败。

在忠实取向看来，教师这一角色的实质是课程专家制定的课程变革计划的忠实执行者、"消费者"和课程传递者。

2. 相互适应（互相调适）取向

相互适应取向认为，课程实施过程是课程计划与班级或学校实践情境在课程目标、内容、方法、组织模式等诸方面相互调整、改变与适应的过程。

相互适应取向视野中的教师是主动的、积极的"消费者"。为了使预定课程方案适合具体实践情境的需要，教师理应对之进行改造。教师对预定课程方案积极的、理智的改造是课程实施成功的基本保证。

3. 创生取向

创生取向认为，真正的课程是教师与学生联合创造的教育经验，课程实施本质上是在具体教育情境中创生新的教育经验的过程，既有的课程计划只是供这个经验创生过程选择的工具而已。

课程创生取向还认为，教师的角色是课程开发者。教师连同其学生成为建构积极的教育经验的主体。课程创生的过程即教师和学生持续成长的过程。

> **高分点睛**
>
> 1.【常考题型】单选、多选
>
> 2.【命题角度】结合例子、关键词、定义考查课程实施的三种取向。例如，认为"课程不是既定的计划，而是教师和学生的经验的综合"的观点是哪种课程实施取向？答案：课程创生取向。

五、课程评价

考点1　课程评价的含义

课程评价是指依据一定的评价标准，通过系统地收集有关信息，采用各种定性、定量的方法，对课程的目标、实施、结果等有关问题做出价值判断并寻求改进途径的活动。

考点2　课程评价的主要模式 ★★★

1. 目标评价模式

目标评价模式是由泰勒提出的。

泰勒认为，评价是为了找出实际结果与课程目标之间的差距，并把这种信息反馈作为修订课程计划或修改课程目标的依据。这一评价模式是以目标为中心而展开的，是在泰勒的"评价原理"和"课程原理"的基础上形成的。

2. 目的（目标）游离评价模式

目的（目标）游离评价模式是由美国学者斯克里文针对目标评价模式的弊病提出来的。

该模式主张把评价的重点从"课程计划预期的结果"转向"课程计划实际的结果"上来。评价者不应受预期的课程目标的影响，尽管这些目标在编制课程时可能是有用的，但不适宜作为评价的准则。同时，该模式除了关注预期的结果之外，还关注非预期的结果。

3.CIPP 评价模式

CIPP 课程评价模式由美国著名教育评价专家斯塔弗毕姆提出。斯塔弗毕姆认为，课程评价不仅是对课程目标实现的状况做出判断，而且应当为课程的改革服务。该模式包括以下四个步骤。

（1）背景评价。对方案目标的合理性的评价和判断，为计划决策服务。

（2）输入评价。对达到目标所需的条件、资源以及备选方案的相对优点的评价。

（3）过程评价。对方案实施过程进行连续不断地监督、检查和反馈。

（4）成果评价。对目标达到程度进行评价。

典型例题（2020·石家庄·多选）CIPP模式主张将课程评价分为（　　　）。

A. 背景评价　　　B. 输入评价　　　C. 过程评价　　　D. 成果评价

E. 目标评价

【答案】ABCD。

高分点睛

1.【常考题型】单选、多选

2.【命题角度】直接考查课程评价模式的代表人物、观点或步骤。

第三节　课程资源

一、课程资源的含义

课程资源是整个课程教学过程中可以利用的一切人力、物力以及自然资源的总和，包括教材、教师、学生、家长，以及学校、家庭和社区中所有有利于实现课程目标，促进教师专业成长和学生有个性的全面发展的各种资源。其中，教材是课程资源的核心和主要组成部分。课程资源是课程建设的基础。

二、课程资源的类型 ★★

考点1　校内课程资源与校外课程资源（根据来源或课程资源分布划分）

校内课程资源是指学校范围之内的课程资源。它主要包括以下三类：①校内的各种场所和设施，如图书馆、实验室、专用教室、信息中心等。②校内人文资源，如教师、师生关系、学生团体、校容校貌等。③校内活动资源，如实验实习、座谈讨论、文艺演出等。

校外课程资源是指学校范围之外的课程资源，包括学生家庭、社区乃至整个社会中各种可用于教育教学活动的设施和条件以及丰富的自然资源。例如，校外图书馆、科技馆、网络资源及乡土资源等。

考点2　素材性课程资源与条件性课程资源（根据功能特点划分）

素材性课程资源的特点是作用于课程，并且能够成为课程的素材和来源。按照课程资源与人类的关系来看，素材性课程资源的载体可分为以下两种：①非生命载体，主要表现为课程计划、课程标准、教学用书、参考资料、学习辅导材料等纸质印刷品和电子音像制品。②生命载体，主要是指掌握了课程素材，具有教育教学素养的教师、教育管理者、学科专家等教育研究人员。另外，能够提供课程素材的学生、家长和其他社会人士也是课程资源的重要生命载体。生命载体形式的课程资源具有内生性。

条件性课程资源的特点是其作用于课程却不是形成课程本身的直接来源，它在很大程度上决定着课程实施的范围和水平。例如，人力、物力和财力，时间、场地、媒介、设备、设施和环境，以及对课程的认识状况等。

考点3　显性课程资源与隐性课程资源（根据存在方式划分）

显性课程资源指看得见、摸得着，可以直接运用于教育教学活动的课程资源，如教材、实验室、因特网等。

隐性课程资源指以隐性的、潜在的方式对教育教学活动施加影响的课程资源，如校风校纪、社会风气、家庭环境、师生关系等。

考点4　自然课程资源与社会课程资源（根据性质划分）

自然课程资源突出"天然性"和"自发性"，如用于生物课程的动植物、微生物，用于地理课程的地形、地貌和地势等。

社会课程资源突出"人工性"和"自觉性"，如为了保存和展示人类文明成果的图书馆、博物馆、展览馆等公共设施；本地区的民风民俗、传说故事、传统节日、文化活动、社会公益活动等。

考点5　文字课程资源与非文字课程资源（根据载体划分）

文字课程资源以文字为载体，包括教科书、各种图书、期刊、报纸上的文字等。

非文字课程资源以图片、实物、音频、视频和活动等为载体，包括实物课程资源、活动课程资源和信息化课程资源。

也有人认为，根据资源的物理特性和呈现方式，课程资源可分为文字资源、实物资源、活动资源和信息化资源。

第七章 教 学

第一节 教学概述

一、教学的含义

教学是教育目的规范下的、教师的教与学生的学共同组成的一种活动。在汉语中,"教学"二字最早见之于《尚书·兑命》(《尚书·说命》)。

教学的内涵可以从以下几个方面理解:①教学以培养全面发展的人为根本目的;②教学由教与学两方面组成,教学是师生双方的共同活动;③教学具有多种形态,是共性与多样性的统一。

二、教学的意义

教学是贯彻教育方针、实施全面发展教育、实现教育目的的基本途径。教学的意义具体体现在以下几个方面。

(1)教学是传授系统知识、促进学生发展的最有效的形式,是社会经验再生产、适应并促进社会发展的有力手段。

(2)教学是进行全面发展教育、实现培养目标的基本途径,为个人全面发展提供科学的基础和实践,是培养学生个性全面发展的重要环节。

(3)教学是学校教育工作的中心工作。学校教育工作必须坚持以教学为主,在保证教学为主的前提下全面统筹、合理安排。

三、教学的任务

(1)引导学生掌握基础知识和基本技能。这是教学的首要任务。
(2)发展学生智力,培养学生的创造能力和实践能力,教会学生学习。
(3)发展学生体力,提高学生的健康水平。
(4)培养社会主义品德和审美情趣,奠定学生的科学世界观基础。
(5)关注学生的个性发展。

> **高分点睛**
>
> 1.【常考题型】单选、多选、判断
> 2.【命题角度】直接考查教学的根本目的(培养全面发展的人)、首要任务(引导学生掌握基础知识和基本技能)、学校教育工作的中心工作(教学)。

第二节 教学过程

一、教学过程的本质 ★★★

1. 教学过程是一种特殊的认识过程

（1）教学过程主要是一种认识过程

一般来讲，教学过程的主要矛盾是学生与其所学知识之间的矛盾，具体体现在教师提出的教学任务与学生完成这些任务的需要、实际水平之间的矛盾。这一矛盾实际上是学生认识过程的矛盾，因此，教学过程本质上是一种认识过程。

（2）教学过程更是一种特殊的认识过程

教学过程是认识的一种特殊形式，其特殊性具体表现为以下几个方面。

①间接性。学生主要以学习人类长期积累的科学文化知识为中介，间接地认识现实世界。

②引导性（有领导的认识）。学生的认识需要在经验丰富的教师引导下进行，不能独立完成。

③简捷性。学生掌握知识的认知过程是简捷的、高效的，是一种科学文化知识的再生产。

此外，有学者认为这种特殊性还表现在概括性、高效性、交往性、实践性、教育性与发展性等方面。

2. 教学过程必须以交往为背景和手段

教学活动不是孤立的个体认识活动，而是社会群体性的有目的、有组织的认识活动。因此，教学过程是以社会交往为背景的，还以交往、沟通、交流为重要手段和方法。

3. 教学过程是一个促进学生身心发展、追寻与实现价值目标的过程

教学过程是教师引导学生掌握知识、认识世界、进行交往，以促进学生的身心发展，并追寻与实现价值增值目标的过程。其中，引导学生通过掌握知识，进行认识及交往的活动是教学的基本与基础的活动；而促进学生的身心发展及其价值目标的实现是在这个认识及交往活动过程中要完成的教学任务。

典型例题 （2020·石家庄·单选）教学过程本质上是一种（　　）。

A. 双边活动过程　　　B. 认识过程　　　C. 教师教的过程　　　D. 学生学的过程

【答案】B。

二、教学过程的基本规律 ★★

考点1　间接经验与直接经验相统一的规律（间接性规律）

间接经验是指他人的认识成果，主要指人类在长期认识过程中积累并整理而成的书本知识，此外还包括以各种现代技术形式表现的知识与信息，如磁带、录像带、电视和电影等。直接经验是指学生通过亲自活动、探索获得的经验。

间接经验与直接经验相统一反映的是教学中传授系统的科学文化知识与丰富学生感性认识的关系。

1. 学生以学习间接经验为主

学习间接经验是学生认识客观世界的基本途径。教学中学生主要学习间接经验，并且是间接地去体验。

2. 学生学习间接经验要以直接经验为基础

学生学习间接经验必须以一定的直接经验为基础，没有一定的直接经验，学生就难以掌握间接经验。正如陶行知先生的比喻："接知如接枝"。

3. 坚持间接经验与直接经验相统一

在教学过程中要防止两种倾向：一是只重书本知识的传授，忽视引导学生通过亲身参与、独立探索去积累直接经验，获取知识；二是只强调学生通过自己的探索去发现、积累知识，忽视书本知识的学习和教师的系统传授。在教学过程中，教师应该把间接经验和直接经验有机结合起来。

考点2 掌握知识与发展智力相统一的规律（发展性规律）

1. 掌握知识是发展智力的基础

学生认识能力的发展有赖于知识的掌握。知识为智力提供了广阔的领域，只有具备了某方面的知识，才有可能从事某方面的思维活动。同时，知识中也包含着认识方法的启示。

2. 智力发展是掌握知识的重要条件

学生具有一定的认识能力，是他们进一步掌握科学文化知识的必要条件。学生掌握知识的速度与质量，依赖于学生原有智力水平的高低。

3. 掌握知识与发展智力相互转化的内在机制

掌握知识与发展智力相互转化的条件主要有以下几点：第一，传授给学生的知识应是科学的、规律性的；第二，必须科学地组织教学过程；第三，重视教学中学生的操作与活动，培养学生的参与意识和能力，为学生提供积极参与实践的时间和空间；第四，培养学生良好的个性品质，重视学生的个别差异。

4. 坚持掌握知识与发展智力相统一

在教育史上，形式教育论者和实质教育论者一直就如何处理知识和能力（智力）之间的关系存在长期的争论，两种观点的对比见表1-7-1。

表1-7-1 形式教育论和实质教育论

对比项目	形式教育论	实质教育论
代表人物	洛克、裴斯泰洛齐	赫尔巴特、斯宾塞
教育目的	发展学生的各种官能或能力，传授知识只是一种手段	传授对生活有用的知识，发展能力无足轻重
重视学科	希腊文、拉丁文、文法、数学、逻辑学等形式学科	现代语、历史、物理、化学、天文、地理、法律等实质学科或实用学科
教学原则、方法	以学生心理官能的内在发展秩序为依据	应适应儿童的身心发展规律，应是愉快的和有效的

在整个教学过程中，要避免陷入形式教育论或实质教育论。教师既要重视知识的传授，又要重视智力的发展，并将二者辩证统一于教学活动之中。

考点3　传授知识与思想品德教育相统一的规律（教育性规律）

1. 知识是思想品德形成的基础

学生思想品德的提高有赖于其对科学文化知识的掌握。首先，科学的世界观和先进的思想都要有一定的科学文化知识作为基础；其次，知识学习本身是艰苦的劳动，可以培养学生优秀的道德品质。

2. 学生思想品德的提高又为他们积极地学习知识奠定了基础

掌握科学文化知识的过程是一个能动的认识过程，学生的思想品德状况对学习的积极性起着重要的作用。

3. 传授知识和思想品德教育有机结合

在教学中要防止两种倾向：一是脱离知识进行思想品德教育；二是只强调传授知识，忽视思想品德教育。在教学过程中要注意把传授知识和思想品德教育有机地结合起来。正如赫尔巴特所说："我想不到有任何无教学的教育，正如在相反方面，我不承认有任何无教育的教学。"

考点4　教师主导作用与学生主体作用相统一的规律（双边性规律）

1. 教师在教学过程中处于组织者的地位，应充分发挥教师的主导作用

教师在教学过程中起主导作用，处于主导地位。教师的主导作用表现在以下三个方面。

（1）教师的指导决定着学生学习的方向、内容、进程、结果和质量，起引导、规范、评价和纠正的作用。

（2）教师的教影响着学生的学习方式以及学生的学习主动性和积极性的发挥。

（3）教师影响着学生的个性以及人生观、世界观的形成。

2. 学生在教学过程中处于学习主体的地位，应充分发挥学生的主体能动性

教师的教是为了学生的学，在教学过程中，必须充分调动学生的学习主动性、积极性。学生的主体能动性具体表现在以下两个方面。

（1）受学生本人兴趣、需要及所接受的外部要求的推动和支配，学生对外部信息选择具有能动性、自觉性。

（2）受学生原有知识经验、思维方式、情感意志、价值观等制约，学生对外部信息进行内部加工具有独立性、创造性。

3. 教师的主导作用与学生的主体作用的辩证统一关系

在教学过程中，教为主导、学为主体，忽视和否定任何一面，学生就很难成为主体，教师的主导作用也就必然会落空，所以，教和学是辩证的统一。学生的主动性既是构成教师主导作用的重要因素，又是教师活动的任务和内容，还是衡量教师主导作用的重要标志。正确且完全地实现教师主导作用的结果必然是学生主动性的充分发挥。这是教育过程的客观规律的反映。

4. 建立合作、友爱、民主、平等的师生交往关系

教学过程是师生共享教学经验的过程，在此过程中，师生共同明确教学目标，交流思想、情感，实现培养目标。

考点 5　智力因素与非智力因素相统一的规律

教学中的智力因素主要指学生在认知事物、掌握知识中进行的观察、记忆、思维、联想等心理因素；教学中的非智力因素主要指学生在认知事物、掌握知识过程中的兴趣、情感、情绪、意志和性格等心理因素。

1. 智力因素活动是非智力因素活动的基础

学生掌握知识、认知事物时首先是智力因素的活动，只有通过智力因素的活动，才能使学生顺利认知。同时，学生的非智力因素是经过智力因素活动的过程培养而成的。

2. 非智力因素活动积极作用于智力因素活动

由于学生是能动的人，是从自发到自觉的人，他们已有的兴趣、情感、意志、性格等非智力因素，常表现为强大的内驱力量作用于智力因素活动，从而对学习产生巨大影响。

3. 及时引导学生的智力因素与非智力因素的协调、统一

在教学过程中智力因素与非智力因素同时存在，相互作用、相互渗透，二者配合一致是成功教学的重要条件。教师要根据教学需要，及时引导和调整学生的智力因素与非智力因素，使两者协调一致、相互统一、共同发展，这也是教学过程的目标。

> **高分点睛**
>
> 1.【常考题型】单选、多选、判断、材料分析
> 2.【命题角度】
> （1）给出例子或关键词，要求判断其体现了教学过程的哪一基本规律。例如，为了让学生理解光合作用，老师不仅引导学生看书了解理论知识，而且引导学生到大自然中体验。这体现了教学过程的哪一规律？答案：间接经验与直接经验相统一的规律。
> （2）直接考查教学过程包括哪些基本规律。
> （3）结合材料分析其体现的教学过程的基本规律。

三、教学过程的基本阶段（教学过程的结构）★★

1. 引起学习动机

教学应从诱发和激起求知欲并把求知欲聚焦于当前学习的知识点开始，从引导学生做好学习的心理准备开始。

2. 感知教材

学生理解书本知识的过程，是一个感性知识和理性知识相结合的过程。如果学生有了必要的感性知识，形成了清晰的表象，那么他们理解和掌握书本知识就会更加容易。

学生感性知识的来源：生活中积累，以往学习中获得，教学过程中通过演示、实验或参观、实习取得，经教师的生动描述和学生的再造想象产生等。

3. 理解教材

理解教材是教学过程的中心环节。毛泽东说，"感觉只解决现象问题，理论才解决本质问题"。理解教材需要引导学生在学习上爬坡，在认识上飞跃，从感性上升到理性认识。引导学生在感知教材的基础上，通过分析、比较、抽象、概括、归纳、演绎等思维方法的加工，形成正确概念、原理，真正认识事物的本质和规律。

注意：有学者将感知教材和理解教材统称为领会知识，从而认为领会知识是教学的中心环节。

4. 巩固知识

巩固知识就是引导学生把所学知识牢牢保持在记忆里。巩固知识往往渗透在教学的全过程，不一定是一个独立的环节。

5. 运用知识

学生掌握知识的主要目的是运用知识。学生运用知识主要通过教学性实践，采取反复练习的方法进行，比如书面作业和口头作业等。

6. 检查知识、技能和技巧

检查学生知识、技能和技巧的掌握情况一般采取课堂提问、检查课内外各种作业和测验来进行。

典型例题 1.（2020·石家庄·单选）学生掌握知识的主要目的是（　　）。

A. 领会知识　　　　　　　　B. 巩固知识

C. 运用知识　　　　　　　　D. 检查知识

【答案】C。

2.（2020·石家庄·多选）教学过程中，学生领会知识一般包括（　　）。

A. 感知教材　　　　　　　　B. 完成作业

C. 参加考试　　　　　　　　D. 理解教材

E. 激发动机

【答案】AD。

高分点睛

1.【常考题型】单选、多选

2.【命题角度】

（1）直接考查教学过程的基本阶段。

（2）考查教学过程的中心环节。

第三节　教学原则

一、教学原则的含义

教学原则是根据一定的教学目的，遵循一定教学规律制定的指导教学工作的基本准则和要求。教学原则贯穿于各项教学活动之中，它的正确和灵活运用是提高教学质量的重要保证。

二、我国中小学主要的教学原则

考点1　方向性原则

1. 基本含义

方向性原则是指教学要以马克思主义为指导，以马克思主义的立场、观点和方法来选择教学内容，分析和理解教学内容，结合科学知识，对学生进行社会主义核心价值观、正确的人生观和科学的世界观教育。

2. 贯彻方向性原则的要求

（1）坚持教学的马克思主义方向。

（2）深入挖掘教材的思想性。

考点2　直观性原则 ★★★

1. 基本含义

直观性原则是指在教学活动中，教师应尽量利用学生的多种感官和已有的经验，通过各种形式的感知，丰富学生的直接经验和感性认识，使学生获得生动的表象，从而比较全面、深刻地掌握知识。这一原则是根据间接经验与直接经验相统一的教学规律而提出的。

2. 相关教育思想

（1）荀子："不闻不若闻之，闻之不若见之……故闻之而不见，虽博必谬"。

（2）陶行知："接知如接枝"。

（3）乌申斯基："儿童是依靠形式、颜色、声音和感觉进行思维的"。

（4）夸美纽斯："凡是需要知道的事物都要通过事物本身来进行教学"。

3. 贯彻直观性原则的要求

（1）教师要正确选择直观教具和现代化教学手段。

（2）教师要把直观教具的演示与语言讲解相结合。

（3）教师要防止直观的不当和滥用。

（4）教师要重视运用言语直观。

考点3　启发性原则 ★★★

1. 基本含义

启发性原则是指在教学中，教师要主动承认学生是学习的主体，注意调动他们的学习主动性，引导他们独立思考，积极探索，生动活泼地学习，自觉地掌握科学知识和提高分析问题、解决问题的能力。

2. 相关教育思想

（1）孔子："不愤不启，不悱不发"，这是"启发"一词的来源。

（2）《学记》："君子之教，喻也""道而弗牵，强而弗抑，开而弗达"。

（3）朱熹："启，谓开其意；发，谓达其辞"。

（4）张载："教之而不受，虽强告之无益"。

（5）苏格拉底："产婆术"。

（6）第斯多惠："一个坏的教师奉送真理，一个好的教师则教人发现真理"。

3. 贯彻启发性原则的要求

（1）教师要加强学生学习的目的性教育，调动学生学习的主动性，这是启发的首要问题。

（2）教师要设置问题情境，启发学生独立思考，发展学生的逻辑思维能力。

（3）教师要让学生动手，培养学生独立解决问题的能力，鼓励学生将知识创造性地运用于实际。

（4）教师要引导学生反思学习过程。

（5）教师要发扬教学民主。

典型例题（2020/2019·石家庄·单选）在教学过程中，应当经常设置问题情境使学生处于积极思维的状态。这贯彻的是教学原则中的（　　）。

A. 巩固性原则　　　　B. 启发性原则　　　　C. 直观性原则　　　　D. 发散性原则

【答案】B。

考点4　巩固性原则 ★★

1. 基本含义

巩固性原则是指教师在教学中，要引导学生在理解的基础上牢固地掌握基础知识和基本技能，并将其长久地保持在记忆中，以便在需要的时候，能够准确无误地呈现出来，以利于知识和技能的运用。

2. 相关教育思想

（1）孔子："学而时习之""温故而知新"。

（2）夸美纽斯："所教的科目若不常有适当的反复与练习，教育便不能够达到彻底的境地""学习如果不复习，就像水泼在筛子上"。

（3）乌申斯基："复习是学习之母"。

3. 贯彻巩固性原则的要求

（1）在理解的基础上巩固，在教学的全过程中加强知识的巩固。

(2)重视组织各种复习,教会学生记忆的方法。

(3)在扩充改组和运用知识中积极巩固。

典型例题（2020·石家庄·多选）我国历代教育家都十分重视知识的巩固问题。下列选项中,意在强调巩固性教学原则的有（　　）。

A."不愤不启,不悱不发"　　　　B."学而时习之"

C."各因其材,各尽其能"　　　　D."温故而知新"

【答案】BD。

考点5　循序渐进原则 ★★★

1. 基本含义

循序渐进原则是指教师要严格按照科学知识的内在逻辑体系和学生认识能力发展的顺序进行教学,使学生系统地掌握基础知识和基本技能,形成严密的逻辑思维能力。

2. 相关教育思想

(1)《论语》:"欲速则不达"。

(2)《学记》:"学不躐等""不陵节而施""杂施而不孙,则坏乱而不修"。

(3)孟子:"盈科而后进""流水之为物也,不盈科不行"。

(4)荀子:"不积跬步,无以至千里;不积小流,无以成江海""积土成山,风雨兴焉;积水成渊,蛟龙生焉"。

(5)朱熹:"循序而渐进,熟读而精思""未得乎前,则不敢求其后"。

(6)夸美纽斯:"应当循序渐进地来学习一切,在一段时间内只应当把注意力集中在一件事情上"。

3. 贯彻循序渐进原则的要求

(1)教师要按教材的系统性进行教学。

(2)教师要注意主要矛盾,解决好重点与难点的教学。

(3)教师要按照学生的认识顺序,由浅入深、由易到难、由简到繁地进行教学。

(4)教师要将系统连贯性与灵活多样性结合起来。

(5)教师要打好基础,培养学生系统学习的良好习惯。

典型例题 1.（2021·石家庄/2020·廊坊·单选）《学记》中有"不陵节而施之谓孙"的论述,这体现的教学原则是（　　）。

A.理论与实践相结合原则　　　　B.循序渐进原则

C.启发性原则　　　　D.巩固性原则

【答案】B。

2.（2020·石家庄·多选）贯彻循序渐进教学原则的基本要求有（　　）。

A.针对学生特点进行有区别的教学

B.按教材的系统性进行教学

C. 因势利导，调动学生学习主动性

D. 解决好重点与难点的教学

E. 由浅入深、由易到难安排教学内容

【答案】BDE。

考点6 因材施教原则 ★★★

1. 基本含义

因材施教原则是指在教学中，教师要从课程计划、学科课程标准的统一要求出发，既要面向全体学生，又要根据学生的个别差异，有的放矢地进行教学，使每个学生都能扬长避短，获得最佳的发展。这一原则是根据个体身心发展的个别差异性提出的。

2. 相关教育思想

（1）《论语》："视其所以，观其所由，察其所安""柴也愚，参也鲁，师也辟，由也喭""求也退，故进之；由也兼人，故退之"。

（2）《学记》："今之教者，呻其占毕，多其讯言，及于数进而不顾其安。使人不由其诚，教人不尽其材"。

（3）朱熹："夫子教人，各因其材"。

（4）西邻有五子，一子朴，一子敏，一子盲，一子偻，一子跛；乃使朴者农，敏者贾，盲者卜，偻者绩，跛者纺；五子皆不患衣食焉。

（5）陶行知："人像树木一样，要使他们尽量长上去，不能勉强都长得一样高，应当是：立脚点上求平等，于出头处谋自由"。

（6）一把钥匙开一把锁；大有大成，小有小成；量体裁衣；对症下药。

3. 贯彻因材施教原则的要求

（1）教师要坚持根据课程计划和学科课程标准的统一要求进行教学。

（2）教师要了解学生，从实际出发进行教学。

（3）教师要善于发现每个学生的兴趣、爱好，并创造条件，尽可能使每个学生的不同特长都得以发挥。

考点7 理论联系实际原则 ★★

1. 基本含义

理论联系实际原则是指教学要以学习基础知识为主导，从理论与实际的联系上去理解知识，注意运用知识去分析问题和解决问题，达到学懂会用、学以致用。这一原则是间接经验与直接经验相统一的教学规律在教学中的体现。

2. 相关教育思想

（1）荀子："见之不若知之，知之不若行之……知之而不行，虽敦必困"。

（2）陆游："纸上得来终觉浅，绝知此事要躬行"。

（3）读万卷书，行万里路。

（4）裴斯泰洛齐："你要满足你的要求和欲望，你就必须认识和思考，但是为了这个目的，你也必须行动，知和行又是那么紧密联系，假如一个停止了，另一个也随之停止"。

3. 贯彻理论联系实际原则的要求

（1）教师进行书本知识的教学要注重联系实际。

（2）教师要正确处理知识教学与技能训练的关系。

（3）教师要补充必要的乡土教材。

（4）教师要逐步培养学生综合运用知识的能力。

考点8　科学性与思想性（教育性）相结合原则

1. 基本含义

科学性与思想性相结合原则是指既要把现代科学的基础知识和基本技能传授给学生，又要结合知识、技能中潜在的德育因素，对学生进行政治、思想教育和道德品质教育。这是培养德、智、体等全面发展的人的要求，体现了我国教育的根本方向。这一原则的实质是要求在教学活动中把教书和育人有机结合起来，是知识的思想性、教学的教育性规律的反映。

2. 相关教育思想

（1）文以载道。

（2）赫尔巴特："我想不到有任何无教学的教育，正如在相反方面，我不承认有任何无教育的教学"。

3. 贯彻科学性与思想性相结合原则的要求

（1）教师要保证教学的科学性。

（2）教师要结合教学内容的特点进行思想品德教育。

（3）教师要通过各个环节对学生进行思想品德教育。

（4）教师要不断提高自己的业务能力和思想水平。

考点9　量力性原则（可接受性原则）

1. 基本含义

量力性原则是指教学内容、方法、分量、进度要适合学生的发展水平，使他们能够接受，但又要有一定难度，需要他们经过努力才能掌握。这一原则的提出是为了防止发生教学难度低于或高于学生实际程度的状况。

2. 相关教育思想

（1）墨子："夫智者必量其力所能至而如从事焉""深其深，浅其浅，益其益，尊其尊"。

（2）《学记》："语之而不知，虽舍之可也"。

（3）王守仁："量其资禀""常使精神力量有余，则无厌苦之患，而有自得之美""随人分限所及"。

（4）夸美纽斯："教给学生的知识必须是青年人的年龄与心理力量所许可的""一切事情的安排都适合学生的能力，这种能力自然会和学习与年龄同时增长的"。

3. 贯彻量力性原则的要求

（1）教师要了解学生的发展水平，从实际出发进行教学。

（2）教师要了解学生发展的具体特点。

（3）教师要恰当地把握教学难度。

考点 10　伦理性原则

1. 基本含义

伦理性原则是指教师在教学过程中处理师生关系时，要遵循当代社会的伦理规范。教师要尊重学生，爱护学生，并以身垂范赢得学生的尊重。

2. 贯彻伦理性原则的要求

（1）在教学中，教师要尊重学生的基本自由和权利。

（2）在教学中，教师要正确对待学生的个性差异。

高分点睛

1.【常考题型】单选、多选

2.【命题角度】

（1）给出名人名言、教学实例，要求判断其体现或违背了哪一教学原则。例如，"君子之教，喻也"，体现了哪一教学原则？答案：启发性原则。

（2）考查各教学原则的内涵及贯彻该教学原则的要求。

第四节　教学方法

一、教学方法的含义

教学方法是师生为完成一定的教学任务而在共同的教学活动中采用的手段。它包括教师教的方法和学生学的方法，是教师引导学生掌握知识技能、获得身心发展的方法。

二、两种对立的教学思想：启发式教学与注入式教学

启发式教学的实质在于调动学生学习的积极性和主动性，激发学生积极思考。启发式教学不是指某一种具体的教学方法，它是一种教学指导思想，也是一条教学原则。

注入式教学也称"灌输式"教学、"填鸭式"教学，是教师从主观愿望出发，把学生看成单纯接受知识的容器，向学生灌注知识，无视学生在学习上的主观能动性。

提倡启发式，反对注入式，是当代运用教学方法的指导思想。

衡量一种教学方法是否具有启发性，关键是看教师能否促进学生积极主动地去学习，而不是单从形式上去判断。人们常常认为讲授法就是注入式，而谈话法和提问法等就是启发式，其实不然。讲授

法也可以在教师的合理讲授中变成启发式讲授，同样，提问法若只是单调的一问一答，反而会影响学生学习的主动性和积极性。

三、我国中小学常用的教学方法

（一）以语言传递为主的教学方法

考点1　讲授法 ★★

1. 基本含义及地位

讲授法是教师通过口头语言系统连贯地向学生传授知识的方法。它是最古老的一种教学方法，是迄今为止在世界范围内应用最广泛、最普遍的一种教学方法，也是我国中小学各科教学中使用最为普遍的、主要的教学方法，其他各种教学方法在运用中常常要与讲授法结合。

2. 讲授法的方式

讲授法可分为讲述、讲解、讲读、讲演和讲评五种方式。

（1）讲述是教师运用具体生动的语言对教学内容做系统叙述和形象描绘的讲授方式。

（2）讲解是教师运用通俗易懂、科学准确的语言对教材内容进行解释、说明、论证的讲授方式。

（3）讲读是教师把讲述、讲解同阅读教材有机地结合，即讲、读、练、思相结合的讲授方式。

（4）讲演是教师以演说或报告的形式在较长时间里系统地讲授教材内容，条分缕析、旁征博引、科学论证，从而得出科学结论的讲授方式。

（5）讲评是教师对学生的课堂答问和课内外作业进行公正客观、恰如其分的评点和评析，或对某一现象或事物进行评价或评论，多用于介绍某种新观点或新发现。

3. 讲授法的优缺点

（1）优点：①效率高，学生能够在短时间内获得大量系统的知识；②成本低，口头传授的方式不受条件、设备的限制；③有利于发挥教师的主导作用；④保证知识的系统性，能够解决多数学生的疑问。

（2）缺点：①不利于学生主动、积极地学习，不利于培养学生的主动探究意识和能力；②过多的讲授会占用学生自学和练习的时间；③难以做到因材施教，无法照顾学生的个别差异，不利于学生的个性发展；④空泛的讲授不利于吸引学生的注意，不利于启发学生。

4. 运用讲授法的基本要求

（1）教师要注意启发诱导。教师在讲授过程中要善于提问并引导学生积极思考，使他们的认识活动积极开展，自觉地领悟知识。

（2）教师要认真组织教学内容。讲授内容要有科学性、系统性、思想性；讲授时要密切联系实际。讲授内容的科学性与思想性是保证讲授质量的首要条件。

（3）教师要讲究语言艺术。语言要生动形象、富有感染力，清晰、准确、简练，条理清楚、通俗易懂；音量、语速要适度；语调要抑扬顿挫，适应学生的心理节奏；注意运用体态语，提高语言的感染力。

（4）教师要组织学生听讲。教师要讲明教授内容的内在联系；善于观察学生的反应，及时调整自己的讲授内容，变换讲授方式；在讲授各段落时，结合复述、问答等，使学生的思维始终处于积极状态。

（5）注意与其他教学方法配合使用。教师应当善于将讲授法与其他教学方法和手段交叉替换使用，避免学生因长时间听讲出现疲劳和注意涣散现象。

考点2　谈话法 ★★

1. 基本含义

谈话法也叫问答法，是教师按一定的教学要求向学生提出问题，要求学生回答，并通过问答的形式来引导学生获取或巩固知识的方法。

2. 谈话法的优缺点

（1）优点：①能充分激发学生的主动思维，促进学生独立思考；②对学生智力发展有积极作用；③有利于学生语言表达能力的锻炼和提高。

（2）缺点：①完成相同教学任务，需要更多的时间；②学生人数较多时，很难照顾到每一个人。

3. 运用谈话法的基本要求

（1）教师要准备好问题和谈话计划。

（2）教师提出的问题要明确，能引起学生思维兴奋，即提问要富有挑战性和启发性，问题的难度要因人而异。

（3）教师要善于启发诱导学生思考。

（4）教师要做好归纳、小结，使学生的知识系统化、科学化，并注意纠正一些不正确的认识，帮助他们准确地掌握知识。

考点3　讨论法

1. 基本含义

讨论法是学生在教师指导下为解决某个问题而进行探讨、辨明是非真伪，以获取知识的方法。讨论法是一种以学生自己的活动为中心的教学方法。

2. 讨论法的优缺点

（1）优点：①有利于激发学生的兴趣、活跃学生的思维；②有助于学生集思广益、互相启发、加深理解，在此基础上独立思考，促进思维能力的发展；③能调动学生的学习积极性，培养学生钻研问题的能力；④能有效促进学生口头语言表达能力的发展。

（2）缺点：①受学生知识基础、经验水平和理解能力的限制；②讨论容易脱离主题，流于形式。

3. 运用讨论法的基本要求

（1）教师要选择有吸引力的讨论题目。

（2）教师要善于在讨论中启发、引导学生，围绕中心议题发言，切勿偏离主题。

（3）讨论结束后教师要做好讨论小结，概括总结正确观点和系统知识，纠正错误、片面或模糊的认识，肯定学生各种意见的价值。

考点 4　读书指导法

1. 基本含义

读书指导法是教师指导学生通过阅读教科书、参考书，以获得知识、巩固知识、培养自学能力的方法。

2. 运用读书指导法的基本要求

（1）教师要提出明确的目的、要求和思考题。

（2）教师要教给学生读书的方法，让学生学会使用工具书，学会做读书笔记等。

（3）教师要善于在读书中发现问题和解决问题。

（4）教师要适当组织学生交流读书心得。

（二）以直观感知为主的教学方法

考点 1　演示法 ★★

1. 基本含义

演示法是教师通过展示实物、直观教具，运用示范性实验或现代化视听手段，指导学生获得知识或巩固知识的方法。演示法体现了直观性、理论联系实际的教学原则。

2. 运用演示法的基本要求

（1）教师要做好演示前的准备，选择典型的实物、教具，考虑好演示的方法与过程。

（2）教师要使学生明确演示的目的、要求与过程，使学生主动、积极、自觉地投入观察与思考。

（3）教师要讲究演示的方法，紧密配合教学。过早拿出直观教具或演示完不及时收好教具，都会分散学生注意；演示过程中，要适当提问、指点。引导学生边看边思考，以获取最佳效果。

需要注意，运用实物的直观图像时，不是直观图像越接近实物，学习效果越好。直观图像等视觉材料的逼真度与学习效率之间是倒"U"形曲线关系，所以中等程度的逼真度才是最佳的。

考点 2　参观法

1. 基本含义

参观法是教师根据教学目的和要求，组织学生对实物进行实地观察、研究，从而在实际中获得新知识或巩固、验证已学知识的方法。参观法的基本形式是学生在教师指导下获得直接经验。

2. 运用参观法的基本要求

（1）教师要做好参观的准备。在参观前，教师要确定参观的目的和地点，了解参观地点和对象的情况，拟订参观计划，做好组织工作和动员工作。

（2）教师要在参观过程中及时指导学生。教师要争取参观单位配合对学生进行有关的教育；要引导学生观察事物最主要的地方，指导学生收集材料；要求学生遵守纪律，注意安全。

（3）教师要帮助学生总结参观的收获。参观结束后，教师要指导学生整理材料、写参观报告、举行参观座谈会，教师还要着重把学生获得的感性知识上升为系统的理论知识。

（三）以实际训练为主的教学方法

考点1 练习法

1. 基本含义

练习法是学生在教师指导下，运用所学知识反复地完成一定的操作、作业与习题，以加深理解和形成技能、技巧的方法。练习法尤其适合工具性学科（如语文、外语、数学等）和技能性学科（如体育、音乐、美术等）。

2. 练习法的种类

练习的种类很多，按培养学生不同方面的能力划分，可分为口头练习、书面练习、实际操作练习；按学生掌握技能、技巧的进程划分，可分为模仿性练习、独立性练习、创造性练习。

3. 运用练习法的基本要求

（1）教师要使学生明确练习的目的与要求，掌握练习的原理和方法。

（2）教师要精选练习材料，适当分配分量、次数和时间。练习的方式要多样化，循序渐进，逐步提高。

（3）教师要对学生的练习严格要求，及时向学生反馈练习情况。

考点2 实验法

1. 基本含义

实验法是学生在教师的指导下，使用一定的仪器和设备，在一定条件下使某些事物和现象产生变化，并对其进行观察和分析，以获得知识和技能的方法。实验法一般在物理、化学、生物等自然科学的教学中运用得较多。

2. 实验法的优点

实验法能按教学需要创造和控制一定的条件，引起事物的发生和变化，使学生看到事物的因果联系，不仅有助于学生理论联系实际，掌握实验操作技能，还能培养学生对科学实验的兴趣和求实精神。

3. 运用实验法的基本要求

（1）做好实验的准备。教师要制订好实验计划；备好实验用品，分好实验小组；让学生做好预习。

（2）明确实验的目的、要求与做法。教师要让学生懂得实验的原理、过程、方法和注意事项，提醒学生注意安全和爱护仪器，提高学生实验的自觉性。

（3）注意指导实验过程。教师要巡视全班实验情况，发现问题要及时向全班学生做指导，或组织经验交流，对困难较大的小组或个人要给予帮助，使每个学生都积极投入实验。

（4）做好小结。教师要指出实验优缺点，分析问题产生的原因，提出改进意见，要求学生写好实验报告。

考点3　实习作业法（实习法）

1. 基本含义

实习作业法是教师依据学科课程标准的要求，指导学生运用所学的知识从事一定的工作或进行一定的操作，将书本知识运用于实践的教学方法。实习作业法在自然科学各门学科和职业教育中占有重要地位。如数学课的测量练习、生物课的植物栽培、动物饲养等都是实习作业法的具体体现。

2. 运用实习作业法的基本要求

（1）做好实习作业的准备。教师要制订计划，确定地点，准备仪器，编好实习作业小组。

（2）做好实习作业的动员。教师要使学生明确实习作业的目的、任务、注意事项，提高学生的自觉性与积极性。

（3）做好实习作业过程中的指导。教师要给予学生必要的指导，及时与学生交流，以保证质量。

（4）做好实习作业总结。教师要指导学生写出实习报告或体会，并进行评价和总结。

考点4　实践活动法

1. 基本含义

实践活动法是让学生参加社会实践活动，培养学生解决实际问题的能力和多方面实践能力的教学方法。

2. 运用实践活动法的基本要求

（1）教师在学生参加实践活动之前要做好充分的准备工作。

（2）在实践活动过程中，教师应密切注意学生的表现，并给予学生指导或帮助。

（3）在实践活动结束时，教师要安排学生进行总结。

（四）以情感陶冶（体验）为主的教学方法

考点1　欣赏教学法

欣赏教学法是在教学过程中指导学生体验客观事物的真善美的教学方法。它寓教学内容于各种具体的、生动的、形象的、有趣的活动之中，以唤起学生的想象，加深他们对事物的认识和情感上的体验。欣赏教学法一般包括对自然的欣赏、对人生的欣赏和对艺术的欣赏等。

考点2　情境教学法

情境教学法由我国江苏省特级教师李吉林首创。这是一种在教学过程中，教师有目的地引入或创设以形象为主体的具有一定情绪色彩的生动具体的场景，以引起学生一定的情感体验，从而帮助学生理解教材，并使学生的心理机能得到发展的教学方法。

（五）以探究活动（引导探究）为主的教学方法

以探究活动为主的教学方法主要是发现法。发现法又叫问题法、探索法、研究法、启发法，是教师不直接将学习内容提供给学生，而是为学生创设问题情境，引导学生探讨、发现新知识和新问题的方法。法国的卢梭、德国的第斯多惠、美国的杜威等人都曾提倡过发现法。现代发现法的倡导者是美国的布鲁纳。

> **高分点睛**
>
> 1.【常考题型】单选、多选、材料分析
>
> 2.【命题角度】
>
> （1）结合例子或直接考查某种教学方法的含义、分类、优缺点、运用要求等。例如，教师通过展示实物、直观教具，运用示范性实验或现代化视听手段，使学生获取知识的教学方法是什么？答案：演示法。
>
> （2）要求分析某种教学方法的优缺点、运用要求，或者根据有关材料分析对应的教学方法。
>
> 3.【易错易混】几种易混的教学方法的区分如下。
>
> （1）参观法与实习作业法：形式不同。
>
> 参观法强调学生在教师指导下获得直接经验，一般通过实地观察、调查、研究实物来实施。
>
> 实习作业法强调学生用书本知识解决实际问题。
>
> （2）实验法与演示法：实验主体不同。
>
> 实验法中，实验的主体是学生，即学生实际动手操作进行实验，教师辅导。
>
> 演示法中，实验的主体是教师，即教师动手做实验演示，学生观察。

四、选择教学方法的依据

（1）学科的任务、内容和教学方法特点，课题（或单元）与课时的教学目的和任务。

（2）教学过程、教学原则和班级上课的特点。

（3）学生的情趣、水平、智能的发展与个别差异、独立思考能力、学习态度、学风与习惯。

（4）教师的思想与业务水平、实际经验与能力、教学的习惯与特长。

（5）学生参与教学过程中的答问、讨论、作业、评析的积极性与水平。

（6）教师与学生双边活动的配合、互动的状况与质量。

（7）班、组活动与个人活动结合的状况，课堂教学、课外作业或课外活动结合的状况与质量。

（8）学校与地方可能提供的物质与仪器设备、社会条件、自然环境等。

（9）学科、单元、课题乃至每节课所规定的课时，其他可利用的时间，如早、晚自习等。

（10）对可能取得的成效的缜密预计与意外状况出现时的应变措施。

> **高分点睛**
>
> 1.【常考题型】单选、多选
>
> 2.【命题角度】直接考查选择教学方法的依据的具体内容。

第五节　教学模式

一、教学模式的含义

教学模式是在一定的教学思想或教学理论指导下建立起来的、较为稳定的教学活动结构框架和活动程序。

教学模式也属于方法范畴，但不同于单一的教学方法，它可以是多种教学方法在一定理念下的组合。教学方法是构成教学模式的基础及要素。

二、我国的主要教学模式

考点 1　传递 – 接受式

传递 – 接受式是我国中小学教学实践中采用最广泛、历史最悠久、影响最大的教学模式。这一模式主要用于系统知识、技能的传授和学习。

基本程序：复习旧课—引起动机—讲授新课—巩固运用—检查评价。

传递 – 接受式教学模式的最大特点是能够使学习者比较迅速有效地在单位时间内掌握较多的信息，有利于学生掌握完整的、系统的科学文化知识和技能技巧，充分发挥教师的主导作用。但由于对问题解决的片面理解，这一教学模式在问题解决教学中的效果不明显。

考点 2　自学 – 辅导式

自学 – 辅导式是一种以学生自学为主、教师的指导贯穿于学生自学过程始终的教学模式。这种模式主要是针对传递 – 接受式的弊端提出来的。

基本程序：自学—讨论交流—启发指导—练习总结。

自学 – 辅导式教学模式有利于培养学生自觉学习的习惯，提高学生学习的主动性和积极性，加速学生创造性思维的发展，也有利于适应学生的个别差异，针对学生不同的知识基础、能力水平、性格特征进行个别指导。

考点 3　引导 – 发现式

引导 – 发现式是以杜威的"思维五步"（困难、问题、假设、验证、结论）和布鲁纳的"发现法"为理论基础提出的教学模式。它以问题解决为中心，注重学生独立活动，着眼于培养学生的创造性思维能力和意志力，要求教师所提供的言语引导是最精炼的。

基本程序：提出问题—建立假设—拟定计划—验证假设—总结提高。

考点 4　情境 – 陶冶式

情境 – 陶冶式是吸取了洛扎诺夫的暗示教学理论并参照我国教学工作者积累的有效经验加以概括

而成的教学模式。例如，"情境教学""愉快教育""快乐教学""成功教育"等都属于情境-陶冶式教学模式。

基本程序：创设情境—参与各类活动—总结转化。

考点 5　示范-模仿式

示范-模仿式是最古老也是教学中最基本的模式之一。它多用于以训练行为技能为目的的教学。通过这种教学模式掌握的一些基本技能，如读、写、算及各项运动技能，对人的一生都是十分有用的。

基本程序：定向—参与性练习—自主练习—迁移。

高分点睛

1.【常考题型】单选、多选
2.【命题角度】
（1）给出例子，要求判断其体现了何种教学模式。
（2）直接考查我国主要教学模式的特点、基本程序等。

三、国外的主要教学模式

考点 1　探究式教学

1. 理论基础

探究式教学的理论基础是皮亚杰和布鲁纳的建构主义理论。它以问题解决为中心，注重学生独立活动的开展，注重学生的前认知，注重体验式教学，有利于培养学生的探究能力和思维能力。

2. 基本程序

探究式教学的基本程序：问题—假设—推理—验证—总结提高。即首先创设一定的问题情境并提出问题，然后组织学生对问题进行猜想、做出假设性的解释，再设计实验进行验证，最后总结规律。

3. 评价

探究式教学的优点是有利于提高学生的创新能力、思维能力和自主学习能力，有利于培养学生的民主与合作精神。它的缺点是教学需要的时间比较长，需要较好的教学支持系统。

4. 主要代表：探究训练模式

美国教育家萨其曼的探究训练模式是探究式教学的代表之一。探究训练模式的基本环节有以下四个：①面对问题情境；②提出假设，收集资料；③形成解释，做出结论；④分析探究过程。

考点 2　抛锚式教学 ★★

1. 定义及理论基础

抛锚式教学又称实例式教学、基于问题的学习、情境性教学。这种教学要求建立在有感染力的真实事件或真实问题的基础上，确定这类真实事件或问题被称为"抛锚"。这类事件或问题被确定后，教学进程也就被确定了（就像轮船被锚固定一样）。

抛锚式教学的理论基础是建构主义。抛锚式教学要求情境设置与产生问题一致，问题难易适中且要具有一定的真实性，在教学中要充分发挥学生的主体性。

2. 基本程序

抛锚式教学的基本程序：创设情境—确定问题—自主学习—协作学习—效果评价。

3. 评价

抛锚式教学有利于培养学生的创新能力、解决问题的能力、独立思考能力及合作能力。

考点 3　掌握学习教学

1. 代表人物及基本理念

掌握学习是由布卢姆提出来的一种适应学习者个别差异的教学模式。

其具体内容是采取班级教学和个别辅导相结合的方式，以班级教学为基础，辅之以经常、及时的反馈，提供学生需要的个别帮助和额外学习时间。

其基本理念是"只要有足够的时间和适当的教学，几乎所有的学生对几乎所有的学习内容都可以达到掌握的程度"。学生在学习能力上的差异并不能决定他们能不能学会教学的内容，而只能决定他们将要花多少时间达到对该项内容的掌握程度。

2. 基本程序

掌握学习教学是围绕单元展开的，其基本程序：单元教学目标—群体教学—形成性测验—矫正学习—终结性测验。

考点 4　非指导性教学

1. 代表人物及理论基础

非指导性教学由罗杰斯提出，以罗杰斯的人本主义心理学为理论基础。

2. 教学目标

非指导性教学的核心和关键是要促进学生的学习和自我实现。"自我实现"是非指导性教学的教学目标。"自我实现的人"是人的潜能和价值得到充分发展的人，是人格完善的人，即"完整的人"。

3. 师生关系

该模式强调将学生视为教学的中心，学校为学生而设，教师为学生而教。在该模式中，教师的角色不是权威，而是"助产士"与"催化剂"。

4. 评价

非指导性教学注重学生的情感，但过分强调以学生为中心，削弱了教师在课堂教学中的主导地位，不利于学生对知识体系的系统建构与学习。

考点 5　暗示教学

1. 定义与理论基础

暗示教学是一种运用心理暗示手段激发个人心理潜力、提高学习效率的教学模式，由保加利亚的洛扎诺夫提出，主要用于语言教学。

暗示教学的理论基础为暗示原理和现代心理学关于人脑功能的研究。暗示原理重点强调了意识的作用，认为人的学习活动是意识和潜意识共同参与下的一种心理活动。

2. 主要内容

暗示教学让学生处在轻松愉快的学习环境中，运用暗示、联想、练习和音乐等综合手段、方式，诱发学生的学习需要和兴趣，使大脑两半球协调活动，有意识和无意识心理活动相结合，形成学习的最佳心理状态，从而充分发挥学习潜力，提高教学效果。

暗示教学的操作程序：创设情境—参与活动—总结转化。

3. 评价

暗示教学能充分调动有意识与无意识、理性与情感的协调作用，形成一个最佳的学习心理状态，能充分发掘学生的潜能，调动学生学习的积极性、主动性，提高学习的质量与效率。但暗示教学对教师的教育学、心理学和教育技巧要求较高，对教学环境和设备的要求也高。

考点 6　范例教学

1. 代表人物及定义

范例教学由瓦根舍因等人提出。

范例就是指日常生活中隐含着本质联系、具有根本特征、起到基础作用的典型事例。

范例教学是指教师将事实范例作为教学内容，使学生掌握一定的知识，以此来培养学生形成独立和主动学习的能力，帮助学生形成独立批判能力和判断能力。

范例教学的关键在于通过学习典型事例，使学生掌握一般的知识、观念，在发展学生能力的同时使学生学到知识，而不是要学生复述式地掌握知识。

2. 基本过程

范例性地阐明"个"的阶段—范例性地阐明"类"的阶段—范例性地掌握规律与范畴的阶段—范例性地获得世界经验与生活经验的阶段。

考点 7　程序教学

1. 理论基础及代表人物

斯金纳根据行为主义学习理论，提出了程序教学论及其教学模式。

2. 主要内容

程序学习的过程是将要学习的大问题分解成若干小问题，按一定顺序呈现给学生，要求学生一一回答，然后给予反馈。学生对问题的回答相当于"反应"，反馈信息相当于"强化"。程序学习的关键是编制出好的程序。

3. 编制程序的五条基本原则

小步子原则、积极反应原则、及时强化原则、自定步调原则、低错误率原则。

> **高分点睛**
> 1.【常考题型】单选、多选、判断
> 2.【命题角度】直接考查国外各个教学模式的代表人物、基本程序、主要观点及评价。

四、当代教学模式的尝试与变革

考点1　翻转课堂

翻转课堂就是在信息化环境中，教师提供以教学视频为主要形式的学习资源，学生在上课前完成对教学视频等学习资源的观看和学习，师生在课堂上一起完成作业答疑、协作探究和互动交流等活动的一种新型的教学模式。其重要特点是教师不再占用课堂时间来讲授信息，这些信息需要学生在课前自主学习。

翻转课堂有如下的步骤：①创建教学视频；②组织课堂活动。

考点2　微课

1. 定义

微课是指按照新课程标准及教学实践要求，以视频为主要载体，记录教师在课堂内外教育教学过程中围绕某个知识点（重点、难点、疑点）或教学环节而开展的精彩的教与学的活动。

2. 微课的主要特点

①教学时间较短，一般为5~8分钟，最长不宜超过10分钟；②教学内容较少；③资源容量较小；④资源组成情景化；⑤主题突出、内容具体；⑥草根研究、趣味创作；⑦成果简化、多样传播；⑧反馈及时、针对性强。

考点3　微格教学 ★★

1. 定义

微格教学是指以少数的学生为对象，在较短的时间内（5~20分钟）进行小型的课堂教学，可以把教学过程摄制成录像，课后再进行分析。

2. 实施过程

微格教学的实施过程必须遵循确定训练目标、观摩示范、学员（受训者）备课、角色扮演、反馈评议、修改教案等训练环节。

其中，学员备课是熟练掌握和运用教学技能的先决条件；角色扮演是微格教学的中心环节，是学员训练教学技能的具体教学实践活动；反馈评议是微格教学最重要、也最具有特点的一步，要求反馈及时，在模拟教学结束后马上组织学员在指导教师的组织下，观看教学实录，分析教学技能应用的效果，看是否达到预期的培训目标。

典型例题（2021·石家庄·单选）新入职的王老师自己录制了10分钟的讲课过程，并分析其中存在的问题和改进措施。王老师这种提升专业发展水平的方式是（　　）。

A.教学观摩　　　　　　　　　　B.微格教学

C.专题研修　　　　　　　　　　D.行动研究

【答案】B。

考点4　慕课

慕课（MOOC）是大规模的网络开放课程，它是为了促进知识传播而由具有分享和协作精神的个人或组织发布的、散布于互联网上的开放课程。

高分点睛

1.【常考题型】单选、多选、判断

2.【命题角度】

（1）直接考查当代教学模式的定义及特点。

（2）要求简述当代新型的教学模式。

第六节　教学组织形式

一、教学组织形式的含义

教学组织形式是指为完成特定的教学任务，教师和学生按照一定要求组合起来进行活动的结构。教学组织形式所要解决的问题是教师以什么样的形式将学生组织起来，通过什么样的形式与学生发生联系，教学活动按照什么样的程序展开，教学时间如何分配和安排等问题。

教学组织形式主要受教学观念、教学任务、教学内容、教学对象和教学条件等因素的制约。

二、教学组织形式的历史沿革

考点1　古代以个别施教为基础的教学组织形式——个别教学制

个别教学制是教师在同一时间以特定内容面向一个或几个学生进行教学的组织形式。它是历史上最早出现的教学组织形式。古代学校的教学组织形式大都是个别教学制。

个别教学制的优点在于教师能根据每位学生的特点包括天赋、接受能力和努力程度因材施教，加强教学的针对性，充分地发展每个学生的潜能、特长和个性。

个别教学制的缺点是办学规模小、速度慢、效率低，不利于学生之间的交流、合作和个人的社会化。

考点 2　近代以集体学习为主的教学组织形式

1. 班级授课制

班级授课制又称班级上课制、班级教学、课堂教学，是指将学生按年龄和文化程度编成有固定人数的班级，由教师按照课程计划统一规定的课程内容和教学时数，根据课程表进行分科教学的一种集体教学组织形式。

班级授课制的思想萌芽可追溯至古希腊时期的昆体良。17世纪，捷克教育家夸美纽斯在《大教学论》中首先对班级授课进行研究并确定了班级授课制的基本框架。19世纪，德国教育家赫尔巴特提出了教学过程的四阶段理论，使班级授课制得以进一步完善而基本定型。其后，以苏联凯洛夫为代表的教育家，提出了课的类型和结构的理论，使班级授课制成为一个完整的体系。我国的教学活动采用班级授课模式，始于清代同治元年（1862年）于北京开办的京师同文馆。（班级授课制的具体内容在后文将进行详细讲解）

2. 贝尔－兰卡斯特制

贝尔－兰卡斯特制也称导生制，是由英国人贝尔和兰卡斯特在18世纪末19世纪初创立的。这种教学组织形式仍以班级为基础，但教师不直接面向班级全体学生，而是在学生中选择一些年龄较大、学习成绩好的学生充任导生，教师先把教学内容教给导生，再由他们去教年幼的或成绩较差的其他学生。

这种教学组织形式在一定程度上缓解了教师匮乏的压力，但是教学质量一般很低，很难满足大工业生产对学校教育质量的要求。

考点 3　向个别教学回归的多样化教学组织形式 ★★

1. 道尔顿制

道尔顿制是美国的帕克赫斯特于1920年在道尔顿中学创建的一种新的教学组织形式。

（1）主要观点

道尔顿制是一种典型的自学辅导式的教学组织形式，主张在学校里废除课堂教学、课程表和年级制，代之以公约或合同式的学习。按照道尔顿制的教学组织方法，教师不再在课堂上向学生系统地讲授教材，而只为学生分别指定自学参考书、布置作业，由学生自学和独立作业，有疑难时才请教师辅导。学生完成一定阶段的学习任务后，向教师汇报学习情况和接受考查。由于每个学生的能力和志趣不同，他们各自的学习任务和内容也就不同，甚至彼此不相干；学习任务按月布置，完成之后再接受新的学习任务。

（2）评价

优点：重视学生的自学和独立作业。在良好的条件下，其有利于调动学生学习的主动性，培养他们的学习能力和创造才能。

缺点：过于强调个别差异，缺乏教师的系统讲解，不利于学生对于系统知识的掌握，且对教师的要求以及教学设施和条件要求较高。

2. 设计教学法

设计教学法由美国教育家杜威首创，后来由他的学生克伯屈加以改进并大力推广。

（1）主要观点

克伯屈强调，"有目的的活动"是设计教学法的核心，儿童自动的、自发的、有目的的学习是设计教学法的本质。

设计教学法主张废除班级授课制，摒弃教科书，打破传统的学科界限，教师不直接向学生传授知识和技能，而是指导学生根据自己已有的知识和兴趣，自行组成以生活问题为中心的综合性学习单元。学生在自己设计、自己负责的单元活动中获得有关的知识和能力。设计教学法的重点是以活动课程代替学科课程，使学生在活动中获得对知识的整体认知。

设计教学法的一般进程：①设置问题情境；②确定问题或课题；③拟定解决课题方案；④执行计划；⑤总结与评价。

（2）评价

设计教学法能够发挥学生学习的主动性与积极性，能够锻炼学生的实践能力，培养学生的合作意识。但是它打破了学科的逻辑体系，忽视了教学内容的系统性，不利于学生逻辑思维的培养和系统科学知识的掌握。

3. 文纳特卡制

文纳特卡制是美国人华虚朋于1919年在芝加哥市文纳特卡镇公立学校实行的教学组织形式。

（1）课程设置

文纳特卡制的课程分为两部分：一部分为儿童将来生活必需的知识和技能，按学科进行，由学生个人自学完成；另一部分是使儿童的创造性和社会意识得到发展的社会性活动，旨在培养学生的"社会意识"。

（2）评价

文纳特卡制有利于个性化教学，但要求高、费用大、师生负担重，且不利于系统知识的掌握。

4. 特朗普制

特朗普制又称"灵活的课程表"，由美国教育家特朗普提出。

（1）主要观点

特朗普制试图把大班上课、小班讨论和个人独立研究结合在一起，并采用灵活的时间单位代替固定划一的上课时间，以大约20分钟为一个课时。教学时间的分配大致为大班上课占40%，小班讨论占20%，个人独立研究占40%。

（2）评价

特朗普制有利于培养学生思考问题、解决问题以及独立研究的能力，并有利于学生获得多种渠道的信息。它要求教师做到大班授课前充分备课，小班教学时随时指导，因此教师仍起着重要的作用。

高分点睛

1.【常考题型】单选、多选、判断

2.【命题角度】

（1）考查个别教学制的适用时期（古代）。

（2）考查某种教学组织形式的发展、主要观点、代表人物等。

3.【易错易混】 道尔顿制与设计教学法的异同

共同点：打破传统的教学方式，由教师指导，学生自学。

不同点：道尔顿制强调教师要为学生指定自学参考书目，后由学生自学和独立作业，并接受教师考查；设计教学法强调学生自己设计、决定学习内容。

三、现代教学组织形式

考点1 现代教学的基本教学组织形式——班级授课制 ★★★

在现代，班级授课制仍是世界普遍采用的教学组织形式，也是我国目前教学的基本组织形式，其他教学组织形式只是作为班级授课制的辅助形式发挥着作用。

1. 班级授课制的基本特点：班、课、时

（1）班：同一个教学班学生的年龄和知识水平大致相同，并且人数固定，教师同时对整个班集体进行同样内容的教学。

（2）课：把教学内容以及为实现这种内容而以一定的教学手段、教学方法展开的教学活动，按学科和学年分成许多小的部分，分量不大，大致平衡，彼此连续而又相对完整。这每一小部分内容和教学活动，就叫作一"课"。"课"是教学活动的基本单元。

（3）时：把每一"课"规定在固定的单位时间内进行，这个单位时间称为"课时"，课与课之间有一定的间歇和休息。

2. 班级授课制的优缺点

优点：①有利于经济有效地大面积培养人才，提高教学效率；②有利于学生获得系统的科学知识；③有利于发挥教师的主导作用；④有利于发挥学生集体的教育作用；⑤有利于学生德、智、体等多方面的发展；⑥有利于进行教学管理和教学检查。

缺点：①不利于学生主体性的发挥；②不利于培养学生的探索精神、创造能力和实际操作能力；③不能很好地适应教学内容和教学方法的多样化；④不利于因材施教，难以满足学生个性化的学习需要；⑤不利于学生之间真正的交流和启发；⑥以"课"为基本的教学活动单位，某些情况下会割裂内容的整体性。

典型例题（2021·沧州·单选）在下列教学组织形式中，有利于高效率、大面积培养学生的是（　　）。

A. 个别教学　　　　　　　　B. 班级授课制
C. 分组教学　　　　　　　　D. 道尔顿制

【答案】B。

考点 2　现代教学的辅助形式——个别教学和现场教学

1. 个别教学

个别教学是教师针对不同学生的情况进行个别辅导的教学组织形式。个别教学弥补了班级授课制中平均、划一教学的不足，是满足特殊化教育需要、实现个性发展的手段和途径。

2. 现场教学

现场教学是指教师根据一定的教学任务与教学内容，将学生带领到生产或生活相关场所进行教学的一种辅助性教学组织形式。

考点 3　现代教学的特殊组织形式——复式教学

复式教学是把两个或两个以上不同年级的学生编在一个教室里，由一位教师分别用不同的教材，在一节课里对不同年级的学生进行教学的一种特殊组织形式。它适用于学生少、教师少、校舍和教学设备较差的农村以及偏远地区，有利于普及教育。

复式教学的特点：①直接教学和学生自学或做作业交替进行。②保持了班级授课制的一切本质特征，与班级授课制不同的是，教师要在一节课的时间内巧妙地同时安排几个年级学生的活动。复式教学组织得好，学生的基本训练和自学能力往往更强。

高分点睛

1.【常考题型】单选、多选、判断

2.【命题角度】

（1）考查班级授课制的地位（最基本的教学组织形式）、特点（班、课、时）、优缺点。

（2）考查现代教学的辅助形式（个别教学、现场教学），特殊形式（复式教学）等。

四、现代教学组织形式的改革

考点 1　分组教学（分层教学）

分组教学是按学生的能力或学习成绩把他们分为水平不同的组进行教学的教学组织形式。

1. 分组教学的类型

（1）外部分组和内部分组

外部分组彻底打破传统的年龄编组，按照学生的学习能力或学习成绩的差别进行分组教学，是班级间分组。

内部分组是在按年龄编班的基础上，根据学习能力或学习成绩的差异进行分组教学。

（2）能力分组和作业分组

能力分组是根据学生的能力发展水平开展分组教学，学习的课程相同，但不同的组学习年限不同。

作业分组是根据学生特点和意愿分组，学习年限相同，但不同的组学习的课程不同。

2. 分组教学的优缺点

优点：能根据学生的学习能力或水平差异分别进行教学，便于教师组织教学，能够适应不同层次学生的学习准备和学习要求，有利于因材施教。

缺点：对学生的能力和水平难以鉴定；对学生区别对待，易引起对教学平等的非议；不利于学生个性的健康发展，能力强的学生易滋生骄傲情绪，能力差的学生会产生自卑感；同时，由于缺乏不同水平学生间的相互交流，学生发展的机会受到了限制。

考点 2 小组合作学习

小组合作学习是以异质小组为基本形式，以小组为主体，以小组成员合作性活动为机制，以小组目标达成为标准，以小组成绩为奖励依据的教学组织形式。

1. 小组合作学习的基本要素

（1）组间同质，组内异质

教师在构建合作小组时，应注意结构的合理性，具体表现在以下几个方面。

①小组人数要合理。一般以 4~6 人为宜。

②分组应遵循"组间同质，组内异质，优势互补"的原则。

③小组成员的构成应是动态的，允许互换或流动，还可以按活动主题的需要让学生进行自由组合。

（2）设立小组目标，实施小组评价与奖励的机制

学习目标为小组而不是为个人设立，并以小组为评价与奖励的对象，让学生体会到一个人的成功并非真正的成功，只有在小组的其他成员也达到学习目标的情况下，自己才能达到目标。

（3）个人责任的明确

在小组合作学习中，每个人都必须对自己的学习负责，学习成效的大小与个人是否尽责直接联系在一起。

（4）均等的成功机会

在小组合作学习中，只要自己努力，有同伴之间的帮助，每个学生都可以做得很好，成功的机会是均等的。小组合作学习经常采用"个体提高分"（个体本次测验的分数比上次测验高出来的分数）的计分方式。

2. 小组合作学习的优缺点

优点：可以给学生提供更多直接参与学习的机会；有利于培养学生的参与意识和领导组织能力；师生之间、学生之间的相互作用可以促使学生民主与合作精神的形成；有利于情感领域和动作技能领域教学目标的实现。

缺点：教学的进度不容易控制，教学目标难以一致。

考点 3 小班教学

小班教学在发达国家的基础教育各阶段已经普遍实行，许多国家在教育法中规定每班学生人数通

常为15~25人。近年来，我国的一些大城市也开始了小班教学的尝试。

考点4　走班制教学

走班制教学即学科、教室和教师固定，学生结合自身兴趣爱好、生涯规划和高考目标专业选择适合自身发展层次的班级上课。不同层次的班级的教学内容和程度要求不同，作业和考试的难度也不同。

> **高分点睛**
> 1.【常考题型】单选、多选
> 2.【命题角度】考查现代教学组织形式的改革包括哪些形式及其特点。

第七节　教学工作的基本环节

教师的教学工作包括五个基本环节：备课、上课、课外作业的布置与批改、课外辅导、学生学业成绩的检查和评定。

一、备课 ★★★

备课是指教师根据学科课程标准的要求和本门课程的特点，结合学生的具体情况，选择合适的表达方法和顺序，以保证学生有效地学习。备课是教师教学工作的基础工作和起始环节，是上好课的先决条件。

考点1　备课要做好的三方面工作

1. 钻研教材（备教材）——备课的核心环节

（1）钻研教材包括钻研课程标准、教科书和阅读有关的参考书。其中，教科书是教师备课和上课的主要依据。

（2）教师钻研教材经过懂、透、化三个阶段。"懂"就是弄清教材的基本思想、基本概念。"透"就是要透彻了解教材的结构、重点与难点，并掌握知识的逻辑。"化"就是教师的思想感情和教材的思想性、科学性要"融化"在一起。

2. 了解学生（备学生）

教师不仅要了解学生原有的知识、技能、兴趣和需要，还要了解学生的学习方法和习惯，并在此基础上，对学生学习新知识会有哪些困难、会出现什么问题等做出预测，以采取积极的对策。

3. 设计教法（备教法）

设计教法就是解决如何把已掌握的教材内容传授给学生的问题。设计教法包括以下内容：如何组织教材，如何确定课的类型，如何安排每一节课的活动，如何运用各种方法开展教学活动。此外，也要考虑学生的学法，包括预习、课堂学习活动与课外作业等。

典型例题 （2022·邯郸·单选）上好课的先决条件是（　　）。
A. 了解学生　　　　　　　　　B. 融洽的师生关系
C. 先进的教学设备　　　　　　D. 备课
【答案】D。

考点2　备课要写好的三个计划

教师备好课要写好三个计划：①学年（或学期）教学进度计划；②课题（或单元）计划；③课时计划，即教案。

考点3　备课的类型

（1）按备课主体的范围，备课可分为个人备课和集体备课。

（2）根据教学时间，备课可分为学年（或学期）备课、单元备课和课时备课。

（3）按照备课的时间先后，备课可分为课前备课和课后备课。

二、上课 ★★★

考点1　上课的意义

上课是教学工作诸环节中的中心环节，是教师教和学生学的最直接的体现，是引导学生掌握知识、提高思想、发展能力的关键，是提高教学质量的关键。

考点2　课的类型

（1）根据教学的任务，可分为传授知识课（新授课）、巩固知识课（巩固课）、培养技能技巧课（技能课）、检查知识课（检查课）。

（2）根据一节课完成任务的类型数，可分为单一课和综合课。单一课是在一节课内主要完成一种任务的课；综合课是在一节课内完成两种或两种以上教学任务的课。

（3）根据使用的主要教学方法，可分为讲授课、演示课（演示实验或放映幻灯片、录像）、练习课、实验课、复习课。

考点3　课的结构

课的结构是指一节课包含哪些组成部分以及各组成部分的顺序、时限和相互关系。不同类型的课，由于承担任务不同，会构成不同的课的结构。一般来说，综合课的结构包括组织教学、复习检查、讲授新教材、巩固新教材、布置课外作业。

考点4　上好课的基本要求

一般来说，教师上好一节课的标准包括以下内容。

（1）目标明确。目标制定得当，符合课程标准的要求及学生的实际；课堂上的一切教学活动都应该围绕教学目标来进行。

（2）内容正确。教学内容具有科学性和思想性。

（3）方法得当。教师根据教学任务、内容和学生的特点选择合适的方法进行教学，力求使教学取得较好的效果。

（4）结构合理。教师教学有严密的计划性和组织性。课的进程次序分明、有条不紊，课的结构紧凑，不同任务变换时过渡自然，课堂秩序良好。

（5）语言艺术。教师授课讲普通话，语言简洁、明快、生动，语音抑扬顿挫，讲述有条理、有逻辑性。

（6）板书有序。板书形式上字迹规范、清楚、位置适宜；内容上重点突出、条理清楚。

（7）态度从容。教师授课充满自信，适当应用肢体语言。

（8）充分发挥学生的主体性。这是上好课的最根本的要求，离开了这一点，以上所有要求就都失去了意义。

三、课外作业的布置与批改

作业是学生及时复习和巩固知识的重要途径。课外作业是课堂作业的延伸，是教学活动的有机组成部分。合理而恰当的作业对于巩固和提高课堂教学效果有重要作用。

考点1　课外作业的形式

（1）阅读作业，如阅读教科书、参考书或各种课外读物等。

（2）口头作业，如朗读、背诵、复述、口头问答等。

（3）书面作业，如书面练习、演算习题、作文、绘制图表等。

（4）实践活动作业，如实验、测量、各种技能的训练、社会调查等。

考点2　布置作业的要求

（1）作业的内容要符合学科课程标准规定的范围与深度，有利于帮助学生巩固和加深对所学知识的认识，并形成相应的技能、技巧。

（2）作业要有代表性和典型性，分量要适当，难度要适中。

（3）作业应与教科书的内容有逻辑联系，不能照搬教科书中的例题或材料，要达到触类旁通、举一反三的效果。

（4）作业应有助于启发学生的思维，含有鼓励学生独立探究并进行创造性思维的因素。

（5）作业应尽量与现代生产和社会生活的实际结合起来，力求理论联系实际，但不可牵强附会。

（6）布置作业要向学生提出明确的要求，并规定完成的时间。对比较复杂的作业，教师也可以给予学生适当的提示，但这种提示应是启发性的，不能代替学生的独立思考。

考点3　批改作业的要求

（1）教师要及时检查和批改作业，使学生养成按时完成作业的良好习惯。

（2）教师要注意发现学生在知识、技能方面出现的错误和存在的漏洞。

（3）教师要仔细评定，给出成绩，写上简短评语，对学生的学习提出明确要求。

（4）教师要及时将作业情况反馈给学生，纠正学生作业中的错误并指出原因。

（5）对大多数学生作业中经常出现的错误，教师要找机会进行辅导，重点讲解和纠正。

四、课外辅导

考点1 课外辅导的意义

课外辅导是在课堂教学规定的时间之外，教师对学生的辅导。其目的在于因材施教及对学生进行学习目的、学习态度和学习方法等方面的个别教育与指导。课外辅导是课堂教学的必要补充，是适应学生个别差异、贯彻因材施教原则的重要措施。

考点2 课外辅导的要求

（1）从辅导对象实际出发，确定辅导内容和措施。

（2）辅导只是对课堂教学的补充，不能将主要精力放在辅导上。

（3）辅导要目的明确，宜采用启发式，充分调动学生的主动性和积极性。

（4）教师要注意态度，鼓励学生主动提出问题；师生平等相处，共同讨论。

（5）加强学生思想教育和学习方法的指导，提高辅导效果。

五、学生学业成绩的检查和评定

考点1 学业成绩检查和评定的意义

学生学业成绩的检查和评定是了解学生学习质量与教师教学质量的重要手段。对学生来说，可以了解自己在学习中的进步与缺陷，明确努力方向；对教师来说，可以检查教学效果，借以总结经验、改进教学；对学校领导来说，有助于加强对教学工作的管理；对家长来说，有助于其了解子女的学习情况，更好地配合学校来帮助学生提高学习成绩。

考点2 学业成绩检查的方式

1. 考查

考查一般是指对学生的学习情况和成绩进行的一种经常的小规模或个别的检查与评定。考查是学校检查学生学业成绩和教师教学效果的一种方法。它是学校工作的一个组成部分，也是提高教学效率和质量的一种手段。考查的方式有口头提问、检查书面作业、书面测验等。

2. 考试

考试一般是指对学生学业成绩进行的阶段性或总结性的检查与评定。其目的侧重于对学生的学习质量做出全面检查与评价。考试一般有期中考试、期末考试和毕业考试等。考试的方式有口试、笔试和实践性考试等。

考点3　学业成绩检查与评定的基本要求

1. 学生学业成绩检查的基本要求

（1）学业成绩检查要坚持科学性、有效性和可靠性。

（2）学业成绩检查的内容应力求全面，使其既能反映学生对课程知识的掌握程度，又能反映学生认知结构的情况。

（3）学业成绩检查的方法要灵活多样。

2. 学生学业成绩评定的基本要求

（1）教师必须坚持客观公正的原则，严格遵守评价标准。

（2）教师应明确学生学习的优缺点和努力方向，这是评价学生学业成绩的主要目的。

（3）教师应鼓励学生创新，在评价中不仅要看学生的答案，更要关注学生的思路，重视知识的创新性。

高分点睛

1.【常考题型】单选、多选、判断

2.【命题角度】

（1）直接考查备课的意义或地位（起始环节、先决条件、基础工作）、备课的三方面工作、三个计划以及备课的类型。

（2）直接考查上课的意义、课的类型和结构以及一堂好课的标准。

（3）以单选、多选的形式考查作业的形式及其布置要求。

（4）以多选的形式考查教学工作包括哪几个基本环节。

3.【易错易混】课外辅导是课堂教学的必要补充，不是课堂教学的延续、深化和拓展。

第八节　教学评价

一、教学评价的含义与功能

考点1　教学评价的含义

教学评价是指以教学目标为依据，通过一定的标准和手段，对教学活动及其结果进行价值上的判断，即对教学活动及其结果进行测量、分析和评定的过程。

教学评价的内容：学生学业成绩的评价、教师教学质量的评价、课程的评价。

考点2　教学评价的功能 ★★

1. 导向功能

导向功能是指教学评价对实际的教育活动有定向引导的功能，能引导学生趋向于理想的目标。教学评价就像一个指挥棒、一把标尺或一盏指路灯，引导着教学活动的方向和侧重点。

2. 诊断功能

通过教学评价，教师和学生不仅可以了解自己的教学和学习的进度以及变化，而且能够发现其中存在的问题，进而及时调整教学进度，控制消极因素，重置教学资源，实现教学过程最优化。

3. 反馈功能

教学评价的结果可以为评定教师教学状况和了解学生学习情况提供反馈信息。对于教师而言，教学评价的反馈信息有助于他们进行教学反思，找出自己工作上的不足，及时改进教学工作，提高教学质量。对于学生而言，教学评价有助于他们了解自己的学业状况。

4. 管理功能

教学评价可以为教育行政部门客观地进行学校教学监督和管理提供依据，也可以为学校课程管理提供参考。教学评价的管理功能还体现在通过对教师"教"的评价，可以更好地了解和认识教师的教学工作，为学校人员安排、优化教师队伍提供信息参考和依据；通过对学生"学"的评价，为学生的分组、分班等提供数据的支持和帮助。

5. 激励功能（发展功能）

一般而言，在教学评价中获得肯定性结果的师生能在某种程度上获得精神上的满足和成就感，从而极有可能更加努力。得到否定性结果的师生也许会感到紧张和焦虑，但适度的紧张和焦虑同样具有激励功能。

6. 教学功能

教学过程前、过程中及结束后进行的各种测验，其本身就是教学活动的有机组成部分，是教学活动中必不可少的环节和重要的学习经验。

7. 研究功能

从某种意义上说，教学评价是对教学活动所做的系统审视与反思，教师从事教学评价活动实际上是教师校本教学研究的一部分。

也有学者认为教学评价具有反馈与改进功能、区分与鉴别功能等。

> **高分点睛**
>
> 1.【常考题型】单选、多选、判断
> 2.【命题角度】直接考查或者给出例子、关键词，要求判断其体现了教育评价的何种功能。

二、教学评价的类型 ★★★

考点1 相对评价、绝对评价和个体内差异评价

按照评价标准的不同，教学评价可分为相对评价、绝对评价和个体内差异评价。

1. 相对评价（常模参照评价）

相对评价是在被评价对象的群体中建立基准（通常以该群体的平均水平作为这一基准），然后把

该群体的各个对象逐一与基准进行比较,以判断该群体中每个对象的相对优劣。例如,智力测验属于相对评价。

相对评价具有甄选性强的特点,因而可以作为选拔人才的依据。它的缺点是不能明确显示学生的真正水平,不能表明学生在学业上是否达到了特定的标准,对于个人的努力状况和进步的程度也不够重视。

2. 绝对评价(标准参照评价、目标参照评价)

绝对评价是将教学评价的基准建立在被评价对象的群体之外(通常以教学目标为依据来制定这一基准),再把该群体中每一成员的某方面的知识和能力与基准进行比较,从而判定其优劣。

绝对评价可以衡量学生的实际水平,了解学生对知识、技能的掌握情况,适用于升级考试、毕业考试和合格考试。它的缺点是不适用于甄选人才。

3. 个体内差异评价

个体内差异评价是指以评价对象自身某一时期的发展水平为标准,判断其发展状况的评价方法。它主要有两种方法:一是把评价对象的现在与过去进行比较;二是把评价对象自身的不同侧面进行比较,如评价学生是否存在文理偏科现象。

个体内差异评价的最大优点是充分体现了尊重个体差异的因材施教原则,适当减轻了被评价对象的压力。但是,由于评价本身缺乏客观标准,不易给评价对象提供明确目标,难以发挥评价应有的功能。

考点2 诊断性评价、形成性评价和总结性评价

按照评价功能的不同,教学评价可分为诊断性评价、形成性评价和总结性评价。

1. 诊断性评价

诊断性评价是在学期教学开始或单元教学开始时,对学生现有的知识水平、能力发展的评价。例如,各种摸底考试,了解学生学习疑难所在的考试。

诊断性评价的目的是了解和掌握评价对象的基础和情况,为制定教学措施做准备,为因材施教提供依据。

2. 形成性评价(过程性评价)

形成性评价是在教学进程中对学生的知识掌握和能力发展所做的比较经常而及时的测评与反馈,即对学生日常学习过程中的表现,取得的成绩,以及反映出的情感、态度、策略等方面的发展做出的评价,是基于对学生学习过程的持续观察、记录、反思而做出的发展性评价。评价结果是分析性的。例如,口头提问、随堂测验等。

形成性评价的目的是更好地促进学生的学习与发展,以改进教学过程,提高教学质量,而不强调成绩的评定。

3. 总结性评价(终结性评价)

总结性评价是在一个大的学习阶段,如一个学期或一门学科终结时,对学生学习的成果进行的较正规的、制度化的考查、考试及其成绩的全面评定。评价结果是综合性的,概括化程度较高。

总结性评价的目的是给学生评定成绩，其功能包括以下几点：①评定学生的学习成绩；②证明学生掌握知识、技能的程度和能力水平及达到教学目标的程度；③确定学生在后续教学活动中的学习起点；④预测学生在后续教学活动中成功的可能性；⑤为制定新的教学目标提供依据。

典型例题（2022·邯郸·单选）教师通过口头提问、课堂作业、书面测试对学生的知识和能力进行及时的测评与反馈，这种教学评价属于（　　）

A．诊断性评价　　　　B．相对性评价　　　　C．终结性评价　　　　D．形成性评价

【答案】D。

考点3　自我评价和他人评价

按照评价主体的不同，教学评价可分为自我评价和他人评价。

1. 自我评价（内部评价）

自我评价是指评价对象作为评价主体依据一定的评价标准而进行的自我评价。例如，学校对自身的课程与教学目标、组织等的评价，教师对自己的教学思想、内容、方法、态度、效果等的反思，学生对自己的学习成绩、态度、方法等方面的评价，都是自我评价。

2. 他人评价（外部评价）

他人评价是指评价对象之外的组织或个人依据一定的评价标准对评价对象进行的评价活动。例如，教育行政部门对学校课程与教学进行的检查与督导评价，学校领导、同行教师对教师教学工作进行的评价，教师对学生学习的评价等。

考点4　定性评价和定量评价

按照评价的量化程度，教学评价可分为定性评价和定量评价。

1. 定性评价（质性评价）

定性评价是对评价材料做"质"的分析，运用的是分析、综合、比较、分类、演绎、归纳等逻辑分析方法，分析结果是没有量化的描述性资料。常见的定性评价方式有档案袋评定、苏格拉底式研讨评定、表现展示评定等。

2. 定量评价（量化评价）

定量评价是对评价材料做"量"的分析，运用的是数理统计、多元分析等数学方法，从纷繁复杂的评价数据中提取出规律性的结论。它具有客观化、标准化、精确化、量化、简便化等鲜明的特征。如成就测验（考试）等。

高分点睛

1.【常考题型】单选、多选

2.【命题角度】

（1）给出例子，要求判断其属于哪种教学评价。

（2）直接考查教学评价的分类维度、定义、特点、功能等对应关系。

三、教学评价的方法

教学评价的方法可分为测验评价和非测验评价。

考点 1　测验评价

测验主要以笔试的方式进行，是考核、测定学生成绩的基本方法。

1. 测验的质量指标 ★★

信度、效度、难度和区分度是测验的质量指标，同时也是有效测验的特征。

（1）信度

信度是指测验结果的可靠性或一致性的程度，是指一个测验经过多次测量所得结果的一致性程度，以及一次测量所得结果的准确性程度。如果一个测验在反复使用或以不同方式使用时都能得出大致相同的可靠结果，那么这个测验的信度就较高，否则，信度较低。影响信度的因素有很多，主要有测验的长度、测验的时间、受试者的身心状态、测验的指导语、评分标准等。

（2）效度

效度是指测验结果的准确性和有效性的程度，即通过测验能否准确地反映学生的实际水平。效度包括内容效度、构想效度和效标关联效度。

信度和效度是编制测验必须考虑的最基本要素。二者的关系如下：信度高是效度高的必要而非充分条件，效度高的测验，信度一定高，反之，信度高的测验，效度不一定高；效度受信度制约。

（3）难度

难度是指测验包含的试题的难易程度。在教学测验中，通常用答对或通过测验的人数比例作为难度值。难度的计算公式如下：

$$难度值（P）= 答对人数（R）/ 被试总人数（N）\times 100\%$$

$$或难度值（P）=（高分组通过率 P_H + 低分组通过率 P_L）/2$$

P 值越大，难度越低，反之则越高。一般来说，难度值在 0.5 左右最佳。

（4）区分度

区分度是指测验对考生的不同水平能够区分的程度，即测验是否具有区分不同水平考生的能力。

试题难易度直接影响区分度，特别难或特别容易的题目区分度都很低，中等难度的试题的区分度比较高。只有在试卷中包含不同难度的试题时，才能提高区分度，拉开考生得分的差距。测验题目过于容易，致使大部分个体得分普遍较高的现象被称为天花板效应。测验题目过难，致使大部分个体得分普遍较低的现象被称为地板效应。

2. 测验的类型

（1）按照测验时机，测验可分为准备性测验、形成性测验和终结性测验。

（2）按照试题类型，测验可分为客观性测验和主观性测验。

（3）按照解释分数的标准，测验可分为常模参照测验和标准参照测验。

（4）按照编制程序的严格程度，测验可分为标准化测验和教师自编测验。

典型例题 （2022·邯郸·多选）衡量学生测验题目质量的指标有（   ）。

A. 信度　　　　　　B. 效度　　　　　　C. 难度　　　　　　D. 区分度

【答案】ABCD。

考点 2　非测验评价

1. 观察法

观察法是直接认知被评价者的最好方法。它适用于在教学中评价那些不易量化的行为表现（如兴趣、爱好、态度、习惯、性格）和技能（如绘画、体育技巧）。

2. 调查法

调查法是通过了解学生的学习情况，为进行学生成绩评定收集资料的一种方法。它一般通过发放问卷、交谈进行。

3. 档案袋评价

档案袋评价又称学习档案评价、成长记录袋评价，是指在一段时间内，以学生个体为单位，有目的地从各种角度和层次收集学生在学习过程中参与学习、努力、进步和取得成就的证明，并有组织地汇总，经由师生合作、学生与家长合作，根据评价标准评价学生表现的评价方法。

4. 表现性评价

表现性评价又称真实性评价或替代性评价，是通过学生完成特定任务的外部行为表现来评价学生的评价方法。表现性评价需要学生自己创造出问题的答案或用自己的行为表现来展示自己的答案，而不是像过去的纸笔测验那样从规定好的选项中选择出自己的答案。

高分点睛

1.【常考题型】单选、判断、多选

2.【命题角度】

（1）给出例子，要求判断其属于教学评价的哪种方法。

（2）直接考查测验的四个质量指标，以及信度和效度之间的关系。

第八章 德 育

第一节 德育概述

一、德育的基本知识

考点1 德育的概念

德育，即使受教育者形成一定品德的教育，有广义和狭义之分。

（1）广义的德育泛指所有有目的、有计划地对社会成员在政治、思想与道德等方面施加影响的活动，包括社会德育、社区德育、学校德育和家庭德育等。

（2）狭义的德育专指学校德育，是教育者按照一定社会或阶级的要求，有目的、有计划、有系统地对受教育者施加思想、政治和道德等方面的影响，并通过受教育者积极的认识、体验与践行，使其形成一定社会与阶级所需要的品德的教育活动。本章讲的德育主要指学校德育。

（3）更为狭义的德育专指道德教育。

考点2 德育的意义

德育决定学校教育的性质。德育的意义包括以下几点。

（1）德育是社会主义现代化建设的重要条件和保证。

（2）德育是青少年健康成长的条件和保证，在青少年学生的发展中具有导向作用。

（3）德育是实现教育目的的条件和保证。

> **高分点睛**
>
> 1.【常考题型】单选、多选、判断
> 2.【命题角度】考查德育的概念，广义的德育、狭义的德育的具体内容。

二、德育的功能

考点1 德育的社会性功能

德育的社会性功能是指学校德育能够在何种程度上对社会发挥何种性质的作用，包括政治功能、经济功能、文化功能等。其中，德育的政治功能是首要功能，文化功能是政治功能和经济功能的中介。

考点 2　德育的个体性功能

德育的个体性功能是指德育对受教育者个体发展能够产生的实际影响，包括德育对个体生存、发展、享用发生的影响。其中，享用功能是德育个体性功能的本质体现和最高境界。

考点 3　德育的教育性功能

德育的教育性功能有两大含义：一是德育的教育价值属性，正如赫尔巴特所说的"我不承认有任何'无教育的教学'""教学如果没有进行道德教育，只是一种没有目的的手段"；二是德育作为教育子系统对平行系统的促进作用，主要表现在德育对智、体、美诸育的促进功能。

> **高分点睛**
>
> 1.【常考题型】单选、多选、判断
> 2.【命题角度】
> （1）直接考查德育的社会性功能、个体性功能的具体内容。
> （2）考查各个德育功能的意义或地位。
> ①德育的政治功能是德育的社会性功能中的首要功能。
> ②德育的个体享用功能是德育的个体性功能的本质体现和最高境界。
> （3）给出例子，要求判断其体现了德育的何种功能。

三、德育内容

考点 1　德育内容的含义

学校德育内容是教育者依据学校德育目标选择的，形成受教育者品德的社会思想政治准则和道德规范的总和。德育内容是德育目标的体现和具体化，是实现德育目标的重要环节。

考点 2　我国学校德育的基本内容

1. 政治教育

政治教育是关于对民族、阶级、政党、国家、政权、社会制度和国际关系的情感、立场、态度的教育，主要包括社会主义教育、理想信念教育、爱国主义教育、国防教育、民族团结教育等。其中，爱国主义教育是德育的永恒主题。

2. 思想教育

思想教育是指对事物的态度和思想观点的教育，主要包括科学世界观和人生观教育、价值观教育、科学认识论教育、方法论教育、劳动教育、集体主义思想教育等。

3. 法制（法纪）教育

法制（法纪）教育是关于法律、纪律、民主、法治的意识与观念的教育，主要包括社会主义法制教育、纪律教育、社会主义民主教育等。

4. 道德教育

道德教育是关于个体与个体、个体与群体或社会、个体与自然的行为规范和准则的教育，主要包括社会公德教育、职业道德教育、家庭美德教育、中国传统道德教育等。

5. 心理健康教育

心理健康教育是指根据学生生理、心理发展的规律和特点，运用特定的教育方法和手段，帮助学生形成良好的心理素质，促进学生身心全面和谐地发展和整体素质全面提高的教育，主要包括学习辅导、生活辅导和择业辅导。

高分点睛

1.【常考题型】单选、多选
2.【命题角度】
（1）直接考查我国中小学德育的内容。
（2）考查我国德育的永恒主题——爱国主义教育。
（3）给出例子，要求判断其体现了何种德育内容。

第二节　德育过程

一、德育过程的内涵

考点1　德育过程的含义

德育过程即思想品德教育过程，是以形成受教育者一定的思想品德为目的、教育者与受教育者共同参与的教育活动过程。德育过程从本质上说是个体道德社会化和社会道德个体化的统一过程。

考点2　德育过程与品德形成过程的关系

1. 德育过程与品德形成过程的区别

德育过程不等同于品德形成过程。它们的区别表现在以下几个方面。

（1）德育过程是教育者对受教育者的教育过程，是双边活动过程；而品德形成过程是学生个体品德自我发展的过程。

（2）在德育过程中，学生主要受有目的、有计划、有组织的教育影响；而在品德形成过程中，学生会受各种因素的影响，包括自发的环境因素的影响。

（3）从德育过程的结果来看，学生形成的品德与社会要求相一致；从品德形成过程的结果看，学生形成的品德可能与社会要求相一致，也可能不一致。

2. 德育过程与品德形成过程的联系

品德形成属于人的发展过程，德育过程是对品德的形成与发展过程的调节与控制。德育只有遵循人的品德形成发展规律，才能有效地促进人的品德形成与发展。德育过程的最终目标是使受教育者形成一定的思想品德。

> **高分点睛**
>
> 1.【常考题型】单选、多选、判断
> 2.【命题角度】考查德育过程与品德形成过程的关系。
> 3.【易错易混】德育过程与品德形成过程的联系与区别。
>
> | 项目 | | 德育过程 | 品德形成过程 |
> |---|---|---|---|
> | 区别 | 性质 | 双边活动 | 自我发展的过程 |
> | | 影响因素 | 有目的、有计划、有组织的教育影响 | 各种因素的影响 |
> | | 最终结果 | 学生形成的品德与社会要求相一致 | 学生形成的品德可能与社会要求相一致，也可能不一致 |
> | 联系 | | 德育要遵循人的品德形成发展规律；德育过程的最终目标是使受教育者形成一定的思想品德 | |

二、德育过程的构成要素与矛盾

考点1　德育过程的基本构成要素

1. 教育者

教育者是德育过程的组织者、领导者，是一定社会德育要求和思想道德的体现者，在德育过程中起主导作用。

2. 受教育者

受教育者包括受教育者个体和群体。在德育过程中，受教育者既是德育的客体，又是德育的主体。

3. 德育内容

德育内容是用以形成受教育者品德的社会思想政治准则和道德规范，是受教育者学习、修养和内在化的客体。

4. 德育方法

德育方法是为达到德育目的，教育者和受教育者在德育过程中采取的活动方式的总和，包括教育者的施教传道方式和受教育者的受教修养方式。它是教育者和受教育者相互作用的中介和手段。

还有说法认为，德育过程的基本构成要素包括教育者、受教育者和德育影响。

考点2　德育过程的矛盾 ★★

德育过程的矛盾是指德育过程中各要素、各部分之间和各要素、各部分内部各方面之间的对立统一关系，包括教育者与受教育者的矛盾，教育者与德育内容、方法的矛盾，受教育者与德育内容、方法的矛盾，受教育者自身思想品德内部诸要素之间的矛盾等。

德育过程的基本矛盾是社会通过教育者向受教育者提出的德育要求（社会要求的道德规范）与受教育者已有的品德水平之间的矛盾。这是德育过程中最一般、最普遍的矛盾，也是决定德育过程本质的矛盾。

> **高分点睛**
>
> 1.【常考题型】单选、多选、判断
> 2.【命题角度】
> （1）考查德育过程的基本构成要素，以及受教育者的特殊地位（既是主体又是客体）。
> （2）考查德育过程的基本矛盾是什么。

三、德育过程的基本规律 ★★★

考点1　德育过程是对学生知、情、意、行的培养提高过程

1.学生的思想品德由知、情、意、行四个心理因素构成

（1）知，即品德认识（道德认识）。它是人们对是非善恶的认识和评价以及在此基础上形成的品德观念，是产生品德情感、形成品德意志、指导品德行为的基础，也是个人品德的核心成分。

（2）情，即品德情感（道德情感）。它是人们对客观事物做是非、善恶判断时引起的内心体验，是产生品德行为的内部动力，是实现知行转化的催化剂。

（3）意，即品德意志（道德意志）。它是人们为实现一定的品德行为做出的自觉而顽强的努力。意志品质是调节品德行为的精神力量，对品德行为起着维持作用。

（4）行，即品德行为（道德行为）。它是实现品德认识、情感以及由品德需要产生的品德动机的行为定向及外部表现，是衡量一个人品德水平的重要标志。

2.知、情、意、行的发展顺序

德育过程的一般顺序可以概括为知、情、意、行，以知为开端、以行为终结。知、情、意、行四个基本要素是相互作用的，其中知是基础，行是关键。德育要做到"晓之以理，动之以情，持之以恒，导之以行"。但由于社会生活的复杂性、德育影响的多样性等因素，德育的具体实施过程，又具有多种开端（即多端性），可从知、情、意、行任何一个方面开始。

考点2　德育过程是促进学生思想内部矛盾斗争的发展过程，是教育与自我教育统一的过程

1.学生思想品德的任何变化，都必须依赖学生个体的心理活动

任何外界的教育和影响，都必须经过学生思想内部的矛盾斗争，才能发生作用，促使学生品德的真正形成。

2.学生思想内部的矛盾斗争，实质上是对外界教育因素的分析、综合过程

学生不断做出反应、斗争的过程就是学生品德不断发展的过程，矛盾和冲突是促进道德发展的直接动力。教育者应当自觉利用矛盾运动的规律，促进学生思想矛盾向社会需要的方向转化。

3. 学生的自我教育过程，实际上也是他们思想内部矛盾斗争的过程

各种自我教育能力的发展，都是学生自身思想内部矛盾斗争的结果。教育者要有计划地培养与提高学生的自我意识、自我评价和自我调控能力，以形成和发展学生的自我教育能力，充分发挥他们在培养自身品德中的主体作用。

考点3　德育过程是组织学生的活动和交往，统一多方面教育影响的过程

1. 教育性活动和交往是德育过程的基础

教育性活动和交往是学生思想品德形成的源泉，是德育过程的基础。教育者要精心设计和组织教育活动和交往，做到"寓德育于活动之中""寓德育于教学之中""寓德育于集体之中"。

2. 学生在活动和交往中，必定受到多方面的影响

学生在活动和交往中，受到多方面的影响。学校德育应发挥主导作用，将多方面教育影响统一到教育目的上来，形成学校与家庭、社会教育的合力，促使学生良好品德的形成和发展。

3. 德育过程中的活动和交往的主要特点

（1）具有引导性、目的性和组织性。

（2）不脱离学生学习这一主导活动以及教师和学生这两个主要交往对象。

（3）具有科学性和有效性。

考点4　德育过程是一个长期的、反复的、逐步提高的过程

1. 德育过程是一个长期的过程

道德认识、道德情感、道德意志、道德行为等心理因素的培养和提高需要长期的训练和积累，这就决定了德育过程必然是一个长期的、坚持不懈的过程。

2. 德育过程是一个反复的、逐步提高的过程

学生思想品德的形成与发展是一个反复的、逐步提高的过程，甚至会出现暂时倒退现象。德育过程要坚持不懈、持之以恒地进行，要"抓反复""反复抓"，引导学生逐步前进。

高分点睛

1.【常考题型】单选、多选、判断

2.【命题角度】

（1）直接考查德育过程的基本规律的具体内容。

（2）给出例子，要求判断其体现了德育过程的哪一基本规律。

（3）考查知、情、意、行的地位，德育过程的多端性、反复性等特点。

第三节 德育原则

一、德育原则的含义

德育原则是根据教育目的、德育目标和德育过程规律提出的指导德育工作的基本要求。它是制订德育计划、选择德育内容和方法及组织德育过程的依据。

二、中小学德育的主要原则

考点1 导向性原则

1. 基本含义

导向性原则是指进行德育时要有一定的理想性和方向性，以指导学生的品德向正确的方向发展。

2. 贯彻这一原则的要求

（1）坚定正确的政治方向。

（2）德育目标必须符合新时期的方针政策和总任务的要求。

（3）要把德育的理想性和现实性结合起来。

考点2 疏导原则

1. 基本含义

疏导原则是指进行德育时要循循善诱，以理服人，从提高学生认识入手，调动学生的主动性，使他们积极向上。例如，青少年缺乏足够的知识经验，有时不善于辨别是非善恶，甚至会染上一些坏思想、坏习气。教师需要给他们讲道理，帮助他们提高认识。

2. 贯彻这一原则的要求

（1）讲明道理，疏导思想。

（2）因势利导，循循善诱。

（3）以表扬激励为主，坚持正面教育。

考点3 尊重（信任）学生与严格要求学生相结合原则 ★★★

1. 基本含义

尊重（信任）学生与严格要求学生相结合原则是指进行德育时要把对学生个人的尊重和信赖与对他们的思想和行为的严格要求结合起来，使教育者对学生的影响与要求易于转化为学生的品德。例如，某教师关心学生的一举一动，对学生的各种愿望都有求必应，违背了尊重学生与严格要求学生相结合原则。

2. 贯彻这一原则的要求

（1）爱护、尊重和信赖学生。

（2）教育者对学生提出的要求要合理正确、明确具体和严宽适度。

（3）教育者要督促学生，要求学生认真执行德育要求，坚定不移地贯彻到底。

典型例题　（2022·石家庄·单选）"尽可能多地要求一个人，也要尽可能多地尊重一个人"，这体现了（　　）

A. 疏导原则　　　　　　　　　　　　B. 尊重信任与严格要求相结合原则

C. 导向性原则　　　　　　　　　　　D. 因材施教原则

【答案】B。

考点 4　发挥积极因素和克服消极因素相结合原则（长善救失原则）★★★

1. 基本含义

发挥积极因素和克服消极因素相结合原则是指进行德育时要调动学生自我教育的积极性，依靠和发扬他们自身的积极因素去克服他们品德上的消极因素，实现品德发展内部矛盾的转化。例如，某教师如果只看到学生差的地方，认为无可救药，就违背了发挥积极因素和克服消极因素相结合原则。

2. 贯彻这一原则的要求

（1）用"一分为二"的观点，全面分析，客观地评价学生的优点和不足。

（2）有意识地创造条件，因势利导、扬长避短，将学生思想中的消极因素转化为积极因素。

（3）提高学生自我认识、自我评价的能力，启发他们自觉地开展思想斗争，克服缺点，发扬优点。

考点 5　教育影响的一致性与连贯性原则 ★★★

1. 基本含义

教育影响的一致性与连贯性原则是指进行德育时应当有目的、有计划地把来自各方面对学生的教育影响加以组织、调节，使其相互配合，协调一致，前后连贯地进行，以保障学生的品德能按照教育目的的要求发展。例如，某班主任引导和调节各种社会影响，利用社会中的积极因素，抵制各种消极因素，使得班内学生在校内外都能受到良好环境的影响和熏陶。

2. 贯彻这一原则的要求

（1）充分发挥教师集体的作用，统一学校内部各方面的教育力量。

（2）统一学校、家庭和社会各方面的教育影响，争取家长和社会的配合，逐步形成以学校为中心的"三位一体"德育网络。

（3）处理好衔接工作，保持德育工作的经常性、制度化、连续性、系统性。

典型例题　（2021·保定·单选）教育中常会出现"5+2=0"的现象，"5"是指学生一周5个学习日在学校接受的正面德育影响，"2"是指学生双休日回到家庭和社会接触的负面影响，"0"是指学生在学校接受正面德育影响与回到家庭和社会接触的负面影响相互抵消，致使教育效果为零。为了避免这种现象，德育影响应遵循（　　）。

A. 因材施教原则　　　　　　　　　　B. 理论联系实际原则

C.教育影响的一致性与连贯性原则　　　　D.严格要求学生与尊重学生相结合原则

【答案】C。

考点6　因材施教原则 ★★★

1.基本含义

因材施教原则是指进行德育时要从学生的思想认识和品德发展的实际出发，根据他们的年龄特征和个性差异进行不同的教育，使每个学生的品德都能得到最好的发展。例如，面对反应快、愿意表明自己看法的学生，教师经常提问他，多让他对别人的发言发表意见。

2.贯彻这一原则的要求

（1）深入了解学生的个性特点和内心世界。

（2）根据学生的个人特点有的放矢地进行教育，努力做到"一把钥匙开一把锁"。

（3）根据学生的年龄特征有计划地进行教育。

典型例题 （2022·邯郸·单选）我们经常所说的"一把钥匙开一把锁"，这句话体现了德育的（　　）。

A.一致性原则　　　B.疏导性原则　　　C.导向性原则　　　D.因材施教原则

【答案】D。

考点7　知行统一原则（理论与实践相结合原则）

1.基本含义

知行统一原则是指进行德育时既要重视思想道德的理论教育，又要重视组织学生参加实践锻炼，把提高认识和行为养成结合起来，使学生做到言行一致、表里如一。例如，中小学研学旅行活动是一种通过集体旅行、集中食宿的方式展开研究性学习和旅行体验相结合的校外教育活动，体现了知行统一的德育原则。

2.贯彻这一原则的要求

（1）加强思想道德的理论教育，提高学生的思想道德认识。

（2）组织和引导学生参加各种社会实践活动，促使他们在接触社会的实践活动中加深情感体验，养成良好的行为习惯。

（3）对学生的评价和要求要坚持知行统一的原则。

（4）教育者要以身作则，严于律己。

考点8　正面教育与纪律约束相结合原则

1.基本含义

正面教育与纪律约束相结合原则是指进行德育时既要注重正面引导、说服教育、启发自觉，调动学生接受教育的内在动力，又要辅之以必要的纪律约束，并使两者有机结合起来。例如，某些教师只运用正面说服的教育方法，反对纪律处分等强制性的方法，这违背了正面教育与纪律约束相结合原则。

2. 贯彻这一原则的要求

（1）坚持正面教育原则。

（2）坚持摆事实、讲道理，以理服人。

（3）建立健全学校规章制度和集体组织的公约、守则等，并且严格管理，认真执行。

考点 9　集体教育与个别教育相结合原则

1. 基本含义

集体教育与个别教育相结合原则是指进行德育时，教育者要善于组织和教育学生集体，并依靠集体教育每个学生；同时又通过对个别学生的教育来促进集体的形成和发展，把集体教育和个别教育有机地结合起来。这一原则是对苏联教育家马卡连柯的平行教育原则的总结。例如，某教师针对学生的攀比现象组织主题班会，形成正确舆论，影响每个学生。

2. 贯彻这一原则的要求

（1）建立健全学生集体。

（2）开展丰富多彩的集体活动，充分发挥集体的教育作用。

（3）加强个别教育，将集体教育和个别教育辩证统一起来。

> **高分点睛**
>
> 1.【常考题型】单选、多选、判断、材料分析
>
> 2.【命题角度】
>
> （1）给出例子、教育情境，要求判断人物遵循或违背了哪一德育原则。
>
> （2）考查某一德育原则的基本含义及贯彻该原则的具体要求。
>
> 3.【识记技巧】以下是九条德育原则的识记技巧。
>
> 两导两因两个一，尊严正纪教集体。
>
> "两导"：导向性原则、疏导原则
>
> "两因"：因材施教原则、发挥积极因素和克服消极因素相结合原则
>
> "两个一"：教育影响的一致性与连贯性原则、知行统一原则
>
> "尊严"：尊重（信任）学生与严格要求学生相结合原则
>
> "正纪"：正面教育与纪律约束相结合原则
>
> "教集体"：集体教育与个别教育相结合原则

第四节　德育的途径与方法

一、德育途径的含义

德育途径又称德育组织形式，是指学校教育者对学生实施德育时可供选择和利用的渠道。

二、德育的主要途径

1. 思想品德课（思想政治课）与其他学科教学

思想品德课与其他学科教学是学校有目的、有计划、系统地对学生进行德育的基本途径，也是最经常、最直接、最有效的途径。（目前，小学原品德与生活、品德与社会和初中原思想品德已整合为道德与法治。）

2. 社会实践活动

社会实践活动有助于培养学生各种良好的品德和弘扬社会良好的道德风尚，其具体形式包括劳动、社会公益活动、社会调查等。

3. 课外、校外活动

课外、校外活动是向学生进行德育的一个重要途径。这一途径本部分第十章有详细讲解。

4. 少先队、共青团活动

少先队、共青团是青少年学生自己的集体组织。通过学生自己的集体组织进行德育，有利于调动学生的积极性和创造性，培养学生的主人翁意识及自我教育和管理的能力，促使他们自觉提高思想认识，培养优良品德。

5. 校会、班会、周会、晨会，时事政策的学习

校会是通过全校性大会对学生集体进行品德教育的活动。班会是通过全班学生集会，针对本班的实际情况对学生进行品德教育的活动。周会、晨会能够随时解决出现的问题，经常性地对全班学生进行品德教育。时事政策的学习一般通过给学生做时事报告、读报、听广播等形式进行。

6. 班主任工作

班主任工作是学校对学生进行德育的一个重要而又特殊的途径。

> **高分点睛**
>
> 1.【常考题型】单选、多选
>
> 2.【命题角度】考查德育途径的类型、德育的基本途径（思想品德课与其他学科教学）、德育重要而又特殊的途径（班主任工作）。

三、德育方法的含义及作用

德育方法是为达到德育目的，教育者和受教育者在德育过程中采取的活动方式的总和，包括教育者的施教传道方式和受教育者的受教修养方式。德育方法是教育者与受教育者相互作用的中介。

四、中小学常用的德育方法

考点1　说服教育法

1. 基本含义

说服教育法又称说理教育法，是通过摆事实、讲道理，使学生提高认识、明辨是非、形成正确观

点的一种工作方法。说服教育法是德育工作的基本方法。

2. 主要方式

（1）语言说服，主要包括讲解、报告、谈话、讨论、指导阅读等方式。

（2）事实说服，主要有参观、访问、调查等方式。

3. 运用说服教育法的要求

（1）明确目的性、针对性。说服要从学生实际出发，注意个别特点，针对要解决的问题，有的放矢。

（2）富有知识性、趣味性。说服要注意给学生以知识、理论和观点，使他们受到启发；所选的内容、表述的方式力求生动有趣、喜闻乐见。

（3）注意时机。教师应善于捕捉教育时机，拨动学生心弦，引起他们的情感共鸣。

（4）以诚待人。教师的态度要诚恳，情感要真挚，教师要语重心长、与人为善。

考点2 榜样示范法 ★★★

1. 基本含义

榜样示范法是用榜样人物的高尚思想、模范行为、卓越成就来影响学生的思想、情感和行为的方法。例如，"桃李不言，下自成蹊""其身正，不令而行；其身不正，虽令不从""身教胜于言教"等。

2. 榜样的分类

（1）典范。主要包括历史伟人、民族英雄、革命导师、著名的科学家、思想家等各方面的杰出人物。

（2）示范。家长、教师和其他长者是青少年学生身边的、最近的榜样。

（3）典型。学生中的好人好事，特别是学生信服的三好学生、优秀典型是学生最熟悉的榜样。

3. 运用榜样示范法的要求

（1）选好示范的榜样。榜样应具有先进性、时代性、典型性。

（2）引导学生深刻理解榜样精神的实质，不要只停留在表面模仿的层次上。

（3）激起学生对榜样的敬慕之情。

（4）激励学生自觉用榜样来调节行为、提高境界。

考点3 陶冶教育法（情感陶冶法） ★★★

1. 基本含义

陶冶教育法是教师利用环境和自身的教育因素，对学生进行熏陶，使其在耳濡目染中受到感化的方法。例如，"春风化雨"。

2. 主要方式

（1）人格感染。教育者以自身的人格威望及其对学生的真挚热爱和期望来对学生进行陶冶。

（2）艺术陶冶。例如，"仁言不如仁声之入人深也"说明我国古代注重用音乐与诗歌的艺术手段陶冶学生。

（3）环境陶冶。例如，"孟母三迁""让学校的每一面墙都开口说话，让学校的一草一木、一砖一石都发挥教育影响"。

3. 运用陶冶教育法的要求

（1）创设良好的情境。教育者要为学生营造健康的道德环境，团结活泼、民主和谐、积极向上、尊师爱生的班风和校风。

（2）与启发、说服相结合。教师要充分挖掘教育情境中的德育因素，启发、引导学生，使学生积极接受教育情境的影响与熏陶。

（3）引导学生参与情境的创设。教师要组织学生主动参与环境的净化、美化，参与班风、校风的建设。

考点4 实际锻炼法（实践锻炼法）★★★

1. 基本含义

实际锻炼法是让学生参加各种实践活动，在活动中锻炼思想、增长才干、培养优良思想和行为习惯的方法。"天将降大任于斯人也，必先苦其心志，劳其筋骨，饿其体肤，空乏其身，行拂乱其所为，所以动心忍性，曾益其所不能"说明我国古代重视通过艰苦生活的磨炼来培育人才。

2. 主要方式

（1）学习活动。通过学生日常学习生活锻炼学生。

（2）委托任务。例如，委托学生担任班干部、办黑板报、筹办晚会等。

（3）组织活动。例如，组织学生参加课外活动、生产劳动和一定的社会实践活动。

（4）执行制度。例如，指导学生遵守学生守则、校园常规、卫生常规、礼貌常规等。

（5）行为训练。为培养青少年的良好道德行为和道德习惯而指导学生进行反复的练习。

3. 运用实际锻炼法的要求

（1）调动学生的主动性。

（2）给予适当的指导。

（3）坚持严格要求。

（4）注意检查，并让学生长期坚持。

典型例题（2022·石家庄·单选）"苦其心志，劳其筋骨"，体现的德育方法是（　　）。

A. 实际锻炼法　　　　　　　　B. 说服教育法

C. 榜样示范法　　　　　　　　D. 情感陶冶法

【答案】A。

考点5 品德修养指导法（自我修养法、自我教育法）

1. 基本含义

品德修养指导法是指在教师的指导下，学生主动地为自己提出目标，采取措施，实现思想转化和进行行为控制，从而使自己形成良好品德的方法。例如，曾子强调"吾日三省吾身"；荀子指出"君子博学而日参省乎己，则知明而行无过矣"。

2. 主要方式

品德修养的具体方式有学习、座右铭、立志、自我认识、自我体验、自我控制、自我评价（反思）、慎独等。其中，慎独是自我修养的最高境界。

3. 运用品德修养指导法的要求

（1）激发学生自我教育的愿望，培养自我修养的自觉性。

（2）指导学生掌握品德修养的标准。

（3）组织学生参加各种实践活动。

（4）提高学生的自我道德评价能力。

考点 6　品德评价法（奖惩法）

1. 基本含义

品德评价法是教育者根据一定的要求和标准，对学生的思想品德进行肯定或否定的评价，促使其发扬优点，克服缺点，督促其不断进步的方法。

2. 主要的方式

品德评价法通常包括奖励、惩罚、评比和操行评定等方式。

（1）奖励有赞许、表扬、奖赏等。

（2）惩罚有批评和处分。

（3）评比有单项评比，如卫生、纪律评比；也有全面评比，如评选三好学生、先进班集体。

（4）操行评定是一定时期内对学生思想品德做出的比较全面的评价。

3. 运用品德评价法的要求

（1）有明确的目的和正确的态度。

（2）公正合理，实事求是，坚持标准。

（3）充分发扬民主，让学生积极参与评价活动。

（4）注重宣传与教育。

（5）把奖惩和教育结合起来，坚持以育人为目的，不为了奖惩而奖惩。

（6）注意学生的年龄特征与个性差异。

考点 7　角色扮演法

1. 基本含义

角色扮演法是学生通过扮演处境特别的求助者或其他有异于自己的社会角色，暂时置身于他人的位置，按照他人的处境或角色来行事、处世，以求在体验别人的态度方式中，增进对他人及其社会角色的理解和认同。

角色扮演对于发展个体关爱他人、体谅他人的社会情感及发展人际交往方面有着重要意义。

2. 运用角色扮演法的要求

（1）做好周密的计划。

（2）教师讲什么话，做什么反应，都要规范化，要在每个角色扮演者面前做到基本统一。

（3）认真帮助扮演者体会角色并进行反思。

考点 8　合作学习法

1. 基本含义

合作学习是指学生为了完成共同的任务，有明确的责任分工的互助性学习。

2. 运用合作学习法的要求

（1）要有明确的合作任务和分工。

（2）要真正贯彻合作意图。

（3）要进行集体评价。

高分点睛

1.【常考题型】单选、多选、材料分析

2.【命题角度】

（1）结合德育方法的含义、运用要求及相关教育实例、教育名言等考查对应的德育方法。例如，"君子博学而日参省乎己，则知明而行无过矣"体现了哪种德育方法？答案：自我修养法。

（2）结合例子或直接考查某种德育方法的基本方式。例如，陶冶教育法的方式有哪些？答案：人格感染、艺术陶冶、环境陶冶。

（3）要求分析教育情境、案例中的德育方法及运用要求。

五、选择德育方法的依据

1. 德育目标

选择德育方法时，首先要考虑德育目标的要求。要分析德育目标的性质、特点，从中寻找对德育方法的具体需求。

2. 德育内容

不同性质、不同类别的德育内容需要采用不同性质、不同类别的德育方法。

3. 学生的年龄特征和个性差异

德育方法的选择和运用必须符合学生的特点，如学生的年龄特征、个性差异及品德发展的状况和需要。同一种德育方法对不同性别、个性的学生，运用的具体方式和要求也应有所不同。

第九章　班级管理与班主任工作

第一节　班级组织

一、班级概述

考点1　班级的定义和地位

班级是学校为实现一定的教育目的，将年龄和知识程度相近的学生编班分级而形成的有固定人数的基本教育单位。

班级是学校行政体系中最基层的行政组织，是学生集体的基层组织，是学校开展教育教学活动的基本单位。

考点2　班级的产生

16世纪，著名教育家伊拉斯谟（又译埃拉斯莫斯）率先正式使用"班级"一词。17世纪，捷克教育家夸美纽斯最早在《大教学论》中对班级授课制进行了系统描述，奠定了班级组织的理论基础。

中国采用班级组织形式，最早始于1862年清政府开办的京师同文馆。20世纪初，癸卯学制正式确立了班级组织形式的地位和作用。

> **高分点睛**
>
> 1.【常考题型】单选
> 2.【命题角度】
> （1）直接考查班级的定义和地位。
> （2）直接考查正式提出"班级"一词的教育家、系统论述班级授课制的教育家及其著作。
> （3）直接考查我国最早采用班级组织形式的学校以及正式确立班级组织形式的学制。

二、班级组织建构 ★★

考点1　班级组织建构的原则

（1）有利于教育的原则。这是班级组织建立的首要原则。
（2）目标一致的原则。被组建的人群在基本目标上应该是一致的。
（3）有利于身心发展的原则。班级组织的建构应该有利于青少年儿童身心健康发展。

典型例题　（2021·沧州·单选）班级组织建构的首要原则是（　　）。

A.有利于教育的原则　　　　　　　　B.目标一致的原则

C. 可接受性原则　　　　　　　　　D. 有利于身心发展的原则

【答案】A。

考点2　班级的正式组织与非正式组织

1. 正式组织

班级的正式组织是一种制度化的人际关系。我国中小学班级的正式组织一般分为三个层次。第一层是对全班负责的角色，即班干部；第二层是对小组工作负责的角色，即小组长；第三层是只对自身的任务负责的角色，即小组一般成员。

2. 非正式组织

班级的非正式组织主要是由学生个体之间需求、特点、爱好等的不同，而自发形成的个体间的人际关系。班级的非正式组织有以下四种类型。

（1）积极型。积极型非正式组织是班级正式组织的补充，其价值目标与班级正式组织的价值目标一致。例如，学生自发组织的文艺活动小组、公益活动小组、体育活动小组等。

（2）娱乐型。娱乐型非正式组织的成员由于好感和消磨课余时间的需要而聚集在一起，他们主要是为了好玩、有趣。这些小团体有时格调不高，甚至庸俗，但他们感到了满足。

（3）消极型。消极型非正式组织会自觉和不自觉地与班主任、班委会发生对立，如破坏纪律、发牢骚、不参加集体活动等。

（4）破坏型。破坏型非正式组织已经游离出正式组织，他们没有是非善恶标准，凭借一种所谓的"江湖人"的欲望、勇气和胆量而作为，常常对班级组织产生破坏甚至震慑作用。

3. 正式组织与非正式组织的关系

正式组织在学校人际关系系统中起主导作用，非正式组织具有满足个体需要、保护心理健康、沟通信息、调节平衡等正式组织不能替代的功能。教师应该改变对青少年学生非正式组织的不当看法，不要简单地把班级中的非正式组织作为管理和防范的对象。

高分点睛

1.【常考题型】单选、多选、判断

2.【命题角度】

（1）直接考查班级组织建立的首要原则、我国中小学班级正式组织的三种层次。

（2）给出例子，要求判断其属于非正式组织的何种类型。

三、班级组织的特点

（1）班级组织的目标是使所有学生获得发展。

（2）班级组织中师生之间的互动是一种直接的、面对面的互动。

（3）情感是班级组织中师生之间、生生之间的纽带。

（4）班级组织中的师生交往是全面的和多层次的。

（5）班主任和科任教师的人格力量使班级活动得以有效开展。

四、班级组织的功能

考点1　班级组织的社会化功能

（1）传递社会价值观，指导生活目标。

（2）传授科学文化知识，形成社会生活的基本技能。

（3）教导社会生活规范，训练社会行为方式。

（4）提供角色学习条件，培养社会角色。

考点2　班级组织的个性化（个体化）功能

（1）促进发展功能。学生是成长的人，班级组织应该为不同成员提供多元的、不同层次的发展机会。

（2）满足需求功能。班级组织既能提供满足归属的需求、亲和的需求和依存的需求等基本需求的机会，又能创造满足自我实现的需求与社会有用性的需求等高级需求的途径。

（3）诊断功能。在班级活动中，每个成员都会通过自己和他人的表现，以及获得的评价，判断其表现的优势和不足。这有助于班主任或教师开展有针对性的教育，矫正学生的不良倾向。

（4）矫正功能。班级组织可以通过各种活动和集体舆论，有针对性地让学生扮演一定的角色、承担一定的责任，培养学生的能力、责任感、自信心及合作意识。

> **高分点睛**
>
> 1.【常考题型】单选、多选
> 2.【命题角度】
> （1）给出例子，要求判断其体现了班级组织的哪种功能。
> （2）直接考查社会化功能和个性化功能的区分，以及个性化功能的具体内容。

第二节　班级管理

一、班级管理的含义、对象与根本目的

班级管理是班主任按照学校计划和教育目标的要求，充分利用和调动学生班级内外的力量，进行班级教育任务的计划、组织、指导、协调等活动。

班级管理的对象是班级中的各种管理资源，包括人、财、物、时间、空间、信息。其中，主要对象是学生。

班级管理的根本目的是实现教育目的，使学生得到充分、全面的发展。

二、班级管理的功能

（1）有助于实现教学目标，提高学生学习效率。这是班级管理的主要功能。
（2）有助于维持班级秩序，形成良好的班风。这是班级管理的基本功能。
（3）有助于锻炼学生能力，让学生学会自治自理。这是班级管理的重要功能。

三、班级管理的原则

班级管理的原则主要有以下几个方面：①全员激励原则；②自主参与原则；③教管结合原则；④情通理达原则；⑤平行管理原则；⑥协调一致原则；⑦方向性原则；⑧全面管理原则；⑨实效性原则；⑩尊重学生原则。

四、班级管理的内容

考点1　班级组织建设

班级组织建设主要是班级岗位角色的分配与运作。班级组织建设的主要工作包括以下几项。
（1）班级组织建设的设计。
（2）指导班级组织建设。
（3）发挥好班集体的教育作用。

考点2　班级制度管理

制度管理是班级管理的基础和前提，也是维护正常教育教学工作的保证。班级制度管理的内容主要包括成文的制度和非成文的制度。
（1）成文的制度是学校教育教学工作的基本规范要求，即实施常规管理的制度。对于学生来说，最具体的成文的制度就是学生守则。
（2）非成文的制度是指班级的传统、舆论、风气、习惯等，即不成文的、约定俗成的非常规管理的制度。

考点3　班级教学管理

教学是学校的中心工作，教学质量管理是班级教学管理的核心。
班级教学管理的内容包括以下几个方面：①明确班级教学管理的目标和任务；②建立有效的班级教学秩序；③建立班级管理指挥系统，包括以班主任为核心的班级科任教师群体，以班长为骨干力量、以班干部成员为辅助力量的教学沟通系统和以各学习小组长为中心的执行系统；④指导学生学会学习。

考点4　班级活动管理

班级活动是班级在班主任指导下，根据学校整体安排或班级学生发展需要而进行的全员性活动的总称。它既可以是弥补课堂教学不足的教学活动，也可以是开发智力或发展能力的课外、校外活动。
班级活动的功能包括以下几点：①满足交往功能；②学习发展功能；③个性发展功能；④班集体

建设功能；⑤班主任专业提升功能。

根据班级活动的时间分布，可以将班级活动分为日常性班级活动和阶段性班级活动。日常性班级活动是每天或每周都要进行的，为维持班级有机体正常运转所必需的活动及班级内自发进行的活动。阶段性班级活动通常与全校性的集体活动有关，主要包括工作型活动和竞赛型活动。班主任教育工作的重点应放在日常性班级活动管理上。

> **高分点睛**
> 1.【常考题型】单选、多选、判断
> 2.【命题角度】直接考查班级制度管理、班级教学管理、班级活动管理的地位、具体内容等。例如，班级管理的基础和前提是什么？班级教学管理的核心是什么？班级活动的功能有哪些？

五、班级管理的模式 ★★★

考点1 班级常规管理

1. 基本含义

班级常规管理是指通过制定和执行规章制度来管理班级的经常性活动。

2. 主要内容

班级常规管理以班级规章制度为核心。一般来说，班级的规章制度主要由三部分组成：①教育行政部门统一规定的有关班集体与学生管理的制度，如学生守则、日常行为规范等；②学校根据教育目标、上级有关指示制定的学校常规制度，如考勤制度、奖惩制度、作业要求等；③班集体根据学校要求和班级实际情况讨论制定的班级规范，如班规、值日生制度、考勤制度等。

3. 具体作用

（1）班级常规管理是建立良好班集体的基本要素。

（2）班规的制定有利于建立一个健康、活泼、积极、有效的班集体。

（3）班规的制定有利于创建良好的学习环境。

考点2 班级平行管理

1. 基本含义

班级平行管理是指班主任既通过对集体的管理去间接影响个人，又通过对个人的直接管理去影响集体，从而把对集体和个人的管理结合起来的管理方式。该理论源于马卡连柯的"平行影响"的教育思想。

2. 实施要求

班主任实施班级平行管理时，要实施对班集体与个别学生双管齐下、互相渗透的管理，既要充分发挥班集体的教育功能，使班集体真正成为教育的力量，又要通过转化个别学生来促进班集体的管理与发展。

考点3 班级民主管理

1. 基本含义

班级民主管理是指班级成员在服从班集体的正确决定和承担责任的前提下，参与班级管理的管理方式。

2. 实施要求

实施班级民主管理要做好两方面的工作：一是组织全体学生参与班级全程管理，即在班级管理的计划、实行、检查、总结的各个阶段，都让学生参与进来；二是建立班级民主管理制度，如班干部轮换制度、定期评议制度、值日生制度、值周生制度等。

典型例题（2022·石家庄·单选）班主任采用班干部轮换、定期评议、同学轮流值日等方式，激发学生的主人翁意识，这属于（　　）。

A. 班级目标管理　　　　　　　　B. 班级民主管理
C. 班级平行管理　　　　　　　　D. 班级常规管理

【答案】B。

考点4 班级目标管理

1. 基本含义

班级目标管理是指班主任与学生共同确定班级总体目标，然后转化为小组目标和个人目标，使其与班级总体目标融为一体，形成目标体系，以此推进班级管理活动、实现班级目标的管理方式。

2. 实施要求

实施班级目标管理就是要围绕全体成员共同确立的班级奋斗目标，将学生的个体发展与班级进步紧密地联系在一起，并在目标的引导下，实施学生的自我管理。

高分点睛

1.【常考题型】单选、多选

2.【命题角度】

（1）给出例子或概念，要求判断其属于哪种班级管理模式。

（2）直接考查班级管理的模式有哪些或班级常规管理的作用有哪些。

六、班级突发事件的处理

班级突发事件也称偶发事件，是班级中突然发生的、教师预料不到的事情。

考点1 班级突发事件处理的原则

1. 教育性原则

教育性原则是处理突发事件的首要原则。教师要抱着教育的目的和心态对待突发事件，本着教育从严、处理从宽、教育全班的精神，公平公正地对待学生，用科学的态度深入了解调查，从动因分析到全面评估，使学生真正受到教育，达到惩前毖后的目的。

2. 目的性原则

教师在处理突发事件时目的要明确，既不能仅仅就事论事、敷衍搪塞，又不可小题大做，要让受教育的学生明确教育的目的，知道什么是对、什么是错。

3. 客观性原则

教师在处理问题时，要避免定势思维的影响，充分调查、了解事实，公平公正地分析和处理问题，客观地对待每一个学生，避免因为主观臆断导致问题处理不公。

4. 针对性原则

教师应该在弄清楚事情的性质后再着手解决问题，要用不同的方法解决不同的问题，注意事情不同层面的差别，不可"眉毛胡子一把抓""一刀切"。

5. 启发性原则

教师要注意启发学生改正错误的自觉性，调动学生接受教育的内驱力，让学生充分认识到自己所犯错误的性质和危害，引导他们依靠自身的积极因素去克服消极因素。

6. 有效性原则

教师在处理突发事件时要讲究效果，一定要考虑自己的方法和措施的效果如何，要用育人的态度去看事件，用发展的眼光去看学生。

7. 一致性原则

教师在处理突发事件时，一定要顾及学校、家庭、社会环境等各方面的因素。各种因素的力量、步调要一致，相互配合。

8. 可接受原则

教师要能使双方当事人心悦诚服地接受处理意见或结果，处理既不能强加于人，又不能流于形式，要让学生从内心深处认识到自己的错误，进而积极改正。

9. 因材施教原则

受教育的对象在各个方面的情况和素质是不相同的。处理突发事件时，教师要照顾到学生的个性特点和差异，做到因材施教、因人而异。

10. 冷处理原则

教师在处理突发事件时，应保持冷静、公平、宽容的心态。对于有些突发事件，教师不应急于表态或急于下结论，而应把问题的来龙去脉弄清楚后再做处理。但是冷处理不是不处理，也不是拖到不能再拖时再处理，而是先进行正常的活动，等活动结束后再处理。

11. 预防为主原则

教师应关注学生的思想动向和心理动态，及时捕捉带有苗头性、倾向性的问题，培养学生的忧患意识和应对突发事件的能力，预防危机发生，维护班级稳定。

考点 2　班级突发事件处理的方法

处理班级突发事件的办法包括以下几点：①沉着冷静面对，这是处理突发事件的基础；②机智果断应对；③公平民主处理；④善于总结引导；⑤保证教学进度。

> **高分点睛**
> 1.【常考题型】单选、多选、材料分析
> 2.【命题角度】直接考查或联系实际考查处理班级突发事件的原则和方法。

第三节　良好班集体的培养

一、班集体的含义

班集体是按照班级授课制的培养目标和教育规范组织起来的，以共同学习活动和直接人际交往为特征的社会心理共同体。

在学校里，每一位学生都有自己固定的班级，从而形成了班群体，但班群体绝不是班集体。班群体是有一定组织形式的正式群体，是以行政命令的方式加以指定和组织的。集体是群体发展的高级阶段，由班群体发展为班集体是一个提高的过程。

> **高分点睛**
> 1.【常考题型】单选、判断
> 2.【命题角度】直接考查对班集体含义的理解、班集体和班群体的区别等。

二、班集体的基本特征 ★★

1. 明确的共同目标

共同的奋斗目标是班集体形成的条件和前进的动力，是班集体形成的基础。

2. 一定的组织结构

班集体按照组织结构建立相应的机构，维持和控制班级成员之间的关系，从而完成共同的任务和实现共同的目标。

3. 一定的共同生活准则

健全的集体要受到相应的规章制度的约束，并把取得集体成员认同的、大家自觉遵守的行为准则作为完成共同任务和实现共同目标的保证。准则可以是明文规定的，也可以是无形的。

4. 集体成员之间平等、心理相容的氛围

在集体中，成员之间在人格上应处于平等的地位，在思想感情和观点信念上应是比较一致的。成员个体对集体有自豪感、依恋感、荣誉感等肯定的情感体验。

> **高分点睛**
> 1.【常考题型】单选、多选、判断

2.【命题角度】直接考查班集体的基本特征，班集体形成的条件和前进的动力、班集体形成的基础。

三、班集体的教育作用

（1）有利于形成学生的群体意识。
（2）有利于培养学生的社会交往能力与适应能力。
（3）有利于训练学生的自我教育能力。

四、班集体的发展阶段 ★★

考点1　组建阶段（形成期、初建期的松散群体阶段）

组建阶段是班集体的雏形期。班级从组织形式上建立起来，班集体的基本特征已经出现。不过，这时的集体特征还不稳定。学生在形式上同属于一个班级，实际上还是比较孤立的个体，班级成员彼此之间大多还不熟悉，缺乏认同，行动缺乏组织协调。班级的奋斗目标和行为规范尚未完全变成学生的自觉行动。

这一时期是班主任工作最繁忙的时期，也是班主任工作能力经受考验的关键期。在这一阶段，班主任是班级的核心和动力。班主任必须对学生提出明确的集体目标和应当遵守的制度与要求，并引导学生积极开展活动，促进集体的发展。集体对班主任有较大的依赖性，不能离开班主任的监督而独立地执行要求。如果班主任不注意严格要求，班级就可能变得松弛、涣散。

考点2　核心初步形成阶段（巩固期、形成期的合作群体阶段）

核心初步形成阶段是班集体稳定发展的时期，班集体的特征已经鲜明地展示出来，班级稳定下来。

师生之间、生生之间有一定的了解和信任，产生了一定的友谊，学生积极分子不断涌现并团结在班主任周围，班主任指定的班干部也开始发挥核心作用，班级的凝聚力开始显现，大多数学生在班集体中获得了归属感。班级的组织与功能比较健全，班级的核心初步形成。

这时，班集体能够在班主任指导下积极组织和开展班级工作和活动，班主任开始从直接领导、指挥班级的活动，逐步过渡到向学生提出建议，由班干部来组织和开展集体的工作与活动。因此，这一时期是班主任培养班级骨干的重要时期。

考点3　集体自主活动阶段（成熟期的集体阶段）

集体自主活动阶段是班集体趋向成熟的时期，集体的特征得到充分而完全的体现。

班级已有明确、共同认可的奋斗目标，班级已形成了坚强的核心，班干部已有了独立主持班务工作的能力，学生已有了较强的自我教育能力。班级积极分子队伍壮大，学生普遍关心、热爱班集体，能积极承担集体的工作，参加集体的活动，维护集体的荣誉。班级形成了正确的舆论和良好的班风。

这时，班集体已形成，并成为教育的主体，能主动地根据学校和班主任的要求以及班级中的情况，自觉地向集体成员提出任务与要求，自主地开展集体活动。在这一阶段，班主任的工作主要是引导学生通过集体接受教育和进行自我教育，集体开始成为真正的教育手段。

> **高分点睛**
>
> 1.【常考题型】单选、多选、判断
> 2.【命题角度】
> （1）给出例子，要求判断其体现了班集体的哪一发展阶段。
> （2）考查班集体的各发展阶段和其特点的对应。

五、班集体的形成与培养 ★★

班集体是否具有凝聚力，取决于班主任的培养。组织和培养良好的班集体必须做好以下工作。

1. 确定班集体的发展目标

目标是集体发展的方向和动力，确定班集体的发展目标在班集体建设中居于首要地位。班集体的发展目标一般可分为近期目标、中期目标、远期目标；目标的提出应由易到难、由近到远。

2. 建立班集体的核心队伍

建立班集体的核心队伍是培养班集体的重要工作，团结在教师周围的积极分子是带动全班同学实现集体发展目标的核心。教师要善于发现和培养积极分子，并把对积极分子的使用与培养结合起来。

3. 建立班集体的正常秩序

班集体的正常秩序是维持和控制学生在校生活的基本条件，是教师开展工作的重要保证。教师在班集体的组建阶段，就应着手正常秩序的建立工作，特别是当接到一个教育基础较差的班级时，首先就要做好这项工作。

4. 组织形式多样的教育活动

设计并开展班级教育活动是教师的经常性工作之一。班级教育活动主要由日常性的教育活动与阶段性的教育活动两大部分组成。教师在组织各种教育活动时，要有明确的目的和要求，要精心设计活动内容，注意形式的适龄化，力争把活动的开展过程变成对学生的教育过程。

5. 培养正确的舆论和良好的班风

正确的集体舆论与良好的班风是良好班集体形成的主要标志。

正确的班集体舆论是一种巨大的教育力量，是形成、巩固班集体和教育集体成员的重要手段。教师要注意培养正确的集体舆论，善于引导学生评议班集体的一些现象与行为，要努力把舆论中心引导至正确的方向。

良好的班风是一个班集体舆论持久作用而形成的风气，是班集体大多数成员精神状态的共同倾向与表现。教师可通过讲清道理、树立榜样、严格要求、反复实践等方法培养与树立良好的班风。

> **高分点睛**
> 1.【常考题型】单选、多选、判断
> 2.【命题角度】直接考查如何组织和培养良好的班集体，以及确定班级发展目标、正确的集体舆论与良好的班风等的地位。

第四节 班主任工作

一、班主任的含义

班主任是指在学校中全面负责一个教学班学生的思想、学习、生活等工作的教师。

教育部印发的《中小学班主任工作规定》指出，"班主任是中小学日常思想道德教育和学生管理工作的主要实施者，是中小学生健康成长的引领者，班主任要努力成为中小学生的人生导师"。

二、班主任在班级管理中的地位和作用

考点1 班主任是班级建设的设计者

班级建设的设计是指班主任根据学校的整体办学思想，在主客观条件许可的范围内提出的相对理想的班级模式，包括班级建设的目标及实现目标的途径、具体方法和工作程序。

考点2 班主任是班级组织的领导者

班主任在班级管理中的领导影响力主要表现在两个方面：一是班主任的权威、地位、职权，这些构成了班主任的职权影响力；二是班主任的个性特征与人格魅力，这些构成了班主任的个性影响力。

班主任实施职权影响力要依据一定的组织法则和一定的群体规范，具体包含两个方面：一是国家的教育法令、学制、教育方针及学校的课程、教学计划、规章制度等；二是班级的目标、规范、舆论、纪律、班风等。班主任必须在这一范围内对班级施加领导影响力，否则班主任领导的合法性与有效性就会被质疑。

班主任的个性影响力取决于三个方面：一是班主任自身对教育工作的情感体验；二是对学生产生积极影响的能力；三是高度发展的控制自己的能力。

考点3 班主任是班级人际关系的艺术家（协调者）

班主任首先要研究班级学生的交往行为，指导学生形成良好的人际关系；其次要协调好各科教师关系，使之形成教育合力，提高教育效果；再次要协调好班级与班级、班级与学校的关系；最后要协调好学校、家庭和社会这三者之间的关系，使之成为影响学生的合力。

高分点睛

1.【常考题型】单选、多选
2.【命题角度】
（1）给出例子，要求判断其体现了班主任的哪一角色。
（2）要求选出属于或不属于班主任角色的选项。

三、班主任工作的任务

（1）基本任务——带好班级，教好学生。
（2）首要任务——组织建立良好的班集体。
（3）中心任务——促进班集体全体成员的全面发展。
（4）主要任务——对学生进行品德教育，这也是班主任的工作重点和最为经常的工作。

高分点睛

1.【常考题型】单选、判断
2.【命题角度】直接考查班主任工作的首要任务、中心任务、主要任务。

四、班主任的领导方式

考点1　班主任领导方式的类型（表1-9-1）★★

班主任领导方式一般可分为三种类型：权威型（专断型、专制型）、放任型、民主型。

表1-9-1　班主任领导方式的类型

领导方式	特点	班主任的行为方式	学生的具体表现	对学生的影响
权威型（专断型、专制型）	支配性指导，无视学生的个别差异，以僵硬的对策为基础，只给予统一强制的指导，或一味地斥责、威胁	班主任喜欢学生听命于自己，认为自己的话就是指示、命令，对不服从者动辄发怒、批评、威吓和谩骂。无论在生活方面还是学习方面，他都尽量限制学生的自由，管理与支配学生的一切行为，而且会不由自主地压抑学生的独立思考和创造性的发挥。他视自己为权威，要求学生服从自己，对不服从者给予处罚	学生怀着恐惧的心情，循规蹈矩，战战兢兢地学习和生活着。整个班级表面上看来是统一的，然而学生失去的是遵守法纪和学习的喜悦	学生的自主性、能动性行为显著减少，消极性、依存性行为增多

（续表）

领导方式	特点	班主任的行为方式	学生的具体表现	对学生的影响
放任型	不干预性指导，容忍班级生活的种种冲突，更无意组织班级活动，回避学生的主动精神	班主任主张"无为而治"，不愿意承担任何责任，对学生听之任之，毫无原则地宽容学生的一切言行，使学生错误地认为自己可以随心所欲，不用对自己的行为负责	班主任与学生之间、学生与学生之间在精神上是疏远的、离散的，班级无生机、无秩序	有目的的活动水平低下，违背团体原则的自发行为增多
民主型	综合性指导，能够灵活地适应学生的个别差异，以此为基础引起学生的自发行为，促进班级学生的思想在合作中进行交流	班主任赞同自己与学生作为人是完全平等的观点。他善于倾听学生的批评，并且积极地采纳学生的合理建议。在班级管理中，他不是以直接的方式领导的，而是以间接的方式引导班级组织的发展。他管理的班级有规则，但规则是在他的提议下学生自己制定的	学生通过讨论知道应当如何遵守规则，而且知道制定这些规则的目的不是监督和处罚，而是在班级形成一个充分自觉维护规则的氛围，每一个学生都能把自己身上最美好的品质展示出来，体验成功和快乐	行为较稳定，自主积极的行为较多

典型例题（2022·石家庄·单选）班主任不干预班级管理工作，对学生不闻不问，这种领导方式是（　　）。

A. 权威型　　　　B. 民主型　　　　C. 放任型　　　　D. 专制型

【答案】C。

考点2　实践中常用的两种领导方式

1. "教学中心"的领导方式

"教学中心"的领导方式的最大弊端是对人的因素不够重视，班级工作只见教学不见学生，只看学生的分数，不看学生的发展。

2. "集体中心"的领导方式

"集体中心"的领导方式认为，学生对集体的喜爱、期望、归属感、团结性与作业水平及学习成绩有关，因此，主张信赖而不是怀疑集体，用集体领导的手段管理班级，将整个班级学生作为教育的对象，而不是一对一地去对待每个学生。

高分点睛

1.【常考题型】单选、多选
2.【命题角度】给出例子或关键词，要求判断属于哪种班主任领导方式。

五、班主任工作的主要内容与方法 ★★★

班主任工作主要包括以下几个方面：了解和研究学生，组织和培养班集体，建立学生档案，进行个别教育工作，组织班会活动和课外、校外活动，协调各种教育影响，操行评定，做好班主任工作计划与总结等。

考点1　了解和研究学生

1. 了解和研究学生的意义

了解和研究学生是班主任工作的前提和基础，是班主任做好班级工作的先决条件。

2. 了解和研究学生的内容

（1）学生个人

具体内容包括以下几个方面：①思想品德状况、集体观念、劳动态度、人际关系、日常行为习惯；②学习态度、学习成绩、学习方法、思维特点、智力水平；③体质健康状况、个人卫生习惯；④课外与校外活动情况；⑤兴趣、爱好、性格等。

（2）学生的群体关系

具体内容包括班级风气、舆论倾向、不同层次学生的结构、同学之间的关系、学生干部情况等。另外，还有处于特定年龄阶段的学生群体的心理特点。

（3）学生的学习和生活环境

具体内容包括学生的家庭类型、家庭物质生活与精神生活条件、家长的职业及思想品德和文化修养、学生在家庭中的地位、家长对学生的态度等。

3. 了解和研究学生的主要方法

（1）观察法，即在自然条件下，班主任有目的、有计划地对学生的各种行为表现进行观察的方法。观察法是了解和研究学生的基本方法。

（2）谈话法，即班主任通过与学生面对面谈话来深入了解学生情况的基本方法，具有灵活、方便、容易了解事情细节、有利于感情沟通等特点。

（3）调查法，即班主任通过对学生本人或知情者的调查访问，从侧面间接地了解学生的方法，包括问卷、座谈等。调查法是一种深入了解和研究学生的方法。

（4）书面材料分析法，即班主任借助学生的成绩表、作业、日记等书面材料对学生进行了解的方法。书面材料分析法既可以看到学生的过去表现，又可以了解学生的当前情况。

典型例题　（2022·石家庄·单选）班主任工作的前提和基础是（　　）。

A. 组建班委会　　　　　　　　B. 制定班级规章制度
C. 了解和研究学生　　　　　　D. 开展实践活动

【答案】C。

考点2　组织和培养班集体

组织和培养班集体是班主任工作的中心环节。详细内容在本章第三节已有介绍。

考点3　建立学生档案

学生档案分为集体档案和个人档案。学生档案中最常见的档案是学生个人档案。
建立学生档案一般分为四个环节：收集—整理—鉴定—保管。

考点 4　个别教育工作

班主任的个别教育工作的教育对象是全体学生，个别教育工作包括做好先进生、中等生和后进生的教育工作，在做个别教育工作时要与集体教育结合起来。其中，后进生工作在班主任的个别教育工作中处于首要地位。

1. 先进生工作

（1）含义及特点

在一个班级中，思想好、学习好、纪律好、劳动好、身体好的学生一般被称作先进生。其特点包括：①自尊好强，充满自信；②有强烈的荣誉感；③有较强的超群愿望与竞争意识。

（2）教育措施

①严格要求，防止自满；②不断激励，战胜挫折；③消除嫉妒，公平竞争；④发挥优势，全班进步。

2. 中等生工作

（1）含义、分类及特点

中等生又称一般学生或中间生，是指在班级中各方面都表现平平的学生。中等生一般分为以下三类：①思想觉悟较高、想干而又干不好的学生；②甘居中游的学生；③学习成绩不稳定的学生。其特点包括：①信心不足；②表现欲不强。

（2）教育措施

①重视对中等生的教育；②根据中等生的不同特点，有的放矢地进行个别教育；③根据中等生信心不足的特点，给中等生创造充分展示自己才能的机会，增强他们的自信心。

3. 后进生工作

（1）含义及特点

后进生通常指那些学习积极性不高、学习成绩暂时落后、不太守纪律的学生。后进生是一个相对概念，运用时应谨慎。其特点包括：①不适度的自尊心；②学习动机不强；③意志力薄弱；④是非观念模糊。

（2）教育措施

①关心爱护后进生，尊重他们的人格；②培养和激发后进生的学习动机；③为后进生树立榜样，增强其是非观念；④根据个别差异，因材施教；⑤善于发掘后进生身上的"闪光点"，增强其自信心和集体荣誉感。

考点 5　组织班会活动和课外、校外活动

1. 组织班会活动

班会是以班级为单位，在班主任指导下，由学生干部主持进行的全班性会务活动。班会活动是班主任进行教育活动的重要手段，是培养优良班集体的重要方法，也是培养学生活动能力的基本途径。

（1）班会的三个特点：集体性、自主性和针对性。

（2）班会的三种类型：常规班会、生活班会和主题班会。其中，主题班会是班主任依据教育目

标，指导学生围绕一定主题，由学生自己主持、组织的班会活动，是班级活动的主要形式。

①主题班会的多种形式：主题报告会、主题汇报会、主题讨论会、科技小制作成果展评会、主题竞赛、主题晚会等。

②组织主题班会应考虑的三个要素：主题、内容和形式。

③组织主题班会的四个阶段：确定主题、精心准备、具体实施、效果深化。

④确定班会主题的五种方法：根据学生的学习生活、思想动态确定班会主题；根据节令、纪念日确定班会主题；根据突发事件、时事热点确定班会主题；结合学校重要活动确定班会主题；抓住教育契机确定班会主题。

2. 组织课外、校外活动

该内容见本部分第十章。

考点 6　协调各种教育影响

个体的发展受到多种因素的影响，家庭、社会、学校等都对学生的发展产生影响。班主任协调校内外各种因素的影响需做到以下几点。

1. 协调学校内部各种教育因素之间的关系

班主任要协调的学校内部各种教育因素之间的关系主要包括以下几种：①协调与科任教师之间的关系。班主任要协同科任教师形成统一的教育要求；协调科任教师之间的人际关系；协调科任教师与学生的关系。②协调与学校各级领导之间的关系。③指导和协助共青团、少先队工作。

2. 协调学校教育与家庭教育之间的关系

协调学校教育与家庭教育之间的关系的具体方式包括做好家访、开好家长会、及时通信联系等。

3. 协调学校教育与社会教育之间的关系

协调学校教育与社会教育之间的关系，班主任可以从以下几方面着手：①利用客观环境教育影响学生；②利用社会信息教育影响学生；③利用社会教育机构教育影响学生；④利用社区中的人才和教育基地教育影响学生。

考点 7　操行评定

1. 操行评定的含义

操行评定是以教育目的为指导思想，以学生守则为基本依据，对学生在一个学期内的学习、劳动、生活、品行等方面的小结与评价。

2. 操行评定的目的（意义）

（1）帮助学生正确认识自己，发扬优点，改正缺点，找到努力的方向，奋发向上。

（2）帮助家长全面了解子女在学校的情况，以便与教师密切配合，共同教育学生。

（3）帮助班主任总结工作经验，找出问题并改进工作。

（4）帮助科任教师了解学生。

（5）为搞好下一步教育工作，为学校评优，为高一级学校选录新生、用人单位录用人才提供依据。

3. 操行评定的一般步骤

（1）学生自评。在这一阶段，学生可以发现自己的优劣得失，找到今后努力的方向。

（2）小组评议。评议小组成员必须具备严肃认真、责任心强的良好品质。他们通过复议找出偏差，并计算总分，写出评语。

（3）班主任评价。小组评议后，班主任根据小组评议和班级工作记录（平时对学生的了解和观察记录及向科任教师与家长的调查情况）综合分析，给每个学生写出切合实际的评语并评定等级。等级一般分优、良、中、差四个级别，但"差"应慎用。

（4）信息反馈。班主任把评定的结果用口头或书面的形式告诉学生，必要时做出解释。

4. 操行评定的要求

（1）评定内容的全面性。班主任要树立素质教育观，从德、智、体等方面来评价学生，兼顾学生在学校、家庭和社会生活中的综合表现，对学生进行全面评价。

（2）评定主体的多元性。班主任可以动员科任教师、家长和学生自身共同参评，保证评价的客观性。

（3）评定过程的发展性。班主任要肯定学生的进步和成绩，用发展的眼光看待学生的成长。

（4）评定语言的规范性。评语要具体、客观，有针对性、激励性，表现出教师对学生的尊重和关爱，并肯定学生的优点和长处，激发其上进心。

撰写操行评语要注意以下几方面。

（1）要实事求是，抓住主要问题，有针对性，能反映学生思想品德发展的全貌、特点和趋向。

（2）要充分肯定学生进步，适当指出他们的主要缺点，指明努力方向，不可罗列现象、主次不分。

（3）文字要简明、具体、贴切，切忌空洞、抽象、一般化，严防用词不当导致伤害学生情感并造成家长误解。

考点 8　班主任工作计划与总结

班主任工作计划一般分为学期计划、月或周计划及具体的活动计划。

班主任工作总结一般分为全面总结和专题总结。总结工作一般在学期、学年末进行。

班主任做好总结应注意以下两点：一是平时注意对班主任工作资料的积累，二是注意做阶段小结。

高分点睛

1.【常考题型】单选、多选、判断、材料分析

2.【命题角度】

（1）结合例子或直接考查班主任工作的各项内容及其意义，班主任了解和研究学生的方法。

（2）直接考查个别教育工作的对象、处于首要地位的工作。

（3）结合例子考查主题班会的类型或直接考查主题班会的组织包括哪些阶段。

第十章　课外、校外教育与三结合教育

第一节　课外、校外教育

一、课外、校外教育的含义和意义

课外、校外教育是指在课堂教学任务以外，利用课余时间，对学生施行的各种有目的、有计划、有组织的教育活动。这里的课堂教学包括课程计划中计入总课时的必修课和选修课。因此，选修课、自习课都不属于课外、校外教育。

课外、校外教育的意义如下：①有利于学生开阔眼界，获得新知识；②有利于因材施教、发展学生的个性特长；③有利于发展学生智力，培养学生的各种能力；④是进行德育的重要途径；⑤是实施素质教育的重要组成部分。

二、课外、校外教育与课堂教学的关系

联系：①二者都是有目的、有计划、有组织的教育活动。②二者的目的是一致的，都是实现全面发展的教育目的，完成学校的教育任务。③二者在教育过程中是互相配合的。课堂教学使学生掌握系统的科学文化知识，为课外、校外教育提供条件；课外、校外教育使学生运用所学知识，锻炼学生活动能力，提高教学效果。

区别：①课外、校外教育作为一种相对独立的教育途径，是对课堂教学的必要补充。②课外、校外教育不是课堂教学活动的延伸，不是为完成作业而开辟的领域。它主要通过活动形式促进学生的全面发展。

> **高分点睛**
>
> 1.【常考题型】单选
> 2.【命题角度】考查课外、校外教育与课堂教学的联系与区别。

三、课外、校外教育的主要内容

（1）学科活动。学科活动是课外、校外活动的主体部分。它是以学习和研讨某一学科的知识或培养某一方面的能力为主要目的的活动。如数学活动小组、以化学实验为专题的小组等。

（2）科技活动。开展科技活动的目的是培养学生观察、实验、设计、发明、制作等能力，扩大学生的知识视野，激发他们学科学、爱科学的兴趣，培养他们的科学态度和创造精神。如举办科技讲座，参观游览，成立无线电小组、航模小组等。

（3）文学艺术活动。开展文学艺术活动的主要目的是培养学生对文学艺术的兴趣爱好，发展他们鉴赏美、表现美、创造美的能力，丰富他们的精神生活。如开展朗诵、舞蹈、戏剧、创作表演等活动，成立美术、书法、摄影等文艺小组。

（4）体育活动。开展体育活动的主要目的是发展学生的体能，增强他们的体质，训练他们的运动技能，培养他们吃苦耐劳的精神和对体育运动的兴趣。

（5）社会活动。社会活动是让学生走出学校，接触社会、了解社会、认识社会、服务社会的教育活动。社会活动一般包括社会调查、参观、考察、访问及各种无偿的社会服务和公益劳动。

（6）课外阅读活动。课外阅读活动是指在课堂教学范围之外，学生根据自己的兴趣爱好或某一方面的需要进行的一种自觉的读书活动。

（7）主题活动。主题活动是就某一特定专题而开展的短期或长期的专门活动。这种活动往往有特定的具体目标，活动的内容和形式也具有一定的稳定性，如主题班会、学雷锋小组等。

高分点睛

1.【常考题型】单选、判断

2.【命题角度】给出例子，要求判断其属于哪种课外活动。例如，某博物院暑期组织"国宝讲解小明星"活动，这类活动属于什么活动？答案：社会活动。

四、课外、校外教育的组织形式 ★★

按活动的人数和规模，课外、校外教育活动分为群众性活动、小组活动和个人活动。

（1）群众性活动。它是一种面向多数或全体学生的带有普及性质的活动。其具体形式包括报告会、座谈会，晚会、庆祝会，集会活动，竞赛活动，集体参观、访问、游览和调查，文体活动，制作墙报和黑板报，社会公益劳动，社会服务活动等。

（2）小组活动——基本组织形式。小组活动是以自愿组合为主，根据学生的兴趣、爱好和学校的具体条件，进行的有目的、有计划的经常性活动。其特点是自愿组合、小型分散、灵活机动。

（3）个人活动（个别活动）。它是指在教师指导下，学生在课外、校外单独进行的活动。它往往与小组或群众性活动相结合，由小组或集体分配任务，根据个人的兴趣和才能单独进行。

高分点睛

1.【常考题型】单选、多选

2.【命题角度】

（1）直接考查小组活动的地位及课外、校外教育活动包括的三种组织形式。

（2）给出例子或关键词，要求判断其属于课外活动的哪种组织形式。例如，学生在教师的帮助和指导下根据个人特长、能力水平和兴趣爱好独立进行学习和实践活动的组织形式是什么？答案：个人活动。

五、课外、校外教育的主要特点 ★★

（1）自愿性。课外、校外教育活动是学生自由选择、自愿参加的活动，学生可以按照自己的兴趣、爱好和特长自愿选择参加哪一项活动，同时可以根据自己的条件、能力和状态来选择、控制、调节活动的内容和方式等。

（2）自主性。课外、校外教育可以由学生自己组织、设计和动手。教师是活动的指导者、辅导者，对学生活动的组织起辅助作用。

（3）灵活性。课外、校外教育活动无论是活动的内容还是活动的形式都体现了灵活性。

（4）实践性。课外、校外教育活动注重学生的实践，强调学生自己设计、自己动手操作、自己检验并评价活动结果、自己总结活动经验。

（5）广泛性。课外、校外教育活动的内容是由组织者根据教育目的、学校培养目标、学校的具体条件和学生的愿望要求确定的。课外活动的内容可以来源于各种书籍、报纸、杂志，以及广播、电视等现代大众传播媒介。

高分点睛

1.【常考题型】单选、多选、判断
2.【命题角度】直接考查或结合例子、关键词考查课外、校外教育活动的特点。

第二节　学校、家庭、社会三结合教育

一、学校教育、家庭教育、社会教育

考点1　学校教育

学校教育是教育的主体形式。

学校教育的特点：①职能的专门性（与家庭教育和社会教育的最大不同）；②组织的严密性；③作用的全面性；④内容的系统性；⑤手段的有效性；⑥形式的稳定性。

考点2　家庭教育

家庭教育是学校教育的基础和重要补充。

家庭教育的特点：①先导性和启蒙性；②感染性；③权威性；④针对性；⑤终身性；⑥个别性。

考点3　社会教育

社会教育的特点：①开放性；②群众性；③多样性；④补偿性；⑤融合性。

高分点睛

1. 【常考题型】单选、多选、判断
2. 【命题角度】直接考查或结合例子、关键词考查学校教育、家庭教育、社会教育的特点。

二、教育合力

教育合力是指学校、家庭、社会三种教育力量相互联系、相互协调、相互沟通，统一教育方向，形成以学校教育为主体，以家庭教育为基础，以社会教育为依托的共同育人的力量，使学校、家庭、社会教育一体化，以提高教育活动实效。

1. 学校教育起主导作用

学校作为专职教育机关，有着明确的目的，周密的计划，科学的组织，有经验丰富、掌握青少年学生身心发展规律的专门教育工作者。同时，学校具有青少年学生集中、学习环境好、规章制度健全、育人周期长等明显的教育优势，并在社会上具有很强的凝聚力、号召力，容易得到包括党政机关在内的社会各界的支持和协助。

2. 学校、家庭、社会相互支持、目标一致

学校、家庭、社会相互支持、目标一致，有利于实现整个教育在时空上的紧密衔接，保证整个教育在方向上的高度一致，实现各种教育间的互补作用，从而加强整体教育的有效性。

3. 加强学校与家庭之间的相互联系

学校与家庭联系的方式主要包括互访（家访和家长访校）、建立通讯联系、召开家长会（最常采用且传统的家校合作方式）、举办家长学校和家长沙龙、组织家长委员会等。其中，家访是班主任与学生家长建立联系的非常重要的方式。经常、有效的家访有利于促进双方对学生发展状况的了解，有利于促进学生各方面的发展。家访时需要注意以下问题：①明确家访目的，制订家访计划；②平等对待家长，注意交流方式；③客观说明情况，切忌一味告状；④注意跟踪反馈，切实巩固效果。

4. 加强学校与社会教育机构之间的相互联系

学校与社会教育机构之间相互联系的主要方式：①建立学校、家庭和社会三结合的教育组织；②学校与校外教育机构建立经常性的联系；③采取走出去、请进来的方法与社会各界保持密切的联系。

高分点睛

1. 【常考题型】单选、多选、判断
2. 【命题角度】直接考查"三结合"教育的内容及家校合作的方式。

第二部分

心理学

PART 2

考情简报

本部分较为全面地阐述了心理学的概念、实质及心理学的创立和发展，认知，情绪、情感与意志，个性心理和社会心理等，较好地呈现了心理学的研究对象中的心理活动及其相关理论，期望考生在学习本部分后可以利用心理学的一般规律合理地组织教学。

第一章介绍了心理与心理学的基础知识，描述了心理活动的主要构成（主要包括心理过程和个性心理）、心理学的研究任务、心理学的主要流派。

第二、三章详细讲解了心理过程的具体内容，包括认知过程、情绪情感和意志过程。第四章详细介绍了个性心理的具体内容，包括需要、动机、能力和人格等个性心理。

从题目分布情况上看，第二、三、四章题目占比较大，是本部分的重点章节。

从题目特点上看，第一章题目一般考查含义、研究方法、人物及理论。例如，2022年石家庄考查了多血质，需要分析题干中的人物特点，选择体现的气质类型。这就需要我们熟悉各个气质类型的特点，进行针对性的辨别。

第二至四章题目常常涉及一些概念和理论，往往结合具体实例来考查。备考时需要着重对类似的知识进行理解和辨别。例如，2021年保定考查了注意的分配，选项出现了注意的广度、注意的转移、注意的分散。对此，我们不仅要识记每一种注意的类别，还需要理解每一种类别与其他类别的区别，以便能迅速地选择出正确的选项。

备考重难点：

1. 根据概念、实例区分常见的心理现象的类型和特征，如能区分注意、感觉现象、想象分类，知觉的四种基本特征，意志的四种品质等。

2. 掌握相关理论并能运用在教学中，例如遗忘理论、需要层次理论、激发学习动机的方法。

3. 熟记加德纳的多元智力理论，动机、能力、气质、性格的类型，不同气质类型的特点及其教育方法等。

第一章　心理与心理学

一、心理学的定义和学科性质

心理学是研究人的<u>心理活动（心理现象）与行为</u>的科学。

心理学是介于自然科学和社会科学之间的中间科学或边缘科学。它不仅是一门基础理论学科，也是一门应用学科。

二、心理学的研究对象

1. 心理活动（心理现象）

（1）心理过程

心理过程是心理活动的一种动态过程，是人脑对客观现实的反映过程。它包括<u>认知过程、情绪情感过程和意志过程</u>三个方面。人的各种心理过程都伴随着注意这种心理状态。

（2）个性心理

个性心理是指表现在一个人身上比较稳定的心理特性的综合，反映了人与人之间稳定的差异。个性心理的差异主要表现在个性心理倾向性和个性心理特征两个方面。

表 2-1-1　心理过程和个性心理的内容

心理过程（伴随注意）	认知过程：感觉、知觉、记忆、想象、思维（认知过程的核心）、言语等
	情绪情感过程：对事物的态度体验过程，包括情绪、情感等
	意志过程：意志行动的心理过程
个性心理	个性心理倾向性：需要、动机、兴趣、信念、理想、价值观、世界观等
	个性心理特征：能力、性格、气质等

（3）心理状态

心理状态是从心理过程向个性心理转化的中间过渡环节。例如，在创造性思维过程中出现的灵感状态；在情绪过程中出现的心境、激情状态等。

2. 行为

行为是指机体的任何外显的、可观察的反应动作或活动，如说话、攻击、散步等。行为是心理活动的外化，心理要通过行为来表现。对人的心理活动的探知必须始于对人的外显行为的观察。

高分点睛

1.【常考题型】单选、多选、判断

> 2.【命题角度】
> （1）直接考查心理学的定义和研究对象。
> （2）直接考查心理活动包含的成分，尤其注意区分个性心理倾向性和个性心理特征。

三、科学心理学的诞生 ★★

1879年，冯特在德国莱比锡大学创立了世界上第一个心理学实验室，开始对心理现象进行系统的实验研究。这标志着心理学成为一门独立的科学。

冯特因此被称为"心理学之父""科学心理学的创始人"。其《生理心理学原理》被誉为学术史上的"心理学独立宣言"。

四、心理学的主要流派

考点1 构造主义

构造主义产生于19世纪末20世纪初，其奠基人是冯特，著名代表人物是铁钦纳。

主要观点：主张以意识为研究对象；将意识分为感觉、意象和激情三种基本元素，认为所有复杂的心理现象都是由这些元素构成的；主张以实验控制下的内省法作为研究方法。

地位：构造主义是心理学从哲学中独立出来后的第一个流派。

考点2 机能主义

机能主义产生于19世纪末20世纪初，创始人是詹姆斯，代表人物还有安吉尔、杜威、卡尔等。

主要观点：主张以意识为研究对象，但不把意识看成个别元素的集合，而是看成川流不息的过程；强调意识的作用是使有机体适应环境。

考点3 行为主义

行为主义于20世纪初起源于美国，创始人是华生。他于1913年发表的《在行为主义者看来的心理学》标志着行为主义心理学的诞生。

主要观点：反对以意识为研究对象，主张研究可观察的、外显的行为；反对使用内省法，主张使用实验的方法；主张环境决定论，认为个体的行为完全由环境控制和决定。

地位：该学派被称为心理学第一势力。

考点4 格式塔心理学

格式塔心理学于20世纪初出现于德国，其代表人物包括韦特海默、苛勒和考夫卡等人。韦特海默于1912年发表的《关于运动知觉的实验研究》，标志着格式塔心理学的创立。

主要观点：格式塔（Gestalt）的意思是"完形"或"整体"。格式塔心理学强调心理或行为作为一个整体、一种组织的意义，认为整体不能还原为各个部分、各种元素的总和；部分相加不等于整体，整体大于部分之和；整体先于部分而存在，并且制约着部分的性质和意义。

考点 5　精神分析学派

精神分析学派于 19 世纪末由弗洛伊德创立。

主要观点：重视对异常行为的分析，强调心理学应该研究无意识现象；认为人类的一切个体和社会的行为，都根源于心灵深处的某种欲望或动机。

地位：该学派被称为心理学第二势力。

考点 6　人本主义心理学

人本主义心理学于 20 世纪 60 年代出现于美国，代表人物为罗杰斯、马斯洛。

主要观点：主张心理学应以正常人为研究对象；主张采用整体分析法和现象学方法；强调人类的独特特质，特别是他们的自由选择能力和个人成长的潜力，坚持以人的价值和人格发展为重点，强调人未来发展的可能性及其乐观前景，将自我实现、自我选择和健康人格作为人生追求的目标。

地位：该学派被称为心理学第三势力。

考点 7　认知心理学

认知心理学 20 世纪 60 年代兴起于美国。1967 年，奈瑟尔出版的《认知心理学》标志着心理学发展到一个新的阶段，认知心理学由此建立。

主要观点：主张心理学不仅要研究人的行为，也要研究作为行为基础的内部心理活动规律，尤其要着重研究心理活动机制。

高分点睛

1.【常考题型】单选、多选、判断
2.【命题角度】考查各心理学流派的代表人物、主要观点的对应。

第二章 认 知

第一节 注 意

一、注意的含义与特点

考点1 注意的含义

注意是心理活动或意识活动对一定对象的指向和集中，是心理活动的一种积极状态。

注意不是一种独立的心理过程，而是各种心理过程的共同特性，即指向一定对象的特性。注意贯穿于各个心理过程的始终。无论在什么情况下，注意都不能离开心理过程而单独起作用。

考点2 注意的特点

注意具有指向性和集中性，这表明注意具有方向和强度的特征。

1. 指向性

注意的指向性是指心理活动或意识有选择地反映一定的对象，而离开其余的对象。例如，学生在看电影时，他的意识选择了屏幕上演员的台词、动作，忽略了电影院里其他的观众。

2. 集中性

注意的集中性是指心理活动或意识在特定方向上活动的强度或紧张度，即注意指向一定事物时持有的聚精会神的程度。它使心理活动离开一切无关的事物，并且抑制多余的活动。心理活动或意识的强度越大，紧张度越高，注意也就越集中。例如，一个学生专注打游戏，兴奋至极，以至于没意识到他的母亲站在他身边。

> **高分点睛**
>
> 1.【常考题型】单选、多选、判断
>
> 2.【命题角度】直接考查注意有哪些特点；给出俗语或者实例，要求判断其属于注意的哪种特点。例如："视而不见，听而不闻"主要体现了注意的什么特点？答案：集中性。
>
> 3.【易错易混】
>
> 注意的指向性是注意在方向上的表现；集中性是注意在强度上的表现。在作答相关题目时，要注意甄别题干侧重于注意的方向还是注意的强度。

二、注意的功能

1. 选择功能

注意具有选择功能，即注意选择有意义的、符合人的需要以及与当前活动相一致的有关刺激，避开与当前活动无关的刺激并抑制对它们的反应。选择功能是注意最基本的功能。

2. 保持功能

注意具有保持的功能，即注意可以使人在一段时间内保持一定的紧张状态，将注意对象的映象或内容维持在意识中，得到清晰、准确地反映，直至完成任务、达到预定目的为止。例如，外科大夫为了抢救病人可连续数小时全神贯注地做手术。

3. 调节和监督功能

注意最重要的功能是对活动进行调节与监督。注意能对人从事的活动进行有目的的控制，根据活动的目的和需要，做到注意的适当分配和适时转移，必要时可对错误行为进行纠正。例如，学生进行计算时，发现自己计算错误并进行改正。

> **高分点睛**
>
> 1.【常考题型】单选、多选、判断
>
> 2.【命题角度】直接考查注意有哪些功能；考查注意最基本的功能以及最重要的功能分别是什么；给出实例，要求选择相对应的注意的功能。例如，学生发现自己开小差，主动将注意转向学习，体现了注意的什么功能？答案：调节和监督功能。

三、注意的类型 ★★★

根据有无目的和意志努力的程度，注意可分为无意注意、有意注意和有意后注意。

考点1 无意注意

1. 含义

无意注意也称不随意注意，是没有预定目的、不需要意志努力、不由自主地对一定事物发生的注意。无意注意是人和动物都具有的注意的初级形式。

2. 影响因素

（1）客观因素，即刺激物本身的特点，主要包括以下几点：①刺激物的强度（刺激物的相对强度起决定作用）；②刺激物的新异性；③刺激物的运动变化；④刺激物之间的对比关系。

（2）主观因素，即人本身的状态，包括个人的需要、兴趣，对事物的态度，个人的情绪状态和精神状态，个人的心境、主观期待，个人的知识经验等。

典型例题（2022·石家庄·单选）教师讲课语言生动、形象、简洁、准确、富有吸引力，声音抑扬顿挫，并伴有适当的表情，使学生产生兴趣，易引起学生的（　　）。

A. 有意注意　　　　B. 无意注意　　　　C. 注意分配　　　　D. 注意转移

【答案】B。

考点2 有意注意

1. 含义

有意注意也称随意注意，是有预先目的、必要时需要意志努力、主动地对一定事物发生的注意。

2. 影响因素

影响有意注意的因素：①对活动目的、任务的认识；②活动的合理组织（参与活动的积极性）；③对事物的间接兴趣；④意志品质；⑤知识经验。

考点 3　有意后注意

有意后注意是指事前有预定目的，不需要意志努力的注意，是由有意注意转化而来的一种特殊形态的注意。这种注意既不同于无意注意，即它仍是自觉的、有目的的；又不同于有意注意，即它不需要意志努力（或不需要明显的意志努力）。例如，熟练地骑自行车、弹琴、打字等活动中的注意都属于有意后注意。

> **高分点睛**
> 1.【常考题型】单选、多选、判断
> 2.【命题角度】给出实例或划分的维度，要求选择相应的注意的类型；以多选的形式考查有意注意和无意注意的影响因素。

四、注意的品质 ★★

考点 1　注意的广度

1. 含义

注意的广度也称注意的范围，是指在同一时间内，意识所能清楚地把握的对象数量。眼观六路、耳听八方、一目十行等指的就是注意的广度。

2. 影响因素

（1）被知觉对象的特点。一般来说，被知觉对象的组合越集中，排列越有规律，越能成为相互联系的整体，注意的广度就越大。

（2）活动的性质和任务。活动任务越复杂，越需要关注细节的注意过程，注意的广度越小。

（3）个人的知识经验。一般来说，个体的知识经验越丰富，整体知觉能力越强，注意的广度就越大。

考点 2　注意的稳定性

1. 含义

注意的稳定性是指注意能够在一定时间内稳定在一定对象或活动上的特性。注意保持的时间越长，注意越稳定。

2. 注意的起伏和注意的分散

（1）注意的起伏

在稳定注意的条件下，感受性也会发生周期性增强和减弱的现象，这种现象叫作注意的起伏或注意的动摇。例如，在百米竞赛的预备信号之后，相隔太长时间再发出起跑信号，运动员的注意就可能减弱。

（2）注意的分散

与注意的稳定性相反的注意品质是注意的分散（即分心）。注意的分散是指注意离开了心理活动所要指向的对象，而被无关的对象吸引去的现象。例如，有的学生在课堂上开小差。

3. 影响因素

（1）注意对象的特点。一般来说，内容丰富的对象比单调的对象更能维持注意的稳定性；活动的对象比静止的对象更能维持注意的稳定性。

（2）个人的意志力水平。意志坚强、善于自制且能和干扰作斗争的人，注意容易保持稳定。

（3）个人的身体和精神状态。身体健康、精力充沛、心情愉悦时，注意容易保持稳定。

（4）个人的兴趣和积极性。对活动有浓厚的兴趣、对活动的意义理解深刻、抱有积极的态度，注意的稳定性会明显提高；反之，注意就容易分散。

考点3　注意的转移

1. 含义

注意的转移指根据一定目的，主动把注意从一个对象转移到另一个对象上，或从一种活动转移到另一种活动上。例如，学生上完数学课后能及时主动地把注意力转移到语文课上去。

2. 影响因素

（1）原来注意的紧张度。原来从事的活动的吸引力越强，紧张程度越高，注意越难转移。

（2）新活动对象的性质。新的活动对象越符合人们的兴趣和需要，注意越容易转移。

（3）明确的信号提示。明确的信号提示可以帮助个体的大脑处于兴奋和唤醒状态，灵活迅速地转换注意对象。

（4）个体的神经类型和自控能力。神经类型灵活性高的人比不灵活的人更容易实现注意的转移，自控能力强的人比自控能力弱的人更善于主动、及时地进行注意的转移。

图 2-2-1　注意的转移

考点4　注意的分配

1. 含义

注意的分配是指在同一时间内，把注意指向不同的对象，同时从事着几种不同的活动。例如，一心多用；左手画方，右手画圆等。

2. 影响因素

（1）所从事的活动中必须有一些活动是非常熟练的，甚至已经达到了自动化的程度。

（2）所从事的几种活动之间应该有内在的联系，但不能用同一种心理操作来完成。

图 2-2-2　注意的分配

典型例题 （2021·保定·单选）何同学上数学课时，一边听老师讲椭圆的解题方法和技巧，一边在笔记本上记下重要的知识点。何同学运用的是（　　）。

A. 注意的分配　　　　　　　　B. 注意的广度

C. 注意的转移　　　　　　　　D. 注意的分散

【答案】A。

高分点睛

1.【常考题型】单选、多选、判断

2.【命题角度】给出概念、具体实例、成语、俗语，要求考生选择与之相对应的注意品质；以多选的形式直接考查注意品质的具体内容或影响因素。

3.【易错易混】注意的转移和注意的分散

注意的转移是根据实际需要，有目的地、主动地变换注意对象；注意的分散则是受到无关事物的干扰使注意离开所要注意的对象，是无目的地、被动地变换注意对象。

五、学生注意力的发展

考点1　小学生注意力的发展

（1）无意注意起主要作用，有意注意正在发展。

（2）注意的有意性由被动到主动发展。

（3）在整个小学时期内，儿童的注意经常带有情绪色彩。

（4）小学生对抽象材料的注意正在逐步发展，而对具体的、直观的事物的注意仍起重要作用。

（5）小学生注意的广度扩大，稳定性逐步发展，注意的转移和分配能力发展迅速。

考点2　中学生注意力的发展

（1）有意注意发展明显，初中二年级达到发展巅峰。

（2）无意注意和有意注意逐步深化。

（3）注意特征存在个体差异。

（4）注意的稳定性增强，注意广度也得到不断地提高。注意分配和转移能力的发展并不十分显著。

六、注意规律在教学中的应用

1. 根据注意的外部表现了解学生的听课状态

在课堂教学中，教师可通过观察学生的外部表现，判断学生是否在专心听讲，从而优化教学。

2. 充分利用无意注意的规律组织教学

（1）创造良好的教学环境。首先，教师应该注意教室内外环境对课堂的干扰；其次，教师要注意自身服饰、发型，注意迅速处理课堂突发事件。

（2）注重讲演、板书技巧和教具的使用。首先，在讲课过程中，教师应该音量适中，语音、语调做到抑扬顿挫，遇到重点、难点还要加强语气，伴以适当的手势和表情；其次，板书应该做到运用有度、重点突出、清晰醒目，必要时还要用彩色粉笔和图、表格加以强调；最后，教具应该新颖直观，能够很好地说明问题。

（3）注重教学内容的组织和教学形式的多样化。教师应找出教学内容与学生原有知识结构的结合点，提供具体的实例，引起学生的直接兴趣。教师应该运用多种教学方法和灵活、多样的教学手段，调动学生饱满的情绪状态和学习积极性。

3. 充分利用有意注意的规律组织教学

（1）明确学习的目的和任务。首先，教师应使学生有明确的学习目的，明确要解决的问题，提高学生学习的自觉性；其次，教师对学生的要求要宽严适度，培养学生克服困难的意志力。

（2）培养间接兴趣。为了引起学生学习的间接兴趣，教师应在一门课开始时对学生阐明本学科知识学习的意义和重要性，即在知识教学中渗透思想教育。

（3）合理组织课堂教学，防止学生分心。教师在教学过程中要避免任务安排过满、节奏过于紧张，应该张弛有度，给学生适当放松休整的时间。另外，教师可以运用多种电化教学手段，采取生动活泼的形式，来调整学生的注意状态。

4. 运用三种注意相互转换的规律组织教学

在教学过程中，教师要交替运用有意注意和无意注意，恰当地组织教学，培养学生学习的直接兴趣，促使有意注意向有意后注意转化。

高分点睛

1. 【常考题型】单选、多选、判断
2. 【命题角度】要求判断题干中关于学生注意力发展的描述是否正确；给出实例，要求选出正确或错误运用有意注意或无意注意的措施。

第二节 感 觉

一、感觉的含义与类型

考点 1 感觉的含义

感觉是人脑对直接作用于感觉器官的客观事物的个别属性的反映。客观事物具有一定的属性，如颜色、声音、味道、软硬等，当这些个别属性作用于人的感觉器官，大脑就产生对它的反映，这个过程就是感觉。

感觉是一种最简单的心理现象，是认知的起点。可以说，感觉是一切知识和经验的基础，是正常心理活动的必要条件。一切较高级、较复杂的心理现象都是在感觉的基础上产生的。

考点 2　感觉的类型

根据刺激物的来源和产生感觉的分析器不同，感觉可分为外部感觉和内部感觉。

外部感觉是由机体以外的客观刺激引起、反映外界事物个别属性的感觉，包括视觉、听觉、嗅觉、味觉和肤觉。其中，肤觉又包括触觉、温度觉等。

内部感觉是由机体内部的客观刺激引起、反映机体自身状态的感觉，包括动觉（运动感觉）、平衡觉（静觉）和机体觉（内脏感觉）。其中，机体觉又包括饿、胀、渴、窒息、恶心等感觉。

二、感受性与感觉阈限

人的感官只对一定范围内的刺激做出反应。这种感觉能力和刺激范围，我们分别称之为感受性和感觉阈限。感觉阈限与感受性在数值上呈反比关系，感觉阈限低，则感受性高；感觉阈限高，则感受性低。

感受性包括绝对感受性和差别感受性，相应地，感觉阈限也包括绝对感觉阈限和差别感觉阈限。

1. 绝对感受性与绝对感觉阈限

绝对感受性是指感觉出最小刺激量的能力。绝对感觉阈限是指刚刚能引起感觉的最小刺激量。例如，往一杯白开水里放糖，直到放入 10 克糖时，我们才刚刚能感受到杯子中水的甜味。刚刚能感受到杯子中水的甜味的能力就是绝对感受性；这 10 克糖的刺激量就是绝对感觉阈限。

2. 差别感受性与差别感觉阈限

差别感受性是指能察觉出两个同类刺激物之间的最小差别量的能力。差别感觉阈限又称差别阈限、最小可觉差，是指刚刚能引起差别感觉的两个同类刺激物之间的最小差异量。例如，往一杯糖水中继续加糖，加了 5 克糖时，我们刚刚能感觉到糖水变得更甜了。刚好能感觉到糖水变得更甜的能力就是差别感受性；这 5 克糖就是差别感觉阈限。

> **高分点睛**
>
> 1.【常考题型】单选、多选、判断
>
> 2.【命题角度】给出概念或例子考查绝对感受性和绝对感觉阈限、差别感受性和差别感觉阈限这两组概念；以判断的形式考查感受性与感觉阈限在数值上呈反比关系。
>
> 3.【易错易混】
>
> 感受性是对刺激的"感受能力"，感觉阈限是"刺激量"。考题一般要求考生区分绝对感受性与差别感受性、绝对感觉阈限与差别感觉阈限。考生可根据关键词法作答此类题目。
>
> （1）题干中表述的是"能力"，就是感受性；题干中表述的是"刺激量"，就是感觉阈限。
>
> （2）题干中强调"刚能感受到刺激"，就是"绝对"；题干中强调刚能感受到"变化""差异""区别"，就是"差别"。

三、感觉现象 ★★

1. 感觉适应

感觉适应是指由于刺激物对感觉器官的持续作用，从而使感受性提高或降低的现象。例如，入芝兰之室，久而不闻其香。

感觉适应在视觉上分为暗适应和明适应，具体内容见表 2-2-1。

表 2-2-1　暗适应和明适应的概念、变化过程和示例

视觉的适应	条件	感受性变化趋势	感受性变化过程	示例
暗适应	照明停止或由亮处转入暗处时	视觉感受性提高	暗适应的时间较长，最初 7~10 分钟内，感觉阈限骤降，而感受性骤升，整个暗适应持续 30~40 分钟，以后感受性就不再提高了	从阳光照射的室外进入漆黑的电影院，开始觉得一片漆黑，过一段时间才能看清物体
明适应	照明开始或由暗处转入亮处时	视觉感受性下降	明适应的时间很短，最初约 30 秒内，感受性下降很快，以后适应的速度有所减慢，2~3 分钟内即可达到稳定水平	从漆黑的电影院走到阳光照射的室外，开始觉得光线刺眼，过一段时间才能恢复正常

2. 感觉对比

感觉对比是指不同刺激作用于同一感觉器官，使感受性发生变化的现象。感觉对比分为同时对比和继时对比。

同时对比是指几个刺激物同时作用于同一感受器产生的对比现象。例如，明暗相邻的边界上，常常在亮区看到一条更亮的光带，在暗区看到一条更暗的线条（马赫带现象）；万花丛中一点绿、鹤立鸡群、月明星稀。

继时对比是指几个刺激物先后作用于同一感受器产生的对比现象。例如，吃完苦药以后再吃糖觉得糖更甜了；从冷水里出来再到稍热一点的水里觉得热水更热了。

3. 感觉后效

感觉后效又称感觉后像，是指在对感受器的刺激作用停止以后，感觉印象并不立即消失，仍能保留短暂的时间的现象。

感觉后效在视觉中表现最显著，被称为视觉后像。视觉后像分为正后像和负后像。正后像是指后像的品质与刺激物相同的视觉后像。负后像是指后像的品质与刺激物相反的视觉后像。例如，注视灯光后，闭上眼睛，眼前会出现灯的一个光亮形象位于黑色背景之上，这就是正后像；之后可能看到一个黑色形象出现在光亮背景之上，这就是负后像。

4. 感觉补偿

感觉补偿是指某种感觉系统的机能丧失后由其他感觉系统的机能来弥补的现象。例如，盲人丧失视觉后，可以通过听觉和触觉的高度发展来加以补偿。

5. 联觉

联觉是指一个刺激不仅引起一种感觉，同时还引起另一种感觉的现象。例如，红、橙、黄色使人感到温暖，绿、青、蓝色使人感到凉快，这表明颜色的刺激不仅引起了视觉，还引起了温度觉。

高分点睛

1.【常考题型】单选、多选、判断

2.【命题角度】给出概念或教学案例，要求选出对应的感觉现象；以单选或判断的形式考查视觉的明适应和暗适应。例如，汽车穿出隧道，强烈的阳光让人睁不开眼睛，但一会儿就适应了，这是视觉的暗适应。答案：×。

第三节 知 觉

一、知觉的含义

知觉是人脑对直接作用于感觉器官的客观事物的整体属性的反映，它是在感觉的基础上产生的。例如，一朵玫瑰花放在眼前，人们不仅看到花的颜色，还嗅到花香；不仅看到花瓣，还看到花蕊、花托。花的颜色、气味及各部分在人脑中产生的是关于这朵玫瑰花的整体形象，这就是知觉。

二、知觉的基本特征 ★★★

考点1 知觉的选择性

1. 含义

知觉的选择性是指人在知觉过程中把知觉对象从背景中区分出来优先加以清晰地反映的特性。被选为知觉内容的事物称为对象，其他衬托对象的事物称为背景。图2-2-3的双歧图形显示了知觉中对象与背景的关系。如果以图中白色部分为知觉对象，黑色部分为背景，就会看到一个白色的杯子；如果以黑色部分为知觉对象，白色部分为背景，就会看到两张黑色的侧脸。

图2-2-3 双歧图形

2. 影响因素

（1）客观因素：①刺激物的绝对强度；②对象和背景的差别性；③对象的活动性；④刺激物的新颖性、奇特性。

（2）主观因素：①个体在知觉时有无目的和任务；②个体已有知识经验的丰富程度；③个体的需要、动机、兴趣、爱好、定势与情绪状态等。

典型例题（2022·石家庄·单选）"鹤立鸡群"中的"鹤"和"万绿丛中一点红"中的"红"容易被人们知觉到，这种现象所体现的知觉特性是（　　）。

A. 整体性　　　　B. 选择性　　　　C. 理解性　　　　D. 恒常性

【答案】B。

考点2 知觉的整体性

1. 含义

知觉的整体性是指人在知觉时，并不把知觉对象感知为个别孤立的部分，而总是把它知觉为统一的整体的特性。例如，当我们听到某些熟人的声音时，立刻能知觉到这位熟人的整体形象。

知觉的整体性既有助于人的知觉能力增强与速度提高，也可能妨碍对部分与细节特征的反映。例如，做文字校对工作的人，由于对整个文句的感知，有时难以发现句中个别漏字或误字，这就是由于整体知觉抑制了个别成分的知觉。

2. 影响因素

（1）知觉对象的特点，如接近、相似、闭合、连续等因素。图 2-2-4 是由不连续的线和不规则的面组成的图形，但我们在中心位置似乎看到一个倒立三角形，尽管三角形的线条并不闭合。

图 2-2-4　主观轮廓

（2）对象各组成部分的强度关系。强度大的组成部分决定对知觉对象的整体认识。例如，人的面部特征是我们感知人体外貌的强的刺激部分。所以不管一个朋友的发型、服饰等如何变化，只要面部没有变化，我们就不会认错。

（3）知觉对象各部分之间的结构关系。同样一些部分，处于不同的结构关系中就会成为不同的知觉整体。例如，一首歌，无论是男高音唱，还是女高音唱，人们都会把它知觉为同一首歌；一旦改变其旋律或歌词（曲调的各成分关系改变），就会成为另一首歌。

（4）知觉的整体性主要依赖于知觉者本身的主观状态，其中最主要的是知识与经验。例如，一个不熟悉英语单词的人，他对单词的知觉只能一个字母一个字母地进行；而一个熟练掌握英语的人，他可以把一个单词甚至由多个单词组成的一句话知觉为一个整体。

考点 3　知觉的理解性

1. 含义

知觉的理解性是指人在知觉过程中以过去的知识经验为依据，力求对知觉对象做出某种解释，使它具有一定的意义的特性。例如，图 2-2-5 中有一些黑色斑点，初看时难以知觉出它是什么东西，但只要提示说这是小孩和狗的图形，言语的指导就会使人立刻理解黑色斑点的意义，而将它们知觉为小孩和狗在奔跑。

图 2-2-5　知觉的理解性

2. 影响因素

知觉的理解性主要受个人的知识经验、言语指导、实践活动，以及个人的兴趣、爱好等因素的影响。

考点 4　知觉的恒常性

知觉的恒常性是指当知觉的条件在一定范围内发生变化时，知觉的映象仍然保持相对不变的特性。例如，放在水中的筷子，看上去是弯的，但我们认为它是直的，这就是知觉的恒常性的体现。知觉恒常性现象在视知觉中表现得特别明显，包括大小、颜色、形状、明度恒常性等。

图 2-2-6　形状的恒常性

高分点睛

1.【常考题型】单选、多选、判断

2.【命题角度】给出实际的生活情境或概念，要求选出对应的知觉的特征；以多选的形式考查知觉具备哪些特征。

3.【易错易混】

知觉的基本特征	关键表述	示例
选择性	区分对象与背景	万绿丛中一点红；猎人进山只见兽，樵夫进山只见柴
整体性	知觉对象变完整	窥一斑而知全豹；被分割的线段仍被知觉成完整的图形
理解性	知识经验起作用	外行看热闹，内行看门道；一千个读者就有一千个哈姆雷特；隔行如隔山
恒常性	知觉映象仍不变	无论将一支白粉笔放在明亮处还是昏暗处，人们都会把它知觉为白粉笔

三、知觉的类型

根据知觉对象的不同，知觉可分为物体知觉和社会知觉。

考点1 物体知觉

根据人脑所反映的物体特性的不同，物体知觉可分为空间知觉、时间知觉和运动知觉。

1. 空间知觉

空间知觉是对物体的大小、形状、距离、方位等空间特性的知觉。它包括大小知觉、形状知觉、距离知觉（深度知觉）、方位知觉等。以下主要介绍距离和方位知觉。

（1）距离知觉又称深度知觉，是人对物体远近距离、深度、凹凸等的知觉。使人产生深度知觉的线索包括肌肉线索、单眼线索和双眼线索。人们知觉物体距离与深度，主要依赖双眼视差（两眼视网膜上形成的两个略有差异的视像）。著名的视崖实验证明了儿童具有深度知觉。

（2）方位知觉是指对物体的空间关系、位置和对机体自身所在空间位置的知觉。例如，初入学的儿童常常出现"b"与"d"、"p"与"q"不分，把"9"看成"6"等现象的心理原因是儿童的方位知觉发展不完善。

2. 时间知觉

时间知觉是对客观现象的延续性和顺序性的反映。人们可以借助计时工具、自然界的周期现象、有机体的生理节律、周期性的社会活动等来估计时间。

3. 运动知觉

运动知觉是对物体在空间中的位移产生的知觉。运动知觉包括真动知觉和似动知觉。

（1）真动知觉

真动知觉是指由物体按特定速度或加速度，从一处向另一处做连续的位移引起的知觉。

（2）似动知觉

似动知觉是指在一定的时间和空间条件下，人们在静止的物体间看到了运动，或者在没有连续位移的地方，看到了连续的运动，即"似乎在动"。似动知觉的主要形式有以下几种。

①动景运动，指当两个刺激物（光点、直线、图形或画片）按一定空间距离和时间间隔相继呈现时，人们会看到从一个刺激物向另一个刺激物的连续运动。例如，电影的连续画面、霓虹灯、路牌广告的变化等都是依据动景运动的原理制作出来的。

②诱发运动，指一个相对静止的物体，由于受到周围其他物体运动的诱导而被知觉为是运动的。例如，夜空中的月亮是相对静止的，浮云是运动的，由于浮云的运动，人们看到月亮在动，以为浮云是静止的，所以我们常觉得月亮在云中穿行。

③自主运动，又称游动运动或自动效应，指人在注视暗环境中一个微弱的、静止的光点片刻后感到光点在来回移动的现象。例如，在没有月光的夜晚，当我们仰视天空时，有时会发现一个细小而发亮的东西在天空游动，我们会误认为它是一架飞机，其实这是星星引起的自主运动。

④运动后效，指在注视向一个方向运动的物体之后，将注视点转向静止的物体，人们会看到静止的物体似乎朝相反的方向运动。例如，注视瀑布的某一处后看周围静止的田野，会觉得田野上的一切都在向上飞升。

考点2　社会知觉 ★★

社会知觉是指对人的知觉，对由人的社会实践构成的社会现象的知觉，具体包括对他人的知觉、自我知觉、人际知觉。常见的社会知觉偏差有以下几种。

1. 刻板效应（刻板印象、定型效应）

刻板效应是指对某个群体及成员概括而固定的看法。例如，人们认为医生是人道的；会计是精打细算的；商人是精明的等。

2. 晕轮效应（光环效应）

晕轮效应是指对某个人的某方面特征形成好的或者坏的印象后，会将其扩散到该个体的其他方面的知觉印象。它是一种以偏概全的现象，一个人的优点或者缺点会变成光圈被夸大，其他缺点或优点也就退隐到光圈后面视而不见了。例如，"厌恶和尚，恨及袈裟""一好百好""一俊遮百丑""情人眼里出西施""爱屋及乌"等。

在消极品质方面，晕轮效应表现为扫帚星效应，即一个人的缺点被夸大，从而掩盖了好的特征。

3. 首因效应（最初效应）

首因效应是指在总体印象形成上，最初获得的信息比后来获得的信息影响更大的现象。人们在交往中常常注重的第一印象就是首因效应的体现。

首因效应具有先入性、不稳定性、误导性、持久性等特点。

4. 近因效应（最近效应）

近因效应是指在总体印象形成上，新近获得的信息比以往获得的信息影响更大的现象。当近因效应发生时，我们倾向于注意认识对象的当前表现，而忘记了他最初留给我们的印象。例如，原本一对非常亲密的朋友，最近因为发生一点小矛盾便形同陌路。

5.投射效应

投射效应是指人们在知觉他人时，总以为他人也具备与自己相似的特性，即把自己的特点归于他人身上的倾向。例如，"以小人之心，度君子之腹""疑邻盗斧"。

典型例题（2021·石家庄·单选）"一好百好，一坏百坏"体现的社会认知效应是（　　）。

A.晕轮效应　　　　B.刻板效应　　　　C.首因效应　　　　D.投射效应

【答案】A。

高分点睛

1.【常考题型】单选、多选、判断

2.【命题角度】考查物体知觉和社会知觉的划分维度；考查空间知觉和似动知觉包含的种类以及与"视崖实验"相关联的深度知觉；给出概念或例子，要求判断其属于哪种空间知觉或似动知觉。

四、知觉的特殊形态——错觉

错觉是在特定条件下产生的对客观事物的歪曲知觉，这种歪曲往往带有固定的倾向。只要产生错觉的条件存在，个体就无法通过主观努力去克服错觉。错觉不同于幻觉，幻觉是指没有相应客观刺激时所出现的知觉体验。

常见的错觉类型有大小错觉、形状和方向错觉、形重错觉、倾斜错觉、运动错觉、时间错觉等。上文所讲的似动知觉便是一种运动错觉。

错觉在社会实践中既有积极作用也有消极作用。例如，某些建筑设计能巧妙地利用错觉原理引起良好的心理效应，给人们的生活带来舒畅愉悦，这是错觉的积极作用；飞机驾驶员在海上飞行时，容易产生"倒飞"错觉，这可能会引起严重的飞行事故，这是错觉的消极作用。

第四节　记　忆

一、记忆的含义

记忆是过去的经验在头脑中的反映，也可以说是人脑对经验的识记、保持和再现的过程。凡是过去感知过的事物、思考过的问题、体验过的情绪、操作过的动作，都可以以映象的形式储存在大脑中并在一定条件下从大脑中提取出来，这个过程就是记忆。

二、记忆的过程

完整的记忆分为识记、保持、再现（再认或回忆）三个环节。从信息加工的角度来看，记忆过程就是对输入信息的编码、储存和提取的过程。识记是输入信息的编码过程；保持是信息的储存过程；再现是信息的提取过程。

考点 1　识记

1. 识记的含义

识记是记忆过程的第一个基本环节，是个体获取知识经验的过程，即通过反复感知而识别、记住某事物并在头脑中留下映象的过程。

2. 识记的类型

（1）根据识记有无目的性，识记可分为无意识记和有意识记

无意识记是事先没有预定目的，也不需要运用任何有助于识记的方法和意志努力的识记。

有意识记是有明确的目的，并经过一定意志努力和采取一定方法进行的识记。学生的学习活动主要依靠有意识记。

（2）根据识记材料有无意义或识记者是否理解其意义，识记可分为机械识记和意义识记

机械识记是指在材料没有意义或在对事物没有理解的情况下，依据事物的外部联系而机械重复进行的识记。例如，小学生在家长的要求下一遍一遍地读自己根本不懂的古诗词，直到记住为止。

意义识记是指在对事物理解的基础上，依据事物的内在联系而进行的识记。例如，学生在弄清一首古诗的含义及其整体思想的前提下背诵这首古诗；利用阅读成语故事记忆成语等。

实验研究证明，意义识记的效果优于机械识记，但机械识记在学习中也是必要的，原因如下：①学习中有一些材料是无意义的或意义较少的，就只能用机械识记；②有时材料本身有意义，但限于学习者的水平，一时难以理解，也只能先用机械识记，以后逐步加以理解，如小孩背诵古诗；③机械识记最能锻炼人的记忆力。

考点 2　保持

保持是记忆过程的第二个基本环节，也是记忆过程的中心环节，是指已获得的知识经验在人脑中的巩固过程。保持不是消极被动的储存过程，随着时间的推移，保持的内容会发生数量和质量的变化，从而体现了人脑对识记材料主动加工的特点。

考点 3　再现

再现是记忆过程的第三个基本环节，是指在不同的条件下重现过去经验的过程。再现包括再认和回忆两种形式。

1. 再认

再认是指过去经历过的事物再次出现在面前，人能把它们加以确认的过程。例如，在街上碰到了多年未见面的小学数学老师仍能将其认出。

2. 回忆

（1）回忆的含义

回忆是指过去经历过的事物不在面前，但人能把它们在脑中重新呈现出来的过程。

（2）回忆的种类

①根据回忆是否有预定的目的、任务和意志努力的程度，回忆可分为无意回忆和有意回忆。

无意回忆是没有预定目的，也不需要任何意志努力的回忆。例如，睹物思人；触景生情等。

有意回忆是有回忆任务，并需要做一定的意志努力，自觉复现以往经验的回忆，其目的是根据当前的需要而回忆起特定的记忆内容。例如，"默写"；课堂上学生回答老师的提问等。

②根据回忆的条件和方式不同，回忆可分为直接回忆和间接回忆。

直接回忆是由当前事物直接唤起旧经验的重现。例如，触景生情。

间接回忆是通过一系列中间环节或中介性的联想才能得到旧经验的回忆。

> **高分点睛**
>
> 1.【常考题型】单选、多选、判断
>
> 2.【命题角度】直接考查记忆包括哪三个基本环节；给出实例、概念、相应的划分维度，选择相对应的识记、回忆的类型。例如，"干燥防失火，急躁必踩足"属于哪种记忆方式？答案：意义识记。给出例子，要求判断其属于回忆还是再认。例如，学生在开卷考试时的记忆活动主要是什么？答案：再认。

三、遗忘

遗忘是指对识记过的材料不能回忆或再认，或者表现为错误的回忆或再认。按照信息加工的观点，遗忘是信息提取不出或提取错误。

考点1　遗忘的规律　★★★

德国著名心理学家艾宾浩斯首先对遗忘现象进行了研究，他认为保持和遗忘是时间的函数。艾宾浩斯以自己为被试，以无意义音节（即那些不能拼出单词来的众多字母的组合）为记忆材料，用节省法（又称重学法）进行研究。节省法是指让学习者把识记材料学到恰能背诵的程度，经过一定时间间隔再重新学习，达到能重新背诵的程度，然后比较两次学习所用的时间和诵读次数，就可以得出一个绝对节省值。艾宾浩斯根据实验结果绘成描述遗忘进程的曲线，即著名的艾宾浩斯遗忘（记忆）曲线。

遗忘曲线表明遗忘在学习之后立即开始，最初遗忘速度很快，随着时间的推移，遗忘的速度逐渐减慢；过了相当的时间后，几乎不再遗忘。由此可知，遗忘的进程是不均衡的，其趋势是先快后慢，先多后少，呈负加速型，并且到一定程度就几乎不再遗忘了。

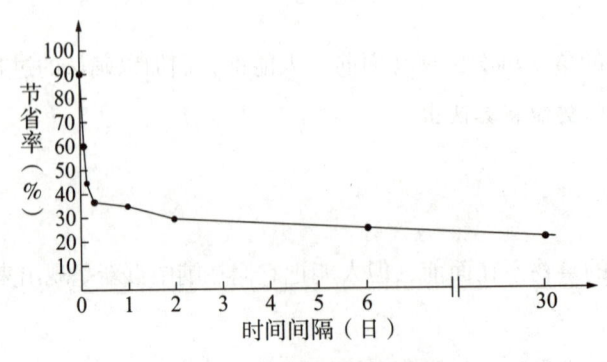

图2-2-7　艾宾浩斯遗忘曲线

> **高分点睛**
>
> 1.【常考题型】单选、多选、判断
> 2.【命题角度】以单选的形式考查最早提出遗忘曲线的心理学家或其研究遗忘规律的方法；以单选、多选、判断的形式考查遗忘的规律、遗忘过程与时间的关系等。例如，艾宾浩斯遗忘曲线揭示了遗忘过程和什么的关系？答案：时间。

考点 2　影响遗忘进程（识记效果）的因素

（1）学习材料的性质。一般认为，对熟练的动作遗忘得慢；对形象、直观的材料比对抽象的材料遗忘得慢；对有意义的材料比对无意义的材料遗忘得慢。

（2）学习程度。学习程度是指学习者对学习材料进行学习的时间或次数。一般来说，学习程度太高或太低，都不利于对知识的记忆。

（3）识记材料的数量。在学习程度相等的情况下，识记材料越多遗忘得越快，识记材料少则遗忘较慢。

（4）识记材料的系列位置。最后呈现的材料最易回忆，遗忘最少，这种现象叫作近因效应。最先呈现的材料较易回忆，遗忘较少，这种现象叫作首因效应。这些现象统称为系列位置效应。

（5）记忆任务的长久性与记忆材料的重要性。一般来说，长久的识记任务有利于材料在头脑中保持时间的延长，不重要和未经复习的内容则容易遗忘。

（6）识记方法。研究表明，以理解为基础的意义识记比机械识记的效果好得多。

（7）时间因素。根据遗忘规律，记忆的最初阶段遗忘速度快，随后逐渐变慢。学习内容的保存量随时间减少。

（8）识记者的态度。研究表明，在人们的生活中，不占重要地位的、不引起人们兴趣的、不符合个人需要的事情首先被遗忘，而人们需要的、感兴趣的、具有情绪作用的事物，则遗忘得较慢。

> **高分点睛**
>
> 1.【常考题型】单选、多选、判断
> 2.【命题角度】
> （1）以判断的形式考查各种因素是如何影响遗忘进程的。例如，机械识记比意义识记易遗忘，无意识记比有意识记易遗忘。答案：√。
> （2）以单选或多选的形式考查影响遗忘进程的因素。

考点 3　遗忘的理论 ★★★

关于遗忘的原因，主要有以下几种理论学说。

1. 消退说

消退说也称痕迹衰退说，认为遗忘是记忆痕迹得不到强化而逐渐减弱、衰退，以致最后消退的结果。例如，因为自己太久没有复习，考试时想不起来学过的知识。

2. 干扰说

干扰说认为，遗忘是在学习和回忆之间受到其他刺激的干扰所致，一旦干扰被排除，记忆就能恢复。

前摄抑制和倒摄抑制是支持干扰说的有力例证。前摄抑制是指先学习的材料对识记和回忆后学习材料的干扰作用。倒摄抑制是指后学习的材料对保持和回忆先学习的材料的干扰作用。例如，英语老师提倡学生早自习时间背单词，这种做法可以避免前摄抑制的干扰；在背诵一篇短文时，一般前后端的内容容易记住，中间的内容难记且易遗忘。

3. 压抑说（动机说）

压抑说是弗洛伊德提出的。他认为，遗忘是由情绪或动机的压抑作用引起的，痛苦的经历产生的不愉快感觉，就是引起压抑的动力源，遗忘了相关的事件，就是压抑的过程，如果这种压抑被解除，记忆也就能恢复。例如，考试时由于情绪过分紧张导致一些学过的内容怎么也想不起来。

4. 提取失败说

从信息加工的观点来看，遗忘是一时难以提取出要求的信息，一旦有了正确的线索，经过搜索，那么所要的信息就能被提取出来。例如，提笔忘字、舌尖现象。

5. 同化说

同化说是奥苏伯尔解释遗忘原因的理论。该理论认为，遗忘实际上是知识的组织与认知结构简化的过程，即学习到更高级的概念与规律以后，高级的概念与规律可代替低级的概念与规律，使低级的概念与规律遗忘，从而简化知识。

典型例题（2022·石家庄·单选）早晨的学习效果一般较好。这是因为这一阶段的学习不受下列哪一选项的干扰？（　　）

A. 前摄抑制　　　　B. 倒摄抑制　　　　C. 超限抑制　　　　D. 双重抑制

【答案】A。

高分点睛

1.【常考题型】单选、多选、判断

2.【命题角度】直接考查遗忘的原因有哪些或某种遗忘理论的具体内容；给出实例或现象，要求选出相应的遗忘原因的理论。例如，有些学生被老师叫起来回答问题时，对平时已掌握的内容都想不起来，坐下后却又突然想起来了。这种现象可以用什么遗忘理论解释？答案：动机说。

四、记忆的类型 ★★★

考点1　感觉记忆、短时记忆和长时记忆

根据信息在记忆中储存时间的长短和编码方式的不同，记忆可分为感觉记忆、短时记忆、长时记忆。这三种记忆是人类记忆系统中三个不同的信息加工阶段，它们之间不是非此即彼的记忆种类，而

是相互联系、相互作用，密切配合在一起对信息进行加工处理的记忆系统。

1. 感觉记忆

感觉记忆也称瞬时记忆、感觉登记，是指当客观刺激停止作用后，它的印象在人脑中只保留一瞬间的记忆。即刺激停止后，感觉印象并不立即消失，仍有一个极短的感觉信息保持过程。感觉记忆是人类记忆信息加工的第一个阶段。例如，在观看电影时，虽然呈现在屏幕上的是一幅幅静止的图像，我们却可以将这些图像看成连续运动的，这就是感觉记忆的作用。

感觉记忆的特点：①保持时间极短，大约为0.25~4秒（也有学者认为感觉记忆的保持时间为0.25~2秒）；②记忆容量较大；③形象鲜明，信息完全按事物的物理特性编码；④信息原始，记忆痕迹很容易衰退。

感觉记忆的编码有图像记忆和声像记忆等。其中，图像记忆是感觉记忆的主要编码形式。

2. 短时记忆

短时记忆也称工作记忆，是指人脑中的信息在1分钟之内加工与编码的记忆，是感觉记忆和长时记忆的中间阶段，在信息加工系统中处于核心地位。注意是信息从感觉记忆进入短时记忆的基本条件。例如，我们在电话号码簿上查到一个需要的电话号码，立刻就能根据记忆拨号，但是之后往往就记不清了，这种记忆就是短时记忆。

短时记忆的特点：①时间很短，不超过1分钟。②记忆容量有限，为7±2个组块。组块是将项目组织成熟悉的、有意义的单元。③意识清晰。④操作性强。⑤易受干扰。

短时记忆的编码以言语听觉形式为主，也存在少量的视觉或语义编码。

3. 长时记忆

长时记忆是指信息经过充分的和有一定深度的加工后，在头脑中长时间存储的记忆。复述是把信息从短时记忆转入长时记忆系统的重要条件。

长时记忆的特点：①保持时间长久，可以是1分钟以上，甚至终生；②记忆容量无限。

长时记忆的编码以语义编码为主，再认和回忆是长时记忆信息的提取方式。

典型例题（2022·石家庄·单选）短时记忆容量有限，为了使其包含更多的信息，可采用的方式是（　　）。

A. 感觉登记　　　　　B. 注意　　　　　C. 组块　　　　　D. 复述

【答案】C。

考点2　形象记忆、运动记忆、情绪记忆、语义记忆和情景记忆

根据记忆内容的不同，记忆可分为形象记忆、运动记忆、情绪记忆、语义记忆和情景记忆。

形象记忆是以个体感知过的事物形象为内容的记忆。例如，我们对见过的人、看到的风景、听过的音乐、尝过的味道、触摸过的物体的记忆。

运动记忆是以个体过去做过的运动或动作为内容的记忆。例如，对骑单车、游泳、写字、打球、舞蹈动作、体操动作、武术套路、实验操作过程的记忆等。

情绪记忆是以个体体验过的某种情绪和情感为内容的记忆。例如，"良言一句三冬暖，恶语伤人

恨不休""一朝被蛇咬，十年怕井绳"。

语义记忆也称语词逻辑记忆，是指人们对一般知识和规律的记忆，与特殊的时间和地点无关，表现在单词、符号、公式、规则、概念、判断、推理等形式中。语义记忆是人类特有的记忆形式。

情景记忆是指人们根据时空关系对某个事件的记忆。例如，同学们对在校园里最难忘的一件事的记忆；小明对随父母去国外观看篮球比赛的记忆等。

考点3　陈述性记忆和程序性记忆

根据信息加工与存储方式的不同，记忆可分为陈述性记忆和程序性记忆。

陈述性记忆是指有关事实和事件的记忆，可以通过语言传授而一次性获得，提取时往往需要意识的参与。陈述性记忆具有可以言传的特征，即人在需要时可将记得的事实表述出来。例如，在游泳之前通过阅读书籍记住了动作要领的记忆，对人名、地名、名词解释、定理、定律的记忆等。

程序性记忆是指如何做事情的记忆或者如何掌握技能的记忆，包括对知觉技能、认知技能和运动技能的记忆。程序性记忆通常需要通过多次尝试才能逐渐获得，利用时往往不需要意识的参与，其显著特点是难以言传。例如，对正确完成广播体操动作的记忆；关于游泳的动作的记忆等。

考点4　内隐记忆和外显记忆

根据记忆是否受意识的控制，记忆可分为内隐记忆和外显记忆。

内隐记忆也称自动的无意识记忆，是指在个体没有意识的情况下，过去经验对当前作业产生的无意识的影响。例如，有些人能熟练地打字，却不能立刻正确地说出键盘上字母的位置。

外显记忆也称受意识控制的记忆，是指在意识参与的条件下，过去经验对当前作业产生的有意识的影响。例如，我们能记忆儿时背过的乘法表，记得今天早餐吃的什么。

高分点睛

1.【常考题型】单选、多选、判断

2.【命题角度】

（1）考查各种不同类型的记忆的概念、划分维度，或给出实例，要求选择对应的记忆类型。

（2）考查感觉记忆、短时记忆和长时记忆的特点、编码形式、提取方式。例如，容量平均值约为7个组块的是什么记忆？答案：短时记忆。长时记忆信息的提取方式是什么？答案：回忆和再认。

五、记忆的品质

1. 敏捷性

敏捷性是记忆的速度和效率品质。它是指在一定时间内能够记住的事物的数量。能够在较短的时间内记住较多的东西，就是记忆敏捷性良好的表现。

2. 持久性

持久性是记忆的保持品质。它是指记住的事物保持的时间的长短。能够把知识、经验长时间地保留在头脑中，甚至终生不忘，就是记忆持久性良好的表现。

3. 准确性

准确性是记忆的正确和精确品质。它是指记忆提取的内容与事物的本来面目相一致的程度。准确性是记忆的重要品质，如果离开了准确性，敏捷性和持久性就失去了意义。

4. 准备性

准备性是记忆的提取和应用品质。它使人能及时、迅速、灵活地从记忆信息的储存库中提取所需要的知识经验，以解决当前的实际问题。

> **高分点睛**
>
> 1.【常考题型】单选、多选、判断
>
> 2.【命题角度】直接考查记忆有哪些品质；给出实例，要求选出对应的记忆品质。例如，当需要的时候，记忆中的材料能够又快又好地再现出来。这说明记忆具有什么品质？答案：准备性。

六、记忆规律在教学中的应用

考点1 依据记忆规律合理安排和组织教学

（1）合理安排教学。首先，学校在排课时应尽可能避免把性质相近的课程排在一起，以减少由材料相似引起的前摄抑制和倒摄抑制对记忆的干扰；其次，教师要保证学生的课间休息；最后，教师应控制每堂课的信息投入量。

（2）向学生提出具体的识记任务。教师每节课讲的内容要求学生记忆的程度是不同的。这就需要教师向学生提出具体的识记任务，要让学生知道应该记什么、记忆的程度如何。

（3）使学生处于良好的情绪和注意状态。

（4）充分利用无意识记的规律组织教学。

（5）使学生理解所学内容并将其系统化。

（6）培养学生良好的记忆品质，提高其记忆能力。

考点2 依据记忆规律有效地组织复习

（1）及时复习。

（2）合理分配复习时间。

（3）集中复习与分散复习相结合。集中复习是集中一段时间一次性重复学习；分散复习是每隔一段时间重复学习一次或几次。一般来说，分散复习的效果要优于集中复习。但根据具体情况，复习难度小的材料可适当集中复习，难度大的材料可采取分散复习的方式，做到集中复习与分散复习相结合。

（4）复习方式多样化。

（5）运用多种感官参与复习。要眼看、耳听、口读、手写相互配合，在头脑中构成神经联系，形成记忆痕迹。

（6）尝试回忆与反复识记相结合。

（7）要掌握复习的量。首先，复习内容的数量要适当，一次复习内容的数量不宜过多；其次，提倡适当的过度学习。

（8）注意用脑卫生。在学习时要特别重视脑的营养与适当休息。过度疲劳容易导致记忆力下降。

> **高分点睛**
> 1.【常考题型】单选、多选、判断、材料分析
> 2.【命题角度】给出实例或根据遗忘的规律，要求选出对应的或正确的复习方法；以判断的形式考查"分散复习的效果优于集中复习的效果""复习难度大的材料时应分散复习"等说法是否正确；以材料分析的形式考查对记忆规律的合理运用，要求回答依据记忆规律合理安排和组织教学的方法、有效地组织复习的方法。

第五节　表象与想象

一、表象概述

考点1　表象的含义

表象是指事物不在面前时，人们在头脑中出现的关于事物的形象。表象是对客观世界的直接感知过渡到抽象思维的一个中间环节。

考点2　表象的特征（表2-2-2）

表2-2-2　表象的特征的含义及示例

特征	含义	示例
直观性	表象以生动具体的形象在头脑中出现	闭上眼睛仿佛能够看到刚刚的画面
概括性	表象表征事物的大体轮廓和主要特征，不表征事物的个别特征	将鸟的表象概括为有羽毛、会飞等，但不包括不同鸟的羽毛颜色、叫声等个别特征
可操作性	人们可以在头脑中对表象进行操作。可用库珀等人的"心理旋转实验"证明	人们看到"哈哈镜"中人的形象与人的真实形象不符，但仍能够将镜像与人对应，这是因为人们对这两种表象进行了心理操作

> **高分点睛**
> 1.【常考题型】单选、多选
> 2.【命题角度】考查表象的含义；以单选或多选的形式考查表象的三大特征。

二、想象概述

考点1　想象的含义

想象是人对头脑中已有的表象进行加工改造，创造出新形象的思维过程。

考点2　想象的功能

1. 预见功能

想象能预见活动的结果，指导活动进行的方向。例如，雕塑师在雕塑之前脑海中就已经有了成形的雕塑形象；"未雨绸缪""居安思危"等。

2. 补充功能

想象能弥补人类认知活动在时间和空间上的局限和不足，或者在很难直接感知对象时，弥补对对象认知的欠缺。例如，我们借助想象可以"思接千载，视通万里""神游万仞，心骛八极"。

3. 替代功能

在现实生活中，当人们的某种需要不能得到满足时，可以利用想象从心理上得到一定的补偿和慰藉。例如，小朋友以喜欢玩的凳子为马，坐在凳子上假装骑马。

4. 调节功能

想象对机体的生理活动过程具有协同调节作用，它能改变人体外周部分的机能活动过程。例如，想象蔚蓝的天空、大海，可使人心胸开阔；想象蓝天与草原，令人心旷神怡。

考点3　想象的综合过程（想象的加工方式）

1. 黏合

黏合是把客观事物中从未结合过的属性、特征、部分在头脑中结合在一起而形成新形象的过程。例如，创作出猪八戒、美人鱼、飞马等形象。

2. 夸张（强调）

夸张又称强调，是改变客观事物的正常特征，或者突出某些特点而略去另一些特点在头脑中形成新形象的过程。例如，人们创造的千手观音、九头鸟、大人国、小人国等形象。

3. 拟人化

拟人化是把人类的形象和特征加在外界客观对象上，使之人格化的过程。例如，大树会说话，小鸟会唱歌，土地可以幻化出人形等。

4. 典型化

典型化是根据一类事物的共同的、典型的特征创造新形象的过程。这是在文学艺术创作中普遍采用的一种方式。例如，鲁迅笔下的阿Q、祥林嫂等人的形象，就是鲁迅综合某些人物的特点之后创造出来的。

【典型例题】（2021·石家庄·判断）《西游记》中孙悟空的形象运用的想象加工方式是黏合。（　　）

【答案】√。

高分点睛

1.【常考题型】单选、多选

2.【命题角度】给出概念或例子，要求选择相对应的想象的功能或加工方式；以多选的形式考查想象有哪些功能或加工方式。

考点4　想象的类型 ★★★

按照想象活动是否具有目的性，想象可以分为无意想象和有意想象。

1. 无意想象

无意想象又称不随意想象，是没有预定的目的、不由自主产生的想象。例如，走神、白日梦；人们看到天上的浮云，脑中就产生山峦、棉花、羊群、奔马等形象。

梦是在睡眠状态下产生的一种正常的心理现象，是一种漫无目的、不由自主的奇异想象，是无意想象的极端表现。

2. 有意想象

有意想象又称随意想象，是有预定目的和自觉进行的想象，有时还需要一定的意志努力。根据新颖性、独立性和创造性程度的不同，有意想象可分为再造想象和创造想象。

（1）再造想象

再造想象是依据词语或符号的描述、示意在头脑中形成与之相应的新形象的过程。例如，人在阅读文艺作品、历史文献时，工人在看建筑或机械图纸时，学生在听教师对课文生动形象的描述时，头脑中出现的有关事物的形象都是再造想象。

再造想象产生的条件：①具有丰富的表象储备；②为再造想象提供的词语及实物标志要准确、鲜明、生动；③理解词语与实物标志的意义。

（2）创造想象

创造想象是按照一定目的、任务，使用自己以往积累的表象，在头脑中独立地创造出新形象的过程。例如，作家创作小说、设计师设计蓝图、艺术家构思新作等，都是创造想象的表现。

创造想象产生的条件：①强烈的创造愿望；②丰富的表象储备；③积累必要的知识经验；④原型启发；⑤积极的思维活动；⑥灵感的作用；⑦创造性思维能力、高水平的表象改造能力、丰富的情绪生活、正确的理想和世界观等。

幻想是创造想象的一种特殊形式。幻想是指向未来并与个人愿望相联系的想象，是创造性活动的准备阶段。幻想分为科学幻想、理想和空想三种形式。

①科学幻想是科学预见的一种形式，是具有进步意义和有实现可能的积极幻想。例如，一百多年前人们关于去太空和海洋遨游的科学幻想在今天已经变成了现实。

②理想是符合事物发展规律、有实现可能的积极幻想。例如，想成为科学家、艺术家，为国家的繁荣富强作贡献，是许多当代青年的理想。

③空想是与客观现实相违背的、不可能实现的消极幻想。例如，有人幻想长生不老，到处寻找灵

丹妙药；有的学生看了神话小说，想修炼成仙。

考点5　学生想象力的培养

（1）引导学生学会观察，丰富学生的表象储备，使想象活动的发展有坚实的基础。

（2）引导学生积极思考，鼓励学生大胆想象，培养学生的想象习惯。

（3）引导学生努力学习科学文化知识，增加学生的知识经验以促进空间想象力的发展。

（4）结合学科教学，有目的地训练学生的想象力。同时，还要引导学生积极参加科技、文艺、体育等活动，不断丰富学生的生活经验，为发展想象力创设良好的条件。

（5）引导学生进行积极的幻想，鼓励学生把幻想和良好的愿望、崇高理想结合起来，及时纠正学生不切实际的幻想。

高分点睛

1.【常考题型】 单选、多选、判断

2.【命题角度】

（1）给出概念、实例、诗句、文学作品等，要求选择相对应的想象的类型。例如，阅读课上，丽丽读完著作《骆驼祥子》后，头脑中浮现的祥子老实、健壮、吃苦耐劳的形象属于什么想象？答案：再造想象。

（2）以单选或多选的形式考查有意想象的分类。

3.【易错易混】 再造想象和创造想象的区别

再造想象是人依据一定的词语、符号等在头脑中再现已经存在的形象；创造想象是人在头脑中创造崭新的、前所未有的形象。例如，小说、古诗中的形象是作者的创造想象，是读者的再造想象。

第六节　思　维

一、思维的含义与特征

考点1　思维的含义

思维是人脑对客观事物间接的、概括的反映，即人脑以已有的知识经验为中介，对客观事物本质属性和规律的反映。平时我们说的"预计""考虑""揣度""反省""设想""深思熟虑"等都是思维的表现形式。思维是认知过程的核心。

考点2　思维的特征　★★★

1.间接性

思维的间接性是指思维可以借助一定的媒介和已有的知识经验对一些没有直接感知或不可能直接

感知的客观事物进行反映。思维的间接性主要表现在以下三个方面。

（1）思维能对不在眼前、没有直接作用于感官的事物加以反映。例如，清早发现大地被厚厚的积雪覆盖，于是人们推测昨晚下过雪。

（2）思维能对根本不可能感知的事物进行反映。例如，物理学家通过实验可以间接地推算出不能直接感知到的运动速度，如光速。

（3）思维能在对现实事物认识的基础上做出某种预见。例如，气象工作者根据已有的气象资料能预知今后天气的变化。

2. 概括性

思维的概括性是指在大量感性材料的基础上把一类事物的共同的本质特征和规律抽取出来加以概括。思维的概括性包括以下两层含义。

（1）思维能将同一类事物共同的、本质的属性抽取出来加以概括。例如，人们依据根、茎、叶、果等共性，把枣树、梨树这些树称为果树。

（2）思维能将多次感知到的事物之间的联系和关系加以概括，得出有关事物之间内在联系的结论。例如，每次月晕就要刮风，地板潮湿就要下雨，人们据此得出"月晕而风，础润而雨"的结论。

典型例题（2022·石家庄·单选）天空出现朝霞，就会下雨；天空出现晚霞，就会放晴。人们由此得出"朝霞不出门，晚霞行千里"的结论。这主要体现的思维特征是（　　）。

A. 间接性　　　　　　　　　　　　B. 抽象性

C. 概括性　　　　　　　　　　　　D. 理解性

【答案】C。

高分点睛

1.【常考题型】单选、多选、判断

2.【命题角度】以单选或多选的形式考查思维有哪两个重要特征；给出概念或例子，要求选择相对应的思维特征。

3.【易错易混】

思维的特征	核心关键点	举例
间接性	通过"推断"去认识某个事物	通过月亮周围有月晕，推断出将要刮风
概括性	通过"总结"得出规律和结论	通过每次月晕都会刮风，总结出"月晕而风"

二、思维的类型 ★★

考点1　直观动作思维、具体形象思维和抽象逻辑思维

根据思维任务的性质、内容和解决问题的方法，思维可分为直观动作思维、具体形象思维和抽象逻辑思维。

1. 直观动作思维

直观动作思维又称实践思维，是以实际动作为支柱的思维。其特点是任务是直观的，以具体形式给予的，思维过程要借助实际动作，离开了感知活动或动作，思维就不能进行。例如，幼儿边数手指边数数，数手指的动作中断，思维也就停止；幼儿堆积木时，一边操作一边思考。

2. 具体形象思维

具体形象思维又称具体思维，是以事物的具体形象和表象为支柱的思维。具体形象思维具有形象性、整体性、可操作性等特点。例如，儿童计算3+4=7，不是对抽象数字进行加算，而是在头脑中用三个手指加上四个手指的实物表象相加而计算出来的。

3. 抽象逻辑思维

抽象逻辑思维又称抽象思维，是以概念、判断、推理的形式达到对事物的本质特性和内在联系认识的思维。概念是这类思维的支柱。例如，学生要证明数学中某一命题或定理，就要运用数学符号和概念来推导和求证。

考点2　直觉思维和分析思维

根据思维的逻辑性，思维可分为直觉思维和分析思维。

1. 直觉思维

直觉思维又称非逻辑思维，是未经逐步分析就迅速对问题答案做出合理的猜测、设想或突然领悟的思维。例如，医生听到病人的简单自述，迅速做出疾病的初步诊断；学生在解题中未经逐步分析，就对问题的答案做出合理的猜测、猜想。

2. 分析思维

分析思维又称逻辑思维，是经过逐步分析后，对问题解决做出明确结论的思维。例如，医生面对疑难病症的多种检查、会诊分析等；学生解几何题的多步推理和论证。

考点3　聚合思维和发散思维

根据思维的指向性，思维可分为聚合思维和发散思维。

1. 聚合思维

聚合思维又称集中思维、求同思维、辐合思维、会聚思维，是指把问题提供的各种信息聚合起来，朝着同一个方向得出一个正确答案的思维。其主要特点是求同。这种思维是利用已有的知识经验或传统方法来解决问题的一种有方向、有范围、有条理的思维方式。例如，学生从各种解题方法中筛选出一种最佳解法。

2. 发散思维

发散思维又称辐射思维、求异思维、分散思维，是指从一个目标出发，沿着各种不同途径寻求各种答案的思维。其主要特点是求异与创新。这种思维没有一定方向和范围，不墨守成规，不囿于传统方法，是由已知探索未知的思维。例如，一题多解。

发散思维的主要特点包括流畅性（思维敏捷、反应迅速）、变通性（思维灵活、能随机应变）、独特性（对问题能提出超乎寻常的、独特新颖的见解）。

考点 4　常规思维和创造性思维

根据思维的独创性，思维可分为常规思维和创造性思维。

1. 常规思维

常规思维也称再造性思维、再现性思维，是指人们运用已获得的知识经验，按现成的方案和程序，用惯常的方法、固定的模式来解决问题的思维。例如，学生运用已学会的公式解决同一类型的问题，用同一方法解决同类问题。

2. 创造性思维

创造性思维是指以新颖、独特的方式来解决问题的思维。例如，"曹冲称象"运用的就是创造性思维。（关于创造性思维的详细讲解见第三部分第四章第六节"问题解决与创造性培养"）

> **高分点睛**
>
> 1.【常考题型】单选、多选、判断
>
> 2.【命题角度】要求根据思维的类型选择相应的划分维度或根据划分维度选择相应的思维类型。给出概念或实例，要求选出与之对应的思维类型。例如，学生利用头脑中的概念、理论知识来解决问题，这属于什么思维？答案：抽象逻辑思维。

三、思维的基本形式

思维的基本形式包括概念、判断和推理。

考点 1　概念

概念是具有共同属性的一类事物的总称，是思维的基本单位和最基本的形式。例如，"房屋"这个概念，反映了各种房屋共有的本质特征——供人居住或作其他用途的建筑物，而不涉及是木房还是砖房，是平房还是楼房等彼此独有的具体特征。

考点 2　判断

判断是用概念去肯定或否定事物具有某种属性的思维形式，是事物之间的联系和关系在人脑中的反映。判断主要有直接判断和间接判断，肯定判断和否定判断等类型。

考点 3　推理

推理是指从已知的判断推出新的判断的思维形式。推理可分为归纳推理和演绎推理。

归纳推理是由具体事物归纳出一般规律的推理过程，即由特殊到一般。例如，由测量得知无论是锐角三角形、直角三角形还是钝角三角形，其内角和均为180度，归纳出三角形内角和为180度。

演绎推理是由一般原理推出新结论的推理过程，即由一般到特殊或具体。例如，已知三角形的内角和为180度，推理出不管是锐角三角形、直角三角形还是钝角三角形，它们的内角和都为180度。

> **高分点睛**
>
> 1.【常考题型】单选、多选、判断
>
> 2.【命题角度】考查思维的基本单位和最基本的形式；以单选或多选的形式考查思维包括哪些基本形式；给出概念或例子，要求选择与之对应的推理方式。例如，从一般性知识的前提到特殊性知识的结论是什么推理？答案：演绎推理。

四、思维的过程

思维的过程包括分析与综合、比较与分类、抽象与概括、具体化与系统化，其中，分析与综合是思维的基本过程，是思维活动最基本的认知加工方式，其他过程都是由此派生出来的。

考点1 分析与综合

分析是在头脑中把事物或现象的整体分解成各个部分、方面或个别特征的思维过程。一般来说，思维过程是从分析开始的。例如，把植物分解为根、茎、叶、花、果实、种子；把几何图形分解成点、线、面、角、体等。

综合是在头脑里把事物的各个部分、方面、各种特征结合起来进行考虑的思维过程。例如，把单词组成句子；把部件组成完整的机器等。

考点2 比较与分类

比较是在头脑中把各种事物或现象加以对比，以确定它们之间的异同点的思维过程。例如，去超市买饼干，在几个牌子中选择一种。

分类是在头脑中根据事物或现象的共同点和差异点，把它们区分为不同种类的思维过程。例如，学生掌握数的概念时，把数分为实数和虚数，把实数分为有理数和无理数，把有理数分为整数和分数等。

考点3 抽象与概括

抽象是在头脑中把同类事物或现象的共同的、本质的特征抽取出来，并舍弃个别的、非本质的特征的思维过程。例如，学生从喜鹊、麻雀、乌鸦、鸵鸟中总结出它们共同的特征都是有羽毛的卵生脊椎动物，而舍弃它们会飞与不会飞等个别特征。

概括是在头脑中把抽象出来的事物的共同的、本质的特征综合起来并推广到同类事物中去，使之普遍化的思维过程。例如，学生将"有羽毛的卵生脊椎动物"统称为鸟类。

考点4 具体化与系统化

具体化是用一般原理去解决实际问题，用理论指导实际活动的思维过程，也就是将通过抽象和概括而获得的概念、原理、理论返回到实际中去，以加深、拓宽对各种事物的认识。例如，学生通过学习，能够利用浮力的相关原理解释轮船为什么可以在水面上航行的问题。

系统化是在头脑中把学到的知识分门别类地按一定程序组成层次分明的整体系统的思维过程。例如，学生掌握数的概念，在掌握整数、分数知识之后，可以将其概括归纳为有理数；学习了无理数之后，又可把有理数和无理数概括为实数；掌握了虚数之后，又可把实数和虚数概括为数，从而掌握了系统的数的知识。

> **高分点睛**
>
> 1.【常考题型】单选、多选、判断
>
> 2.【命题角度】给出概念或例子，要求选择与之对应的思维过程；直接考查思维有哪些过程以及思维的基本过程是什么。例如，通过实例来说明概念，以加深对概念的理解属于什么思维过程？答案：具体化。

五、思维的品质 ★★

考点1 广阔性

思维的广阔性是指思路广泛，善于把握事物各方面的联系和关系，全面地思考和分析问题。例如，某学生善于运用多种方法思考，回答问题时喜欢旁征博引而又紧扣主题。

考点2 深刻性

思维的深刻性即思维的深度，是指善于深入地钻研和思考问题，不满足表面的认识，善于区分本质与非本质的特征，能抓住事物的主要矛盾，正确认识与揭示事物的运动规律，并能预测事物发展的趋势与后果。例如，"透过现象看本质"。

考点3 独立性

思维的独立性是指善于独立地发现问题、思考问题、解决问题，不依赖、不盲从，不武断、不孤行。例如，学生回答问题时不机械重复书本内容或老师所讲的答案，而是按照自己的理解重新组织语言。

考点4 批判性

思维的批判性是指善于冷静地考虑问题，不轻信、不迷信"权威"的意见；能有主见地分析、评价事物，不易被偶然暗示而动摇。缺乏思维批判性的人往往表现为自以为是或人云亦云。自以为是的人常常把第一假设当作最后的真理，主观自恃，骄傲自大；人云亦云的人则轻信轻疑，没有主见，随波逐流。

考点5 逻辑性

思维的逻辑性是指考虑和解决问题时思路清晰，条理清楚，严格遵循逻辑规律。例如，"驴唇不对马嘴"就是思维缺乏逻辑性的表现。

考点6 严谨性

思维的严谨性是指在思考和解决问题时推理严谨，层次分明，论证充分，论据确凿。

考点7　灵活性

思维的灵活性是指思考和解决问题时，思路灵活，不固执己见，不陷入习惯程序，善于发散思维，解决问题能足智多谋、随机应变。例如，"机智""举一反三""运用自如""由此及彼"反映了思维的灵活性。

考点8　敏捷性

思维的敏捷性是指思路敏捷，解决问题迅速，能当机立断，不优柔寡断，不轻率从事。例如，"眉头一皱，计上心来"反映了思维的敏捷性。

> **高分点睛**
>
> 1.【常考题型】单选、多选、判断
>
> 2.【命题角度】给出概念或例子，要求判断、选择与之对应的思维品质；以多选的形式考查思维有哪些品质。例如，神探狄仁杰在破案中常常能当机立断，迅速正确地做出判断，凸显了他的思维品质的敏捷性。答案：√。

六、学生思维发展的特点

考点1　小学生思维发展的特点

小学生思维的基本特点是从以具体形象思维为主要形式逐步过渡到以抽象逻辑思维为主要形式。小学生思维发展的特点具体表现在以下几点。

（1）抽象思维逐步发展，但仍带有较大的具体性。

（2）抽象逻辑思维的自觉性开始发展，但仍带有很大的不自觉性。

（3）在从具体形象性向抽象逻辑性的过渡中，存在着不平衡性。

（4）在从以具体形象思维为主逐渐向以抽象逻辑思维为主的过渡中出现"飞跃"或"质变"。一般认为，小学生思维发展的"关键年龄"出现在四年级（10~11岁）。如果教育条件适当，这个关键年龄可以提前。

考点2　中学生思维发展的特点

（1）逻辑思维的发展：①抽象逻辑思维占据优势地位，并由经验型向理论型过渡；②形式逻辑思维逐渐发展，在高中阶段处于优势；③辩证逻辑思维发展迅速，但明显滞后于形式逻辑思维发展。

（2）对问题情境的思维有质的飞跃。在提问方面，中学生的提问趋于探究性，具有开拓性和批判性。在求解方面，中学生能运用假设，且思维具有预计性。

（3）思维品质的矛盾性。具体来说，主要表现在思维的深刻性与表面性共存、思维的批判性与片面性共存、思维活动中的自我中心的出现等方面。

（4）创造性思维不断发展：①不再带有虚幻的、超脱现实的色彩，而更多带有现实性，更多由现实中遇到的问题和困难情境激发；②带有更大的主动性和有意性；③逐步走向成熟。

第三章　情绪、情感和意志

第一节　情绪和情感

一、情绪和情感概述

考点1　情绪和情感的含义

情绪和情感是人对客观事物是否符合自身需要而产生的态度体验及相应的行为反应。

考点2　情绪和情感的组成成分

1. 主观体验

主观体验指个体对不同情绪和情感的自我感受，如快乐、痛苦等。

2. 外部表现

外部表现即表情，包括面部表情、姿态表情（身段表情）和语调表情（言语表情）。例如，高兴时嘴角上扬（面部表情）、手舞足蹈（姿态表情）、语调轻快（语调表情）。

3. 生理唤醒

生理唤醒指情绪情感产生的生理反应，如激动时血压升高，愤怒时浑身发抖。

考点3　情绪和情感的关系

1. 情绪和情感的区别

（1）情绪出现较早，多与人的生理性需要相联系；情感出现较晚，多与人的社会性需要相联系。

（2）情绪是人和动物共有的心理现象，情感是人类特有的心理现象。

（3）情绪具有情境性、暂时性、外显性和冲动性等特征；情感具有深刻性、稳定性、内隐性和持久性等特征。

2. 情绪和情感的联系

情绪是情感的基础和外部表现，情感是情绪的深化和本质内容，二者密不可分。

一方面，情感离不开情绪。稳定的情感是在多次情绪体验的基础上形成的，并通过情绪表现出来。另一方面，情绪也离不开情感。情绪的表现和变化受已形成的情感的制约，情感的深度决定情绪表现的强度。

> **高分点睛**
>
> 1.【常考题型】单选、多选

2.【命题角度】
（1）直接考查情绪和情感的三种组成成分，或提供一种情境要求判断其属于哪种成分。
（2）以单选或多选的形式考查情绪和情感的区别与联系。

二、情绪和情感的分类

考点1 情绪的分类 ★★★

根据情绪发生的强度、速度、紧张度和持续性，情绪状态主要分为心境、激情和应激三种。

1. 心境

心境是一种比较持久的、微弱的、影响人的整个精神活动的情绪状态。

心境具有弥散性和长期性的特点。弥散性是指当人具有某种心境时，会以同样的情绪状态看待周围的事物，例如，"人逢喜事精神爽""忧者见之则忧，喜者见之则喜"。长期性是指心境产生后会在相当长的时间内主导人的情绪表现。例如，某学生因考试没考好，一直闷闷不乐。

2. 激情

激情是一种强烈的、爆发式的、持续时间短暂的情绪状态，具有爆发性和冲动性的特点。例如，重大成功后的狂喜，惨遭失败后的绝望，突如其来的危险带来的异常恐惧等。

图 2-3-1 心境

激情往往伴随较明显的生理变化和外部行为表现。例如，人感到恐惧时，毛骨悚然、面色如土；狂喜时，手舞足蹈、欢呼跳跃。

3. 应激

应激是在意料之外的紧急情况下产生的极度紧张的情绪状态。它是人对某种意外的环境刺激做出的适应性反应。例如，飞机在飞行中发动机突然发生故障，驾驶员紧急与地面联系着陆。

应激的积极反应表现为急中生智、力量倍增等；消极反应表现为惊慌失措、四肢瘫痪等。

典型例题 1.（2022·石家庄·单选）俗话说："人逢喜事精神爽"，这种情绪状态属于（　　）。
A. 激情　　　　　　B. 应激　　　　　　C. 心境　　　　　　D. 热情
【答案】C。

2.（2021·石家庄·单选）人们暴跳如雷、手舞足蹈大多发生在（　　）情绪状态下。
A. 心境　　　　　　B. 紧张　　　　　　C. 激情　　　　　　D. 应激
【答案】C。

考点2 情感的分类 ★★

根据情感反映的内容，情感可分为道德感、理智感和美感。

1. 道德感

道德感是根据一定的道德标准去评价自己或他人的思想和言行时产生的情感体验。如对符合道德标准的行为感到敬佩、赞赏或自豪；对不道德的行为感到厌恶、愤恨或内疚等。道德感的内容主要包括爱国主义情感、集体主义情感、义务感、责任感、事业感、自尊感和羞耻感等。

2. 理智感

理智感是在智力活动中，认识和评价事物时产生的情感体验。人们在探索未知事物时表现出来的兴趣、好奇心和求知欲；科学研究中面临新问题时的惊讶、怀疑、困惑和对真理的确信；问题得以解决时的喜悦感和幸福感等，都是理智感的表现。

3. 美感

美感是根据一定的审美标准来评价事物时产生的情感体验。例如，人们欣赏名画、美景时产生的情感。美感包括自然美感、社会美感及艺术美感等。

图 2-3-2　道德感　　　　图 2-3-3　理智感　　　　图 2-3-4　美感

高分点睛

1.【常考题型】单选、多选、判断
2.【命题角度】
（1）区分三种情绪状态。例如，描述一种情境，判断该情境中的个体处于哪种情绪状态。
（2）区分三种情感。例如，描述一种场景，判断该场景中的个体产生了哪种情感。

三、情绪和情感的功能

考点1　适应功能

情绪和情感是有机体适应生存和发展的一种重要方式。人们通过各种情绪、情感，了解自身或他人的处境与状况，以适应社会的需要，求得生存和发展。例如，不会说话的婴儿通过哭、笑等向成人传递信息，使成人及时为其提供各种生活条件。

考点2　信号功能

情绪和情感的信号功能表现为一个人能够凭借表情实现人与人之间信息的传递和思想的沟通。例如，用微笑表示友好，用点头表示赞同等。

考点 3　动机功能

情绪和情感是动机系统的基本成分之一。适度的情绪兴奋可以推动人们有效地完成工作和学习任务。适度的紧张和焦虑能促使人积极地思考和解决问题。

考点 4　组织功能

情绪和情感的组织功能表现为：积极的情绪情感对认知活动的协调、组织、促进作用；消极的情绪情感对认知活动的瓦解、破坏、阻断作用。情绪和情感的组织功能还表现在人的行为上。当人们处在积极、乐观的情绪状态时，容易注意事物美好的一方面，行为比较开放；而处在消极的情绪状态时，容易失望、悲观，甚至产生攻击行为。

考点 5　感染功能

情绪和情感的感染功能是指个体产生某种情绪情感后，不仅自身会感受到相应的主观体验，而且会引起他人相同或相似的情绪情感的现象。例如，周围的人无精打采、闷闷不乐也会使自己本来不错的心情变得低沉。

考点 6　迁移功能

情绪和情感的迁移功能是指个人把对他人的情感态度迁移到与他人有关的对象上。例如，"爱屋及乌"生动地描述了这一情感迁移现象。

考点 7　健康功能

人对社会的适应是通过调节情绪来进行的，积极的情绪有助于身心健康，消极的情绪会引起人的各种疾病。例如，"一个小丑进城胜过一打医生"说的就是情绪和情感的健康功能。

高分点睛

1.【常考题型】单选、多选、判断

2.【命题角度】

（1）直接以多选的形式，考查情绪情感具有哪些功能。

（2）给出事例或具体含义，要求考生判断其体现了情绪情感的哪一种功能。

四、良好情绪的培养方法

1. 敏锐觉察情绪

敏锐觉察情绪就是能够自我觉察、了解自己当时的主要情绪，大概知道各种感受的前因后果。

学生可以通过以下方式了解自己的情绪：①了解自己的个性特征；②了解自身的成长经历及早期经验；③反思自己的情绪状态。

2. 平和接纳情绪状态

教师要指导学生坦然接受自己的情绪，不苛求自己，以平常心来面对自己情绪上的波动。

3. 正确调节情绪

教师要指导学生采用适当方法及时调整自己的不良心态。有效调节情绪的方法包括以下几种。

（1）合理宣泄法，是指当人受到不良刺激而产生消极情绪时，应当让不良情绪得以充分宣泄来减轻心理负担，恢复心理平静。宣泄的方式必须合理、适当。

（2）转移注意法，是指当人受了刺激产生不良情绪时，应尽可能离开产生不良刺激的环境，把注意力转移到新环境和新事物上去，以避免不良情绪的蔓延和加重。

（3）转换认知法，对自己习惯性的思维方式进行重组，看到问题的不同角度，以更宽广的视角理解自己和他人。

（4）自我暗示法，指运用内部语言或书面语言，以隐含的方式来调节和控制情绪的方法。

4. 有效表达情绪

学生要学会正确表达、合理宣泄情绪，在恰当的时候以恰当的方式完整客观地表达自己的情绪体验。

5. 保持和创造快乐的情绪

学生可以通过陶冶性情的艺术爱好、身体锻炼、创造愉快的生活环境来保持和创造积极快乐的情绪。

高分点睛

1.【常考题型】单选、判断

2.【命题角度】

（1）给出实例，要求判断其运用的情绪培养的方法是哪一种。

（2）直接考查情绪培养的方法的具体内容。

第二节 意 志

一、意志的含义

意志是指人自觉地确定目标，有意识地根据目的支配、调节自己的行为，并克服困难和挫折，实现预定目的的心理过程。意志是意识的能动作用，只有人才有意志活动。

二、意志的品质 ★★

意志品质是人在意志行动中形成的比较稳定的意志特点或特征。

考点1 意志的自觉性（独立性）

意志的自觉性也称独立性，是指个体清楚地意识到自己行动的目的和意义，并据此主动调节、支配自己的行动的意志品质。自觉性是意志的首要品质。

与自觉性相反的表现是易受暗示性（盲从性）和独断性。易受暗示性指缺乏主见、人云亦云，表现出过多的屈从和盲从。独断性指容易一意孤行、刚愎自用，听不进中肯的意见和合理的建议。

考点 2　意志的果断性

意志的果断性是指个体能够根据复杂多变的情境，善于分辨是非，迅速而合理地采取决定和执行决定的意志品质。

与果断性相反的品质是优柔寡断和武断。优柔寡断的人在面临选择时常犹豫不决，摇摆不定，做出决定后又患得患失、踌躇不前。武断的人处事冲动鲁莽，时机尚未成熟就草率从事。

考点 3　意志的坚韧性（坚持性）

意志的坚韧性指个体在实现预期目的的行动过程中，表现出的坚持不懈、百折不挠、持之以恒、不达目的不罢休的意志品质。"锲而不舍，金石可镂"就是意志坚韧性的表现。

与坚韧性相反的品质是动摇性和执拗性。具有动摇性的人在意志行动刚开始的时候，决心很大，干劲十足，一旦遇到困难，就灰心丧气，中途退缩。具有执拗性的人在行动中认准目标后，就一成不变地按计划行事，不能审时度势、寻求变通。

考点 4　意志的自制性（自制力）

意志的自制性是指一个人善于控制和支配自己的情绪，约束自己言行的意志品质。具有自制性的人，既能发动合乎目的性的行动，又能抑制与行动目标不一致或相违背的行动。

与自制性相反的表现是任性和怯懦。任性的人容易受情感左右、缺乏理智，常在需要克制冲动的时候任意为之、意气行事。怯懦的人在需要采取行动、迎接挑战时临阵退缩、不敢有所行动。

> **高分点睛**
>
> 1.【常考题型】单选、多选、判断
> 2.【命题角度】
> （1）直接考查意志品质包括哪些内容，或给出例子、成语等要求选择与之相应的意志品质。
> （2）直接考查每种意志品质的相反表现。例如，与自制性相反的表现是任性和怯懦。

三、意志行动

意志总是和行动紧密相连，是通过个人有目的的行为活动表现出来的。这种受目的支配和调节的行为称为意志行动。

考点 1　意志行动的特征

1. 自觉的目的性是意志行动的前提

意志行动的目的性是人与动物的本质区别。离开了自觉的目的，就没有意志可言。个体在从事具体活动之前，行动目的已存在于头脑中，并以这个目的来指引自己的行动。

2. 随意运动是意志行动的基础

随意运动是一种受意志调节的、具有一定目的和方向性的运动。人们掌握随意运动的程度越高，意志行动越容易实现。

3. 克服困难是意志行动的核心

意志行动在目的确立和实现的过程中会遇到各种各样的困难。一个人只有在克服各种困难的过程中才能表现出意志力水平的高低。克服困难是意志行动的核心，也是其最重要的特征。

考点 2　意志行动的心理过程

意志行动的心理过程是指意志对行为的积极能动的调节过程，分为采取决定阶段和执行决定阶段。执行决定阶段是意志行动的关键环节和完成阶段。

考点 3　意志行动中的冲突和矛盾 ★★★

意志行动中常常伴随着冲突和矛盾心理。在采取决定和执行决定这两个阶段都可能产生冲突和矛盾心理。根据表现形式，冲突或矛盾可分为双趋冲突、双避冲突、趋避冲突、多重趋避冲突。

1. 双趋冲突（接近－接近型冲突）

一个人同时想追求两个目标，但由于条件所限，只能选择其一，这种冲突称为双趋冲突。例如，"鱼和熊掌不可兼得"。

2. 双避冲突（回避－回避型冲突）

一个人同时遇到两个有威胁性而都想躲避的目标，他又必须接受其一，才能避免其二，这种冲突称为双避冲突。例如，"前有断崖，后有追兵"。

3. 趋避冲突（接近－回避型冲突）

个人在追求一个目标时产生两种不同的情感，一是好而趋之，一是恶而避之。这种对一个目标的追求兼具好恶的情感，称为趋避冲突。例如，在生活中我们对一个人爱恨交织，对一件东西取舍不定。

4. 多重趋避冲突（多重接近－回避型冲突）

多重趋避冲突是指个体面对两个或两个以上的目标，而每个目标都对其既具有吸引力又具有排斥力，个体需要进行多种选择，审慎地权衡利弊时产生的冲突。这是一种最为复杂的，也是实际生活中人们常常遇到的冲突形式。例如，毕业生择业时，面临多重选择。

图 2-3-5　双趋冲突 　　图 2-3-6　双避冲突 　　图 2-3-7　趋避冲突 　　图 2-3-8　多重趋避冲突

典型例题 1.（2021·石家庄·单选）张明是一个在各方面都比较要强的学生，他想报名参加全市数学竞赛，但又怕取不上名次而丢面子。张明的心理动机冲突属于（　　）。

A. 双趋式冲突　　　　B. 双避式冲突　　　　C. 趋避式冲突　　　　D. 多重趋避式冲突

【答案】C。

2.（2022·石家庄·多选）下列选项中属于趋避动机冲突的有（　　）。

A. 进退维谷　　　　　　　　　　　B. 忠孝难两全

C. 爱吃巧克力却担心发胖　　　　　D. 想请人帮助又怕被拒绝

【答案】CD。

高分点睛

1.【常考题型】单选、多选、判断

2.【命题角度】

（1）直接考查意志行动的特征及其具体内容。

（2）给出概念、俗语或情境，要求考生选择与之相对应的动机冲突的类型。例如，"鱼和熊掌不可兼得"属于哪种动机冲突？答案：双趋冲突。

3.【易错易混】

考生可以结合动机冲突的目标个数和关键表述区分动机冲突的类型，具体内容见下表。

动机冲突类型	目标个数	关键表述
双趋冲突	两个	含有"既想……又想……"的含义
双避冲突	两个	含有"既怕……又怕……"的含义
趋避冲突	一个	含有"既想……又怕……"的含义
多重趋避冲突	两个或两个以上	含有两个或两个以上"既想……又怕……"的含义

四、学生良好意志品质的培养

1. 加强世界观和人生观教育，确立正确的行动目的

学生意志品质的发展应建立在一个正确而合理的行动目的的基础上。教师应该对学生加强科学世界观和正确人生观的教育，使他们勇于探索人生的意义和价值，学会明辨是非。

2. 组织实践活动，创设克服困难的情境，锻炼学生的意志

教师除了结合教学内容或通过主题班会等向学生讲述意志锻炼的意义，更要让学生在各种活动中，通过克服困难来锻炼意志。

3. 发挥榜样和班集体的影响，给予必要的纪律约束

教师要客观地、有分析性地向学生介绍榜样的先进事迹、高尚情操和优良品质；要引导班集体形成良好的班风、学风；要加强纪律教育，并把各种纪律规范内化为学生的纪律修养。

4.启发学生进行意志的自我锻炼

调动学生自己的主观能动性对学生意志品质的形成也发挥着重要作用。教师要启发和帮助学生掌握意志自我锻炼的方法，引导他们积极锻炼自己的意志。

5.针对学生意志的个别差异，采取有针对性的培养措施

（1）对于冒失、轻率行事的学生，应培养他们沉着、耐心的品质。

（2）对于胆小、犹豫不决的学生，应培养他们勇敢、果断、大胆的品质。

（3）对于任性、缺乏自制力的学生，应着重培养他们控制行为的能力。

（4）对于缺乏毅力，做事虎头蛇尾的学生，应激发他们的坚韧精神和克服困难的信心。

（5）对于十分执拗、顽固的学生，需从自觉性、目的性和原则性方面着手培养，让他们理解固执与顽强的区别。

6.利用榜样进行挫折教育，引导学生树立远大的志向

教师应适时向学生提供可模仿的勇于战胜挫折的榜样，树立远大的志向，激起内在的激情和斗志，使其充分发挥主观能动性，克服困难，实现人生目标。

7.培养学生良好的行为习惯

良好的行为习惯可使学生不必付出太大的意志努力就能很好地完成任务。严格要求学生遵守纪律，是培养他们意志力的重要途径。

> **高分点睛**
>
> 1.【常考题型】单选、多选、材料分析
>
> 2.【命题角度】
>
> （1）直接考查培养学生良好意志品质的具体做法。
>
> （2）考查对于不同意志类型的学生，教师应采取的培养措施分别是什么。

第四章　个性心理

第一节　需要、动机与兴趣

一、需要

考点1　需要的含义

需要是有机体感到某种缺乏而力求获得满足的心理倾向，它是有机体自身和外部生活条件的要求在头脑中的反映。例如，水分的缺乏会产生想喝水的需要，生命财产得不到保障会产生安全的需要。

考点2　需要的类型

1. 自然需要和社会需要（根据需要的起源划分）

自然需要（生理需要或生物需要）是由生理的不平衡引起的需要，它与有机体的生存和种族的延续有着密切的关系，如饮食、运动、休息、求偶等需要。自然需要是人和动物都有的需要。

社会需要是反映社会要求而产生的需要，如求知、交往、劳动等需要。社会需要是人特有的需要，是通过学习得来的。

2. 物质需要和精神需要（根据需要指向的对象划分）

物质需要是对社会物质产品的需要，如对衣食住行所需物品的需要。

精神需要是对各种社会精神产品的需要，如对文化知识的需要、对美的欣赏的需要等。

考点3　马斯洛的需要层次理论 ★★

1. 基本内容

美国人本主义心理学家马斯洛将人的主要需要分为生理需要、安全需要、归属和爱的需要、尊重需要和自我实现的需要五个层次。而后马斯洛又在尊重需要和自我实现的需要之间增加了求知需要和审美需要，将人的主要需要发展为七个层次。需要层次理论被心理学界视为最完整、最系统的动机理论。

（1）生理需要

生理需要是指维持生存和延续种族的需要，如对食物、空气、水分、睡眠等的需要。生理需要是人最基本、最重要、最原始，也是最强有力的需要，是其他一切需要产生的基础。

（2）安全需要

安全需要是指希求受保护与免遭威胁从而获得安全感的需要。典型的安全需要有对生命安全、财产安全、职业安全等的需要。例如，某学生因在学校常被某些同学殴打而害怕上学，则该学生最需要满足的是安全需要。

(3) 归属和爱的需要

归属和爱的需要也称情感与归属的需要、社交需要，是指人要求与他人建立情感的联系与关系的需要，如结交朋友、追求爱情的需要，对集体的归属感等。

(4) 尊重需要

尊重需要是指个体对自己社会价值追求的需要，包括自尊和他尊。自尊指个体渴求力量、成就、自强、自信和自主等。他尊指个体希望获得别人的尊重，希望自己的工作和才能得到别人的承认、赏识、重视和高度评价。

(5) 求知需要

求知需要也称认知需要，是指个人对自身和周围世界的探索、理解及解决疑难问题的需要。例如，学生为了获取知识而广泛阅读书籍属于求知需要。

(6) 审美需要

审美需要是指对秩序、对称、完整结构以及行为完满等的需要。

(7) 自我实现的需要

自我实现的需要是指人希望最大限度地发挥自己的潜能，不断完善自己，实现自己理想的需要，是人的最高层次的需要。

2. 缺失性需要与成长性需要

生理需要、安全需要、归属和爱的需要、尊重需要属于缺失性需要或低级需要。它们是个体生存必需的，必须得到一定程度的满足。缺失性需要一旦获得满足，其强度就会降低。一般来说，学校里最重要的缺失性需要是爱和自尊。

求知需要、审美需要、自我实现的需要属于成长性需要或高级需要。它们虽然不是个体生存必需的，但对于个体适应社会来说有着重要意义。成长性需要永远得不到完全满足，特别是自我实现的需要的强度不仅不会随其满足而降低，反而会因获得满足而不断增强。

马斯洛认为，一般只有在满足缺失性需要的基础上，才出现成长性需要。但是，成长性需要与缺失性需要又不是绝对对立的，人的缺失性需要得到部分满足即可产生成长性需要，有些人甚至可以放弃缺失性需要而追求成长性需要。

图 2-4-1 马斯洛需要层次图

典型例题（2018·张家口·单选）学生小明渴望充分发挥自己的潜能，希望逐渐成为自己所崇拜的人物，完成与自己能力相称的一切活动。根据马斯洛的需要层次理论，这属于（　　）。

A. 审美需要　　　　　　　　　　B. 尊重需要
C. 求知需要　　　　　　　　　　D. 自我实现的需要

【答案】D。

高分点睛

1.【常考题型】单选、多选、判断、材料分析
2.【命题角度】
（1）结合含义或实例，选出题干属于哪一种需要或辨别哪一种需要没有得到满足。
（2）根据描述判断某种需要属于缺失性需要还是成长性需要。

二、动机

考点1　动机的含义

动机是指激发和维持个体的活动并使活动朝向某种目标的内在心理过程或内部动力。动机在需要的基础上产生，可以激起或抑制人行动的愿望和意图，是推动人行为的内在原因。

考点2　动机产生的条件

1. 需要

需要是动机产生的内在条件，动机在需要的基础上产生。

2. 诱因

诱因是指能够引发个体动机并满足个体需要的外在刺激，是动机产生的外在条件。

诱因按性质可分为正诱因和负诱因。正诱因是指使个体趋向或接受某种刺激而获得满足的诱因。例如，食物对于饥饿的人来说是正诱因。负诱因是指使个体躲避或远离某种刺激而获得满足的诱因。例如，食物对于减肥的人来说是负诱因。

考点3　动机的功能

1. 激活功能

动机的激活功能是指动机具有发动行为的作用，能推动个体产生某种活动，使个体由静止状态转向活动状态。例如，为了消除饥饿而引起择食活动，为了获得优秀成绩而努力学习。

2. 指向功能

动机的指向功能是指动机引导个体的行为指向一定的对象或目标。例如，在学习动机支配下的个体可能去图书馆或教室学习；在成就动机支配下的个体会主动选择有挑战性的任务。

3. 维持与调节功能

动机的维持与调节功能表现为当活动产生以后，动机维持这种活动，并调节活动的强度和持续时

间。如果活动达到目标，动机促使个体终止这种活动；如果活动未达到目标，动机促使个体维持或加强这种活动，或转换活动方向以达到某种目标。例如，个体在觅食活动中如果没有找到食物，那么进食的动机会使个体继续寻找食物，直到获得满足。

考点4 动机的类型 ★★★

1. 生理性动机和社会性动机（根据动机的性质划分）

生理性动机以有机体自身的生物学需要为基础。例如，饥、渴、缺氧、疼痛、母性、性欲、睡眠、排泄等。

社会性动机以人的社会文化需要为基础，包括兴趣、成就动机、权力动机、交往动机和学习动机等。

2. 外部动机和内部动机（根据动机的来源划分）

外部动机是指个体在外界的要求与外力的作用下产生的行为动机。例如，学生为了得到父母或教师的嘉奖或避免受到父母或教师的责备、惩罚而学习。

内部动机是指由个体内在的需要引起的动机。例如，学生由于认识到学习的意义或对学习有了兴趣，因而积极主动地去学习。

3. 主导性动机与辅助性动机（根据动机在活动中的地位和所起作用的大小划分）

主导性动机是对行为起支配作用的动机，对活动具有决定作用。

辅助性动机是对行为起辅助作用的动机，它能加强主导动机，坚持主导性动机指引的方向。

此外，根据动机的性质和社会价值，动机可分为高尚动机和低级动机；根据动机的意识性，动机可分为意识动机和潜意识动机（无意识动机）；根据影响的范围和持续时间，动机可分为远景性动机和近景性动机。

典型例题（2022·邯郸·单选）下列学习动机属于内部动机的是（　　）。

A. 老师说考满分就去海洋公园　　　　B. 上台领奖是一件很光荣的事情

C. 通过考好大学，可以过上幸福的生活　　D. 增加知识，获得愉快的享受

【答案】D。

> **高分点睛**
>
> 1.【常考题型】单选、多选
>
> 2.【命题角度】
>
> （1）以多选的形式考查动机的功能。
>
> （2）给出分类维度，要求选出对应的动机的类型。
>
> （3）给出关键词或实例，要求判断其属于哪一种动机类型或哪一功能。

三、兴趣

考点1 兴趣的含义

兴趣是人们探究某种事物或从事某种活动的心理倾向。它是人们认识事物、探求真理的重要动机。

考点 2　兴趣的类型

1. 直接兴趣和间接兴趣（根据兴趣的目的或倾向性划分）

直接兴趣是对活动过程本身的兴趣，是由认识事物本身的需要引起的。例如，学生对一堂生动的课、一部电影、一首歌曲等的兴趣是直接兴趣。直接兴趣具有暂时性。

间接兴趣是对活动结果的兴趣，是由认识事物的目的和结果引起的。例如，有的学生意识到学好这些课程对将来服务社会有重要作用，从而刻苦学习，这种兴趣是间接兴趣。间接兴趣较稳定。

2. 中心兴趣和广泛兴趣（根据兴趣的广度划分）

中心兴趣是对某一方面的事物或活动有极浓厚而稳定的兴趣。

广泛兴趣是对多方面的事物或活动表现出兴趣。

3. 个体兴趣和情境兴趣（根据兴趣产生的条件、持续的时间和对个体产生的影响划分）

个体兴趣是指个体长期指向一定客体、活动和知识领域的一种相对稳定的兴趣。个体兴趣与个体的情感和价值观相联系。例如，美术是某人一生的兴趣和爱好。

情境兴趣是指由环境中的某一事物突然激发的兴趣，持续时间较短，是一种唤醒状态的兴趣。例如，某人最近突然对游泳感兴趣。

考点 3　兴趣的品质

1. 兴趣的广泛性

兴趣的广泛性也称兴趣的广度，指个体兴趣的范围。不同的个体在兴趣的范围上具有很大的差异。良好的兴趣品质是在广泛兴趣的基础上发展出一个中心兴趣。

2. 兴趣的倾向性

兴趣的倾向性指个体对什么产生兴趣。不同的个体在兴趣的倾向性上也具有很大的差异。例如，有的人喜欢数学，有的人喜欢文学。

3. 兴趣的持久性

兴趣的持久性也称兴趣的稳定性，指个体兴趣稳定的程度。在一定时期内，保持基本兴趣的稳定性，是个体的一种良好的心理品质。

4. 兴趣的效能

兴趣的效能指个体兴趣推动活动的力量。根据兴趣的效能水平，兴趣可分为有效的兴趣和无效的兴趣。前者能够成为推动工作和学习的动力，后者则不能产生实际效果。

高分点睛

1.【常考题型】单选、判断
2.【命题角度】给出概念、实例，要求判断其属于哪种兴趣类型或兴趣品质。

第二节 能　力

一、能力概述

考点 1　能力的含义

能力是指直接影响个体的活动效率，促使活动顺利完成的个性心理特征。能力是个体顺利有效地完成某种活动必须具备的心理特征。从事某种活动必须以一定的能力为前提。

考点 2　能力与知识、技能的关系

1. 能力与知识、技能的联系

能力是掌握知识与技能的前提；知识、技能的学习和获得有助于能力的提高。两者可以相互转化，相互促进。

2. 能力与知识、技能的区别

（1）能力与知识、技能具有不同的概括水平。知识是人类社会历史经验的概括和总结，技能是对一系列活动方式的概括，能力是人在从事某种活动时表现出来的多种心理品质的概括。

（2）在一个人身上，知识和技能的发展是无止境的，而能力的发展有一定的限度。

（3）知识、技能的掌握和能力的发展是不同步的。一方面，知识、技能的掌握相对快一些，能力的发展需要的时间长一些；另一方面，掌握了知识，能力并不一定得到发展。当掌握知识的方法不当，过分强调死记硬背时，甚至有可能阻碍能力的发展。反过来，能力发展了也并不意味着掌握了知识，人的能力可以借助形式训练而提高。

考点 3　能力的类型 ★★★

1. 一般能力和特殊能力（根据能力的构造或能力适应活动范围的大小划分）

一般能力也称智力，是在不同活动中表现出来的能力，是从事一切活动必备的能力的综合。一般能力主要包括观察力、记忆力、思维力、想象力和注意力等成分。一般能力以思维力为核心成分，而思维力的核心是抽象概括能力，因此也可以说抽象概括能力是一般能力的核心。

特殊能力是指从事某种专业活动或某种特殊领域的活动表现出来的能力。例如，歌手的演唱能力、画家的绘画能力等。特殊能力是顺利完成某种专业活动的心理条件。

2. 认知能力、操作能力和社会交往能力（根据能力的功能划分）

认知能力是指人脑储存、加工和提取信息的能力，如观察力、记忆力、想象力等。

操作能力是指人们操作自己的肢体去完成各种活动的能力，如劳动能力、艺术表演能力、体育运动能力等。

社会交往能力是指人们在社会交往活动中表现出来的能力，如组织管理能力、言语感染能力、沟通能力等。

3. 模仿能力和创造能力（根据从事的活动创造性程度的高低划分）

模仿能力是指通过观察别人的行为或活动，以相同的方式做出反应的能力。例如，儿童模仿父母、同伴的语言及行为的能力。

创造能力是指按照预先设定的目标，利用一切已有的信息，创造出新颖、独特、具有个人或社会价值产品的能力。例如，作家创作新的作品、科学家提出新的理论模型都是创造能力的表现。

4. 流体能力和晶体能力

心理学家卡特尔根据能力在人的一生中的不同发展趋势以及能力和先天禀赋与社会文化因素的关系，将能力分为流体能力和晶体能力。

流体能力也称液体能力、液体智力、流体智力，是在信息加工和问题解决过程中表现出来的能力。例如，对关系的认识、类比、演绎推理能力，形成抽象概念的能力等。

晶体能力也称晶体智力，是以掌握社会文化和经验为基础的能力，是在实践（学习、生活和劳动）中形成的。例如，对词汇语言的掌握和理解的能力、运用已有的知识和技能获取新知识或解决问题的能力等。

流体能力以神经生理为基础，随神经系统的成熟而成熟，取决于个人的遗传素质，相对不受社会文化的影响。个体的流体能力一般在20岁之后发展到顶峰，30岁之后将随着年龄的增长而降低。而晶体能力的发展主要受社会文化的影响，取决于个体后天的实践与学习，不受神经系统的影响，所以晶体能力在人的一生中一直在发展，只是到25岁以后，发展的速度渐趋平缓。

典型例题 1.（2022·石家庄·单选）下列属于晶体智力的是（　　）。

A. 形成抽象概念的能力

B. 发现复杂关系的能力

C. 理解词汇能力

D. 知觉的速度

【答案】C。

2.（2021·石家庄·单选）美国卡特尔的智力形态论认为，一般人的流体智力发展达到顶峰的时期是（　　）。

A.12~18岁　　　　　　　　　　　　B.20~30岁

C.35~45岁　　　　　　　　　　　　D.50~60岁

【答案】B。

高分点睛

1.【常考题型】单选、多选、判断

2.【命题角度】

（1）考查能力与知识、技能之间的关系。例如，知识越多，能力就越高。答案：×。

（2）给出例子、关键词、分类维度，要求选出与之对应的能力类型。考生应重点识记一般能力、特殊能力、流体能力和晶体能力的含义，掌握一般能力的成分及流体能力和晶体能力的区别。

二、智力的结构理论

考点1　斯皮尔曼的智力二因素论

英国心理学家斯皮尔曼认为，人类智力包括两种因素：一般因素（G因素）和特殊因素（S因素）。

G因素是个人的基本能力，是一切智力活动的共同基础，是决定一个人能力高低的主要因素。S因素是保证人们完成某些特定的作业或活动必需的因素。

个体完成任何一种作业都需要这两种因素的参与。活动中包含的G因素越多，各种作业成绩的正相关就越高；相反，包含的S因素越多，成绩的正相关就越低。

考点2　吉尔福特的智力三维结构论

美国心理学家吉尔福特认为，智力可以分为三个维度，即内容、操作和产品。

智力活动的内容是指智力活动的对象或材料，包括听觉、视觉、符号、语义、行为；智力活动的操作是指智力活动的过程，包括认知、记忆（输入记忆、保留记忆）、发散思维、聚合思维、评价；智力活动的产品是指运用上述智力操作得到的结果，包括单元、类别、关系、体系、转换、蕴含。

在这一理论中，实际上真正代表智力高低的是操作，即个人针对引起思考的情境，在行为上表现出思考结果之前所经过的内在操作历程，代表个人的智力。

考点3　加德纳的多元智力理论（多元智能理论）★★

美国心理学家加德纳认为，智力的内涵是多元的，它由八种相对独立的智力成分构成，这八种智力在每个人身上的组合方式是多种多样的，每个人在不同领域的智力发展水平是不同步的。该理论的主要内容如表2-4-1所示。

表2-4-1　加德纳的多元智力理论

智力成分	概念	典型人群
言语智力（语言智力）	运用言语思维，使用语言表达和欣赏语言作品深层内涵的能力	作家、诗人、演说家、记者、编辑等
逻辑-数学智力	能够计算、量化、思考命题和假设，进行复杂数学运算的能力	数学家、科学家、会计师、程序员等
视觉-空间智力	利用三维空间进行思维的能力，主要包括认识环境、辨别方向的能力	画家、雕塑家、建筑师、艺术家、飞行员等
音乐智力	敏锐地感知音调、旋律、节奏、音色等能力	作曲家、乐评人、歌手、钢琴家等
身体-运动智力（肢体-运动智能）	巧妙地操作物体和调整身体动作的能力	舞蹈家、运动员、外科医生、手艺人等
人际智力（人际交往智能）	有效地理解别人和与人交往的能力	推销员、教师、心理咨询医生、政治家等

（续表）

智力成分	概念	典型人群
自知智力（自我认识智能、内省智能）	一个人清楚地了解自己，有效地处理自己的欲望、恐惧，并有意义地运用这些信息去调适自己生活的能力	神学家、哲学家、心理学家等
自然智力（自然观察智能）	观察、辨认和洞悉自然，对自然界的动植物和其他物体加以认识和分类的能力	考古学家、收藏家等

后来加德纳还假设了第九种可能的智力即"存在智力"，这是一种"沉思关于生命、死亡和存在等重大问题"的能力。

考点4 斯腾伯格的智力三元论与成功智力 ★★

1. 智力三元论

美国心理学家斯腾伯格提出了智力三元论。该理论包括智力成分亚理论、智力情境亚理论和智力经验亚理论。其中，智力成分亚理论是核心。

智力成分亚理论认为，智力包括三种成分及相应的三种过程，即元成分、操作成分和知识获得成分。元成分起着核心作用，它决定人们解决问题时使用的策略。

智力情境亚理论认为，智力是指获得与情境拟合的心理活动。在日常生活中，智力表现为有目的地适应环境、塑造环境和选择新环境的能力，这些统称为情境智力。

智力经验亚理论认为，智力包括两种能力，一种是处理新任务和新环境时要求的能力，另一种是信息加工过程自动化的能力。

2. 成功智力

斯腾伯格提出"成功智力"概念。成功智力是一种用以达到人生中主要目标的智力。斯腾伯格认为，成功智力包括分析性智力、创造性智力和实践性智力三个方面。

分析性智力涉及解决问题和判定思维成果的质量，强调比较、判断、评估等分析思维的能力。

创造性智力涉及发现、创造、想象和假设等创造性思维的能力。

实践性智力涉及解决实际生活中问题的能力，包括使用、运用及应用知识的能力。

典型例题（2022·石家庄·单选）小李学业成绩好，但其他方面表现一般，根据斯滕伯格的成功智力理论，其在校表现优异的智力是（　　）。

A. 分析性智力　　B. 创造性智力　　C. 实践性智力　　D. 综合性智力

【答案】A。

高分点睛

1.【常考题型】单选、多选

2.【命题角度】

（1）直接考查不同智力结构理论的智力组成成分。

（2）给出关键词或实例，要求判断其属于哪一智力结构理论中的哪一种智力成分。

三、智力测验

考点1　比纳-西蒙智力量表

比纳-西蒙智力量表是世界上第一个智力量表，由法国心理学家比纳和医生西蒙编制。比纳-西蒙智力量表奠定了智力测验编制的科学基础，并在理论上首创了心理年龄（智力年龄、智龄）的概念。

考点2　斯坦福-比纳智力量表

斯坦福大学教授推孟将比纳-西蒙智力量表修订为斯坦福-比纳智力量表。最大的改变是用智力商数代替心理年龄来表示智力高低。智力商数（IQ）是一个人的智力年龄（MA）与其实际年龄（CA）的比值，也称比率智商。

智力商数的计算公式如下：

$$智力商数（IQ）=智力年龄（MA）/实际年龄（CA）\times 100$$

考点3　韦克斯勒智力量表

韦克斯勒智力量表分为三种：韦氏成人智力量表（简称 WAIS），评定16岁以上成人的智力；韦氏儿童智力量表（简称 WISC），评定6至16岁少年儿童的智力发展水平；韦氏学前儿童智力量表（简称 WPPSI），评定4至6岁半儿童的智力。

韦克斯勒提出了离差智商，离差智商是对个体智力在同龄人中相对位置的度量，其计算公式如下：

$$离差智商（IQ）=100+15Z$$

其中，Z是标准分数，它的值等于被测人实得分数（X）减去同龄人平均分数（M），再除以该年龄组的标准差（S），可以用以下公式表示：

$$Z=(X-M)/S$$

韦氏智力量表的得分分布是以100为平均值、15为标准差的正态分布，得分在70~130分为正常，得分高于130分为智力超常，低于70分为智力缺陷。

考点4　瑞文推理测验

瑞文推理测验是英国人瑞文在1938年设计的一个智力量表，分为标准推理测验、彩色推理测验和高级推理测验，属于纯粹的非文字智力测验。20世纪80年代，瑞文推理测验被引进我国。张厚粲为标准型制定了国内常模。李丹、王栋等编制了彩色型和标准型合并本——《瑞文测验联合型（CRT）》。联合型瑞文测验一般可团体进行，也可用于不同民族、不同语种间的跨文化研究。

> **高分点睛**
>
> 1.【常考题型】单选、判断
>
> 2.【命题角度】
>
> （1）直接考查智力量表的编制者、地位等。

（2）根据题干数据计算学生的智商（主要涉及斯坦福－比纳智力量表、韦克斯勒智力量表）。

（3）考查不同智力量表提出的重要概念。例如，比纳－西蒙智力量表中的心理年龄、斯坦福－比纳智力量表中的比率智商、韦克斯勒智力量表中的离差智商。

第三节　人　格

一、人格概述

考点1　人格的含义

人格是构成一个人的思想、情感及行为的特有模式，这个独特模式包含了一个人区别于他人的稳定而统一的心理品质。

广义的人格不仅包括心理方面，还包括身体方面的特质。狭义的人格指性格和气质等。

考点2　人格的特征

1. 整体性（整合性、统合性）

整体性是指人格是一个统一的整体结构，各个组成部分并不是孤立的，它们相互联系、相互制约，组成一个完整的系统。人格的整体性是心理健康的重要指标。

2. 独特性

人格的独特性是指人与人之间的心理与行为是各不相同的。不同的遗传、生存及教育环境，塑造了形形色色的心理特点。人与人没有完全一样的人格特点。"人心不同，各如其面""世界上没有两片相同的叶子"形象诠释了人格的独特性。

人格的独特性并不否定人格上的共同之处。生活在同一社会群体中的人往往具有一些共同的人格特征。例如，中华民族是一个勤劳的民族，这里的"勤劳"品质，就是共同的人格特征。

3. 稳定性和可塑性

人格的稳定性主要表现在以下两个方面：①跨时间的持续性；②跨情境的一致性。"江山易改，本性难移"生动地说明了人格具有稳定性。在行为中偶然发生的、一时性的心理特性，不能称为人格。

人格的稳定性是相对的。人格会在主客观条件相互作用过程中发生变化，具有可塑性。人格是稳定性与可塑性的统一。

4. 自然性和社会性

人格是在一定的社会环境中形成的，一个人的人格必然会反映出他生活在其中的社会文化的特点及受到的教育的影响，这说明人格的社会制约性。同时，人格的形成要以神经系统的成熟为基础。所以，人格又是人的自然性和社会性的统一。

5. 功能性

人格的功能性是指人格在一定程度上会影响到一个人的生活方式，甚至会决定一个人的命运。例如，当面对挫折与失败时，坚强者能奋发拼搏，懦弱者会一蹶不振。

考点3 人格的结构

人格是一个复杂的结构系统，它包括许多成分，其中最主要的有气质、性格、自我调控系统等。后文将主要介绍这三种。

> **高分点睛**
>
> 1.【常考题型】单选、多选
>
> 2.【命题角度】
>
> （1）直接考查人格具有哪些特征。
>
> （2）给出例子，要求辨别其体现了人格的哪种具体特征。

二、人格理论

考点1 奥尔波特的特质理论 ★★

美国心理学家奥尔波特将人格特质分为共同特质和个人特质。

1. 共同特质

共同特质是指在某一社会文化状态下，大多数人或一个群体共有的、相同的特质。例如，人们通常认为德国人严谨，法国人浪漫，意大利人热情。

2. 个人特质

个人特质是指个体身上独具的特质。个人特质根据其在社会中的作用又分为以下三种类型。

首要特质是一个人最典型、最具有概括性的特质，它影响一个人各方面的行为，如多愁善感是林黛玉的首要特质。

中心特质是构成个体独特性的几个重要特质，在每个人身上大约有5~10个，如清高、率直、聪慧、孤僻等都属于林黛玉的中心特质。

次要特质是个体的一些不太重要的特质，往往只有在特殊的情况下才会表现出来。

典型例题（2022·石家庄·单选）根据奥尔波特的人格特质理论，构成个体独特性的重要特质属于（　　）。

A. 首要特质　　　　B. 中心特质　　　　C. 根源特质　　　　D. 共同特质

【答案】B。

考点2 卡特尔的特质理论

卡特尔提出了人格特质的结构网络模型。该模型分为四层，即个别特质和共同特质，表面特质和根源特质，体质特质和环境特质，动力特质、能力特质和气质特质。其中，个别特质和共同特质与奥尔波特的个人特质和共同特质理论观点相同，此处不再赘述。

1. 表面特质和根源特质

表面特质是指从外部行为能直接观察到的特质。

根源特质是指那些相互联系并以相同原因为基础的行为特质。

表面特质和根源特质既可能是个别特质，也可能是共同特质。它们是人格层次中最重要的一层。

2. 体质特质和环境特质

根源特质可区分为体质特质和环境特质两类。

体质特质由先天的生物因素决定，如兴奋性、情绪稳定性等。环境特质由后天的环境因素决定，如忧虑性、有恒性等。

3. 动力特质、能力特质和气质特质

动力特质是指具有动力特征的特质，它使人趋向某一目标，包括生理驱力、态度和情操。能力特质是表现在知觉和运动等方面的差异特质，包括流体智力和晶体智力。气质特质是决定一个人情绪反应的速度与强度的特质。

这三种特质是模型的最底层，它们同时受到遗传与环境两方面的影响。

考点3 经典精神分析理论

经典精神分析理论主要指弗洛伊德的理论。弗洛伊德早期认为人格由意识、前意识和潜意识组成，后期认为人格由本我、自我和超我三部分组成。

1. 本我

本我是人格结构中最原始的部分，包括一些生物性或本能性冲动，弗洛伊德称之为力比多。本我是生物的本能我，遵循"快乐原则"，以寻求原始动机的满足为原则，追求最大限度的快乐，由本我支配的行为只是冲动，毫无道德可言。

2. 自我

自我是自己可意识到的，执行思考、感觉、判断或记忆的部分。自我的机能是寻求"本我"冲动得以满足，同时保护整个机体不受伤害。自我是心理的社会我，遵循"现实原则"，协调本我的非理性需要与现实之间的关系。

3. 超我

超我位于人格结构的最高层次，是人格结构中代表理想的部分，它是个体在成长过程中通过内化道德规范、内化社会及文化环境中的价值观念而形成的。超我是道德的理想我，遵循"道德原则"，它的特点是追求完美。超我具有三个作用：一是抑制自我的冲动；二是对自我进行监控；三是追求完善的境界。

高分点睛

1.【常考题型】单选、多选

2.【命题角度】

（1）直接考查某种人格理论的提出者以及奥尔波特和卡特尔划分的特质、弗洛伊德人格结构的三个层次。

（2）要求判断题干的例子体现了哪种人格特质或类型。

三、影响人格形成与发展的因素

1. 生物遗传因素

遗传是人格不可缺少的影响因素。遗传因素对人格的作用程度随人格特质的不同而不同。

2. 社会文化因素

社会文化塑造了社会成员的人格特征，使其成员的人格结构朝着相似的方向发展。

3. 家庭环境因素

研究人格的家庭成因，重点在于探讨家庭的差异和不同的教养方式对人格发展和人格差异的影响。关于家庭教养方式，主要有以下两种说法。

（1）一般研究者把家庭教养方式分为三类

①民主型。在民主型教养方式下，父母在教育子女时，会尊重孩子，给孩子一定的自主权，并给予孩子积极正确的指导；孩子会形成一些积极的性格，如活泼、自立、善于交往、富于合作精神等。

②权威型（专制型）。在权威型教养方式下，孩子的一切都由父母来控制；孩子容易出现消极、被动、依赖等问题，做事缺乏主动性，甚至会形成不诚实的性格特征。

③放纵型。在放纵型教养方式下，父母对孩子溺爱，让孩子随心所欲，父母对孩子的教育有时甚至会失控。在这种环境下长大的孩子多表现为任性、幼稚、自私等。

（2）麦克比和马丁把家庭教养方式分为四类

①权威型。在权威型教养方式下，父母树立权威，对孩子理解、尊重，与孩子经常交流及给予孩子帮助；孩子一般会表现出社会所需要的行为，有更多的社会责任感和成就倾向，有很强的自信和较好的自我控制能力，并且会比较乐观、积极。

②专制型。在专制型教养方式下，父母要求子女绝对服从自己，对子女的所有行为都加以保护、监督；孩子易产生不信任感、戒备心理严重、自卑、消极、暴躁、懦弱、依赖或反抗权威等人格特征。

③溺爱型。在溺爱型教养方式下，父母对子女的教育是一种报以积极肯定的态度，但缺乏控制的教养方式；孩子容易表现得很不成熟且自我控制能力差。

④忽视型。在忽视型教养方式下，父母既缺少爱心、耐心，又缺乏责任感，对孩子放任自流；孩子由于得不到必要指导和正常约束，易出现自控能力差、适应能力差、兴趣狭窄、态度消极等特点。

4. 早期童年经验

幸福的童年有利于儿童发展健康的人格，不幸的童年可能会使儿童形成不良的人格。但二者不存在一一对应的关系，早期经验不能单独对人格起决定作用。

5. 学校教育因素

学校是人格社会化的主要场所。教师是学生学习的榜样，教师对学生的人格发展具有指导、定向作用，同伴群体对人格发展具有弃恶扬善的作用。良好的校风和班风也能促使学生形成积极进取、遵守纪律等优秀品质。

6. 自然物理因素

生态环境、气候条件、空间拥挤程度等这些物理因素都会影响人格的形成和发展。但自然环境对人格不起决定性的作用。

7. 个人主观因素

人格是在与环境相互作用的实践活动中形成和发展起来的，但任何环境因素都不能直接决定人格，它必须通过个体已有的心理发展水平和心理活动才能发生作用。社会上的各种影响因素，首先要为个体接受和理解，才能转化为个体的需要、动机和兴趣，才能推动个体去思考与行动。此外，个体已有的心理发展水平对人格特征形成的作用会随着年龄的增加而日益增强。

> **高分点睛**
>
> 1.【常考题型】单选、判断
>
> 2.【命题角度】
>
> （1）直接考查影响人格形成和发展的因素有哪些。
>
> （2）给出关键词或情境，要求判断性格类型与家庭教养方式之间的对应关系。

四、气质

考点1　气质的含义

气质是表现在心理活动的强度、速度、灵活性与指向性等方面的一种稳定的心理特征，即我们平时所说的脾气、禀性。

气质是出现最早而且变化最缓慢的个性心理特征，是个性心理特征中遗传色彩最浓的部分。它更多地受到神经系统特性的影响，具有先天性，是比较稳定的个性心理特征，无所谓好坏。

考点2　气质类型

1. 气质类型的由来

气质类型源于古希腊医生希波克拉底提出的体液说。希波克拉底认为人体内有四种液体：黄胆汁、血液、黏液、黑胆汁，这四种体液的比例不同，形成了四种不同类型的人。

罗马医生盖伦在体液说的基础上进一步确定了气质类型，提出人的四种气质类型是胆汁质、多血质、黏液质和抑郁质。用体液来解释气质类型虽缺乏科学根据，但这四种气质类型的名称，一直沿用至今。

2. 不同气质类型的特点（表 2-4-2）

表 2-4-2　不同气质类型的特点及示例

气质类型	神经特点	心理特点	示例
胆汁质	感受性低，耐受性较高；不随意的反应性强，反应的不随意性占优势；外倾性明显，情绪兴奋性高，抑制力差；反应速度快，但不灵活	精力旺盛，反应迅速，情感体验强烈，情绪发生快而强，易冲动但平息也快；直率爽快，开朗热情，外向，但急躁易怒，往往缺乏自制力；有顽强的拼劲和果敢性，但缺乏耐心	《水浒传》中的李逵
多血质	感受性低，耐受性较高；不随意的反应性强；具有可塑性和外倾性；情绪兴奋性高，外部表露明显，反应迅速且灵活	活泼好动、反应迅速、行动敏捷、思维灵活；注意力易转移，情绪发生快而多变，易适应环境，喜欢交往，做事粗枝大叶，表情丰富，外向，易动感情且体验不深，兴趣广泛但易变化，轻率，不够沉着；思维敏捷但不求甚解	《红楼梦》中的王熙凤
黏液质	感受性低，耐受性高；不随意的反应性和情绪兴奋性均低；内倾性明显，外部表现少；反应速度慢，具有稳定性	安静、沉着，反应较慢，思维、言语及行动迟缓，不灵活，不易转移注意；心平气和，不易冲动，态度持重，自我控制能力和持久性较强；情绪不易外露，善于忍耐；易因循守旧，不易改变旧习惯去适应新环境，坚韧、执拗、淡漠	《水浒传》中的林冲；《红楼梦》中的薛宝钗
抑郁质	感受性高，耐受性低；不随意的反应性低；严重内倾；情绪兴奋性高而体验深，反应速度慢；具有刻板性，不灵活	有较高的感受性，观察精细，对外界刺激敏感，但反应缓慢，动作迟钝；多愁善感，体验深刻、持久，但外表很少流露，内向；谨慎小心，不善与人交往，胆小孤僻、忸怩，遇困难或挫折易畏缩	《红楼梦》中的林黛玉

在现实生活中，单一气质的人并不多，绝大多数是四种气质互相混合、渗透、兼而有之。

3. 气质类型的生理基础

巴甫洛夫用高级神经活动类型说解释气质的生理基础。他依据神经过程的基本特性，即兴奋过程和抑制过程的强度、平衡性和灵活性，将高级神经活动划分为四种类型，与四种气质类型相对应。

高级神经活动类型及与之相对应的气质类型见表 2-4-3。

表 2-4-3　高级神经活动类型及与之对应的气质类型

高级神经活动过程	高级神经活动类型	气质类型
强、不平衡	不可遏制型（兴奋型）	胆汁质
强、平衡、灵活	活泼型（灵活型）	多血质
强、平衡、不灵活	安静型	黏液质
弱	抑郁型（弱型）	抑郁质

典型例题（2022·石家庄·单选）小芳活泼好动，热情大方，行动敏捷，适应力强，但做事缺乏耐心和毅力，稳定性差。由此可以判断她的气质类型是（　　）。

A. 胆汁质　　　　　　　　　　B. 多血质
C. 黏液质　　　　　　　　　　D. 抑郁质

【答案】B。

高分点睛

1.【常考题型】单选、多选、判断、材料分析
2.【命题角度】
（1）直接考查气质的特点。例如，气质是先天的，变化缓慢。答案：√。
（2）给出实例、气质类型的神经特点及心理特点，要求选择与之相对应的气质类型。
（3）给出气质类型，要求选择与之相对应的高级神经活动类型或过程。

五、性格

考点1　性格的含义

性格是一个人对现实的稳定态度和在习惯化了的行为方式中表现出来的个性心理特征。性格有好、坏之分，能最直接地反映出一个人的道德风貌，具有道德评价的意义。

考点2　性格与气质的关系

1. 性格与气质的联系

（1）性格和气质都属于稳定的人格特征。
（2）性格与气质相互渗透，彼此制约，二者相互影响。具体体现在以下两个方面。
①气质对性格的影响：一方面，气质影响个体对事物的态度及其行为方式，因而使性格带上某种气质的色彩和具有某种特殊的形式。另一方面，气质影响性格的形成和发展的速度和动态。
②性格对气质的影响：性格可以掩蔽和改造气质，指导气质的发展，使它服从于生活实践的要求。
（3）不同气质类型的人可以形成同样的性格特征；而相同气质类型的人，又可以带有同样动力色彩而性格却互不相同。

2. 性格与气质的区别

（1）气质受生理影响大，性格受社会影响大。
（2）气质的稳定性强、可塑性弱，性格的可塑性强。
（3）气质特征表现较早，性格特征表现较晚。
（4）气质无所谓好坏，性格有优劣之分。

考点 3　性格的结构 ★★

1. 性格的态度特征

性格的态度特征是指个体对社会、对集体、对他人以及对待自己的态度的性格特征。性格的态度特征在性格结构中具有核心意义。

良好的态度特征表现为忠于祖国、热爱集体、关心他人、乐于助人、大公无私、正直、诚恳、文明礼貌、勤劳节俭、认真负责、谦虚谨慎等；不良的态度特征表现为没有民族气节、对集体与他人漠不关心、自私自利、损人利己、奸诈狡猾、蛮横粗暴、懒惰挥霍、敷衍了事、不负责任、狂妄自大等。

2. 性格的意志特征

性格的意志特征是指个体对自己的行为自觉地进行调节的特征。

良好的意志特征表现为有远大理想、行动有计划、有目的、独立自主、不受别人左右、果断、勇敢、坚韧不拔、有毅力、自制力强；不良的意志特征表现为鼠目寸光、盲目性强、随大流、易受暗示、优柔寡断、放任自流、固执己见、怯懦、任性等。

3. 性格的情绪特征

性格的情绪特征是指个体的情绪对他的活动的影响以及他对自己情绪的控制能力。

良好的情绪特征表现为善于控制自己的情绪，情绪稳定，常常处于积极乐观的心境状态；不良的情绪特征表现为无论事情大小，都容易引起情绪反应，而且情绪对身体、工作和生活的影响较大，意志对情绪的控制能力比较薄弱，情绪容易波动，心境又容易消极悲观。

4. 性格的理智特征

性格的理智特征是指个体在感知、记忆、想象和思维等认知过程中表现出来的稳定的心理特征，是一个人认知特点与风格的体现。例如，认知活动中的独立性和依存性：独立性强的人能根据自己的任务和兴趣主动观察，善于独立思考；依存性强的人则容易受到无关因素的干扰，愿意借用现成的答案。

考点 4　性格的类型

1. 内向型和外向型

荣格根据力比多（来自本能的力量）流动的方向，将性格分为内向型（内倾型）和外向型（外倾型）。

内向型的人力比多的活动倾向于自己，重视主观世界、好沉思、善内省、常常沉浸在自我欣赏和陶醉之中、孤僻、缺乏自信、易害羞、冷漠、寡言、较难适应环境的变化。

外向型的人力比多的活动倾向于外部环境，重视外在世界、爱社交、活跃、开朗、自信、勇于进取、对周围一切事物都很感兴趣、容易适应环境的变化。

典型的外向型或内向型的人并不是很多，大多数人属于中间型，介于内外向之间，兼有内向和外向的特点。

2. 理智型、情绪型和意志型

英国心理学家培因和法国心理学家李波根据个体的智力、情绪、意志三种心理机能何者占优势，将性格分为理智型、情绪型和意志型。

理智型的人以理智支配行动，依理论思考而行事，行为表现为稳定、谨慎。

情绪型的人不善于思考，凭情感办事，但情绪体验深刻。

意志型的人目的明确，主动地追求未来的憧憬，主动积极、果敢和坚韧，具有自制力。

3. 独立型和顺从型

美国心理学家威特金按照个体场依存性的不同，把人分为顺从型和独立型。

顺从型的人场依存性占优势，独立性差，易受环境暗示，行动比较依赖，缺乏主见，缺乏果断性。

独立型的人场独立性占优势，处理问题时倾向于内在参照，有坚定的个人信念，自尊、自强、有主见，不易受环境暗示。

考点 5　良好性格的培养

（1）加强人生观、世界观和价值观教育。
（2）及时强化学生的积极行为。
（3）充分利用榜样人物的示范作用。
（4）利用集体的教育力量。
（5）依据性格倾向因材施教。
（6）提高学生的自我教育能力。

高分点睛

1.【常考题型】单选、多选、判断

2.【命题角度】
（1）根据描述判断其属于性格还是气质。
（2）给出例子或关键词，要求选择与之相对应的性格结构及类型。

六、自我调控系统

考点 1　自我调控系统的含义及作用

自我调控系统是以自我意识为核心的人格调控系统，它属于人格中的内控系统或自控系统。自我意识是个体对自己身心状态以及自己同客观世界的关系的意识。

自我调控系统的主要作用是对人格的各个成分进行调控，保证人格的完整统一和谐。

考点 2　自我调控系统的子系统（自我意识的心理成分）

自我调控系统包括自我认知、自我体验和自我控制三个子系统。

1. 自我认知（自我认识）

自我认知是对自己的洞察和理解，包括自我观察和自我评价。自我观察是指对自己的感知、思想和意向等方面的觉察。自我评价是指对自己的想法、期望、行为及人格特征的判断与评价。

2. 自我体验

自我体验是伴随自我认知而产生的内心体验，是自我意识在情感上的表现。

3. 自我控制

自我控制是自我意识在行为上的表现，是实现自我意识调节的最后环节。自我控制包括自我监控、自我激励、自我教育等成分。

> **高分点睛**
>
> 1.【常考题型】单选、多选
>
> 2.【命题角度】
>
> （1）以多选的形式考查自我调控系统包括哪些子系统。
>
> （2）给出关键词，要求判断其属于自我调控系统的哪个子系统。

第三部分

教育心理学

PART 3

考情简报

教育心理学属于心理学的重要分支，较为全面地阐述了教育心理学的学科概况、发展概况、学生的发展和个别差异、学习与学习理论、学习心理、教学心理等教育心理学的基础知识，较好地呈现了学与教相互作用过程中的基本规律，通过教育心理学的学习能帮助考生了解学生学习的一般规律，并运用理论指导教育实践，也有助于考生在以后执教中提高自我教育的能力，提高教育教学工作的质量与效率。

第一章为教育心理学学科的基础知识，介绍了教育心理学的基本框架，包括研究内容、作用、发展概况等。

第二章从整体上介绍了学生在认知、人格等方面心理发展的理论。

第三章从学习过程的角度出发，主要介绍了学习与学习理论，包括行为主义学习理论、认知学习理论、建构主义学习理论等等。

第四至七章分别介绍了学习心理、教学心理、心理健康和教师心理。

从题目分布情况上看，第二章、第三章、第四章占比较大，是本部分的重点章节。

从题目特点上看，本部分题目多与实际相联系，在考查具体理论时也多以具体例子呈现，要求分析题干所体现的相关概念、特点或规律。例如，2021年沧州考查了刺激的分化，题干要求学生分辨勇敢和鲁莽，谦让和退缩，要求分析其所体现的经典性条件作用的基本规律。这就要求考生要深入理解相关概念，能做到准确应用。

备考重难点：

1.掌握学生发展阶段理论，区分不同理论每个阶段的典型特征，比如皮亚杰认知发展的四阶段，埃里克森人格发展的八阶段。

2.理解不同学习理论的观点及特点，并能利用相关理论指导教学实践。

3.掌握提高学生学习动机、合理使用学习策略、促进学生学习迁移等具体的方法。

第一章 教育心理学概述

第一节 教育心理学的学科概况

一、教育心理学的含义和学科性质

1. 含义

教育心理学是研究学校教育情境中，在学与教及其互动过程中产生的心理现象及其基本心理规律的科学。

2. 学科性质

从学科范畴来看，教育心理学是心理学与教育学的交叉学科，但它不仅仅是一般心理学在教育方面的应用。它拥有自身独特的研究课题，即如何学、如何教以及学与教之间的相互作用。

从学科任务来看，教育心理学既是一门理论性学科，又是一门应用性较强的学科。

二、教育心理学的研究内容

教育心理学的具体研究范畴是围绕学与教相互作用过程而展开的。学与教的相互作用过程是一个系统过程，由学习、教学、评价/反思三种过程交织在一起，涉及学生、教师、教学内容、教学媒体和教学环境五种要素。这五种要素相互作用，共同影响三种过程的交互作用，如图 3-1-1 所示。

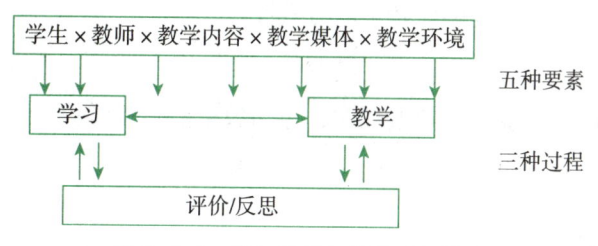

图 3-1-1 学与教相互作用过程模式

考点 1　学习与教学的要素 ★★

1. 学生

学生是学习的主体因素，主要从以下两个方面影响学习与教学的过程：一是群体差异，包括年龄、性别和社会文化等差异；二是个体差异，包括先前知识基础、学习方式、智力水平、兴趣和需要等差异。群体和个体差异是学习和教学的重要内在条件。

2. 教师

教师是履行教育教学职责的专业人员，在教育过程中，教师起着主导作用，是教育活动的执行者。教师这一要素主要涉及教师的敬业精神、专业知识、专业技能及教学风格等。

3. 教学内容

教学内容是学与教的过程中有意传递的主要信息部分，一般表现为课程标准、课程内容、教学目标及教学材料等。

4. 教学媒体

教学媒体是教学内容的载体和表现形式，是师生之间传递信息的工具。如实物、文字、口头语言、图表、图像、动画等。教学媒体通常需要通过一定的物质手段实现，如书本、板书、投影仪、录像机、计算机等。

5. 教学环境

教学环境包括物质环境和社会环境两个方面。物质环境涉及课堂自然条件（如温度和照明）、教学设施（如桌椅、黑板和投影仪）及空间布置（如座位的排列）等；社会环境涉及课堂纪律、课堂气氛、师生关系、同学关系、校风及社会文化背景等。

考点 2　学习与教学的过程

1. 学习过程

学习过程是指学生在教学情境中通过与教师、同学及教学信息的相互作用获得知识、技能和态度的过程。学习过程是教育心理学研究的核心内容，包括学习的实质、条件、动机、迁移及不同种类学习的特点等问题。

2. 教学过程

在教学过程中，教师设计教学情境（如教学目标的选择、题材的安排及环境的设置等），组织教学活动（如讲演、讨论、练习及实验等），与学生进行信息交流（如信息的呈现、课堂提问与答疑等），从而引导学生的理解、思考、探索和发现过程，使其获得知识、技能和态度。此外，教师还要进行教学管理，调节教学的进程，以确保教学的有效性。

3. 评价 / 反思过程

评价 / 反思过程始终贯穿于整个教学过程中，包括教学前对教学设计效果的预测和评判，教学过程中对教学活动的监视和分析，以及教学后效果的检验和反思。

三、教育心理学的作用

教育心理学对教育实践具有描述、解释、预测和控制的作用，具体表现在以下几个方面。

（1）帮助教师准确地了解问题。
（2）为实际教学提供科学的理论指导。
（3）帮助教师预测并干预学生。
（4）帮助教师结合实际教学进行研究。

高分点睛

1.【常考题型】单选、多选

2.【命题角度】

（1）给出具体实例，辨别例子属于学习与教学的哪种要素。

（2）以多选的形式考查学习与教学包括的五个要素和三个过程。

第二节　教育心理学的发展概况

一、教育心理学的诞生

教育心理学作为一门独立的学科，一般被认为产生于19世纪末20世纪初。公认的教育心理学诞生的标志是1903年桑代克的《教育心理学》的正式出版。

二、教育心理学的发展

教育心理学从最初依附于普通心理学，或融合于发展心理学，到发展成为一门独立的学科，并逐步形成比较完整的体系，大致经历了以下四个时期。

考点1　初创时期（20世纪20年代以前）★★★

总体而言，这一时期的学者多以普通心理学的原理解释实际的教育问题，研究侧重于学生的学习方面。这一时期的重要学者及其代表作见表3-1-1。

表3-1-1　初创时期重要学者及其代表作

国别	学者	代表作	影响
俄国	乌申斯基	《人是教育的对象》	对当时的心理学发展成果进行了总结，乌申斯基因此被称为俄国教育心理学的奠基人
俄国	卡普捷列夫	《教育心理学》	世界上第一部以"教育心理学"命名的著作
美国	桑代克	《教育心理学》	西方第一本以"教育心理学"命名的专著，后发展成三大卷的《教育心理大纲》，包括《人的本性》《学习心理学》《个性差异及其原因》。西方教育心理学的名称和体系由此确立。桑代克被称为"教育心理学之父"
中国	房东岳	《教育实用心理学》（译自日本小原又一的《教育实用心理学》）	我国第一部教育心理学著作

考点2　发展时期（20世纪20年代至50年代末）

20世纪20年代以后，西方教育心理学吸取了儿童心理学和心理测验方面的成果，大大地扩充了自己的内容；20世纪30年代以后，学科心理学也成为教育心理学的组成部分；20世纪40年代，弗洛伊德的理论广为流传，有关儿童的个性、社会适应能力及生理卫生问题被纳入教育心理学的研究领域；20世纪50年代，程序教学和教学机器兴起，同时信息论的思想为许多心理学家所接受，这些成果也影响和改变了教育心理学的内容。学习理论一直是这一时期的主要研究内容。

20世纪30年代，在苏联的教育心理学理论探索方面，贡献较大的是维果茨基（又译为维果斯基）、布隆斯基和鲁宾斯坦等人。维果茨基强调教育与教学在儿童发展中的主导作用，并提出了"文化发展论"和"内化论"的观点。

1924年，廖世承编写了我国第一本《教育心理学》教科书。1926年，心理学家陆志韦翻译出版了桑代克的《教育心理学概论》。20世纪50年代，我国开始学习和介绍苏联教育心理学的理论和研究，这对我国教育心理学和教育事业的发展起到一定的作用。

考点3　成熟时期（20世纪60年代至70年代末）

从20世纪60年代开始，西方教育心理学的研究内容日趋集中，如教育与心理发展的关系、学习心理、教学心理等。教育心理学作为一门具有独立的理论体系的学科正在形成。

20世纪60年代初，教育心理学的研究范式由行为范式转向认知范式。布鲁纳发起了课程改革运动；罗杰斯从人本主义出发，提出了"以学生为中心"的主张。

苏联教育心理学家注重教育心理学与发展心理学相结合，其中最有代表性的是赞科夫的"教学与发展"的研究。

20世纪70年代，奥苏伯尔以认知心理学为基础，系统阐述了有意义学习的条件、意义的获得与保持的进程。加涅则对人类的学习进行系统分类，这两种学习理论为教育心理学的成熟奠定了基础。在这一时期，计算机辅助教学（CAI）的研究也方兴未艾，学者对计算机辅助教学的教学效果和条件做了大量的研究。

考点4　深化拓展时期（20世纪80年代以后）

20世纪80年代以后，教育心理学越来越注重与教学实践相结合，教育心理学理论派别的分歧越来越小，认知派理论和行为派理论都在吸取对方合理的东西，东西方教育心理学之间的鸿沟被跨越。

1994年，布鲁纳总结了教育心理学十几年来的成果，主要表现在以下几个方面：①主动性研究，研究如何使学生主动参与学与教的过程，对自身的心理活动做更多的控制；②反思性研究，研究如何促进学生从内部理解、建构和获得所学知识的意义；③合作性研究，探讨如何将学生组织起来一起学习，如同伴辅导、合作学习、交互式学习等；④社会文化研究，研究社会文化背景如何影响学习的过程和结果。

1980年，心理学家潘菽主编的《教育心理学》正式出版，该书总结了中国教育心理学界的一般观点和研究成果，也总结了现代教育心理学研究的一些新成果。

高分点睛

1.【常考题型】单选、多选、判断

2.【命题角度】

（1）考查教育心理学不同发展时期的代表人物及其作品、影响。

（2）考查我国第一本教育心理学翻译著作和第一本编写的《教育心理学》教科书的作者。

（3）考查桑代克和乌申斯基在教育心理学发展史上的地位。

3.【易错易混】

考生应注意区分世界上最早以"教育心理学"命名的著作（即1877年卡普捷列夫的《教育心理学》）和西方第一本以"教育心理学"命名的著作（即1903年桑代克的《教育心理学》）。

第二章　学生的心理发展与个别差异

第一节　学生心理发展概述

一、心理发展的含义

广义的心理发展包括心理的种系发展、心理的种族发展和个体心理发展。

狭义的心理发展指个体心理发展。从时间上讲，个体的心理发展是指人从出生到衰亡的整个过程中所发生的一系列心理变化。但并非所有的心理变化都可以叫作发展，只有有顺序的、不可逆的，且能保持相当长的时间的心理变化才能称作心理发展。

二、心理发展的特征

考点1　学生心理发展的一般特征

1. 小学生心理发展的一般特征

（1）迅速性。小学时期是儿童心理发展的快速变化期。

（2）协调性。小学生心理发展以协调性为主要特征。以品德发展为例，小学生的言与行、行动与动机比较一致，出现比较协调的外部和内部的动作；道德知识开始系统化，并形成相应的行为习惯。

（3）开放性（外露性）。小学生经历有限、内心世界不太复杂，因此，他们的心理活动显得纯真、直率，能将内心活动表露出来。

（4）可塑性。与青少年相比，小学生的思维能力、个性、品德和社会性都易于培养，具有较大的可塑性。

2. 中学生心理发展的一般特征

（1）过渡性。中学生的身心发展既具有童年期的特点，又具有青年期的特点，处于半幼稚、半成熟状态；青少年期是人由童年向成年的转变时期，各种心理特征逐渐接近成人。

（2）闭锁性。中学生的内心世界逐渐复杂，开始不轻易地表露内心活动。

（3）社会性。中学生开始以极大的兴趣观察、思考和判断社会生活中的现象和问题，并希望从中找出现象的本质，形成自己的看法；社会性情感越来越丰富和稳定；逐步形成了一定的为人处世的态度和行为方式。

（4）动荡性。由于经验、见识等条件的限制，中学生的整个心理面貌表现出不稳定、动荡不安的特点。例如，中学生的情绪容易出现起伏，思想比较敏感，容易走极端。

考点 2　中小学生心理发展的阶段特征

我国心理学家将个体的心理发展分为哺乳期（零岁至一岁）、婴儿期（一岁至三岁）、幼儿期（三岁至六七岁）、童年期（六七岁至十一二岁）、少年期（十一二岁至十四五岁）、青年期（十四五岁至二十五岁）、成年期（二十五岁至六十五岁）、老年期（六十五岁以后）八个阶段。以下主要讲解童年期、少年期和青年初期的心理发展特征。

（1）童年期又称学龄初期，大致相当于小学阶段，是个体一生发展的基础时期，也是生长发育最旺盛、变化最快、可塑性最强、接受教育最佳的时期。

（2）少年期又称学龄中期，大致相当于初中阶段。整个少年期充满独立性和依赖性、自觉性和幼稚性错综的矛盾，这一时期也被称为"心理断乳期"或"危险期"。

（3）青年初期又称学龄晚期，大致相当于高中阶段，是个体在生理上、心理上和社会性上向成人接近的时期。这一时期的学生智力接近成熟，开始出现辩证思维。

> **高分点睛**
>
> 1. **【常考题型】** 单选、多选、判断
> 2. **【命题角度】**
> （1）考查心理发展阶段与年龄的对应或某一心理发展阶段的特殊称谓。
> （2）考查童年期、少年期、青年初期的心理发展特征，或给出心理发展特征要求选择对应的时期。

三、心理发展的相关概念及教育意义

考点 1　学习准备

1. 含义

学习准备又称学习的准备状态、学习的准备性，是指学生原有的知识水平或心理发展水平对新的学习的适应性，即学生在学习新知识时，那些促进或妨碍学习的个人生理、心理发展的水平和特点。

2. 影响因素

（1）生理方面的发展状态。个体生理的正常发展是学习的必备条件。生理发展需要达到一定的成熟程度，学生才能顺利地学会某些动作和行为，掌握某些知识和技能，格塞尔的双生子爬梯实验为这一观点提供了依据。

（2）能力发展状态。学生学习某方面的知识、技能时需要具备相应的智力和技能。

（3）学习的非智力因素的准备。学习动机与兴趣、学习态度和习惯、生活经验与人际交往等因素的准备状态不仅影响到学生的学习成绩，而且关系到学生的学习热情和意志品质的发展。

因此，处理好三者的关系是学生顺利地接受学校教育、取得理想的学习效果、发展良好个性的保证。

3. 意义

学习准备影响学习的成功和学习的效率。同时，学习也会促进学生的心理发展，新的发展又为进一步的学习做好准备。

考点 2　关键期 ★★

关键期也叫敏感期、最佳期，是指人的某种身心潜能在人的某一年龄段有一个最好的发展时期，即身体或心理的某一方面机能或能力最适宜形成的时期。处于关键期时，在适宜的环境影响下，个体习得某种行为比较容易，心理发展的速度也比较快。在此期间，个体对某种刺激特别敏感，过了这一时期，同样的刺激对其影响很小或根本没有影响。关键期这一概念最早是由奥地利生态学家劳伦兹根据动物的印刻效应提出来的。

研究表明，2岁是口头语言发展的关键期，4岁是形状知觉形成的关键期，4~5岁是学习书面语言的关键期。当然，儿童的行为学习与动物完全依赖本能的学习不同，即使错过了关键期，有的能力经过补偿性学习仍有可能获得，只是难度要大得多。所以，抓住关键期的有利时机，及时进行适当的教育，才能收到事半功倍的效果。

> **高分点睛**
>
> 1.【常考题型】单选、多选、判断
> 2.【命题角度】
> （1）给出关键词或实例，要求选择对应的心理发展的相关概念。
> （2）判断学习准备、关键期等概念的相关说法是否正确。

第二节　学生的认知发展

一、皮亚杰的认知发展阶段理论 ★★★

瑞士心理学家皮亚杰是发生认识论的创始人，他系统研究了儿童认知发展，提出了自己的认知发展阶段理论。

考点 1　认知发展的实质

皮亚杰认为，认知的本质是适应，认知发展是一种建构过程，是个体在与环境不断的相互作用中实现的。在与环境的相互作用中，个体通过同化、顺应及平衡作用，使图式不断得到改造，认知结构不断发展。

1. 图式

图式是指一些有组织的、可重复的动作或思维模式。儿童最初的图式是遗传带来的一些本能反射行为，如吸吮反射、定向反射等。

2. 同化和顺应

皮亚杰认为，同化和顺应是个体适应环境的方式，也是认知发展的两个基本机制。

同化是主体把新的刺激整合到原有图式中，使原有图式丰富和扩大的过程。同化是图式发生量变的过程，它不能引起图式的质变，但可以影响图式的生长。例如，刚学会抓握的婴儿看见床上的毛绒玩具，会用抓握的方式（原有图式）去获得玩具；当他看见远处的拨浪鼓时（新的刺激），也想要用抓握的动作去获得拨浪鼓（新刺激整合到原有图式）。

顺应是指当主体不能利用原有图式接受和解释新刺激时，通过修改已有图式（或形成新的图式）来适应新刺激的认知过程。顺应是图式发生质变的过程。通过顺应，个体的认知能力达到一个新的水平。例如，学生学习数学新知识时，将原有算术图式（原有图式）发展成代数图式（新的图式），运用新图式正确解决代数题。

3. 平衡

平衡是指同化和顺应相互协调的状态。个体通过同化和顺应达到机体与环境的平衡，如果失去了平衡，个体需要改变行为以重建平衡。个体的认知就是通过平衡—不平衡—平衡循环的过程，从低级水平向高级水平发展。

典型例题 （2021·石家庄·单选）根据皮亚杰的认知发展阶段理论，"吃一堑，长一智"体现的认知过程是（　　）。

A. 图式　　　　　　　　　　　　B. 同化
C. 平衡　　　　　　　　　　　　D. 顺应

【答案】D。

考点 2　影响个体心理发展的因素

（1）成熟，指机体的生长，特别是神经系统和内分泌系统的成熟。

（2）练习和习得经验，指个体对物体施加动作过程中的练习和习得的经验，分为物理经验和逻辑数理经验。

（3）社会性经验，指在社会环境中人与人之间的相互作用和社会文化的传递。

（4）平衡化，指个体在自身不断成熟的内部组织与环境相互作用过程中的自我调节。

高分点睛

1.【常考题型】单选、多选

2.【命题角度】

（1）给出关键词、例子，要求辨别其属于哪种认知发展机制。考生应注意同化和顺应的区别，即前者强调原有认知不发生改变，后者则强调改变原有认知。

（2）以多选的形式直接考查皮亚杰提出的影响个体心理发展的因素。

考点3 认知发展阶段

皮亚杰将个体的认知发展分为四个阶段。他认为，每个阶段都是前一阶段的自然延伸，也是后一阶段的必然前提，发展阶段既不能逾越，也不能逆转，思维总是朝着必经的途径向前发展。

1. 感知运动阶段（0~2岁）

处于感知运动阶段的儿童主要是通过探索感知觉与动作之间的关系来获得动作经验，在这些活动中形成了一些低级的图式，以适应外部环境和进一步探索外部环境。

这一阶段的一个显著标志是儿童在9~12个月时逐渐获得客体永恒性，即当某一客体从儿童视野消失时，儿童知道该客体并非不存在。而在此之前，儿童往往认为不在眼前的客体就不存在，并且不再去寻找。客体永恒性是更高层次认知活动的基础，表明儿童开始在头脑中用符号来表征事物，但还不能用语言和抽象符号为事物命名。

2. 前运算阶段（2~7岁）

处于前运算阶段的儿童开始能够运用表象、语言或较为抽象的符号来代表自己经历过的事物，如用单词"马"或马的图片表征一匹并非真正出现的马。但这一阶段的儿童还不能很好地掌握概念的概括性和一般性。这一时期儿童思维主要表现出以下特征。

（1）泛灵性（万物有灵论）。儿童认为外界的一切事物都是有生命、有感知、有情感、有人性的。例如，儿童认为，人踩在小草身上，小草会疼得哭。

（2）思维的自我中心性。自我中心性指不能从对方的观点考虑问题，以为每个人看到的世界正如他自己看到的那样。例如，在"三山实验"中，皮亚杰请儿童坐在一个由三座不同的假山构成的模型的一边，将玩具娃娃置于另一边，要儿童描述玩具娃娃看到的景色。6岁或7岁以下的儿童无法站在他人的视角报告他人视野中三山的位置关系，总认为对方所看到的山就是自己所看到的样子。这种自我中心性也存在于儿童的言语中，主要有以下几种表现形式：①重复，即儿童为感到说话的愉快而重复一些字词或音节；②独白，即儿童对自己说话；③集体独白，即在儿童群体中，每个儿童都热情地说着话，但彼此之间没有任何真实的相互作用或者交谈。

图3-2-1 思维的自我中心性

（3）思维不具有守恒性。守恒是指不论物体形态如何变化，其实质是恒定不变的。处于前运算阶段的儿童由于受直觉知觉活动的影响，还不能认识到这一点。例如，在"液体守恒实验"中，皮亚杰给儿童呈现两只相同且装有等量的水的玻璃杯，然后将这两杯水分别倒入矮而宽的杯子和高而窄的杯子中，让4岁或5岁的儿童来判断新的两个杯子中的水是否一样多。一部分儿童会说矮而宽的杯子中的水多；另一部分儿童会说高而窄的杯子中的水多。

（4）思维具有刻板性。儿童在注意事物的某一方面时往往忽略其他的方面。他们倾向于运用一种标准或维度，还不能同时关注两个维度。例如，在回答"液体守恒实验"中倒水的问题时，儿童可能认为宽的杯子中水多或高的杯子中水多，但无法同时关注两个维度，这体现了思维的刻板性。

（5）思维具有不可逆性。可逆性指改变人的思维方向，使之回到起点。而处于前运算阶段的儿童在进行运算时只能前推，不能倒推。例如，4岁的杰瑞知道吉姆是自己的哥哥，却不知道自己是吉姆的弟弟。

（6）不能够推断事实。处于该阶段的儿童往往根据知觉到的表面现象做出反应，不能够推断事实。

3. 具体运算阶段（7~11岁）

一般来说，小学生正处于具体运算阶段。处于该阶段儿童的思维主要具有以下特征。

（1）思维中形成了守恒概念（主要特征）。在这一阶段，儿童已经获得了长度、体积、重量和面积的守恒概念。另外，他们开始进行一些运用符号的逻辑思考活动，可以形成一系列行动的心理表象。例如，8岁左右的儿童去过几次别的小朋友的家，就能够画出具体的路线图，而五六岁的儿童无法做到。

（2）思维的可逆性。思维的可逆性是守恒概念出现的关键。例如，将一个大杯中的水倒入小杯中时，处于这一阶段的儿童不仅能够考虑水从大杯倒入小杯，而且能设想水从小杯倒回大杯，并恢复原状。

图3-2-2 思维的去自我中心性

（3）思维的去自我中心性。儿童逐渐学会从别人的观点看问题，意识到别人持有与自己不同的观念。他们能接受别人的意见，修正自己的看法。思维的去自我中心性是儿童与别人顺利交往，实现社会化的重要条件。

（4）进行具体逻辑推理。这一阶段的儿童虽缺乏抽象逻辑推理能力，但他们能凭借具体形象的支持进行具体逻辑推理。例如，向7~8岁的儿童提出这样的问题："假定A>B，B>C，A与C哪个大？"他们可能难以回答。但若换一种说法："张老师比李老师高，李老师又比王老师高，问张老师和王老师哪个高？"他们就能够回答。

（5）理解原则和规则。儿童能理解原则和规则，但只能刻板地遵守规则，不敢改变。

（6）去集中化。这一阶段的儿童能够注意情境中的多个维度或层面。去集中化是具体运算阶段儿童思维成熟的最大特征。

（7）序列化。序列化是指个体能够按照物体某种属性（大小、体积、重量等）将物体排成序列，从而进行比较的心理操作。

4. 形式运算阶段（11岁以后）

中学生正处于形式运算阶段。此时个体的思维已超越了对具体可感知事物的依赖，使形式从内容中解脱出来。具体地说，该阶段个体的思维具有以下特征。

（1）认识命题之间的关系。个体的思维是以命题形式进行的。他们不仅能考虑命题与经验之间的真实性关系，而且能看到命题与现实之间的关系，并能推理两个或多个命题之间的逻辑关系。

（2）进行假设-演绎推理。个体能在考察问题细节的基础上，假设这种或那种理论或解释是正确的，再从假设中演绎出从逻辑上讲这样或那样的经验现象实际上应该或不应该出现，然后检验他们的结论，看这些预见的现象是否确实出现。例如，在"钟摆实验"中，研究者设置摆绳长度、摆锤重量、起始高度、首次推力四个变量，要求个体从中找出可以引起钟摆幅度变化的变量。处于形式运算阶段的儿童会设计检验所有可能的假设的实验，每一次只改变一个因素，并保持其他三个因素不变，最终发现决定钟摆幅度的只有摆绳的长度。

（3）具有抽象逻辑思维。个体能理解符号的意义、隐喻和直喻，能对事物做出一定的概括，其思维发展水平已接近成人。

（4）具有补偿性的可逆思维。个体不仅具备了逆向性的可逆思维，而且具备了补偿性的可逆思维。例如，对于"在天平的一边加一点东西，天平就失去平衡，怎样使天平重新平衡"的问题，处于形式运算阶段的个体不仅能考虑到把所加的重量拿走（逆向性），而且能考虑到移动天平的加重的盘子使它靠近支点，即缩短力臂（补偿性）。而处于具体运算阶段的个体只能考虑到把所加的重量拿走，即只具备逆向性的可逆思维。

（5）思维的灵活性。他们不再恪守规则，常常由于规则与事实的不符而违反规则。

典型例题 1.（2022·石家庄·单选）小刚认为周围世界绕着他转，月亮跟着他走；他只知道自己有个哥哥，但不知道自己就是哥哥的弟弟。小刚心理发展所处的阶段是（　　）。

A.具体运算阶段　　B.前运算阶段　　C.后运算阶段　　D.形式运算阶段

【答案】B。

2.（2021·保定·单选）一位学生认为"如果我们踩在小草身上，小草会疼哭的""我一走路，月亮就跟着我走""花儿开了，因为它想看看我"。根据皮亚杰的认知发展阶段论，该学生最可能处于（　　）。

A.感知运动阶段　　B.前运算阶段　　C.具体运算阶段　　D.形式运算阶段

【答案】B。

3.（2021·石家庄·多选）根据皮亚杰认知发展阶段理论，2~7岁儿童思维的特征主要有（　　）。

A.泛灵论　　B.去中心化　　C.推断事实　　D.不可逆运算

【答案】AD。

高分点睛

1.【常考题型】单选、多选、判断

2.【命题角度】

（1）直接考查各认知发展阶段的名称、思维特征及所属的年龄阶段。

（2）给出实例，要求辨别其对应的思维特点或其所属的认知发展阶段。

二、维果茨基的认知发展理论

考点1　文化历史发展理论

苏联心理学家维果茨基（也译为维果斯基）从种系和个体发展的角度分析了心理发展的实质，提出了文化历史发展理论。

1. 两种心理机能

维果茨基区分了两种心理机能：一种是作为动物进化结果的低级心理机能，它是个体早期以直接的方式与外界相互作用时表现出来的特征；另一种是作为历史发展结果的高级心理机能，即以人类社会特有的语言符号系统为中介的心理机能。文化历史发展理论认为，人的高级心理机能是各种活动和交往形式不断内化的结果。

2. "两种工具"观

维果茨基提出了"两种工具"观：①物质生产工具（如简单农具、弓箭等）。这种工具指向外部，引起客体的变化。②精神生产工具（人类社会特有的语言符号系统）。这种工具指向内部，影响人的心理结构和行为。

3. 内化学说

内化是指从社会环境中吸收观察到的知识，从而为个体所利用。

内化学说的基础是维果茨基的工具理论。维果茨基认为，高级心理机能是借助各种物质的和符号的手段由外部集体活动内化而成的。在儿童认知发展的内化过程中，语言符号系统的作用是至关重要的。语言发展中的自我中心言语的出现表明儿童的符号系统已经开始内化。

考点2　心理发展观

维果茨基认为，心理发展是个体的心理从出生到成年，在环境与教育的影响下，在低级心理机能基础上，逐渐向高级心理机能转化的过程。心理机能从低级向高级发展的标志有以下几个：①随意机能的不断发展；②抽象－概括机能的提高；③高级心理结构的形成；④心理活动的社会文化历史制约性；⑤心理活动的个性化。

考点3　教学和发展的关系 ★★★

关于教学与发展的关系，维果茨基提出了以下三个重要观点。

1. 最近发展区

维果茨基提出了最近发展区的概念。他认为，教师在教学时，必须考虑儿童的两种发展水平：一种是儿童现有的发展水平；另一种是在他人尤其是成人指导的情况下可以达到的较高的解决问题的水平。这两者之间的差距就叫作最近发展区。

2. 教学应当走在发展的前面

根据最近发展区思想，维果茨基提出"教学应当走在发展的前面"的观点。其包含两层含义：①教学在发展中起主导作用；②教学创造着最近发展区。

3. 学习的最佳期限

维果茨基认为教学需以成熟为前提，但更重要的应使教学建立在正在开始但尚未形成的心理机能之上，走在心理机能形成之前。只有在此时施以适当的教育，才能最大限度地发挥教育的作用，促进心理发展。

> **高分点睛**
>
> 1.【常考题型】单选、多选、判断
> 2.【命题角度】
> (1) 直接考查内化学说的基础、最近发展区的提出者。
> (2) 结合例子或关键词,考查最近发展区的内涵。
> (3) 以多选的形式考查维果茨基提出了哪些理论。

第三节　学生人格和自我意识发展

一、人格的发展

考点1　弗洛伊德的人格发展理论

弗洛伊德的人格发展理论有两个重要特点:一是强调性本能在人格形成和发展中的重要作用;二是强调婴幼儿时期的经历和经验对人格形成和发展起重要作用。

弗洛伊德将个体的人格发展(心理发展)划分为以下五个阶段:①口唇期。②肛门期。③性器期。处于此阶段的儿童会对异性父母产生依恋。男孩出现恋母情结,女孩出现恋父情结。④潜伏期。⑤生殖期。

考点2　埃里克森的人格发展阶段理论(心理社会发展理论)　★★★

埃里克森认为,人的人格发展持续一生,整个发展过程可以划分为八个阶段。在每个阶段,个体都面临一个需要解决的心理社会问题,该问题引起个体心理发展的矛盾与危机。如果个体顺利解决该矛盾与危机,就会对个体的心理发展产生积极影响;相反,则会产生消极影响。下文重点讲解前五个阶段。

1. 婴儿期(零岁至一岁半)——信任感对怀疑感

这一阶段的个体面临的发展任务是获得信任感,克服不信任感,体验希望的实现。若婴儿得到较好的抚养并与母亲建立良好的亲子关系,那么婴儿将对周围世界产生信任感,否则将会产生怀疑和不安。

2. 儿童早期(一岁半至三岁)——自主感对羞怯感

这一阶段的个体面临的发展任务是获得自主感,克服羞耻与疑虑,体验意志的实现。在这一阶段,个体开始表现出自我控制的需要与倾向,渴望自主并试图自己做一些事情,如自己吃饭、穿衣、大小便。顺利通过该阶段的儿童发展了对自己的思想、情感和行为的控制感;否则,儿童开始对自己适应环境的能力感到怀疑。

3. 学前期（三岁至六七岁）——主动感对内疚感

这一阶段的个体面临的发展任务是获得主动感，克服内疚感，体验目的的实现。在这一阶段，儿童开始主动参与一些活动，他们想象自己正在扮演成年人的角色，并因为能从事成年人的活动和胜任这些活动而体验到一种愉快的情绪。在这一时期，儿童不再仅仅是从动作上满足自己的要求，而是开始出现了思想上的"主动"。如果父母对孩子的活动给予支持，那么其就会获得主动感；相反，如果父母过度要求孩子的自我控制，就会引发儿童产生过度的内疚，认为自己不是一个好孩子。

4. 学龄期（六七岁至十二岁）——勤奋感对自卑感

这一阶段的个体面临的发展任务是获得勤奋感，克服自卑感，体验能力的实现。这一阶段的儿童进入学校学习，开始体会到持之以恒的能力与成功之间的关系，形成一种成功感。儿童在不同社交范围活动的经验、完成任务以及从事集体活动的成功经验可增强儿童的胜任感，遭遇困难和挫折则会导致自卑感。

5. 青少年期（十二岁至十八岁）——自我同一性对角色混乱

这一阶段的个体面临的发展任务是建立同一性，防止角色混乱，体验忠诚的实现。这一阶段的个体开始体会到自我概念问题的困扰，开始思考"我是谁""我是怎样的人"等问题。若个体能够结合自己过去的经验和当前面临的任务，将自我同一性的形成和职业的选择、性别角色的形成、人生观的形成等很好地整合起来，就会形成一个整合的自我概念。否则，个体对自我概念和将来的期望感到混乱。

玛西亚根据探索（对角色与新行为的尝试）和承诺（对个人生活领域做出的决定）两个维度将同一性的发展状态分为以下四种：①同一性扩散（迷乱），即个体未能成功地选择或没有严肃地考虑这些选择，对自己的社会角色和人生目标未能形成定论，产生迷乱；②同一性早闭，即个体未充分考虑到将来的各种可能性，而是把这种选择权利交给父母或其他人；③同一性延缓，即个体由于内心斗争而未能在青少年期获得同一性；④同一性完成，个体在充分考虑了各种可能的机会和自己的情况后做出了自己的选择并为自己的目标而努力。

6. 成年早期（十八岁至二十五岁）——亲密感对孤独感

这一阶段的个体面临的发展任务是获得亲密感，避免孤独感，体验爱情的实现。

7. 成年中期（二十五岁至五十岁）——繁殖感对停滞感

这一阶段的个体面临的发展任务是获得繁殖感，避免停滞感，体验关怀的实现。

8. 成年晚期（五十岁以后）——自我整合对绝望感（完美无憾对悲观绝望）

这一阶段的个体面临的发展任务是获得完善感，避免失望、厌倦感，体验智慧的实现。

> **高分点睛**
>
> 1.【常考题型】单选、多选、判断、材料分析
>
> 2.【命题角度】
>
> （1）考查"阶段名称—年龄—发展危机—发展任务"的对应关系。例如，小学阶段的主要任务是什么？答案：培养学生的勤奋感。

（2）给出实例，选择对应的发展阶段。
（3）要求利用该理论分析中小学生出现问题的原因及解决方法。
3.【识记技巧】
考生可通过以下口诀记忆埃里克森前五个阶段的任务和经典例子。
婴儿信任对怀疑，建良好母子关系。儿童自主对羞怯，自主吃饭又穿衣。
学前主动对内疚，主动帮忙很欢喜。学龄勤奋对自卑，勤奋学习有能力。
青少年期很重要，"我是谁"，要同一。

二、自我意识的发展

考点1　自我意识的发展过程

从内容上看，自我意识分为生理自我、社会自我和心理自我。这也是个体自我意识成长的一般发展历程。

1. 生理自我

生理自我是指个体对自己的生理属性的意识，包括个体对自己身体、外貌、体能等方面的意识。生理自我是自我意识最原始的形态，通常始于1岁末，至3岁左右基本成熟。1~3岁是自我意识发展的第一个飞跃期。

2. 社会自我

社会自我是指个人对自己社会属性的意识，包括对自己在各种社会关系中的角色、地位、权利、人际距离、与他人相处时的融洽程度等方面的意识。例如，一位同学认为自己在班级中属于"尖子生"，这种对自己在群体中地位的意识就属于社会自我。社会自我的发展始于3岁以后，至少年期基本成熟。

3. 心理自我

心理自我是指个人对自己心理属性的意识，包括个人对自己的人格特征、心理状态、心理过程及行为表现等方面的意识。例如，个体对自己能力、性格等的认识就属于心理自我。青春期开始形成和发展心理自我，是自我意识发展的第二个飞跃期。

考点2　中小学生自我意识发展的特点

1. 小学生自我意识发展的特点

小学生的自我意识的总体发展趋势是随年龄的增加而向高水平发展，但发展速度并不是匀速直线式的，既有快速上升期，也有平稳发展期。小学生自我意识发展的特点表现如下。

（1）自我概念。①自我描述从比较具体的外部特征描述向比较抽象的内部特征发展。例如，小学低年级的儿童从姓名、年龄、家庭住址、身体特征等外部特征描述自己，而小学高年级的儿童试图从兴趣爱好、内在品质等内部特征描述自己。②小学高年级的学生开始能用心理词汇描述自己，但其仅能从具体形式看待自己，并把自己的特征视为绝对的和固定的。例如，小学生说自己是善良的，因为他把东西分享给了同伴或其他人，但并不能理解善良的人在某些场合也会抢人的东西。③自我概念内容中的社会性随年级升高而增多。

（2）自我评价。①自我评价的独立性日益增强；②从比较笼统的评价发展到对自己个别方面或多方面行为的优缺点进行评价；③表现出对内心品质进行评价的初步倾向；④自我评价处于由具体到抽象、由外显行为到内部世界的发展过程中，抽象概括性评价和对内心世界的评价在迅速发展；⑤自我评价的稳定性增强。

（3）自我体验。小学生的自我体验日渐深刻，集中表现在自尊感方面。另外，小学生的各种自我体验的发生和发展是不同步的，一般来说，愉快和愤怒的情绪发展较早，而自尊、羞愧感和委屈感发生较晚。

（4）自我控制。小学生的自我控制能力随着年龄增长而逐渐提高。

2. 中学生自我意识发展的特点

总体来说，中学生自我意识的发展主要表现如下。

（1）成人感和独立意向显著。

（2）自我开始分化。自我分化是自我意识成熟的一个表现，它体现为对自己的客观审视、评价及接受自己。

（3）自尊心高度发展。

（4）自我评价日趋成熟。

> **高分点睛**
>
> 1.【常考题型】单选、多选、判断
>
> 2.【命题角度】结合例子、关键词考查自我意识发展的三阶段及中小学生自我意识发展的特点。

第四节 学生的个别差异

一、学生的能力差异

学生能力的差异表现在个体差异和群体差异两个方面。

考点 1 能力发展的个体差异

1. 能力发展水平的差异

能力有高低的差异。以智力为例，智力分布近似正态分布，有些人的智力发展水平较高，有些人的智力发展水平较低，大多数人的智力属于中等水平。

通常可按儿童在智力测验中得到的智商高低来表示智力发展水平，智商在 130 以上者为智力超常，其中智商超过140的人属于天才，智商在100上下者为智力正常或中等，智商在70以下者为智力低常或低能。

2. 能力类型的差异（能力结构的差异）

能力类型的差异主要是指构成能力的各种因素存在质的差异，主要表现在知觉、记忆、言语和思维等心理活动方面。例如，有的人强于想象，有的人强于记忆。

另外，特殊能力的发展也存在类型差异。例如，在音乐能力方面，有的人有高度发展的曲调感和听觉表象，但节奏感较差；有的人有较好的听觉表象和节奏感，但曲调感较差。

3. 能力表现早晚的差异

能力表现早晚的差异主要体现在能力早期显露和大器晚成两个方面。

考点2　能力发展的群体差异

能力发展的群体差异是指不同群体之间的智力差异，包括智力的性别差异、年龄差异和种族差异等。其中，智力的性别差异主要表现在以下两个方面。

（1）男女智力的总体水平大致相等，但男性智力分布的离散程度比女性大，即很聪明和很笨的男性所占比例都比女性所占比例大，智力中等的女性所占比例比男性所占比例大。

（2）男女的智力结构存在差异，各自具有自己的优势领域。男性的视知觉能力较强，尤其是空间知觉能力明显地优于女性；女性的听觉能力较强，特别是对声音的辨别和定位，明显优于男性。男性多偏向于抽象思维，女性多偏向于形象思维。一般地说，女性比男性口语发展早，在语言流畅性及读、写、拼等方面均占优势，但男性在语言理解、言语推理等方面又比女性强。

> **高分点睛**
>
> 1.【常考题型】单选、多选、判断
>
> 2.【命题角度】
>
> （1）考查能力发展的个体差异和群体差异分别表现在哪些方面。例如，能力发展的群体差异表现在哪些方面？答案：种族差异、年龄差异和性别差异。
>
> （2）给出例子，要求辨别属于能力的哪种差异。

二、学生的学习风格差异

学习风格是指学习者所具有或偏爱的学习方式以及表现出来的相应的学习特征。

考点1　感觉通道差异

感觉通道差异是指学习者对于视觉、听觉和动觉刺激的偏好程度。学习者在感觉通道偏好上可分为以下三种类型。

1. 视觉型学习者

视觉型学习者对视觉刺激较为敏感，习惯通过视觉接受学习材料。他们喜欢通过自己看书和做笔记的方式学习,不喜欢教师的讲授和灌输。

2. 听觉型学习者

听觉型学习者较为偏重听觉刺激,他们对语言、声响和音乐的接受力和理解力较强,甚至喜欢一边学习,一边听音乐。

3. 动觉型学习者

动觉型学习者喜欢接触和操作物体,对自己能够动手参与的认知活动更感兴趣。

考点 2　认知风格差异 ★★★

认知风格又称认知方式,是个体在感知、思维、记忆和解决问题等认知活动中加工和组织信息时显示出来的独特而稳定的风格。认知风格没有优劣之分,只是表现了学习者对信息加工方式的某种偏爱,主要影响学习者的学习方式。学习者认知风格的差异主要表现在认知风格的类型上。

1. 场独立型与场依存型

美国心理学家赫尔曼·威特金根据个体在认知加工中对客观环境提供线索的依赖程度将认知风格分为场独立型与场依存型。

场独立型的学习者是"内部定向者",在对客观事物做判断时,常常利用自己内部的参照,不易受外来因素的影响和干扰,倾向于独立地对事物做出判断;行为常是非社会定向的,社会敏感性差,不善于社交,关心抽象的概念和理论,喜欢独处。

场依存型的学习者是"外部定向者",对物体的知觉倾向于以外部参照作为信息加工的依据,其态度和自我知觉更易受周围人们,特别是权威人士的影响和干扰,善于察言观色,注意并记忆言语信息中的社会内容;行为常以社会标准为定向,社会敏感性强,爱好社会活动。

场独立型与场依存型认知风格的学习偏好见表 3-2-1。

表 3-2-1　场独立型与场依存型认知风格的学习偏好

学习特点	场独立型	场依存型
学习兴趣偏好	自然科学	人文科学和社会科学
学习成绩倾向	自然科学成绩好,人文、社会科学成绩差	自然科学成绩差,人文、社会科学成绩好
学习策略特点	独立自觉学习,由内在动机支配	易受暗示,学习被动,由外在动机支配
教学方式偏好	结构不严密的教学	结构严密的教学
学习方式偏好	自主学习	合作学习
知觉方式偏好	偏爱分析的知觉方式	偏爱非分析的、笼统的或整体的知觉方式

2. 沉思型与冲动型

美国心理学家杰罗姆·卡根及其同事根据儿童寻找相同图案和辨认复杂镶嵌图形的速度和成绩提出了沉思型与冲动型认知风格。区分这两种认知风格的标准是解答问题的反应时间与精确性。

沉思型的学习者碰到问题时倾向于深思熟虑,权衡各种问题解决的方法,然后从中选择一个满足多种条件的最佳方案，因而错误较少。这类学习者能够较好地约束自己的行为，忍受延迟性满足，更能拒绝诱惑；更容易自发地或在外界要求下对自己的解答做出解释；能够更多地提出不同假设，表现出具有更成熟的解决问题策略，在解决高层次问题中占优势。他们善于在阅读过程中鉴别文章的前后矛盾之处，更深刻地理解作者的写作意图。

冲动型的学习者倾向于很快地检验假设，根据问题的部分信息或未对问题做透彻的分析就仓促做出决定，反应速度较快，但容易发生错误。这类学习者很难自发地或在外界的要求下对自己的解答做出解释，即使在外界要求必须做出解释时，他们的回答也往往是不周全、不合逻辑的，在运用低层次事实性信息的问题解决中占优势。他们在阅读过程中通常能够快速浏览全文，把握大意。

3. 辐合型与发散型

美国心理学家吉尔福特把认知风格分为辐合型与发散型。

辐合型的学习者在解决问题的过程中表现为搜集或综合信息与知识，运用逻辑规律，将思维指向一个方向，逐步缩小解答范围，直至找到唯一正确的答案。

发散型的学习者在解决问题过程中个体的思维沿着许多不同的方向扩展，使观念发散到各个有关方面，最终产生多种可能的答案而不是唯一正确的答案，因而容易产生新颖的观念。

4. 整体型与序列型（同时型与继时型）

英国心理学家帕斯克把认知风格分为整体型与序列型。

整体型又称同时型，整体型的学习者倾向于事先预测整个问题将涉及的各个子问题的层次结构及自己将采取的方式，他们总是试图把一系列的子问题组合起来进行整体思考。

序列型又称继时型，序列型的学习者重视一系列子问题的逻辑顺序，第一种假设成立后再进一步考虑第二种假设，逐步推导出问题的结果。他们解决问题的过程表现为一环扣一环，在子问题快解决完的时候，他们才会对学习内容形成一种比较完整的看法。

一般来说，男生倾向于整体型的认知风格，女生比较倾向于序列型的认知风格。

5. 深层加工与表层加工

斯诺根据个体对信息进行加工的深度将认知风格分为深层加工与表层加工。

深层加工指深刻理解所学内容，将所学内容与更大的概念框架联结起来，以获取内容的深层意义。例如，学生在学习"中心"这一概念时，能与皮亚杰理论中的"自我中心""前运算阶段"等概念联系起来。深层加工有利于侧重理解的考试。

表层加工指记忆学习内容的表面信息，不将它们与更大的概念框架联结起来。例如，学生在学习"自我中心"这一概念时，只是记住其定义和确认1~2个有关的例子。表层加工有利于侧重事实学习和记忆的考试。

6. 具体型与抽象型

美国心理学家哈维及其同事根据儿童在进行信息加工时所采用概念水平的高低将认知风格分为具体型与抽象型。

具体型的学习者在进行信息加工时，善于深入地分析某一具体观点或情境，但必须向他们提供尽可能多的有关信息，否则很容易造成他们对问题的偏见。

抽象型的学习者在对事物进行认知时，能够看到某个问题或论点的众多方面，可以避免刻板印象（对人和事物认知的先入为主性），能够容忍情境的模糊性并能进行抽象程度较高的思考。

典型例题 1.（2021·沧州·单选）在有几种可能解答的问题情境中，个体倾向于很快地检验假设，且常常出错的认知方式被称为（　　）。

A. 冲动型　　　　　　　　　　B. 沉思型

C. 场独立型　　　　　　　　　D. 场依存型

【答案】A。

2.（2021·保定·单选）有的学生在解决问题时会使用比较复杂的假设，每个假设同时涉及若干属性，然后从全盘上考虑。这类学生的认知风格最可能倾向于（　　）。

A. 系列型　　　　　　　　　　B. 整体型

C. 场依存型　　　　　　　　　D. 场独立型

【答案】B。

高分点睛

1.【常考题型】单选、多选、判断

2.【命题角度】

（1）直接考查学习风格的类型及每种学习风格的内涵。

（2）给出定义或实例，要求辨别属于哪种常见的认知风格。

第三章　学习与学习理论

第一节　学习概述

一、学习的含义及特点

考点1　学习的含义 ★★

学习是个体在特定的情境下由于练习或反复经验而产生的行为或行为潜能比较持久的改变。学习有广义和狭义之分，广义的学习包括人类和动物的学习，狭义的学习专指人类的学习。

理解学习的含义需要注意以下几点。

（1）学习是人和动物共有的活动。例如，儿童经过训练可学会游泳、狗经过训练可协助破案都属于学习。

（2）学习是有机体获得后天经验的过程。由遗传、成熟、本能或机体损伤（如吞咽、身体发育、残疾）等导致的行为变化，不能称为学习。例如，蜜蜂采蜜、青春期变声都不属于学习。

（3）学习导致行为或行为潜能的变化是比较持久的。这一点可从以下两方面理解：一是"行为"既包括可观察的外显行为，如读书、写字等；又包括内隐的潜能变化，如记忆、思维、情感、态度或价值观等的变化。二是由疲劳、药物、适应等引起行为或行为潜能的变化比较短暂，不能称为学习。例如，运动员服用兴奋剂能使成绩暂时提高，人喝酒之后脾气变得暴躁等，这些行为变化是比较短暂的，都不属于学习。

（4）"改变"既包括行为由坏向好的变化，又包括由好向坏的变化。养成好习惯与养成坏习惯都是学习。

> **高分点睛**
>
> 1.【常考题型】单选、多选、判断
> 2.【命题角度】
> （1）直接考查学习的含义或对其含义的理解。
> （2）给出例子、俗语或成语，要求判断是否为学习现象。
> 3.【易错易混】
> 判断一个现象、俗语或成语是否为学习的关键区分点见下表。

项目	关键区分点	示例
学习	二者缺一不可：①由练习或反复经验引起；②行为或行为潜能的持久改变	小狗算算术、猴子骑车、鹦鹉学舌、老马识途、照猫画虎、熟能生巧、察言观色、上行下效、近朱者赤、见贤思齐
非学习	二者有一就不是学习：①由遗传、本能、成熟、适应、药物、机体损伤引起；②行为或行为潜能的暂时改变	蜜蜂筑巢、蜘蛛织网、公鸡打鸣、鸭子凫水、婴儿吸奶、膝跳反射、喜极而泣、破茧成蝶、视觉适应

此外，考生需要注意动物界存在学习，但是不存在教育。

考点 2　人类学习的特点

（1）人类学习的社会性。人类除了通过直接经验的方式获得个体经验外，还在同其他人的交往过程中获得人类社会的历史经验。

（2）以语言为中介。人类是以语言为中介来进行学习的。

（3）积极主动性。人是在积极地作用于环境、与周围的人的交往过程中进行学习的。

考点 3　学生学习的特点

学生的学习是人类学习的特殊形式，它不但具有人类学习的一般特点，还具有特殊性，主要表现为以下几点。

（1）学习的主要形式是接受学习。学生的学习是在教师的指导下有目的、有计划、有组织、有系统地进行的。

（2）学习过程是主动建构过程。学生的学习必须通过一系列的主动构建活动来接受信息，形成经验结构或心理结构。

（3）学习内容的间接性。在经验传递系统中，学生主要是接受前人的经验。

（4）学习的连续性。学生的学习是一个连续的过程，当前的学习与过去的学习有关，同时影响以后的学习。

（5）学习目标的全面性。学生的学习不但要掌握知识经验和技能，还要发展智能，以及形成行为习惯、培养道德品质、促进人格发展。

（6）学习过程的互动性。师与生、生与生之间的互动质量对学习质量有十分明显的影响。

二、学习的分类

考点 1　加涅关于学习的分类 ★★★

美国教育心理学家加涅在《学习的条件》中先后提出学习水平分类和学习结果分类。

1. 按学习水平分类

加涅根据学习情境由简单到复杂、学习水平由低级到高级的顺序，把学习分成八类。

（1）信号学习，指学习对某种信号做出某种反应。其过程是刺激—强化—反应（经典性条件作用）。例如，看到红灯就停；看到蛇就会感到恐惧而躲避。

（2）刺激-反应学习，指在一定情境下，个体做出反应，然后得到强化，其过程是情境—反应—强化（操作性条件作用）。例如，举手回答问题得到表扬，接下来都积极回答问题。

（3）连锁学习，指学习联合两个或两个以上的刺激-反应动作，以形成一系列刺激-反应动作联结。各种动作技能的形成都离不开连锁学习。例如，学生对广播体操动作的学习。

（4）言语联结学习，指形成一系列的言语单位的联结，即言语连锁化。例如，将英语单词连成句子。

（5）辨别学习，指学会识别多种刺激的异同并对它们做出不同的反应。例如，能够区分易混淆的汉字和多音字。

（6）概念学习，指学会认识一类事物的共同属性，并对同类事物的抽象特征做出反应。例如，将猫、狗、鼠等概括为"动物"。

（7）规则或原理学习，指学习两个或两个以上概念之间的关系。例如，物理学中的"功＝力×距离"这一规则的学习。

（8）解决问题学习，指学会在不同条件下，运用规则或原理解决问题。例如，学会了三角形和四边形的面积公式及面积可加原理后，推导出梯形的面积公式。

2. 按学习结果分类

（1）言语信息的学习

言语信息是指能用言语（或语言）表达的知识，可分为以下三小类：①符号记忆，包括人名、地名、外语单词、数字符号等的记忆；②事实的知识，如"中国的首都是北京"；③有组织的整体知识，如物理学中有关压强的知识。

言语信息的学习帮助学生解决"是什么"的问题，学生掌握的是通过言语交往或印刷物的形式传递的内容，或者学生的学习结果是以言语信息表达出来的。例如，学生通过学习后，能说出"诚信"的含义；小学生识字、学古诗等。

（2）智慧技能的学习

智慧技能又称智力技能、心智技能，指个体运用符号或概念与环境交互作用的能力。智慧技能的学习要解决"怎么做"的问题。每种水平的学习都包含着不同的智慧技能。例如，分数转换成小数，使动词和句子的主语一致等。

加涅认为每一级智慧技能的学习要以低一级智慧技能的获得为前提，最复杂的智慧技能则是许多简单的技能组合起来而形成的。他把辨别作为最基本的智慧技能，并按不同的学习水平及其包含的心理运算复杂程度由低到高，把智慧技能划分为以下几类（表3-3-1）。

表3-3-1 智慧技能的分类

分类	定义	实例
辨别（知觉辨别）	区分事物之间的不同点的能力	区分字母b、d、p、q，汉字已、己、巳
具体概念	识别具有共同特征的同类物体的能力	把大小、厚薄、封面颜色和图案不同的书，都看作"书"

（续表）

分类	定义	实例
定义性概念	运用概念的定义特征对事物分类的能力	物理中的"功"，数学中的"比例"，化学中的"摩尔"
原理与规则	运用单一原理或规则办事的能力	用圆的面积公式计算半径为15cm的圆的面积
高级规则	将若干规则组合成新规则的能力	应用多条物理公式或定理解决相关物理问题

（3）认知策略的学习

认知策略是指运用有关人们如何学习、记忆、思维的规则，支配人的学习、记忆或认知行为，并提高其学习、记忆或认知效率的能力。例如，SQ3R阅读方法就是一种认知策略。这里S是指浏览全文，略知文章大意；Q是指提出疑难问题；3R是指带着问题阅读课文、对重要文段进行诵读、回顾或复读课文。

认知策略与智慧技能的不同在于智慧技能定向于学习者的外部环境；认知策略则支配着学习者在适应环境时其自身的行为，即学习者用来"管理"自己学习过程的方式。

（4）运动技能的学习

运动技能又称动作技能，是指通过练习获得的、按一定规则使自身肌肉运动的能力。体操技能、写字技能、作图技能、操作仪器技能都属于运动技能。

（5）态度的学习

态度的学习是指个体习得的对人、对事、对物、对己的反应倾向。态度可以从各种学科的学习中习得，但更多的是从校内外活动和家庭中习得。例如，观看电影《战狼》后对军人产生敬佩之情，立志成为一名军人，这里发生的学习就是态度的学习。

加涅提出了三类态度：①儿童对家庭和其他社会关系的情感体验；②对某种活动表现出来的积极的、喜爱的情感；③有关个人品德的某些方面，如热爱国家。

以上五种学习类型分别属于三个领域，言语信息、智慧技能、认知策略的学习属于认知领域，运动技能的学习属于动作技能领域，态度的学习属于情感领域。

典型例题（2021·石家庄·单选）小明原来见了陌生人就躲避，上幼儿园一个月后，小明的这种行为消失了。根据加涅的学习结果分类，这里发生的学习是（　　）。

A. 言语信息的学习　　　　　　　　　　B. 智慧技能的学习
C. 认知策略的学习　　　　　　　　　　D. 态度的学习

【答案】D。

考点2　其他关于学习的分类

1. 依据学习形式和性质分类

奥苏伯尔从两个维度对认知领域的学习进行了分类。按照学习形式，即学习进行的方式，将学习分为接受学习和发现学习；按照学习性质，即学习材料与学习者原有知识的关系，将学习分为机械学习和有意义学习。（详细内容见本章第三节"认知学习理论"）

2. 依据学习目标分类

美国著名教育心理学家布卢姆认为，教育目标即学生的学习结果，应该包括认知学习、情感学习和动作技能学习三大领域。（详细内容见第三部分第五章第一节"教学设计"）

3. 依据学习内容分类

依据传递经验的内容不同，我国学者冯忠良把学习分为知识的学习、技能的学习、社会规范的学习。

4. 依据学习的意识水平分类

美国心理学家阿瑟·雷伯依据学习的意识水平将学习分为内隐学习和外显学习。

内隐学习是指有机体在与环境接触的过程中，不知不觉地获得一些经验并因之改变其后某些行为的学习。例如，人们能够辨别哪些语句符合语法，却不一定能够说出这些语法规则是什么。

外显学习类似于有意识地问题解决，是有意识的、清晰的、需要付出心理努力并需按照规则做出反应的学习。例如，学习数学中的勾股定理、学习物理中的牛顿运动定律。

高分点睛

1.【常考题型】单选、多选、判断
2.【命题角度】
（1）直接考查加涅学习水平分类由低级到高级的层级结构。
（2）给出实例或关键词，要求判断其属于哪种学习水平或学习结果的学习。
（3）依据划分维度，选择相应的学习类型。

第二节　行为主义学习理论

行为主义学习理论的主要代表人物是巴甫洛夫、华生、桑代克、斯金纳等。该学习理论的核心观点认为，学习过程是有机体在一定条件下形成刺激与反应的联结从而获得新的经验的过程。

一、巴甫洛夫的经典性条件作用学习理论

考点1　经典实验——狗分泌唾液实验

实验者把食物呈现给狗，并测量其唾液分泌。在这个过程中，他发现如果在狗每次进食时反复摇铃，狗就会逐渐"学会"在只有铃声没有食物的情况下分泌唾液。

在上述实验中，食物被称为无条件刺激，由食物引起的唾液分泌称为无条件反射（自然的生理反应，不需要学习）。铃声原来是一种中性刺激，和食物在时间上多次结合后，成了条件刺激，仅由铃声引起唾液分泌称为条件反射（后天获得的，需要学习）。

一个原是中性的刺激与一个无条件刺激相结合，使动物学会对那个中性刺激做出反应，这就是经

典性条件作用，即一个新刺激替代另一个刺激与一个自发的生理或情绪反应建立联系。

考点2　经典性条件作用的基本规律 ★★★

1. 获得与消退

条件反射的获得是指中性刺激（如铃声）反复与无条件刺激（如食物）相匹配，使中性刺激获得信号意义转化为条件刺激的过程，即条件反射建立的过程。在条件反射的获得过程中，条件刺激必须先于无条件刺激呈现，二者必须同时或近乎同时呈现。

条件反射的消退是指在条件反射形成后，如果条件刺激重复出现多次而没有无条件刺激相伴随，则形成的条件反射会变得越来越弱，并最终消失。

2. 刺激泛化与刺激分化

刺激泛化是指人和动物一旦学会对某一特定的条件刺激做出条件反应以后，其他与该条件刺激类似的刺激也能诱发其条件反应。例如，"一朝被蛇咬，十年怕井绳"；"风声鹤唳，草木皆兵"等。

刺激分化是指通过选择性强化和消退使有机体学会对条件刺激和与条件刺激相类似的刺激做出不同的反应。例如，区别重力和压力、质量和重量。

泛化是对事物的相似性的反应，分化是对事物的差异性的反应。泛化能使我们的学习从一种情境迁移到另一种情境，分化能使我们对不同的情境做出不同的恰当反应，从而避免盲目行动。

典型例题　1.（2022·石家庄·单选）人和动物一旦学会对某一特定的条件刺激做出条件反应之后，其他与该条件相类似的刺激也会诱发其条件反应。这是条件刺激的（　　）。

A. 一般化　　　　B. 具体化　　　　C. 分化　　　　D. 泛化

【答案】D。

2.（2021·沧州·单选）要求学生分辨勇敢和鲁莽，谦让和退缩是刺激的（　　）。

A. 获得　　　　B. 消退　　　　C. 泛化　　　　D. 分化

【答案】D。

考点3　高级条件作用和信号系统理论 ★★

1. 高级条件作用

巴甫洛夫认为，中性刺激一旦成为条件刺激，就可以起到与无条件刺激相同的作用。即在已经形成的条件反射的基础上，将原来的条件刺激作为无条件刺激，使它与另一个中性刺激同时出现，可以建立一种新的、更为复杂的条件反射。这被称为高级条件作用。例如，狗对铃声产生条件作用时，同时给一个中性刺激音乐，几次实验之后，仅出现音乐，狗也会分泌唾液。

2. 信号系统理论

巴甫洛夫认为，条件反射是一种信号活动，引起条件反射的刺激是信号刺激。他根据信号刺激的特点，提出了第一信号系统和第二信号系统的概念。

第一信号系统是以直接作用于感官的具体刺激物为条件刺激而建立起来的条件作用系统，是人类与动物共有的条件作用机制。例如，"鹦鹉学舌""杯弓蛇影"等。

第二信号系统是以语言和文字为条件刺激而建立起来的条件作用系统，是人类特有的条件作用机制，是人类和动物的条件反射活动的根本区别。例如，"谈虎色变""谈梅生津"等。

典型例题（2022·石家庄·单选）以下属于第二信号系统活动的是（　　）。

A. 急中生智　　　B. 触景生情　　　C. 打草惊蛇　　　D. 谈虎色变

【答案】D。

> **高分点睛**
>
> 1.【常考题型】单选、多选、判断
>
> 2.【命题角度】要求判断给定情境体现的原理（包括刺激的泛化和分化；条件反射和无条件反射；第一信号系统和第二信号系统）。

二、华生的行为主义学习理论

华生是行为主义的创始人，是美国第一个将巴甫洛夫的研究作为学习理论基础的心理学家。他认为，学习就是以一种刺激替代另一种刺激建立条件作用的过程。人类出生时只有几个反射（如打喷嚏、膝跳反射）和情绪反应（如惧、爱、怒等），所有其他行为都是通过条件作用建立新刺激—反应（S-R）联结而形成的。

华生根据著名的"小阿尔伯特"实验，提出了经典性条件作用学习理论关于学习的实质的基本观点，即有机体的学习就是通过经典性条件作用的建立，形成刺激与反应之间联结的过程。

三、桑代克的联结主义理论——联结-试误说（尝试-错误说）

考点1　经典实验——饿猫开迷箱实验

桑代克将一只饿猫关在专门设计的实验迷箱里，箱子附近放着一条鲜鱼，箱内有一个开门的旋钮，碰到这个旋钮，门便会开启。开始饿猫无法走出箱子，只是在里面乱碰乱撞，偶然一次碰到旋钮打开门，便得以逃出吃到鱼。经多次尝试，猫学会了碰旋钮去开箱门的行为。这时，饿猫自动形成了迷箱刺激情境与触及开门机关反应之间的联结。

考点2　基本观点

（1）学习的实质在于以试误的方式形成刺激与反应之间的联结，即 S-R 之间的联结。S-R 之间的联结是直接的，并不需要中介的作用。

（2）学习的过程是一种渐进的、盲目的、尝试错误的过程。在此过程中随着错误反应的逐渐减少和正确反应的逐渐增加，最终在刺激与反应之间形成牢固的联结。

考点3　基本规律 ★★

（1）准备律，是指学习者在学习开始时的预备定势。学习者有准备而又给以活动就感到满意，有准备而不给活动则感到烦恼，无准备而强制活动也会感到烦恼。

（2）练习律，包括应用律和失用律。应用律是指刺激与反应之间的联结会由于重复或练习而加强；失用律是指不重复、不练习，联结力量会减弱。

（3）效果律，是指刺激和反应之间的联结可因满意的结果而加强，也可因烦恼的结果而减弱。一个人当前行为的后果对决定他未来的行为起着关键的作用反映的就是效果律。

典型例题（2021·沧州·单选）"一个联结的使用，会增加这个联结的力量"，是指（　　）。
A. 效果律　　　　　　　　　　　B. 练习律
C. 失用律　　　　　　　　　　　D. 准备律
【答案】B。

考点4　教育意义

（1）鼓励学生勇于尝试，敢于犯错，在错误中成长。
（2）任何学习都应该在学生有准备的状态下进行，不能经常搞"突然袭击"。（准备律）
（3）激发学生的学习动机，培养良好的学习态度。如果学习者对要学习的内容感兴趣，有充分的心理准备，就会有事半功倍的效果，反之则不然。（准备律）
（4）进行适当而有效的练习，帮助学生巩固新知识。（练习律）
（5）提供及时的反馈，巩固正确的行为。（效果律）

> **高分点睛**
>
> 1.【常考题型】单选、多选、判断
> 2.【命题角度】
> （1）结合实例或者直接考查桑代克的联结主义理论的观点。
> （2）直接考查或根据实例考查桑代克的三条基本规律。

四、斯金纳的操作性条件作用学习理论

考点1　经典实验——斯金纳箱实验（白鼠按压杠杆实验）

斯金纳箱内装有一根操纵杆，操纵杆与提供食丸的装置连接。他把饥饿的白鼠置于箱内，白鼠偶然踏上操纵杆，供丸装置就会自动落下一粒食丸。白鼠经过几次尝试，会不断按压杠杆，直到吃饱为止。

斯金纳通过上述实验发现，有机体做出的反应（如按压操纵杆）与其随后出现的刺激条件（如获得食物）之间的关系对行为起着控制作用，它能影响以后反应发生的概率。

考点2　操作性条件反射的基本过程

斯金纳认为，学习实质上是一种反应概率上的变化，而强化是提高反应概率的手段。如果一个操作（自发反应）出现以后，后面跟有强化刺激，则该操作的概率就提高；已经通过条件作用强化了的操作，如果出现后不再跟有强化刺激，则该操作的概率就降低，甚至消失。

考点3　行为的分类

斯金纳认为，人和动物的行为有应答性行为和操作性行为两类。

应答性行为是由已知的刺激引起的，机体被动地对环境刺激做出反应。应答性行为包括所有的反射在内，是巴甫洛夫的经典条件作用的研究对象。例如，风吹导致眨眼，食物刺激味蕾引起唾液分泌等。

操作性行为是有机体在一定情境中自然产生并由于结果的强化而固定下来的，是操作性条件作用的研究对象。斯金纳认为，人们日常生活中的大部分行为都是操作性行为。例如，读书写字、步行上学、回答问题等。

巴甫洛夫的经典性条件作用和斯金纳的操作性条件作用的对比见表3-3-2。

表3-3-2　巴甫洛夫的经典性条件作用 VS 斯金纳的操作性条件作用

比较范畴	经典性条件作用	操作性条件作用
代表人物	巴甫洛夫	斯金纳
实验	狗分泌唾液实验（狗摇铃进食实验）	白鼠按压杠杆实验
行为	无意的、被动的、应答性行为	有意的、主动的、操作性行为
刺激和行为的顺序	行为发生在刺激之后	行为发生在刺激之前
学习的发生	中性刺激与无条件刺激的匹配	强化行为影响随后行为出现的频率

考点4　操作性条件作用的基本规律　★★★

1. 强化

强化是指在条件反射中能够提高反应概率的一切手段。强化物是一些刺激物，它们的呈现或撤除能够提高反应发生的概率。

（1）正强化与负强化

①正强化也称积极强化，是指个体在做出某种反应之后，给予一个愉快刺激（如给予某种奖励、奖品等），从而提高其类似行为出现的概率。正强化的方法包括奖学金、对成绩的认可、表扬、改善学习、给予学习和成长的机会等。

需要注意的是，在正强化中，愉快刺激需要根据具体情况判断。例如，学生违反纪律时，教师总是发怒并大声训斥，学生却越来越不像话。在这种情况下，学生行为的目的是引起教师的注意，教师的"发怒"和"训斥"正是学生期待的效果，因此提高了学生该行为的发生频率。

②负强化也称消极强化，是指个体在做出某种反应之后，令其摆脱厌恶刺激（如免除家务劳动），从而提高其类似行为出现的概率。例如，体育老师告诉小红，如果她表现得好就不让她罚站了。

负强化的条件作用类型可分为逃避条件作用和回避条件作用。逃避条件作用是指当厌恶刺激出现时，有机体做出某种反应，从而逃避了厌恶刺激，则该反应在以后的类似情境中发生的概率也会提高。例如，小明看到有人摔倒会绕开走。回避条件作用是指当预示厌恶刺激即将出现的刺激信号出现时，有机体也可以自发地做出某种反应，从而避免了厌恶刺激的出现，则该反应在以后的类似情境中发生的概率便提高。例如，过马路时听到汽车喇叭声后就迅速躲避。

（2）一级强化和二级强化

一级强化满足人和动物的基本生理需要，如满足食物、水、安全、温暖等需要。

二级强化是指任何一个中性刺激与一级强化反复结合后，自身获得强化效力，可分为社会强化（如权力、表扬、微笑、关注等）、信物（如钱、奖品等）和活动（如玩游戏、听音乐等）。

（3）普雷马克原理

普雷马克原理又称祖母原则，是指利用频率较高的活动来强化频率较低的活动，从而促进低频活动的发生。通俗讲就是首先做我要你做的事情，然后才可以做你想做的事情。

运用普雷马克原理时必须注意以下几点：①必须是先有行为，后有强化，这种前后关系不容颠倒；②必须使学生在主观上认识到强化与他的学习行为之间的依随关系；③必须用学生喜欢的活动去强化他相对不喜欢的活动，而不能相反。

（4）强化程式（强化程序）

强化程式是指反应受到强化的时机和频次。强化的程式可分为连续强化与间隔强化。间隔强化又分为时间式间隔（包括定时、变时强化）和比率式间隔（包括定比率、变比率强化）。

图 3-3-1 普雷马克原理

表 3-3-3 强化程式的分类

程式分类		定义	示例	应用
连续强化		给予每个反应强化	一按开关灯就亮	学习者学习新任务的最初，要对其进行连续强化，随着学习的进行，比较正确的反应优先得到强化，逐渐转移到定时强化，最后采用变比率强化
间隔强化	定时强化	固定时段后给予强化	按时发工资	
	变时强化	不定时给予强化	不定时的随堂测验	
	定比率强化	固定反应次数后给予强化	计件工作	
	变比率强化	不定反应次数后给予强化	老虎机；买彩票	

2. 消退

消退是一种无强化的过程，其作用在于降低某种反应在将来发生的概率，以达到消除某种行为的目的。消退是减少不良行为、消除坏习惯的有效方法。例如，教师对上课喜欢做鬼脸的学生不予理会，于是他扮鬼脸的行为逐渐减少，这体现了消退原理。

3. 惩罚

惩罚是指当有机体做出某种反应之后，呈现一个厌恶刺激或撤销一个愉快刺激，那么以后在类似情境或刺激下，该行为的发生概率就会降低甚至受到抑制。

（1）正惩罚和负惩罚

惩罚包括正惩罚（Ⅰ型惩罚、施予式惩罚）和负惩罚（Ⅱ型惩罚、剥夺式惩罚）两种形式。

正惩罚是通过呈现厌恶刺激来降低反应频率。例如，教师通过将学生赶出教室（呈现厌恶刺激）的方式来降低学生扰乱课堂秩序这一行为出现的概率。

负惩罚是通过撤销愉快刺激来降低反应频率。例如，家长通过不给孩子买手机（撤销愉快刺激）的方式来降低他考不进全班前五名这一事件出现的概率。

（2）惩罚和负强化的区别

①目的不同。惩罚的目的是阻止不良行为的发生，负强化的目的是激励良好行为的发生。

②实施时机不同。惩罚在个体表现不良时使用，负强化在受惩罚的个体表现良好时使用。

③后果不同。惩罚的结果是不愉快的，负强化的结果是愉快的。

典型例题（2021·石家庄·单选）小强是一个不爱学习的学生，当他表现出上课注意听讲、按时完成作业等良好的学习行为时，张老师撤除了对他的批评。张老师的这一做法属于（　　）。

A. 正强化　　　　　B. 负强化　　　　　C. 消退　　　　　D. 惩罚

【答案】B。

考点5　操作性条件作用理论在教学中的应用

1. 代币法和行为契约法

代币法是用真正奖励物的暂时替代物来强化行为的方式，在低年级学生行为塑造中效果显著。代币一般是小红花、计分、筹码等可以充当财产的东西，当学生表现出良好行为时，给予代币，积累的代币最终可以换成真正奖励物。

行为契约法是由教师和学生之间形成的一种约定，内容包括学生应该做到哪些具体的行为及做到之后学生可以获得的奖励。契约的执行过程可以让学生学会制定合理的目标并遵守约定。

2. 行为塑造

斯金纳认为教育就是塑造行为，复杂的行为可以通过塑造而获得。塑造就是通过小步子强化达到最终目标。也就是将目标行为分解成一个个小步子，每完成一步就给予强化，直到获得最终的目标行为，这种方法也称为连续接近。

3. 程序教学理论

斯金纳根据他的强化学习理论观点，提出了程序教学思想。程序教学应遵循以下几个原则。

（1）小步子，即把教材上的知识项目分成具有逻辑联系的小步子。

（2）积极反应，即要求学生对每个知识项目都要做出积极的反应。

（3）及时反馈，即对学生的反应及时给出反馈信息，进行强化。

（4）自定步调，即学生在学习中可以根据自己的情况确定学习的速度和步骤，学习进度不要求一致。

（5）低错误率，即将错误率降到最低限度，使学生有可能每次都做出正确的反应。

4. 正强化思想与赏识教育

根据行为主义学习理论中有关正强化思想的精神，若想最大限度发挥赏识教育的积极功能，实施奖励要遵循以下原则：①坚持先教后奖的原则；②灵活使用正常奖励与意外奖励；③物质奖励与精神奖励宜交替使用；④奖励要实至名归；⑤结合"过程"与"结果"来实施奖励；⑥使用奖励应考虑学生的个性差异；⑦赏识教育尤其适合身心有缺陷的个体；⑧自我奖励与外在奖励相结合。

5. 负强化思想与惩罚教育

负强化和惩罚并不是截然分开的。假若学生因犯错而受到惩罚，事后不但不再犯错，而且在同样情境下学到以适当行为替代不当行为，这种惩罚在性质上就有了负强化的意义。惩罚只有符合负强化的意义才会产生最大的教育价值。

若想惩罚积极地产生负强化作用，从而培养良好行为，实施惩罚教育要遵循以下原则：①先教后罚；②非不得已，不使用惩罚；③惩罚只限于知过能改的行为；④多用剥夺式惩罚，少用乃至不用施予式惩罚；⑤针对学生的个别差异，选择具有针对性的惩罚方式；⑥惩罚原因要讲清楚；⑦惩罚要言出必行，恩威并重；⑧一视同仁；⑨惩罚强度要适当，允许将功补过；⑩惩罚时要尊重受罚者的人格。

需要注意的是，惩罚并不能使行为发生永久性改变，它只能暂时抑制行为，而不能根除行为。因此，惩罚的运用必须慎重，惩罚一种不良行为应与强化一种良好行为结合起来，方能取得预期的效果。

高分点睛

1.【常考题型】单选、多选、判断

2.【命题角度】

（1）结合例子、关键词等考查概念的区分（包括经典性条件作用和操作性条件作用；正强化和负强化；逃避条件作用和回避条件作用；正惩罚和负惩罚、消退；定时、变比率等强化程式）。

（2）给出概念或例子，考查普雷马克原理的运用及注意的要点。

（3）以判断的形式考查题干描述的强化方式是否正确。

3.【易错易混】

（1）逃避条件作用与回避条件作用

区分逃避条件作用与回避条件作用，要看厌恶刺激是否出现。逃避条件作用强调厌恶刺激已出现，回避条件作用强调厌恶刺激未出现，但即将出现。

（2）正强化和负强化、正惩罚和负惩罚

规律		刺激物	行为发生的频率	示例
强化	正强化	给予一个愉快刺激	提高	给予表扬
	负强化	摆脱一个厌恶刺激		取消限制玩游戏的禁令
惩罚	正惩罚	呈现一个厌恶刺激	降低	言语斥责
	负惩罚	撤销一个愉快刺激		禁吃零食

五、班杜拉的社会学习理论（社会认知理论）

班杜拉的社会学习理论认为，儿童通过观察他们生活中重要人物的行为而习得社会行为，这些观察以心理表象或其他符号表征的形式储存在大脑中，来帮助他们模仿行为。

考点 1　参与性学习和替代性学习

社会学习理论把学习分为参与性学习和替代性学习。

参与性学习是通过实践并体验行动后果而进行的学习，实际上就是在做中学习。

替代性学习是通过观察别人而进行的学习，即观察学习。人类的大部分学习是替代性学习。

考点 2　交互作用论

班杜拉提出了三元交互作用理论，总结了影响学习的三类因素：环境（资源、行为结果、他人与物理条件）、个体（信念、期望、态度与知识）和行为（个体行动、选择和言语表达）。他认为这三类因素互为因果，每两者之间都具有双向的互动和决定关系。

考点 3　观察学习说　★★★

班杜拉认为观察学习是人学习的最重要的形式。

社会学习理论关于学习的实质问题的基本看法是，学习是指个体通过对他人的行为及其强化性结果的观察，从而获得某些新的行为反应，或已有的行为反应得到修正的过程。

1. 观察学习的榜样

在观察学习中，榜样是指观察学习的对象。班杜拉将榜样分为以下三类：①活的榜样，即具体的活生生的人；②符号榜样，即通过语言和影视图像而呈现的榜样；③诫例性榜样，即以语言描绘或形象化方式表现某个带有典型特点的榜样，以告诫儿童学习或借鉴某个榜样的行为方式。

理想的榜样应当具备以下几个条件：①榜样的示范要特点突出，生动鲜明；②榜样的示范要符合学习者的年龄特征；③榜样的行为具有可行性，这是观察学习最基本的条件；④榜样的行为要有可信度；⑤榜样的行为要感人，能使学习者产生心理上的共鸣。

2. 观察学习的类型

（1）直接性观察学习，即学习者对示范行为简单的模仿。

（2）抽象性观察学习，即学习者从示范者的行为中获得一定的行为规则或原理。

（3）创造性观察学习，即学习者从不同示范行为中抽取不同的行为特点，并形成一种新的行为方式。

3. 观察学习的过程

（1）注意过程，即学习者注意并知觉榜样情境的过程。

（2）保持过程，即经过注意过程，学习者通常以符号的形式把榜样表现出的行为保持在长时记忆中的过程。

（3）动作再现（复制）过程，即学习者将记忆中的符号表征转换成适当的行为的过程。这是观察学习的中心环节。

（4）动机过程，即决定学习者是否会表现出已习得的行为的过程。

学习者是否表现出已习得的行为受以下三类强化的影响：①直接强化，即个体直接体验到自己行为后果而受到的强化。②替代强化，即学习者因看到榜样受强化而间接受到的强化。③自我强化，即个体能观察自己的行为，并根据自己的标准进行判断，由此强化或处罚自己。

典型例题 1.（2022·石家庄·单选）通过一定的榜样来强化相应的学习行为或学习行为倾向的是（　　）。

A. 直接强化　　　　B. 自我强化　　　　C. 替代强化　　　　D. 外界强化

【答案】C。

2.（2022·石家庄·单选）儿童易模仿影片中反面人物行为，导致不良品德。根据班杜拉的社会学习理论，适当的做法是（　　）。

A. 避免学生看这种影片　　　　　　B. 对有误行为进行说服教育
C. 减少描写反面人物　　　　　　　D. 影片应使观众体验到"恶有恶报，善有善报"

【答案】D。

高分点睛

1.【常考题型】单选、多选、判断
2.【命题角度】
（1）以单选或判断的形式考查观察学习的提出者。
（2）给出例子或概念考查观察学习的含义、类型、四个学习过程。
（3）直接考查或根据例子考查班杜拉提出的三种强化形式。

第三节　认知学习理论

认知学习理论认为，有机体获得经验的过程，不是在外部环境的支配下被动地形成刺激－反应的联结，而是通过积极主动的内部信息加工活动形成新的认知结构的过程。

一、苛勒的完形－顿悟说（格式塔学派的学习理论）

考点1　经典实验——黑猩猩取香蕉实验

苛勒在关有黑猩猩的笼子外放置香蕉，笼内放有两根短木棒，用其中的任何一根都无法够到笼外的香蕉。黑猩猩思考一会儿，突然把一根木棒插进另一根木棒的末端，将两根木棒像钓鱼竿一样接起来，够到了香蕉并把香蕉拨了过来。黑猩猩一旦领悟木棒接起来与远处香蕉的关系后，就能用同样的方式获得远处的香蕉。

苛勒发现，黑猩猩不是以尝试错误的方式逐渐学会如何拿到香蕉的，往往是突然学会解决这类问题的。

考点2　关于学习的主要观点

1. 学习的过程——顿悟

苛勒认为，学习是个体利用本身的智慧与理解力对情境及情境与自身关系的顿悟，而不是动作的累积或盲目的尝试。首先，学习是头脑里主动积极地对情境进行组织的过程。其次，学习过程这种知觉的重新组织，不是渐进的尝试错误的过程，而是突然的顿悟。

顿悟是领会到自己的动作和情境，特别是和目的物之间的关系。之所以产生顿悟，一方面是由于分析当前问题情境的整体结构，另一方面是由于心智本身具有组织力的作用，能利用过去经验填补缺口或缺陷。

2. 学习的实质——主体内部构造完形

完形是一种心理结构，是对事物关系的认知。苛勒认为，学习过程中问题的解决，都是通过对情境中事物关系的理解而构成一种完形来实现的。

3. 刺激与反应之间的联结是以意识为中介的

格式塔心理学的学习论认为，刺激与反应之间的联结是间接的、以意识为中介的。换言之，学习是学习者主动地去构造一种完形，学习者的主动构造作用在学习过程中起到了重要的作用。

考点3　评价

完形－顿悟说肯定了主体的能动作用，强调心理具有一种组织功能，把学习视为个体主动构造完形的过程，强调观察、顿悟和理解等认知功能在学习中的重要作用，强调整体观和知觉经验组织的作用，关切知觉和认知的过程，这对反对当时行为主义学习理论的机械性和片面性具有重要意义。但是，苛勒的完形－顿悟说与桑代克的联结－试误说并不是互相排斥和绝对对立的。联结－试误往往是顿悟的前奏，顿悟则是练习到某种程度时出现的结果。

> **高分点睛**
>
> 1.【常考题型】单选、判断
> 2.【命题角度】
> （1）考查"人物－实验－理论名称－观点"之间的对应关系。
> （2）区分苛勒的完形－顿悟说与桑代克的联结－试误说。

二、托尔曼的符号学习理论

考点1　经典实验

1. 位置学习实验（白鼠走迷宫实验）

迷宫有一个出发点、一个食物箱和三条长度不等的从出发点到达食物箱的通道。实验显示，若三条路均通畅白鼠会选择最短的通道A到达食物箱；若X处堵塞，白鼠会选择通道B；若Y处堵塞，白鼠会选择最长的通道C。

根据这一实验，托尔曼提出学习结果不是形成简单的、机械的运动反应，而是学习"达到目的的符号"及其代表的意义，建立一个完整的"符号－完形"模式，即"认知地图"。

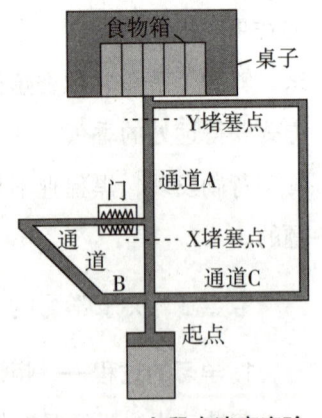

图3-3-2　白鼠走迷宫实验

2. 潜伏学习实验

托尔曼将白鼠分为3组走方位迷宫：第一组无食物奖励；第二组有食物奖励；第三组前10天无食物，而在第11天之后有食物奖励。结果发现，第三组在前10天的表现与无食物奖励组相当，但在第11天获得食物奖励后其行为表现发生剧变，后来甚至优于第二组。

这一结果表明，外在的强化不是学习产生的必要因素，不强化也会出现学习，学习并不是要通过强化才能实现。在此实验中，动物在未获得强化前学习行为已出现，只不过未表现出来，托尔曼将其称为潜伏学习。

考点2　基本观点

1. 学习的实质——期望的获得

学习是有目的的行为。学习的目的性是人类学习区别于其他动物学习的主要标志。

动物和人类的行为不是受它（他）们行为的直接结果影响，而是受到它（他）们预期行为将会带来什么结果支配。学习是期望的获得，而不是习惯的形成。期望是托尔曼学习理论的核心概念。

2. 学习过程——形成认知地图的过程

学习是对"符号-完形"的认知，是形成认知地图的过程。白鼠在学习方位迷宫图时，并非学习一连串的刺激与反应，而是在头脑中形成一幅"认知地图"，即"目标—对象—手段"三者联系在一起的认知结构。

3. 学习公式——S-O-R

在外部刺激（S）和行为反应（R）之间存在中介变量（O）。托尔曼主张将行为主义S-R公式改为S-O-R公式，O代表机体的内部变化。

高分点睛

1.【常考题型】单选、多选、判断

2.【命题角度】

（1）考查"人物-实验-理论名称-观点"之间的对应关系。

（2）以概念或例子的形式考查潜伏学习及其相对应的实验。

三、布鲁纳的认知-发现学习理论

美国教育心理学家布鲁纳主张学习的目的在于以发现学习的方式，使学科的基本结构转变为学生头脑中的认知结构。因此，他的理论常被称为认知-发现说或认知-结构论。

考点1　学习观

1. 学习的实质

布鲁纳认为，学习的本质不是被动地形成刺激-反应的联结，而是主动地形成认知结构。学习者不是被动地接受知识，而是主动地获取知识，并通过把新获得的知识和已有的认知结构联系起来，积极地建构新的知识体系。

认知结构是人关于现实世界的内在的编码系统，也可以说是学习者头脑中的知识结构，即学习者的观念的全部内容和组织形式。

2. 学习的过程

学习包括获得、转化和评价三个过程。学习活动首先是新知识的获得。获得了新知识以后，还要对它进行转化，我们可以超越给定的信息，运用各种方法将它们变成另外的形式，以适合新任务，并获得更多的知识。评价是对知识转化的一种检查，通过评价可以核对我们处理知识的方法是否适合新的任务，或者运用得是否正确。

考点2 教学观

1. 教学的目的

布鲁纳主张教学的最终目标是促进学生对学科结构的一般理解。

（1）学科的基本结构的含义

学科的基本结构是指一门学科围绕其基本概念、基本原理、基本态度和方法而形成的整体知识框架和思维框架。

（2）掌握学科的基本结构的必要性

①懂得原理使得学科更容易理解。

②有利于记忆的保持。

③有利于学习的迁移。

④有利于缩小高级知识和低级知识的间隙。

（3）掌握学科基本结构的教学原则

①动机原则。所有学生都有内在的学习愿望，内在动机是维持学习的基本动力。学生具有三种最基本的内在动机，分别是好奇内驱力（即求知欲）、胜任内驱力（即成功的欲望）和互惠内驱力（即人与人之间和睦共处的需要）。

②结构原则。任何知识结构都可以用以下三种表征形式呈现：一是动作表征，指借助动作进行学习，无需语言的帮助；二是图像表征，指借助表象进行学习，以感知材料为基础；三是符号表征，指借助语言进行学习，经验一旦转化为语言，逻辑推导便能进行。

③程序原则。教材的难度与逻辑上的先后顺序，必须针对学生的心智发展水平及认知表征方式，做适当的安排，以使学生的知识经验前后衔接，从而产生学习迁移。

④强化原则。教师在教学过程中应注意通过反馈使儿童知道自己的学习结果，并使他们逐步具有自我矫正、检查和强化的能力，从而强化有效的学习。

2. 教学模式

布鲁纳认为，发现是教育儿童的主要手段，学生掌握学科的基本结构的最好方法是发现学习。发现学习是指学生在学习情境中，经过自己探索寻找，从而获得问题答案的学习方式。发现不只限于发现人类尚未知晓的事物的行动，还包括用自己的头脑亲自获得知识的一切形式。

发现学习的范围、步骤、作用、特点及不足见表3-3-4。

表 3-3-4　发现学习的相关知识

范围	步骤	作用	特点	不足
已知+未知	①发现问题 ②提出假设 ③验证假设 ④得出结论	①提高智力的潜能，培养学生的直觉思维 ②培养学生的内部动机 ③培养学生将来进行发现的最优方法和策略 ④帮助信息的保持和检索	①强调学习的过程，而不只是最后的结果 ②强调直觉思维 ③强调内部动机 ④强调信息的组织、提取，而不只是存储	①运用范围有限。真正能够用发现法学习的只是极少数学生；只适合自然科学某些知识的教学；对教师知识素养和教学机智、技巧、耐心等要求很高，一般教师很难掌握 ②耗时过多，不经济。这是发现学习最大的缺陷

发现教学模式是指教师为学生提供一定的材料，创设问题情境，引导学生独立地发现解决问题的方法，从中发现事物之间的联系和规律，获得相应的知识，形成或改造认知结构的过程。在发现教学模式中，教师是学生学习的促进者和引导者。

高分点睛

1.【常考题型】单选、多选、判断

2.【命题角度】

（1）考查"人物-理论-观点"之间的匹配。

（2）以多选的形式考查三个学习过程和学科基本结构的四个教学原则或给出关键词，要求选择相对应的学习过程和教学原则。

3.【识记技巧】学科基本结构的教学原则可通过"冻结城墙"来记忆。具体对应如下。

冻：动机原则；结：结构原则；城：程序原则；墙：强化原则。

四、奥苏伯尔的有意义接受学习理论 ★★

考点 1　奥苏伯尔的学习分类

奥苏伯尔根据学习材料与学习者原有知识的关系，将学习分为机械学习和有意义学习；又根据学习进行的方式，将学习分为接受学习和发现学习。他认为，学生的学习主要是有意义的接受学习。

表 3-3-5　奥苏伯尔的学习分类及其含义

分类依据	学习类型	含义
学习材料与学习者原有知识的关系	机械学习	学习者并未理解符号代表的知识，只是依据字面上的联系，记住某些符号的词句或组合，死记硬背
	有意义学习	符号代表的新知识与学习者认知结构中已有的适当观念建立起非人为的和实质性的联系

分类依据	学习类型	含义
学习进行的方式	接受学习	教师把学习内容以定论的形式传授给学生。对学生来讲，学习不包括任何的发现，只是需要把学习内容与自己已有的知识相联系
	发现学习	学习的内容不是以定论的形式教给学生，而是由学生自己先从事某些心理活动，发现学习内容，然后再把这些内容与已有知识相联系。因此，发现学习和接受学习的根本区别在于学生在将新旧知识相联系之前，是否有一个发现的过程

下图是分布于机械学习—有意义学习，接受学习—发现学习之间的学习类型。

图 3-3-3 奥苏伯尔的学习分类及其举例

考点 2 有意义学习

1. 有意义学习的实质

奥苏伯尔认为有意义学习的实质是将符号代表的新观念与学习者认知结构中已有的适当观念建立起非人为的和实质性的联系的过程。

（1）非人为的联系是指新知识与原有认知结构中有关概念存在某种合理的或逻辑上的联系。例如，"菱形"和"平行四边形"之间的联系不是任意的，而是符合逻辑上特殊与一般的联系。

（2）实质性的联系即非字面的联系，是指表达的语词虽然不同，却是等值的。例如，一个熟背九九乘法表的儿童如果建立实质性的联系，就知道"八九七十二"和"九八七十二"这两个口诀是等值的。

2. 有意义学习的条件

有意义学习的产生既受客观条件（学习材料的性质）的影响，也受主观条件（学习者自身因素）的影响。

（1）客观条件

有意义学习的材料本身必须具有逻辑意义。一般来说，学生所学的教材是人类认识世界的概括，具有逻辑意义。

（2）主观条件

①学习者认知结构中必须具有能同化新知识的适当的认知结构知识，以便与新知识进行联系。这

是奥苏伯尔有意义学习理论的核心思想。

②学习者必须具有有意义学习的心向，即学习者必须具有积极主动地将符号代表的新知识与认知结构中的适当知识加以联系的倾向性。

③学习者必须积极主动地使这种具有潜在意义的新知识与认知结构中有关的旧知识发生相互作用，使认知结构或旧知识得到改善，使新知识获得实际意义即心理意义。有意义学习的目的就是使符号代表的新知识获得心理意义。

考点3　接受学习

奥苏伯尔认为学习通过接受发生。接受学习主要适合于年龄较大、有丰富知识和经验的人，学习的内容基本是以定论的形式传授给学生的。

1. 接受学习的教学方法——讲授教学

（1）讲授教学的含义

讲授教学是指以有组织、有意义的方式将知识讲授给学生。讲授教学主要适用于言语信息的学习。

（2）讲授教学的原则

①逐渐分化原则

逐渐分化原则是指首先应该传授最一般的、包摄性最广的观念，然后根据具体细节对它们逐渐加以分化。

②综合贯通原则（整体协调原则）

综合贯通原则是指对认知结构的已有知识重新加以组合，经过类推、分析、比较、综合，明确新旧知识间的区别和联系，消除可能产生的混淆，从不同角度以不同的关键特征为根据在各项新旧知识点之间建立精细的联系，使所学知识能综合贯通，构成清晰、稳定、整合的知识体系。

（3）讲授教学的策略——先行组织者策略

①先行组织者的概念

先行组织者是先于学习任务本身呈现的一种引导性材料，它比学习任务本身有更高的抽象、概括和综合水平，并且能清晰地与认知结构中原有的观念和新的学习任务关联起来。先行组织者可以是一个概念、一个新材料与已知例子共属的类别、一个概括、一个类比或者一个故事。设计"先行组织者"的目的是为新的学习任务提供观念上的固定点，增加新旧知识之间的可辨别性，以促进类属性的学习。

②先行组织者的分类

先行组织者可分为陈述性组织者和比较性组织者。

陈述性组织者旨在为新的学习提供最适当的类属者，与新的学习产生一种上位关系。比较性组织者用于比较熟悉的学习材料中，目的在于比较新材料与认知结构中相类似的材料，从而增强似是而非的新旧知识之间的可辨别性。

2. 消除对接受学习认识的误区

接受学习绝非被动学习，学习者仍然是主动的，在学习一种新知识时，学生在教师的引导下，尝试运用其既有的知识，从不同的角度去吸收新知识，最后纳入他的认知结构中，成为他自己的知识。

奥苏伯尔强调，无论是接受学习还是发现学习，都有可能是机械的，也都有可能是有意义的。如果教师教法得当，并不一定会导致学生机械地接受学习；同样发现学习也并不一定是有意义学习。

> **高分点睛**
>
> 1.【常考题型】单选、多选、判断
> 2.【命题角度】
> （1）以单选或多选的形式考"人物 – 理论名称 – 观点"之间的匹配。
> （2）给出分类维度或例子，要求选出对应的学习类型。
> （3）以概念或例子的形式考查有意义学习的实质、先行组织者策略。
> （4）以多选的形式考查有意义学习的主客观条件。

五、加涅的信息加工学习理论

加涅根据现代信息加工理论提出了学习过程的基本模式，认为学习过程就是一个信息加工的过程，即学习者对来自环境刺激的信息进行内在的认知加工的过程。

依据学习的信息加工模式，加涅把学生的学习过程划分为以下八个阶段。

（1）动机阶段：激发学生的学习动机，形成学习期望。

（2）了解（领会）阶段：学生对学习材料的注意和觉察过程。

（3）获得（习得）阶段：学生把感知到的材料在短时记忆系统中进行编码的过程。

（4）保持阶段：学生把习得的信息以语义编码的形式进入长时记忆储存的过程。

（5）回忆阶段：学生把已经在长时记忆系统中保持的信息给予重现的过程。

（6）概括阶段：学生把已经获得的知识推广到更广泛的领域中的过程。

（7）作业（操作）阶段：学生根据已获得的知识进行实际操作的过程。

（8）反馈阶段：对操作的效果进行评价的过程。

第四节　建构主义学习理论

建构主义心理学被视为"教育心理学的一场革命"，是心理学发展史中行为主义发展到认知主义后的进一步发展。建构主义心理学的奠基人为瑞士著名心理学家皮亚杰，后来在维果茨基等人的推动下，这一理论得到充分的发展并形成了较为完整的体系。

一、建构主义学习理论的主要内容

考点1　知识观

建构主义者在一定程度上质疑知识的客观性和确定性，强调知识的动态性。具体体现在以下三个方面。

（1）知识不是对现实的准确表征，而是一种解释、一种假设。知识不是问题的最终答案，相反，它会随着人类的进步而不断地被"革命"，并随之出现新的假设。例如，"地心说"被"日心说"取代。

（2）知识并不能精确地概括世界的法则。在具体问题中，知识并不是拿来便用，一用就灵，而是需要针对具体情境进行再创造。例如，一些人认为劝酒是热情好客的表现，对于另一些人而言，被硬逼着喝酒会让他们感觉很不愉快。

（3）知识不可能以实体的形式存在于具体的个体之外，尽管我们通过语言符号赋予了知识一定的外在形式，甚至这些命题还得到了较普遍的认可，但这并不意味着学习者会对这些命题有同样的理解。因为这些理解只能由个体基于自己的经验背景而建构起来，取决于特定情境下的学习历程。例如，同样赏月，诗人想到的可能是"月有阴晴圆缺"，恋人想到的可能是"花前月下"的浪漫，气象学家想到的则可能是第二天的天气状况。

考点2　学生观 ★★

建构主义者强调学生经验世界的丰富性和差异性，强调学生并不是空着脑袋走进教室的。因此，教学不能无视学生的已有经验，而是要把学生现有的知识经验作为新知识的生长点，引导学生从原有的知识经验中"生长"出新的知识经验。

考点3　学习观

1. 学习的主动建构性

建构主义认为，学习不是由教师向学生传递知识的过程，而是学生建构自己的知识的过程；学生不是被动的信息吸收者，而是主动的信息建构者。学生转换、改造、重组、综合头脑中已有的知识经验，来解释新信息、新事物、新现象，或者解决新问题，最终生成个人意义的知识内容。

2. 学习的社会互动性

建构主义强调，学习是通过对某种社会文化的参与而内化相关的知识和技能、掌握有关工具的过程，这一过程常常通过一个学习共同体的合作互动来完成。学习共同体是由学习者及助学者（包括教师、专家、辅导者等）共同构成的团体，他们彼此之间经常在学习过程中进行沟通交流，分享各种学习资源，共同完成一定的学习任务，因而在成员之间形成了相互影响、相互促进的人际联系，形成了一定的规范和文化。

3. 学习的情境性

建构主义强调学习、知识和技能的情境性，认为知识不可能脱离活动情境而抽象存在，学习应该与情境化的社会实践活动结合起来。知识存在于具体的、情境的、可感知的活动中，只有通过实际活动才能真正使人了解。

学习是在一定的情境即社会文化背景下，通过人际间的协作活动而实现的意义建构过程，建构主义学习理论认为"情境""协作""会话（交流）""意义建构"是学习环境中的四大要素或四大属性。

（1）情境：与学习主题的基本内容相关、和现实情况基本一致或相类似的情景和环境，它提供给学生理解主题所需要的经验。

（2）协作：发生在学习过程始终的师生之间、生生之间、学生与媒体之间的友好、平等的支援和帮助。

（3）会话（交流）：在个人自主学习的基础上，小组成员之间的讨论与商榷。

（4）意义建构：学习过程的终极目标。

考点4　教学观

（1）由于知识的动态性和相对性，教学不再是传递客观而确定的现成知识，而是激发出学生原有的相关知识经验，促进知识经验的"生长"，促进学生的知识建构活动，以促成学生知识经验的重新组织、转换和改造。

（2）教学要为学生创设理想的学习情境，激发学生的推理、分析、鉴别等高级思维活动，同时给学生提供丰富的信息资源和处理信息的工具及适当的帮助和支持，促进他们自身建构意义及解决问题。

（3）教师是学生意义建构的帮助者、促进者，学生学习的合作者，而不是知识的传授者与灌输者。

建构主义教学有以下四要素：①注重以学生为中心的教学；②注重在实际情境中进行教学；③注重协作学习；④注重提供充分的资源。

高分点睛

1.【常考题型】单选、多选、判断、材料分析

2.【命题角度】

（1）给出观点或例子，选择对应的知识观和学习观的观点。

（2）以多选的形式考查知识观、学生观和教学观的具体内容。

（3）给出一段材料，要求用建构主义的观点评析材料中人物的行为。

二、建构主义学习理论对当前教育实践的启示

考点1　知识观的教育启示

知识并不是绝对的真理。因此教师在尊重书本知识的同时，不能用知识的权威性来压制学生的创造性，要培养学生的批判精神，敢于向知识质疑、挑战。

考点2　学生观的教育启示

学生不是空着脑袋走进教室的。教师要对学生的学习模式、有关的先前知识和对教材的信任状况有所了解，以引导学生对学习材料获得新意义，修正以往的概念。

考点 3 学习观的教育启示

学习的主动建构性、社会互动性和情境性要求教师要做到以下几点。

（1）认识到自主学习的重要性，教师应该创设问题情境，引导和帮助学生主动建构自己的认知结构。

（2）注意学生共同体在学习中的作用，运用合作学习等方式帮助学生建构认知结构。

（3）注意理论联系实践，积极开展实践活动，在实践活动中帮助学生合理运用和领会知识。

三、建构主义学习理论在教学中的应用

考点 1 随机通达教学（随机进入教学、随机访问教学）

斯皮罗的认知灵活理论把学习分为初级学习和高级学习。建构主义者在探讨高级学习的基础上提出了适合高级学习阶段的教学模式——随机通达教学。

随机通达教学的基本原理：对于同一教学内容，要在不同时间、在重新安排的情境下、带着不同的目的、从不同的角度多次进行学习，以此来达到获得高级知识的目标。

随机通达教学的具体操作：①呈现情境；②随机进入学习；③思维发散训练；④小组协作学习；⑤学习效果评价。

考点 2 支架式教学

支架式教学的依据是维果茨基的"最近发展区"理论，支架式教学通过支架（教师或有能力的同伴等）的协助，把管理学习的任务逐渐由教师转移给学生自己，最后撤去支架。支架的重要功能是帮助学生顺利穿越最近发展区，从而获得进一步的发展。

根据在教学中支架是否具有互动功能，可分为互动支架与非互动支架。互动支架包括教师示范、出声思维、提出问题等。非互动支架包括改变教材、书面的或口头的提示与暗示等。

支架式教学的具体操作：①进入情境；②搭建支架，引导探索；③学生独立探索；④协作学习；⑤效果评价。

考点 3 抛锚式教学（情境教学）

抛锚式教学要求教学内容建立在有感染力的真实事件或问题的基础上。（该内容已在第一部分第七章做出讲解，此处不再赘述）

考点 4 认知学徒制

认知学徒制是指通过允许学生获取、开发和利用真实领域的活动工具的方法，来支持学生在某一领域学习的模式。它强调经验活动在学习中的重要性，强调要把学习和实践联系起来。

在认知学徒制中，教师应经常给学生示范。然后，教师或者有经验的同辈支持学生努力地完成学习任务。最终，鼓励学生独立完成任务。

考点 5　探究学习

探究学习是基于问题解决活动来建构知识的过程。探究学习通过有意义的问题情境，让学生通过不断地发现问题和解决问题，来学习与所探究的问题有关的知识，形成解决问题的技能以及自主学习的能力。

考点 6　合作学习

合作学习主要是以互动合作（师生之间、学生之间）为教学活动取向的，以学习小组为基本组织形式，来共同达成教学目标。

考点 7　交互式教学

交互式教学是基于维果茨基心理发展理论开发的一种进行读写能力教学的动态中介模式。在这种教学活动的开始，教师先给学生示范一些阅读策略，如怎样根据学习内容提出问题、怎样恰当地回答问题，然后教师和学生将轮流充当教师角色演练这些策略。这种教学包含了教师和学生小组之间的相互对话。

高分点睛

1.【常考题型】单选、多选、判断
2.【命题角度】
（1）以多选的形式考查建构主义学习理论在教学中的应用，考生应识记上述七种教学模式的名称。
（2）给出例子、操作步骤或关键词，要求选出对应的教学模式。

第五节　人本主义学习理论

人本主义心理学的主要代表人物是马斯洛和罗杰斯。人本主义的学习观与教学观深刻地影响了世界范围内的教育改革，是与程序教学运动、学科结构运动齐名的二十世纪三大教学运动之一。下文主要介绍罗杰斯的学习理论。

一、知情统一的教学目标观

罗杰斯的教育理想是培养躯体、心智、情感、心理融会一体的人，也就是既用情感的方式也用认知的方式行事的知情合一的人，即"全人"或"功能完善者"。要实现这一教育理想，需要一个现实的教学目标，即促进变化和学习，培养能够适应变化和知道如何学习的人，而不是只注重学生知识内容的学习及知识结果的评判。

二、有意义的自由学习观

罗杰斯倡导有意义的自由学习，倡导的学习原则的核心是让学生自由学习。有意义学习不仅仅是一种增长知识的学习，而且是一种与个人各部分经验都融合在一起，使个人的行为、态度、个性，以及在未来选择行动方针时发生重大变化的学习。例如，学生学习"烫"字，明白了在生活中要避开开水、火源伤害。

有意义学习的要素有以下几个：①学习是学习者自我参与的过程，包括认知参与和情感参与；②学习是学习者自我发起的，内在动力在学习中起主要作用；③学习是渗透性的，它会使学生的行为、态度，以及个性等发生全面变化；④学习的结果由学习者自我评价，即他们知道自己想学什么和自己学到了什么。

值得注意的是，罗杰斯和奥苏伯尔都提倡有意义学习，但是二人的观点是有区别的。罗杰斯的有意义学习关注的是学习内容和个人之间的关系，强调学习中对个人潜能的发挥，情感、态度、价值观的影响和培养。奥苏伯尔的有意义学习强调新旧知识之间的联系，它只涉及理智，不涉及个人意义。

三、学生中心的教学观

学生中心模式又称非指导性教学模式，旨在让学生通过自我反省活动及情感体验，在融洽的心理气氛中自由地表现自我、认识自我，最后达到改变自我、实现自我。该模式主张废除"教师"这一角色，代之以"学习的促进者"。教师的任务是为学生提供各种学习的资源，提供一种促进学习的气氛，让学生自己决定如何学习。

除此之外，罗杰斯还提出了以下基本教学要求：①以学生为本；②让学生自发地学习；③排除对学习者自身的威胁；④给学生安全感。

罗杰斯认为促进学生学习的关键不在于教师的教学技巧、专业知识、课程计划等，而在于特定的心理氛围因素。这些心理气氛因素主要包括以下三个：①真诚一致，即教师是一个表里如一、真诚、完整而真实的人，没有任何矫饰、虚伪和防御。②无条件积极关注（尊重、关注和接纳），即教师尊重学习者的情感和意见，关心学习者的方方面面，接纳其价值观念和情感表现，并且这种感受并不以对方的某个特点、某个品质或者整体的价值为取舍、为依据。③同理心（移情性理解），即教师能了解学习者的内在反应和学习过程，为其设身处地，使其感同身受。

第四章 学习心理

第一节 学习动机

一、学习动机的含义、成分及功能

考点1 学习动机的含义

学习动机是指激发个体进行学习活动，维持已发生的学习活动，并使个体行为朝向一定的学习目标的一种心理倾向或内部动力。学习动机是直接推动学生进行学习的原因和内部动力，是激励和指引学生进行学习的一种需要。

考点2 学习动机的成分

学习动机的两个基本成分是学习需要和学习期待。

1. 学习需要

学习需要是指个体在学习活动中感到有某些欠缺而力求获得满足的心理状态，包括学习的兴趣（最现实、最活跃的心理成分）、爱好和信念等。学习需要就其作用来说，即学习内驱力。

2. 学习期待

学习期待是个体对学习活动要达到的目标的主观估计。学习期待不等于学习目标，而是学习目标在个体头脑中的反映。学习期待就其作用来说，就是学习的诱因。

3. 学习需要与学习期待的关系

学习需要和学习期待密切相关。学习需要是个体从事学习活动的最根本动力，在学习动机中占主导地位，是产生学习期待的前提之一。学习期待是形成学习动机的必要条件，它指向学习需要的满足，促使主体去达到学习目标。

考点3 学习动机的功能

1. 激发功能（引发作用）

学习动机能够激发个体产生某一学习行为。学习动机还能够增强学生学习的准备状态，激活相关的背景知识，提高学习效率。

2. 指向功能（定向作用）

学习动机使学生的学习行为在初始状态时就指向一定的学习目标，并推动学生为达到目标而努力学习。

3. 维持功能

学习动机使学生在学习过程中，集中注意力，克服不利影响，提高努力程度，遇到困难时坚持不懈，直至达到学习目的。

4. 调节功能

学习动机调节学习行为的强度、时间和方向。如果行为活动未达到既定目标，动机还将驱使学生转换行为活动方向以达到既定目标。

> **高分点睛**
>
> 1.【常考题型】单选、多选
>
> 2.【命题角度】
>
> （1）直接考查学习动机的含义及基本成分。
>
> （2）给出某一具体情境，要求考生选出其体现了学习动机的哪一功能，或者直接提问学习动机具有哪些功能。

二、学习动机与学习效果（学习效率）的关系 ★★★

美国心理学家耶克斯和多德森认为，中等程度的动机水平一般最有利于学习效果的提高。

此外，研究发现最佳动机水平与任务难度密切相关：任务较容易，最佳动机水平较高；任务难度中等，最佳动机水平也适中；任务越困难，最佳动机水平越低。学习动机与学习效果之间存在倒"U"形曲线关系。这便是有名的耶克斯-多德森定律。

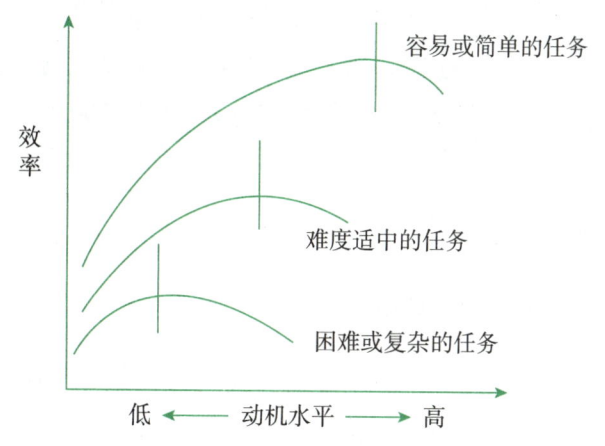

图 3-4-1 耶克斯-多德森定律曲线（倒"U"形曲线）

典型例题（2021·石家庄·判断）耶克斯-多德森定律表明，动机水平越高，越有利于激发学生的学习动机。（　　）

【答案】×。

> **高分点睛**
>
> 1.【常考题型】单选、多选、判断
>
> 2.【命题角度】
>
> （1）考查学习动机与学习效果之间存在的关系。
>
> （2）考查耶克斯-多德森定律的内容，或要求学生运用该理论分析具体的教育实例。

三、影响学习动机的因素

1. 内部因素

（1）学生的自身需要与目标结构。

（2）学生的成熟与年龄特点。

（3）学生的性格特征与个别差异。

（4）学生的志向水平与价值观。学生整个的人生观、世界观、价值观直接反映的理想情况或志向水平影响着学习动机和目标结构的形成。理想水平高，学习动机就强。

（5）学生的焦虑程度。一般认为，中等程度的焦虑对学习是有益的，焦虑程度过高或过低对完成任务都有不良影响。

2. 外部因素

（1）家庭环境与社会环境。

（2）学校教育。学校教育对学生学习动机的形成和发展起主导作用，这主要是通过教师的作用实现的。此外，校风、班风、学风、考风等也是影响学生学习动机的重要因素。

> **高分点睛**
>
> 1.【常考题型】单选、多选
>
> 2.【命题角度】
>
> （1）考查影响学生学习动机的内部因素和外部因素分别包括哪些内容。
>
> （2）给出实例，要求考生判断其体现了哪一因素对学习动机的影响。例如，随着年龄的增长，学生学习的社会性动机日益增长。这表明哪种因素影响学习动机的形成？答案：成熟。

四、学习动机的类型 ★★★

考点1　内部学习动机与外部学习动机

根据动机产生的诱因来源，学习动机可分为内部学习动机和外部学习动机。

内部学习动机是由学习本身引起的动机。动机的满足不在活动之外，行为本身就是一种动力。例如，有的学生喜爱数学，他便在课上认真听讲，课下刻苦钻研。

外部学习动机是由外部诱因引起的动机。动机的满足不在活动之内，而在活动之外，学习者不是对学习本身感兴趣，而是对学习带来的结果感兴趣。例如，有的学生学习是为了获得表扬、奖励等。

相对于内部学习动机，外部学习动机的效果微弱而短暂，不能使学习者持之以恒地学习。

考点2　高尚的学习动机与低级的学习动机

根据学习动机的社会意义，学习动机可分为高尚的学习动机和低级的学习动机。

高尚的学习动机的核心是利他主义，学生把当前的学习同国家和社会的利益联系在一起。例如，学生将学习作为对社会做出的贡献和应尽的义务。

低级的学习动机的核心是利己主义，学习动机只来源于自己眼前的利益。例如，学生将学习作为猎取个人名利的手段。

考点3　近景的直接性学习动机与远景的间接性学习动机

根据学习动机与学习活动的关系，学习动机可分为近景的直接性学习动机和远景的间接性学习动机。

近景的直接性学习动机与学习活动直接相连，来源于对学习内容或学习结果的兴趣。这种学习动机的作用比较明显，但稳定性比较差，容易受到环境或一些偶然因素的影响。学生的求知欲、对某门学科的浓厚兴趣，以及教师生动形象的讲解、新颖的教学内容等直接影响学生的学习动机。

远景的间接性学习动机是指由于了解活动的社会意义、活动结果的社会价值而引起的对某种活动的动机，它与学习的社会意义和个人的前途相连。这种学习动机具有较强的稳定性和持久性，能在相当长的时间内起作用。

有学者认为，根据动机行为与目标远近的关系，学习动机可分为近景动机和远景动机。其中，近景动机是指与近期目标相联系的动机，又可分为间接近景动机和直接近景动机。间接近景动机是社会观念、父母意愿及教师期望在学生头脑中的反映。直接近景动机主要是由学习活动本身直接引起的，表现为对所学习的学科内容或学习活动的直接兴趣和爱好。

考点4　认知内驱力、自我提高内驱力与附属内驱力

奥苏伯尔认为，在学校情境中，促进学生学习的成就动机主要包括三个方面的内驱力决定成分，即认知内驱力、自我提高内驱力和附属内驱力。

认知内驱力是指学生渴望认知、理解和掌握知识，以及陈述和解决问题的倾向，属于内部动机。在有意义学习中，认知内驱力是最重要和最稳定的动机。例如，小华为了满足自己的好奇心而不断地去探索周围世界。

自我提高内驱力是指通过自身努力，胜任一定的工作，取得一定的成就，从而赢得一定的社会地位的需要。自我提高内驱力的目标是赢得某种地位或名次，这种内驱力把成就看作赢得地位与自尊心的根源，属于外部动机。例如，小明努力学习是为了提高自己在班级中的排名。

附属内驱力是指个人为了获得长者（如家长、教师等）的赞许、认可或同伴的接纳，而表现出来的把学习或工作做好的需要。附属内驱力是一种间接的学习需要，属于外部动机。例如，小东努力学习是为了得到家长的赞许和教师的表扬。

图3-4-2　认知内驱力　　图3-4-3　自我提高内驱力　　图3-4-4　附属内驱力

上述三种内驱力在动机结构中所占的比重通常会随着儿童年龄的增长而改变。在儿童早期，附属内驱力最为突出，他们努力学习获得学业成就，主要是为了实现家长的期待，并得到家长的赞许。到了儿童后期和少年期，附属内驱力的强度有所减弱，来自同伴、集体的赞许和认可逐渐替代了对长者的依附。到了青年期，认知内驱力和自我提高内驱力成为学生学习的主要动机。

典型例题 （2021·石家庄·单选）学生为了保持家长和老师的赞许或认可，而表现出来的努力学好的需要属于（　　）。

A. 附属内驱力　　　　　　　　　B. 认知内驱力

C. 自我提高内驱力　　　　　　　D. 外部驱力

【答案】A。

高分点睛

1.【常考题型】单选、多选、判断

2.【命题角度】

（1）题干呈现概念或实例，要求考生选出对应的学习动机类型。例如，"为中华之崛起而读书"属于哪种学习动机？答案：外部学习动机和高尚的学习动机。

（2）考查认知内驱力、自我提高内驱力和附属内驱力在动机结构中所占的比重。例如以下判断，一个人小时候的学习动机偏向认知内驱力，长大后偏向附属内驱力。答案：×。

五、学习动机理论

考点1　强化理论

学习动机的强化理论由行为主义心理学家提出，其主要代表人物是巴甫洛夫和斯金纳。

1. 基本观点

强化理论认为，动机是由外部刺激引起的一种对行为的冲动力量，强化是引起动机的重要因素；采取强化原则，可通过奖励与惩罚的措施来维持学生的学习动机。

2. 教育启示

在学习活动中，学校可以采用奖励与惩罚的办法督促学生学习。但在实践过程中应注意以下几点：①根据个体的具体情况，正确选择强化物；②慎重使用惩罚；③恰当使用表扬与批评。

考点2　需要层次理论

需要层次理论的主要内容已在第二部分第四章第一节"需要、动机与兴趣"详细讲述，以下论述需要层次理论对教育的启示。

需要层次理论说明，在某种程度上学生缺乏学习动机可能是由于某种缺失性需要没有得到充分满足。例如，家境清贫使得生理需要得不到满足；父母离异使得归属与爱的需要得不到满足；教师过于严厉和苛刻，使得安全需要和尊重需要得不到满足等。这些需要的缺失会成为学生学习和自我实现的障碍。因此，在教育过程中，教师应该考虑学生这些不同层次的需要是否已经得到满足，同时以自我实现为教育的追求，使学生的内在潜能得到充分发挥，从而使学生在学习过程中感受自我实现带来的高峰体验，实现真正的自我。

考点3 成就动机理论 ★★

成就动机理论最初由默里提出，后来由麦克利兰和阿特金森加以发展。

成就动机是指一种通过练习和使用某种力量克服障碍，完成某种任务的愿望或倾向。它是人类独有的动机，是后天获得的具有社会意义的动机。

1. 基本观点

成就动机理论认为，个体的成就动机可以分成两部分：趋向成功的倾向和避免失败的倾向。趋向成功的倾向指人们追求成功和由成功带来的积极情感的倾向性；避免失败的倾向指人们避免失败和由失败带来的消极情感的倾向性。

根据两类动机在个体的动机系统中的相对强度，可以将个体分为力求成功者和避免失败者。力求成功者成就动机较高，他们最有可能选择成功概率约为50%的任务，因为这种任务最有现实的挑战性；避免失败者成就动机较低，他们倾向于选择非常容易或非常困难的任务，以防止自尊心受伤害和减少心理烦恼。

2. 教育启示

（1）对力求成功者，应通过给予其新颖且有一定难度的任务，适当安排竞争、严格评定分数等方式激发其学习动机。

（2）对避免失败者，应给予其竞争较少或竞争性不强的任务，并在其取得成功时及时表扬，尽量避免在公共场合下指责其错误，同时可稍稍放宽评定分数的要求。

（3）力求成功的动机比避免失败的动机具有较大的主动性，因此，对学生除了尽可能让他们避免失败之外，还应增加学生趋向成功的倾向，使他们不以避免失败为满足，而以获得成功为快乐，真正调动其积极性。

考点4 自我价值理论 ★★★

美国教育心理学家科温顿提出自我价值理论，以探讨有的学生"为什么不肯努力学习"的问题。他认为，自我价值感是个体追求成功的内在动力。

自我价值理论根据趋向成功和避免失败两个独立的维度，将学生分为以下四类。

1. 高趋低避者（成功定向者）

这类学生更看重追求成功而不害怕失败，他们往往拥有无穷的好奇心，对学习有极高的自我卷入，通过不断的刻苦努力发展自我。对他们而言，学习本身就是一种奖励。例如，孔子描述颜回时说道："贤哉，回也！一箪食，一瓢饮，在陋巷。人不堪其忧，回也不改其乐。"

2. 低趋高避者（避免失败者）

这类学生更看重避免失败而非追求成功，他们有很多保护自己胜任感的策略，从外部寻找个人无法控制的原因来解释失败。例如，通过幻想、尽量降低任务的重要性、为自己的失败找借口等逃避的手段来减少对失败的恐惧。

3. 高趋高避者（过度努力者）

这类学生既追求成功又害怕失败，兼具成功定向者和避免失败者的特点，对一项任务产生既追求又排斥的冲突情绪。他们往往有完美主义的倾向，给自己太大的压力，处在持续恐惧之中。这类学生会出现"隐讳努力"的现象，即他们在同学中尽量表现得贪玩、不在乎考试，私下却偷偷努力，拼命学习。

4. 低趋低避者（失败接受者）

这类学生既不追求成功也不回避失败，他们放弃了通过能力的获得来保持其身份和地位的努力。他们用于学习的时间很少，焦虑水平也很低，对极少获得的成功不自豪，对失败也不感到羞耻。

典型例题（2021·石家庄·单选）自我价值理论在趋向成功和避免失败的两个维度上，采用四象限模型划分动机类型。有一类学生学习努力，聪明能干，会对自己提出更高目标，深得老师喜爱，表面很好，但实际上因为担心失败，深受紧张、冲突精神困扰。这类学生属于（　　）。

A.高趋低避型　　　　B.低趋高避型　　　　C.高趋高避型　　　　D.低趋低避型

【答案】C。

考点5　成败归因理论 ★★★

归因是人们对自己或他人活动及其结果的原因的解释和评价。归因理论由海德首先提出，维纳（又译韦纳）对其进行了系统研究，提出成败归因理论。

1. 基本观点

维纳认为个体对过去成败的归因以及由归因引起的情绪反应和期望对个体随后的行为具有动力作用，可以激发、增进或减弱甚至消除某种行为。

维纳认为人们倾向于将活动成败的原因归结为六个因素，他将这六个因素分别归入三个维度，具体见表3-4-1。

表3-4-1　维纳成败归因理论中的六因素与三维度

因素	维度					
	内在性		稳定性		可控性	
	内部	外部	稳定	不稳定	可控	不可控
能力高低	★		★			★
努力程度	★			★	★	
任务难度		★	★			★
运气好坏		★		★		★
身心状态	★			★		★
外界环境		★		★		★

2. 教育启示

（1）学生将成败归因于努力比归因于能力会产生更强烈的情绪体验。努力而成功的学生，体验到愉快；不努力而失败的学生，体验到羞愧；努力而失败的学生，也应受到鼓励。因此，教师可通过归因训练改变学生消极的自我认识，提高学习动机水平。

（2）教师在给予奖励时，不仅要考虑学生的学习结果，还要考虑学生的学习进步与努力程度。在学生付出同样努力时，对能力低的学生应给予更多的奖励，对能力低而努力的人给予最高评价，对能力高而不努力的人给予最低评价，以此引导学生正确归因。

3. 习得性无助感

总是把失败归因于能力低的学生会形成一种习得性无助的自我感觉。习得性无助感的概念最早由美国学者塞利格曼提出，是指由于连续的失败体验而导致个体产生的对行为结果感到无力控制、无能为力的心理状态。

因此，教师要善于引导学生进行积极的归因，引导学生将成功归于自己的能力和努力，将失败归于努力的缺乏，从而增强学生的成功期望，提高学生的自尊心，增加行为的坚持性。

典型例题（2021·石家庄·多选）韦纳的归因理论认为，人们在解释成功与失败时知觉到的主要原因有（　　）。

A. 能力　　　　B. 努力　　　　C. 任务难度　　　　D. 运气

【答案】ABCD。

考点6　自我效能感理论　★★★

自我效能感由班杜拉提出，指人们对自己是否能够成功地从事某一成就行为的主观判断。

1. 基本观点

班杜拉在他的动机理论中指出，人的行为受行为的结果因素与先行因素的影响。

（1）行为的结果因素即强化，可分为直接强化、替代强化和自我强化。

（2）行为的先行因素是人在认知到行为与强化之间的依随关系之后产生的对下一步强化的期待，包括结果期待和效能期待。

结果期待是指个体对自己的某种行为会导致某一结果的推测，当个体预测到某一特定行为会导致某一特定的结果，那么，这一行为就可能被激活和被选择。

效能期待是指个体对自己能否做出某种行为的能力的推测或判断，当个体确信自己有能力进行某一活动时，他就会产生高度的自我效能感，并实施活动。

例如，当学生认识到认真听讲就可以取得好成绩（结果期待），并且自己有能力听懂老师讲的内容（效能期待），就会认真听课。

2. 主要功能

自我效能感的功能主要体现在以下几个方面：①决定人们对活动的选择及对该活动的坚持性；②影响人们在困难面前的态度；③影响新行为的获得和习得行为的表现；④影响人们活动时的情绪。

3. 影响因素

（1）学习的成败经验（直接经验）

影响自我效能感最主要的因素是个体学习的成败经验。一般来说，成功的学习经验会提高学生的自我效能感，反之亦然。但这种影响还取决于个体的归因方式。如果个体把成功归因为外部的不可控的因素，就不会增强效能感；把失败归因为外部的不可控的因素，就不会降低效能感。

（2）替代性经验（间接经验）

当学生看见替代者（与自己相似的人）成功时会增强自我效能感；看见替代者失败时会降低自我效能感。自己与替代者之间相似性越大，替代者成败的经验越具有说服力。

（3）言语劝说

用言语说服学生相信自己具有完成给定任务的能力，会使学生在遇到困难时付出更大的努力。但缺乏体验基础的言语说服的效果是不牢固的。

（4）情绪唤醒

班杜拉认为，情绪和生理状态会影响自我效能感的形成。高度的情绪唤起和紧张的生理状态会妨碍行为操作，降低个体对成功的预期水平。

4. 教育启示

教师应注重对学生自我效能感的培养，促使学生设定合理的、能够实现的目标。设定的目标应符合以下几点：①目标具体，有明确的评估标准；②有一定的挑战性；③通过努力是可实现的；④长远目标应分割为若干容易实现的子目标。同时，教师应强调学生在实现目标过程中的努力和坚持性。

典型例题（2022·邯郸·单选）学生对自己能否成功考上大学的主观判断属于（　　）。

A. 自我期待感　　　　　　　　　　B. 自我归因感

C. 自我预期感　　　　　　　　　　D. 自我效能感

【答案】D。

考点7　成就目标理论（目标定向理论）

德韦克认为，人们对能力持有两种不同的内隐观念，即能力实体观和能力增长观。

持能力实体观的学生认为，能力是固定的、不可改变的。他们倾向于确立成绩目标（表现目标），将学习视为一种手段，通过成绩来表现自己的能力，认为只有取得好成绩和好名次才算成功。

持能力增长观的学生认为，能力是不稳定的、可以控制的，可以随着知识的学习、技能的培养而增强。他们倾向于确立掌握目标，重视掌握知识和提高能力，认为达到上述目标就意味着成功。

成绩目标定向和掌握目标定向的区别见表3-4-2。

表3-4-2　成绩目标定向和掌握目标定向的区别

维度	成绩目标（表现目标）	掌握目标
任务选择	非常容易或非常难的	有挑战性的，难度中等的
评价标准	与他人进行比较	自身的进步

（续表）

维度	成绩目标（表现目标）	掌握目标
对学习结果的归因	多归因于能力	多归因于努力
学习策略	机械的、应付式的	理解，有意义学习，元认知
控制感	弱	强
对教师作用的看法	给予奖惩的法官	帮助学习的资源和向导

高分点睛

1.【常考题型】单选、多选、判断、材料分析

2.【命题角度】

（1）考查心理学家与动机理论的对应关系。

（2）结合例子或直接考查每个理论的观点及教育启示。例如，判断缺失性需要是否影响学习动机；判断力求成功者和避免失败者分别倾向于选择哪种难度的任务；考查自我价值理论提出的四类学生的特点；考查维纳成败归因理论的具体内容；考查自我效能感的含义和影响因素；考查成绩目标定向和掌握目标定向的学生的具体区别等。

六、学习动机的激发 ★★★

1. 创设问题情境，实施启发式教学，激发兴趣和维持好奇心

兴趣和好奇心是内部动机最为核心的成分，是培养和激发学生内部学习动机的基础。创设问题情境是激发学生的求知欲和好奇心的一种有效的方法。在创设问题情境时，熟悉教材，掌握教材结构，了解新旧知识之间的内在联系是前提；充分了解学生已有的认知结构状态是核心。问题情境的创设应贯穿教学过程的始终。

创设问题情境应遵循的原则有以下几个：①问题要小而精；②要与学生实际生活经验相关；③要有适当的难度；④要富有启发性。

2. 设置合适的目标

在设定目标时，教师可以与学生讨论过去设定的目标的实现情况，并以此为参考设定一个兼具挑战性和现实性的目标，并表扬学生对目标的设定及实现。

3. 表达明确的期望

学生需要清楚地了解自己应该做什么，如何被评价，以及成功之后会有什么收获。教师应把期望明确地传达给学生。例如，教师要求学生写作文时，应该明确告诉学生要写什么内容，篇幅多长，评价标准怎样等。

4. 根据作业难度，恰当控制动机水平

教师在教学时，应根据耶克斯－多得森定律，恰当控制学生面对不同学习任务的动机水平。

5. 充分利用反馈信息，妥善进行奖惩

（1）提供明确的、及时的、经常性的反馈。

（2）合理运用外部奖赏。对已有内部动机的活动不要轻易运用物质奖励，只有对缺乏内部动机的活动运用物质奖励，才可能产生积极的激励作用。

（3）有效地运用表扬。运用表扬时应注意以下两点：①表扬的方式比表扬的次数更重要；②表扬应针对优于常规水平的行为。

（4）进行适当的批评。

6. 正确指导结果归因，促使学生继续努力

要培养学生做努力归因，即无论成功或失败都归因于努力与否。同时要培养学生做现实归因，即分析除努力以外还有哪些因素会影响学习成绩。

7. 对学生进行竞争教育，适当开展学习竞争

竞争是激发学生学习动机的重要手段，可以极大地激发学生的好胜心和求知需要，增强学生的学习兴趣和克服困难的毅力。在竞争中，学生也可以获得对自己能力比较实际的估计，所以大多数人在竞争情况下学习和工作的效率会有很大的提高。

同时，竞争也有消极作用，主要体现在以下几个方面：①频繁地使用竞争，会增加学生的心理紧张程度，加重其学习负担；②竞争使没有成功希望的学生丧失信心，使不需努力就可获胜的学生形成骄傲心理；③个人竞争有可能使学生产生自私等不良情感，助长其不合作行为，使其集体观念淡薄；④竞争造成的学习动机水平过高，对复杂课题的学习起干扰作用。

此外，学习动机的培养与激发也可以从内部动机和外部动机两个维度阐述。内部学习动机的培养与激发的方法：①激发兴趣、维持好奇心；②设置合理的目标；③培养恰当的自我效能感；④训练归因。外部学习动机的培养与激发的方法：①表达明确的期望；②提供明确的、及时的、经常性的反馈；③合理运用外部奖赏；④有效地运用表扬。

高分点睛

1.【常考题型】单选、多选、材料分析

2.【命题角度】

（1）考查创设问题情境时应注意的问题以及应遵循的原则。例如，创设问题情境的核心是什么？答案：了解学生已有的认知结构状态。

（2）考查运用反馈的具体要求。

（3）分析材料内容并回答如何激发学生的学习动机。

第二节 学习策略

一、学习策略概述

1.学习策略的含义

学习策略是指学习者为了提高学习的效率和效果，有目的、有意识地制定有关学习过程的复杂的方案。它是学习者为了达到有效学习的目的而采用的规则、方法、技巧及其调控方法的总和。

2.学习策略的特征

（1）主动性。学习者采用学习策略都是有意识的心理过程。

（2）有效性。学习策略是有效学习所需的策略。

（3）过程性。学习策略是有关学习过程的策略。它规定学习时做什么不做什么、先做什么后做什么、用什么方式做、做到什么程度等方面的问题。

（4）程序性。学习策略是学习者制订的学习计划，由规则和技能构成。

> **高分点睛**
>
> 1.【常考题型】单选、多选、判断
>
> 2.【命题角度】
>
> （1）直接考查学习策略的含义和具体的特征。
>
> （2）给出定义或关键词，要求判断其属于学习策略的哪一特征，或要求考生判断关于某一特征的说法是否正确。

二、学习策略的类型 ★★★

根据迈克卡（又译迈克尔）等人的分类，学习策略可分为认知策略、元认知策略和资源管理策略。

考点1 认知策略

认知策略是信息加工的一些方法和技术，有助于有效地从记忆中提取信息。认知策略主要包括复述策略、精细加工策略和组织策略。

1.复述策略

复述策略是在工作记忆中为了保持信息，运用内部语言在大脑中重现学习材料或刺激，以便将注意力维持在学习材料上的方法。常用的复述策略有以下几种。

（1）利用无意识记和有意识记。

（2）排除相互干扰。教师在安排复习时，要尽量预防前摄抑制和倒摄抑制。同时，也要尽量错开学习两种容易混淆的内容。例如，英语单词和汉语拼音应尽量分开学习。

（3）整体识记和分段识记。整体识记即整篇阅读直到记牢为止，适用于篇幅短小或者内在联系密切的材料。分段识记即将整篇材料分成若干段分别记牢，然后合成整体识记，适用于篇幅较长或者较难、内在联系不强的材料。

（4）多种感官参与。如用眼睛看、用耳朵听、用嘴巴练及用手写等。

（5）复习形式多样化。例如，将所学的知识再用实验证明、写成报告、作出总结、与人讨论以及向别人讲解等。

（6）画线。这是阅读时常用的一种复述策略。

2. 精细加工策略（精加工策略）

精细加工策略是一种将新学材料与头脑中已有知识联系起来从而增加新信息意义的深层加工策略。精细加工策略是一种理解性的记忆策略，其要旨是建立信息间的联系。常用的精细加工策略有以下几种。

（1）记忆术

①位置记忆法

位置记忆法是指学习者在头脑中创建一幅熟悉的场景，在这个场景中确定一条明确的路线，在这条路线上确定一些特定的点，然后将要记忆的项目视觉化，并按顺序和这条路线上的特定的点联系起来的方法。

②缩简和编歌诀

缩简是指将识记材料的每条内容简化成一个关键字，然后变成自己熟悉的事物，从而将材料与过去经验联系起来。例如，把《辛丑条约》的"赔款；禁止人民反抗；允许外国驻兵；划分租界，建领事馆"四项内容缩减为"钱禁兵馆"（谐音"前进宾馆"，此处也利用了谐音联想法）来帮助记忆。有时，可以将材料缩简成歌诀。例如，利用《二十四节气歌》来记忆二十四个节气。

③谐音联想法

谐音联想法是利用相似的声音线索帮助记忆的方法。运用这种方法时，除了发音相似，还要注意运用形象表现记忆内容的意义或人为地赋予其某种意义。例如，把圆周率"3.1415926535…"编成顺口溜"山巅一寺一壶酒，尔乐苦煞吾……"。

④关键词法

关键词法是将新词或概念与相似的声音线索词，通过视觉表象联系起来的方法。例如，英文单词"Tiger"可以联想成"泰山上一只虎"。

⑤视觉联想法

视觉联想法是通过形成心理想象来帮助人们对信息的记忆的方法。位置记忆法利用了心理表象，实际上也是一种视觉联想法；关键词法也利用了视觉表象。联想时，想象越奇特而又合理，记忆就越牢。例如，将"飞机——箱子"想象成"飞机穿过箱子"。

⑥语义联想法

语义联想法是通过联想，将新材料与头脑中的旧知识联系在一起，赋予新材料更多的意义的方法。例如，在记一个公式或原理时，思考新公式或原理是如何从以前的公式或原理推导出来的。

⑦形象联想法

形象联想法是通过人为的联想,将无意义的材料与头脑中鲜明、生动、奇特的形象相结合,提高记忆效果的方法。例如,小学生记汉语拼音常利用具体的事物,"m"像两个小门洞,"h"像一把小椅子。

(2)做笔记

做笔记有助于对材料进行编码,同时具有外部存储功能。做笔记包括摘抄、评注、加标题、写段落概括语等。

(3)提问

提问策略有助于学习者有选择地集中注意进行信息选择和对信息进行深入加工。

(4)生成性学习

生成性学习是要训练学生对他们阅读的东西产生一个类比或表象,如图形、图像、表格和图解等,以加强其深层理解。这种方法不是简单地记录和记忆信息,而是要对所学材料进行积极主动的加工。

(5)利用背景知识,联系实际

教师要把新知识和学生已有的背景知识联系起来,并要联系实际生活,这样做不仅能帮助学生理解新知识的意义,而且会使学生感觉到新知识有用。

3. 组织策略

组织策略是整合所学新知识之间、新旧知识之间的内在联系,形成新的知识结构的策略。组织策略和精细加工策略密不可分,常用的组织策略有以下几种。

(1)归类策略

归类即组块,指把材料分成小单位,再把这些单位归到适当的类别。归类策略主要用于对概念、语词、规则等知识的归类整理。归类的方法包括相似归类、对比归类、从属归类和递进归类等。

(2)纲要策略

①主题纲要策略,是指运用语句、词汇表达学习材料的要点及层次结构。

②符号纲要策略,是指运用图示或表格的方式体现学习材料的知识结构或从属逻辑关系。符号纲要策略主要包括做系统结构图、概念关系图、流程图、模式或模型图、网络关系图等。

也有学者认为组织策略可分为列提纲、做图解、利用表格三种。

典型例题 1.(2022·邯郸·单选)读了一篇逻辑严密的论文后,勾画出逻辑关系图,属于(　　)。

A. 精加工策略　　　　　　　　　　　　B. 组织策略

C. 复述策略　　　　　　　　　　　　　D. 元认知策略

【答案】B。

2.(2021·石家庄·单选)在课堂教学中,张老师反复要求学生做好听课笔记,养成记笔记的好习惯。张老师使用的教学策略是(　　)。

A. 复述策略　　　　B. 精加工策略　　　　C. 组织策略　　　　D. 元认知策略

【答案】B。

考点 2　元认知策略

元认知的概念是美国心理学家弗拉维尔提出的。元认知是对自身认知的认知。具体来说，就是个体对自己的认知过程及结果的意识与控制。元认知主要包括以下三种成分。

（1）元认知知识，指个体关于自己或他人的认识活动、过程、结果，以及与之有关的知识。

（2）元认知体验，指个体伴随认知活动产生的认知体验或情感体验。

（3）元认知监控，指个体在认知活动中，对自己的认知活动进行积极的监控和相应的调节，以达到预定目标。元认知监控是元认知的核心。

元认知策略又称反省认知策略，是学生对自己认知过程的认知策略，即在学习过程中制订学习计划，实施自我监督以及自我调控等的策略。元认知策略分为以下三种策略。

1. 计划策略

计划策略是根据认知活动的特定目标，在一项认知活动之前计划各种活动，预计结果、选择策略、想出各种解决问题的方法，并预估其有效性等。计划策略包括设置学习目标、浏览阅读材料、产生待回答的问题以及分析如何完成学习任务等。

2. 监控策略

监控策略是指在认知过程中，根据认知目标及时检测认知过程，寻找两者之间的差异，并对学习过程及时进行调整，以期顺利实现有效学习的策略。监控策略包括阅读时对注意加以跟踪、对材料进行自我提问、考试时监控自己的速度和时间等。

3. 调节策略

调节策略是根据对认知活动结果的检查，如发现问题则采取相应的补救措施，根据对认知策略的效果的检查，及时修正、调整认知策略。调节策略与监控策略有关。例如，当学习者意识到不理解课文的某一部分时会退回去读困难的段落；在阅读困难或不熟悉的材料时会放慢速度；复习他们不懂的课程材料；测验时跳过某个难题，先做简单的题目等。调节策略能帮助学生矫正学习行为，补救理解上的不足。

典型例题（2021·沧州·多选）属于元认知的策略的是（　　）。

A. 计划策略　　　　　　　　　　B. 学习策略

C. 监控策略　　　　　　　　　　D. 调节策略

【答案】ACD。

考点 3　资源管理策略

资源管理策略旨在帮助学习者有效地管理和利用资源，以提高学习效率和质量。常用的资源管理策略主要有以下几种。

1. 时间管理策略

（1）统筹安排学习时间。根据自己的总体目标，对时间做出总体安排。

（2）高效利用最佳时间，确保状态最佳时学习重要的内容。

（3）灵活利用零碎时间。零碎时间可以用来处理杂事、背单词、进行讨论和通讯等。

2. 环境管理策略

学习环境可影响学习时的心境，从而影响学习的效率，因此，应为学习创设适宜的环境。首先，要注意调节自然条件，如流通的空气、适宜的温度、明亮的光线及和谐的色彩等；其次，要设计好学习的空间，如空间范围、室内布置、用具摆放等。

3. 努力管理策略

为了使学生维持自己的意志努力，需要不断地鼓励学生进行自我激励。自我激励的方法包括激发内在学习动机、树立正确的学习信念、选择有挑战性的任务、调节成败的标准、正确认识成败的原因、自我奖励等。

4. 资源利用策略（寻求支持策略、学业救助策略）

资源利用策略主要包括以下两方面。

（1）学习工具的利用，即善于利用参考资料、工具书、图书馆、广播电视、电脑与网络等。

（2）社会人力资源的利用，即善于利用教师的帮助以及通过同学间的合作与讨论来加深对教学内容的理解。

高分点睛

1.【常考题型】单选、多选、判断

2.【命题角度】

（1）考查迈克卡关于学习策略的分类。例如，学习策略可分为哪三个方面？答案：认知策略、元认知策略和资源管理策略。

（2）考查复述策略、精细加工策略、组织策略的含义，以及它们包含的具体内容。例如，将新学材料与头脑中已有认知联系起来从而增加新信息的意义的深层加工策略是什么策略？答案：精细加工策略。以编歌诀的方法进行记忆的是什么学习策略？答案：精细加工策略。

（3）题干或选项呈现实例，要求考生辨别实例选用的是哪种学习策略。例如，琳琳在听课时，经常将学习内容要点以画线的方式在书上做标记，这属于什么学习策略？答案：复述策略。

（4）考查元认知的构成及核心成分。

3.【识记技巧】

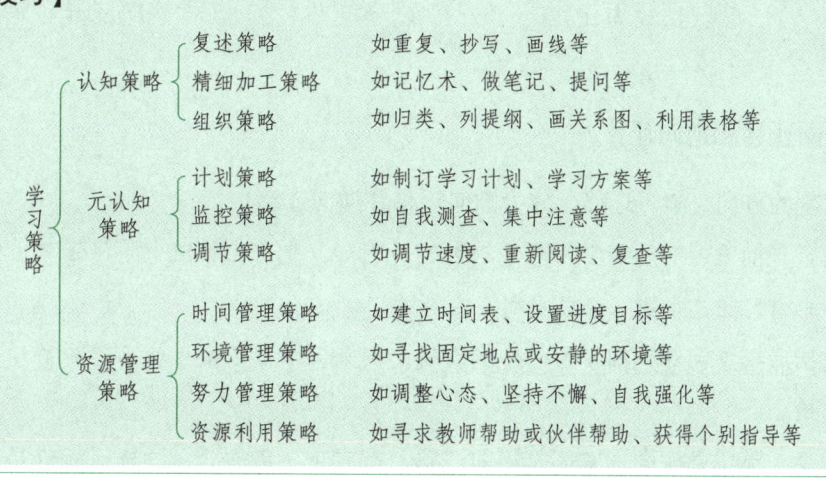

学习策略			
认知策略	复述策略	如重复、抄写、画线等
	精细加工策略	如记忆术、做笔记、提问等
	组织策略	如归类、列提纲、画关系图、利用表格等
元认知策略	计划策略	如制订学习计划、学习方案等
	监控策略	如自我测查、集中注意等
	调节策略	如调节速度、重新阅读、复查等
资源管理策略	时间管理策略	如建立时间表、设置进度目标等
	环境管理策略	如寻找固定地点或安静的环境等
	努力管理策略	如调整心态、坚持不懈、自我强化等
	资源利用策略	如寻求教师帮助或伙伴帮助、获得个别指导等

第三节　学习迁移

一、学习迁移的含义

学习迁移也称训练迁移，指一种学习对另一种学习的影响，或习得的经验对完成其他活动的影响。如"举一反三""触类旁通"。

对于学习迁移的含义，可以从以下几个方面来加以理解。

（1）任何一种学习都会受到学习者已有知识经验、技能、态度等方面的影响。

（2）只要有学习，就有迁移。

（3）迁移不仅发生于同一类型的学习或经验内部，也存在于不同类型的学习与经验之间。例如，对词汇知识的学习将促进阅读技能的形成，而阅读技能的掌握也将促进个体获得更多的词汇。

二、学习迁移的类型 ★★★

考点1　正迁移和负迁移

根据迁移的性质（效果），学习迁移可分为正迁移和负迁移。

正迁移也称助长性迁移、积极迁移，是指一种学习对另一种学习产生积极的促进作用。例如，三角形概念的掌握有助于直角三角形概念的学习；学习骑自行车有助于学习骑摩托车。

负迁移也称抑制性迁移、消极迁移，是指一种学习对另一种学习产生消极的阻碍作用。例如，汉语拼音的学习对英语国际音标的学习产生的干扰。

必须注意的是，两种学习之间并不只有单一的正迁移或负迁移，有时可能出现正迁移，有时可能出现负迁移，有时可能两者同时出现，有时也可能出现暂时的负迁移，经过练习后出现正迁移。

【典型例题】（2022·邯郸·单选）学习了三角形和长方形的面积公式之后，再学习梯形的面积公式就比较顺利。这种迁移属于（　　）。

A. 零迁移　　　　B. 逆向迁移　　　　C. 负迁移　　　　D. 正迁移

【答案】D。

考点2　顺向迁移和逆向迁移

根据迁移发生的方向，学习迁移可分为顺向迁移和逆向迁移。

顺向迁移是指先前学习对后继学习产生的影响。例如，先前在物理中学习了"平衡"概念，就会对以后学习化学平衡、生态平衡、经济平衡产生影响。

逆向迁移是指后继学习对先前学习产生的影响。例如，学习了微生物后对先前学习的动物、植物的概念产生的影响。

需要注意的是，无论是顺向迁移还是逆向迁移，都有正、负之分；同样，无论是正迁移还是负迁移，也都有顺向和逆向之分。由此可分为以下几种类型。

（1）顺向正迁移。例如，先掌握加减法运算的学生，容易学好乘除法运算。

（2）顺向负迁移。例如，之前学过的汉语语法对英语的学习产生了消极影响；前摄抑制等。

（3）逆向正迁移。例如，掌握乘除法运算有助于更加熟练地应用之前学习的加减法运算。

（4）逆向负迁移。例如，学生掌握了英语语法后，对之前学习的汉语语法产生干扰作用；倒摄抑制等。

典型例题（2021·沧州·单选）学过高等数学后有利于对初等数学的进一步理解和掌握，这属于（　　）。

A. 顺向正迁移　　B. 逆向正迁移　　C. 顺向负迁移　　D. 逆向负迁移

【答案】B。

考点3　水平迁移和垂直迁移

根据迁移内容的不同抽象和概括水平，学习迁移可分为水平迁移和垂直迁移。

水平迁移也称横向迁移、侧向迁移，指先行学习内容与后继学习内容在难度、复杂程度和概括程度上处于同一水平的学习活动之间产生的影响。例如，先学"直角""锐角"，再学"钝角""平角"。

垂直迁移也称纵向迁移，指先行学习内容与后继学习内容是不同水平的学习活动之间产生的影响。垂直迁移表现在两个方面：一是自下而上的迁移，即下位的较低层次的经验影响上位的较高层次的经验的学习。例如，数学学习中由数字运算到字母运算的转化。二是自上而下的迁移，即上位的较高层次的经验影响下位的较低层次的经验的学习。例如，学了"角"的概念后，再学习"直角""锐角"等概念。

典型例题（2021·保定·单选）王超学习完哺乳动物的特征后，再认识大熊猫时，教师告诉他大熊猫属于哺乳动物，他很快便掌握了大熊猫的特征。这属于学习的（　　）。

A. 水平迁移　　B. 垂直迁移　　C. 顺应性迁移　　D. 重组性迁移

【答案】B。

考点4　一般迁移和具体迁移

根据迁移发生的方式和范围，学习迁移可分为一般迁移和具体迁移。

一般迁移也称非特殊迁移、普遍迁移，是指在一种学习中习得的一般原理、方法、策略和态度对另一种学习的影响，即将原理、策略和态度具体化，运用到具体的事例中去。例如，学生在学习中获得的一些基本的运算技能、阅读技能可以广泛运用到各种具体的数学或语文学习中。

具体迁移也称特殊迁移，是指学习迁移发生时，学习者原有的经验组成要素及其结构没有变化，只是将一种学习中习得的经验要素重新组合并迁移到另一种学习中。例如，学会写"石"这个字，有助于学习写"磊"；学会整数的加减乘除之后，有助于四则混合运算的学习。

典型例题（2022·石家庄·单选）一种学习中习得的一般原理、方法、策略和态度等迁移到另一种学习中去的迁移属于（　　）。

A. 一般迁移　　B. 具体迁移　　C. 垂直迁移　　D. 水平迁移

【答案】A。

考点 5　同化性迁移、顺应性迁移和重组性迁移

根据迁移过程中所需的内在心理机制，学习迁移可分为同化性迁移、顺应性迁移和重组性迁移。

同化性迁移是指不改变原有的认知结构，直接将原有的认知经验应用到本质特征相同的一类事物中。原有认知结构在迁移过程中不发生实质性的改变，只是得到某种充实。例如，"举一反三""闻一知十"。

顺应性迁移是指将原有认知经验应用于新情境中时，需调整原有的经验或对新旧经验加以概括，形成一种能包容新旧经验的更高一级的认知结构，以适应外界的变化。例如，学生在日常生活中形成了报纸、书刊、广播、电视的概念，当这些概念不能解释"计算机网络"这个概念时，学生学习一个概括性更高的科学概念"媒体"来解释"计算机网络"。

重组性迁移是指重新组合原有认知系统中某些构成要素或成分，调整各成分间的关系或建立新的联系，从而应用于新情境。在重组过程中，基本经验成分不变，但各成分间的结合关系进行了调整或重新组合。例如，将已掌握的字母重新组合，形成新的单词；对一些原有舞蹈或体操的动作调整或重新组合后，编排出新的舞蹈或体操动作。

高分点睛

1.【常考题型】单选、多选、判断

2.【命题角度】

（1）结合实例或关键词考查学习迁移的类型。例如，低年级儿童学习汉语拼音发音后再去学习英语字母发音易发生混淆，是因为产生了什么迁移？答案：负迁移。

（2）考查学习迁移的类别与划分维度的对应。

三、学习迁移理论

考点 1　早期学习迁移理论

1. 形式训练说

（1）代表人物：德国心理学家沃尔夫。

（2）观点：形式训练说以官能心理学为理论依据。官能心理学认为，人的心智由认知、情感、意志等不同官能组成，各种官能就像身体的各种器官一样，各自赋有与生俱来的能力。形式训练说认为，通过一定的训练可以使心智的各种官能得到发展，从而转移到其他学习上去。

（3）教育应用：训练和改进各种官能。例如，学习数学有助于形成逻辑推理能力；学习几何学有助于形成逻辑思维能力等。

2. 相同要素说

（1）代表人物：美国心理学家桑代克、伍德沃斯。

（2）经典实验："形状知觉"实验。首先，前测被试估计面积的一般能力。然后，训练被试估计不同的平行四边形的面积。接着将被试分为两组，要求一组估计与平行四边形较为类似的长方形的面

积；另一组则被要求估计三角形、圆形和不规则图形的面积。结果表明，对估计平行四边形面积的训练有助于对长方形面积的估计，而对三角形、圆形和不规则图形等面积的估计没有帮助。

（3）观点：只有当两个机能的因素中有相同的要素时，一个机能的变化才会改变另一个机能的习得。也就是说，只有当学习情境和迁移情境存在共同成分时，一种学习才能影响到另一种学习，产生学习迁移。两种情境中的相同要素越多，迁移的量和可能性越大。迁移是具体的、有限的、有条件的。

（4）教育应用：在课程方面开始注重应用学科，教学内容的安排也尽量与将来的实际应用相结合。

3. 概括化理论（经验类化说）

（1）代表人物：美国心理学家贾德。

（2）经典实验："水下击靶"实验。贾德把小学五、六年级的学生分成A、B两组练习水中击靶。A组在学习完光在水中的折射原理后进行练习，B组不学习原理直接进行练习。当两组学生达到相同的训练成绩以后，增加水中目标的深度，结果继续打靶时，学过原理的一组的练习成绩明显优于未学过原理的一组。贾德认为这是因为学过原理的一组学生已经把折射原理概括化，从而对不同深度的靶子都能很快做出适应和调整，把原理运用到不同深度的特殊情境中。

（3）观点：迁移产生的关键是学习者在两种活动中通过概括形成了能够泛化的共同原理。只要一个人对他的经验进行了概括，就可以完成从一种情境到另一种情境的迁移。对原理概括得越好，在新情境中学习的迁移就越好。而两种学习活动之间存在共同要素仅仅是知识产生迁移的必要前提。

（4）教育应用：教师应有意识地培养学生的概括能力，但是应防止过度概括化和错误的概括化的出现。

4. 关系转换说（关系理论）

（1）代表人物：苛勒。

（2）著名实验："小鸡啄米（小鸡觅食）"实验。苛勒先让小鸡学会辨别一种浅灰色纸和一种深灰色纸，小鸡在浅灰色纸上能啄到米，在深灰色纸上不能啄到米，两种纸常常交换位置。经过40~60次训练后，小鸡学会了拣浅灰色纸啄米。以后变换条件，把深灰色纸换成更浅灰色纸，以观察小鸡对浅灰色和更浅灰色纸的反应，结果有70%的小鸡啄新的更浅的灰色纸，只有30%的小鸡仍啄原来的浅灰色纸。

（3）观点：迁移是学习者突然发现两个学习经验之间关系的结果，是对情境中各种关系的理解和顿悟。学习迁移的重点不在于掌握原理，而在于察觉到手段和目的之间的关系，这是实现迁移的根本条件。

考点2　现代学习迁移理论

1. 认知结构迁移理论

（1）代表人物：奥苏伯尔。

（2）观点：一切有意义的学习都是在原有认知结构的基础上产生的，必然包括迁移。迁移是以认知结构为中介进行的，原有认知结构特征（认知结构变量）直接决定了迁移的可能性和迁移的程度。

（3）影响迁移的认知结构变量：

①可利用性，指学生面对新的学习任务时，其认知结构中是否具有吸收并固定新知识的原有观念。

②可辨别性，指新的学习任务与同化它的相关知识的可分辨程度。两者的分辨程度越高，越有助于迁移并能避免因新旧知识的混淆而带来的干扰。

③稳定性（巩固性）。原有知识越稳定巩固，越有助于迁移。

（4）教育应用："为迁移而教"。在教学活动中，教师可以通过改革教材内容和教材呈现方式改进学生的原有认知结构变量以达到迁移的目的。

2.迁移的产生式理论

（1）代表人物：辛格莱、安德森。

（2）观点：该理论是针对认知技能的迁移提出的。产生式是指有关条件和行动的规则，简称C-A规则。C代表行动产生的条件，它不是外部刺激，而是学习者工作记忆中的认知内容。A代表行动，它包括外部的反应，也包括学习者头脑内部的心理运算。

产生式理论认为，前后两项学习任务产生迁移的原因是两项任务之间产生式的重叠，重叠越多，迁移量越大。产生式的相似是迁移产生的条件。

3.迁移的情境性理论

（1）代表人物：格林诺

（2）观点：迁移的产生是由外界物理环境、社会环境与主体因素共同决定的，强调通过社会相互作用与合作学习促进迁移的产生。

> **高分点睛**
>
> 1.【常考题型】单选、多选、判断
>
> 2.【命题角度】
>
> （1）考查学习迁移理论名称、代表人物和观点、实验的对应。
>
> （2）结合实例或关键词考查每种迁移理论的内涵。考生要识记每种理论的关键词，如形式训练说→心理官能得到训练；相同要素说→共同的成分；概括化理论→在经验中学到的原理、原则；关系转换说→突然领悟等。
>
> （3）给出理论名称、内容或实验，要求辨别其属于早期迁移理论还是现代迁移理论。

四、迁移与教学 ★★

考点1 影响学习迁移的主要因素

影响学习迁移的因素可以分为主观因素和客观因素两个方面。主观因素包括学习者原有的认知结构、对学习情境的理解、学习的心理准备状态、学习态度、学习动机、学习策略的水平、智力与能力等；客观因素包括学习材料的特点、学习情境的特点、教师的指导等。

以下是影响学习迁移的主要因素。

1. 相似性

（1）学习材料之间的相似性。辨别学习材料之间的相同点和不同点，是促进迁移的重要条件。这样既有助于正迁移的发生，也有助于克服由于学习材料的相似可能带来的负迁移。

（2）学习情境的相似性。在两次学习活动之间，如果出现相似的环境、场所、学习者等，学习迁移就很容易产生。

（3）学习目标与学习过程的相似性。学习目标要求是否一致、相似，将在一定程度上决定加工学习材料的过程是否相似，进而决定了能否产生迁移。

2. 原有认知结构

（1）学习者的背景知识。已有的背景知识越丰富，就越能被学习者主动地加以应用，越有利于新的学习，即迁移越容易。

（2）原有知识经验的概括水平。一般而言，经验的概括水平越高，迁移的可能性就越大，效果就越好；经验的概括水平越低，迁移的可能性就越小，效果也就越差。

（3）学习策略的水平。掌握必要的认知策略和元认知策略是提高迁移发生可能性的有效途径。

3. 学习的心向与定势

心向与定势常常指同一种现象，即先于一定的活动而又指向该活动的一种动力准备状态。定势的形成往往是由于先前的反复经验，它将支配个体以同样的方式去对待后继的同类问题。正因如此，定势在迁移过程中也起到一定的作用。陆钦斯的"量杯"实验是定势影响迁移的典型例证。

定势对迁移的影响表现为促进和阻碍两方面。定势既可以成为积极的正迁移的心理背景，也可以成为消极的负迁移的心理背景，或者成为阻碍迁移产生的潜在的心理背景。

考点 2　促进学习迁移的教学策略

1. 精选教材

精选的教学内容有助于学生在有限的时间内掌握大量的、有用的经验。教师应选择那些具有广泛迁移价值的科学成果作为教材的基本内容，同时，还必须包括基本的、典型的事实材料，并阐明概念、原理的适用条件。

2. 合理编排教学内容

精选的教材只有通过合理的编排才能充分发挥其迁移的效能。从迁移的角度来看，合理编排的标准就是使教材达到结构化、一体化、网络化。

3. 合理安排教学程序

合理编排的教学内容是通过合理的教学程序得以体现、实施的，教学程序是使有效的教材发挥功效的最直接的环节。在宏观上，教学中应将基本的知识、技能和态度作为教学的主干结构，并依此进行教学。在微观上，应注重学习目标与学习过程的相似性，或有意识地沟通具有相似性的学习。简言之，在教学过程中的每一个环节都应努力体现迁移规律。

4. 教授学习策略，提高迁移意识

教师仅教给学生组织良好的信息是不够的，还必须使学生了解在各种条件下迁移所学的内容的方法、提高迁移的有效性的方法等。结合实际学科的教学来教授有关的学习策略和元认知策略是达到这一目标的有效手段。

教师在教学中要重视发展学生分析问题和概括问题的能力，重视学生对学习方法的学习，以提高学生的迁移意识。

> **高分点睛**
>
> 1.【常考题型】单选、多选、材料分析
> 2.【命题角度】
> （1）考查学习者原有认知结构对迁移的影响的三个表现。
> （2）考查影响学习迁移的因素有哪些，注意主观因素和客观因素的划分。
> （3）以材料分析的形式考查促进学习迁移的教学策略。

第四节　知识的学习

一、知识的含义

现代认知心理学认为，知识是个体通过与环境相互作用后获得的信息及其组织。知识的实质是人脑对客观事物的特征与联系的反映，是客观事物的主观表征，是人类经验、思想、智慧的存在形式。

二、知识的类型 ★★

考点1　感性知识与理性知识

根据知识的概括水平及认识深度，知识可分为感性知识和理性知识。

感性知识一般通过人们的感觉器官直接获得，是对活动的外部特征和外部联系的反映，是对具有感性特征的具体而有形的信息的言语概括。感性知识可分为感知和表象两种水平。

理性知识一般通过人们的思维活动间接获得，是对活动的本质特征与内在联系的反映，一般包括概念和命题两种形式。

考点2　陈述性知识、程序性知识与策略性知识

现代认知心理学根据知识的表征方式和作用不同，将知识分为陈述性知识、程序性知识和策略性知识。

1. 三者的含义

陈述性知识又称描述性知识，是个人能用言语直接进行陈述的知识。这类知识主要用来回答事物"是什么""为什么""怎么样"等问题，是关于事物及其联系的知识，包括事实、规则、个人态度、

信仰等。从本质上说，陈述性知识学习的目的是获取语义。目前学校教学传授的主要是陈述性知识。例如，勾股定理是指直角三角形的两条直角边的平方和等于斜边的平方。

程序性知识又称操作性知识，是个体难以陈述清楚、只能借助于某种方法间接推测其存在的知识。这类知识主要用来解决"做什么"和"怎么做"的问题。例如，"怎样操作一台机器""怎样解答数学题或物理题"等。

策略性知识是个体运用陈述性知识和程序性知识去学习、记忆、解决问题的一般方法和技巧，是关于如何学习和如何思维的知识。例如，知道如何写好作文等。

2. 三者的关系

（1）陈述性知识学习是程序性知识学习的前提和基础，大量的陈述性知识学习可以转化为程序性知识学习。直接经验的参与是陈述性知识学习变为程序性知识学习的必要条件之一。

（2）程序性知识的掌握促进着陈述性知识的深化。

（3）从本质上看，策略性知识也是程序性知识，但它和一般的程序性知识不同。一般的程序性知识是完成某种具体任务的操作步骤，而策略性知识是学习者用来调控学习和认识活动本身的，其目标是更有效地获取新知识和运用已有知识来解决问题。

此外，安德森从信息加工的观点出发，根据知识的性质将知识分为陈述性知识与程序性知识两大类，并认为动作技能、智慧技能和认知策略等实质上均属于程序性知识。

典型例题（2021·石家庄·单选）中学生学习的影响摩擦力大小因素的知识，如表面的光滑程度、接触面的大小等，是学生的（　　）。

A. 陈述性知识　　　B. 程序性知识　　　C. 策略性知识　　　D. 技能性知识

【答案】A。

考点3　显性知识与隐性知识

英国的波兰尼根据知识能否清晰地表述和有效地转移，将知识分为显性知识和隐性知识。

显性知识是指用书面文字、图表和数学表述的知识，通常是用言语等人为方式，通过表述来实现转移的，所以又称"言明的知识"。

隐性知识是指尚未被言语或其他形式表述的知识，是尚未言明的、难以言传的知识。波兰尼有一个经典的比喻证明隐性知识的存在，他说："我们能够从成千上万甚至上百万张脸中认出某一个人的脸，但是在通常的情况下，我们却说不出我们是怎样认出这张脸的。"

高分点睛

1.【常考题型】单选、多选、判断

2.【命题角度】

（1）结合实例或关键词考查每种知识类型的内涵。例如，"我们知晓的比我们能说出的多"说的是哪种知识？答案：隐性知识。

（2）考查知识的分类标准与具体类型的对应关系。

（3）考查陈述性知识与程序性知识的区别与联系。

三、知识的表征

知识的表征是指信息在人脑中的存储和呈现方式，它是个体学习知识的关键。不同的知识类型在头脑中具有不同的表征方式。

考点1　陈述性知识的表征

心理学家普遍认为，陈述性知识的表征形式主要包括命题和命题网络。另外，概念、表象和图式也是陈述性知识的重要表征形式。

1. 概念

概念代表事物的基本属性和基本特征，是一种简单的表征形式。例如，"正方形"这个概念包含四条相等的边，属于封闭图形和平面图形等特征。

2. 命题与命题网络

命题是陈述性知识的最小单元，用于表述一个事实或描述一个状态，通常由一个关系和一个以上的论题组成，关系限制论题。例如，"张三在喝水"这一命题中，"张三"和"水"是论题，"喝"表示这一命题的关系，限制了有关"张三"的情况。

两个或多个命题常常因为有某个共同的成分而相互联系在一起，从而构成了命题网络。例如，"张三和李四正在热烈地讨论地理问题"。

3. 表象

表象是人们头脑中形成的与现实世界的情境相类似的心理图像。当我们形成表象时，总是试图回忆或者重构信息的自然属性和空间结构。例如，人们在头脑中想象出的"书在桌上"的画面。

命题与表象的区别：①表象表征的是事物的知觉特征，命题表征的是事物的抽象意义；②表象是一种连续的、模拟的表征，命题是一种断续的、抽象的表征。

4. 图式

图式组合了概念、命题和表象，表征了对某个主题的综合性知识。

考点2　程序性知识的表征

程序性知识主要以产生式和产生式系统进行表征。

产生式是条件与动作的联结，即在某一条件下会产生某一动作的规则，它由条件项"如果"和动作项"那么"构成。即在满足某个条件的时候，我们做出某个行动。

众多的产生式联系在一起构成复杂的产生式系统，表征复杂技能的完成过程。

高分点睛

1.【常考题型】单选、多选、判断
2.【命题角度】考查陈述性知识和程序性知识的表征形式。

四、知识学习的类型 ★★★

考点1　符号学习、概念学习和命题学习

根据知识本身的存在形式和复杂程度，奥苏伯尔把知识学习分为符号学习、概念学习和命题学习。

1. 符号学习（表征学习）

符号学习又称表征学习，是指学习单个符号或一组符号的意义，或者说学习符号本身代表什么。符号学习的实质是符号和它代表的事物在个体的认知结构中建立了相应的等值关系。符号学习有利于个体迅速掌握大量有具体指称对象的词汇。

符号学习的内容：①认字及词汇学习（语言符号的学习）；②非语言符号的学习，如实物、图像、图表、图形等；③事实性知识的学习。

2. 概念学习（概念获得）

概念学习又称概念获得，是指掌握概念的一般意义，其实质是掌握一类事物的共同的本质属性和关键特征。概念学习以符号学习为前提，又为命题学习奠定基础，是有意义学习的核心。

一般来说，概念学习有概念形成和概念同化两种主要方式。

概念形成是指学生通过直接观察某类事物，经过分析、比较、抽象、概括、假设、检验等思维活动，找出这类事物共同的关键特征，并用词表示这个概念。概念形成一般经历抽象化、类化、辨别三个阶段。发现学习是概念形成的主要方式。

概念同化是指利用学习者认知结构中原有的概念，以定义的方式直接给学习者提示概念的关键特征，从而使学习者获得概念。概念同化是学生学习概念的主要方式。接受学习是概念同化的典型方式。

为了帮助学生有效地掌握概念，教师在教学中应注意：①以准确的语言明确揭示概念的本质特征；②突出关键特征，控制好无关特征的数量和强度；③提供概念范例，适当运用例证和比较；④引导学生形成概念网络；⑤在实践中运用概念。

3. 命题学习

命题学习是指学习句子中由若干概念构成的复合意义，即学习若干概念之间的关系。

命题学习以概念学习为前提，以符号学习为基础，旨在反映事物之间的联系和关系，是一种更加复杂的学习。例如，学习"北京是中国的首都""圆的直径是它的半径的两倍"等。

考点2　下位学习、上位学习和并列结合学习

根据新知识与原有知识结构的关系，奥苏伯尔将知识学习分为下位学习、上位学习和并列结合学习。这也是奥苏伯尔提出的三种概念同化模式。

1. 下位学习（类属学习）

下位学习又称类属学习，是指当认知结构中原有观念的抽象、概括和包摄性高于新知识，新旧知识建立下位联系时的知识学习。

下位学习包括两种形式：派生类属学习和相关类属学习。

派生类属学习指新的学习内容仅仅是学生已有的、包括面较广的命题的一个例证，或是能从已有命题中直接派生出来的。派生类属学习不仅可使新概念或命题获得意义，而且可使原有概念或命题得到补充或证实。例如，如果学生已有了"文具"的概念，再学习"铅笔"这个词汇。

相关类属学习指新内容可以扩展、修饰或限定学生已有概念、命题，并使其精确化。例如，学生先学习平面几何中"高"的概念，再学习立体几何中"高"的概念，学生头脑中的原有的"高"的概念被加深和扩展。

2. 上位学习（总括学习）

上位学习又称总括学习，是指当新知识的抽象、概括和包摄性高于旧知识，新旧知识建立上位联系时的知识学习。上位学习是在已经形成的某些观念的基础上，学习一个概括和包容程度更高的概念或命题，即通过综合归纳获得意义的学习。例如，学生先学习"猫""狗""熊猫"等概念，再学习"哺乳动物"的概念。

3. 并列结合学习（并列组合学习）

并列结合学习又称并列组合学习，是指新知识与原有观念既无上位，也无下位的特殊联系，而是一种并列或类比关系时产生的学习。新学习的关系不能归属于原有的关系，也不能概括原有的关系，但新旧知识之间仍然具有某些共同的关键特征。根据这种共同特征，新关系与已知关系并列结合，新关系就具有了意义。例如，学习遗传结构与变异、质量与能量、热与体积、需求与价格等概念之间的关系。

高分点睛

1.【常考题型】单选、多选、判断

2.【命题角度】

（1）考查知识学习的类型与划分维度的对应。

（2）题干或选项呈现实例，要求辨别实例属于哪种知识学习的哪种类型。例如，某学生先学习锐角的概念，后学习角的概念。这属于什么学习？答案：上位学习。

（3）考查符号学习（表征学习）的具体内容。

（4）考查概念形成和概念同化的内涵以及概念形成的三个阶段。

（5）考查派生类属学习和相关类属学习的内涵和区别。

3.【易错易混】

下位学习、上位学习与并列结合学习的区别和应试技巧见下表。

类型	区别	应试技巧
下位学习	新知识概括性低于原有知识	找出题干中的新知识与原有知识，分析两者的关系。
上位学习	新知识概括性高于原有知识	举例："先熟悉了胡萝卜、豌豆和菠菜这类概念后，再学习蔬菜的概念"中新知识为"蔬菜"，原有知识为"胡萝卜、豌豆和菠菜"。新知识概括性高于原有知识，属于上位学习
并列结合学习	新知识平行于原有知识	

4.【识记技巧】

下位学习和上位学习的记忆技巧：下心低，上心高。

"下心（新）低"：下位学习中，新知识的概括性低于原有知识。

"上心（新）高"：上位学习中，新知识的概括性高于原有知识。

五、陈述性知识学习的过程

关于知识学习的过程有多种分类。我国传统教育心理学将知识学习的心理过程分为知识的理解、知识的巩固和知识的运用三个阶段。现代认知心理学认为，知识学习的过程包括知识的获得、知识的保持（巩固）和知识的提取（应用）三个阶段。此处重点讲解现代认知心理学的分类。

（一）知识的获得

知识的获得是知识学习的第一个阶段。在这个阶段，知识的学习主要表现为对知识的感知和理解。通过感知和理解知识，新知识与原有知识建立联系，纳入个体的认知结构和认知系统。知识的感知和理解一般是通过知识的直观和概括两个环节实现的。

考点1　知识直观　★★★

知识直观是指学习者通过对直接感知到的教材直观信息进行加工，从而获得感性知识的过程。直观是理解科学知识的起点，是学生由不知到知之的开端，是知识获得的首要环节。

1.知识直观的类型

知识直观主要包括实物直观、模象直观和言语直观。

（1）实物直观

实物直观是指在感知实际事物的基础上提供感性材料的直观方式。例如，观察各种实物、标本，演示实验，实地观测，现场参观等。

优势：实物直观获得的感性知识真实、形象、生动，可以使教材内容同实际事物发生最为直接、真切的联系。因此，实物直观有利于提高学生对教材内容的正确理解，有助于激发学生的学习兴趣。

局限：实物直观往往不易突出事物的本质因素；由于受时间、空间的限制，无法提供某些重要的感性材料。

（2）模象直观

模象直观是指在对事物的模拟性形象的直接感知基础上进行的一种直觉的能动反应。例如，观看图片、图表、模型、幻灯片、录像、电影、多媒体演示等。

优势：模象直观可以人为地排除一些无关因素，突出本质要素；可根据观察需要，通过大小变化、动静结合、虚实交换、色彩对比等方式扩大直观范围。

局限：模象只是事物的模拟形象，与实际事物有一定的差距。

（3）言语直观

言语直观是指教师用生动形象、富有感染力的语言唤起学生对有关事物表象的重现，并按照描述进行重组，以形成新事物的表象。

优势：言语直观不受时间、空间和设备的限制，是教学中大量采用的直观方式。

局限：言语唤起的表象不如观察实物和模型获得的映象完整、稳定、鲜明和准确。

2. 提高知识直观效果的措施

（1）灵活运用各种直观形式

①灵活选用实物直观和模象直观。一般而言，在学生知识学习的初级阶段，模象直观的教学效果优于实物直观。但当学习掌握了基本概念和原则的基础后，更多地运用实物直观是必要的。

②加强词（言语直观）与形象（实物和模象直观）的配合。如果教学任务在于使学生获得精确的感性知识，则应以形象的直观为主，言语只起辅助作用，如观察动、植物的细胞结构等；如果教学任务在于使学生获得一般的、要求不十分精确的感性知识，则应以言语的描述为主，形象直观起证实、辅助作用，如物理、化学的演示实验等。

（2）运用感知规律，突出直观对象的特点

①强度律，是指作为知识物质载体的直观对象（实物、模象或言语）必须达到一定强度，才能为学习者清晰地感知。在此，强度主要指相对强度，只有相对较强的刺激才容易引起人们清晰的感知。

②差异律（对比律），是指对象和背景的对比差异大的容易被感知。差异律符合学生的知觉选择性规律。

③活动律，是指活动的对象比静止的对象更容易被感知，也就是说，在固定的背景上活动的物体容易引起知觉。

④组合律，是指空间上接近、时间上连续、形状上相同、颜色上一致的事物，容易构成一个整体被清晰地感知。组合律符合学生的知觉整体性规律。在知识教学过程中，直观材料和教学内容应力求在时间、空间上组成有意义的或有规律的系统，以便于学生整体知觉。

⑤协同律，是指在观察过程中，有效地调动各种感知器官，分工合作，协同活动，这样可以提高观察的效果；也指同时运用强度律、差异律、活动律等去观察对象。

（3）培养学生的观察能力

在直观过程中，教师对直观教材进行操纵，起着引导的作用，但其效果主要取决于学生的观察能力。因此，为了更好地完成教学任务，教师必须培养学生的观察能力。

（4）让学生充分参与直观过程

在直观过程中，教师应注重激发学生积极参与的热情。在可能的情况下，让学生自己亲自动手进行操作（如让学生参与制作标本、自己制作图表等），改变"教师演，学生看"这种消极被动的直观方式。

典型例题（2022·石家庄·单选）教师讲解"雪花"的概念时，通过抛洒大量碎纸引导学生体会下雪场景，这体现了直观性教学原则中的（　　）。

A. 实物直观　　　　B. 模象直观　　　　C. 语言直观　　　　D. 网络直观

【答案】B。

考点 2　知识概括

知识概括是指主体通过对感性材料的分析、综合、比较、抽象、概括等深层次加工改造，获得对一类事物本质特征与内在联系的抽象的、一般的、理性的认识的活动过程。

1. 知识概括的类型

（1）感性概括（直觉概括）

感性概括也称直觉概括，它是在直观的基础上自发进行的一种低级的概括形式。感性概括不能反映事物的本质特征和内在联系，概括的只是事物的一般外表特征和外部联系。例如，学生观察到麻雀、乌鸦、燕子等都能飞，概括出会飞的动物就是鸟。

（2）理性概括

理性概括是在有关理性知识的指导下，通过发挥主观能动性，对感性知识经验进行自觉的逻辑加工改造，来揭示事物共同的、本质的特征与内在联系的高级概括形式。一切科学的概念、定义、定理、规律、法则都是理性概括的结果。

2. 提高知识概括的措施

（1）明确概括的目的方向性

概括的目的在于区别事物的本质特征与非本质特征，抽出事物的本质特征，抛弃事物的非本质特征。研究表明，概括的目的方向性越明确，越有利于避免直观材料的消极影响而提高概括的效果，从而提高概念的领会水平。

（2）配合运用正例和反例

正例又称肯定例证，是指包含概念或规则的本质特征和内在联系的例证。

反例又称否定例证，是指不包含或只包含了一小部分概念或规则的主要属性和关键特征的例证。

一般而言，概念或规则的正例传递了最有利于概括的信息，反例传递了最有利于辨别的信息。在教学中，教师最好能把正反两种例证同时加以说明，以帮助学生掌握概念的本质特征。例如，在讲授"鱼"的概念时，可以用海马、鲤鱼作为正例，说明"用鳃呼吸""脊椎动物"是鱼的本质特征；用哺乳动物海豚作为反例，说明"会游泳"是鱼的无关特征。

（3）为学生提供丰富多彩的变式

变式是指概念的正例在无关特征方面的具体变化，也就是保持概念的关键特征，变化那些非关键特征，从而构成表现形式不同的例证。在教学中，教师要注意选用的变式应使那些显著的但非本质的要素得到变化，突出那些隐蔽的本质要素。例如，在讲"鸟"这一概念时，教师不仅要列举麻雀、乌鸦、鹦鹉等能飞的鸟作为正例，还需要列举鸵鸟、企鹅等不能飞的鸟作为变式，这样有利于学生舍弃"鸟会不会飞"这一无关特征。

（4）引导学生科学地进行比较

比较是从方法学的角度促进知识的概括。一般来说，比较主要有同类比较和异类比较两种方式。同类比较是关于同类事物之间的比较。异类比较是不同类但相似、相近或者相关的事物之间的比较。

（5）引导学生对材料进行精细加工

精细加工是指对学习材料进行深入的加工活动，以寻求字面背后的深层意义，将新学习的材料与头脑中已有知识建立联系的策略。

（6）对学习材料进行合理组织

组织策略往往表现为对前后学习内容进行纵向的梳理和横向的比较分析的方法。

（7）启发学生进行自觉概括

为了促进知识的获得，在实际的教学情境中，教师应该启发学生进行自觉的概括，鼓励学生主动参加问题的讨论，鼓励学生自己总结原理、原则，尽量避免一开始就要求学生记忆或背诵，改变"教师总结，学生被总结"的被动教学方式。

（二）知识的保持（巩固）

知识保持的策略（防止遗忘的策略）包括以下几种。

1. 深度加工记忆材料

深度加工是指通过对要学习的新材料增加相关的信息并重新编码、分类组织、归纳和整合到过去的知识结构中，以达到对新材料的理解和记忆的方法。例如，对材料补充细节、举例子、做推论等。

2. 有效运用记忆术

记忆术是运用各种方法以促进记忆保持的方法，如简缩和编歌诀、关键词法、位置记忆法等。

3. 进行组块化编码

组块是指在信息编码过程中，利用储存在长时记忆系统中的知识经验对进入短时记忆系统中的信息加以组织，使之成为人们熟悉的有意义的较大单位的过程。我们要充分运用组块化学习，合理组织记忆材料，提高学习效率。例如，记住一列数字"1851192118391937"，如果把它看成孤立的数字，是16个组块，把它组块化为"1851，1921，1839，1937"则只有4个组块，就很容易记住了。

4. 适当过度学习

过度学习是指在达到刚好成诵后的附加学习。在日常教学中，对于本门学科的一些基本概念、基本原理的学习，仅仅达到刚能回忆的程度是不够的，必须在全面理解的基础上达到牢固熟记、脱口而出的程度。当然，过度学习并不意味着复习次数越多越好。研究表明，学习的熟练程度达到150%时，即过度学习程度达到50%时，记忆效果最好，知识最牢固；超过150%时，记忆效果并不递增，并且很可能引起学习者的厌倦、疲劳等，使过度学习成为无效劳动。例如，花10分钟学习一首短诗刚好能背诵，按照适当过度学习的要求，需要再继续学习5分钟。

5. 合理进行复习

关于合理复习的具体方法见本书第二部分第二章第四节"记忆"。

（三）知识的提取（应用）

知识的提取是指把学到的知识应用于作业和解决有关问题的过程，是抽象知识具体化的过程。具体化过程虽因课题的性质、知识的领会水平与解题技能的掌握等的不同而有所不同，但就其涉及的智力活动而言，主要包含审题、联想、解析和类化四个彼此相连而又有相对独立意义的基本成分。

> **高分点睛**
>
> 1.【常考题型】单选、多选、判断、材料分析
> 2.【命题角度】
> （1）考查现代认知心理学和我国传统教育心理学对知识学习的过程的分类。
> （2）考查知识直观的三种类型，以及结合实例考查某一知识直观类型。例如，通过观察各种实物标本，演示各种实验进行教学属于哪种直观类型？答案：实物直观。
> （3）结合实例考查感知规律在教学中的应用。例如，教师在制作课件时，一般不会将字设置得过大或过小。这是运用了感知规律中的哪种规律？答案：强度律。
> （4）结合实例考查感性概括与理性概括、正例与反例、变式、比较的内涵。例如，"会飞的是鸟，会游的是鱼"属于什么概括？答案：感性概括。
> （5）以材料分析的形式考查知识保持的策略（防止遗忘的策略）。

第五节 技能的形成

一、技能概述

考点1 技能的含义

技能是个体运用已有知识经验，通过练习而形成的确保某种活动得以顺利进行的合乎法则的活动方式。

考点2 技能的特点

（1）技能是由练习得来的，并非本能行为，如眨眼反射、皱眉动作等本能行为不属于技能。
（2）技能是一种活动方式（即动作方式是技能的形式）。陈述性知识的学习是技能学习的起点。
（3）技能是合乎法则的活动方式，区别于一般的随意行为。合乎法则是技能形成的前提。合乎法则的熟练技能具有流畅性、迅速性、经济性、同时性、适应性等特征。

> **高分点睛**
>
> 1.【常考题型】单选、多选、判断
> 2.【命题角度】结合实例或关键词考查技能的内涵。例如，技能的掌握与陈述性知识无关。答案：×。

二、技能的类型

根据技能的性质和表现形式的不同，技能可分为操作技能与心智技能两种。

考点1 操作技能

1. 操作技能的含义
操作技能也叫动作技能、运动技能，是通过学习而形成的合乎法则的程序化、自动化和完善化的操作活动方式。日常生活中的许多技能都是操作技能，如音乐方面的吹、拉、弹、唱，体育方面的球类运动、体操、田径等。

2. 操作技能的特点
（1）动作对象的客观性（物质性）。操作技能的活动对象是物质性客体或肌肉，具有客观性。

（2）动作执行的外显性。操作技能的执行是通过外部显现的肌肉运动实现的，具有外显性。

（3）动作结构的展开性。操作活动的每个动作必须切实执行，不能合并、省略，在结构上具有展开性。

3. 操作技能的类型
（1）根据动作的精细程度与肌肉运动强度不同，操作技能可分为细微型操作技能（精细技能）与粗放型操作技能（粗大技能）。

细微型操作技能主要靠小肌肉群的运动来完成，如弹琴、射击、打字、摆动耳朵等。

粗放型操作技能主要靠大肌肉群的运动来完成，如踢足球、打羽毛球等。

（2）根据动作的连贯与否，操作技能可分为连续型操作技能（连贯技能）与不连续型操作技能（不连贯技能）。

连续型操作技能主要由一系列连续的动作构成，表现为连续的、不可分割的、协调的动作序列，如骑车、滑冰、开车等。

不连续型操作技能主要由一系列不连续的动作构成，各个动作在操作过程中可以相互独立，如跳高、跳远、掷标枪等。

（3）根据动作对环境的依赖程度不同，操作技能可分为闭合型操作技能与开放型操作技能。

闭合型操作技能主要依赖机体自身的内部反馈信息进行运动，如体操、游泳、跑步等。

开放型操作技能主要依赖外界反馈信息进行活动，如打篮球、排球、棒球等。

（4）根据操作对象的不同，操作技能可分为徒手型操作技能与器械型操作技能。

徒手型操作技能以机体本身为对象，只需要通过身体的协调运动而无需操纵各种器械来实现，如体操、游泳、跑步等。

器械型操作技能主要是通过操纵一定的器械来实现的，如各种球类运动、写字等。

考点2 心智技能 ★★

1. 心智技能的含义
心智技能也称智力技能、认知技能，是一种借助内部力量调节、控制心智活动的经验，是通过内部语言在头脑中形成的合乎法则的心智活动方式。例如，阅读技能（默读）、写作技能、运算技能（心算）、解题技能、记忆技能等。

2. 心智技能的特点

（1）动作对象具有观念性。心智活动的对象是客体在人脑中的主观映象，是客观事物的主观表征，是知识和信息。

（2）动作执行具有内潜性。心智活动是借助于内部言语在头脑内部默默地进行，只能通过其作用对象的变化来判断其存在。

（3）动作结构具有简缩性。心智活动不像操作活动必须将每一个动作实际做出，也不像言语活动必须把每个字词说出，心智活动是不完全的、片段的，是高度省略和简化的。如在口算、阅读（默读）、构思、心算中，心智活动可以高度简缩这些思维的过程，有时要比实际操作快得多。

3. 心智技能的类型

心智技能可分为特殊心智技能（专门的心智技能）和一般心智技能。

特殊心智技能是在某种专门的认识活动中形成起来的，如默读与心算技能等。

一般心智技能是在一般认识活动中形成起来的，可以广泛应用于许多领域，如观察技能、分析技能、综合技能、思维技能、想象技能、记忆技能等。

典型例题（2021·沧州·单选）阅读技能、写作技能、运算技能、解题技能都属于（　　）。
A. 操作技能　　　　B. 心智技能　　　　C. 应用技能　　　　D. 学习技能
【答案】B。

考点 3　操作技能与心智技能的区别与联系

1. 操作技能与心智技能的区别

（1）活动的对象不同。操作技能属于实际操作活动的范畴，其活动的对象是物质的、具体的。心智技能的活动对象是头脑中的映象，不是客体本身，具有主观性和抽象性。

（2）活动的结构不同。操作技能是系列动作的连锁，所以其动作结构必须从实际出发，符合实际，不能省略。心智技能是借助于内部言语实现的，可以高度省略、简缩。

（3）活动的要求不同。操作技能要求学习者必须掌握一套刺激－反应的联结，而心智技能则要求学习者掌握正确的思维方法。

2. 操作技能与心智技能的联系

（1）操作技能是心智技能形成的最初依据，心智技能的形成是在外部操作技能的基础上，逐步脱离外部动作而借助于内部语言实现的。例如，写作这种心智技能就是在书写等操作技能的基础上发展起来的。

（2）心智技能是外部操作技能的支配者和调节者，复杂的操作技能往往包含认知成分，需要学习者智力活动的参与，手脑并用才能完成。

高分点睛

1.【常考题型】单选、多选、判断
2.【命题角度】
（1）给出实例或划分维度，要求考生选择相应的技能类型。

（2）考查操作技能和心智技能的特点以及二者的关系。

（3）结合实例，考查操作技能的类型。例如，根据操作技能的分类，驾驶汽车属于哪种操作技能？答案：连续型操作技能和开放型操作技能。

三、操作技能的形成

考点1 菲茨与波斯纳的三阶段模型

菲茨和波斯纳把操作技能的学习过程分为认知、联系形成、自动化三个阶段。

1. 认知阶段

认知阶段是个体学习新的操作技能的初期，在这一阶段个体首先要通过对示范对象的观察及对刺激情境的知觉，形成一个内部的动作意象，作为实际执行动作时的参照。认知阶段的主要任务是对示范动作进行观察，了解要学习的动作技能的动作结构和特点，以及各组成动作之间的联系，从而在头脑中形成动作映象。在这个阶段中关键是要认识到"做什么"和"怎么做"。

2. 联系形成阶段

在联系形成阶段，个体把组成操作技能的整体动作逐一进行分解，并试图发现它们是如何构成的，最后尝试性地完成所学新技能中的各个动作。经过练习，个体逐步掌握了一系列的局部动作，并逐渐从个别动作转向动作的组织和协调。但在此阶段，各动作之间依然结合得不够紧密，因此在动作转换和交替之际，常常会出现短暂的停顿现象。

3. 自动化阶段

在自动化阶段，各个动作的相互协调似乎是自动流露出来的，无需特殊的注意和纠正。操作技能逐步由脑的低级中枢控制。只要有一个启动信号，个体就能迅速准确地按照程序连贯完成整个动作系列。

考点2 冯忠良的四阶段模型

我国心理学家冯忠良认为，操作技能的形成可以分为操作定向、操作模仿、操作整合与操作熟练四个阶段。

1. 操作定向

操作定向也称操作的认知阶段，是指理解操作活动的结构和程序的要求，在头脑中建立起操作活动的定向映象的过程。

2. 操作模仿

（1）含义与作用

操作模仿是指学习者通过观察，实际再现特定的示范动作或行为模式。操作模仿的实质是将头脑中形成的定向映象以外显的实际动作表现出来。因此，模仿是在定向映象的基础上进行的，需要以认知为基础。

操作模仿的作用：①模仿可以检验已形成的动作定向映象，使之更完善、巩固、充实，有助于定向映象在技能形成过程中发挥更有效的作用；②模仿可以加强个体的动觉感受。

（2）动作特点

①动作品质方面：动作缓慢，稳定性、准确性、灵活性较差。

②动作结构方面：各个动作要素之间的协调性较差，相互衔接不连贯，互相干扰，并常有多余动作产生。

③动作控制方面：动作主要靠视觉控制，动觉控制水平较低，不能主动及时地发现错误与纠正错误，注意范围有限，表现出顾此失彼的现象。

④动作效能方面：完成某一操作的效能较低，表现在用较长的时间、花费较大的体力与精力来从事某项活动，完成一个动作往往比标准速度要慢，并且常常感到疲劳和紧张。

3. 操作整合

（1）含义

操作整合是把模仿阶段习得的动作依据其内在联系联结、固定下来，并使各动作成分相互结合，成为定型的、一体化的动作。

（2）动作特点

①动作品质方面：不受外界条件影响的情况下，动作可以表现出一定的稳定性、精确性和灵活性，但当外界条件发生变化时，动作的效果和完成质量会有所降低。

②动作结构方面：动作的各个成分趋于分化、精确，整体动作趋于协调、连贯，各动作成分间的相互干扰减少，多余动作减少。学习者有意识地根据要求将部分动作重新组合从而产生新的整体，但有时会出现连接得不熟练的状况。

③动作控制方面：视觉控制不起主导作用，动觉控制范围扩大。肌肉运动感觉变得较清晰、准确，并成为动作执行的主要调节器。

④动作效能方面：效能相对模仿阶段有所提高，疲劳感、紧张感降低，心理能量不必要的消耗减少，但没有完全消除。

4. 操作熟练

（1）含义

操作熟练是操作技能掌握的高级阶段，这个阶段形成的动作方式对各种变化的条件具有高度的适应性，动作的执行达到高度的程序化、自动化和完善化。

（2）动作特点

①动作品质方面：动作具有高度的稳定性、灵活性和准确性，并且在各种变化的条件下都能顺利完成，基本不受外部环境因素影响。

②动作结构方面：各个动作之间的干扰基本消失，衔接连贯、流畅，动作高度协调，多余动作消失。

③动作控制方面：动觉控制增强，不需要视觉的专门控制和有意识的活动，注意范围扩大，能及时准确地觉察到外界环境的变化并适当地调整动作方式。

④动作效能方面：紧张感、疲劳感减少，心理消耗和体力消耗降至最低，动作轻快、娴熟。

> **高分点睛**
>
> 1.【常考题型】单选、多选
>
> 2.【命题角度】
>
> （1）直接考查菲茨与波斯纳的三阶段模型、冯忠良的四阶段模型包含哪些阶段以及各阶段的顺序。
>
> （2）结合实例或关键词考查两种模型各阶段的特点。
>
> 3.【易错易混】
>
> 冯忠良的四阶段模型中操作定向阶段尚未有实际动作，其余三个阶段的动作特点容易混淆，编者总结了该知识点，具体内容见下表。
>
> | 动作特点 | 操作模仿 | 操作整合 | 操作熟练 |
> | --- | --- | --- | --- |
> | 动作品质 | 稳定性、准确性、灵活性较差 | 一定的稳定性、精确性、灵活性 | 高度的稳定性、准确性和灵活性 |
> | 动作结构 | 协调性差、衔接不连贯；互相干扰、常有多余动作 | 趋于协调、连贯；相互干扰减少，多余动作减少 | 衔接连贯；干扰消失，多余动作消失 |
> | 动作控制 | 主要靠视觉控制 | 视觉控制逐渐让位于动觉控制 | 动觉控制增强，视觉注意范围扩大 |
> | 动作效能 | 效能较低，常感到疲劳和紧张 | 效能有所提高，疲劳感和紧张感降低 | 疲劳感、紧张感减少，动作轻快、娴熟 |

四、操作技能的培养 ★★

操作技能的学习受到内部因素和外部因素的影响。内部因素包括学习动机、相应的生理成熟水平和知识经验、智力水平、人格特征和生理唤醒水平；外部因素包括科学的指导、练习等。能否掌握某种操作技能取决于学习者是否具备相应的内部条件以及如何充分利用外部条件。

操作技能的培养和训练的要求主要包括以下几个方面。

考点1　准确的示范与讲解

示范、讲解是技能训练的第一步，准确的示范与讲解有利于学习者在头脑中形成准确的定向映象，进而在实际操作活动中调节动作的执行。

考点2　必要而适当的练习

练习是形成各种操作技能不可缺少的关键环节，是操作技能形成的基本条件和途径，对技能进步有促进作用。

1.练习曲线

练习过程中技能的进步情况可以用练习曲线来表示。练习曲线是指在连续多次的练习过程中发生的动作效率变化的图解。练习曲线表明，在学生的操作技能形成过程中，普遍存在以下几种情况。

（1）练习成绩逐步提高

学生的动作技能的练习成绩逐步提高主要表现在动作速度的加快和准确性的提高上。其表现形式有三种：练习进步先快后慢；练习进步先慢后快；练习进步前后比较一致。

（2）练习中的高原现象

高原现象是指在学生动作技能的形成中，练习到一定阶段往往出现进步暂时停顿的现象。高原现象一般在学习中期出现，它表现为练习曲线保持在一定的水平而不再上升，甚至有所下降。但是，在高原期之后，练习曲线又会上升，即练习成绩又有所进步。

高原现象产生的原因包括学习方法固定化、学习任务复杂化、学习动机减弱、兴趣降低、心理和生理上的疲劳、意志品质不够顽强等。

高原现象并不具有普遍性，也不能表明动作技能的掌握已临近学生身心发展的极限，相反它就像黎明前的黑夜。

（3）练习成绩的起伏现象

练习成绩的起伏现象是指在动作技能的练习曲线中，练习成绩时而提高、时而下降、时而停顿的现象。

练习成绩的起伏是正常现象，但如果练习成绩出现明显的下降现象，教师就应该帮助学生分析原因，并加强教育和指导，以便尽快提高他们的练习成绩。

（4）学生操作技能形成中的个别差异

不同的学生在学习同一技能，或同一个学生学习不同技能时，其练习进程表现出明显的个别差异。这是由学生个体的练习态度、知识经验、预备训练情况以及练习方式等方面的不同造成的。

2. 练习方式

练习方式直接影响操作技能的学习。按照不同的划分标准，练习方式有多种分类：根据练习时间分配的不同，练习可以分为集中练习和分散练习；根据练习内容的完整性的不同，练习可分为整体练习和部分练习；根据练习途径的不同，练习可分为模拟练习、实际练习和心理练习。

从整体上来说，分散练习优于集中练习，但也要具体情况具体分析。研究表明，对于一个连续性的操作任务，分散练习的效果优于集中练习；对于不连贯的操作任务，集中练习的效果优于分散练习。当操作任务不太复杂且各动作成分的内在组织性较强时，使用整体练习可以产生较好的学习效果；当操作任务比较复杂且内在组织性较弱时，采用部分练习容易产生良好的学习效果。将实际练习与心理练习、模拟练习相结合，能够有效地促进技能的形成、保持与迁移。

3. 教学中组织练习要遵循的原则

（1）明确练习的目的和要求。

（2）帮助学生掌握正确的练习方法。应循序渐进、由易到难、有计划地进行练习。

（3）正确掌握练习的次数、时间，保证练习的质量。

（4）注意练习方式的多样化。

考点3 充分而有效的反馈

反馈在操作技能的学习过程中的作用是非常关键的，其中结果反馈的作用尤为明显。准确的结果反馈可以引导学生矫正错误动作，强化正确动作，并鼓励学生努力改善其操作。

影响反馈效果的因素包括以下几个方面：①反馈的内容。即要考虑该信息能否使学习者的注意指向应改进的动作方面。②反馈的频率。研究认为，在几次练习之后给予某种总结性的、简要的反馈是非常有效的。③反馈的方式。给予何种形式的反馈，要视具体情形而定。

考点4 建立稳定清晰的动觉

要建立稳定清晰的动觉，有必要进行专门的动觉训练，以提高其稳定性和清晰性，充分发挥动觉在技能学习中的作用。

高分点睛

1.【常考题型】单选、多选、判断

2.【命题角度】
（1）考查操作技能的四条培养要求。
（2）结合实例或关键词考查高原现象、练习成绩的起伏现象。
（3）考查影响反馈效果的因素。

3.【识记技巧】
考生可借助以下实例理解和记忆操作技能的培养要求。

培养学生的游泳技能，首先要让学生明白游泳技能是什么样的，因此，要进行示范和讲解；其次，要让学生进行练习，只有练习才能进一步熟练地掌握技能；最后，学生要通过指导者的反馈，调整自己的游泳动作。同时，学生要了解游泳时肌肉活动的特性，即建立稳定清晰的动觉。

五、心智技能的形成理论

考点1 加里培林的心智动作阶段形成理论

苏联心理学家加里培林将心智动作的形成分为以下五个阶段。

1. 活动的定向阶段

该阶段的主要任务是使学生预先熟悉动作任务，了解活动对象，知道将做什么和怎么做，构建关于认知活动本身和活动结果的表象，以便完成对它们的定向。

2. 物质活动或物质化活动阶段

物质活动是借助实物进行活动，物质化活动是借助实物的模型、图片、样本等代替物进行活动。该阶段的主要任务为引导学生通过从事物质活动或物质化活动，掌握活动的真实内容。例如，在加法运算中，教师可以让学生利用小木棒或图片中的小木棒进行演算活动。

3. 出声的外部言语活动阶段

该阶段的特点为心智活动不直接依赖物质或物质化的客体，而是借助出声言语的形式来完成。例如，学生进行加法运算，不再借助于小棍、手指，而是用言语表现"数位对齐，个位对个位"的运算过程（即口算）。

4. 无声的外部言语活动阶段

该阶段的特点为从出声的外部言语向内部言语转化。在这一阶段，智慧活动的完成是以不出声的外部言语来进行的，即只看到嘴动，听不到声音。

5. 内部言语活动阶段

该阶段的特点为心智活动完全借助内部言语完成，智力活动压缩、自动化，是很少发生错误的熟练阶段。在这一阶段，心智活动以抽象思维为其主要成分。例如，学生演算进位加法时，已经不再需要默念公式和法则，而是在头脑中出现几个关键词，随之而来的就是自动化操作。

考点 2　安德森的心智技能形成三阶段论

安德森运用信息加工观点，把心智技能的形成分成认知阶段、联结阶段和自动化阶段。

1. 认知阶段

认知阶段的任务是了解问题的结构，即起始状态、要达到的目标状态、从起始状态到目标状态需要的步骤。

2. 联结阶段

在联结阶段，学习者应用具体的方法来解决问题，主要表现在把某一领域的描述性知识转化为程序性知识，这种转化是程序化的过程。在该阶段，个体逐渐产生一些新的产生式法则，以解决具体的问题。

3. 自动化阶段

在自动化阶段，个体获得了大量的法则并完善这些法则，操作某一技能所需的认知投入较小，且不易受到干扰。

考点 3　冯忠良的心智技能形成三阶段论 ★★

冯忠良在加里培林理论的基础上，提出了心智技能形成三阶段论。

1. 原型定向

原型是指心智活动的原样，即外化了的实践模式、物质化了的心智活动方式或操作活动程序。

原型定向是了解心智活动的实践模式，了解外化或物质化了的心智活动方式或操作活动程序，了解原型的活动结构（动作构成要素、动作执行顺序和动作执行要求），从而使主体知道该做哪些动作和如何去完成这些动作，明确活动的方向。

原型定向阶段主体的主要学习任务是确定所学心智技能的实践模式（操作活动程序），并使其动作结构在头脑中得到清晰反映。为完成这一任务，教师要遵循如下教学要求。

（1）要使学生了解活动的结构，即了解构成活动的各个动作要素及动作之间的执行顺序，并了解动作的执行方式。

（2）要使学生了解各个动作要素、动作执行顺序和动作执行方式的各种规定的必要性，提高学生学习的自觉性。

（3）要采取有效措施发挥学生的主动性与独立性。

（4）教师的示范要正确，讲解要准确，动作指令要明确。

（5）教师可以用复述动作要领的方法来检查原型定向的学习成效。

2. 原型操作

原型操作是依据智力技能的实践模式，把学生在头脑中应建立起来的活动程序计划，以外显的操作方式实施，以获得完备的动觉映象。

为了使心智技能在操作水平上顺利形成，教师要遵循如下教学要求。

（1）要使心智活动的所有动作以展开的方式呈现。

（2）要注意变更活动的对象，使心智活动在直觉水平上得以概括，从而形成关于活动的正确的表象。

（3）要注意活动的掌握程度，并选择适当的时机向下一阶段转化。

（4）为了使活动方式顺利地向内化阶段转化，应注意动作与言语相结合。

3. 原型内化

原型内化是指心智活动的实践模式向头脑内部转化，由物质的、外显的、展开的形式变成观念的、内在的、简缩的形式的过程。原型内化阶段是心智技能形成的高级阶段。原型内化可分为出声的外部言语动作阶段、不出声的外部言语动作阶段和内部言语动作阶段。

为使操作原型顺利内化为心智技能，教师要遵循如下教学要求。

（1）动作的执行应从外部言语开始，而后逐步转向内部言语。

（2）在开始阶段，操作活动应先在言语水平上完全展开，即用出声或不出声的外部言语完整地描述原型的操作过程。然后，依据学生对活动的掌握程度逐渐缩简，其中包括省略一些不必要的动作成分或合并有关的动作。

（3）注意变换动作对象，使活动方式得到进一步的概括，以便更广泛地适用于同类课题。

（4）在由出声到不出声、由展开到压缩的转化过程中，要根据注意活动的掌握程度，不能过早或过迟转化，应该适时转化。

> **高分点睛**
>
> 1.【常考题型】单选、多选、判断
>
> 2.【命题角度】
>
> （1）考查心智技能形成理论与心理学家的对应。
>
> （2）考查各种心智技能形成理论中每个阶段的名称和特点。
>
> （3）给出实例，要求考生选出与之相对应的心智技能形成阶段。

六、心智技能的培养

心智技能是按一定阶段逐步形成的，心智技能的培养必须分阶段进行，才能获得良好的教学成效。为提高分阶段训练的成效，必须充分依据心智技能的形成规律，采取有效措施，并注意以下几点。

1. 激发学习的主动性与积极性

在培养学生心智技能的过程中，教师应采取适当措施，激发学生的学习动机，调动其主动性和积极性。

2. 注意原型的独立性、完备性与概括性

独立性是指教师引导学生从原有经验出发，独立地确定或理解活动的结构及其操作方式，而不是教师单向授予学生现成的模式。

完备性是指教师引导学生对活动结构（动作的构成要素、执行顺序和执行要求）有一个清晰而全面的了解，不能模糊或缺漏。

概括性是指在教学过程中，教师引导学生不断变更操作对象，提高活动原型的概括程度，使原型具有广泛的适用性，提高其迁移价值及能力。

3. 适应心智技能培养的阶段特征，正确使用言语

在原型定向与原型操作阶段，言语作用主要体现在标志动作，并对活动的进行起组织作用。因此，这两阶段的培养重点在于使学生了解动作本身，并利用言语来标志动作，巩固对动作的认识。

在原型内化阶段，言语的主要作用在于巩固形成中的动作表象，并使动作表象得以进一步概括，从而向概念性动作映象转化。这时言语已转变为动作的体现者，成为加工动作对象的工具。原型内化阶段培养的重点应放在考查言语的动作效应上，即检查动作的结果是否使观念性对象发生了应有的变化。

4. 注意学生的个体差异

教师在集体教学中应注意学生的个体差异，并针对学生存在的具体问题采取相应的教学辅助措施，以更好地培养学生的心智技能。

第六节　问题解决与创造性培养

一、问题与问题解决概述

考点1　问题的含义、成分及类型

1. 问题的含义

问题是指给定信息和要达到的目标之间有某些障碍需要被克服的刺激情境。

2. 问题的成分

每一个问题都必然包含以下三种成分。

（1）给定信息，指有关问题初始状态的描述。

（2）目标，指有关问题结果状态的描述。

（3）障碍，指在解决问题的过程中会遇到的种种需解决的因素。

3. 问题的类型

按照问题的组织程度，问题可分为有结构的问题（结构良好问题）和无结构的问题（结构不良问题）。

（1）有结构的问题是指已知条件和要达到的目标都非常明确，个体按一定的思维方式即可获得答案的问题。学习者在学科学习中遇到的绝大多数问题都是结构良好的问题。例如，"1+1=？""求边长为5cm的正方形的面积"等问题都属于有结构的问题。

（2）无结构的问题是指已知条件与要达到的目标都比较含糊，问题情境不明确，各种影响因素不确定，不易找出解答线索的问题。例如，"怎样造就天才儿童？""怎样培养学生的创新意识？""如何修电脑？"等问题都属于无结构的问题。

考点2　问题解决的含义、类型及特点

1. 问题解决的含义

问题解决是由一定的情境引起的，按照一定的目标，应用各种认知活动、技能等，经过一系列的思维操作，从问题的起始状态到达目标状态，使问题得以解决的过程。

2. 问题解决的类型

（1）常规性问题解决，即使用常规方法来解决有结构的、有固定答案的问题。

（2）创造性问题解决，即综合应用各种方法或通过发展新方法、新程序等来解决无结构的、无固定答案的问题。创造性是解决问题的最高表现形式。

3. 问题解决的特点

（1）目的指向性（目的性）

问题解决是自觉的行为，具有明确的目的性，它总是要达到某个特定的目的。例如，漫无目的的幻想不能被称为问题解决。

（2）操作序列性（序列性）

问题解决包括一系列心理操作，需要运用一系列高级规则。在这一过程中还需要对已有的有关信息进行重组与一系列认知加工，而不是已有知识的简单再现。例如，回忆朋友的电话号码的活动，虽然有明确的目的性，但只是对电话号码这一信息的简单再现，不能被称为问题解决。

（3）认知操作性（认知性）

问题解决活动必须有认知成分的参与，活动主要依赖于一系列的认知操作来完成。例如，系领带、分扑克牌等活动，尽管它们有目的，且包括一系列的操作活动，但这类活动基本上没有重要的认知成分参与，主要是一种身体的活动，不属于问题解决的范畴。

（4）问题情境性

问题解决是由一定的问题情境引起的。它促使个体积极思考，运用一系列的认知技能去寻求答案、解决问题。没有问题情境就没有问题解决，问题解决的结果就是问题情境的消失。

高分点睛

1.【常考题型】单选、多选、判断

2.【命题角度】

（1）直接考查问题的三种成分。

（2）题干或选项呈现实例，要求考生选出相应的问题类型。

（3）直接考查有结构的问题和无结构的问题的特点。

（4）结合实例或关键词、定义考查问题解决的特点。例如，问题解决的过程就是提取记忆系统中知识的过程。答案：×。

二、问题解决的过程

问题解决的过程分为发现问题、理解问题（分析问题/明确问题）、提出假设和检验假设四个阶段。

1. 发现问题

从完整的问题解决过程来看，发现问题是首要环节。发现问题主要受三个因素的制约：个体的思维活动的积极性、个体的兴趣爱好和求知欲望、个体已有的知识经验。

2. 理解问题（分析问题/明确问题）

理解问题就是从问题的诸多矛盾中找出主要矛盾，抓住问题的关键与核心，把握问题的实质，并在头脑中形成有关问题的初步印象，即形成问题的表征。认知心理学认为理解问题就是在头脑中形成问题空间的过程。

3. 提出假设

提出假设是提出解决问题的可能途径与方案，选择恰当的解决问题的操作步骤。在问题解决的过程中，提出假设是起关键作用的环节。能否有效地提出假设，受个体思维的灵活性与已有知识经验的影响。

4. 检验假设

检验假设是通过一定的方法来确定假设是否合乎实际、是否符合科学原理。

检验假设的方法有两种：一是直接检验，即通过实践和问题解决的结果来检验；二是间接检验，即通过推论来淘汰错误的假设，保留并选择合理的、最佳的假设。当然，间接检验的结果是否正确，最终还要由直接检验来证明。积极的思维活动与实践活动相结合是检验假设和解决问题的重要条件。

高分点睛

1.【常考题型】单选、多选、判断

2.【命题角度】

（1）考查问题解决的过程包括哪几个阶段。

（2）结合实例或关键词考查问题解决各个阶段的地位或具体内容。

三、问题解决的策略

考点 1　算法式策略

算法式策略是在问题空间中搜索所有可能的解决问题的方法，直至选择一种有效的方法解决问题。即将所有可能方案列出，并按某种规则和步骤逐一尝试，这种规则一般以公式的形式体现，但也可以没有公式只有操作规程。这种策略可以保证问题的解决，但费时费力。

考点 2　启发式策略

启发式策略是人根据一定的经验和目标的指示，在问题空间内进行较少的搜索，使问题得以解决的方法。常见的启发式策略有以下几种。

1. 手段－目的分析法

手段－目的分析法是指问题解决者不断地将当前状态和目标状态进行比较，然后采取措施尽可能地缩小这两个状态之间的差异。当问题可分成若干个具有各自目标的更小问题时，人们常常采用手段－目的分析法。

它的基本步骤如下：①比较初始状态和目标状态，提出第一个子目标；②找出完成第一个子目标的方法或操作，实现子目标；③提出新的子目标，如此循环往复，直至问题解决。

2. 爬山法

爬山法是采用一定的方法逐步降低初始状态和目标状态的距离，以达到问题解决的方法。其基本思想是设立一个目标，然后选取与起始点临近的未被访问的任一节点，向目标方向前进，逐步逼近目标，就好像爬山一样。但是爬山法只能保证爬到眼前山上的最高点，而不一定是真正的最高点。

爬山法是一种类似于手段－目的分析法的解题策略。但二者的不同在于手段－目的分析法包括这样一种情况，即有时人们为了达到目的，不得不暂时扩大目标状态与初始状态的差异，以有利于最终达到目标。

3. 逆向工作法（逆推法）

逆向工作法是指从问题的目标状态出发，以此为起点逐步向后推，得出达到目标需要的条件，将这些条件与问题提供的已知条件进行比较，若吻合，则推理成功，问题得到解决。例如，解决几何证明题、走迷宫等。

4. 类比法（类比思维法）

类比法是运用已有的知识、经验将陌生的、不熟悉的问题与已经解决了的熟悉的问题或其他相似事物进行类比，从而创造性地解决问题。当面对某种问题情境时，个体可以运用类比思维，先寻求与此有些相似的情境的解答。例如，通过研究蝙蝠的导航机制发明声呐。

> **高分点睛**
>
> 1.【常考题型】单选、多选、判断
>
> 2.【命题角度】
>
> （1）直接考查问题解决的策略有哪些。

（2）考查常用的启发式策略包括哪些类别。

（3）直接考查每个策略的含义，以及结合实例，要求考生选出相应的问题解决策略。例如，做数学题遇到难题时，先看参考答案，然后通过最终结果向题干进行推导，再由题干一步步正向求解。这属于问题解决中的哪种策略？答案：逆向工作法。

四、影响问题解决的主要因素 ★★★

考点1　问题情境与表征方式

问题情境指问题呈现的知觉方式。问题情境与人们已有的知识经验越接近，问题解决起来就越容易，反之则越困难。

问题表征是在头脑中对问题进行信息记载、理解和表达的方式。刺激的呈现方式能够影响人们的表征方式，而问题的表征方式直接影响问题的解决。画草图、列表、写方程式等都是常用的表征问题的方式。

考点2　知识经验与迁移

必要的知识经验、完善的知识结构有利于问题顺利地解决。心理学研究表明，专家和新手在解决问题效率上的差异，主要是由专家和新手在知识数量上的差异和知识组织方式上的不同造成的。

迁移会影响问题解决。正迁移对解决新问题有促进作用，负迁移对解决新问题有阻碍或干扰的作用。

考点3　定势与功能固着

当问题情境不变时，定势对问题的解决有积极的作用，有利于问题的解决；当问题情境发生变化时，定势对问题的解决有消极影响，不利于问题的解决。

图3-4-5　思维定势

功能固着是指个体在解决问题时往往只看到某种事物的通常功能，而看不到它其他方面可能有的功能。功能固着影响人的思维，不利于新假设的提出和问题的解决。例如，人们一般认为电吹风只能吹头发，却想不到做衣服的烘干器。

典型例题　（2021·石家庄·单选）商场着火，小轩所在楼层是卖布料的。在紧急情况下，他只想到布是用来做衣服和被褥的，却没有想到布可以作为求生工具。影响小轩问题解决的主要因素是（　　）。

A. 酝酿效应　　　　B. 功能固着　　　　C. 自由联想　　　　D. 聚合思维

【答案】B。

考点4　酝酿效应

当反复探索一个问题而毫无结果时，把问题暂时搁置，此时思维进入酝酿阶段，由于某种机遇突然使新思想、新心象浮现出来，由此找到问题的解决办法，这种现象称为酝酿效应。

典型例题 （2021·保定·单选）有时候学习者尽力去解决一个复杂的或者需要创造性思考的问题时，无论多么努力，都无法解决问题。在这种时候，暂时停止对问题的积极探索，可能就会对问题解决起到关键性作用。这种现象被称为（   ）。

A. 功能固着　　　B. 反应定势　　　C. 酝酿效应　　　D. 刻板印象

【答案】C。

考点5　原型启发

原型启发是指从其他事物或现象中获得的信息对解决当前问题的启发。具有启发作用的事物或现象叫原型。例如，鲁班被带齿的丝茅草划破了手而发明了锯子；瓦特看到水烧开时蒸汽把壶盖顶起来，受到启发改良了蒸汽机。

典型例题 （2022·邯郸·单选）由于看到鸟飞翔而发明了飞机，这类创造活动的心理影响机制是（   ）。

A. 功能固着　　　B. 定势　　　C. 原型启发　　　D. 负迁移

【答案】C。

考点6　动机与情绪状态

在一定限度内，动机强度和情绪与问题解决的效率成正比，但动机太强或太弱，情绪过于高昂或过于低沉，都会降低问题解决的效率。一般而言，中等强度的动机和相对适中的情绪激动水平，有利于问题的解决。

考点7　个性特征或人格特征

个体的人格差异也会影响解决问题的效率。理想远大、意志坚强、自尊、自信、自立、自强等优良的人格品质会提高解决问题的效率。而缺乏理想、意志薄弱、骄傲、懒惰、缺乏自尊、自卑等消极的人格特点会妨碍问题的解决。

除上述因素外，个体的智力水平、认知风格、世界观和生理状态等也制约问题解决的方向和效果。

> **高分点睛**
>
> 1.【常考题型】单选、多选、判断
>
> 2.【命题角度】
>
> （1）直接考查影响问题解决的主要因素包括哪些。
>
> （2）结合实例或关键词考查各种影响因素的内涵。例如，小明在解数学题时，怎么也想不出解题方法，将问题搁置了几天后，突然想到了如何解那道题。这属于什么现象？答案：酝酿效应。
>
> （3）考查定势、功能固着在问题解决中的作用。
>
> 3.【易错易混】定势与功能固着的区别：定势既可能对问题解决具有积极作用，又可能对问题解决具有消极作用；而功能固着对问题解决只有消极作用。

五、学生问题解决能力的培养（提高问题解决能力的教学）

1. 提高学生知识储备的数量与质量

（1）帮助学生牢固记忆知识。教师应教给学生一些记忆和提取知识的方法。

（2）提供多种变式，促进知识的概括。教师要重视概括、抽象、归纳和总结。

（3）重视知识的联系，建立网络化结构。教师要有意识地沟通课内课外、不同学科、不同知识点间的纵横交叉联系，使学生能够对获得的知识融会贯通，从而形成有机配合的网络化、一体化的知识结构。

2. 教授和训练解决问题的方法与策略

（1）结合具体学科，教授思维方法。在教学过程中，教师既可以结合具体的学科内容，教授相应的心智技能，也可以根据已有的研究成果，开设专门的思维训练课。

（2）外化思路，进行显性教学。教师在教授思维方法时，应将头脑中的思维方法提炼出来，明确地、有意识地将其外化，给学生示范，并要求学生模仿、概括和总结。

3. 提供多种练习的机会

（1）注重练习的质量，提高练习的有效性。教师应避免低水平的、简单的提问或重复的机械练习，防止学生陷入题海之中。

（2）注重练习的内容，加强练习的综合性。多种形式的练习可以调动学生主动参与学习的积极性，提高学生知识应用的变通性、灵活性与广泛性。

4. 培养思考问题的习惯

（1）鼓励学生主动发现问题。

（2）在明确问题的基础上，鼓励学生多角度提出假设。此时，教师不要过多评判这些想法，以免过早地局限于某一问题解决的方案中。

（3）鼓励自我评价与反思。教师应要求学生自己反复推敲、分析各种假设和各种方法的优劣，对问题解决的整个过程进行监控与评价。

高分点睛

1.【常考题型】多选、材料分析

2.【命题角度】

（1）以材料分析的形式考查学生问题解决能力的培养措施。

（2）考查每种培养措施的具体要求。

3.【识记技巧】

学生问题解决能力的培养措施可以利用口诀"储备练习加思考，方法策略不能少"来记忆，对应如下。

储备——提高学生知识储备的数量与质量；练习——提供多种练习的机会；思考——培养思考的习惯；方法和策略——教授与训练解决问题的方法与策略。

六、创造性概述

考点1　创造性的含义

一般来说，创造性（创造力）是指个体根据一定的目的和任务，运用一切已知信息，开展能动的思维活动，产生新奇独特的、有社会价值的产品的能力或特性。创造性不是少数人的天赋，而是人类普遍存在的一种潜能。

考点2　创造性思维的特征 ★★★

目前较公认的是以发散思维的基本特征来代表创造性思维的特征。但需要注意的是创造性思维并不完全等同于发散思维，而是发散思维和聚合思维、分析思维和直觉思维的统一。发散思维是创造性思维的核心，发散思维的流畅性、变通性和独特性的好坏是衡量创造性高低的指标。

（1）流畅性，是指个体面对问题情境时，在规定的时间内产生不同观念的数量的多少。流畅性代表思维敏捷，反应迅速。对同一问题想到的可能答案越多，流畅性越高，反之流畅性越低。

（2）变通性也叫灵活性，是指个体具有应变能力和适应性，面对问题情境时，不墨守成规，能随机应变，触类旁通。想出不同类型答案越多，变通性越高。

（3）独特性也叫独创性，是指个体在面对问题情境时，能产生不寻常的反应和不落常规的方法，擅长做一些别人从未想过和做过的事，想法具有新奇性。对于同一问题，有效解决问题的方法越新奇独特，独特性就越高。独特性是在流畅性和变通性的基础上形成的最高层次的发散思维能力。

图3-4-6　创造性思维的特征

当然，有创造性思维的人还要对新颖独特的观念具有高度的敏感性，具有及时把握它们的能力。有学者还补充了精密性，认为有创造性思维的人必须善于考虑事物的精密细节。

典型例题（2021·沧州·单选）随机应变、触类旁通表现出了思维的（　　）。

A. 流畅性　　　　B. 变通性　　　　C. 独创性　　　　D. 聚合性

【答案】B。

考点3　影响创造性的因素

1. 智力

高智力是高创造性的有利条件，但创造性与智力的关系并非简单的线性关系，两者既有独立性，又在某种条件下具有相关性。它们之间的关系可以归纳为以下几个方面：①低智商者不可能有高创造性；②高智商者可能有高创造性，但也可能有低创造性；③低创造性者可能有较低的智商，但也可能有较高的智商；④高创造性者必须有中等以上水平的智商（高于一般水平的智商）。简言之，高智商是高创造性的必要条件。

2. 个性

个性通常是指个人具有的比较稳定的、有一定心理倾向的心理特征的总和。高创造性的人一般有幽默感、有抱负和强烈的动机、能够容忍模糊与错误、喜欢幻想、有强烈的好奇心、有独立性。

3. 环境

家庭、学校和社会环境对人的创造性的发展具有重要影响。

（1）家庭方面，一般来说，父母受教育程度高，对子女要求合理，家庭气氛民主，有利于子女创造性的培养。

（2）学校教育方面，学校气氛民主，教师鼓励学生进行自主性学习，允许学生表达不同意见；学习活动有较多自由，教师允许学生在探索中发现知识，这种教育有利于学生创造性的培养。

（3）社会环境方面，如果社会过于因循守旧，不敢探索，或者团体压力过大，不允许个体标新立异，个体的创造性行为就无法得到社会的支持，个体的创造性的发展就会受到限制。

4. 原有知识

知识对创造性的影响主要表现在以下几个方面：①原有知识的激活和运用，能够灵活运用知识是高创造性的重要影响因素；②知识经验的丰富性是创造性解决问题的基础；③知识的理解深度和良好组织性是培养创造性的重要条件。

高分点睛

1.【常考题型】单选、多选、判断
2.【命题角度】
（1）给出例子或定义考查创造性思维的三种特征。例如，个人面对某种问题情境时，在规定的时间内产生观念的数量的多少，表示的是创造性思维的什么特征？答案：流畅性。
（2）以多选的形式考查智力和创造性的关系以及高创造性的人具有的个性特征。

七、创造性的培养方法

1. 创设有利于创造性产生的适宜环境

（1）创设宽松的心理环境。

（2）给学生留有充分选择的余地。在可能的条件下，教师应给学生一定的权力和机会，让有创造性的学生有时间、有机会干自己想干的事，为创造性行为的产生提供机会。

（3）改革考试制度与考试内容。应使考试真正成为选拔有能力、有创造性人才的有效工具。在考试的形式、内容等方面都应考虑如何测评创造性的问题。

2. 注重创造性个性的塑造

（1）保护好奇心。

（2）解除个体对答错问题的恐惧心理。对学生提出的问题，无论是否合理，教师均应以肯定的态度接纳；对学生出现的错误，教师不应全盘否定，更不应指责，应鼓励学生正视并反思错误，引导学生尝试新的探索，而不是循规蹈矩。

（3）鼓励独立性和创新精神。

（4）重视非逻辑思维能力。教师应鼓励学生大胆猜测，进行丰富的想象，不必拘泥于常规的答案。

（5）提供具有创造性的榜样。

3. 开设创造性课程，教授创造性思维策略

通过各种专门的课程来教授一些创造性思维的策略与方法，训练学生的创造力。常用的方法有以下几种。

（1）发散思维训练

发散思维训练是培养创造性思维的重要途径，可以有效地训练发散思维。发散思维训练的具体方法见表3-4-3。

表3-4-3 发散思维训练的具体方法

方法	含义	示例
材料扩散	以某种材料、物品或图形等作为"材料"，以此为扩散点，设想它的多种用途或与之相像的东西	说出易拉罐的用途
功能扩散	以某种事物的功能为扩散点，设想获得该功能的可能性	怎样达到照明的目的（点油灯、开电灯、点蜡烛等）
结构扩散	以某种事物的结构为扩散点，设想出利用该结构的各种可能性	尽可能多地说出含圆形结构的东西（太阳、篮球、盆等）
方法扩散	以解决某一问题或制造某种物品的方法为扩散点，设想出利用该种方法的各种可能性	尽可能多地列举出用"吹"的方法可以完成的事情
形态扩散	以事物的形态为扩散点（如形状、颜色、音响、味道、气味等），设想出利用某种形态的各种可能性	利用黄色可以做什么
因果扩散	以某个事物发展的结果为扩散点，推测造成此结果的各种可能的原因，或以某个事物发展的起因为扩散点，推测可能发生的各种结果	推测"流汗"的原因

（2）推测与假设训练

推测与假设训练的主要目的是发展学生的想象力和对事物的敏感性，并促使学生深入思考，灵活应对。例如，让学生听一段无结局的故事，鼓励他们去推测可能的结局；根据文章的标题，去猜测文中的具体内容等。

（3）自我设计训练

教师考虑到学生的兴趣及其知识经验，给他们提供某些必要的材料与工具，让学生利用这些材料，实际动手去制作某种物品（如贺卡、图画、各种小模型等）。学生通过实际的操作活动，完成自己的设计。

（4）集体讨论（头脑风暴法、脑激励法）

集体讨论又称头脑风暴法、脑激励法，是由奥斯本于1939年提出来的一种培养创造力的方法。其目的是以集思广益的形式，在一定时间内采用极迅速的联想方法，产生各种主意。

具体应用此方法时，应遵循以下四条基本原则：①让参与者畅所欲言，对提出的方案暂不做评价或判断；②鼓励标新立异、与众不同的观点；③以获得方案的数量而非质量为目的，即鼓励多种想法，多多益善；④鼓励提出改进意见或补充意见。

> **高分点睛**
>
> 1.【常考题型】单选、多选、判断
>
> 2.【命题角度】
>
> （1）给出实例，要求判断其体现了创造性思维的哪一种策略。
>
> （2）给出实例，要求判断其体现了发散思维训练的哪一种方法。例如，"利用黄色可以做什么"属于哪种发散思维训练方法？答案：形态扩散。
>
> （3）以判断的形式考查某种方法是否有利于创造性的培养。

第七节　态度与品德的形成

一、态度概述

考点1　态度的含义

态度是指通过学习而形成的、影响个人的行为选择的内部准备状态或反应的倾向性。

对于态度的含义，可以从以下几方面来理解。

（1）态度是一种内部准备状态，而不是实际反应本身。

（2）态度是一种稳定的心理倾向，决定个体是否愿意完成某些任务，即决定行为的选择。

（3）态度是通过学习而形成的，不是天生的，具有明显的社会性。

考点2　态度的心理成分

态度是一种复杂的心理现象，它由认知成分、情感成分和行为成分三种心理成分构成。

（1）认知成分，是指个体对态度对象具有的带有评价意义的观念和信念。

（2）情感成分，是指伴随态度的认知成分而产生的情绪或情感体验，这种体验包括喜欢与厌恶、尊敬与轻视、热爱与仇恨等。情感成分是态度的核心成分。

（3）行为成分，是指准备对某种对象做出某种反应的意向或意图。

一般情况下，态度的上述三种成分是一致的，但有时也可能不一致。例如，行为成分与认知成分相分离，外在行为不一定是内在的真实态度的体现或口头表达的态度常常不付诸行动，即知行脱节。

高分点睛

1.【常考题型】单选、多选、判断

2.【命题角度】考查态度包括的三种心理成分及其具体内容。

二、品德概述

考点1　品德的含义

品德即道德品质，是社会道德在个体身上的体现，是指个体按照一定的社会道德规范（道德行为准则）行动时表现出来的比较稳定的心理特征或倾向。品德是个性中具有道德评价意义的核心部分。

考点2　品德的心理结构 ★★★

品德主要由道德认识、道德情感、道德意志和道德行为四种心理成分构成。道德认识和道德情感可以唤起人的道德动机，从而推动人们产生道德意志和相应的道德行为。

1. 道德认识

道德认识是一种对道德行为的是非、善恶、美丑及其执行意义的认识。道德认识是个体品德中的核心部分，是个体品德形成的基础。

道德观念、道德信念的形成有赖于道德认识。当个体对某一道德准则有了较系统的认识时，就形成了有关的道德观念；当认识继续深入，达到坚信不疑的程度，并能指导自身行动时，就形成了道德信念。道德信念对行为具有稳定的调节和支配作用，是道德品质形成中的关键因素。

2. 道德情感

道德情感是伴随道德认识产生的一种内心体验，包括爱国主义情感、集体主义情感、义务感、责任感、事业感、自尊感和羞耻感。

道德情感是产生品德行为的内部动力，也是品德实现转化的催化剂。

道德情感的表现形式主要包括以下三种。

（1）直觉的道德情感，是指由于对某种具体的道德情境的直接感知而迅速产生的情感体验。例如，当人们看到良好行为时，会感到快乐；看到不良行为时，会感到愤怒。

（2）想象的道德情感，是指通过对某种道德形象的想象而产生的情感体验。例如，当学生阅读《雷锋日记》的时候，会被雷锋精神感动。

（3）伦理的道德情感，是指以清楚地意识到的道德概念、原理和原则为中介的情感体验。例如，爱国主义情感和集体主义情感。

3. 道德意志

道德意志是人们自觉地确定道德行为的目的，积极调节自己的活动，克服各种困难，以实现既定目的的心理过程，通常表现为一个人的信心、决心和恒心。

道德意志起支撑和调节作用，是道德认识转化为道德行为的关键。

4. 道德行为

道德行为是一个人遵照道德规范采取的言论和行动。

道德行为是实现道德动机的手段，是道德认识和道德情感的具体表现和外部标志，是衡量道德品质的重要标志。

道德行为的培养主要通过道德行为方式的训练和道德行为习惯的养成等途径来实现。形成良好的道德行为习惯是培养道德行为的关键。

典型例题（2022·邯郸·单选）衡量道德品质的重要标志是（　　）。

A. 道德认知　　　　　　　　　　B. 道德情感

C. 道德意志　　　　　　　　　　D. 道德行为

【答案】D。

高分点睛

1.【常考题型】单选、多选、判断

2.【命题角度】

（1）给出实例或关键词考查品德的心理结构成分以及各成分的地位。

（2）结合实例，考查道德情感的三种表现形式。例如，人常会由于莫名其妙的不安感或突如其来的荣辱感，而迅速地制止不当的需求与行为。这属于哪种道德情感？答案：直觉的道德情感。

三、品德形成的基本理论

考点1　皮亚杰的道德发展阶段理论 ★★

皮亚杰通过"对偶故事法"，发现并总结了儿童道德认知发展的总规律。皮亚杰认为，儿童道德认知发展经历了一个从他律（即依据他人设定的外在标准对道德行为做出判断）到自律（即依据自己的内在标准对道德行为做出判断）的过程，他律水平和自律水平是儿童道德判断的两级水平。

皮亚杰认为儿童道德认知由他律水平逐渐发展到自律水平，取决于两个条件：一是认知的成熟，逻辑思维能力的发展，自我中心倾向的削弱；二是获得社会经验，在同伴间建立起真正的社会交往和社会合作关系，意识到彼此间的平等地位。

皮亚杰把儿童的道德发展划分为以下四个阶段。

1. 自我中心阶段（2~5岁）

自我中心阶段又称前道德阶段、无律阶段。该阶段是从儿童能够接受外界的准则开始的，此时儿童还不能把自己同外在环境区别开，顾不得人我关系，而是把外在环境看作他自身的延伸，以"自我中心"来考虑问题。规则对这一阶段的儿童来说不具有约束力。

2. 权威阶段（6~8岁）

权威阶段又称道德现实主义阶段、道德实在论阶段或他律道德阶段。该阶段的儿童服从外部规则，接受权威指定的规范，把人们规定的准则看作固定的、不可变更的；只根据行为后果来判断对错，而不会考虑行为的动机；在评定行为是非时，抱极端的态度，非此即彼；认为惩罚是一种报应，目的是使过失者的遭遇与他们所犯的过失相一致。

例如，妈妈不在家，一个小孩为了帮助妈妈做事，打碎了一托盘玻璃杯；另一个小孩为了偷柜子上的糖果吃，打碎了一个玻璃杯。处于这一阶段的儿童在做判断时往往认为前者错误更大，因为他打碎了更多的玻璃杯，而不考虑两个小孩的动机。

3. 可逆性阶段（9~10岁）

可逆性阶段又称自律道德阶段、道德相对主义或合作的道德阶段。该阶段的儿童不再无条件地服从权威，而把它看作同伴间共同的约定。儿童一般都形成了这样的概念：如果所有的人都同意的话，规则是可以改变的。儿童已经意识到一种同伴间的社会关系，且应相互尊重。准则对他们来说已具有一种保证他们相互行动、互惠的可逆特征。同伴间的可逆关系的出现，标志着品德由他律阶段开始进入自律阶段。

处于该阶段的儿童在对道德行为做出判断时，不只是考虑行为的后果，还考虑行为的动机；能把自己置于别人的地位；提出的惩罚较温和，更为直接地针对所犯的错误，带有补偿性，而且把错误看作对过失者的一种教训。

4. 公正阶段（11~12岁）

公正阶段又称公正道德阶段，该阶段的儿童开始倾向于主持公正、平等。他们认为公正的奖惩不能是千篇一律的，应根据个人的具体情况进行。儿童在进行道德判断时不再依据单纯的、僵化的规则，而是考虑到他人的具体情况，出于同情和关心进行判断。

皮亚杰认为，品德发展的阶段不是绝对孤立的，而是连续发展的。儿童品德的发展是一个连续的统一体，应用时加以界定只是为了研究的方便，并不表明发展的连续统一体的中断。

考点2　科尔伯格的道德发展阶段理论 ★★★

科尔伯格（又译柯尔伯格）采用"道德两难故事法"进行研究，最典型的应用就是"海因茨偷药"的故事。"海因茨偷药"的故事如下。

欧洲有一位妇女患了癌症，生命危在旦夕。医生告诉她的丈夫海因茨，只有本城一个药剂师最近发明的一种药可以救他的妻子，但该药价钱十分昂贵，卖到成本的十倍。海因茨四处求人，尽全力也只借到了购药所需钱数的一半。无奈之下，海因茨只得请求药剂师便宜一点儿卖给他，或允许他赊账。但药剂师坚决不答应他的请求，并说他发明这种药就是为了赚钱。海因茨为了挽救妻子的生命，在走投无路的情况下，夜间闯入药店偷了药，治好了妻子的病，但海因茨因此被警察抓了起来。

科尔伯格根据儿童对两难问题的判断，把道德判断分为三个水平，每个水平包括两个阶段，即三水平六阶段的道德发展阶段理论。这三个水平六个阶段是按照由低级阶段依次向高级阶段发展的，这种顺序既不会超越，更不会逆转。

1. 前习俗水平

前习俗水平大约出现在幼儿园及小学中低年级。处于该水平的儿童的道德观念是纯外在的。他们为了免受惩罚或获得奖励而顺从权威人物规定的行为准则；根据行为的直接后果和自身的利害关系判断好坏是非。

阶段一：惩罚与服从定向阶段。处于该阶段的儿童根据行为的后果来判断行为的好坏及严重程度，他们还没有真正的道德概念，服从权威或规则只是为了避免惩罚，认为受赞扬的行为就是好的，受惩罚的行为就是坏的。

对海因茨偷药的故事，处于阶段一的儿童认为，海因茨不能去偷药，因为如果被抓住的话是需要坐牢的。

阶段二：相对功利定向阶段，也称朴素的利己主义定向阶段。处于该阶段的儿童的道德价值来自对自己需要的满足，他们不再把规则看成绝对的、固定不变的，主要根据是否符合自己的利益来评定行为的好坏。

对海因茨偷药的故事，处于阶段二的儿童认为，海因茨应该去偷药，谁让那个药剂师那么坏，药卖便宜一点就不行吗？

2. 习俗水平

习俗水平一般在小学中年级出现，一直到青年、成年。科尔伯格认为，大多数青少年和成人的道德认识处于习俗水平。处在这一水平的人能够着眼于社会的希望与要求，并以社会成员的角度思考道德问题，已经开始意识到个体的行为必须符合社会的准则，能够了解社会规范，并遵守和执行社会规范。规则已被内化，按规则行动被认为是正确的。

阶段三：寻求认可定向阶段，也称"好孩子"定向阶段。在该阶段，儿童的道德价值以人际关系的和谐为导向，谋求大家的赞赏和认可。他们总是考虑到他人和社会对"好孩子"的要求，并尽量按这种要求去思考。他们认为好的行为是使人喜欢或被人赞赏的行为。

对海因茨偷药的故事，处于阶段三的儿童认为，海因茨应该去偷药，因为做一个好丈夫就应该照顾好自己的妻子。如果他不这样做，妻子死了，别人就会骂他见死不救，没有良心。

阶段四：遵守法规和秩序定向阶段。在该阶段，儿童的道德价值以服从权威为导向，他们服从社会规范，遵守公共秩序，尊重法律的权威，以法制观念判断是非，知法懂法。他们认为准则和法律是维护社会秩序的。因此，应当遵循权威和有关规范去行动。

对海因茨偷药的故事，处于阶段四的儿童认为，海因茨不应该去偷药，因为如果人人都违法去偷东西的话，社会就会变得很混乱。

3. 后习俗水平

后习俗水平一般到20岁以后才能出现，而且只有少数人才能达到。处于这一水平的个体，其道德判断已超出世俗的法律与权威的标准，有了更普遍的认识，想到的是人类的正义和个人的尊严，并已将此内化为自己内部的道德命令。

阶段五：社会契约定向阶段，也称社会法制取向阶段。处于这一阶段的个体认为法律和规范是大家商定的，是一种社会契约。他们看重法律的效力，认为法律可以帮助人维持公正。但同时认为契约和法律的规定并不是绝对的，可以应大多数人的要求而改变。在强调按契约和法律的规定享受权利的同时，认识到个人应尽义务和责任的重要性。

对海因茨偷药的故事，处于阶段五的个体认为，海因茨应该去偷药，因为生命的价值远远大于药剂师对个人财产的所有权。

阶段六：普遍原则定向阶段，也称普遍伦理取向阶段。这是进行道德判断的最高阶段，表现为能以公正、平等、尊严这些最一般的原则为标准进行思考。在根据自己选择的原则进行某些活动时，认为只要动机是好的，行为就是正确的。在这个阶段，他们认为人类普遍的道义高于一切。

对海因茨偷药的故事，处于阶段六的个体认为，海因茨应该去偷药，因为和种种可考虑的事情相比，没有什么比人类的生命更有价值。

典型例题 1.（2021·石家庄·单选）儿童认同父母，遵从父母的道德标准，主要满足社会期望，并开始将社会规范内化，此时儿童处于（　　）。

A. 自律道德阶段　　　　　　　　B. 前习俗水平

C. 习俗水平　　　　　　　　　　D. 后习俗水平

【答案】C。

2.（2022·石家庄·多选）根据科尔伯格的道德发展阶段理论，习俗水平的发展阶段包括（　　）。

A. 好孩子定向　　　　　　　　　B. 处罚与服从定向

C. 社会契约定向　　　　　　　　D. 维持社会秩序定向

【答案】AD。

高分点睛

1.【常考题型】单选、多选、判断

2.【命题角度】

（1）考查人物、理论以及研究方法之间的对应关系。

（2）给出实例或关键词，考查皮亚杰和科尔伯格的道德发展阶段理论中各阶段的特点。例如，根据皮亚杰的道德发展阶段理论，处于哪个阶段的儿童已不把准则看成不可改变的，而把它看作同伴间的共同约定？答案：可逆性阶段。

（3）直接考查科尔伯格的道德发展阶段理论包括哪三种水平以及每种水平包括的阶段，或给出儿童对海因茨偷药的看法要求考生辨别其属于哪个阶段。

四、态度与品德的形成

考点1　态度与品德形成的一般过程 ★★★

态度与品德的形成过程经历了从外到内的转化过程，它是社会规范的接受和内化过程。根据美国社会心理学家凯尔曼的研究，态度与品德的形成大致经历了以下三个阶段。

1. 依从（顺从）

依从是指表面上接受规范，按照规范的要求行动，但缺乏对规范的必要性或根据性的认识，甚至有抵触情绪。依从阶段是态度与品德建立的开端。

依从包括从众和服从。从众是指主体对于某种行为要求的依据或必要性缺乏认识与体验，跟随他人行动的现象。服从是指主体对于某种行为本身的必要性缺乏认识甚至有抵触时，由于某种权威的命令或现实的压力，仍然遵从这种行为要求的现象。

依从阶段的行为具有盲目性、被动性、不稳定性，随情境的变化而变化。

2. 认同

认同是在思想、情感、态度和行为上主动接受他人的影响，使自己的态度和行为与他人相接近。认同实质上是对榜样的模仿，其出发点是试图与榜样一致。

与依从相比，认同更深入一层，它不受外界压力的控制，行为具有一定的自觉性、主动性和稳定性特点。

3. 内化（信奉）

内化是指在思想观点上与他人的思想观点一致，将自己认同的思想和自己原有的观点、信念融为一体，构成一个完整的价值体系的现象。

在内化阶段，个体的行为具有高度的自觉性和主动性，并具有坚定性，表现为"富贵不能淫，贫贱不能移，威武不能屈"。该阶段是态度与品德最稳定、最持久、最为系统的阶段。

典型例题 1.（2022·石家庄·单选）一般认为，态度与品德形成过程经历三个阶段：依从、认同和（　　）。

A. 行动　　　　　B. 内化　　　　　C. 执行　　　　　D. 泛化

【答案】B。

2.（2021·沧州·单选）品德内化是指在思想观点上与他人的思想观点一致，将自己所认同的思想和自己原有的观点、信念融为一体，构成一个完整的（　　）。

A. 新观点　　　　B. 认知结构　　　C. 价值体系　　　D. 策略系统

【答案】C。

考点 2　影响态度与品德学习的一般条件

1. 外部条件

（1）家庭教养方式。研究表明，民主、信任、容忍的家庭教养方式有助于学生优良的态度与品德的形成与发展。若家长对待子女过分严厉或放任，则学生更容易产生不良的、敌对的行为。

（2）社会风气。作为社会的成员，社会上的良好与不良的风气都有可能影响学生道德信念与道德价值观的形成。

（3）学校教育。学校教育是学生品德形成的主导因素。学校教育具有正规、系统的特点，不仅对学生进行思想品德基本理论的教授，还为学生提供培养思想品德的各种训练。

（4）同伴群体。学生试图使自己的言行态度与归属的同伴群体保持一致，以得到同伴群体的接纳和认可。因此，学生的态度与道德行为会受到同伴群体的行为准则或风气影响。

2. 内部条件

（1）认知失调。认知失调指态度中认知、情感、行为不一致的情况，个体需要进行调整以达成新的平衡。认知失调可以被看成态度改变的动机，是态度改变的先决条件。

（2）态度定势。学生的态度定势常常支配着个体对事物的预期与评价，进而影响个体是否接受有关的信息和接受的量。帮助学生形成对教师、对集体积极的态度定势或心理准备是使学生接受道德教育的前提。

（3）道德认知。态度、品德的形成与改变取决于学生头脑中已有的道德准则和规范的理解水平及掌握程度，取决于已有的道德判断水平。实施道德教育时，不应只注意道德教育的形式，进行道德说教应结合学生的实际生活和切身体验，晓之以理。

此外，学生的智力水平、受教育程度、年龄等因素也对态度与品德的形成与改变有不同程度的影响。

高分点睛

1.【常考题型】单选、多选、判断

2.【命题角度】

（1）给出实例或关键词，考查态度与品德形成的三个阶段以及各阶段的含义、地位和特点。例如，王老师觉得身边的共产党员都很优秀，又能为大家服务，所以努力加入党组织。这属于态度与品德形成过程中的哪个阶段？答案：认同。

（2）考查影响态度与品德形成的外部条件和内部条件，尤其是认知失调的含义及地位。例如，态度改变的先决条件是什么？答案：认知失调。

五、态度与品德的培养方式 ★★

1. 有效的说服

教师经常应用言语来说服学生改变态度，在说服的过程中，教师要向学生提供某些证据或信息，以支持或改变学生的态度。

（1）灵活呈现正反论据

对于理解能力有限的低年级学生，教师最好只提供正面论据，对于理解能力较强的高年级学生，教师可以考虑提供正反两方面的论据；当学生没有相反的观点时，教师应只呈现正面观点，不宜提出反面观点；当学生原本就有反面观点时，教师应该主动呈现正反两方面观点；当说服的任务是解决当务之急的问题时，应只提出正面观点；当说服的任务是培养学生长期稳定的态度时，应提出正反两方面观点。

（2）利用情感因素

教师的说服不仅要以理服人，还要以情动人。一般而言，说服开始时，富于情感色彩的说服内容容易引起学生的兴趣，然后用充分的材料进行说理论证，比较容易产生稳定的、长期的说服效果。

（3）以原有态度为基础

教师进行说服时，应该以学生原有的态度为基础，逐步提高对学生的要求。若原有的态度与教师希望达到的态度之间的差距较大，教师不要急于求成，不要提出过高的不切实际的要求，否则学生不仅难以改变态度，还容易产生对立情绪。

2. 树立良好的榜样

树立良好的榜样是加强道德行为的重要途径。榜样的选择和示范方式要贴近学生生活，能够对学生的道德的养成起到积极作用。家长和教师也要注意言传身教，做好榜样示范。

3. 利用群体约定

教师可以利用群体约定来改变学生的态度。研究发现，经集体成员共同讨论决定的规则、协定，对其成员有一定的约束力，能够使成员承担执行的责任。一旦某成员出现越轨或违反约定的行为时，会受到其他成员的有形或无形的压力，迫使其改变态度。

4. 给予恰当的奖励与惩罚

（1）奖励

奖励有物质的，也有精神的；有内部的（如自豪、满足感），也有外部的。给予奖励时，首先要选择可以得到奖励的道德行为，一般来讲，应奖励一些具体的道德行为，而不是概括性的行为；其次，应选择、给予恰当的奖励物；最后，应强调内部奖励，引导学生进行自我强化。

（2）惩罚

从抑制不良行为的角度来看，惩罚是有必要的，有助于良好的态度与品德形成。

教师应严格避免体罚或变相体罚，否则将损害学生的自尊，或导致更严重的不良行为。惩罚不是最终目的。给予惩罚时，教师应让学生认识到惩罚与错误行为的关系，使学生心悦诚服，同时还要给学生指明改正的方向，或提供正确的、可替代的行为。

5. 价值辨析

价值辨析是引导个体利用理性思维和情绪体验来检查自己的行为模式，努力去发现自身的价值并指导自己的道德行动。价值辨析的方法基本是诱导性的，教师的作用就在于设计各种活动，运用各种策略来诱发学生暴露、陈述，思考、体验并实现某种价值观。

> **高分点睛**
>
> 1.【常考题型】单选、多选、判断
>
> 2.【命题角度】
>
> （1）以单选或多选的形式考查良好态度与品德的培养方式。
>
> （2）以判断的形式考查正反论据的运用。

第五章　教学心理

第一节　教学设计

教学设计又称教学系统设计，是教师在教学之前根据社会要求和学生特点，对教学的目标、内容、方法、媒体、程序、环境及评价等要素进行系统谋划，形成教学思路和方案的导教、促学过程。

一、教学目标设计

考点1　教学目标的含义

教学目标是预期学生通过教学活动获得的学习结果。确定教学目标是教学设计的第一步，合理的教学目标是保证教学活动顺利进行的必要条件。

考点2　教学目标的分类 ★★

有关教学目标分类的理论主要有布卢姆的教学目标分类理论、加涅的学习结果分类理论（见本部分第三章）、我国新课程标准中的三维目标分类理论（见第一部分第六章）等。以下主要介绍布卢姆的教学目标分类理论。

布卢姆等人认为，<u>教学目标可分为三大领域：认知领域、情感领域和动作技能领域</u>。

1. 认知领域的教学目标分类

认知领域的教学目标分为知识、领会、应用（运用）、分析、综合、评价六个水平（表3-5-1）。

表3-5-1　认知领域的教学目标分类

水平	含义	可使用的描述动词	行为表现举例
知识	对先前学习过的知识材料的回忆，包括对具体事实、方法、过程、理论等的回忆，是最低水平的认知学习结果	定义、叙述、背诵、排列、匹配等	①背诵牛顿定律；②匹配解放战争三大战役的名称和发起时间
领会	把握知识材料意义的能力，代表最低水平的理解	解释、辨别、概括等	①用自己的话解释牛顿定律；②概括《老人与海》的故事
应用（运用）	把学到的知识应用于新的情境，是较高水平的理解	计算、操作、演示等	①用牛顿定律计算物理题目；②学习了加减法后，学生能到模拟商店自由购物
分析	把复杂的知识由整体材料分解成若干部分并理解各部分之间联系的能力，包括部分的鉴别、分析部分之间的关系和认识其中的组织原理	分解、说明、推理等	①分解教材中关于牛顿定律的实验步骤和原理；②让学生区分一篇报道中的事实和观点；③让学生分解《荷塘月色》的行文结构

(续表)

水平	含义	可使用的描述动词	行为表现举例
综合	将所学知识的各部分重新组合，形成一个新的知识整体，强调创造的能力	创造、编写、设计等	①给定事实材料，让学生写出一篇报道；②请学生设计出科学实验的程序
评价	对所学材料做价值判断，包括按材料内在标准或外在标准进行价值判断，是最高水平的认知学习结果	评价、对比、证实等	①根据实验仪器的精确度和数据的误差判定实验结果的准确度；②让学生评定两篇有关某一事件的报道哪一篇较为真实可信

上表是1956年版《教育目标分类学》认知分类中的六个水平。2001年，《布卢姆教育目标分类学（修订版）》发布，并提出了新的认知分类的水平，包括了解、理解、应用、分析、评价、创造。

2.情感领域的教学目标分类

情感领域的教学目标分为接受（注意）、反应、价值化（形成价值观念）、组织（组织价值观念系统）、价值体系个性化（由价值或价值复合体形成的性格化）。

3.动作技能领域的教学目标分类

动作技能领域的教学目标分为知觉、模仿、操作、准确、连贯和习惯化。

典型例题 1.（2021·石家庄·多选）布卢姆认为，完整的"教育目标分类学"包括（　　）。

A.认知领域　　　　　　　　　　B.情感领域

C.动作技能领域　　　　　　　　D.生活领域

【答案】ABC。

2.（2021·石家庄·多选）下列属于教学设计当中情感目标内容的有（　　）。

A.反应　　　　B.价值化　　　　C.领会　　　　D.评价

【答案】AB。

考点3　教学目标的陈述

在教学设计中，较为常用的教学目标的陈述方法是ABCD陈述法，该方法认为明确的行为目标主要包含以下四个要素。

（1）行为主体（Audience）

行为主体即学习者。行为目标描述的应是学生的行为。规范的行为目标的开头应是"学生应该/能/可以……"，书写时可以省略主语"学生"，但目标必须是针对特定的学习者提出的。例如，"能够独立背诵课文"的目标的逻辑主语是学生。不可使用"使学生""教会学生""培养学生"之类的以教师为主体的表述。

（2）行为动词（Behaviour）

行为动词是用以描述学生形成的可观察、可测量的具体行为，即通过学习后，学习者能做什么。例如，"复述""写出""辨别""绘制"等。

（3）行为条件（Condition）

行为条件是指影响学生产生学习结果的特定的限制或范围。对条件的表述有以下四类：①关于使用手册与辅助手段，如"可以带计算器""允许查词典"；②提供信息或提示，如"在中国行政区划图中，能……"；③时间的限制，如"在10分钟内，能……"；④完成行为的情景，如"在课堂讨论时，能叙述……要点"。

（4）表现程度（Degree）

表现程度是学生对目标达到的最低表现水准，用来评价行为表现达到的程度。例如，"至少写出……""90%的学生能答……"。

考点4 教学目标设计的步骤

（1）钻研课程标准，分析课程内容。
（2）分析学生已有的学习状态。
（3）确定教学目标分类。
（4）列出综合性目标。
（5）陈述具体的行为目标。

高分点睛

1.【常考题型】单选、多选、判断
2.【命题角度】
（1）直接考查布卢姆的教学目标分类包括的三个领域及某一亚领域的地位。
（2）结合例子考查对各个亚领域的理解。例如，一个人放弃看电影，选择参加音乐会，判断其属于情感目标分类中的哪一个亚领域？答案：价值化。

二、教学策略设计

考点1 教学策略的含义

教学策略是在特定教学情境中为实现教学目标和适应学生学习的需要而采取的教学行为方式或教学活动方式。教学策略设计是教学设计的有机组成部分。

考点2 教学策略的类型

1. 以教师为中心的教学策略

（1）直接教学

直接教学是以学习者学习成绩为中心，在教师的指导下使用结构化的有序材料的课堂教学策略。直接教学适用于教授学生必须掌握的、有良好结构的信息或技能，不适用于深层次的概念转变、探究、发现以及开放性的教学目标。

（2）接受学习

接受学习适用于教授陈述性知识，如历史、文学等。

接受学习的教学过程有三个环节：呈现先行组织者；提供学习任务和学习材料；增强认知结构。

2. 以学生为中心的教学策略

（1）发现教学

发现教学指学习者通过自身的学习活动发现有关概念或抽象原理的教学策略。

发现教学包括四个阶段：一是创设问题情境；二是促使学生根据提供的材料、提出的问题，提出解答的假设；三是从理论或实践验证自己的假设；四是依据实验所得的一些材料或结果，在仔细评价的基础上引出结论。

（2）情境教学

情境教学指在应用知识的具体情境中进行知识教学的教学策略。在该教学中，教学环境是和现实情境相似的问题情境，教学目标是解决现实生活中遇到的问题，学习材料是真实性任务。

（3）合作学习

合作学习指学生以主动合作学习的方式代替教师主导教学的教学策略。

3. 个别化教学策略

个别化教学是让学习者以自己的水平和速度进行学习的教学策略。

（1）程序教学

程序教学是让学生以自己的水平和速度进行自学，以特定顺序和小步子安排教学材料的个别化教学方法。

（2）掌握学习

掌握学习是由布卢姆提出的一种适应学生个别差异的教学方法。该方法将学习内容分成若干小单元，学生每次学习一个小单元后考试，直到学生以80%~100%的掌握水平通过考试，才能进入下一个小单元的学习。

（3）计算机辅助教学

计算机辅助教学是以计算机为主要教学媒介进行的教学活动。

高分点睛

1.【常考题型】单选、多选

2.【命题角度】

（1）直接考查每种教学策略包括的类型。

（2）结合例子、关键词考查对某一教学策略类型的理解。

三、教学环境设计

考点1 课堂空间设计

1. 课堂空间设计的形式

（1）基本的课堂空间设计

基本的教室座位安排一般是秧田形的纵横排列式。秧田形的座次安排适用于独立的课堂作业、提问和回答，有助于学生将注意力集中于教师，使学生更容易配对学习。这种座位安排最能体现教师的权威意识。但它限制了师生的互动范围和互动方式。

（2）特殊的课堂空间设计

在进行以学生为中心的、非指导性的教学活动时，课堂座位可以编排成以下方式。

①矩形：容许学生谈话、相互帮助，但对全班讲解的效果可能差一些，并且使班级控制变得比较困难。

②环形：比较适合讨论和课堂作业。

③马蹄形：教师处于"U"字缺口的对面，与学生目光接触的频率会提高，可以让全班学生尽可能多地参与课堂活动，比较适合教师和学生一起讨论、研究问题。

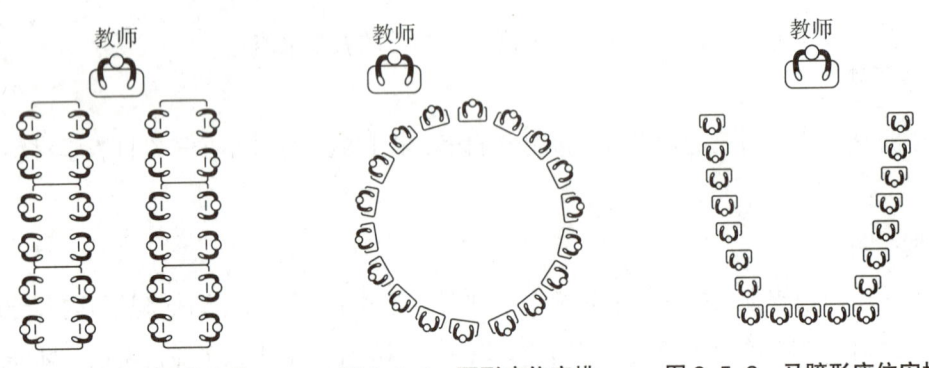

图 3-5-1 矩形座位安排　　图 3-5-2 环形座位安排　　图 3-5-3 马蹄形座位安排

2. 课堂空间安排的原则

课堂空间安排会影响教师和学生的行为，也会影响教学任务结构的类型。合理的课堂空间安排应遵循以下原则。

（1）与活动一致原则。教师应根据要开展的学习活动，采用最能促进学生学习的空间安排。

（2）可视性原则。要让学生清晰、容易地看到所有的学习材料和学习活动，同时教师也能看到所有的学生。

（3）易接近性原则。要让师生都能接近学习材料，师生之间也能彼此接近。

（4）最小干扰原则。这里的"干扰"是指与教师争夺学生注意力的各种因素，在进行空间安排时，应尽可能排除这些因素。

（5）最大活动区原则。活动区是指一个教室的中前排和中间竖排。活动区的学生参与课堂活动及与教师交流的时间和次数明显高于后排和两边的学生，不在活动区的学生比处在活动区的学生参与更少、成绩更低。教师应最大限度地扩大活动区，教师的走动也可以加宽和转移活动区。

高分点睛

1. 【常考题型】单选、多选
2. 【命题角度】
（1）考查秧田形座位安排的优缺点。
（2）结合每种课堂空间设计的特点选择相对应的空间设计形式。

考点 2　教学媒体设计

1. 教学媒体的含义

教学媒体是教学内容的载体，是教学内容的表现形式，是师生之间传递信息的工具。

2. 教学媒体的类型

（1）按学习者使用媒体的感知器官可分为视觉型媒体（如黑板、实物、模型、图形、表格、图片、投影器和幻灯机等）、听觉型媒体（如录音机等）、视听型媒体（如电影、电视和录像等）、交互型媒体（如多媒体计算机等）。

（2）按媒体的表达手段可分为口语媒体、印刷媒体和电子媒体。

3. 教学媒体的选择

影响教学媒体选择的因素如下。

①教学任务方面的因素，如教学目标、教学内容、教学方式等。

②学习者方面的因素，如学习者的感知能力、接受能力、知识状况、智力水平、认知风格、先前的经验、兴趣爱好及年龄等。

③教学管理方面的因素，如教学的地点和空间、是否分组或分组的大小、对学生的反应要求等。

④经费和技术方面的因素，如硬件、软件开发、媒体维修等的费用；操作媒体的难易程度、媒体对环境的要求、媒体使用的灵活性和耐久性等。

⑤媒体的教学性能。媒体的教学性能指标主要有表现力、重现力、接触面、参与性、受控性。

第二节　课堂管理

一、课堂管理概述

考点 1　课堂管理的含义

课堂管理是指教师为有效利用时间、创造愉快的和富有建设性的学习环境及减少问题行为而采取的组织教学、设计学习环境、处理课堂行为等一系列的活动与措施。课堂管理效率取决于教师、学生和课堂情境三大要素的相互协调。

考点 2　课堂管理的目标

课堂管理具有三个重要目标：①为学生争取更多的学习时间；②增加学生参与学习活动的机会；③帮助学生形成自我管理的能力。

考点 3　课堂管理的功能 ★★

（1）维持功能。课堂管理能够在课堂教学中，持久地维持良好的学习环境，有效地排除各种干扰因素，使学生充分地参与到学习活动中。这是课堂管理的基本功能。

（2）促进功能。良好的课堂管理能够提升课堂教学的效果，促进学生的学习。

（3）发展功能。在课堂管理中，教师制定的一些行为准则，可以促进学生从他律走向自律，帮助学生获得自我管理能力，使学生逐步走向成熟。

典型例题（2021·石家庄·单选）课堂管理的基本功能是（　　）。

A. 促进功能　　　　　　　　　　B. 发展功能
C. 维持功能　　　　　　　　　　D. 评价功能

【答案】C。

考点 4　影响课堂管理的因素

1. 教师的领导风格

教师的领导风格对课堂管理有直接的影响。教师如果选择民主参与式领导风格，那么课堂管理的效果就会很好；如果选择监督专制式领导风格，就会形成一种假象，即表面上课堂管理得井井有条，但实际上学生并非心悦诚服地自愿接受管理。

2. 班级规模

班级规模影响课堂管理主要基于以下原因：①班级规模的大小会影响成员间的情感联系，班级规模越大，情感纽带的力量就越弱；②班内的学生越多，学生间的个别差异就越大；③班级规模的大小会影响学生的交往模式；④班级规模越大，内部越容易形成各种非正式小群体。

3. 班级的性质

不同的班级往往有不同的群体规范和不同的凝聚力，教师不能用固定的课堂管理模式对待不同性质的班级，而应该在深入了解的基础上，掌握班级的特点。

4. 学生对教师的期望

学生对教师的管理行为和课堂行为会形成定型期望，他们期望教师以某种方式进行教学和课堂管理，当期望与现实发生冲突时，这种定型的期望必然会影响教师的课堂管理。

高分点睛

1.【常考题型】单选、多选

2.【命题角度】

（1）结合关键词考查课堂管理的功能。

（2）直接考查影响课堂管理的因素。

二、课堂群体管理

课堂中存在的各种群体会对个体产生巨大的影响。教师必须了解课堂里群体的性质，善于利用群体凝聚力、群体规范、课堂气氛、人际关系等群体动力，使课堂管理产生促进的功能。

考点1 正式群体与非正式群体管理

1. 正式群体

正式群体是由教育行政部门明文规定的群体，其成员有固定的编制，职责权利分明，目标明确。班级、小组、少先队等都属于正式群体。在教学活动中，最常见的正式群体是教学班。

2. 非正式群体

非正式群体是指在正式群体内部，学生在相互交往的基础上，形成的以个人兴趣、爱好为联系纽带，具有强烈情感色彩的小团体组织。

非正式群体可分为积极型、中间型、消极型、破坏型四类。这种群体对个体的影响是积极的还是消极的，主要取决于它的性质及其与正式群体目标的一致程度。

3. 协调正式群体与非正式群体的关系

（1）要不断巩固和发展正式群体，使班内学生之间拥有共同的目标，形成合作关系，产生共同遵守的群体规范，并以此协调大家的行动，满足成员的归属需要和彼此之间的相互认同，从而使班级成为和谐的集体。

（2）要正确对待非正式群体。对于积极型的非正式群体，应该支持和保护；对于中间型的非正式群体，要持慎重态度，积极引导，加强联系，强化班级目标导向；对于消极型的非正式群体，要教育、争取、引导和改造；对于破坏型的非正式群体，要依据校规和法律，给予必要的惩罚和制裁。

考点2 课堂气氛管理 ★★

课堂气氛通常是指课堂里某些占优势的态度与情感的综合状态，它是学习的重要社会心理环境。课堂气氛是课堂管理的核心因素。

1. 课堂气氛的类型

（1）积极型。这种课堂气氛是恬静与活跃、热烈与深沉、宽松与严谨的有机统一。课堂纪律良好，师生关系融洽。学生注意力高度集中，积极思维，发言踊跃。教师善于点拨和积极引导。

（2）消极型。这种课堂气氛常以学生的紧张拘谨、心不在焉、反应迟钝为基本特征。在课堂学习过程中，学生情绪压抑、无精打采、注意力分散、小动作多。学生对教师的要求一般采取应付的态度，很少主动发言。

（3）对抗型。这种课堂气氛实质上是一种失控的课堂气氛。学生随意离位、随意插嘴、各行其是、故意捣乱，教师失去了对课堂的驾驭和控制能力，有时不得不停止讲课来维持秩序。

2. 课堂气氛的影响因素

（1）教师方面的因素。教师的领导方式、教师对学生的期望、教师的情绪状态、教师的移情都是影响课堂气氛的主要因素。此外，教师的威信、业务水平、教学能力与使用的教学方法也是影响课堂气氛的重要因素。

（2）学生方面的因素。学生对集体目标的认同是良好课堂气氛形成的必要前提。学生自觉遵守课堂纪律，具有良好的品德和学习习惯，有利于良好课堂气氛的形成。此外，课堂中的集体舆论、学生之间的合作与竞争关系，都会影响课堂气氛。

（3）课堂物理环境因素。能让大多数人觉得舒适的课堂物理环境，有利于良好课堂气氛的形成和维持。

因此，教师可以通过以下方式创设良好的课堂气氛：①建立和谐的人际关系，这是创设良好课堂气氛的基础；②运用灵活多样的教学方式；③采用民主的领导方式；④给予学生合理的期望。

考点3 课堂中的人际关系与人际交往

1. 课堂中主要的人际关系

合作与竞争、人际吸引与人际排斥是课堂中主要的人际关系。

合作是指学生为了共同目的在一起学习和工作或者完成某项任务的过程，是实现课堂管理促进功能的必要条件。竞争是指个体或群体充分实现自身的潜能，力争按优胜标准使自己的成绩超过对手的过程。适度的竞争不但不会影响学生间的人际关系，而且会提高学习的效率。

2. 课堂中人际交往的类型

（1）单向交往。师生之间仅仅保持"授—受"的单线信息联系，其特点是信息传递的单向性、学生学习的被动性，师生缺乏良性互动，课堂气氛单调、沉闷，教学效果差。

（2）双向交往。师生之间进行双向的信息联系。这种交往模式能保持师生间的往返联系，在一定程度上克服了学习的被动性，课堂教学气氛相对比较活跃，但不能满足学生之间的交往需要。

（3）多向交往。这种交往模式既保证了师生之间的双向信息联系，也满足了学生之间的交往需要。

高分点睛

1.【常考题型】单选、判断

2.【命题角度】

（1）结合例子或关键词考查正式群体、非正式群体、课堂气氛的含义及课堂气氛的类型。

（2）直接考查创设良好课堂气氛的措施。

三、课堂结构管理

考点1 课堂结构的概念

学生、学习过程和学习情境是课堂的三大要素，这三大要素相对稳定的组合模式就是课堂结构。

考点2 课堂结构的类型 ★★

1. 课堂情境结构

（1）班级规模的控制。班级规模过大容易限制师生交往，减少学生参加课堂活动的机会，阻碍课堂教学的个别化，有可能导致课堂出现较多的纪律问题。

（2）课堂常规的建立。课堂常规是每个学生必须遵守的最基本的日常课堂行为准则。它具有约束和指导学生课堂行为的功能，从而使学生的课堂行为规范化。

（3）学生座位的分配。教师在分配学生座位时最应该关注座位安排对人际关系的影响。学生座位的分配一方面要考虑如何有效控制课堂行为，预防纪律问题的发生；另一方面又要考虑促进学生间的正常交往，形成和谐的生生关系。

2. 课堂教学结构

（1）教学时间的合理利用。学生在课堂里的活动可以分为学业活动、非学业活动和非教学活动三种类型。在通常情况下，学生用于学业活动的时间越多，学业成绩越好。

（2）课程表的编制。在编制课程表时应注意以下几点：①尽量将语文、数学和外语等核心课程安排在学生精力最充沛的上午第一、二、三节课，将音乐、美术、体育和习字等技能课安排在下午；②将文科与理科、形象性的学科与抽象性的学科交错安排，避免学生产生疲劳和厌烦；③新、老教师教平行班的时间间隔要不同，新教师间隔时间短，以保证下一个班的教学效果更优；老教师间隔时间长，以避免简单重复而产生乏味感。

（3）教学过程的规划。教学过程的合理规划是维持课堂纪律的重要条件之一，不少纪律问题就是教学过程规划不合理造成的。

典型例题（2021·沧州·单选）分配学生座位时，最值得教师关心的是（　　）。

A. 对课堂纪律的影响　　　　　　　　B. 对学生听课效果的影响
C. 对后进生的威导　　　　　　　　　D. 对人际关系的影响

【答案】D。

高分点睛

1.【常考题型】单选、多选
2.【命题角度】直接考查课堂结构的概念及课堂情境结构和课堂教学结构分别包括哪些内容。

四、课堂纪律管理

课堂纪律是指为保障或促进学生的学习而设置的行为标准及施加的控制。良好的课堂纪律是课堂教学得以顺利进行的重要保障。

考点1　课堂纪律的类型 ★★

根据形成途径（原因），课堂纪律一般可分为以下四类。

1. 教师促成的纪律

教师促成的纪律是指在教师的指导、帮助下形成的班级行为规范。学生的年龄越小，对教师的依赖就越强，教师促成的纪律发挥的作用也就越大。某教师时常开展班级规范活动来帮助同学们养成良好的上课习惯，这种情况下形成的纪律属于教师促成的纪律。

2. 集体促成的纪律

集体促成的纪律是指在集体舆论和集体压力的作用下形成的群体行为规范。随着年龄的增长，学生受同辈群体的影响会越来越大，开始以同辈群体的集体要求和价值判断作为自己的行为准则，以"别人也都这么干"为理由而做某件事情。班集体、少先队、兴趣小组等的纪律都属于集体促成的纪律。

3. 任务促成的纪律

任务促成的纪律是指某一具体任务对学生行为提出的具体要求。在日常学习过程中，每项学习任务，如课堂讨论、野外观察、标本制作等都有特定的要求，或者说特定的纪律，这些都属于任务促成的纪律。

4. 自我促成的纪律

自我促成的纪律就是自律，即在个体自觉努力下，由外部纪律内化而成的个体内部约束力。<u>形成自我促成的纪律是课堂纪律管理的最终目标</u>。

考点 2　维持课堂纪律的策略

1. 建立有效的课堂规则

积极、有效的课堂规则有以下特点：①由教师和学生充分讨论，共同制定；②少而精，内容表述多以正面引导为主；③课堂规则应及时制定、引导与调整。

2. 合理组织课堂教学

合理组织课堂教学，教师应做到以下几点：①增加学生参与课堂教学的机会；②保持紧凑的教学节奏，合理布置学业任务；③处理好教学活动之间的过渡。

3. 做好课堂监控

教师应能及时预防或发现课堂教学中出现的一些纪律问题，并采取言语提示、目光接触等方式提醒学生注意自己的行为。

4. 培养学生的自律品质

促进学生形成和发展自律品质，教师应做到以下几点：①对学生提出明确的要求，加强课堂纪律的目的性教育；②引导学生对学习纪律持有正确的、积极的态度，产生积极的纪律情感体验，进行自我监控；③对集体舆论和集体规范加以有效利用。

高分点睛

1.【常考题型】单选、多选
2.【命题角度】
（1）结合例子、关键词考查课堂纪律的类型。
（2）直接考查课堂纪律管理的最终目标是什么。
（3）以多选的形式考查维持课堂纪律的策略有哪些。

五、课堂问题行为管理

考点1 课堂问题行为的含义

课堂问题行为是指在课堂情境中发生的违反课堂规则、妨碍及干扰课堂学习活动的正常进行或影响教学效率和学习效率的行为。课堂问题行为具有消极性、普遍性，以轻度为主。

考点2 课堂问题行为的类型

关于学生的课堂问题行为，不同学者提出了不同的分类方式，以下介绍几种典型的分类方法。

美国的威克曼把课堂问题行为分为扰乱性问题行为（如破坏课堂秩序、不守纪律和不道德行为等）和心理问题行为（如退缩、神经过敏等）。

美国的奎伊把课堂问题行为分为人格型、行为型和情绪型。人格型问题行为常表现为退缩行为；行为型问题行为具有对抗性、攻击性或破坏性等特征；情绪型问题行为主要是由于学生过度焦虑、紧张和情绪多变而导致社会障碍的问题行为。

我国学者将问题行为分为外向性的攻击型问题行为（如行为粗野、公然违抗教师的要求、学生之间的教室打斗、过度活跃以及殴打教师等）和内向性的退缩型问题行为（如过度的沉默寡言、胆怯退缩、恐学逃学、孤僻离群，或者神经过敏、烦躁不安、过度焦虑等）。

莫雷将问题行为分为品行和人格两方面的问题行为。品行方面的问题行为是指那些直接指向环境和他人的不良行为，如攻击性行为、破坏性行为、不服从行为等。人格方面的问题行为是与学生的个性关联在一起的不良行为，如孤僻退缩、焦虑抑郁等。

考点3 课堂问题行为产生的原因

（1）学生方面的因素，主要包括适应不良，厌烦情绪，挫折与紧张，困扰情绪的宣泄，寻求注意，过度活动，性别差异，班中学生认知水平参差不齐，对违反规则、纪律后果的好奇，人格因素等。

（2）教师方面的因素，包括教学技能、管理方式、威信等。

（3）环境因素，包括大众传媒、家庭环境、课堂座位编排方式、教学环境的温度和色彩等。

考点4 预防课堂问题行为的策略

（1）明察秋毫。教师要让学生知道他注意到了课堂里发生的每一件事，不会漏下任何一件。

（2）一心多用。教师应不断监控全班，同时跟踪和监控几个活动。

（3）关注整体。教师应使尽量多的学生投入班级活动，避免把注意集中在一两名学生身上。在课上，所有的学生都应有事可做。

（4）转换管理。在从一个活动向另一个活动转换时，课堂和全班学生都能顺利完成过渡，有适当而灵活的进度，能够多样地变换活动。在活动转化时要遵循三条规则：转换之前，学生一定要明确收到信号后做什么；转换时给学生一个明确的信号；转换时要求所有人同时进行。

考点 5　课堂问题行为的应对策略（处理和矫正课堂问题行为的方法）　★★

在处理日常课堂问题行为时，要以最少干预为原则（也称最小干预原则），即要用最简短的干预纠正学生的行为，尽量做到既有效又不需打断上课。此外，教师还应遵循奖励多于惩罚原则、公平一致性原则、与心理辅导相结合的原则、积极倾听原则、多方支持原则。

1. 运用积极的言语和非言语手段

一般来说，教师发现学生出现问题行为时，不要直接指名道姓地批评，要尽量用非言语手段控制，如目光、面部表情、手势、动作、走近学生等，提示学生注意控制自己的不良行为。

当非言语提醒不起作用时，教师应采取言语提醒，及时制止学生的行为，从而使课堂教学顺利进行。教师还可通过口头表扬的方式调控学生的问题行为。

2. 合理运用惩罚

少量的、方式可取的惩罚可有效地减少学生的课堂问题行为。教师在运用惩罚时要坚持对事不对人的原则，既要做到公平一致，又要灵活地体现出差异。教师在惩罚学生后，要给予学生积极的帮助，使学生不仅不再犯错，而且在同样情境下，学会以适当行为代替不良行为。

3. 引导学生参与学习活动，不留给学生违纪的时间

学生在课堂上出现问题行为，有时是因为他们感到无所事事。针对这一点，教师可以安排他们从事某些学习活动，使他们没有产生问题行为的空闲，从而终止问题行为。但是引导学生参与学习活动也要适度。

4. 暂停上课

如果课堂上发生较为严重的捣乱行为，教师可停止上课，发动全班讨论发生了什么事，为什么会发生这种事，以及这样的行为对全班同学带来什么影响，让捣乱的学生承受集体舆论的压力，然后对学生进行适当地批评和引导。

> **高分点睛**
>
> 1.【常考题型】单选、判断、材料分析
>
> 2.【命题角度】
>
> （1）直接考查课堂问题行为的含义。
>
> （2）结合实例或材料内容考查课堂问题行为产生的原因。
>
> （3）结合教育情境判断教师使用了哪些处理课堂问题行为的策略以及使用是否恰当。

第六章 心理健康教育

第一节 心理健康概述

世界卫生组织指出，健康不仅是身体没有疾病，而且要具备心理健康、社会适应良好和道德健康。本节主要讲述心理健康。

一、心理健康的概念

心理健康是一种良好的、持续的心理状态与过程，表现为个体具有生命的活力、积极的内心体验、良好的社会适应能力，能够有效地发挥个体的身心潜力，以及作为社会一员的积极的社会功能。心理健康至少包括两层含义：一是无心理疾病；二是有一种积极发展的心理状态。

根据国内外的研究和实践，人的心理健康水平大致可分为三个等级：一般常态心理、轻度失调心理和严重病态心理。

二、心理健康的标准 ★★

由于心理健康问题的复杂性，至今学界尚未形成一个公认的心理健康标准。综合国内外学者的观点，心理健康标准大致包括以下方面：智力水平正常；自我意识正确；情绪乐观向上；意志行为健全；人格统一完整；心身特征一致；人际关系和谐；社会适应良好；生活平衡积极。

> **高分点睛**
> 1.【常考题型】单选、多选、判断
> 2.【命题角度】
> （1）以单选、判断的形式考查心理健康的定义、心理健康包括的两层含义、心理健康水平的三个等级。
> （2）以多选的形式考查心理健康有哪些标准。

三、学生心理健康问题

考点1 多动症 ★★

1. 概念

多动症也称儿童多动综合征、注意缺陷多动障碍，是小学生中最为常见的一类以注意力缺陷和活动过度为主要特征的行为障碍综合征。患有多动症的儿童多在7岁前就有异常表现，发病高峰年龄为8~10岁。

2. 特征

（1）活动过多。与一般儿童的好动不同，多动症儿童的活动是杂乱的，缺乏组织性和目的性。

（2）注意力不集中。这是多动症儿童核心的、持久的临床特征。多动症儿童不能专注于一种活动，如不能坐定看一会儿电视，做作业做了一会儿又去干别的，做事经常有头无尾，丢三落四。

（3）行为冲动。多动症儿童的行动多先于思维，即他们经常未经考虑就行动。例如，在做集体游戏时，难以耐心等待；有时突然喊叫，袭击别人。

（4）学习困难。多动症儿童的智力正常或基本正常，学习困难的原因与注意力不集中、多动有关，主要表现为学习成绩低下。

3. 辅导方法

（1）行为疗法。行为疗法（如强化法、代币法等）有助于培养和发展多动症儿童的自制力和注意力。

（2）自我指导训练法。即发展儿童的自我对话，加强内部语言对自身行为的引导和控制作用。

（3）药物治疗。多动症儿童可以在医生指导下接受药物治疗，这也是目前最主要的治疗方法。

考点 2　学习困难综合征

1. 概念

学习困难综合征是指某些智力正常或接近正常的儿童，因神经系统的某种或某些功能性失调，使其在听、说、读、写、算等方面能力降低或发展缓慢，以致陷入学习困难境地。学习困难综合征在小学生中比较常见。

2. 主要表现

（1）缺少某种学习技能。这种技能缺乏不是由智力低下或缺乏学习动机造成的，可能与动作技能的发育较慢有关。

（2）阅读困难（诵读困难）。儿童的阅读能力大大低于同龄人，表现为不能正确辨认字母、单词或进行逆向阅读，不能将字母和发音联系起来进行阅读。

（3）计算困难。儿童四则运算的能力差，心算能力差。

（4）绘画困难。儿童难以把看到的、想到的事物形象地画出来。

（5）交往困难。儿童由于在某一学习技能发展方面存在障碍，常遭到同学的嘲笑或捉弄，因此很难主动与人交往，社交能力较弱。

（6）拼音障碍。表现为不能正常拼出音节，发音、读音困难，对某些字母伴有视觉空间障碍，如把"b"当成"d"，把"q"当成"p"。

（7）书写障碍。表现为难以把看到的词写下来，如难以抄写黑板上的习题。

3. 辅导方法

（1）多赞扬、鼓励学生，培养学生的自信心。

（2）学习指导，帮助学生找到适合自己的学习策略与学习方式。

（3）激发学生的学习动机，培养学生的学习兴趣。

考点3 厌学症

1. 概念

厌学症又称学习抑郁症，是由人为因素造成的儿童厌恶学习的一系列症状。

2. 形成原因

厌学症是社会病理心理状态的产物，其产生原因主要是教育方式的失误，如学校的应试教育、家庭教育方式不当，以及社会不良风气的影响等。

3. 主要表现

（1）对学习不感兴趣，讨厌学习。厌学的儿童对学习有一种说不出来的苦闷感，一提到学习就心烦意乱，焦躁不安。

（2）对教师或家长有抵触情绪，学习成绩不好，有的还兼有品德问题。

（3）厌学情绪严重或受到一定诱因影响时，往往会出现旷课、逃学或辍学现象。

4. 辅导方法

厌学症的治疗一方面要靠外部教育环境的改善，另一方面要靠学生自身的调节和改变。为此，教师要引导有厌学症的学生做到以下几点：①充分认识学习的意义；②面对学习上的失败进行正确的归因；③能够全面评价自我，恢复自尊与自信；④能够扬长避短，重新设计，塑造自我；⑤适应环境，不受社会不良因素的影响。

考点4 焦虑症 ★★

1. 焦虑与焦虑症的概念

焦虑是由紧张、不安、焦急、忧虑、恐惧等交织而成的一种情绪状态，同时也是包括焦虑症、抑郁症、强迫症、恐惧症等各种心理问题的共同特征。

焦虑症是以与客观威胁不相适合的焦虑反应为特征的神经症。

2. 焦虑症的主要表现

（1）在心理方面，表现为紧张不安，忧心忡忡，注意力集中困难，极端敏感，对轻微刺激作过度反应，难以做决定。

（2）在躯体症状方面，表现为心跳加快、过度出汗、肌肉持续性紧张、尿频尿急、睡眠障碍等不适反应。

3. 学生常见的焦虑反应——考试焦虑

（1）考试焦虑的常见表现

①随着考试临近，心情极度紧张。

②考试时不能集中注意，知觉范围变窄，思维刻板，情绪慌乱，无法发挥正常水平。

③考试后持久地不能放松下来。

（2）考试焦虑的辅导方法

①采用肌肉放松、系统脱敏等方法。

②运用自助性认知矫正程序，指导学生在考试中使用正向的自我对话。例如，用"我能应付这个

考试""成绩并不重要，学会才是重要的""无论考试的结果如何，都不会是最后一次"等自我暗示话语来缓解考试焦虑。

③锻炼学生的性格，提高挫折应对能力。

④告诉学生尽力做到最好，不要太计较结果。

⑤考前要注意帮助学生调节情绪。

考点5 恐惧症

1. 概念与类型

恐惧症又称恐怖症，是对特定的、无实在危害的事物与场景的非理性惧怕。

根据恐惧的对象，恐惧症可分为单纯恐惧症（又称特定恐惧症，即对一件具体的东西、动作或情景的恐惧）、广场恐惧症（害怕大片的区域、空荡荡的街道）和社交恐惧症（不敢进行社交活动）。

2. 学生中常见的恐惧症

学生中较为常见的恐惧症包括学校恐惧症和社交恐惧症，其具体内容如下。

（1）学校恐惧症

学校恐惧症是指学生一进入学校就不由自主地产生一种严重的焦虑感和恐惧感，在小学生中比较常见，主要表现为害怕上学，严重者还害怕与学校有关的东西，如教师、教室等，也有些儿童会产生上学前身体不舒服等保护性行为。

（2）社交恐惧症

社交恐惧症主要表现为害怕在社交场合讲话，担心自己会因双手发抖、脸红、声音发颤、口吃而暴露自己的焦虑，觉得自己说话不自然，从而不敢抬头，不敢正视对方的眼睛。

3. 辅导方法

（1）系统脱敏法是最常用的方法。

（2）对患有学校恐惧症或社交恐惧症的学生，可帮助学生改善人际关系，营造宽松、自由的氛围，适当减轻当事人的压力。

考点6 强迫症 ★★

1. 概念

强迫症是一组以强迫症状为主要临床表现的神经官能症。其特点为有意识的自我强迫和反强迫并存，两者强烈冲突使患者感到焦虑和痛苦。

2. 强迫症状

强迫症状包括强迫观念和强迫行为。

强迫观念是指当事人身不由己地思考他不想考虑的事情。强迫观念包括强迫性怀疑、强迫性回忆、强迫性联想、强迫性穷思竭虑、强迫性对立思维等。

强迫行为是指当事人反复去做他不希望执行的动作，如果不这样做，他就会感到极端焦虑。强迫性行为包括强迫性计数、强迫性检查、强迫性洗涤、强迫性仪式动作等。

患有强迫症的人明知道反复出现的观念或行为是没有必要的，但就是控制不住，以至于影响了正常生活和学习。

3. 治疗方法

（1）森田疗法。森田疗法强调，当事人力图控制强迫症状的努力，以及这种努力导致的对症状出现的专注和预期，只会对强迫症状起维持和增强作用。因此，为了矫正强迫症状，应放弃对强迫观念与强迫行为做无用控制的意图，而采取"忍受痛苦、顺其自然"的态度治疗强迫症状。

（2）行为治疗法。"暴露与阻止反应"是治疗强迫行为的一种有效的方法。例如，让有强迫性洗涤行为的人接触他们害怕的"脏"东西，同时坚决阻止他们想要洗涤的冲动，不允许他们洗涤。

（3）建立支持性环境。

（4）药物治疗。

考点7　抑郁症

1. 概念

抑郁症是以持久的心境低落状态为特征的神经症，常伴有焦虑、躯体不适感和睡眠障碍。

2. 主要表现

（1）情绪消极、悲伤、颓废、淡漠，失去满足感和生活的乐趣。

（2）消极的认识倾向，低自尊、无能感，从消极方面看待事物，喜欢责备自己，对未来不抱多大希望。

（3）动机缺失，被动，缺少热情。

（4）躯体上疲劳、失眠、食欲不振等。

3. 治疗方法

（1）给予当事人情感支持和鼓励，让他们做一些力所能及的事情，积极行动起来，使其从活动中体验到人际交往的乐趣。

（2）采用认知行为疗法，改变当事人已习惯的自贬性思维方式和不恰当的成败归因模式，发展其对自己、对未来的更为积极的看法。

（3）病情较严重时，应遵医嘱服用抗抑郁药物治疗。

考点8　网络成瘾 ★★

1. 概念

网络成瘾临床上是指由于个体对互联网过度依赖而导致明显的心理异常症状以及伴随的生理性受损的现象。

2. 主要表现

（1）对网络有一种心理上的依赖感，不断增加上网时间。

（2）从上网行为中获得愉快和满足，不上网便感觉不快、焦虑和抑郁，强令中断会出现戒断症状。

（3）在个人现实生活中网络成瘾的个体花很少时间参与社会活动及与他人交往。

（4）以上网来逃避现实生活中的烦恼与情绪问题。

3. 矫正方法

（1）当事人本身可采用行为疗法，通过控制上网时间和次数，形成良好的上网习惯。

（2）教师对网络成瘾的学生可以采用认知疗法，针对网络成瘾问题本身及背后的问题，如学业不良、自卑心理、人际交往障碍等，与当事人进行谈话沟通，探讨如何正确使用互联网以及网络成瘾的危害。

（3）由于家庭功能失调造成的网络成瘾，还可以通过调整家庭成员间的关系，营造良好的家庭氛围，为矫正网络成瘾提供条件。

考点9　人格障碍

1. 概念

人格障碍是心理障碍的一种，是持续而牢固的情绪反应、动机和行为活动的异常。

2. 特征

①在儿童或青少年时期形成，一经形成就比较持久和稳定；②无认知过程障碍或智力障碍，主要是严重的情感障碍；③行为动机不明确，带有冲动性和攻击性；④社会适应不良。

高分点睛

1.【常考题型】单选、多选、判断、材料分析

2.【命题角度】

（1）注意"概念—表现—矫正或辅导方法"之间的匹配。有两个命题角度：一是根据概念、实例或表现选择相应的心理问题。二是根据心理问题选择相应的主要表现、矫正办法。例如，小强每次考试时总是会反复核查自己是否填写好考号和姓名，如果不去核查，他就会异常紧张，尽管他明知道这一行为是没有必要的，但就是控制不住自己。小强的行为表明他可能有什么心理问题？答案：强迫症。

（2）给一段材料，通过分析材料中人物的心理问题，给出相应的办法。

第二节　挫折与心理健康

一、挫折的含义

挫折是人们在意志行动过程中，遇到无法克服或自以为无法克服的干扰或障碍，致使预定目标不能实现时所产生的情绪反应。

挫折的程度与心理应激的强度成正比。挫折越大，心理应激的强度越强烈，对心理健康的危害就越大。

二、挫折的心理防御

人在经受挫折后会产生焦虑的情绪，为了应对焦虑，人们常常使用一种或多种心理防御机制来保

护自己。

心理防御机制最早由弗洛伊德提出,是指个人在精神受到干扰时用以避开干扰,保持心理平衡的心理机制,它常在无意识状态下使用。常见的心理防御机制见表3-6-1。

表3-6-1 常见的心理防御机制

心理防御机制		含义	举例
逃避性防御机制	否定	有意或无意地拒绝承认不愉快的现实以保护自我	病人不愿接受生病的事实,认为医生诊断有误
	压抑	将不能接受或具有威胁性、感觉痛苦的经验及冲动,在不知不觉中从意识中排除或抑制	不能接受亲人逝世的痛苦而选择性遗忘
	幻想	通过幻想来满足在现实中不能实现的愿望,以摆脱现实对自我的威胁	学生成绩不理想,幻想成为班级第一
	退行	受挫后采用倒退到童年或低于现实水平的行为来取得别人的同情和关怀,逃避紧张和焦虑	成人表现出像儿童一样号啕大哭、满地打滚的行为
替代性防御机制	补偿	因身心某个方面有缺陷不能达到某种目标时,有意识地采取其他能够获取成功的活动来代偿某种能力缺陷,以弥补因失败造成的自卑感	"失之东隅,收之桑榆"
	抵消	用象征式的动作、语言和行动来尝试抵消已经发生的不愉快事件,以减轻心理上的罪恶感	不小心打碎碗碟时说"碎碎平安"
攻击性防御机制	转移(移置)	将对某对象的强烈感情转移到另一个对象上,即平常所指的"迁怒于人"	妻子受了丈夫的气,冲孩子发火
	投射	将自我不愿接受的冲动、欲望或观念等转移(推测、投射)于他人或客观事物	"以小人之心,度君子之腹"
掩饰性防御机制	合理化(文饰作用)	无意识地用似乎合理的解释来为难以接受的情感、行为、动机辩护,以使其可以被接受	酸葡萄心理、甜柠檬心理
	反向	当欲望和动机不为自己的意识或社会所接受时,将其压抑至潜意识,并表现出相反行为	"口是心非""此地无银三百两"
	幽默	以诙谐、含蓄、给人以启迪的言语和动作来化解尴尬、摆脱困境	学生嘲笑老师矮,老师以"浓缩就是精华"化解尴尬
建设性防御机制	认同	通过对比自己地位或成就高的人的认同,以消除个体在现实生活中因无法获得成功或满足时而产生的挫折带来的焦虑	学生将历史名人、科学家、明星或者自己身边优秀的人作为自己的认同对象
	升华(意志调节法)	把社会不能接受的欲望或攻击性冲动伴有的能量转向更高级的、社会能接受的目标或渠道,从而进行各种创造性活动	将生活上的不幸升华为诗歌、音乐、绘画、文学创作的欲望

图 3-6-1　退行　　　　　　图 3-6-2　酸葡萄心理　　　　　图 3-6-3　幽默

高分点睛

1.【常考题型】单选

2.【命题角度】给出一个谚语、事例、故事或现象，要求考生判断其所属的自我防御机制类型。例如，"酸葡萄心理"属于哪种心理防御机制？答案：合理化/文饰作用。

第三节　学校心理健康教育

一、学校心理健康教育概述

学校心理健康教育是学校根据学生生理、心理发展特点，运用相关心理教育方法和手段，培养学生良好的心理素质，促进学生身心全面和谐发展和素质全面提高的教育活动。

学校心理健康教育强调面向全体学生，以正常学生为主要对象，以发展辅导为主要内容。

考点1　主要内容

学校心理健康教育主要包括：普及心理健康知识，树立心理健康意识，了解心理调节方法，认识心理异常现象，掌握心理保健常识和技能。学校心理健康教育的重点是认识自我、学会学习、人际交往、情绪调适、升学择业，以及生活和社会适应等方面的内容。

考点2　意义

（1）学校心理健康教育是预防精神疾病，保障学生心理健康的需要。

（2）学校心理健康教育是提高学生心理素质，促进其人格健全发展的需要。

（3）学校心理健康教育是对学校日常教育教学工作的配合与补充。

考点3　目标

我国学者把学校心理健康教育的目标分解为基础目标、中间目标和终极目标三个层次。基础目标是防治心理疾病，增进心理健康；中间目标是优化心理素质，促进全面发展；终极目标是开发心理潜能，实现自我价值。

二、学校心理健康教育的原则

学校心理健康教育的原则包括：①教育性原则；②全体性原则；③差异性原则（针对性原则）；④主体性原则；⑤整体性原则；⑥保密性原则；⑦发展性原则；⑧活动性原则。

三、学校心理健康教育的途径和方法

1. 学校应将心理健康教育始终贯穿于教育教学全过程

全体教师都应自觉地在各学科教学中遵循心理健康教育的规律，将适合学生特点的心理健康教育内容有机地渗透到日常教育教学活动中。要注重发挥教师人格魅力和为人师表的作用，建立起民主、平等、相互尊重的师生关系。要将心理健康教育与班主任工作、班团队活动、校园文体活动、社会实践活动等有机结合，充分利用网络等现代信息技术手段，多种途径开展心理健康教育。

2. 开展心理健康专题教育

心理健康专题教育可利用地方课程或学校课程开设心理健康教育课。心理健康教育课应以活动为主，可以采取多种形式，包括团体辅导、心理训练、问题辨析、情境设计、角色扮演、游戏辅导、心理情景剧、专题讲座等。心理健康教育要防止学科化的倾向，避免将其作为心理学知识的普及和心理学理论的教育，要注重引导学生心理、人格积极健康发展，最大限度地预防学生发展过程中可能出现的心理行为问题。

3. 建立心理辅导室

心理辅导室是心理健康教育教师开展个别辅导和团体辅导，指导并帮助学生解决在学习、生活和成长中出现的问题，排解心理困扰的专门场所，是学校开展心理健康教育的重要阵地。在心理辅导过程中，教师要树立危机干预意识，对个别有严重心理疾病的学生，能够及时识别并转介到相关心理诊治部门。

4. 密切联系家长共同实施心理健康教育

学校要帮助家长树立正确的教育观念，了解和掌握孩子成长的特点、规律以及心理健康教育的方法，加强亲子沟通，注重自身良好心理素质的养成，创设良好的家庭环境影响孩子。同时，学校要为家长提供促进孩子发展的指导意见，协助他们共同解决孩子在发展过程中的心理行为问题。

5. 充分利用校外教育资源开展心理健康教育

学校要加强与基层群众性自治组织、企事业单位、社会团体、公共文化机构、街道社区以及青少年校外活动场所等的联系和合作，组织开展各种有益于中小学生身心健康的文体娱乐活动和心理素质拓展活动，拓宽心理健康教育的途径。

高分点睛

1.【常考题型】单选、多选、判断

2.【命题角度】
（1）直接考查学校心理健康教育的意义、目标、内容、途径和方法。
（2）给出实例或概念，要求选择相对应的心理健康教育原则。

第四节　学校心理辅导

一、学校心理辅导的含义

学校心理辅导是指教育者根据学生的心理发展特征和规律，在一种新型的、建设性的人际关系中，运用心理学专业知识和技能，设计与组织各种教育活动，以帮助学生形成良好的心理素质，充分发挥个人潜能，进一步提高学生心理健康水平的过程。

理解学校心理辅导的含义应注意以下几个问题：①学校心理辅导强调面向全体学生；②辅导以正常学生为主要对象，以发展辅导为主要内容；③心理辅导是一种专业活动，是专业知识和技能的运用。

二、学校心理辅导的目标 ★★

心理辅导的一般目标归纳为两个方面：一是学会调适，包括调节与适应；二是寻求发展。在这两个目标中，学会调适是基本目标，以此为主要目标的心理辅导可称为调适性辅导；寻求发展是高级目标，以此为主要目标的心理辅导可称为发展性辅导。

三、学校心理辅导的基本原则 ★★★

1. 面向全体学生原则

面向全体学生原则是指学校心理辅导要面向所有学生，而不仅仅是针对有心理问题的极少数学生。

2. 预防与发展相结合原则

预防与发展相结合原则是指在学校心理辅导过程中既要帮助学生学会调适，防止心理疾病的产生，又要协助学生寻求发展，充分发挥个人的潜能，使学生达到心理健康。

3. 尊重与理解学生原则

尊重是指尊重学生的人格与尊严，尊重每个学生的个人价值，承认他是不同于其他人的独立的个体，承认他与教师、与其他人一样在人格上具有平等的地位，尊重是理解的基石。罗杰斯在其"以人为中心的治疗"中将"无条件积极关注"看作心理辅导的前提之一。理解，要求教师以平等态度，按学生的所作所为、思考、感受的本来面目去理解学生，即站在学生的角度看问题，以达到"感同身受"。

4. 学生主体性原则

学生主体性原则要求教师在心理辅导中以学生为主体，充分发挥学生作为辅导活动主体的作用。

5. 因材施辅的原则（个别化对待原则）

因材施辅的原则要求教师要重视学生的个别差异，强调对学生的个别化对待，根据学生的不同需要，开展针对性强的心理辅导活动。

6. 整体性发展原则

在学校心理辅导中，教师必须树立系统观、整体观，考察学生成长中的各种相关因素，分析学生成长中出现的各类问题，在心理辅导中充分考虑学生人格的整体性发展。

典型例题（2022·邯郸·多选）学校心理辅导工作应遵循的原则是（　　）。

A. 面向全体学生　　B. 预防与发展　　C. 尊重与理解　　D. 以教师为中心

【答案】ABC。

高分点睛

1.【常考题型】单选、多选、判断、材料分析

2.【命题角度】

（1）以单选、多选、判断的形式考查学校心理辅导的目标及具体内容。

（2）直接考查个别辅导有哪些原则或根据例子选择相对应的个别辅导的原则。

（3）给出实例要求选择相对应的团体辅导的技术（以反应技术为主）和学校心理辅导的原则。

（4）通过分析材料中的人物行为来论述运用了哪些学校心理辅导原则。

四、学生心理辅导的方法

考点1　精神分析疗法

精神分析疗法的理论依据是弗洛伊德的精神分析学说及其衍生出的近代多种精神动力学治疗方法。常用的方法有自由联想法、移情分析法、梦境分析法等。

考点2　行为疗法 ★★

行为疗法是以行为主义学习理论和条件反射理论为依据进行心理干预的方法，其创始人是华生。常用的行为疗法包括行为改变的方法和行为演练的方法。

1. 行为改变的方法

（1）强化法

强化法的作用是培养新的适应性行为。一个行为发生后，如果紧跟着一个强化刺激，这个行为就会再次发生。例如，一个上课不敢发言的学生，一旦在一次课上发言后得到了老师的表扬和肯定，那么他的胆怯心理就会得到很大改善，其上课发言的次数也会增多。

（2）代币奖励法

代币是一种象征性的强化物，如筹码、小红星、盖章的卡片、特制的塑料币等。当学生做出教师

期待的良好行为后，发给其数量相当的代币作为强化物，学生用代币可以兑换有实际价值的奖励物或活动。

代币奖励法的优点是可使奖励的数量与学生良好行为的数量、质量相适应，代币不会像原始强化物那样产生"饱和"现象而使强化失效。

（3）行为塑造法

行为塑造法是指通过不断强化趋近目标的反应，来形成某种较复杂的行为方法。

（4）示范法

观察、模仿教师呈现的范例（榜样），是学生学习社会行为的重要方式。

（5）消退法

消退法是指为了达到尽量降低某种不合适行为的发生频率或使该行为不再发生的目的，当该行为出现时，不给予注意、不给予强化的方法。

（6）惩罚法

惩罚法是指在不良行为出现后，呈现一个厌恶刺激或撤销一个愉快刺激，以减少或消除不良行为的方法。

（7）暂时隔离法

暂时隔离法是指当学生产生不良行为后，立即将其置于一个单调、乏味的地方，直到定时器响了以后他才可以离开。暂时隔离从性质上说，属于惩罚。

（8）自我控制法

自我控制法是让学生自己运用学习原理，进行自我分析、自我监督、自我强化、自我惩罚，以改善自身行为。其优点是强调学生的个人责任感，增加了改善行为的练习时间。

2. 行为演练的方法

（1）全身松弛法

全身松弛法由雅各布松于20世纪20年代首创。全身松弛法也称松弛训练，是通过改变肌肉紧张状态，减轻肌肉紧张所引起的酸痛，以应付情绪上的紧张、不安、焦虑和气愤的方法。

（2）系统脱敏法

①系统脱敏法的概念

系统脱敏法由南非的精神病学家沃尔普创立，是指当个体身体处于充分放松的状态下，让个体逐渐地接近所害怕或焦虑的事物，或是逐渐地提高此类刺激物强度，以逐渐降低个体的敏感性，从而减轻和消除对该刺激物的恐惧或焦虑情绪的方法。

例如，一个儿童过分害怕狗，我们可以在他从事愉快事情的同时，从谈论无关的话题到关于狗的话题，从图片到玩具宠物，从电视、录音机的声形到真实的狗，从远到近，逐渐接近放有狗的笼子，鼓励儿童去看、去接触，多次反复，直至儿童不再过度恐惧狗。

②系统脱敏法的步骤

系统脱敏法包含以下三个步骤：一是训练来访者松弛肌肉；二是建立焦虑层次（从最轻微的焦虑到引起最强烈的恐惧）；三是让来访者在肌肉松弛的情况下，从最低层次开始想象产生焦虑的情境，使来访者能从想象情境转移到现实情境，并能在原引起恐惧的情境中保持放松状态，直到焦虑情绪不再出现为止。

（3）肯定性训练

肯定性训练也称自信训练、果敢训练，是通过设置训练情境、角色扮演的方式来增强自信心，然后再将学到的应对方式应用到实际生活情境中。其目的是促进个人在人际关系中公开表达自己的真实情感和观点，维护自己权益也尊重别人权益，发展人的自我肯定行为。

自我肯定行为主要表现在三个方面：①请求。请求他人为自己做某事，以满足自己合理的需要。②拒绝。拒绝他人无理要求而又不伤害对方。③真实地表达自己的意见和情感。

典型例题（2021·保定·单选）小华上课总是不举手就站起来回答问题。为了纠正他的这个坏习惯，教师在上课提问时，故意对他的回答不予理睬，而对举手回答问题的同学提出表扬。一段时间后小华也开始举手示意回答问题。该教师采取了行为塑造技术中的（　　）。

A. 放松　　　　　B. 消退　　　　　C. 激励　　　　　D. 维持

【答案】B。

考点3　认知疗法

认知疗法是根据人的认知过程影响其情绪和行为的理论假设，通过认知和行为技术来改变求助者的不良认知，从而矫正并适应不良行为的一类心理治疗方法的总称。

1. 认知疗法的基本观点

认知过程是个体情感和行为的中介，适应不良的情感和行为与适应不良的认知有关。认知疗法特别注重改变不良的认知，即不合理的、歪曲的、消极的信念和想法，认为不良的认知是引发自我挫败行为的根本原因，通过改变个体的认知过程以及在这一过程中产生的认知观念，可以改变情绪和行为。

2. 认知疗法的类型

认知疗法的类型有很多，以下主要介绍艾利斯的理性-情绪疗法（RET）。

理性-情绪疗法又称合理情绪疗法，是20世纪50年代由艾利斯在美国创立。艾利斯认为，人的情绪是由他的思想决定的，合理的观念导致健康的情绪，不合理的观念导致负向的、不稳定的情绪。通过改变不合理信念调整自己的认知，是维护心理健康的重要途径。他提出了一个解释人的行为的ABC理论。

（1）ABC理论

① ABC理论的基本要点

情绪不是由某一诱发性事件本身引起的，而是由经历了这一事件的个体对这一事件的解释和评价引起的。在ABC理论的模型中，A是指诱发性事件（Activating Event）；B是指个体在遇到诱发性事件之后相应而生的信念（Belief），即个体对这一事件的看法、解释和评价；C是指在特定情境下，个体的情绪及行为的结果（Consequence）。

② A-B-C-D-E 的治疗模型

我们的情绪反应（C）是由信念（B）直接决定的。信念如果是非理性的，就会造成负向情绪。若要改善情绪状态，必须进行劝导干预（D），建立新观念并获得正向的情绪效果（E）。

（2）非理性信念

非理性信念是指会导致情绪和行为问题的不合理认知。

对于个体所持有的非理性信念，韦斯勒等人曾总结出下列特征：绝对化要求、过分概括化和糟糕至极。

①绝对化要求，是指个体从自己的意愿出发，认为某件事一定会发生或一定不会发生，它通常与"必须""应该"这类字眼连在一起。如"我必须尽善尽美"。

②过分概括化，是指以某一具体事件、某一言行来对自己进行整体评价，是一种以偏概全、以一概十的不合理思维方式的表现。如一次失败就认为自己一无是处。

③糟糕至极，是指个体认为如果某件不好的事情一旦发生，其结果必然是非常可怕、糟糕至极的。如高考失败就认为前途无望。

考点 4　人本主义疗法

在人本主义疗法中，美国心理学家罗杰斯开创的来访者中心疗法影响最大。罗杰斯认为，心理治疗的目的在于帮助来访者创造一种有关他自己的更好的概念，使他能自由地实现他的自我，即实现他自己的潜能，成为功能完善者。

来访者中心疗法把重点集中在创造一种良好的咨询氛围上，使来访者产生能够自由探索内心的感觉。罗杰斯认为，要形成理想的咨询氛围，咨询师在人格和态度上需要满足以下三个条件。

（1）真诚一致，这要求在治疗关系的范围内，咨询师的情感和行为没有任何的虚假和做作，是一个表里如一、真诚完整的人。

（2）无条件积极关注（尊重），这要求咨询师不是有条件地接纳或只接纳来访者的（符合咨询师自己态度的）一部分，而是把来访者作为一个完整的个人来接纳，并通过言语声调和非言语行动传达对他的接纳、理解、尊重和珍视。

（3）共情（同感、同理心），是指咨询师体验来访者的内心世界的态度和能力。咨询师设身处地地用来访者的眼光去看待他们的问题，深入了解并体会来访者的内心世界，站在他们的立场上去体会他们的痛苦和不幸，也就是常说的"换位思考"。

第七章 教师心理

第一节 教师的职业角色与威信

一、教师的职业角色

考点1 教师角色的含义

教师角色是指教师按照其特定的社会地位承担起的相应的社会角色，并表现出符合社会期望的行为模式。

考点2 对教师的角色期待

角色期待是指社会对每一种社会角色规定的行为规范和要求。现代社会对教师的角色期待主要有以下几个方面：①学习的引导者和促进者；②行为规范的示范者；③班集体的管理者；④心理健康的维护者；⑤学生家长的合作者；⑥教学的研究者。

二、教师威信 ★★

考点1 教师威信的含义

教师威信是指教师在学生心目中的威望和信誉。教师威信实际上反映了一种良好的师生关系，它是教师成功地扮演教育者角色、顺利完成教育使命的重要条件。

考点2 教师威信的结构

教师威信的结构主要包括人格威信、学识威信和情感威信三个方面。
（1）人格威信，主要来源于优秀教师求真务实、爱岗奉献的人梯精神折射出来的人格魅力。
（2）学识威信，主要来源于高深渊博的学识，讲学时的旁征博引、幽默风趣。
（3）情感威信，主要来源于教师对学生的情感投入和彼此的情感交融。

考点3 教师威信的类型

教师威信有两种：权力威信和信服威信。

权力威信是教师根据教育法律法规、学校规章制度、教育传统以及社会心理优势而建立起来的威信。

信服威信是由于教师良好的思想品德、教学能力、教学态度与民主作风而使学生自愿接受、内心佩服而树立起来的威信。

教师应该树立信服威信，而不应该追求权力威信。

考点 4　影响教师威信形成的因素

1. 外部因素

影响教师威信形成的外部因素包括社会对教师的态度，教育行政机关、学校领导干部对教师的态度，学生家长对教师的态度，学生对教师工作的认识与态度，教师职业的社会地位等。其中，最为主要的因素是社会对教师职业的态度和教师职业的社会地位。

2. 教师自身因素

（1）教师素质：高尚的思想道德品质、渊博的知识和高超的教育教学艺术是获取威信的基本条件。

（2）教师人格：教师的仪表、作风和习惯是教师获得威信的必要条件。

（3）师生关系：师生平等交往是教师获得威信的重要条件，教师给学生的第一印象对教师获得威信有较大影响。

（4）教师的评价手段。教师对学生的评价是否公正、得当，会直接影响教师威信的建立和巩固。

考点 5　教师威信的建立、维护和发展

建立的途径：①培养自身良好的道德品质；②培养良好的认知能力和性格特征；③给学生良好的第一印象；④注重良好仪表、风度和行为习惯的养成；⑤做学生的朋友与知己。

维护与发展的途径：①有坦荡的胸怀、实事求是的态度；②正确认识和合理运用自己的威信；③有不断进取的敬业精神；④言行一致，做学生的楷模。

高分点睛

1.【常考题型】单选、多选、判断

2.【命题角度】

（1）直接考查教师威信的含义、结构。

（2）结合例子或直接考查权力威信和信服威信的区别、影响教师威信形成的因素。

（3）以单选或多选的形式考查教师威信建立及维护与发展的途径。

（4）要求判断教育情境中的措施是否有利于建立教师威信。

第二节　教师的职业心理特征

一、教师的认知特征

教师的认知特征包括其知识结构和教学能力。（教师的知识结构在第一部分第五章第一节教师中已详细讲述，这里主要阐述教师的教学能力）。

教师的教学能力主要分为教学认知能力（基础）、教学操作能力（教学能力的集中体现）和教学

监控能力（关键）。

考点1 教学认知能力

教学认知能力是指教师对所教学科的定理、法则、概念等的概括化程度，以及对所教学生的心理特点和自己所使用的教学策略的理解程度。分析掌握课程标准的能力、分析处理教材的能力、教学设计能力和对学生的学习准备性与人格特点的判断能力都属于教学认知能力。

考点2 教学操作能力

教学操作能力是指教师在教学中使用策略的水平，其水平高低主要取决于他们是如何引导学生掌握知识、积极思考、运用多种策略解决问题的。

考点3 教学监控能力

教学监控能力是指教师在教学的过程中为了保证教学达到预期目的，将教学活动本身作为意识对象，不断对其进行积极主动的计划、检查、评价、反馈、控制和调节的能力。这种能力主要分为三个方面：一是教师对自己的教学活动的事先计划和安排；二是教师对自己实际教学活动进行有意识的监督、评价和反馈；三是教师对自己的教学活动进行调节、校正和有意识的自我控制。

二、教师的人格特征

教师的人格特征是指教师的个性、情绪、健康以及处理人际关系的品质等。它是影响教学的重要因素，包含教师的职业信念、教师的职业性格等多方面内容。

考点1 教师的职业信念 ★★

教师的职业信念是指教师对成为一个成熟的教育教学专业工作者的向往和追求。有关教师职业信念的心理研究主要集中在以下两个方面。

1. 教学效能感

（1）含义

教学效能感一般指教师对自己影响学生行为和学习结果的能力的一种主观判断。这种判断会影响教师对学生的期待和指导，从而影响教师的工作效率。

（2）类型

教师的教学效能感包括个人教学效能感和一般教学效能感两方面。前者指教师认为自己能够有效地影响学生，相信自己具有教好学生的能力。后者指教师对教与学的关系，教育在学生身心发展中的作用等问题的一般看法和判断。

（3）影响教师教学效能感的因素

外部环境因素：社会文化背景、某些传统教育观念、学校所处的环境和教师群体的学生观等。

教师自身因素：教师的价值观、自我概念等。

（4）提高教师教学效能感的方法

外部环境支持：①全社会必须树立尊师重教的良好风气；②学校必须建立一套完整、合理的管理制度和规则并严格执行，并创立进修、培训等有利于教师发展的活动，创造有利于教师实现其自身价值的条件；③良好的校风建设；④提高教师的福利待遇。

教师自身努力：①形成科学的教育观；②向他人学习；③注意对自己的教学进行反思和总结，不断改进自己的教学。

2. 教学归因

教学归因是指教师对学生学习结果的原因的解释和推测，这种解释和推测获得的观念必然影响其自身的教学行为。例如，倾向于将原因归于外部因素的教师，更多地将学生的学习结果归结于学生的能力、教学条件等因素，因而在面对挫折时倾向于采取职业逃避策略，做出听之任之或者怨天尤人的消极反应；倾向于将原因归于自身因素的教师更愿意对学生的学业成败承担责任，因而能比较主动地调节自己的教学行为，积极地影响学生的学习活动。

考点2　教师的职业性格

研究认为，优秀教师性格品质的基本内核是"促进"，即对别人的行为有所帮助。优秀教师应该提高学生的学习能力，增强他们的自尊心和自信心，缓和他们的焦虑感，提高他们的果断性，以及形成并巩固他们待人处世的积极态度等。

三、教师的行为特征

考点1　教师的教学行为

教师的教学行为可以从以下六个方面来衡量：教师行为的明确性、教学方法的多样性、任务取向、学生参与性、启发性和及时评估教学效果的能力。教师在教学中做到这六点，必然会收到良好的教学效果。

考点2　教师的期望行为 ★★

1. 教师期望效应的实验

罗森塔尔等人对教师期望进行了研究。他们对小学生做了一次所谓的学习潜力测验（实际上只是普通的智力测验）。然后，他们随机地在各个班级抽取少数学生，并故意告诉教师这些是班级里最有发展潜力的学生，要求教师注意长期观察，但不要告诉学生本人。罗森塔尔等人在8个月后发现，这些学生的学习成绩的确比其他学生进步快。该实验说明，由实验者提供的假信息引起的教师对学生的期望，产生了教师期望的预言效应。

2. 教师期望效应的内涵

教师期望效应又称皮格马利翁效应、罗森塔尔效应，是指教师的期望或明或暗地被传送给学生，学生会按照教师期望的方向塑造自己的行为。

教师期望效应表明，教师的期望对学生的行为有预言效应，教师对学生思想的认可与学生学业成绩具有正相关趋势，教师的批评与不赞成与学生的学业成绩具有负相关趋势。

3. 教师期望效应的分类

自我应验效应：教师错误的期望引起学生把这个错误的期望变成现实的行为。例如，某学生的父亲是文学家，教师便认为他也具有文学潜力，即便他天赋平平，教师的信心和鼓励也会促使他成为优秀的作家。

维持性期望效应：教师认为学生将维持以前的发展模式，如果教师认可这种模式，则很难注意和发展学生的潜力。例如，教师对差生和优等生的不同期望使他很难关注差生的进步，甚至对其进步持怀疑态度。

> **高分点睛**
>
> 1.【常考题型】单选、判断、材料分析
> 2.【命题角度】
> （1）直接考查教师的教学能力包括哪些方面，或要求判断题干中的例子体现了教师的哪种教学能力。
> （2）结合例子或关键词考查教学效能感的含义和类型。
> （3）结合例子、关键词、教育情境等考查教师期望效应的别称、内涵及其分类。

第三节　教师专业发展

一、教师专业发展概述

教师专业发展（教师专业成长）包括教师群体的专业发展和教师个体的专业发展。其中，教师个体的专业发展是指教师作为专业人员，从专业思想到专业知识、专业能力、专业心理品质等方面由不成熟到比较成熟的发展过程，即由一名新手教师发展成为专家型教师或教育家型教师的过程。

教师专业发展的内容包括专业理想的建立、专业知识的深化和拓展、专业能力的提高、专业自我的形成等方面。

典型例题（2021·石家庄·多选）教师个体专业发展的主要内容有（　　）。

A. 专业理想的建立　　　　　　　　B. 专业知识的拓展
C. 专业能力的提高　　　　　　　　D. 专业自我的形成

【答案】ABCD。

二、教师专业发展的阶段

考点1　教师关注阶段论 ★★★

福勒和布朗根据教师的需要和不同时期关注的焦点问题，把教师的成长划分为关注生存、关注情

境和关注学生三个阶段。

1. 关注生存阶段

新教师一般处于这个阶段，他们非常关注自己的生存适应性，注重自己在学生、同事及学校领导心目中的地位，最担心的问题是"学生喜欢我吗？""同事们如何看我？""领导是否觉得我干得不错？"等。出于这种生存忧虑，教师会把大量的时间用于处理人际关系或管理学生上。

2. 关注情境阶段

当教师感到自己完全能够适应时，便把关注的焦点投向了学生成绩的提高，这时就进入了关注情境阶段。在此阶段，教师关心的是如何教好每一堂课的内容，总是关心诸如班级的大小、时间的压力和备课材料是否充分等与教学情境有关的问题。传统教学评价也集中关注这一阶段，一般来说，老教师比新教师更关注此阶段。

3. 关注学生阶段

在此阶段，教师能考虑学生的个别差异，认识到不同发展水平的学生有不同的需要，某些教学材料和方式不一定适合所有学生。能否自觉关注学生是衡量一个教师是否成熟的重要标志之一。

典型例题 1.（2022·邯郸·单选）某位新教师非常关注领导和同事对自己的评价，关注自己是否被学生喜欢，属于教师成长过程中的（　　）。

A. 关注情境阶段　　　　　　　　　　B. 关注生存阶段

C. 关注学生阶段　　　　　　　　　　D. 关注教学阶段

【答案】B。

2.（2022·石家庄·单选）张老师在教育活动中，注意观察学生的差异和个体需要，思考教育工作是否适应学生成长需要。张老师处于教师成长的（　　）。

A. 关注生存阶段　　　　　　　　　　B. 关注学生阶段

C. 关注自我阶段　　　　　　　　　　D. 关注情境阶段

【答案】B。

考点 2　自我更新阶段论 ★★★

叶澜等人结合我国的情况，提出了以教师专业的自我更新为取向的五个发展阶段（表 3-7-1）。

表 3-7-1　自我更新阶段论

阶段名称	主要特征
"非关注"阶段（正式教师教育之前）	无意识中以非教师职业定向的形式形成了较稳固的教育信念，具备了一些"直觉式"的"前科学"知识，以及与教师专业能力密切相关的一般能力
"虚拟关注"阶段（师范学习阶段，包括实习期）	开始思考对合格教师的要求，在虚拟的教学环境中获得某些经验，对教育理论及教师技能进行学习和训练，有了对自我专业发展反思的萌芽
"生存关注"阶段（新任教师阶段）	在"现实的冲击"下，产生了强烈的自我专业发展的忧患意识，特别关注专业活动中的"生存"技能，将专业发展集中在专业态度和动机方面

(续表)

阶段名称	主要特征
"任务关注"阶段	随着教学基本"生存"知识、技能的掌握，自信心日益增强，由关注自我的生存转移到更多地关注教学，由关注"我能行吗？"转移到关注"我怎样才能行？"
"自我更新关注"阶段	不再受外部评价或职业升迁的牵制，自觉依照教师发展的一般路线和自己目前的发展条件，有意识地自我规划，以谋求最大限度的自我发展，关注学生的整体发展，积累比较科学的个人实践知识

典型例题（2022·邯郸·单选）依据"自我更新"取向的教师专业发展阶段理论，主要关注"我怎么样才能行"的教师，处于专业发展的（　　）。

A. "非关注"阶段　　　　　　　　　　　B. "虚拟关注"阶段
C. "生存关注"阶段　　　　　　　　　　D. "任务关注"阶段

【答案】D。

考点3　教师教学专长发展五阶段论

伯利纳将教师教学专长发展划分为五个阶段，分别是新手水平、熟练新手水平、胜任水平、熟练水平（业务精干型教师）和专家水平（表3-7-2）。

表3-7-2　教师教学专长发展五阶段论

阶段名称	发展时间	主要特征
新手水平	经过师范教育，刚刚从事教学工作	①学习一些具体的概念及具体教学情境下的应对规则，初步获得教学经验 ②处理问题时缺乏灵活性，刻板地依赖特定的原则、规范和计划
熟练新手水平（高级新手水平）	经过2~3年	①实践经验与书本知识逐渐得到整合 ②教学方法和策略方面的知识与经验有所增长，处理问题显示出一定的灵活性 ③经验对教学行为的指导作用提高，但还不能够很好地区分教学情境中的重要信息和无关信息
胜任水平	经过3~4年	①教学行为有明确的目的性 ②能区分出教学情境中的重要信息，并选择有效的方法或手段达到教学目标 ③对自己的行为结果表现出更多的责任心 ④教学行为还没有达到快捷、流畅、灵活的程度
熟练水平（业务精干型教师）	经过5年左右	①具有较强的直觉判断能力 ②教学技能方面接近认知自动化水平 ③教学行为已经达到了快捷、流畅、灵活的程度，这是他们在教学实践中积累了丰富知识和经验的结果
专家水平	部分业务精干型教师后来成为专家型教师	①对教学情境不但能直觉地把握，而且能以非分析性、非随意性的方式，做出适当的反应 ②教学技能完全自动化。专家型教师知道在什么时间和什么地方该做什么

考点4 专家型教师与新手型教师的比较

专家型教师是具有丰富的和组织化了的专门知识，能高效率地解决教学中的各种问题、富有职业洞察力和创造力的教师。新手型教师主要是指刚走上工作岗位的教师或在实习的师范生。二者在教学活动上的区别表现在课时计划、课堂教学过程、课后评价等方面。

1. 课时计划的差异

（1）课时计划的内容：专家型教师只突出课的主要步骤和教学内容，不涉及细节。新手型教师把大量的时间用在课时计划的一些细节上。

（2）课时计划的修改：专家型教师的课时计划修改与预演可以自然地在一天的某个时候发生。新手型教师则要在上课之前针对课时计划做演练。

（3）课时计划的实施：专家型教师在实施课时计划时有很大的灵活性，教学的细节是由课堂教学活动决定的。新手型教师不会随着课堂情境的变化来修正他们的计划。

（4）课时计划的预见性：专家型教师表现出一定的预见性，能够预测计划的执行情况。新手型教师则不能。

2. 课堂教学过程的差异

（1）课堂规则的制定与执行：专家型教师制定的课堂规则明确，执行力强。新手型教师制定的课堂规则较为含糊，不能坚持执行下去。

（2）维持学生注意：专家型教师有一套完善的维持学生注意的方法。新手型教师缺乏这些经验。

（3）教材的呈现：专家型教师在教学时注重回顾先前知识，并能根据教学内容选择适当的教学方法。新手型教师则不能。

（4）教学策略的运用：专家型教师具有丰富的教学策略，并能灵活运用。新手型教师缺乏教学策略甚至不会运用教学策略。

（5）课堂练习：专家型教师将练习看作检查学生学习的手段。新手型教师仅把练习当作必经的步骤。

（6）家庭作业的检查：专家型教师具有一套检查学生家庭作业的规范化、自动化的常规程序。新手型教师缺乏相应的检查学生家庭作业的规范。

3. 课后评价的差异

在课后评价方面，专家型教师和新手型教师关注的焦点不同。

专家型教师更多谈论学生对新材料的理解情况和他们认为课堂中值得注意的活动，很少谈论课堂管理问题和自己的教学是否成功。新手型教师的课后评价要比专家型教师更多地关注课堂中的细节。

4. 其他差异

（1）在师生关系方面，专家型教师能热情平等地对待学生，师生关系融洽，具有强烈的成就体验。

（2）在人格魅力方面，专家型教师具有鲜明的情绪稳定性、理智感和较强的自信心，能更好地控制和调节情绪，理智地处理面临的教育教学问题，并在课后进行评估和反思。

（3）在职业道德方面，专家型教师对职业的情感投入程度高，职业义务感和责任感强。

> **高分点睛**
>
> 1.【常考题型】单选、多选
> 2.【命题角度】
> （1）结合例子或关键词考查福勒和布朗、叶澜等人提出的教师专业发展阶段理论。
> （2）结合教育情境判断教师处于专业发展的哪一阶段并阐述原因。
> （3）区分专家型教师和新手型教师在教学活动中表现的特点。

三、教师专业发展的途径与方法 ★★

考点1 教师专业发展的途径

教师专业发展的途径主要包括师范教育、新教师的入职培训、教师的在职培训和教师的自我教育。

1. 师范教育（职前教育）

师范教育是教师个体专业发展的起点和基础，它建立在教师的专业特性之上，为培养教师专业人才服务。

2. 入职培训

入职培训的目的是向新教师提供系统而持续的帮助，使之尽快转变角色、适应环境。入职培训可通过安排有经验的导师进行现场指导或采用集中培训的方式进行。

3. 在职培训（在职教育）

在职培训是为了适应教育改革与发展的需要，为在职教师提供继续教育，主要采取"理论学习、尝试实践、反省探究"三结合的方式，培养教师研究教育对象、教育问题的意识和能力。教师在职培训可通过业余进修或校本培训（如集体观摩、相互评课、相互研讨）进行。

4. 自我教育

教师的自我教育就是专业化的自我建构，它是教师专业化发展最直接、最普遍的途径。教师自我教育的方式主要有经常性的、系统的自我反思，主动收集教改信息，研究教育教学中的各种关键事件，自学现代教育教学理论，积极感受教学的成功与失败等。

此外，教师专业发展学校、同伴互助也是教师个体专业发展的途径。

典型例题 （2020·石家庄·多选）教师专业发展的途径包括（　　）。
A. 师范教育　　　　B. 入职培训　　　　C. 在职培训　　　　D. 自我教育
【答案】ABCD。

考点2 教师专业发展的方法

1. 观摩和分析优秀教师的教学活动

一般来说，为培养、提高新教师和教学经验欠缺的年轻教师的教学能力，应进行组织化观摩，这种观摩既可以是现场观摩，也可以是观看优秀教师的教学录像。

2. 开展微格教学

微格教学是训练新教师、提高其教学水平的一条重要途径。（关于微格教学的详细讲述见第一部

分第七章第五节教学模式)

3. 进行专门训练

教师的成长与发展也可以通过专门的教学能力训练来实现。教学能力训练的关键程序：①每天进行回顾；②有意义地呈现新材料；③有效地指导课堂作业；④布置家庭作业；⑤每周、每月都进行回顾。

4. 反思教学经验

教学反思被认为是教师专业发展和自我成长的核心因素，是教师自我主动成长的基础。

美国教育心理学家波斯纳提出了教师成长公式：经验+反思=成长。

布鲁巴奇等人提出四种教学反思的方法：①反思日记。在一天的教学工作结束后，教师写下自己的经验，并与指导教师共同分析。②详细描述。教师相互观摩彼此的教学，详细描述看到的情景，并对此进行讨论分析。③交流讨论。来自不同学校的教师聚集在一起，首先提出课堂上出现的问题，然后共同讨论解决办法，最后所有教师共享得到的方案。④行动研究。为弄清楚课堂上遇到的问题的实质，探索用以改进教学的行动方案，教师以及研究者进行调查和实验研究。

高分点睛

1.【常考题型】单选、多选

2.【命题角度】

（1）结合例子或关键词考查教师个体专业发展的途径及教师专业发展的方法。

（2）结合例子或直接考查波斯纳、布鲁巴奇关于教学反思的观点。

3.【识记技巧】

（1）教师专业发展的方法可以通过"官微专门提供经验"记忆。（官：观摩和分析优秀教师的教学活动；微：开展微格教学；专门：进行专门训练；经验：反思教学经验）

（2）布鲁巴奇关于教学反思的方法可以通过"思想流动"记忆。（思：反思日记；想：详细描述；流：交流讨论；动：行动研究）

第四节 教师的职业心理健康

一、教师心理健康

考点1 教师心理健康的含义和标准

教师心理健康是指教师在教育教学过程中有意识地完善人格，发挥心理潜能，维护和增强心理各方面的技能和社会适应能力，预防各种心理疾病，从而使个人的心理机能发挥到最佳状态。

教师心理健康的标准：①能积极地悦纳自我；②有良好的教育认知水平；③热爱教师职业，积极地爱学生；④具有稳定而积极的教育心境；⑤能控制各种情绪与情感；⑥和谐的教育人际关系；⑦能适应和改造教育环境。

考点 2　影响教师心理健康的主要因素

1. 主观因素

教师的心理健康受其自我期望、感受力、人格特征、心理素质、能力素质等自身因素制约。其中，自我期望值高是教师职业压力最主要的来源之一。

2. 客观因素

（1）社会因素。例如，社会对教师的要求和期望不断提高，社会文化及传统观念的不良影响，社会提供给教师的资源有限，教育改革力度不断加大的压力等。

（2）学校因素。学校的环境条件、气氛及管理等对教师的心理健康都有重要的影响。例如，学校组织中人际关系复杂，教学工作量繁重，教学节奏紧张等。

（3）家庭因素。例如，家庭牵累较多，缺少闲暇消遣时间；教师子女的升学与就业压力大，为子女的前途操心较多等。

二、教师职业倦怠　★★

考点 1　职业倦怠的含义

职业倦怠是指个体在长期的职业压力下，缺乏应对资源和应对能力而产生的身心耗竭状态。

考点 2　职业倦怠的表现

（1）玛勒斯等人认为职业倦怠主要表现在情绪耗竭、去个性化、个人成就感低三个方面。

①情绪耗竭，主要表现在生理耗竭和心理耗竭两个方面。前者具体表现有极度的慢性疲劳、力不从心、疲乏虚弱、睡眠障碍等；后者具体表现为丧失工作热情、情绪波动大、容易迁怒他人等。

②去个性化（人格解体、去人格化），即刻意在自身和工作对象间保持距离，对工作对象和环境采取冷漠和忽视的态度，教师以一种消极的、否定的态度和情感对待学生。例如，某教师对班级中学生的求助变得冷漠、麻木，不能热情回应学生的情感需求。

③个人成就感低，表现为消极地评价自己，贬低自己工作的意义和价值。

（2）美国心理学家法贝认为，教师职业倦怠的行为在不同个体身上的表现是不同的，具体可分为精疲力竭型、狂热型、低挑战型三种表现形式。

①精疲力竭型。这类教师在高压力下的表现是放弃努力，以减少对工作的投入来求得心理平衡。

②狂热型。这类教师有极强的成功信念，能狂热地投入工作，但理想和现实之间的巨大反差使他们这种热情通常坚持不了太长时间，整个信念系统突然塌陷，最终屈服于精力耗竭。

③低挑战型。对于这类教师而言，工作本身缺乏刺激，他们觉得以自己的能力来做当前的工作是大材小用，因而厌倦工作。他们在工作一段时间后开始敷衍塞责，并考虑更换其他工作。

考点 3　教师职业倦怠产生的原因

1. 社会因素

如教师的职业声望、社会变化和教育改革对教师职业的要求和期望过高，社会支持不足，社会地位与待遇不高，付出与回报不平衡等因素。

2. 职业因素

如职业自豪感的缺失、工作负荷过重、角色冲突以及工作对象的特殊性等因素。

3. 组织环境

如学校不良的人际氛围和人际关系、相对刻板的组织结构、不合理的管理和考评制度、不完善的评价体系等因素。

4. 个人因素

（1）人格特质。A型人格者总是试图掌握对周围环境的支配权，当觉得自己的努力没有获得成功或由于外界干扰而不得不作出妥协时，会很生气并感受到压力而产业职业倦怠。

（2）控制点。外控型教师认为命运由外在事件控制，由于将事件和成就归因于强有力的他人或机遇，因而比内控型的人更容易产生职业倦怠。

（3）归因方式。习惯把教育中的困难归因为自身原因的教师，容易产生职业倦怠。

（4）自尊。低自尊者更易感受到压力并产生职业倦怠。

此外，角色模糊、集体自尊、应付方式、自我效能感、社会比较方式、创造性等都属于影响教师职业倦怠的个人因素。

考点4　教师职业倦怠的应对策略

1. 强化社会支持系统

（1）政府应该适当调控、引导舆论，给予教师更多人文关怀，提高教师的职业声望，形成良好的社会支持系统和公众信任氛围。

（2）学校领导应该协调好教师与学生之间、教师与教师之间的关系；关注教师的工作量问题，避免教师超负荷工作；创设良好的人文环境，增强教师队伍的团体精神。

（3）教师家人应与教师进行良好的沟通，营造美满幸福的家庭氛围。

2. 调整优化心理状态

（1）教师要有积极的态度。

（2）教师要有辩证的思维方式。在生活和教学中，教师要运用辩证的思维方法，多角度、多方面地看待问题。

（3）教师要控制并调整个体情绪和情感。

高分点睛

1.【常考题型】单选、判断、材料分析

2.【命题角度】

（1）结合例子或关键词考查教师职业倦怠的表现。

（2）结合材料回答教师职业倦怠的应对策略。

第四部分

教师职业道德

PART 4

考情简报

习近平总书记高度重视师德师风建设,指出"评价教师队伍素质的第一标准应该是师德师风"。要成为教师,就必须具备较高的教师职业道德水平,遵守教师职业道德规范。本部分介绍了教师职业道德基本知识、基本原则,法律颁布的《中小学教师职业道德规范》,教师职业道德修养和评价等等。

第一章为教师职业道德的概述,包括职业道德的特点、功能、基本原则和主要范畴。

第二章为教师职业道德规范的具体内容和解读,详细地阐释了师德的具体内容和重要地位。

第三章为教师职业道德修养与评价,为教师提升自身道德修养提供了方法和途径。

从题目分布情况上看,考查第二章内容的考题占比较大,是本部分的重点章节。

从题目特点上看,考查第二章内容的题目往往涉及某一师德规范的具体要求及其地位,多以教育实例和名人名言、俗语等形式考查对师德规范的理解。例如,2022年石家庄考查了关爱学生的地位,即关爱学生是教师职业道德的灵魂。

考查第一、三章内容的题目往往直接考查相关内容的记忆。例如,考查教师职业道德的特点,教师职业道德修养包括哪些内容,教师职业道德修养的方法有哪些。

备考重难点:

1. 结合实例理解教师职业道德的特点,尤其是继承性、示范性、双重性等。

2. 结合实例理解教师职业道德的基本原则,尤其是了解忠诚于人民教育事业原则是首要原则。

3. 把握教师职业道德规范的六条内容,识记关爱学生是师德的灵魂,爱岗敬业是本质要求,为人师表是区别于其他职业道德的显著标志。

第一章 教师职业道德概述

第一节 教师职业道德基本知识

一、教师职业道德的含义

教师职业道德简称师德，是教师在从事教育活动时应遵循的行为规范和必备的品德的总和。教师职业道德是教师行业的特殊道德要求，是调节教师与学生、教师与集体、教师与社会等关系时必须遵守的基本道德规范和行为准则，以及在此基础上表现出来的道德观念、情操和品质。

教师职业道德关注的重点是教师职业工作中的人际关系，包括教师与学生、集体、社会等之间的关系，其中，教师与学生的关系是教师职业道德的核心方面。

教师职业道德以敬业精神为基础，以协调师生关系为主要内容，以乐于奉献、坚持公正为基本伦理道德要求。

二、教师职业道德的特点 ★★

1. 鲜明的继承性

教师职业道德是教师在长期的教书育人中不断总结提炼出来的，是世世代代的教师调整自己与学生、同行、上级、学生家长、社会等关系中最一般关系的经验和结晶。例如，从孔子提出"其身正，不令而行；其身不正，虽令不从"，到陶行知提出"学高为师，身正为范"，再到1997年师德规范要求"为人师表"，这体现了师德中"为人师表"的继承性。

2. 强烈的责任性（意识的自觉性）

教师职业道德具有强烈的责任性是形成教师自觉、积极的职业态度的基础，是教师教育教学和自身发展的重要精神动力，是教师献身教育工作的根本动力。强烈的责任性在道德认识上体现为强烈的社会责任心；在道德情感上体现为对学生充满真挚的感情和热爱；在道德信念上体现为具有坚定的从事教育工作的信念和意志。

3. 独特的示范性（行为的典范性）

教师职业道德具有教育人、感化人的作用。无论是教师个人的道德品质，还是教师的集体风貌，都具有独特的示范性。

4. 严格的标准性

教师职业道德相较于其他职业道德有更高的标准和要求。教师在工作中，不仅要用自己丰富渊博的学识教人，更重要的是用自己高尚的思想品德育人；不仅要通过语言传授知识，而且要以自己的品格去陶冶学生的品格。

5.影响的深远性

教育劳动的效果是滞后的、间接的、潜在的，其影响却是长久深远的。教师职业道德影响的"深"表现在它直接作用于学生的心灵，帮助他们形成一个美好丰富的内心世界；教师职业道德影响的"远"表现在教师职业道德的影响不只局限于学生在校学习期间，而且影响其终身。

> **高分点睛**
>
> 1.【常考题型】单选、多选、判断
>
> 2.【命题角度】
> （1）考查教师职业道德某一特点的定义及地位。考生应熟记各个特点的关键词。
> （2）结合名人名言考查对应的教师职业道德的特点。

三、教师职业道德的功能

1.认识功能

教师职业道德的认识功能是指教师能正确认识自己在教育活动过程中对他人、集体、社会应尽的义务和责任，并在此基础上形成一定的道德观念和道德判断能力。

2.实践功能

教师职业道德的实践功能表现在教育功能、调节功能和促进功能三个方面。

（1）教育功能

教育功能主要表现为教师的人格魅力对学生学业发展、情感优化以及道德升华等方面所起的作用。

（2）调节功能

调节功能是教师职业道德最基本、最主要的功能。首先，教师职业道德对教育过程具有调节作用；其次，教师职业道德对教师来说具有自我调节功能。它不仅指向教育过程，也指向教师本身。

（3）促进功能

促进功能体现为通过培养的学生来影响社会和通过教师自身来影响社会以促进社会道德风尚的改变。

> **高分点睛**
>
> 1.【常考题型】单选、多选、判断
>
> 2.【命题角度】
> （1）考查教师职业道德最基本、最主要的功能——调节功能。
> （2）以多选的形式考查哪些属于教师职业道德的功能。

第二节 教师职业道德基本原则

一、教师职业道德基本原则的含义、作用

考点1 教师职业道德基本原则的含义

教师职业道德基本原则是教师在教育职业活动中正确处理各种利益关系应遵循的最根本的指导准则，是一定社会或阶级对教师在职业活动中提出的最根本的道德要求。

考点2 教师职业道德基本原则的作用

教师职业道德基本原则贯穿于教育劳动始终，指明了教师职业实践中道德行为的总方向，体现出教师职业道德的本质属性，统率整个教师职业道德体系，是衡量和判断教师行为善恶的最高道德标准。简言之，教师职业道德基本原则具有指导、统率和裁决作用。

> **高分点睛**
> 1.【常考题型】单选、多选
> 2.【命题角度】直接考查教师职业道德基本原则的作用。

二、教师职业道德基本原则的主要内容 ★★

1. 忠诚于人民教育事业原则

忠诚于人民教育事业是教师职业道德基本原则的首要原则。其原因有以下几个方面：①它是我国社会性质的必然要求；②它是教师在处理个人利益和社会整体利益关系时必须遵循的根本指导原则；③它是衡量教育工作者个人行为和品质的最高道德标准。

贯彻忠诚于人民教育事业原则的要求：①要将教育工作当作一种崇高的事业来追求；②要培养从事教育工作的光荣感和责任感；③要有个人利益服从学生利益和人民利益的胸怀；④要耐得住寂寞，自觉抵制来自外界的各种诱惑。

2. 教书育人原则

一方面，教书育人原则体现着教育活动中最重要、最基本的道德关系要求，对教师的思想、言论和行动具有最根本、最普遍的指导性和制约性；另一方面，教书育人原则对其他教师职业道德原则也具有统领作用，是所有道德原则和道德规范的灵魂与价值方向。

教书育人原则确立的依据：①教书育人是教师的基本职责；②教书育人是遵循教学规律的要求；③教书育人是培养建设中国特色社会主义人才的要求。

贯彻教书育人原则的要求：①坚持对学生的全面培养；②根据教育规律教书育人；③努力学习，提高自身素质，探索教书育人的规律。

3. 教育民主原则

教育民主原则是指教师要以平等友善的态度对待学生、尊重学生、引导学生，激励学生发展。

贯彻教育民主原则的要求：①教师要尊重每个学生的兴趣、爱好、个性和人格；②教师要以平等、宽容、博爱、友善和引导的心态对待学生；③教师要营造一种能使学生平等交流、主动参与、自由探索、大胆创新的民主氛围。

4. 依法从教原则

依法从教是指教师在教育教学过程中要依照国家的法律制度从事教育活动，保证教育活动的合法性、正确性，促使学生健康发展。

依法从教原则确立的依据：①依法从教是在教育领域贯彻依法治国原则的要求；②依法从教是教师职业道德原则的重要内容和贯彻保证；③依法从教是正确处理教育领域各种社会关系的要求；④依法从教具有极为重要的现实意义。

贯彻依法从教原则的要求：①教师要做遵规守法的模范，为学生做出好的榜样；②教师应当尊重和维护法律赋予学生的各项权利；③教师要积极参与法治社会建设。

5. 教育人道主义原则

教育人道主义是现代教育的重要特征，是现代教育区别于维护人的依赖关系的封建教育的标志之一。教育人道主义原则的基本内容：①现代教育应体现尊重人权的精神；②现代教育应努力促进个人全面发展。

教育人道主义原则确立的依据：①教育人道主义是社会主义人道主义在教育领域、教育过程中的贯彻；②教育人道主义是处理教育活动过程中特殊人际关系的要求；③教育人道主义在教师职业道德体系中居于特殊地位。

贯彻教育人道主义原则的要求：①尊重学生；②关心学生；③同不尊重、不关心学生的思想和行为做斗争；④真诚地与其他教育者合作。

6. 乐教勤业原则

乐教勤业原则是指教师要乐于从事教育事业，勤奋地工作。教师乐教勤业是由教育实现自身效益和社会价值的内在需要决定的。乐教勤业原则是教师胜任教育工作、做好教育工作的首要条件。

贯彻乐教勤业原则的要求：①热爱教育，乐于从事教育事业；②勤于功业，勤奋工作。

7. 人格示范原则

人格示范是指教师通过自身高尚的人格力量给学生以良好的榜样示范。

贯彻人格示范原则的要求：①教育者先受教育；②在实践中努力锻炼和形成良好的道德人格；③要有良好的仪态，如健康的体格、整洁的仪表、文明的举止、流利的语言、适当的礼节、愉快的表情和文雅的风度。

8. 集体主义原则

教师职业不同于其他类型的职业，教师职业所担负的任务是培养祖国未来的接班人，这关系到民族的希望，因此教师应当正确处理好集体和个人之间的关系。

坚持集体主义原则就是当集体利益与个人利益发生矛盾时，应当将集体利益放在第一位，必要时要放弃或牺牲个人利益，使个人利益服从于集体利益。

> **高分点睛**
>
> 1.【常考题型】单选、多选、判断
> 2.【命题角度】
> （1）直接考查某一个教师职业道德基本原则的含义。
> （2）给出教师职业道德某一个基本原则，要求辨别出贯彻该原则的具体要求。
> （3）给出例子，要求判断其体现哪一教师职业道德基本原则。
> （4）以多选题的形式考查教师职业道德基本原则包括哪些内容。

第三节 教师职业道德范畴

一、教师职业道德范畴的含义及特点

考点1 教师职业道德范畴的含义

教师职业道德范畴是指概括和反映教师职业道德的主要特征，体现教师职业道德原则和规范对教师的根本要求，使其成为教师的内心信念，对教师行为发生影响的基本概念，如教师幸福、教师公正、教师义务、教师良心、教师荣誉、教师人格等。

考点2 教师职业道德范畴的特点

（1）教师职业道德范畴是受教师职业道德原则和规范制约的。
（2）教师职业道德范畴是教师职业道德原则和规范发挥作用的必要条件。
（3）教师职业道德范畴体现了人们对教师职业道德认识发展的阶段。

二、教师职业道德的主要范畴

考点1 教师义务

1. 含义

教师义务是人民教师的一种社会属性。教师义务既是社会、教师集体用以调节教师行为的手段，也是从教师自身的责任、良心和荣誉的角度出发，调节教师教育行为的手段。教师义务的实质是教师的职责在行为上的体现。《中华人民共和国教师法》以法律的形式，对教师义务作了明确规定。

2. 内容

教师义务的核心内容是落实或践行教育公正与教育仁慈。其中，教育仁慈的意义大体可以概括为以下几个方面：①职业自由感；②动机作用；③榜样效应；④心理健康功能。

教师义务的主要内容：①不断提高思想政治觉悟和教育教学业务水平。②尽职尽责，教书育人。

教师在履行教育义务的活动中，最主要、最基本的道德责任是教书育人。③创设一个良好的内部教育环境。

考点2 教师良心 ★★

1. 含义

教师良心是教师个人在自己的教育实践中，对社会向教师提出的一系列道德要求的自觉意识，是教师个人对学生、教师集体和社会自觉履行其职责的道德责任感以及对自己教育行为进行道德控制和道德评价的能力。教师良心是一个教育工作者道德觉悟的综合表现，是教师的道德灵魂。

2. 内容

教师良心的主要内容包括恪尽职守、自觉工作、爱护学生、团结执教四个方面。

3. 特点

教师良心的特点包括：①公正性；②综合性；③稳定性；④内隐性；⑤广泛性。

考点3 教师公正 ★★

1. 含义

教师公正是指教师在教育职业活动中，公平合理地对待和评价全体合作者。从外部来看，主要是教师同社会各界的关系；从内部来看，主要是教师个人同领导、同事和学生的关系。其中，公平合理地评价和对待每个学生，是教师公正最基本也是最核心的内容。教师公正是教师职业道德修养水平的标志。

2. 内容

（1）坚持真理

真理是对客观事物及其规律的正确反映。教师作为真理的传授者、学生思想品德的塑造者、学生心灵的陶冶者，应该是也必须是真理的化身。

（2）秉公办事

秉公办事主要反映在对社会不公平现象的评判和抨击，以及对学生利益的公正处理两个方面。

（3）奖罚分明

奖罚是否能达到预期的目的，关键在于奖罚是否公平合理。教师只有正确运用这个教育手段，使被奖惩者与周围其他人都感到公平合理，才能驱邪扶正，扬善抑恶。教师要从教育目标出发，奖要合理，罚要公正，使学生心悦诚服。

3. 作用

（1）教师公正，有利于调动每个学生的学习积极性。

（2）教师公正，有利于学生形成公正无私的道德品质。

（3）教师公正，有利于教师威信的树立。

（4）教师公正，有利于形成良好的教育教学环境。

（5）教师公正，有利于社会公正的实现。

第二章 教师职业道德规范

第一节 《中小学教师职业道德规范》（2008年修订）

2008年9月修订的《中小学教师职业道德规范》的基本内容有六条。"爱"与"责任"是贯穿其中的核心和灵魂。

1. 爱国守法——教师职业的基本要求 ★★

热爱祖国，热爱人民，拥护中国共产党领导，拥护社会主义。全面贯彻国家教育方针，自觉遵守教育法律法规，依法履行教师职责权利。不得有违背党和国家方针政策的言行。

【内容解读】

（1）爱国守法是教师处理其与国家社会的关系时应遵循的原则要求。

（2）爱国是教师做好本职工作的支撑，守法要求教师依法执教。

2. 爱岗敬业——教师职业的本质要求 ★★

忠诚于人民教育事业，志存高远，勤恳敬业，甘为人梯，乐于奉献。对工作高度负责，认真备课上课，认真批改作业，认真辅导学生。不得敷衍塞责。

【内容解读】

（1）爱岗敬业是教师处理其与教育事业的关系时应遵循的原则要求。

（2）爱岗敬业是教师乐教勤业的动力源泉，是保持教师队伍稳定的基础。

（3）爱岗是对教师职业充满热爱之情；敬业是对教育事业充满强烈的责任感和使命感。"爱岗敬业"就如陶行知所说的"捧着一颗心来，不带半根草去"。

3. 关爱学生——师德的灵魂 ★★★

关心爱护全体学生，尊重学生人格，平等公正对待学生。对学生严慈相济，做学生良师益友。保护学生安全，关心学生健康，维护学生权益。不讽刺、挖苦、歧视学生，不体罚或变相体罚学生。

【内容解读】

（1）关爱学生是教师处理其与学生的关系时应遵循的原则要求。

（2）关爱学生要求教师要有关心爱护学生、诲人不倦的情感和爱心。亲其师，信其道。没有爱，就没有教育。

（3）关爱学生的关键是做到平等公正对待学生。

4. 教书育人——教师的天职和道德核心 ★★★

遵循教育规律，实施素质教育。循循善诱，诲人不倦，因材施教。培养学生良好品行，激发学生创新精神，促进学生全面发展。不以分数作为评价学生的唯一标准。

【内容解读】

（1）教书育人是教师处理其与职业劳动的关系时应遵循的原则要求。

（2）教书育人是指学校教师在组织教学活动过程中，以教育内容为载体，强健学生的体质，传授给学生系统的科学文化知识，培养学生正确的审美观和健康向上的人格。

（3）教书育人是教师最核心的职责与任务，是教师职业道德的根本所在。教师职业道德的一切内容都是围绕这一根本问题而产生的，都是与这一根本目的相联系的。

（4）教书育人的核心是育人，教书是手段，育人才是目的。

5. 为人师表——教师职业的内在要求 ★★★

坚守高尚情操，知荣明耻，严于律己，以身作则。衣着得体，语言规范，举止文明。关心集体，团结协作，尊重同事，尊重家长。作风正派，廉洁奉公。自觉抵制有偿家教，不利用职务之便谋取私利。

【内容解读】

（1）为人师表是教师处理其与自己的关系时应遵循的原则要求。

（2）教师要以身作则、为人师表，这是教师职业道德区别于其他职业道德的显著标志。

（3）为人师表是指教师用自己的言行做出榜样，成为学生学习和效法的楷模和表率，即做到"学为人师，行为世范"。为此，教师无论何时何地都必须在思想品德、学识才能、言语习惯、生活方式和举止风度等方面"以身立教"，成为学生的表率。

6. 终身学习——教师职业发展的必然要求和教师专业发展不竭的动力 ★★

崇尚科学精神，树立终身学习理念，拓宽知识视野，更新知识结构。潜心钻研业务，勇于探索创新，不断提高专业素养和教育教学水平。

【内容解读】

（1）终身学习是教师处理其与自己发展的关系时应遵循的原则要求。

（2）终身学习强调教师自己的发展。终身学习是时代发展的要求，也是教师职业特点所决定的。

（3）在教育实践中，教师终身学习有以下三条可行路径：①反思——从自己的教学中学习；②合作——在与同事的对话中成长；③共生——在与学生的互动过程中实现教学相长。

典型例题 1.（2022·石家庄·单选）体罚学生违背了教师职业道德中的（　　）的要求。

A. 热爱祖国　　　　B. 爱岗敬业　　　　C. 清正廉洁　　　　D. 关爱学生

【答案】D。

2.（2021·石家庄·单选）师德的灵魂是（　　）。

A. 关爱学生　　　　　　　　　　　B. 提高修养

C. 加强反思　　　　　　　　　　　D. 提高业务水平

【答案】A。

3.（2021·石家庄·判断）教师职业道德区别于其他职业道德的显著标志是为人师表。（　　）

【答案】√。

> **高分点睛**
>
> 1.【常考题型】单选、多选、判断、材料分析
> 2.【命题角度】
> （1）考查某一师德规范与其具体要求的对应关系。
> （2）考查某一师德规范的地位及其调节的关系。
> （3）题干呈现名人名言、格言、俗语等，考查学生对某一师德规范的理解。
> （4）题干呈现教育实例，要求学生用师德规范的知识分析教师的行为。
> 3.【识记技巧】《中小学教师职业道德规范》（2008年修订）的内容可借助口诀"三爱两人一终身"来记忆。具体对应如下：三爱，即爱国守法、爱岗敬业、关爱学生；两人，即为人师表、教书育人；一终身，即终身学习。

第二节 《中小学教师职业道德规范》（1997年修订）

1. 依法执教

学习和宣传马列主义、毛泽东思想和邓小平同志建设有中国特色社会主义理论，拥护党的基本路线，全面贯彻国家教育方针，自觉遵守《中华人民共和国教师法》等法律法规，在教育教学中同党和国家的方针政策保持一致，不得有违背党和国家方针、政策的言行。

【内容解读】

（1）依法执教是调整教师劳动与法律制度之间关系的教师职业道德规范。

（2）依法执教是完成本职工作的前提基础，是判断教师行为是非善恶的最根本的道德标准，具有重要的现实意义。

2. 爱岗敬业

热爱教育、热爱学校，尽职尽责、教书育人，注意培养学生具有良好的思想品德。认真备课上课，认真批改作业，不敷衍塞责，不传播有害学生身心健康的思想。

3. 热爱学生

关心爱护全体学生，尊重学生的人格，平等、公正对待学生。对学生严格要求，耐心教导，不讽刺、挖苦、歧视学生，不体罚或变相体罚学生，保护学生合法权益，促进学生全面、主动、健康发展。

4. 严谨治学

树立优良学风，刻苦钻研业务，不断学习新知识，探索教育教学规律，改进教育教学方法，提高教育、教学和科研水平。

【内容解读】

（1）严谨治学是处理教师和业务水平之间相互关系的道德规范。

（2）教学是教师的主要工作，教师对教学劳动的态度如何，直接关系到他是否具备为师从教的条件及其教育质量的好坏。严谨治学是教学工作的内在需要，是教师必须具备的必要的道德规范。

5. 团结协作

谦虚谨慎、尊重同志，相互学习、相互帮助，维护其他教师在学生中的威信。关心集体，维护学校荣誉，共创文明校风。

【内容解读】

团结协作是调节教师与教师、教师与学校领导等教育主体之间相互关系的道德规范。

6. 尊重家长

主动与学生家长联系，认真听取意见和建议，取得支持与配合。积极宣传科学的教育思想和方法，不训斥、指责学生家长。

【内容解读】

（1）尊重家长是处理教师和学生家长之间相互关系的道德规范。

（2）教师在处理与学生家长关系时，必须遵循以下几点：①主动与学生家长联系，谋求共同一致的教育立场；②认真听取家长的意见和建议，取得家长的支持和配合；③尊重学生家长的人格，不训斥，不指责学生家长；④教育学生尊重家长。

7. 廉洁从教

坚守高尚情操，发扬奉献精神，自觉抵制社会不良风气影响。不利用职责之便谋取私利。

【内容解读】

廉洁从教是对教师职业道德情操方面的要求，是调整教师与物欲诱惑之间关系的道德规范。廉洁是教师立身立教的根本。

8. 为人师表

模范遵守社会公德，衣着整洁得体，语言规范健康，举止文明礼貌，严于律己，作风正派，以身作则，注重身教。

第三章　教师职业道德修养与评价

第一节　教师职业道德修养

一、教师职业道德修养的含义、特点及意义

考点1　教师职业道德修养的含义

教师职业道德修养是指教师为了培养高尚的师德所进行的自我审度、自我教育、自我锻炼和自我完善的活动及其所达到的师德水平和精神境界。教师职业道德修养的实质就是不断地解决道德必然性与个人道德选择能力之间的矛盾。

从内涵上来看，教师职业道德修养包括以下两个方面。

（1）外在意义上的修养：教师在仪表、谈吐、礼仪、气质等方面的学习、体验和反省等心理活动和实践活动。

（2）内在意义上的修养：教师经过长期的努力之后，在思想、品德、情操、知识、技能等方面达到的教师水平和教师道德境界。

考点2　教师职业道德修养的特点

教师职业道德修养的特点包括以下几个：①内省性；②自主性；③实践性；④持恒性。

考点3　教师职业道德修养的意义

教师职业道德修养是培养教师职业道德的首要环节，具有较高的职业道德修养是教师综合素质的核心。

加强教师职业道德修养是教师个体职业道德品质形成和发展的要求，是完成教师崇高职责和历史使命的需要，是实现从应试教育向素质教育转变的需要，是做好教育工作的需要。

> **高分点睛**
>
> 1.【常考题型】单选、多选、判断
>
> 2.【命题角度】一般直接考查教师内在和外在意义上的职业道德修养的内涵、教师职业道德修养的意义及特点。例如，具有较高的职业道德修养是教师综合素质的核心。答案：√。

二、教师职业道德修养的内容

1. 树立远大的职业道德理想

确定崇高的职业道德理想要做到：①把个人志愿与社会需要结合起来；②正确处理教师职业选择

与教育才能的关系；③正确看待教师的社会地位和待遇；④正确看待教师工作的苦与乐。职业道德理想体现了教师职业道德要求的本质。

2. 掌握正确的职业道德知识

学习和掌握教师职业道德知识是教师职业道德修养的首要环节和最初阶段。职业道德知识是职业道德情感产生的依据，是职业道德意志锻炼的内在动力，是决定职业道德行为倾向的思想基础。

3. 陶冶真诚的职业道德情感

教师职业道德情感是教育工作者根据一定的教师职业道德观念，在处理相互关系、评价某种行为时所产生的内心体验。教师职业道德情感主要包括职业正义感、职业责任感、职业义务感、职业良心感、职业荣誉感、职业幸福感等方面。其中，职业正义感是最基本、最高尚的道德情感；职业责任感是职业道德行为的出发点；职业幸福感是教师从事职业活动最强大的精神动力和根本目的。

4. 磨炼坚强的职业道德意志

教师职业道德意志是教师在履行教师职业道德原则和规范时所表现出来的自觉克服一切困难和障碍，做出抉择的力量和坚持的精神。教师职业道德意志是产生职业信念和养成职业道德行为习惯的前提条件，是职业道德知识和情感转化为职业道德信念和行为的中介环节。是否具备坚强的职业道德意志是衡量教师职业道德素质高低的重要标志。

5. 确立坚定的职业道德信念

教师职业道德信念是教师对职业理想、职业人格、职业原则、职业规范坚定不移的信仰，是深刻的职业道德认识、炽烈的职业道德情感和顽强的职业道德意志的统一，是把教师职业道德认识转变为教师职业道德行为的中间媒介和内驱力。坚定教师职业道德信念是教师职业道德修养的核心问题。教师职业道德信念使教师职业道德行为表现出明确性和一贯性。

6. 养成良好的职业道德行为习惯

教师职业道德行为是教师在职业道德认识、情感、信念的支配下，在教育活动中对他人、集体、社会做出的可以观察到的客观反应及所采取的实际行动。

职业道德行为习惯是道德品质的外部表现，职业道德行为习惯的养成是职业道德品质形成的关键。养成良好的教师职业道德行为习惯是教师职业道德修养的最终目标。

高分点睛

1.【常考题型】单选、多选、判断

2.【命题角度】

（1）直接考查教师职业道德修养某一内容的地位。例如，在教师职业道德情感中，教师职业道德行为的出发点是什么？答案：职业责任感。

（2）给出关键词，要求选出相应的教师职业道德情感。

三、教师职业道德修养的基本原则

1. 坚持知和行的统一

知行统一是要把学习职业道德理论、提高道德认识同自己的实践行动统一起来，使理论与实践相结合，避免道德修养只停留在理论上、书本上。

2. 坚持动机和效果的统一

师德修养的内在动机主要来自教师对师德修养意义和作用的理解。教师必须把内在动机转化为行动，用教师职业道德的基本原则规范自己的言行，并运用于自己的工作和生活的实践，以提高实际效果。

3. 坚持自律和他律相结合

自律是指教师依靠发自内心的信念对自己教育行为的选择和调节。自律是教师职业道德修养的内在基础。教师职业道德修养以自律为主。同时，教师职业道德修养还要有效地运用外部力量的他律形式，强化教师的道德意识，督促其坚持道德行为。

4. 坚持个人和社会相结合

在教师职业道德修养中，个人与社会是相互作用的。教师职业道德修养首先是一种自觉意志的行为过程，是教师个体清楚意识到各种利益关系，遵循一定的道德准则，凭借自觉意志控制感情、处理行为的结果，是教师个人自觉意志的凝结。同时，教师职业道德修养的每一步又都离不开社会，离不开社会舆论的评价和监督。因此，在教师职业道德修养过程中要把个人与社会结合起来，把自我价值与社会价值结合起来。

5. 坚持继承和创新相结合

教师职业道德修养作为社会道德的一个组成部分，属于社会意识形态，具有历史继承性。而中外师德传统中固然有许多精华值得我们借鉴吸收，但当代师德建设更需要时代精神。因此，继承前代教师职业道德的优秀成果并为自身服务，是教师职业道德修养的一个必不可少的条件。

高分点睛

1.【常考题型】单选、多选、判断

2.【命题角度】
（1）考查教师职业道德修养的原则包括哪些内容。
（2）考查某一教师职业道德修养原则的内涵。

四、教师职业道德修养的方法 ★★★

1. 加强理论学习

加强理论学习要做到以下几点：①树立正确的世界观和人生观；②深刻理解规范和要求，明辨道德是非，提高自觉性；③学习教育科学理论和科学文化知识，掌握本领。例如，学习习近平总书记关于师德师风建设的论述；学习《中小学教师职业道德规范》《新时代中小学教师职业行为十项准则》

《中小学教师违反职业道德行为处理办法》等师德文件。

2. 注重内省、慎独

内省是自觉进行思想约束，内心时时检查、反省自己的言行。教师以师德规范为准则，以品德高尚的人为榜样，时时反省自己，就能少犯错误或不犯错误。例如，"吾日三省吾身""见贤思齐焉，见不贤而内自省也""躬自厚而薄责于人"。

"慎独"是指在无人监督的情况下，也要坚守自己的道德信念，对自己的言行小心谨慎，绝不做任何不道德的事情。这是教师职业道德修养的最高层次。教师要做到"慎独"应着重做到以下几点：①注意把师德规范内化为内心信念，化作行为的品质，并以此来支配自己的行动，即使在独处和无人监督时，依然按照师德规范行事；②要在"隐"和"微"处着手，不管有无监督，都要自重、自爱、自律；③在无人监督时，自觉履行师德规范，养成良好的师德行为习惯。例如，"莫见乎隐，莫显乎微，故君子慎其独也"就是对"慎独"的经典论述。

3. 确立可行目标，坚持不懈努力

崇高的教师职业道德理想是在教师职业道德修养中指导整个修养过程的总目标。每个教师必须从自身的实际情况出发，确立可行的目标，加强修养和锻炼，去努力实现自身师德从无到有、从现有层次向更高层次的攀登。

4. 勇于实践磨炼，增强情感体验

与教育实践活动相结合，按照教师职业道德的规范和要求，不断进行自我教育和自我改造，是教师职业道德修养的根本途径。

在师德建设的实践中，不仅要鼓励教师以积极的方式教书育人、著书立说，而且要鼓励教师以积极的方式去参与生活、战胜困难、解决矛盾，自觉地增强教师自身道德主体精神的塑造、加强道德实践能力和应变能力的培养。

5. 虚心向他人学习，自觉与他人交流

优秀教师的教育思想、教育观念和教育方法都是良好师德的具体化，是教师职业道德规范的实践，具有具体、鲜明、生动、形象的特点。因此，加强教师职业道德修养，就要虚心向先进教师学习。

学习先进教师的优秀品质主要有两个途径：一是多读教育界名人的传记和模范教师的先进事迹；二是学习身边的模范教师，自觉与他们进行交流。

6. 正确开展批评和自我批评

正确开展批评和自我批评是促进个人进步的外在推动力和内在动力，是提高教师职业道德修养的根本方法。

在考查"教师职业道德修养的方法"时，还会涉及以下说法：①不断学习，完善自我。不断学习是进行教师职业道德修养的基本前提。②自省慎独，提升自我。自省慎独是提高教师职业道德修养的重要方法。③注重细节，成就自我。注重细节是增强教师职业道德修养的坚实基础。这就要求教师在进行职业道德修养时必须做到防微杜渐、积善成德、持之以恒，从而养成高尚的德行。

典型例题（2021·石家庄·单选）"见贤思齐，见不贤而内自省也"说明（　　）是提高教师职业道德修养的重要方法。

A. 确立可行性目标　　　　　　　B. 参加社会实践
C. 向优秀的人学习　　　　　　　D. 勇于自我评价

【答案】C。

> **高分点睛**
>
> 1.【常考题型】单选、多选、判断
> 2.【命题角度】
> （1）考查教师职业道德修养的方法有哪些。
> （2）考查教师职业道德修养某一方法的地位。例如，教师职业道德修养的最高层次是"慎独"。答案：√。

第二节　教师职业道德评价

一、教师职业道德评价概述

考点1　教师职业道德评价的含义

教师职业道德评价是指生活于现实的各种社会关系中的人们，按照教师教育行为善恶评价的道德行为标准和道德心理标准，运用社会舆论、教育传统习惯和内心信念等形式，对教师个体或集体在教育过程中的行为所做的是非、善恶的价值判断。

考点2　教师职业道德评价的原则

教师职业道德评价的原则是在进行教师职业道德评价的过程中必须遵循的基本要求，主要包括以下几点：①教育性原则。②民主性原则。③方向性原则。社会主义方向性是开展教师职业道德评价的最根本的指导思想和工作原则。④客观性原则。⑤科学性原则。

考点3　教师职业道德评价的标准

说法一：教师职业道德评价的标准包括善恶标准、职责标准和素质标准。其中，善恶标准是一个标准系统，教育中一般道德意义上的善恶是教师职业道德评价的一般标准；"人的全面自由发展"是教师职业道德评价的至善，是其最高标准。

说法二：教育发展利益是教师职业道德评价的根本标准；学校发展利益是教师职业道德评价的基本标准；教师职业道德规范是教师职业道德评价的直接标准。

考点 4 教师职业道德评价的功能

教师职业道德评价具有评定功能、分析反馈功能、预测功能、导向功能。

二、教师职业道德评价的方式

考点 1 自我评价

自我评价是指教师个人根据教师职业道德规范和教师职业道德评价的标准、原则等一系列评价体系，对自己的道德所进行的一种自我认识、自我判断、自我评价。

自我评价是教师自己对自己的道德进行评价，在这个过程中教师既是评价的主体，又是被评价的客体。教师自我评价的内在动力是教师的内心信念。

考点 2 学生评价

学生评价是指教师和学生在教与学的相互作用中，学生依据教师职业道德的原则和规范对教师的行为予以判断的道德评价方式。学生评价实际上是一种社会评价，但它是一种特殊的社会评价，这是由教师与学生的特殊关系决定的。

考点 3 社会评价

社会评价是指行为当事人之外的个人或组织，如学校或其他社会方面的人员，根据教师职业道德规范，对教师的道德状况做出评价的方法。社会评价主要是通过社会舆论对教师的道德进行评判。

> **高分点睛**
>
> 1.【常考题型】单选、多选、判断
> 2.【命题角度】直接考查教师职业道德评价包括哪些方式。

附录1 《新时代中小学教师职业行为十项准则》（2018年发布）

教师是人类灵魂的工程师，是人类文明的传承者。长期以来，广大教师贯彻党的教育方针，教书育人，呕心沥血，默默奉献，为国家发展和民族振兴作出了重大贡献。新时代对广大教师落实立德树人根本任务提出新的更高要求，为进一步增强教师的责任感、使命感、荣誉感，规范职业行为，明确师德底线，引导广大教师努力成为有理想信念、有道德情操、有扎实学识、有仁爱之心的好老师，着力培养德智体美劳全面发展的社会主义建设者和接班人，特制定以下准则。

一、坚定政治方向。坚持以习近平新时代中国特色社会主义思想为指导，拥护中国共产党的领导，贯彻党的教育方针；不得在教育教学活动中及其他场合有损害党中央权威、违背党的路线方针政策的言行。

二、自觉爱国守法。忠于祖国，忠于人民，恪守宪法原则，遵守法律法规，依法履行教师职责；不得损害国家利益、社会公共利益，或违背社会公序良俗。

三、传播优秀文化。带头践行社会主义核心价值观，弘扬真善美，传递正能量；不得通过课堂、论坛、讲座、信息网络及其他渠道发表、转发错误观点，或编造散布虚假信息、不良信息。

四、潜心教书育人。落实立德树人根本任务，遵循教育规律和学生成长规律，因材施教，教学相长；不得违反教学纪律，敷衍教学，或擅自从事影响教育教学本职工作的兼职兼薪行为。

五、关心爱护学生。严慈相济，诲人不倦，真心关爱学生，严格要求学生，做学生良师益友；不得歧视、侮辱学生，严禁虐待、伤害学生。

六、加强安全防范。增强安全意识，加强安全教育，保护学生安全，防范事故风险；不得在教育教学活动中遇突发事件、面临危险时，不顾学生安危，擅离职守，自行逃离。

七、坚持言行雅正。为人师表，以身作则，举止文明，作风正派，自重自爱；不得与学生发生任何不正当关系，严禁任何形式的猥亵、性骚扰行为。

八、秉持公平诚信。坚持原则，处事公道，光明磊落，为人正直；不得在招生、考试、推优、保送及绩效考核、岗位聘用、职称评聘、评优评奖等工作中徇私舞弊、弄虚作假。

九、坚守廉洁自律。严于律己，清廉从教；不得索要、收受学生及家长财物或参加由学生及家长付费的宴请、旅游、娱乐休闲等活动，不得向学生推销图书报刊、教辅材料、社会保险或利用家长资源谋取私利。

十、规范从教行为。勤勉敬业，乐于奉献，自觉抵制不良风气；不得组织、参与有偿补课，或为校外培训机构和他人介绍生源、提供相关信息。

附录2 《中小学教师违反职业道德行为处理办法》（2018年修订）

1. 处理办法

本办法所称处理包括处分和其他处理。处分包括警告、记过、降低岗位等级或撤职、开除。警告期限为6个月，记过期限为12个月，降低岗位等级或撤职期限为24个月。是中共党员的，同时给予党纪处分。

其他处理包括给予批评教育、诫勉谈话、责令检查、通报批评，以及取消在评奖评优、职务晋升、职称评定、岗位聘用、工资晋级、申报人才计划等方面的资格。取消相关资格的处理执行期限不得少于24个月。

教师涉嫌违法犯罪的，及时移送司法机关依法处理。

2. 应予处理的教师违反职业道德行为

（一）在教育教学活动中及其他场合有损害党中央权威、违背党的路线方针政策的言行。

（二）损害国家利益、社会公共利益，或违背社会公序良俗。

（三）通过课堂、论坛、讲座、信息网络及其他渠道发表、转发错误观点，或编造散布虚假信息、不良信息。

（四）违反教学纪律，敷衍教学，或擅自从事影响教育教学本职工作的兼职兼薪行为。

（五）歧视、侮辱学生，虐待、伤害学生。

（六）在教育教学活动中遇突发事件、面临危险时，不顾学生安危，擅离职守，自行逃离。

（七）与学生发生不正当关系，有任何形式的猥亵、性骚扰行为。

（八）在招生、考试、推优、保送及绩效考核、岗位聘用、职称评聘、评优评奖等工作中徇私舞弊、弄虚作假。

（九）索要、收受学生及家长财物或参加由学生及家长付费的宴请、旅游、娱乐休闲等活动，向学生推销图书报刊、教辅材料、社会保险或利用家长资源谋取私利。

（十）组织、参与有偿补课，或为校外培训机构和他人介绍生源、提供相关信息。

（十一）其他违反职业道德的行为。

3. 给予教师处理的要求

给予教师处理，应当坚持公平公正、教育与惩处相结合的原则；应当与其违反职业道德行为的性质、情节、危害程度相适应；应当事实清楚、证据确凿、定性准确、处理恰当、程序合法、手续完备。

第五部分

教育法律法规和政策

PART 5

考情简报

本部分阐述了现行的教育法律法规和教育政策热点，为考生掌握教育法律法规常识，为依法执教奠定理论基础。

第一章主要讲解了目前适用的教育法律法规条文。

第二章主要讲解了习近平总书记关于教育的重要论述的重要内容，以及最近发布的一些政策文件。近几年，以习近平同志为核心的党中央提出了一系列新理念新思想新观点，有些地区的考题中多有涉及，故设置该章，需要考生重点关注。

从题目分布情况上看，考查第一章内容的题目占比较大，是本部分的重点章节。

从题目特点上看，考查第一章内容的题目往往结合具体情境考查重要法律的法条内容及其应用，备考时需要熟记法条内容。例如，2022年邯郸考查了《中华人民共和国未成年人保护法》（2022年修订）中保护未成年人应遵循的原则。

考查第二章内容的题目往往结合时政考查习近平总书记提出的有关教育的理论的关键词或近期的主要教育政策文件，比如立德树人的根本任务，"九个坚持"，教师工作的本质（三个塑造），"四有好老师"，"四个引路人"，"六个下功夫"等；比如"双减"的内涵，不同年级书面作业的时间，责任督学五项管理，教育改革克服"五唯"等。

备考重难点：

1. 理解并运用主要的教育法律法规条文，熟记基本的法律常识，能够根据具体的教育教学情境判断行为正误，并做出正确的行为选择。

2. 重点识记教师的权利和义务、学生的权利和义务、相关事故责任的归责原则、学生不良行为的矫正方法等内容。

3. 了解近期党和国家的教育政策、关注时事政治和教育热点，及时更新相关知识储备。

第一章 现行主要教育法律法规要点

第一节 《中华人民共和国教育法》(2021年修正)

《中华人民共和国教育法》(以下简称《教育法》)于1995年3月18日第八届全国人民代表大会第三次会议通过,并于同年9月1日起施行。2009年、2015年、2021年全国人民代表大会常务委员会分别对其进行了修正。2021年修正后的《教育法》共十章,八十六条。

一、总则

考点1 立法宗旨和适用范围

《教育法》的立法宗旨是发展教育事业,提高全民族的素质,促进社会主义物质文明和精神文明建设。

《教育法》适用于中华人民共和国境内的各级各类教育。

考点2 教育法的基本原则

1. 方向性原则

(1) 坚持教育的社会主义性质

国家坚持中国共产党的领导,坚持以马克思列宁主义、毛泽东思想、邓小平理论、"三个代表"重要思想、科学发展观、习近平新时代中国特色社会主义思想为指导,遵循宪法确定的基本原则,发展社会主义的教育事业。

教育必须为社会主义现代化建设服务、为人民服务,必须与生产劳动和社会实践相结合,培养德智体美劳全面发展的社会主义建设者和接班人。(我国的教育方针)

(2) 重视德育

教育应当坚持立德树人,对受教育者加强社会主义核心价值观教育,增强受教育者的社会责任感、创新精神和实践能力。国家在受教育者中进行爱国主义、集体主义、中国特色社会主义的教育,进行理想、道德、纪律、法治、国防和民族团结的教育。

(3) 继承和吸收人类优秀文化成果

教育应当继承和弘扬中华优秀传统文化、革命文化、社会主义先进文化,吸收人类文明发展的一切优秀成果。

2. 符合国家和社会公共利益原则

(1) 教育活动必须符合国家和社会公共利益。

（2）以财政性经费、捐赠资产举办或者参与举办的学校及其他教育机构不得设立为营利性组织。

3. 独立性原则

国家实行教育与宗教相分离。任何组织和个人不得利用宗教进行妨碍国家教育制度的活动。

4. 公平性原则

中华人民共和国公民有受教育的权利和义务。公民不分民族、种族、性别、职业、财产状况、宗教信仰等，依法享有平等的受教育机会。

5. 救助性原则

国家根据各少数民族的特点和需要，帮助各少数民族地区发展教育事业。国家扶持边远贫困地区发展教育事业。国家扶持和发展残疾人教育事业。

6. 建立和完善终身教育体系、鼓励教育科学研究

国家适应社会主义市场经济发展和社会进步的需要，推进教育改革，推动各级各类教育协调发展、衔接融通，完善现代国民教育体系，健全终身教育体系，提高教育现代化水平。

国家支持、鼓励和组织教育科学研究，推广教育科学研究成果，促进教育质量提高。

7. 使用国家通用语言文字进行教育教学原则

国家通用语言文字为学校及其他教育机构的基本教育教学语言文字，学校及其他教育机构应当使用国家通用语言文字进行教育教学。

民族自治地方以少数民族学生为主的学校及其他教育机构，从实际出发，使用国家通用语言文字和本民族或者当地民族通用的语言文字实施双语教育。

国家采取措施，为少数民族学生为主的学校及其他教育机构实施双语教育提供条件和支持。

8. 激励性原则

国家对发展教育事业做出突出贡献的组织和个人，给予奖励。

考点3　教育管理体制

1. 教育管理体制的基本原则

国务院和地方各级人民政府根据分级管理、分工负责的原则，领导和管理教育工作。

中等及中等以下教育在国务院领导下，由地方人民政府管理。

高等教育由国务院和省、自治区、直辖市人民政府管理。

2. 教育行政体制

国务院教育行政部门主管全国教育工作，统筹规划、协调管理全国的教育事业。

县级以上地方各级人民政府教育行政部门主管本行政区域内的教育工作。

县级以上各级人民政府其他有关部门在各自的职责范围内，负责有关的教育工作。

二、教育基本制度 ★★

考点1　学校教育制度

国家实行学前教育、初等教育、中等教育、高等教育的学校教育制度。

学前教育是幼儿园及其他学前教育机构对学龄前儿童实施的早期教育。

初等教育是学校教育的初等阶段，实施机构有普通小学、成人初等学校和扫盲识字班。

中等教育在初等教育的基础上，由普通中学、职业中学、中等专业学校、中等技工学校及其他中等教育机构实施中等普通教育和职业教育，承担着提高从业人员素质和为高一级学校输送合格生源的双重任务。

高等教育由高等专科学校、独立设置的学院、大学及其他高等教育机构实施。

考点2　义务教育制度、职业教育制度和继续教育制度

国家实行九年制义务教育制度。各级人民政府采取各种措施保障适龄儿童、少年就学。适龄儿童、少年的父母或者其他监护人以及有关社会组织和个人有义务使适龄儿童、少年接受并完成规定年限的义务教育。

国家实行职业教育制度和继续教育制度。各级人民政府、有关行政部门和行业组织以及企业事业组织应当采取措施，发展并保障公民接受职业学校教育或者各种形式的职业培训。国家鼓励发展多种形式的继续教育，使公民接受适当形式的政治、经济、文化、科学、技术、业务等方面的教育，促进不同类型学习成果的互认和衔接，推动全民终身学习。

考点3　教育考试制度、学业证书制度和学位制度

国家实行国家教育考试制度。国家教育考试由国务院教育行政部门确定种类，并由国家批准的实施教育考试的机构承办。

国家实行学业证书制度。经国家批准设立或者认可的学校及其他教育机构按照国家有关规定，颁发学历证书或者其他学业证书。

国家实行学位制度。学位授予单位依法对达到一定学术水平或者专业技术水平的人员授予相应的学位，颁发学位证书。

考点4　教育督导制度和教育评估制度

国家实行教育督导制度和学校及其他教育机构教育评估制度。

三、学校及其他教育机构 ★★

考点1　学校及其他教育机构设立的条件

（1）有组织机构和章程；
（2）有合格的教师；
（3）有符合规定标准的教学场所及设施、设备等；
（4）有必备的办学资金和稳定的经费来源。

考点2　学校内部管理体制

学校及其他教育机构的举办者按国家有关规定，确定其所举办的学校或者其他教育机构的管理体制。

1. 校长或者主要行政负责人的任职条件

学校及其他教育机构的校长或者主要行政负责人必须由具有中华人民共和国国籍、在中国境内定居、并具备国家规定任职条件的公民担任，其任免按照国家有关规定办理。学校的教学及其他行政管理，由校长负责。

2. 学校的民主管理和监督

学校及其他教育机构应当按照国家有关规定，通过以教师为主体的教职工代表大会等组织形式，保障教职工参与民主管理和监督。

典型例题（2021·石家庄·单选）《中华人民共和国教育法》做出明确规定，学校的教学及其他行政管理，由（　　）负责。

A. 校长　　　　　　　　　　　　B. 上一级教育主管部门
C. 班主任　　　　　　　　　　　D. 教职工代表大会

【答案】A。

考点3　学校及其他教育机构的法人资格、责任

学校及其他教育机构具备法人条件的，自批准设立或者登记注册之日起取得法人资格。

学校及其他教育机构在民事活动中依法享有民事权利，承担民事责任。学校及其他教育机构中的国有资产属于国家所有。学校及其他教育机构兴办的校办产业独立承担民事责任。

四、教师和其他教育工作者

考点1　教师的权利和义务

教师享有法律规定的权利，履行法律规定的义务，忠诚于人民的教育事业。

国家保护教师的合法权益，改善教师的工作条件和生活条件，提高教师的社会地位。教师的工资报酬、福利待遇，依照法律、法规的规定办理。

考点2　教师资格、职务、聘任制度

国家实行教师资格、职务、聘任制度，通过考核、奖励、培养和培训，提高教师素质，加强教师队伍建设。

考点3　教育职员制度和专业技术职务聘任制度

学校及其他教育机构中的管理人员，实行教育职员制度。

学校及其他教育机构中的教学辅助人员和其他专业技术人员，实行专业技术职务聘任制度。

典型例题（2021·石家庄·判断）学校及其他教育机构中的管理人员，实行专业技术职务聘任制度。　　　　　　　　　　　　　　　　　　　　　　　　（　　）

【答案】×。

五、受教育者

考点 1　受教育者的权利 ★★★

（1）参加教育教学计划安排的各种活动，使用教育教学设施、设备、图书资料；

（2）按照国家有关规定获得奖学金、贷学金、助学金；

（3）在学业成绩和品行上获得公正评价，完成规定的学业后获得相应的学业证书、学位证书；

（4）对学校给予的处分不服向有关部门提出申诉，对学校、教师侵犯其人身权、财产权等合法权益，提出申诉或者依法提起诉讼；

（5）法律、法规规定的其他权利。

考点 2　受教育者的义务 ★★★

（1）遵守法律、法规；

（2）遵守学生行为规范，尊敬师长，养成良好的思想品德和行为习惯；

（3）努力学习，完成规定的学习任务；

（4）遵守所在学校或者其他教育机构的管理制度。

六、教育与社会

考点 1　创造良好的社会环境

国家机关、军队、企业事业组织、社会团体及其他社会组织和个人，应当依法为儿童、少年、青年学生的身心健康成长创造良好的社会环境。

考点 2　社会对教育发展的支持

（1）进行合作

国家鼓励企业事业组织、社会团体及其他社会组织同高等学校、中等职业学校在教学、科研、技术开发和推广等方面进行多种形式的合作。

（2）支持学校建设

企业事业组织、社会团体及其他社会组织和个人，可以通过适当形式，支持学校的建设，参与学校管理。

（3）提供便利

国家机关、军队、企业事业组织及其他社会组织应当为学校组织的学生实习、社会实践活动提供帮助和便利。

（4）发挥公共设施、大众媒体的教育功能

图书馆、博物馆、科技馆、文化馆、美术馆、体育馆（场）等社会公共文化体育设施，以及历史文化古迹和革命纪念馆（地），应当对教师、学生实行优待，为受教育者接受教育提供便利。

广播、电视台（站）应当开设教育节目，促进受教育者思想品德、文化和科学技术素质的提高。

典型例题（2021·石家庄·多选）根据《中华人民共和国教育法》的相关规定，（　　）等场所应对教师、学生实行优待。

A. 博物馆　　　　　　　　　　　　B. 游乐场

C. 美术馆　　　　　　　　　　　　D. 电影院

【答案】AC。

七、教育投入与条件保障

考点1　教育经费的筹措 ★★

国家建立以财政拨款为主、其他多种渠道筹措教育经费为辅的体制，逐步增加对教育的投入，保证国家举办的学校教育经费的稳定来源。

企业事业组织、社会团体及其他社会组织和个人依法举办的学校及其他教育机构，办学经费由举办者负责筹措，各级人民政府可以给予适当支持。

1. 国家财政性教育经费的支出

（1）两个提高

国家财政性教育经费支出占国民生产总值的比例应当随着国民经济的发展和财政收入的增长逐步提高。具体比例和实施步骤由国务院规定。

全国各级财政支出总额中教育经费所占比例应当随着国民经济的发展逐步提高。

（2）三个增长

各级人民政府教育财政拨款的增长应当高于财政经常性收入的增长，并使按在校学生人数平均的教育费用逐步增长，保证教师工资和学生人均公用经费逐步增长。

2. 发展校办产业和开展社会服务

国家采取优惠措施，鼓励和扶持学校在不影响正常教育教学的前提下开展勤工俭学和社会服务，兴办校办产业。

3. 捐资助学和金融、信贷手段

国家鼓励境内、境外社会组织和个人捐资助学。

国家鼓励运用金融、信贷手段，支持教育事业的发展。

4. 设立教育专项资金和征收教育费附加

国务院及县级以上地方各级人民政府应当设立教育专项资金，重点扶持边远贫困地区、少数民族地区实施义务教育。

税务机关依法足额征收教育费附加，由教育行政部门统筹管理，主要用于实施义务教育。

典型例题（2022·石家庄·单选）根据《中华人民共和国义务教育法》的规定，国务院和地方各级人民政府用于实施义务教育财政拨款的增长比例，应当（　　）财政经常性收入的增长比例。

A. 不高于　　　　B. 低于　　　　C. 高于　　　　D. 等于

【答案】C。

考点2　教育经费的管理与监督

各级人民政府及其教育行政部门应当加强对学校及其他教育机构教育经费的监督管理，提高教育投资效益。

国家财政性教育经费、社会组织和个人对教育的捐赠，必须用于教育，不得挪用、克扣。

八、法律责任 ★★

考点1　违反教育经费有关规定的法律责任

违反国家有关规定，不按照预算核拨教育经费的，由同级人民政府限期核拨；情节严重的，对直接负责的主管人员和其他直接责任人员，依法给予处分。

违反国家财政制度、财务制度，挪用、克扣教育经费的，由上级机关责令限期归还被挪用、克扣的经费，并对直接负责的主管人员和其他直接责任人员，依法给予处分；构成犯罪的，依法追究刑事责任。

考点2　扰乱教育秩序及破坏、侵占学校及其他教育机构财产的法律责任

结伙斗殴、寻衅滋事，扰乱学校及其他教育机构教育教学秩序或者破坏校舍、场地及其他财产的，由公安机关给予治安管理处罚；构成犯罪的，依法追究刑事责任。

侵占学校及其他教育机构的校舍、场地及其他财产的，依法承担民事责任。

典型例题　（2021·石家庄·单选）结伙斗殴、寻衅滋事，扰乱学校及其他教育机构教育教学秩序或者破坏校舍、场地及其他财产的，构成犯罪的，依法追究（　　）。

A. 社会责任　　　　B. 行政责任　　　　C. 刑事责任　　　　D. 民事责任

【答案】C。

考点3　使用危险教育设施造成人员伤亡或重大财产损失的法律责任

明知校舍或者教育教学设施有危险，而不采取措施，造成人员伤亡或者重大财产损失的，对直接负责的主管人员和其他直接责任人员，依法追究刑事责任。

考点4　违法收费、办学、招生、颁发证书的法律责任

1. 违法收费

违反国家有关规定，向学校或者其他教育机构收取费用的，由政府责令退还所收费用；对直接负责的主管人员和其他直接责任人员，依法给予处分。

学校及其他教育机构违反国家有关规定向受教育者收取费用的，由教育行政部门或者其他有关行政部门责令退还所收费用；对直接负责的主管人员和其他直接责任人员，依法给予处分。

2. 违法办学

违反国家有关规定，举办学校或者其他教育机构的，由教育行政部门或者其他有关行政部门予以撤销；有违法所得的，没收违法所得；对直接负责的主管人员和其他直接责任人员，依法给予处分。

3. 违法招生

学校或者其他教育机构违反国家有关规定招收学生的，由教育行政部门或者其他有关行政部门责令退回招收的学生，退还所收费用；对学校、其他教育机构给予警告，可以处违法所得五倍以下罚款；情节严重的，责令停止相关招生资格一年以上三年以下，直至撤销招生资格、吊销办学许可证；对直接负责的主管人员和其他直接责任人员，依法给予处分；构成犯罪的，依法追究刑事责任。

在招收学生工作中滥用职权、玩忽职守、徇私舞弊的，由教育行政部门或者其他有关行政部门责令退回招收的不符合入学条件的人员；对直接负责的主管人员和其他直接责任人员，依法给予处分；构成犯罪的，依法追究刑事责任。

4. 违法颁发证书

学校或者其他教育机构违反《教育法》规定，颁发学位证书、学历证书或者其他学业证书的，由教育行政部门或者其他有关行政部门宣布证书无效，责令收回或者予以没收；有违法所得的，没收违法所得；情节严重的，责令停止相关招生资格一年以上三年以下，直至撤销招生资格、颁发证书资格；对直接负责的主管人员和其他直接责任人员，依法给予处分。

上述规定以外的任何组织或者个人制造、销售、颁发假冒学位证书、学历证书或者其他学业证书，构成违反治安管理行为的，由公安机关依法给予治安管理处罚；构成犯罪的，依法追究刑事责任。

以作弊、剽窃、抄袭等欺诈行为或者其他不正当手段获得学位证书、学历证书或者其他学业证书的，由颁发机构撤销相关证书。购买、使用假冒学位证书、学历证书或者其他学业证书，构成违反治安管理行为的，由公安机关依法给予治安管理处罚。

考点 5　冒名顶替、考试作弊的法律责任

1. 冒名顶替

盗用、冒用他人身份，顶替他人取得的入学资格的，由教育行政部门或者其他有关行政部门责令撤销入学资格，并责令停止参加相关国家教育考试二年以上五年以下；已经取得学位证书、学历证书或者其他学业证书的，由颁发机构撤销相关证书；已经成为公职人员的，依法给予开除处分；构成违反治安管理行为的，由公安机关依法给予治安管理处罚；构成犯罪的，依法追究刑事责任。

与他人串通，允许他人冒用本人身份，顶替本人取得的入学资格的，由教育行政部门或者其他有关行政部门责令停止参加相关国家教育考试一年以上三年以下；有违法所得的，没收违法所得；已经成为公职人员的，依法给予处分；构成违反治安管理行为的，由公安机关依法给予治安管理处罚；构成犯罪的，依法追究刑事责任。

组织、指使盗用或者冒用他人身份，顶替他人取得的入学资格的，有违法所得的，没收违法所得；属于公职人员的，依法给予处分；构成违反治安管理行为的，由公安机关依法给予治安管理处罚；构成犯罪的，依法追究刑事责任。

入学资格被顶替权利受到侵害的，可以请求恢复其入学资格。

2. 考试作弊

考生在国家教育考试中有下列行为之一的，由组织考试的教育考试机构工作人员在考试现场采取

必要措施予以制止并终止其继续参加考试；组织考试的教育考试机构可以取消其相关考试资格或者考试成绩；情节严重的，由教育行政部门责令停止参加相关国家教育考试一年以上三年以下；构成违反治安管理行为的，由公安机关依法给予治安管理处罚；构成犯罪的，依法追究刑事责任：

（1）非法获取考试试题或者答案的；

（2）携带或者使用考试作弊器材、资料的；

（3）抄袭他人答案的；

（4）让他人代替自己参加考试的；

（5）其他以不正当手段获得考试成绩的作弊行为。

任何组织或者个人在国家教育考试中有下列行为之一，有违法所得的，由公安机关没收违法所得，并处违法所得一倍以上五倍以下罚款；情节严重的，处五日以上十五日以下拘留；构成犯罪的，依法追究刑事责任；属于国家机关工作人员的，还应当依法给予处分：

（1）组织作弊的；

（2）通过提供考试作弊器材等方式为作弊提供帮助或者便利的；

（3）代替他人参加考试的；

（4）在考试结束前泄露、传播考试试题或者答案的；

（5）其他扰乱考试秩序的行为。

举办国家教育考试，教育行政部门、教育考试机构疏于管理，造成考场秩序混乱、作弊情况严重的，对直接负责的主管人员和其他直接责任人员，依法给予处分；构成犯罪的，依法追究刑事责任。

考点6 侵犯其他合法权益的民事责任

违反《教育法》规定，侵犯教师、受教育者、学校或者其他教育机构的合法权益，造成损失、损害的，应当依法承担民事责任。

高分点睛

1.【常考题型】单选、多选、判断

2.【命题角度】

（1）直接考查教育法的基本原则（如使用国家通用语言文字进行教育教学原则），教育管理体制采用分级管理、分工负责的原则，教育基本制度（教育基本制度及学校教育制度分别包含的内容），学校设立的条件，学校校长的任职条件，教育职员制度和专业技术职务聘任制度适用的人群，受教育者的权利，教育经费的筹措等。

（2）给出一段教育教学情境，要求判断学校是否依法行使了相关权利或履行了相关义务，或要求针对情境中的行为选择相应的可采取的措施（如给予行政处分、行政处罚、民事制裁、刑事制裁等）、处罚年限或罚款金额、对其采取措施的机关。

3.【识记技巧】设立学校及其他教育机构的基本条件：有章程（组织机构和章程）、有人（合格的教师）、有地（教学场所及设施、设备）、有钱（办学资金、经费来源）。关键修饰语：教师是"合格"的，教学场所及设施、设备是"符合规定标准"的，办学资金是"必备"的，经费来源是"稳定"的。

4.【易错易混】

(1) 教师资格制度：获得教师资格是从事教师工作的前提条件。

(2) 教育职员制度：面向管理人员。

(3) 专业技术职务聘任制度：面向教学辅助人员和其他专业技术人员。

第二节 《中华人民共和国义务教育法》(2018 年修正)

《中华人民共和国义务教育法》(以下简称《义务教育法》)是关于教育的单行法，是我国历史上第一部关于基础教育的法律。该法于 1986 年 4 月 12 日第六届全国人民代表大会第四次会议通过。2006 年、2015 年、2018 年，全国人民代表大会常务委员会分别对其进行了修正或修订。2018 年修正后的《义务教育法》共八章，六十三条。

一、总则

考点 1　立法宗旨

《义务教育法》的立法宗旨是保障适龄儿童、少年接受义务教育的权利，保证义务教育的实施，提高全民族素质。

考点 2　义务教育制度和义务教育的性质

国家实行九年义务教育制度。

义务教育是国家统一实施的所有适龄儿童、少年必须接受的教育，是国家必须予以保障的公益性事业。实施义务教育，不收学费、杂费。国家建立义务教育经费保障机制，保证义务教育制度实施。

考点 3　义务教育的方针和目标

义务教育必须贯彻国家的教育方针，实施素质教育，提高教育质量，使适龄儿童、少年在品德、智力、体质等方面全面发展，为培养有理想、有道德、有文化、有纪律的社会主义建设者和接班人奠定基础。

考点 4　义务教育实施的对象 ★★

凡具有中华人民共和国国籍的适龄儿童、少年，不分性别、民族、种族、家庭财产状况、宗教信仰等，依法享有平等接受义务教育的权利，并履行接受义务教育的义务。

考点 5　实施义务教育的保障

各级人民政府及其有关部门应当履行本法规定的各项职责，保障适龄儿童、少年接受义务教育的权利。

适龄儿童、少年的父母或者其他法定监护人应当依法保证其按时入学接受并完成义务教育。

依法实施义务教育的学校应当按照规定标准完成教育教学任务，保证教育教学质量。

社会组织和个人应当为适龄儿童、少年接受义务教育创造良好的环境。

考点6　义务教育的均衡发展

国务院和县级以上地方人民政府应当合理配置教育资源，促进义务教育均衡发展，改善薄弱学校的办学条件，并采取措施，保障农村地区、民族地区实施义务教育，保障家庭经济困难的和残疾的适龄儿童、少年接受义务教育。国家组织和鼓励经济发达地区支援经济欠发达地区实施义务教育。

考点7　义务教育的行政体制

义务教育实行国务院领导，省、自治区、直辖市人民政府统筹规划实施，县级人民政府为主管理的体制。

县级以上人民政府教育行政部门具体负责义务教育实施工作；县级以上人民政府其他有关部门在各自的职责范围内负责义务教育实施工作。

典型例题　（2021·石家庄·单选）义务教育实行国务院领导，省、自治区、直辖市人民政府统筹规划实施，（　　）为主管理的体制。

A. 县级人民政府　　B. 县教育局　　C. 市级人民政府　　D. 市教育局

【答案】A。

二、学生

考点1　接受义务教育的年龄　★★★

凡年满六周岁的儿童，其父母或者其他法定监护人应当送其入学接受并完成义务教育；条件不具备的地区的儿童，可以推迟到七周岁。

适龄儿童、少年因身体状况需要延缓入学或者休学的，其父母或者其他法定监护人应当提出申请，由当地乡镇人民政府或者县级人民政府教育行政部门批准。

典型例题　（2021·石家庄·多选）适龄儿童、少年因身体状况需要延缓入学或者休学的，其父母或者其他法定监护人应当提出申请，由（　　）批准。

A. 当地乡镇人民政府　　　　　　B. 县级人民政府教育行政部门

C. 县级以上人民政府　　　　　　D. 市级人民政府教育行政部门

【答案】AB。

考点2　适龄儿童、少年接受义务教育的权益保障　★★

1. 免试入学、就近入学

适龄儿童、少年免试入学。地方各级人民政府应当保障适龄儿童、少年在户籍所在地学校就近入学。

父母或者其他法定监护人在非户籍所在地工作或者居住的适龄儿童、少年，在其父母或者其他法定监护人工作或者居住地接受义务教育的，当地人民政府应当为其提供平等接受义务教育的条件。具体办法由省、自治区、直辖市规定。

县级人民政府教育行政部门对本行政区域内的军人子女接受义务教育予以保障。

2. 防止辍学

县级人民政府教育行政部门和乡镇人民政府组织和督促适龄儿童、少年入学，帮助解决适龄儿童、少年接受义务教育的困难，采取措施防止适龄儿童、少年辍学。

居民委员会和村民委员会协助政府做好工作，督促适龄儿童、少年入学。

3. 禁止非法招用应接受义务教育的适龄儿童、少年

禁止用人单位招用应当接受义务教育的适龄儿童、少年。

根据国家有关规定经批准招收适龄儿童、少年进行文艺、体育等专业训练的社会组织，应当保证所招收的适龄儿童、少年接受义务教育；自行实施义务教育的，应当经县级人民政府教育行政部门批准。

三、学校

考点1 特殊教育学校（班）的建设

县级以上地方人民政府根据需要设置相应的实施特殊教育的学校（班），对视力残疾、听力语言残疾和智力残疾的适龄儿童、少年实施义务教育。特殊教育学校（班）应当具备适应残疾儿童、少年学习、康复、生活特点的场所和设施。

普通学校应当接收具有接受普通教育能力的残疾适龄儿童、少年随班就读，并为其学习、康复提供帮助。

考点2 促进学校均衡发展，保证教育公平 ★★

县级以上人民政府及其教育行政部门应当促进学校均衡发展，缩小学校之间办学条件的差距，不得将学校分为重点学校和非重点学校。学校不得分设重点班和非重点班。

县级以上人民政府及其教育行政部门不得以任何名义改变或者变相改变公办学校的性质。

典型例题（2021·石家庄·单选）根据《中华人民共和国义务教育法》的规定，县级以上人民政府及其教育行政部门不得将实施义务教育的学校分为（　　）。

A. 城市学校和乡镇学校　　　　　　B. 示范学校和非示范学校
C. 公办学校和民办学校　　　　　　D. 重点学校和非重点学校

【答案】D。

考点3 建立健全学校安全机制，保障学生安全

各级人民政府及其有关部门依法维护学校周边秩序，保护学生、教师、学校的合法权益，为学校提供安全保障。

学校应当建立、健全安全制度和应急机制，对学生进行安全教育，加强管理，及时消除隐患，预

防发生事故。

县级以上地方人民政府定期对学校校舍安全进行检查；对需要维修、改造的，及时予以维修、改造。

学校不得聘用曾经因故意犯罪被依法剥夺政治权利或者其他不适合从事义务教育工作的人担任工作人员。

考点 4　不得违法收费、不得推销与变相推销

学校不得违反国家规定收取费用，不得以向学生推销或者变相推销商品、服务等方式谋取利益。

考点 5　校长负责制 ★★

学校实行校长负责制。校长应当符合国家规定的任职条件。校长由县级人民政府教育行政部门依法聘任。

考点 6　不得开除学生 ★★★

对违反学校管理制度的学生，学校应当予以批评教育，不得开除。

四、教师 ★★★

考点 1　教师对待教育、学生的态度

教师享有法律规定的权利，履行法律规定的义务，应当为人师表，忠诚于人民的教育事业。全社会应当尊重教师。

教师在教育教学中应当平等对待学生，关注学生的个体差异，因材施教，促进学生的充分发展。

教师应当尊重学生的人格，不得歧视学生，不得对学生实施体罚、变相体罚或者其他侮辱人格尊严的行为，不得侵犯学生合法权益。

考点 2　教师的任职条件和教师职务制度

教师应当取得国家规定的教师资格。

国家建立统一的义务教育教师职务制度。教师职务分为初级职务、中级职务和高级职务。

典型例题　（2022·石家庄·多选）根据《中华人民共和国义务教育法》的规定，国家建立统一的义务教育教师职务制度，教师职务分为（　　）。

A. 初级职务　　　　B. 中级职务　　　　C. 高级职务　　　　D. 特级职务

【答案】ABC。

考点 3　教师工资待遇的保障制度

各级人民政府保障教师工资福利和社会保险待遇，改善教师工作和生活条件；完善农村教师工资经费保障机制。

教师的平均工资水平应当不低于当地公务员的平均工资水平。

特殊教育教师享有特殊岗位补助津贴。在民族地区和边远贫困地区工作的教师享有艰苦贫困地区补助津贴。

考点 4　师资的均衡配置与激励措施

县级以上人民政府应当加强教师培养工作，采取措施发展教师教育。

县级人民政府教育行政部门应当均衡配置本行政区域内学校师资力量，组织校长、教师的培训和流动，加强对薄弱学校的建设。

国务院和地方各级人民政府鼓励和支持城市学校教师和高等学校毕业生到农村地区、民族地区从事义务教育工作。

国家鼓励高等学校毕业生以志愿者的方式到农村地区、民族地区缺乏教师的学校任教。县级人民政府教育行政部门依法认定其教师资格，其任教时间计入工龄。

五、教育教学

考点 1　教育教学的原则

教育教学工作应当符合教育规律和学生身心发展特点，面向全体学生，教书育人，将德育、智育、体育、美育等有机统一在教育教学活动中，注重培养学生独立思考能力、创新能力和实践能力，促进学生全面发展。

考点 2　重视德育和课外活动对学生成长的作用

学校应当把德育放在首位，寓德育于教育教学之中，开展与学生年龄相适应的社会实践活动，形成学校、家庭、社会相互配合的思想道德教育体系，促进学生养成良好的思想品德和行为习惯。

学校应当保证学生的课外活动时间，组织开展文化娱乐等课外活动。社会公共文化体育设施应当为学校开展课外活动提供便利。

考点 3　教科书的编写与管理 ★★

教科书根据国家教育方针和课程标准编写，内容力求精简，精选必备的基础知识、基本技能，经济实用，保证质量。国家机关工作人员和教科书审查人员，不得参与或者变相参与教科书的编写工作。

国家实行教科书审定制度。教科书的审定办法由国务院教育行政部门规定。未经审定的教科书，不得出版、选用。

教科书价格由省、自治区、直辖市人民政府价格行政部门会同同级出版主管部门按照微利原则确定。

国家鼓励教科书循环使用。

六、经费保障

国家将义务教育全面纳入财政保障范围，义务教育经费由国务院和地方各级人民政府依照《义务教育法》规定予以保障。

国务院和地方各级人民政府将义务教育经费纳入财政预算，按照教职工编制标准、工资标准和学校建设标准、学生人均公用经费标准等，及时足额拨付义务教育经费，确保学校的正常运转和校舍安全，确保教职工工资按照规定发放。

国务院和地方各级人民政府用于实施义务教育财政拨款的增长比例应当高于财政经常性收入的增长比例，保证按照在校学生人数平均的义务教育费用逐步增长，保证教职工工资和学生人均公用经费逐步增长。

学校的学生人均公用经费基本标准由国务院财政部门会同教育行政部门制定，并根据经济和社会发展状况适时调整。制定、调整学生人均公用经费基本标准，应当满足教育教学基本需要。

省、自治区、直辖市人民政府可以根据本行政区域的实际情况，制定不低于国家标准的学校学生人均公用经费标准。

特殊教育学校（班）学生人均公用经费标准应当高于普通学校学生人均公用经费标准。

七、法律责任 ★★

考点1 国家机关及其工作人员的法律责任

1. 未履行义务教育经费保障职责的法律责任

国务院有关部门和地方各级人民政府违反相关规定，未履行对义务教育经费保障职责的，由国务院或者上级地方人民政府责令限期改正；情节严重的，对直接负责的主管人员和其他直接责任人员依法给予行政处分。

2. 违反义务教育均衡发展原则的法律责任

县级以上人民政府或者其教育行政部门有下列情形之一的，由上级人民政府或者其教育行政部门责令限期改正、通报批评；情节严重的，对直接负责的主管人员和其他直接责任人员依法给予行政处分：

（1）将学校分为重点学校和非重点学校的；

（2）改变或者变相改变公办学校性质的。

3. 对适龄儿童、少年就学未采取保障措施的法律责任

县级人民政府教育行政部门或者乡镇人民政府未采取措施组织适龄儿童、少年入学或者防止辍学的，依照相关规定追究法律责任。

4. 违反教科书编写制度的法律责任

国家机关工作人员和教科书审查人员参与或者变相参与教科书编写的，由县级以上人民政府或者其教育行政部门根据职责权限责令限期改正，依法给予行政处分；有违法所得的，没收违法所得。

典型例题（2021·石家庄·单选）未履行对义务教育经费保障职责的，由国务院或者上级地方人民政府责令期限改正；情节严重的，对直接负责的主管人员和其他直接责任人员依法给予（　　）。

A. 刑事处罚　　　　B. 民事处分　　　　C. 治安处罚　　　　D. 行政处分

【答案】D。

考点 2　学校及其工作人员的法律责任

1. 乱收费或谋取不当利益的法律责任

学校违反国家规定收取费用的，由县级人民政府教育行政部门责令退还所收费用；对直接负责的主管人员和其他直接责任人员依法给予处分。

学校以向学生推销或者变相推销商品、服务等方式谋取利益的，由县级人民政府教育行政部门给予通报批评；有违法所得的，没收违法所得；对直接负责的主管人员和其他直接责任人员依法给予处分。

2. 违反教育教学管理规定的法律责任

学校有下列情形之一的，由县级人民政府教育行政部门责令限期改正；情节严重的，对直接负责的主管人员和其他直接责任人员依法给予处分：

（1）拒绝接收具有接受普通教育能力的残疾适龄儿童、少年随班就读的；

（2）分设重点班和非重点班的；

（3）违反《义务教育法》规定开除学生的；

（4）选用未经审定的教科书的。

考点 3　监护人的法律责任

适龄儿童、少年的父母或者其他法定监护人无正当理由未依照《义务教育法》规定送适龄儿童、少年入学接受义务教育的，由当地乡镇人民政府或者县级人民政府教育行政部门给予批评教育，责令限期改正。

考点 4　其他有关社会组织和个人的法律责任

有下列情形之一的，依照有关法律、行政法规的规定予以处罚：

（1）胁迫或者诱骗应当接受义务教育的适龄儿童、少年失学、辍学的；

（2）非法招用应当接受义务教育的适龄儿童、少年的；

（3）出版未经依法审定的教科书的。

有下列情形之一的，由上级人民政府或者上级人民政府教育行政部门、财政部门、价格行政部门和审计机关根据职责分工责令限期改正；情节严重的，对直接负责的主管人员和其他直接责任人员依法给予处分：

（1）侵占、挪用义务教育经费的；

（2）向学校非法收取或者摊派费用的。

考点 5　关于构成犯罪行为的法律责任

违反《义务教育法》规定，构成犯罪的，依法追究刑事责任。

高分点睛

1.【常考题型】单选、多选、判断

2.【命题角度】

（1）直接考查九年义务教育制度，入学年龄（六周岁），免试就近入学，不得分设重点班、非重点班，校长负责制，不得开除学生，不得歧视、体罚学生，教师平均工资不低于当地公务员平均工资，教科书审定制度和教科书循环使用等。

（2）给出一段教育情境，要求判断情境中学校或教师的行为是否合法，并选择相对应的理由。

（3）给出具体的违法行为，要求判断应给予何种制裁，或要求选出应采取措施的机关。

第三节 《中华人民共和国教师法》（2009年修正）

《中华人民共和国教师法》（以下简称《教师法》）是我国教育史上第一部关于教师的专门法律。该法于1993年10月31日第八届全国人民代表大会常务委员会第四次会议通过，自1994年1月1日起施行。2009年，全国人民代表大会常务委员会对其进行了修正。修正后的《教师法》共九章，四十三条。2021年，教育部发布了关于《教师法》修正草案的征求意见稿。

一、总则

考点1 立法宗旨

《教师法》的立法宗旨是保障教师的合法权益，建设具有良好思想品德修养和业务素质的教师队伍，促进社会主义教育事业的发展。

考点2 适用对象

《教师法》适用于在各级各类学校和其他教育机构中专门从事教育教学工作的教师。

考点3 教师的职业性质 ★★★

教师是履行教育教学职责的专业人员，承担教书育人，培养社会主义事业建设者和接班人、提高民族素质的使命。教师应当忠诚于人民的教育事业。

考点4 教师节的设定

每年九月十日为教师节。

二、权利和义务

考点1 教师的权利 ★★★

教师享有下列权利：

（1）教育教学权：进行教育教学活动，开展教育教学改革和实验；

（2）科学研究权：从事科学研究、学术交流，参加专业的学术团体，在学术活动中充分发表意见；

（3）指导评价权：指导学生的学习和发展，评定学生的品行和学业成绩；

（4）获取报酬权：按时获取工资报酬，享受国家规定的福利待遇以及寒暑假期的带薪休假；

（5）民主管理权：对学校教育教学、管理工作和教育行政部门的工作提出意见和建议，通过教职工代表大会或者其他形式，参与学校的民主管理；

（6）进修培训权：参加进修或者其他方式的培训。

考点2　教师的义务 ★★★

教师应当履行下列义务：

（1）遵纪守法义务：遵守宪法、法律和职业道德，为人师表；

（2）教育教学义务：贯彻国家的教育方针，遵守规章制度，执行学校的教学计划，履行教师聘约，完成教育教学工作任务；

（3）开展德育义务：对学生进行宪法所确定的基本原则的教育和爱国主义、民族团结的教育，法制教育以及思想品德、文化、科学技术教育，组织、带领学生开展有益的社会活动；

（4）关爱学生、促进学生发展义务：关心、爱护全体学生，尊重学生人格，促进学生在品德、智力、体质等方面全面发展；

（5）保护学生义务：制止有害于学生的行为或者其他侵犯学生合法权益的行为，批评和抵制有害于学生健康成长的现象；

（6）提高政治素养和教学水平义务：不断提高思想政治觉悟和教育教学业务水平。

考点3　各主体保障教师完成教育教学任务的职责

为保障教师完成教育教学任务，各级人民政府、教育行政部门、有关部门、学校和其他教育机构应当履行下列职责：

（1）提供符合国家安全标准的教育教学设施和设备；

（2）提供必需的图书、资料及其他教育教学用品；

（3）对教师在教育教学、科学研究中的创造性工作给以鼓励和帮助；

（4）支持教师制止有害于学生的行为或者其他侵犯学生合法权益的行为。

三、资格和任用

考点1　教师资格制度

1.教师资格的获取

国家实行教师资格制度。中国公民凡遵守宪法和法律，热爱教育事业，具有良好的思想品德，具备《教师法》规定的学历或者经国家教师资格考试合格，有教育教学能力，经认定合格的，可以取得教师资格。

2. 获取教师资格的学历要求

取得教师资格应当具备的相应学历是：

（1）取得幼儿园教师资格，应当具备幼儿师范学校毕业及其以上学历；

（2）取得小学教师资格，应当具备中等师范学校毕业及其以上学历；

（3）取得初级中学教师、初级职业学校文化、专业课教师资格，应当具备高等师范专科学校或者其他大学专科毕业及其以上学历；

（4）取得高级中学教师资格和中等专业学校、技工学校、职业高中文化课、专业课教师资格，应当具备高等师范院校本科或者其他大学本科毕业及其以上学历；取得中等专业学校、技工学校和职业高中学生实习指导教师资格应当具备的学历，由国务院教育行政部门规定；

（5）取得高等学校教师资格，应当具备研究生或者大学本科毕业学历；

（6）取得成人教育教师资格，应当按照成人教育的层次、类别，分别具备高等、中等学校毕业及其以上学历。

不具备上述规定的教师资格学历的公民，申请获取教师资格，必须通过国家教师资格考试。国家教师资格考试制度由国务院规定。

3. 教师资格的认定

中小学教师资格由县级以上地方人民政府教育行政部门认定。中等专业学校、技工学校的教师资格由县级以上地方人民政府教育行政部门组织有关主管部门认定。普通高等学校的教师资格由国务院或者省、自治区、直辖市教育行政部门或者由其委托的学校认定。

具备《教师法》规定的学历或者经国家教师资格考试合格的公民，要求有关部门认定其教师资格的，有关部门应当依照《教师法》规定的条件予以认定。

取得教师资格的人员首次任教时，应当有试用期。

4. 教师资格的限制和丧失

受到剥夺政治权利或者故意犯罪受到有期徒刑以上刑事处罚的，不能取得教师资格；已经取得教师资格的，丧失教师资格。

考点 2　教师的任用制度

1. 教师职务制度

国家实行教师职务制度，具体办法由国务院规定。

2. 教师聘任制度

学校和其他教育机构应当逐步实行教师聘任制。教师的聘任应当遵循双方地位平等的原则，由学校和教师签订聘任合同，明确规定双方的权利、义务和责任。实施教师聘任制的步骤、办法由国务院教育行政部门规定。

四、考核 ★★

考点1　考核内容及要求

学校或者其他教育机构应当对教师的政治思想、业务水平、工作态度和工作成绩进行考核。教育行政部门对教师的考核工作进行指导、监督。

考核应当客观、公正、准确，充分听取教师本人、其他教师以及学生的意见。

考点2　考核结果

教师考核结果是受聘任教、晋升工资、实施奖惩的依据。

五、待遇 ★★★

考点1　工资

教师的平均工资水平应当不低于或者高于国家公务员的平均工资水平，并逐步提高。建立正常晋级增薪制度，具体办法由国务院规定。

考点2　津贴

中小学教师和职业学校教师享受教龄津贴和其他津贴，具体办法由国务院教育行政部门会同有关部门制定。

考点3　补贴

地方各级人民政府对教师以及具有中专以上学历的毕业生到少数民族地区和边远贫困地区从事教育教学工作的，应当予以补贴。

典型例题　（2021·石家庄·单选）某市一小学老师张敏为照顾体弱多病的父母，主动要求调往父母所在山区的一所偏远小学任教。依据《中华人民共和国教师法》规定，当地政府对张敏应当（　　）。

A. 提高工资待遇　　　　　　　　B. 给予奖励
C. 增加绩效津贴　　　　　　　　D. 给予补贴

【答案】D。

考点4　住房

地方各级人民政府和国务院有关部门，对城市教师住房的建设、租赁、出售实行优先、优惠。

县、乡两级人民政府应当为农村中小学教师解决住房提供方便。

考点5　医疗、保健

教师的医疗同当地国家公务员享受同等的待遇；定期对教师进行身体健康检查，并因地制宜安排教师进行休养。

医疗机构应当对当地教师的医疗提供方便。

考点 6　退休或退职

教师退休或者退职后，享受国家规定的退休或者退职待遇。

县级以上地方人民政府可以适当提高长期从事教育教学工作的中小学退休教师的退休金比例。

考点 7　非公办教师待遇的保障

各级人民政府应当采取措施，改善国家补助、集体支付工资的中小学教师的待遇，逐步做到在工资收入上与国家支付工资的教师同工同酬，具体办法由地方各级人民政府根据本地区的实际情况规定。

社会力量所办学校的教师的待遇，由举办者自行确定并予以保障。

六、奖励

教师在教育教学、培养人才、科学研究、教学改革、学校建设、社会服务、勤工俭学等方面成绩优异的，由所在学校予以表彰、奖励。国务院和地方各级人民政府及其有关部门对有突出贡献的教师，应当予以表彰、奖励。对有重大贡献的教师，依照国家有关规定授予荣誉称号。

国家支持和鼓励社会组织或者个人向依法成立的奖励教师的基金组织捐助资金，对教师进行奖励。

典型例题（2021·石家庄·判断）《中华人民共和国教师法》规定，教师在教育教学、培养人才、科学研究、教学改革、学校建设、社会服务、勤工俭学等方面成绩优异的，由所在学校予以表彰、奖励。

(　　)

【答案】√。

七、法律责任

考点 1　侮辱、殴打教师的法律责任

侮辱、殴打教师的，根据不同情况，分别给予行政处分或者行政处罚；造成损害的，责令赔偿损失；情节严重，构成犯罪的，依法追究刑事责任。

考点 2　对教师进行打击报复的法律责任

对依法提出申诉、控告、检举的教师进行打击报复的，由其所在单位或者上级机关责令改正；情节严重的，可以根据具体情况给予行政处分。

国家工作人员对教师打击报复构成犯罪的，依照刑法有关规定追究刑事责任。

考点 3　教师做出不当行为应负的法律责任 ★★★

教师有下列情形之一的，由所在学校、其他教育机构或者教育行政部门给予行政处分或者解聘。

（1）故意不完成教育教学任务给教育教学工作造成损失的；

（2）体罚学生，经教育不改的；

(3)品行不良、侮辱学生，影响恶劣的。

教师有上述第（2）条、第（3）条所列情形之一，情节严重，构成犯罪的，依法追究刑事责任。

考点4 拖欠教师工资或侵犯教师其他合法权益的法律责任

地方人民政府对违反《教师法》规定，拖欠教师工资或者侵犯教师其他合法权益的，应当责令其限期改正。

违反国家财政制度、财务制度，挪用国家财政用于教育的经费，严重妨碍教育教学工作，拖欠教师工资，损害教师合法权益的，由上级机关责令限期归还被挪用的经费，并对直接责任人员给予行政处分；情节严重，构成犯罪的，依法追究刑事责任。

考点5 教师申诉制度 ★★

教师对学校或者其他教育机构侵犯其合法权益的，或者对学校或者其他教育机构作出的处理不服的，可以向教育行政部门提出申诉，教育行政部门应当在接到申诉的三十日内，作出处理。

教师认为当地人民政府有关行政部门侵犯其根据《教师法》规定享有的权利的，可以向同级人民政府或者上一级人民政府有关部门提出申诉，同级人民政府或者上一级人民政府有关部门应当作出处理。

高分点睛

1.【常考题型】单选、多选、判断

2.【命题角度】

（1）直接考查教师身份定位（专业人员），教师的权利和义务，取得教师资格应具备的学历，中小学教师资格认定的部门，首次任教试用期，考核内容、要求及结果，对教师给予行政处分和解聘的情形，教师申诉制度中的被申诉人或受理机关等。

（2）给出教师的某种行为，要求判断教师的行为是否合法（是否正确行使了某种权利或履行了某种义务）。

（3）给出一段具体情境，要求根据教师资格制度和教师聘任制度选出正确的做法；或要求选出教师做出不当行为应负的法律责任（如行政处分或解聘）。

3.【识记技巧】关于考核内容可以使用口诀"德能勤绩"记忆：德——政治思想，能——业务水平，勤——工作态度，绩——工作成绩。

第四节 《中华人民共和国未成年人保护法》（2020年修订）

《中华人民共和国未成年人保护法》（以下简称《未成年人保护法》）于1991年9月4日第七届全国人民代表大会常务委员会第二十一次会议通过。2006年、2012年、2020年，全国人民代表大会常务委员会分别对其进行了修正或修订。2020年修订后的《未成年人保护法》共九章，一百三十二条。

一、总则

考点1　未成年人的含义

《未成年人保护法》所称未成年人是指未满十八周岁的公民。

考点2　未成年人的权利 ★★

国家保障未成年人的生存权、发展权、受保护权、参与权等权利。

未成年人依法平等地享有各项权利，不因本人及其父母或者其他监护人的民族、种族、性别、户籍、职业、宗教信仰、教育程度、家庭状况、身心健康状况等受到歧视。

典型例题（2021·石家庄·多选）《中华人民共和国未成年人保护法》（2020年修订）规定，国家保障未成年人的（　　）等权利。

A. 生存权　　　　　B. 选举权　　　　　C. 受保护权　　　　　D. 参与权

【答案】ACD。

考点3　保护未成年人的原则和要求 ★★★

保护未成年人，应当坚持最有利于未成年人的原则。处理涉及未成年人事项，应当符合下列要求：

（1）给予未成年人特殊、优先保护；

（2）尊重未成年人人格尊严；

（3）保护未成年人隐私权和个人信息；

（4）适应未成年人身心健康发展的规律和特点；

（5）听取未成年人的意见；

（6）保护与教育相结合。

典型例题（2022·邯郸·多选）保护未成年人应遵循的原则有（　　）。

A. 尊重学生人格尊严　　　　　　　　B. 家庭保护为主，学校保护和社会保护为辅

C. 适应学生身心发展规律特点　　　　D. 教育和保护相结合

【答案】ACD。

考点4　对未成年人的教育

国家、社会、学校和家庭应当对未成年人进行理想教育、道德教育、科学教育、文化教育、法治教育、国家安全教育、健康教育、劳动教育，加强爱国主义、集体主义和中国特色社会主义的教育，培养爱祖国、爱人民、爱劳动、爱科学、爱社会主义的公德，抵制资本主义、封建主义和其他腐朽思想的侵蚀，引导未成年人树立和践行社会主义核心价值观。

考点5　监护人和国家在监护方面的责任

未成年人的父母或者其他监护人依法对未成年人承担监护职责。国家采取措施指导、支持、帮助和监督未成年人的父母或者其他监护人履行监护职责。

考点6 检举、控告和强制报告制度

任何组织或者个人发现不利于未成年人身心健康或者侵犯未成年人合法权益的情形，都有权劝阻、制止或者向公安、民政、教育等有关部门提出检举、控告。

国家机关、居民委员会、村民委员会、密切接触未成年人的单位及其工作人员，在工作中发现未成年人身心健康受到侵害、疑似受到侵害或者面临其他危险情形的，应当立即向公安、民政、教育等有关部门报告。

有关部门接到涉及未成年人的检举、控告或者报告，应当依法及时受理、处置，并以适当方式将处理结果告知相关单位和人员。

二、家庭保护

考点1 监护人的具体监护职责 ★★★

未成年人的父母或者其他监护人应当履行下列监护职责：

（1）为未成年人提供生活、健康、安全等方面的保障；

（2）关注未成年人的生理、心理状况和情感需求；

（3）教育和引导未成年人遵纪守法、勤俭节约，养成良好的思想品德和行为习惯；

（4）对未成年人进行安全教育，提高未成年人的自我保护意识和能力；

（5）尊重未成年人受教育的权利，保障适龄未成年人依法接受并完成义务教育；

（6）保障未成年人休息、娱乐和体育锻炼的时间，引导未成年人进行有益身心健康的活动；

（7）妥善管理和保护未成年人的财产；

（8）依法代理未成年人实施民事法律行为；

（9）预防和制止未成年人的不良行为和违法犯罪行为，并进行合理管教；

（10）其他应当履行的监护职责。

典型例题（2022·石家庄·多选）根据《中华人民共和国未成年人保护法》的规定，未成年人的父母或监护人应当履行的职责包括（　　）。

A. 对未成年人进行安全教育　　　　B. 妥善保管和保护未成年人财产

C. 为未成年人订立婚约　　　　　　D. 对未成年人实施家庭暴力

【答案】AB。

考点2 监护人的禁令性行为

未成年人的父母或者其他监护人不得实施下列行为：

（1）虐待、遗弃、非法送养未成年人或者对未成年人实施家庭暴力；

（2）放任、教唆或者利用未成年人实施违法犯罪行为；

（3）放任、唆使未成年人参与邪教、迷信活动或者接受恐怖主义、分裂主义、极端主义等侵害；

（4）放任、唆使未成年人吸烟（含电子烟，下同）、饮酒、赌博、流浪乞讨或者欺凌他人；

（5）放任或者迫使应当接受义务教育的未成年人失学、辍学；

（6）放任未成年人沉迷网络，接触危害或者可能影响其身心健康的图书、报刊、电影、广播电视节目、音像制品、电子出版物和网络信息等；

（7）放任未成年人进入营业性娱乐场所、酒吧、互联网上网服务营业场所等不适宜未成年人活动的场所；

（8）允许或者迫使未成年人从事国家规定以外的劳动；

（9）允许、迫使未成年人结婚或者为未成年人订立婚约；

（10）违法处分、侵吞未成年人的财产或者利用未成年人牟取不正当利益；

（11）其他侵犯未成年人身心健康、财产权益或者不依法履行未成年人保护义务的行为。

考点3　监护人的报告义务

未成年人的父母或者其他监护人发现未成年人身心健康受到侵害、疑似受到侵害或者其他合法权益受到侵犯的，应当及时了解情况并采取保护措施；情况严重的，应当立即向公安、民政、教育等部门报告。

考点4　监护人的照护职责 ★★★

未成年人的父母或者其他监护人不得使未满八周岁或者由于身体、心理原因需要特别照顾的未成年人处于无人看护状态，或者将其交由无民事行为能力、限制民事行为能力、患有严重传染性疾病或者其他不适宜的人员临时照护。

未成年人的父母或者其他监护人不得使未满十六周岁的未成年人脱离监护单独生活。

典型例题　（2022/2021·石家庄·单选）未成年人的父母或者其他监护人不得使（　　）或者由于身体、心理原因需要特别照顾的未成年人处于无人看护状态。

A. 未满八周岁　　　　　　　　　B. 未满十周岁
C. 未满十六周岁　　　　　　　　D. 未满十八周岁

【答案】A。

考点5　委托他人长期照护的条件及被委托人的条件

未成年人的父母或者其他监护人因外出务工等原因在一定期限内不能完全履行监护职责的，应当委托具有照护能力的完全民事行为能力人代为照护；无正当理由的，不得委托他人代为照护。

未成年人的父母或者其他监护人在确定被委托人时，应当综合考虑其道德品质、家庭状况、身心健康状况、与未成年人生活情感上的联系等情况，并听取有表达意愿能力未成年人的意见。

具有下列情形之一的，不得作为被委托人：

（1）曾实施性侵害、虐待、遗弃、拐卖、暴力伤害等违法犯罪行为；

（2）有吸毒、酗酒、赌博等恶习；

（3）曾拒不履行或者长期怠于履行监护、照护职责；

（4）其他不适宜担任被委托人的情形。

考点 6　委托照护情形下监护人的职责

未成年人的父母或者其他监护人应当及时将委托照护情况书面告知未成年人所在学校、幼儿园和实际居住地的居民委员会、村民委员会，加强和未成年人所在学校、幼儿园的沟通；与未成年人、被委托人至少每周联系和交流一次，了解未成年人的生活、学习、心理等情况，并给予未成年人亲情关爱。

未成年人的父母或者其他监护人接到被委托人、居民委员会、村民委员会、学校、幼儿园等关于未成年人心理、行为异常的通知后，应当及时采取干预措施。

三、学校保护

考点 1　尊重未成年人的人格尊严

学校、幼儿园的教职员工应当尊重未成年人人格尊严，不得对未成年人实施体罚、变相体罚或者其他侮辱人格尊严的行为。

考点 2　保障未成年学生受教育的权利

学校应当保障未成年学生受教育的权利，不得违反国家规定开除、变相开除未成年学生。

学校应当对尚未完成义务教育的辍学未成年学生进行登记并劝返复学；劝返无效的，应当及时向教育行政部门书面报告。

考点 3　关爱、帮扶未成年人

学校应当关心、爱护未成年学生，不得因家庭、身体、心理、学习能力等情况歧视学生。对家庭困难、身心有障碍的学生，应当提供关爱；对行为异常、学习有困难的学生，应当耐心帮助。

学校应当配合政府有关部门建立留守未成年学生、困境未成年学生的信息档案，开展关爱帮扶工作。

考点 4　保障未成年学生的休息权

学校应当与未成年学生的父母或者其他监护人互相配合，合理安排未成年学生的学习时间，保障其休息、娱乐和体育锻炼的时间。

学校不得占用国家法定节假日、休息日及寒暑假期，组织义务教育阶段的未成年学生集体补课，加重其学习负担。

幼儿园、校外培训机构不得对学龄前未成年人进行小学课程教育。

考点 5　伤害事故的预防和处理

学校、幼儿园应当根据需要，制定应对自然灾害、事故灾难、公共卫生事件等突发事件和意外伤害的预案，配备相应设施并定期进行必要的演练。

未成年人在校内、园内或者本校、本园组织的校外、园外活动中发生人身伤害事故的，学校、幼儿园应当立即救护，妥善处理，及时通知未成年人的父母或者其他监护人，并向有关部门报告。

考点 6　禁止商业行为

学校、幼儿园不得安排未成年人参加商业性活动，不得向未成年人及其父母或者其他监护人推销或者要求其购买指定的商品和服务。

学校、幼儿园不得与校外培训机构合作为未成年人提供有偿课程辅导。

考点 7　建立学生欺凌防控工作制度

学生欺凌是指发生在学生之间，一方蓄意或者恶意通过肢体、语言及网络等手段实施欺压、侮辱，造成另一方人身伤害、财产损失或者精神损害的行为。

学校应当建立学生欺凌防控工作制度，对教职员工、学生等开展防治学生欺凌的教育和培训。

学校对学生欺凌行为应当立即制止，通知实施欺凌和被欺凌未成年学生的父母或者其他监护人参与欺凌行为的认定和处理；对相关未成年学生及时给予心理辅导、教育和引导；对相关未成年学生的父母或者其他监护人给予必要的家庭教育指导。

对实施欺凌的未成年学生，学校应当根据欺凌行为的性质和程度，依法加强管教。对严重的欺凌行为，学校不得隐瞒，应当及时向公安机关、教育行政部门报告，并配合相关部门依法处理。

考点 8　防止性侵害、性骚扰

学校、幼儿园应当建立预防性侵害、性骚扰未成年人工作制度。对性侵害、性骚扰未成年人等违法犯罪行为，学校、幼儿园不得隐瞒，应当及时向公安机关、教育行政部门报告，并配合相关部门依法处理。

学校、幼儿园应当对未成年人开展适合其年龄的性教育，提高未成年人防范性侵害、性骚扰的自我保护意识和能力。对遭受性侵害、性骚扰的未成年人，学校、幼儿园应当及时采取相关的保护措施。

四、社会保护

考点 1　居民委员会、村民委员会的职责

居民委员会、村民委员会应当设置专人专岗负责未成年人保护工作，协助政府有关部门宣传未成年人保护方面的法律法规，指导、帮助和监督未成年人的父母或者其他监护人依法履行监护职责，建立留守未成年人、困境未成年人的信息档案并给予关爱帮扶。

居民委员会、村民委员会应当协助政府有关部门监督未成年人委托照护情况，发现被委托人缺乏照护能力、怠于履行照护职责等情况，应当及时向政府有关部门报告，并告知未成年人的父母或者其他监护人，帮助、督促被委托人履行照护职责。

考点 2　不适宜未成年人活动场所、烟、酒、彩票的经营者的职责

学校、幼儿园周边不得设置营业性娱乐场所、酒吧、互联网上网服务营业场所等不适宜未成年人活动的场所。营业性歌舞娱乐场所、酒吧、互联网上网服务营业场所等不适宜未成年人活动场所的经

营者，不得允许未成年人进入；游艺娱乐场所设置的电子游戏设备，除国家法定节假日外，不得向未成年人提供。经营者应当在显著位置设置未成年人禁入、限入标志；对难以判明是否是未成年人的，应当要求其出示身份证件。

学校、幼儿园周边不得设置烟、酒、彩票销售网点。禁止向未成年人销售烟、酒、彩票或者兑付彩票奖金。烟、酒和彩票经营者应当在显著位置设置不向未成年人销售烟、酒或者彩票的标志；对难以判明是否是未成年人的，应当要求其出示身份证件。

典型例题（2021·石家庄·判断）游艺娱乐场所设置的电子游戏设备，除国家法定节假日外，不得向未成年人提供。（ ）

【答案】√。

考点3　禁止严重侵犯未成年人权益的行为

禁止拐卖、绑架、虐待、非法收养未成年人，禁止对未成年人实施性侵害、性骚扰。

禁止胁迫、引诱、教唆未成年人参加黑社会性质组织或者从事违法犯罪活动。

禁止胁迫、诱骗、利用未成年人乞讨。

考点4　吸烟、饮酒的限制

任何人不得在学校、幼儿园和其他未成年人集中活动的公共场所吸烟、饮酒。

考点5　未成年人用工限制　★★

任何组织或者个人不得招用未满十六周岁未成年人，国家另有规定的除外。

营业性娱乐场所、酒吧、互联网上网服务营业场所等不适宜未成年人活动的场所不得招用已满十六周岁的未成年人。

招用已满十六周岁未成年人的单位和个人应当执行国家在工种、劳动时间、劳动强度和保护措施等方面的规定，不得安排其从事过重、有毒、有害等危害未成年人身心健康的劳动或者危险作业。

任何组织或者个人不得组织未成年人进行危害其身心健康的表演等活动。经未成年人的父母或者其他监护人同意，未成年人参与演出、节目制作等活动，活动组织方应当根据国家有关规定，保障未成年人合法权益。

考点6　未成年人的隐私保护

任何组织或者个人不得隐匿、毁弃、非法删除未成年人的信件、日记、电子邮件或者其他网络通讯内容。

除下列情形外，任何组织或者个人不得开拆、查阅未成年人的信件、日记、电子邮件或者其他网络通讯内容：

（1）无民事行为能力未成年人的父母或者其他监护人代未成年人开拆、查阅；

（2）因国家安全或者追查刑事犯罪依法进行检查；

（3）紧急情况下为了保护未成年人本人的人身安全。

五、网络保护

考点1 学校对未成年学生沉迷网络的预防和处理措施

学校应当合理使用网络开展教学活动。未经学校允许,未成年学生不得将手机等智能终端产品带入课堂,带入学校的应当统一管理。

学校发现未成年学生沉迷网络的,应当及时告知其父母或者其他监护人,共同对未成年学生进行教育和引导,帮助其恢复正常的学习生活。

考点2 网络产品和服务提供者的义务

网络产品和服务提供者不得向未成年人提供诱导其沉迷的产品和服务。

网络游戏、网络直播、网络音视频、网络社交等网络服务提供者应当针对未成年人使用其服务设置相应的时间管理、权限管理、消费管理等功能。

以未成年人为服务对象的在线教育网络产品和服务,不得插入网络游戏链接,不得推送广告等与教学无关的信息。

考点3 网络游戏管理 ★★★

网络游戏经依法审批后方可运营。

国家建立统一的未成年人网络游戏电子身份认证系统。网络游戏服务提供者应当要求未成年人以真实身份信息注册并登录网络游戏。

网络游戏服务提供者应当按照国家有关规定和标准,对游戏产品进行分类,作出适龄提示,并采取技术措施,不得让未成年人接触不适宜的游戏或者游戏功能。

网络游戏服务提供者不得在每日二十二时至次日八时向未成年人提供网络游戏服务。

典型例题 (2021·石家庄·判断)网络游戏服务提供者不得在每日二十二时至次日八时向未成年人提供网络游戏服务。   ( )

【答案】√。

考点4 网络直播管理

网络直播服务提供者不得为未满十六周岁的未成年人提供网络直播发布者账号注册服务;为年满十六周岁的未成年人提供网络直播发布者账号注册服务时,应当对其身份信息进行认证,并征得其父母或者其他监护人同意。

六、政府保护

考点1 保障未成年人受教育的权利

各级人民政府应当保障未成年人受教育的权利,并采取措施保障留守未成年人、困境未成年人、残疾未成年人接受义务教育。对尚未完成义务教育的辍学未成年学生,教育行政部门应当责令父母或者其他监护人将其送入学校接受义务教育。

考点 2　保障残疾未成年人的教育

各级人民政府应当保障具有接受普通教育能力、能适应校园生活的残疾未成年人就近在普通学校、幼儿园接受教育；保障不具有接受普通教育能力的残疾未成年人在特殊教育学校、幼儿园接受学前教育、义务教育和职业教育。

各级人民政府应当保障特殊教育学校、幼儿园的办学、办园条件，鼓励和支持社会力量举办特殊教育学校、幼儿园。

考点 3　民政部门临时监护

1. 民政部门临时监护的情形

具有下列情形之一的，民政部门应当依法对未成年人进行临时监护：

（1）未成年人流浪乞讨或者身份不明，暂时查找不到父母或者其他监护人；

（2）监护人下落不明且无其他人可以担任监护人；

（3）监护人因自身客观原因或者因发生自然灾害、事故灾难、公共卫生事件等突发事件不能履行监护职责，导致未成年人监护缺失；

（4）监护人拒绝或者怠于履行监护职责，导致未成年人处于无人照料的状态；

（5）监护人教唆、利用未成年人实施违法犯罪行为，未成年人需要被带离安置；

（6）未成年人遭受监护人严重伤害或者面临人身安全威胁，需要被紧急安置；

（7）法律规定的其他情形。

2. 民政部门临时监护的方式

对临时监护的未成年人，民政部门可以采取委托亲属抚养、家庭寄养等方式进行安置，也可以交由未成年人救助保护机构或者儿童福利机构进行收留、抚养。

临时监护期间，经民政部门评估，监护人重新具备履行监护职责条件的，民政部门可以将未成年人送回监护人抚养。

考点 4　民政部门长期监护

1. 民政部门长期监护的情形

具有下列情形之一的，民政部门应当依法对未成年人进行长期监护：

（1）查找不到未成年人的父母或者其他监护人；

（2）监护人死亡或者被宣告死亡且无其他人可以担任监护人；

（3）监护人丧失监护能力且无其他人可以担任监护人；

（4）人民法院判决撤销监护人资格并指定由民政部门担任监护人；

（5）法律规定的其他情形。

2. 对长期监护的未成年人的收养

民政部门进行收养评估后，可以依法将其长期监护的未成年人交由符合条件的申请人收养。收养关系成立后，民政部门与未成年人的监护关系终止。

七、司法保护

考点1　个人信息和隐私保护

公安机关、人民检察院、人民法院、司法行政部门以及其他组织和个人不得披露有关案件中未成年人的姓名、影像、住所、就读学校以及其他可能识别出其身份的信息，但查找失踪、被拐卖未成年人等情形除外。

考点2　继承、离婚案件中的保护

人民法院审理继承案件，应当依法保护未成年人的继承权和受遗赠权。

人民法院审理离婚案件，涉及未成年子女抚养问题的，应当尊重已满八周岁未成年子女的真实意愿，根据双方具体情况，按照最有利于未成年子女的原则依法处理。

考点3　监护人资格的撤销

未成年人的父母或者其他监护人不依法履行监护职责或者严重侵犯被监护的未成年人合法权益的，人民法院可以根据有关人员或者单位的申请，依法作出人身安全保护令或者撤销监护人资格。

被撤销监护人资格的父母或者其他监护人应当依法继续负担抚养费用。

考点4　处理违法犯罪未成年人的方针和原则　★★

对违法犯罪的未成年人，实行教育、感化、挽救的方针，坚持教育为主、惩罚为辅的原则。

对违法犯罪的未成年人依法处罚后，在升学、就业等方面不得歧视。

八、法律责任

考点1　违反强制报告义务的法律责任

违反《未成年人保护法》的相关规定，未履行报告义务造成严重后果的，由上级主管部门或者所在单位对直接负责的主管人员和其他直接责任人员依法给予处分。

考点2　监护人失职的法律责任

未成年人的父母或者其他监护人不依法履行监护职责或者侵犯未成年人合法权益的，由其居住地的居民委员会、村民委员会予以劝诫、制止；情节严重的，居民委员会、村民委员会应当及时向公安机关报告。

公安机关接到报告或者公安机关、人民检察院、人民法院在办理案件过程中发现未成年人的父母或者其他监护人存在上述情形的，应当予以训诫，并可以责令其接受家庭教育指导。

考点3　教育机构保护失职的法律责任

学校、幼儿园、婴幼儿照护服务等机构及其教职员工违反《未成年人保护法》相关规定的，由公安、教育、卫生健康、市场监督管理等部门按照职责分工责令改正；拒不改正或者情节严重的，对直接负责的主管人员和其他直接责任人员依法给予处分。

考点 4　在禁止场所吸烟饮酒的法律责任

违反《未成年人保护法》的相关规定，在学校、幼儿园和其他未成年人集中活动的公共场所吸烟、饮酒的，由卫生健康、教育、市场监督管理等部门按照职责分工责令改正，给予警告，可以并处五百元以下罚款；场所管理者未及时制止的，由卫生健康、教育、市场监督管理等部门按照职责分工给予警告，并处一万元以下罚款。

考点 5　违法招用未成年人的法律责任

违反《未成年人保护法》的相关规定，招用未成年人的，由文化和旅游、人力资源和社会保障、市场监督管理等部门按照职责分工责令限期改正，给予警告，没收违法所得，可以并处十万元以下罚款；拒不改正或者情节严重的，责令停产停业或者吊销营业执照、吊销相关许可证，并处十万元以上一百万元以下罚款。

考点 6　国家机关工作人员失职的法律责任

国家机关工作人员玩忽职守、滥用职权、徇私舞弊，损害未成年人合法权益的，依法给予处分。

考点 7　侵犯未成年人合法权益的法律责任

违反《未成年人保护法》的规定，侵犯未成年人合法权益，造成人身、财产或者其他损害的，依法承担民事责任。

违反《未成年人保护法》的规定，构成违反治安管理行为的，依法给予治安管理处罚；构成犯罪的，依法追究刑事责任。

高分点睛

1.【常考题型】单选、多选、判断

2.【命题角度】

（1）直接考查未成年人的含义，保护未成年人的原则和要求，检举、控告和强制报告制度，监护人的禁令性行为，学生欺凌防控工作制度，未成年人用工限制，民政部门临时监护和长期监护的情形等。

（2）给出一段具体情境，要求结合学生行为判断家庭、学校或社会等义务主体应采取的措施；或判断家庭、学校或社会等义务主体所采取的措施是否合法，并说明理由。

第五节　《中华人民共和国预防未成年人犯罪法》（2020 年修订）

《中华人民共和国预防未成年人犯罪法》（以下简称《预防未成年人犯罪法》）于 1999 年 6 月 28 日第九届全国人民代表大会常务委员会第十次会议通过，于 2012 年、2020 年全国人民代表大会常务委员会分别进行了修订。2020 年修订后的《预防未成年人犯罪法》共七章，六十八条。

一、总则

考点1 指导思想

预防未成年人犯罪,立足于教育和保护未成年人相结合,坚持预防为主、提前干预,对未成年人的不良行为和严重不良行为及时进行分级预防、干预和矫治。

开展预防未成年人犯罪工作,应当尊重未成年人人格尊严,保护未成年人的名誉权、隐私权和个人信息等合法权益。

考点2 各级人民政府在预防未成年人犯罪方面的工作职责

各级人民政府在预防未成年人犯罪方面的工作职责是:

(1)制定预防未成年人犯罪工作规划;

(2)组织公安、教育、民政、文化和旅游、市场监督管理、网信、卫生健康、新闻出版、电影、广播电视、司法行政等有关部门开展预防未成年人犯罪工作;

(3)为预防未成年人犯罪工作提供政策支持和经费保障;

(4)对《预防未成年人犯罪法》的实施情况和工作规划的执行情况进行检查;

(5)组织开展预防未成年人犯罪宣传教育;

(6)其他预防未成年人犯罪工作职责。

考点3 专门学校和专门教育

国家加强专门学校建设,对有严重不良行为的未成年人进行专门教育。专门教育是国民教育体系的组成部分,是对有严重不良行为的未成年人进行教育和矫治的重要保护处分措施。

省级人民政府应当将专门教育发展和专门学校建设纳入经济社会发展规划。县级以上地方人民政府成立专门教育指导委员会,根据需要合理设置专门学校。

专门学校建设和专门教育具体办法,由国务院规定。

考点4 不得教唆、胁迫、引诱未成年人实施不良行为或者严重不良行为

任何组织或者个人不得教唆、胁迫、引诱未成年人实施不良行为或者严重不良行为,以及为未成年人实施上述行为提供条件。

考点5 自我防范

未成年人应当遵守法律法规及社会公共道德规范,树立自尊、自律、自强意识,增强辨别是非和自我保护的能力,自觉抵制各种不良行为以及违法犯罪行为的引诱和侵害。

考点6 鼓励科研

国家鼓励和支持预防未成年人犯罪相关学科建设、专业设置、人才培养及科学研究,开展国际交流与合作。

国家对预防未成年人犯罪工作有显著成绩的组织和个人,给予表彰和奖励。

二、预防犯罪的教育

考点1 指导思想

国家、社会、学校和家庭应当对未成年人加强社会主义核心价值观教育，开展预防犯罪教育，增强未成年人的法治观念，使未成年人树立遵纪守法和防范违法犯罪的意识，提高自我管控能力。

考点2 监护人的职责

未成年人的父母或者其他监护人对未成年人的预防犯罪教育负有直接责任，应当依法履行监护职责，树立优良家风，培养未成年人良好品行；发现未成年人心理或者行为异常的，应当及时了解情况并进行教育、引导和劝诫，不得拒绝或者怠于履行监护职责。

考点3 教育行政部门、学校的职责

1. 纳入学校教学计划

教育行政部门、学校应当将预防犯罪教育纳入学校教学计划，指导教职员工结合未成年人的特点，采取多种方式对未成年学生进行有针对性的预防犯罪教育。

2. 法治教育

学校应当聘任从事法治教育的专职或者兼职教师，并可以从司法和执法机关、法学教育和法律服务机构等单位聘请法治副校长、校外法治辅导员。

3. 心理健康教育

学校应当配备专职或者兼职的心理健康教育教师，开展心理健康教育。学校可以根据实际情况与专业心理健康机构合作，建立心理健康筛查和早期干预机制，预防和解决学生心理、行为异常问题。

学校应当与未成年学生的父母或者其他监护人加强沟通，共同做好未成年学生心理健康教育；发现未成年学生可能患有精神障碍的，应当立即告知其父母或者其他监护人送相关专业机构诊治。

4. 学生欺凌防控制度

教育行政部门应当会同有关部门建立学生欺凌防控制度。学校应当加强日常安全管理，完善学生欺凌发现和处置的工作流程，严格排查并及时消除可能导致学生欺凌行为的各种隐患。

教育行政部门鼓励和支持学校聘请社会工作者长期或者定期进驻学校，协助开展道德教育、法治教育、生命教育和心理健康教育，参与预防和处理学生欺凌等行为。

5. 开展预防犯罪教育的方法

教育行政部门、学校应当通过举办讲座、座谈、培训等活动，介绍科学合理的教育方法，指导教职员工、未成年学生的父母或者其他监护人有效预防未成年人犯罪。

学校应当将预防犯罪教育计划告知未成年学生的父母或者其他监护人。未成年学生的父母或者其他监护人应当配合学校对未成年学生进行有针对性的预防犯罪教育。

6. 考核

教育行政部门应当将预防犯罪教育的工作效果纳入学校年度考核内容。

三、对不良行为的干预

考点1　不良行为的范围 ★★

《预防未成年人犯罪法》所称不良行为，是指未成年人实施的不利于其健康成长的下列行为：

（1）吸烟、饮酒；

（2）多次旷课、逃学；

（3）无故夜不归宿、离家出走；

（4）沉迷网络；

（5）与社会上具有不良习性的人交往，组织或者参加实施不良行为的团伙；

（6）进入法律法规规定未成年人不宜进入的场所；

（7）参与赌博、变相赌博，或者参加封建迷信、邪教等活动；

（8）阅览、观看或者收听宣扬淫秽、色情、暴力、恐怖、极端等内容的读物、音像制品或者网络信息等；

（9）其他不利于未成年人身心健康成长的不良行为。

考点2　家庭干预措施

未成年人的父母或者其他监护人发现未成年人有不良行为的，应当及时制止并加强管教。

考点3　公安机关、居民委员会、村民委员会的干预措施

公安机关、居民委员会、村民委员会发现本辖区内未成年人有不良行为的，应当及时制止，并督促其父母或者其他监护人依法履行监护职责。

考点4　学校干预措施 ★★

学校对有不良行为的未成年学生，应当加强管理教育，不得歧视；对拒不改正或者情节严重的，学校可以根据情况予以处分或者采取以下管理教育措施：

（1）予以训导；

（2）要求遵守特定的行为规范；

（3）要求参加特定的专题教育；

（4）要求参加校内服务活动；

（5）要求接受社会工作者或者其他专业人员的心理辅导和行为干预；

（6）其他适当的管理教育措施。

学校和家庭应当加强沟通，建立家校合作机制。学校决定对未成年学生采取管理教育措施的，应当及时告知其父母或者其他监护人；未成年学生的父母或者其他监护人应当支持、配合学校进行管理教育。

考点5　针对不同不良行为的干预措施

1. 偷窃少量财物和轻微的欺凌行为

未成年学生偷窃少量财物，或者有殴打、辱骂、恐吓、强行索要财物等学生欺凌行为，情节轻微的，可以由学校依照《预防未成年人犯罪法》的相关规定采取相应的管理教育措施。

2. 旷课、逃学的行为

未成年学生旷课、逃学的，学校应当及时联系其父母或者其他监护人，了解有关情况；无正当理由的，学校和未成年学生的父母或者其他监护人应当督促其返校学习。

3. 无故夜不归宿、离家出走的行为

未成年人无故夜不归宿、离家出走的，父母或者其他监护人、所在的寄宿制学校应当及时查找，必要时向公安机关报告。

收留夜不归宿、离家出走未成年人的，应当及时联系其父母或者其他监护人、所在学校；无法取得联系的，应当及时向公安机关报告。

对夜不归宿、离家出走或者流落街头的未成年人，公安机关、公共场所管理机构等发现或者接到报告后，应当及时采取有效保护措施，并通知其父母或者其他监护人、所在的寄宿制学校，必要时应当护送其返回住所、学校；无法与其父母或者其他监护人、学校取得联系的，应当护送未成年人到救助保护机构接受救助。

4. 组织或参加实施不良行为团伙的行为

未成年人的父母或者其他监护人、学校发现未成年人组织或者参加实施不良行为的团伙，应当及时制止；发现该团伙有违法犯罪嫌疑的，应当立即向公安机关报告。

四、对严重不良行为的矫治

考点1　严重不良行为的范围 ★★

《预防未成年人犯罪法》所称严重不良行为，是指未成年人实施的有刑法规定、因不满法定刑事责任年龄不予刑事处罚的行为，以及严重危害社会的下列行为：

（1）结伙斗殴，追逐、拦截他人，强拿硬要或者任意损毁、占用公私财物等寻衅滋事行为；

（2）非法携带枪支、弹药或者弩、匕首等国家规定的管制器具；

（3）殴打、辱骂、恐吓，或者故意伤害他人身体；

（4）盗窃、哄抢、抢夺或者故意损毁公私财物；

（5）传播淫秽的读物、音像制品或者信息等；

（6）卖淫、嫖娼，或者进行淫秽表演；

（7）吸食、注射毒品，或者向他人提供毒品；

（8）参与赌博赌资较大；

（9）其他严重危害社会的行为。

典型例题 （2022·石家庄·单选）根据《中华人民共和国预防未成年人犯罪法》的规定，属于未成年人严重不良行为的是（　　）。

A. 多次旷课　　　　　　　　　B. 离家出走

C. 吸烟饮酒　　　　　　　　　D. 抢夺财物

【答案】D。

考点2　报告义务

未成年人的父母或者其他监护人、学校、居民委员会、村民委员会发现有人教唆、胁迫、引诱未成年人实施严重不良行为的，应当立即向公安机关报告。公安机关接到报告或者发现有上述情形的，应当及时依法查处；对人身安全受到威胁的未成年人，应当立即采取有效保护措施。

考点3　公安机关可采取的矫治措施 ★★

公安机关接到举报或者发现未成年人有严重不良行为的，应当及时制止，依法调查处理，并可以责令其父母或者其他监护人消除或者减轻违法后果，采取措施严加管教。

对有严重不良行为的未成年人，公安机关可以根据具体情况，采取以下矫治教育措施：

（1）予以训诫；

（2）责令赔礼道歉、赔偿损失；

（3）责令具结悔过；

（4）责令定期报告活动情况；

（5）责令遵守特定的行为规范，不得实施特定行为、接触特定人员或者进入特定场所；

（6）责令接受心理辅导、行为矫治；

（7）责令参加社会服务活动；

（8）责令接受社会观护，由社会组织、有关机构在适当场所对未成年人进行教育、监督和管束；

（9）其他适当的矫治教育措施。

公安机关在对未成年人进行矫治教育时，可以根据需要邀请学校、居民委员会、村民委员会以及社会工作服务机构等社会组织参与。

未成年人的父母或者其他监护人应当积极配合矫治教育措施的实施，不得妨碍阻挠或者放任不管。

考点4　专门教育的实施

1. 送入专门学校接受专门教育的程序

对有严重不良行为的未成年人，未成年人的父母或者其他监护人、所在学校无力管教或者管教无效的，可以向教育行政部门提出申请，经专门教育指导委员会评估同意后，由教育行政部门决定送入专门学校接受专门教育。

2. 送入专门学校接受专门教育的条件

未成年人有下列情形之一的，经专门教育指导委员会评估同意，教育行政部门会同公安机关可以决定将其送入专门学校接受专门教育：

（1）实施严重危害社会的行为，情节恶劣或者造成严重后果；

（2）多次实施严重危害社会的行为；

（3）拒不接受或者配合《预防未成年人犯罪法》相关规定的矫治教育措施；

（4）法律、行政法规规定的其他情形。

未成年人实施刑法规定的行为、因不满法定刑事责任年龄不予刑事处罚的，经专门教育指导委员会评估同意，教育行政部门会同公安机关可以决定对其进行专门矫治教育。

3. 专门学校的设置和管理

省级人民政府应当结合本地的实际情况，至少确定一所专门学校按照分校区、分班级等方式设置专门场所。专门场所实行闭环管理，公安机关、司法行政部门负责未成年人的矫治工作，教育行政部门承担未成年人的教育工作。

4. 从专门学校转回普通学校就读的相关规定

专门学校应当在每个学期适时提请专门教育指导委员会对接受专门教育的未成年学生的情况进行评估。对经评估适合转回普通学校就读的，专门教育指导委员会应当向原决定机关提出书面建议，由原决定机关决定是否将未成年学生转回普通学校就读。

原决定机关决定将未成年学生转回普通学校的，其原所在学校不得拒绝接收；因特殊情况，不适宜转回原所在学校的，由教育行政部门安排转学。

5. 专门学校的教育内容

专门学校应当对接受专门教育的未成年人分级分类进行教育和矫治，有针对性地开展道德教育、法治教育、心理健康教育，并根据实际情况进行职业教育；对没有完成义务教育的未成年人，应当保证其继续接受义务教育。

6. 专门学校学生的学籍管理及毕业证书的发放

专门学校的未成年学生的学籍保留在原学校，符合毕业条件的，原学校应当颁发毕业证书。

7. 专门学校的家校联系

专门学校应当与接受专门教育的未成年人的父母或者其他监护人加强联系，定期向其反馈未成年人的矫治和教育情况，为父母或者其他监护人、亲属等看望未成年人提供便利。

考点5　监护人提起行政复议或者行政诉讼的权利

未成年人及其父母或者其他监护人对《预防未成年人犯罪法》第四章"对严重不良行为的矫治"规定的行政决定不服的，可以依法提起行政复议或者行政诉讼。

五、对重新犯罪的预防

考点1　与成年人分别关押、管理等的规定

对被拘留、逮捕以及在未成年犯管教所执行刑罚的未成年人，应当与成年人分别关押、管理和教育。对未成年人的社区矫正，应当与成年人分别进行。

对有上述情形且没有完成义务教育的未成年人，公安机关、人民检察院、人民法院、司法行政部门应当与教育行政部门相互配合，保证其继续接受义务教育。

考点 2　刑满释放和接受社区矫正的未成年人的平等权利

刑满释放和接受社区矫正的未成年人，在复学、升学、就业等方面依法享有与其他未成年人同等的权利，任何单位和个人不得歧视。

六、法律责任

考点 1　监护人不履行监护职责的法律责任

公安机关、人民检察院、人民法院在办理案件过程中发现实施严重不良行为的未成年人的父母或者其他监护人不依法履行监护职责的，应当予以训诫，并可以责令其接受家庭教育指导。

考点 2　学校及其教职员工违反《预防未成年人犯罪法》规定的法律责任

学校及其教职员工违反《预防未成年人犯罪法》规定，不履行预防未成年人犯罪工作职责，或者虐待、歧视相关未成年人的，由教育行政等部门责令改正，通报批评；情节严重的，对直接负责的主管人员和其他直接责任人员依法给予处分。构成违反治安管理行为的，由公安机关依法予以治安管理处罚。

教职员工教唆、胁迫、引诱未成年人实施不良行为或者严重不良行为，以及品行不良、影响恶劣的，教育行政部门、学校应当依法予以解聘或者辞退。

考点 3　歧视相关未成年人的法律责任

违反《预防未成年人犯罪法》规定，在复学、升学、就业等方面歧视相关未成年人的，由所在单位或者教育、人力资源社会保障等部门责令改正；拒不改正的，对直接负责的主管人员或者其他直接责任人员依法给予处分。

有关社会组织、机构及其工作人员虐待、歧视接受社会观护的未成年人，或者出具虚假社会调查、心理测评报告的，由民政、司法行政等部门对直接负责的主管人员或者其他直接责任人员依法给予处分，构成违反治安管理行为的，由公安机关予以治安管理处罚。

考点 4　教唆、胁迫、引诱未成年人实施不良行为或者严重不良行为的法律责任

教唆、胁迫、引诱未成年人实施不良行为或者严重不良行为，构成违反治安管理行为的，由公安机关依法予以治安管理处罚。

考点 5　滥用职权、玩忽职守、徇私舞弊的法律责任

国家机关及其工作人员在预防未成年人犯罪工作中滥用职权、玩忽职守、徇私舞弊的，对直接负责的主管人员和其他直接责任人员，依法给予处分。

考点6　构成犯罪的刑事责任

违反《预防未成年人犯罪法》规定，构成犯罪的，依法追究刑事责任。

> **高分点睛**
>
> 1.【常考题型】单选、多选、判断
> 2.【命题角度】
> （1）直接考查分级预防、干预和矫治的理念，专门教育制度，未成年人的父母对未成年人的预防犯罪教育负有直接责任，学校对未成年人不良行为的干预措施，公安机关对未成年人严重不良行为的矫治措施等。
> （2）题干呈现学生的某一行为，要求界定其行为属于不良行为还是严重不良行为，并选出相应的应对措施。

第六节 《教师资格条例》（1995年发布）

《教师资格条例》于1995年12月12日由国务院令第188号发布。共七章，二十三条。

一、教师资格的适用

取得教师资格的公民，可以在本级及其以下等级的各类学校和其他教育机构担任教师；但是，取得中等职业学校实习指导教师资格的公民只能在中等专业学校、技工学校、职业高级中学或者初级职业学校担任实习指导教师。

高级中学教师资格与中等职业学校教师资格相互通用。

二、教师资格证的适用范围

教师资格证书在全国范围内适用。教师资格证书由国务院教育行政部门统一印制。

三、罚则

考点1　教师资格证书的收缴

依照教师法第十四条的规定丧失教师资格的，不能重新取得教师资格，其教师资格证书由县级以上人民政府教育行政部门收缴。

考点2　教师资格撤销 ★★

有下列情形之一的，由县级以上人民政府教育行政部门撤销其教师资格：

（一）弄虚作假、骗取教师资格的；

（二）品行不良、侮辱学生，影响恶劣的。

被撤销教师资格的，自撤销之日起5年内不得重新申请认定教师资格，其教师资格证书由县级以上人民政府教育行政部门收缴。

【典型例题】（2021·石家庄·单选）被撤销教师资格的，自撤销之日起（   ）不得重新申请认定教师资格。

A.1年内　　　　　B.3年内　　　　　C.5年内　　　　　D.8年内

【答案】C。

考点3　教师资格考试作弊处罚

参加教师资格考试有作弊行为的，其考试成绩作废，3年内不得再次参加教师资格考试。

考点4　教师资格考试泄密处罚

教师资格考试命题人员和其他有关人员违反保密规定，造成试题、参考答案及评分标准泄露的，依法追究法律责任。

考点5　教师资格认定工作的失职处罚

在教师资格认定工作中玩忽职守、徇私舞弊，对教师资格认定工作造成损失的，由教育行政部门依法给予行政处分；构成犯罪的，依法追究刑事责任。

> **高分点睛**
>
> 1.【常考题型】单选、判断
> 2.【命题角度】直接考查教师资格证的适用、教师资格撤销的情形。
> 3.【识记技巧】
> 在备考时，可以将教师资格的丧失或撤销同《中华人民共和国教师法》中对限制和丧失教师资格的具体规定结合起来记忆。有学者编制了相应的口诀："弊三撤五罪终身"。"弊三"指教师资格考试作弊的，3年内不得再次参考；"撤五"指教师资格被撤销的，5年内不得再次申请；"罪终身"指受到剥夺政治权利或者故意犯罪受到有期徒刑以上刑事处罚的，终身不得从教。

第七节　《学生伤害事故处理办法》（2010年修正）

《学生伤害事故处理办法》于2002年6月25日由中华人民共和国教育部令第12号正式颁布，自2002年9月1日起施行，并于2010年12月13日由教育部进行了修正。2010年修正后的《学生伤害事故处理办法》共六章，四十条。

一、总则

考点1　制定宗旨

《学生伤害事故处理办法》的制定宗旨是积极预防、妥善处理在校学生伤害事故，保护学生、学校的合法权益。

考点 2　适用范围

在学校实施的教育教学活动或者学校组织的校外活动中，以及在学校负有管理责任的校舍、场地、其他教育教学设施、生活设施内发生的，造成在校学生人身损害后果的事故的处理，适用《学生伤害事故处理办法》。

考点 3　事故处理原则

学生伤害事故应当遵循依法、客观公正、合理适当的原则，及时、妥善地处理。

考点 4　不同主体的安全责任

1. 学校的举办者和教育行政部门

学校的举办者应当提供符合安全标准的校舍、场地、其他教育教学设施和生活设施。

教育行政部门应当加强学校安全工作，指导学校落实预防学生伤害事故的措施，指导、协助学校妥善处理学生伤害事故，维护学校正常的教育教学秩序。

2. 学校

学校应当对在校学生进行必要的安全教育和自护自救教育；应当按照规定，建立健全安全制度，采取相应的管理措施，预防和消除教育教学环境中存在的安全隐患；当发生伤害事故时，应当及时采取措施救助受伤害学生。

学校对学生进行安全教育、管理和保护，应当针对学生年龄、认知能力和法律行为能力的不同，采用相应的内容和预防措施。

学校对未成年学生不承担监护职责，但法律有规定的或者学校依法接受委托承担相应监护职责的情形除外。

3. 学生

学生应当遵守学校的规章制度和纪律；在不同的受教育阶段，应当根据自身的年龄、认知能力和法律行为能力，避免和消除相应的危险。

4. 监护人

未成年学生的父母或者其他监护人应当依法履行监护职责，配合学校对学生进行安全教育、管理和保护工作。

二、事故与责任

考点 1　责任认定

发生学生伤害事故，造成学生人身损害的，学校应当按照《中华人民共和国侵权责任法》及相关法律、法规的规定，承担相应的事故责任。

（编者注：《中华人民共和国民法典》自 2021 年 1 月 1 日起施行，《中华人民共和国侵权责任法》同时废止。《中华人民共和国民法典》中关于侵权责任的内容与《中华人民共和国侵权责任法》相关内容的基本意思相同。）

考点 2　学校承担事故责任的情形 ★★★

因下列情形之一造成的学生伤害事故，学校应当依法承担相应的责任：

（1）学校的校舍、场地、其他公共设施，以及学校提供给学生使用的学具、教育教学和生活设施、设备不符合国家规定的标准，或者有明显不安全因素的；

（2）学校的安全保卫、消防、设施设备管理等安全管理制度有明显疏漏，或者管理混乱，存在重大安全隐患，而未及时采取措施的；

（3）学校向学生提供的药品、食品、饮用水等不符合国家或者行业的有关标准、要求的；

（4）学校组织学生参加教育教学活动或者校外活动，未对学生进行相应的安全教育，并未在可预见的范围内采取必要的安全措施的；

（5）学校知道教师或者其他工作人员患有不适宜担任教育教学工作的疾病，但未采取必要措施的；

（6）学校违反有关规定，组织或者安排未成年学生从事不宜未成年人参加的劳动、体育运动或者其他活动的；

（7）学生有特异体质或者特定疾病，不宜参加某种教育教学活动，学校知道或者应当知道，但未予以必要的注意的；

（8）学生在校期间突发疾病或者受到伤害，学校发现，但未根据实际情况及时采取相应措施，导致不良后果加重的；

（9）学校教师或者其他工作人员体罚或者变相体罚学生，或者在履行职责过程中违反工作要求、操作规程、职业道德或者其他有关规定的；

（10）学校教师或者其他工作人员在负有组织、管理未成年学生的职责期间，发现学生行为具有危险性，但未进行必要的管理、告诫或者制止的；

（11）对未成年学生擅自离校等与学生人身安全直接相关的信息，学校发现或者知道，但未及时告知未成年学生的监护人，导致未成年学生因脱离监护人的保护而发生伤害的；

（12）学校有未依法履行职责的其他情形的。

典型例题　（2020·廊坊·单选）造成学生伤害事故，学校应当依法承担相应责任的情形是（　　）。

A. 来自学校外部的、偶发性侵害造成的

B. 学校向学生提供的食品不符合国家或者行业的有关标准、要求的

C. 学生自杀、自伤的

D. 学生有特定疾病，学校不知道或者难于知道的

【答案】B。

考点 3　学生或未成年学生监护人承担责任的情形

学生或者未成年学生监护人由于过错，有下列情形之一，造成学生伤害事故，应当依法承担相应

的责任：

（1）学生违反法律法规的规定，违反社会公共行为准则、学校的规章制度或者纪律，实施按其年龄和认知能力应当知道具有危险或者可能危及他人的行为的；

（2）学生行为具有危险性，学校、教师已经告诫、纠正，但学生不听劝阻、拒不改正的；

（3）学生或者其监护人知道学生有特异体质，或者患有特定疾病，但未告知学校的；

（4）未成年学生的身体状况、行为、情绪等有异常情况，监护人知道或者已被学校告知，但未履行相应监护职责的；

（5）学生或者未成年学生监护人有其他过错的。

考点4 消费与服务的经营者、活动组织者承担责任的情形

学校安排学生参加活动，因提供场地、设备、交通工具、食品及其他消费与服务的经营者，或者学校以外的活动组织者的过错造成的学生伤害事故，有过错的当事人应当依法承担相应的责任。

考点5 学校免责的情形 ★★

1. 意外因素造成的学生伤害事故

因下列情形之一造成的学生伤害事故，学校已履行了相应职责，行为并无不当的，无法律责任：

（1）地震、雷击、台风、洪水等不可抗的自然因素造成的；

（2）来自学校外部的突发性、偶发性侵害造成的；

（3）学生有特异体质、特定疾病或者异常心理状态，学校不知道或者难于知道的；

（4）学生自杀、自伤的；

（5）在对抗性或者具有风险性的体育竞赛活动中发生意外伤害的；

（6）其他意外因素造成的。

2. 在学校管理职责范围外发生的学生伤害事故

下列情形下发生的造成学生人身损害后果的事故，学校行为并无不当的，不承担事故责任；事故责任应当按有关法律法规或者其他有关规定认定：

（1）在学生自行上学、放学、返校、离校途中发生的；

（2）在学生自行外出或者擅自离校期间发生的；

（3）在放学后、节假日或者假期等学校工作时间以外，学生自行滞留学校或者自行到校发生的；

（4）其他在学校管理职责范围外发生的。

考点6 与职务无关的个人行为承担责任的情形

因学校教师或者其他工作人员与其职务无关的个人行为，或者因学生、教师及其他个人故意实施的违法犯罪行为，造成学生人身损害的，由致害人依法承担相应的责任。

三、事故处理程序

考点1　及时救助、告知和报告的责任

发生学生伤害事故，学校应当及时救助受伤害学生，并应当及时告知未成年学生的监护人；有条件的，应当采取紧急救援等方式救助。

发生学生伤害事故，情形严重的，学校应当及时向主管教育行政部门及有关部门报告；属于重大伤亡事故的，教育行政部门应当按照有关规定及时向同级人民政府和上一级教育行政部门报告。

考点2　事故处理方式——协商、调解与诉讼

发生学生伤害事故，学校与受伤害学生或者学生家长可以通过协商方式解决；双方自愿，可以书面请求主管教育行政部门进行调解。成年学生或者未成年学生的监护人也可以依法直接提起诉讼。

教育行政部门收到调解申请，认为必要的，可以指定专门人员进行调解，并应当在受理申请之日起60日内完成调解。经教育行政部门调解，双方就事故处理达成一致意见的，应当在调解人员的见证下签订调解协议，结束调解；在调解期限内，双方不能达成一致意见，或者调解过程中一方提起诉讼，人民法院已经受理的，应当终止调解。调解结束或者终止，教育行政部门应当书面通知当事人。

对经调解达成的协议，一方当事人不履行或者反悔的，双方可以依法提起诉讼。

考点3　事故处理结果的报告

事故处理结束，学校应当将事故处理结果书面报告主管的教育行政部门；重大伤亡事故的处理结果，学校主管的教育行政部门应当向同级人民政府和上一级教育行政部门报告。

四、事故损害的赔偿

考点1　赔偿责任主体的认定

对发生学生伤害事故负有责任的组织或者个人，应当按照法律法规的有关规定，承担相应的损害赔偿责任。

考点2　不同主体的赔偿责任 ★★★

1. 学校

学校对学生伤害事故负有责任的，根据责任大小，适当予以经济赔偿，但不承担解决户口、住房、就业等与救助受伤害学生、赔偿相应经济损失无直接关系的其他事项。

学校无责任的，如果有条件，可以根据实际情况，本着自愿和可能的原则，对受伤害学生给予适当的帮助。

2. 教师或其他工作人员

因学校教师或者其他工作人员在履行职务中的故意或者重大过失造成的学生伤害事故，学校予以赔偿后，可以向有关责任人员追偿。

3.学生或其监护人

未成年学生对学生伤害事故负有责任的，由其监护人依法承担相应的赔偿责任。

学生的行为侵害学校教师及其他工作人员以及其他组织、个人的合法权益，造成损失的，成年学生或者未成年学生的监护人应当依法予以赔偿。

典型例题（2020·石家庄·单选）张伟今年10岁，在放学回家的路上与几名同学边走边打闹，不慎将王明的眼睛碰伤。王明的医药费应由（　　）依法承担。

A.张伟本人　　　　B.张伟的监护人　　　C.王明所在学校　　　D.王明的老师

【答案】B。

五、事故责任者的处理

考点1　学校责任人的处理

发生学生伤害事故，学校负有责任且情节严重的，教育行政部门应当根据有关规定，对学校的直接负责的主管人员和其他直接责任人员，分别给予相应的行政处分；有关责任人的行为触犯刑律的，应当移送司法机关依法追究刑事责任。

学校管理混乱，存在重大安全隐患的，主管的教育行政部门或者其他有关部门应当责令其限期整顿；对情节严重或者拒不改正的，应当依据法律法规的有关规定，给予相应的行政处罚。

考点2　教育行政部门责任人的处理

教育行政部门未履行相应职责，对学生伤害事故的发生负有责任的，由有关部门对直接负责的主管人员和其他直接责任人员分别给予相应的行政处分；有关责任人的行为触犯刑律的，应当移送司法机关依法追究刑事责任。

考点3　对造成学生伤害事故负有责任的学生的处理

违反学校纪律，对造成学生伤害事故负有责任的学生，学校可以给予相应的处分；触犯刑律的，由司法机关依法追究刑事责任。

考点4　对事故处理过程中无理取闹或存在侵权行为人员的处理

受伤害学生的监护人、亲属或者其他有关人员，在事故处理过程中无理取闹，扰乱学校正常教育教学秩序，或者侵犯学校、学校教师或者其他工作人员的合法权益的，学校应当报告公安机关依法处理；造成损失的，可以依法要求赔偿。

高分点睛

1.【常考题型】单选、判断

2.【命题角度】

（1）直接考查学生伤害事故处理的原则，学校、学生承担事故责任的情形，学校免责的情形等。

（2）题干给出造成学生伤害事故的情况，要求判断事故的责任主体或赔偿主体。
（3）要求选出不履行调解协议时可采取何种措施，或选出主管部门完成调解的时限等。

第八节 《中小学教育惩戒规则（试行）》（2020年发布）

《中小学教育惩戒规则（试行）》于2020年9月23日由教育部第3次部务会议审议通过，自2021年3月1日起施行。

一、教育惩戒的概念

教育惩戒是指学校、教师基于教育目的，对违规违纪学生进行管理、训导或者以规定方式予以矫治，促使学生引以为戒、认识和改正错误的教育行为。

二、实施教育惩戒的原则

实施教育惩戒应当符合教育规律，注重育人效果；遵循法治原则，做到客观公正；选择适当措施，与学生过错程度相适应。

三、实施教育惩戒的情形 ★★

学生有下列情形之一，学校及其教师应当予以制止并进行批评教育，确有必要的，可以实施教育惩戒：
（1）故意不完成教学任务要求或者不服从教育、管理的；
（2）扰乱课堂秩序、学校教育教学秩序的；
（3）吸烟、饮酒，或者言行失范违反学生守则的；
（4）实施有害自己或者他人身心健康的危险行为的；
（5）打骂同学、老师，欺凌同学或者侵害他人合法权益的；
（6）其他违反校规校纪的行为。

学生实施属于预防未成年人犯罪法规定的不良行为或者严重不良行为的，学校、教师应当予以制止并实施教育惩戒，加强管教；构成违法犯罪的，依法移送公安机关处理。

四、教育惩戒的类型

考点1 一般教育惩戒

教师在课堂教学、日常管理中，对违规违纪情节较为轻微的学生，可以当场实施以下教育惩戒：
（1）点名批评；

（2）责令赔礼道歉、做口头或者书面检讨；

（3）适当增加额外的教学或者班级公益服务任务；

（4）一节课堂教学时间内的教室内站立；

（5）课后教导；

（6）学校校规校纪或者班规、班级公约规定的其他适当措施。

教师对学生实施前款措施后，可以以适当方式告知学生家长。

考点 2　较重教育惩戒

学生违反校规校纪，情节较重或者经当场教育惩戒拒不改正的，学校可以实施以下教育惩戒，并应当及时告知家长：

（1）由学校德育工作负责人予以训导；

（2）承担校内公益服务任务；

（3）安排接受专门的校规校纪、行为规则教育；

（4）暂停或者限制学生参加游览、校外集体活动以及其他外出集体活动；

（5）学校校规校纪规定的其他适当措施。

考点 3　严重教育惩戒

小学高年级、初中和高中阶段的学生违规违纪情节严重或者影响恶劣的，学校可以实施以下教育惩戒，并应当事先告知家长：

（1）给予不超过一周的停课或者停学，要求家长在家进行教育、管教；

（2）由法治副校长或者法治辅导员予以训诫；

（3）安排专门的课程或者教育场所，由社会工作者或者其他专业人员进行心理辅导、行为干预。

对违规违纪情节严重，或者经多次教育惩戒仍不改正的学生，学校可以给予警告、严重警告、记过或者留校察看的纪律处分。对高中阶段学生，还可以给予开除学籍的纪律处分。

对有严重不良行为的学生，学校可以按照法定程序，配合家长、有关部门将其转入专门学校教育矫治。

考点 4　扰乱课堂或者教育教学秩序的教育惩戒

学生扰乱课堂或者教育教学秩序，影响他人或者可能对自己及他人造成伤害的，教师可以采取必要措施，将学生带离教室或者教学现场，并予以教育管理。

考点 5　携带、使用违规物品或者行为具有危险性的教育惩戒

教师、学校发现学生携带、使用违规物品或者行为具有危险性的，应当采取必要措施予以制止；发现学生藏匿违法、危险物品的，应当责令学生交出并可以对可能藏匿物品的课桌、储物柜等进行检查。

教师、学校对学生的违规物品可以予以暂扣并妥善保管，在适当时候交还学生家长；属于违法、危险物品的，应当及时报告公安机关、应急管理部门等有关部门依法处理。

五、教育惩戒过程中的禁止行为 ★★

教师在教育教学管理、实施教育惩戒过程中，不得有下列行为：

（1）以击打、刺扎等方式直接造成身体痛苦的体罚；

（2）超过正常限度的罚站、反复抄写，强制做不适的动作或者姿势，以及刻意孤立等间接伤害身体、心理的变相体罚；

（3）辱骂或者以歧视性、侮辱性的言行侵犯学生人格尊严；

（4）因个人或者少数人违规违纪行为而惩罚全体学生；

（5）因学业成绩而教育惩戒学生；

（6）因个人情绪、好恶实施或者选择性实施教育惩戒；

（7）指派学生对其他学生实施教育惩戒；

（8）其他侵害学生权利的。

六、惩戒与教育相结合

教师对学生实施教育惩戒后，应当注重与学生的沟通和帮扶，对改正错误的学生及时予以表扬、鼓励。

学校可以根据实际和需要，建立学生教育保护辅导工作机制，由学校分管负责人、德育工作机构负责人、教师以及法治副校长（辅导员）、法律以及心理、社会工作等方面的专业人员组成辅导小组，对有需要的学生进行专门的心理辅导、行为矫治。

> **高分点睛**
>
> 1.【常考题型】单选、多选
>
> 2.【命题角度】
>
> （1）直接考查教育惩戒的概念、实施教育惩戒的情形、一般教育惩戒的方式等。
>
> （2）题干呈现学生的违规违纪行为，要求选出相应的可采取的教育惩戒措施；或判断所采取的教育惩戒措施是否合法。

第九节　教师专业标准（2012年发布）

一、《小学教师专业标准（试行）》

1. 基本理念

（1）师德为先

热爱小学教育事业，具有职业理想，践行社会主义核心价值体系，履行教师职业道德规范，依法执教。关爱小学生，尊重小学生人格，富有爱心、责任心、耐心和细心；为人师表，教书育人，自尊自律，做小学生健康成长的指导者和引路人。

（2）学生为本

尊重小学生权益，以小学生为主体，充分调动和发挥小学生的主动性；遵循小学生身心发展特点和教育教学规律，提供适合的教育，促进小学生生动活泼学习、健康快乐成长。

（3）能力为重

把学科知识、教育理论与教育实践有机结合，突出教书育人实践能力；研究小学生，遵循小学生成长规律，提升教育教学专业化水平；坚持实践、反思、再实践、再反思，不断提高专业能力。

（4）终身学习

学习先进小学教育理论，了解国内外小学教育改革与发展的经验和做法；优化知识结构，提高文化素养；具有终身学习与持续发展的意识和能力，做终身学习的典范。

2. 基本内容（见表 5-1-1）

表 5-1-1 《小学教师专业标准（试行）》的基本内容

维度	领域	基本要求
专业理念与师德	（一）职业理解与认识	1. 贯彻党和国家教育方针政策，遵守教育法律法规。 2. 理解小学教育工作的意义，热爱小学教育事业，具有职业理想和敬业精神。 3. 认同小学教师的专业性和独特性，注重自身专业发展。 4. 具有良好职业道德修养，为人师表。 5. 具有团队合作精神，积极开展协作与交流
	（二）对小学生的态度与行为	6. 关爱小学生，重视小学生身心健康，将保护小学生生命安全放在首位。 7. 尊重小学生独立人格，维护小学生合法权益，平等对待每一位小学生。不讽刺、挖苦、歧视小学生，不体罚或变相体罚小学生。 8. 信任小学生，尊重个体差异，主动了解和满足有益于小学生身心发展的不同需求。 9. 积极创造条件，让小学生拥有快乐的学校生活
	（三）教育教学的态度与行为	10. 树立育人为本、德育为先的理念，将小学生的知识学习、能力发展与品德养成相结合，重视小学生全面发展。 11. 尊重教育规律和小学生身心发展规律，为每一个小学生提供适合的教育。 12. 引导小学生体验学习乐趣，保护小学生的求知欲和好奇心，培养小学生的广泛兴趣、动手能力和探究精神。 13. 引导小学生学会学习，养成良好学习习惯。 14. 尊重和发挥好少先队组织的教育引导作用
	（四）个人修养与行为	15. 富有爱心、责任心、耐心和细心。 16. 乐观向上、热情开朗、有亲和力。 17. 善于自我调节情绪，保持平和心态。 18. 勤于学习，不断进取。 19. 衣着整洁得体，语言规范健康，举止文明礼貌

(续表)

维度	领域	基本要求
专业知识	（五）小学生发展知识	20. 了解关于小学生生存、发展和保护的有关法律法规及政策规定。 21. 了解不同年龄及有特殊需要的小学生身心发展特点和规律，掌握保护和促进小学生身心健康发展的策略与方法。 22. 了解不同年龄小学生学习的特点，掌握小学生良好行为习惯养成的知识。 23. 了解幼小和小初衔接阶段小学生的心理特点，掌握帮助小学生顺利过渡的方法。 24. 了解对小学生进行青春期和性健康教育的知识和方法。 25. 了解小学生安全防护的知识，掌握针对小学生可能出现的各种侵犯与伤害行为的预防与应对方法
	（六）学科知识	26. 适应小学综合性教学的要求，了解多学科知识。 27. 掌握所教学科知识体系、基本思想与方法。 28. 了解所教学科与社会实践、少先队活动的联系，了解与其他学科的联系
	（七）教育教学知识	29. 掌握小学教育教学基本理论。 30. 掌握小学生品行养成的特点和规律。 31. 掌握不同年龄小学生的认知规律和教育心理学的基本原理和方法。 32. 掌握所教学科的课程标准和教学知识
	（八）通识性知识	33. 具有相应的自然科学和人文社会科学知识。 34. 了解中国教育基本情况。 35. 具有相应的艺术欣赏与表现知识。 36. 具有适应教育内容、教学手段和方法现代化的信息技术知识
专业能力	（九）教育教学设计	37. 合理制定小学生个体与集体的教育教学计划。 38. 合理利用教学资源，科学编写教学方案。 39. 合理设计主题鲜明、丰富多彩的班级和少先队活动
	（十）组织与实施	40. 建立良好的师生关系，帮助小学生建立良好的同伴关系。 41. 创设适宜的教学情境，根据小学生的反应及时调整教学活动。 42. 调动小学生学习积极性，结合小学生已有的知识和经验激发学习兴趣。 43. 发挥小学生主体性，灵活运用启发式、探究式、讨论式、参与式等教学方式。 44. 发挥好少先队组织生活、集体活动、信息传播等教育功能。 45. 将现代教育技术手段整合应用到教学中。 46. 较好使用口头语言、肢体语言与书面语言，使用普通话教学，规范书写钢笔字、粉笔字、毛笔字。 47. 妥善应对突发事件。 48. 鉴别小学生行为和思想动向，用科学的方法防止和有效矫正不良行为
	（十一）激励与评价	49. 对小学生日常表现进行观察与判断，发现和赏识每一位小学生的点滴进步。 50. 灵活使用多元评价方式，给予小学生恰当的评价和指导。 51. 引导小学生进行积极的自我评价。 52. 利用评价结果不断改进教育教学工作

(续表)

维度	领域	基本要求
专业能力	（十二）沟通与合作	53. 使用符合小学生特点的语言进行教育教学工作。 54. 善于倾听，和蔼可亲，与小学生进行有效沟通。 55. 与同事合作交流，分享经验和资源，共同发展。 56. 与家长进行有效沟通合作，共同促进小学生发展。 57. 协助小学与社区建立合作互助的良好关系
	（十三）反思与发展	58. 主动收集分析相关信息，不断进行反思，改进教育教学工作。 59. 针对教育教学工作中的现实需要与问题，进行探索和研究。 60. 制定专业发展规划，积极参加专业培训，不断提高自身专业素质

二、《中学教师专业标准（试行）》

1. 基本理念

（1）师德为先

热爱中学教育事业，具有职业理想，践行社会主义核心价值体系，履行教师职业道德规范，依法执教。关爱中学生，尊重中学生人格，富有爱心、责任心、耐心和细心；为人师表，教书育人，自尊自律，以人格魅力和学识魅力教育感染中学生，做中学生健康成长的指导者和引路人。

（2）学生为本

尊重中学生权益，以中学生为主体，充分调动和发挥中学生的主动性；遵循中学生身心发展特点和教育教学规律，提供适合的教育，促进中学生生动活泼学习、健康快乐成长，全面而有个性地发展。

（3）能力为重

把学科知识、教育理论与教育实践有机结合，突出教书育人实践能力；研究中学生，遵循中学生成长规律，提升教育教学专业化水平；坚持实践、反思、再实践、再反思，不断提高专业能力。

（4）终身学习

学习先进中学教育理论，了解国内外中学教育改革与发展的经验和做法；优化知识结构，提高文化素养；具有终身学习与持续发展的意识和能力，做终身学习的典范。

2. 基本内容（见表5-1-2）

表5-1-2 《中学教师专业标准（试行）》的基本内容

维度	领域	基本要求
专业理念与师德	（一）职业理解与认识	1. 贯彻党和国家教育方针政策，遵守教育法律法规。 2. 理解中学教育工作的意义，热爱中学教育事业，具有职业理想和敬业精神。 3. 认同中学教师的专业性和独特性，注重自身专业发展。 4. 具有良好职业道德修养，为人师表。 5. 具有团队合作精神，积极开展协作与交流

（续表）

维度	领域	基本要求
专业理念与师德	（二）对学生的态度与行为	6. 关爱中学生，重视中学生身心健康发展，保护中学生生命安全。 7. 尊重中学生独立人格，维护中学生合法权益，平等对待每一位中学生。不讽刺、挖苦、歧视中学生，不体罚或变相体罚中学生。 8. 尊重个体差异，主动了解和满足中学生的不同需要。 9. 信任中学生，积极创造条件，促进中学生的自主发展
	（三）教育教学的态度与行为	10. 树立育人为本、德育为先的理念，将中学生的知识学习、能力发展与品德养成相结合，重视中学生的全面发展。 11. 尊重教育规律和中学生身心发展规律，为每一位中学生提供适合的教育。 12. 激发中学生的求知欲和好奇心，培养中学生学习兴趣和爱好，营造自由探索、勇于创新的氛围。 13. 引导中学生自主学习、自强自立，培养良好的思维习惯和适应社会的能力。 14. 尊重和发挥好共青团、少先队组织的教育引导作用
	（四）个人修养与行为	15. 富有爱心、责任心、耐心和细心。 16. 乐观向上、热情开朗、有亲和力。 17. 善于自我调节情绪，保持平和心态。 18. 勤于学习，不断进取。 19. 衣着整洁得体，语言规范健康，举止文明礼貌
专业知识	（五）教育知识	20. 掌握中学教育的基本原理和主要方法。 21. 掌握班级、共青团、少先队建设与管理的原则与方法。 22. 掌握教育心理学的基本原理和方法，了解中学生身心发展的一般规律与特点。 23. 了解中学生世界观、人生观、价值观形成的过程及其教育方法。 24. 了解中学生思维能力、创新能力和实践能力发展的过程与特点。 25. 了解中学生群体文化特点与行为方式
	（六）学科知识	26. 理解所教学科的知识体系、基本思想与方法。 27. 掌握所教学科内容的基本知识、基本原理与技能。 28. 了解所教学科与其他学科的联系。 29. 了解所教学科与社会实践及共青团、少先队活动的联系
	（七）学科教学知识	30. 掌握所教学科课程标准。 31. 掌握所教学科课程资源开发与校本课程开发的主要方法与策略。 32. 了解中学生在学习具体学科内容时的认知特点。 33. 掌握针对具体学科内容进行教学和研究性学习的方法与策略
	（八）通识性知识	34. 具有相应的自然科学和人文社会科学知识。 35. 了解中国教育基本情况。 36. 具有相应的艺术欣赏与表现知识。 37. 具有适应教育内容、教学手段和方法现代化的信息技术知识

（续表）

维度	领域	基本要求
专业能力	（九）教学设计	38.科学设计教学目标和教学计划。 39.合理利用教学资源和方法设计教学过程。 40.引导和帮助中学生设计个性化的学习计划
	（十）教学实施	41.营造良好的学习环境与氛围，激发与保护中学生的学习兴趣。 42.通过启发式、探究式、讨论式、参与式等多种方式，有效实施教学。 43.有效调控教学过程，合理处理课堂偶发事件。 44.引发中学生独立思考和主动探究，发展学生创新能力。 45.发挥好共青团、少先队组织生活、集体活动、信息传播等教育功能。 46.将现代教育技术手段整合应用到教学中
	（十一）班级管理与教育活动	47.建立良好的师生关系，帮助中学生建立良好的同伴关系。 48.注重结合学科教学进行育人活动。 49.根据中学生世界观、人生观、价值观形成的特点，有针对性地组织开展德育活动。 50.针对中学生青春期生理和心理发展特点，有针对性地组织开展有益身心健康发展的教育活动。 51.指导学生理想、心理、学业等多方面发展。 52.有效管理和开展班级、共青团、少先队活动。 53.妥善应对突发事件
	（十二）教育教学评价	54.利用评价工具，掌握多元评价方法，多视角、全过程评价学生发展。 55.引导学生进行自我评价。 56.自我评价教育教学效果，及时调整和改进教育教学工作
	（十三）沟通与合作	57.了解中学生，平等地与中学生进行沟通交流。 58.与同事合作交流，分享经验和资源，共同发展。 59.与家长进行有效沟通合作，共同促进中学生发展。 60.协助中学与社区建立合作互助的良好关系
	（十四）反思与发展	61.主动收集分析相关信息，不断进行反思，改进教育教学工作。 62.针对教育教学工作中的现实需要与问题，进行探索和研究。 63.制定专业发展规划，积极参加专业培训，不断提高自身专业素质

高分点睛

1.【常考题型】单选、多选

2.【命题角度】

（1）题干呈现对教师的某一基本要求，要求判断其体现了教师专业标准的哪一理念或属于教师专业标准的哪一领域。

（2）以多选的形式直接考查教师专业标准划分的维度有哪些。

第二章　教育热点与政策

第一节　习近平总书记关于教育的重要论述

一、总论

1. 教育本质：教育决定着人类未来

习近平总书记在致清华大学苏世民学者项目启动的贺信中提出"教育决定着人类的今天，也决定着人类的未来"的论断，精辟论述了教育对人类社会发展的重要性。

2. 教育战略：始终把教育摆在优先发展的战略地位

习近平总书记在党的十九大报告中明确指出，优先发展教育事业。在全国教育大会上进一步强调，坚持优先发展教育事业。

3. 根本任务：立德树人

习近平总书记多次强调立德树人是教育的根本任务。习近平总书记在学校思想政治理论课教师座谈会上强调，思想政治理论课是落实立德树人根本任务的关键课程。

4. 教育理想：中国特色、世界水平的现代教育

"发展具有中国特色、世界水平的现代教育"是我国教育发展的理想。当前我国基础教育要重点解决的问题是公平和质量。

5. 队伍保障：坚持把教师队伍建设作为基础工作

教育大计，教师为本。习近平总书记在全国教育大会上强调了教师的神圣使命。他指出，教师是人类灵魂的工程师，是人类文明的传承者，承载着传播知识、传播思想、传播真理，塑造灵魂、塑造生命、塑造新人的时代重任。他明确指出，坚持把教师队伍建设作为基础工作。

6. 发展动力：坚持文化自信

教育发展的动力是改革创新。习近平总书记在考察北京市八一学校时指出，我们的教育改革要坚持文化自信，好的经验要坚持，不足的要补齐。

二、核心内涵（九个坚持）

1. 坚持党对教育事业的全面领导

习近平总书记在党的十九大报告中指出，坚持党对一切工作的领导。在全国教育大会上强调，要坚持党对教育事业的全面领导。

坚持党的领导，要增强"四个意识"（政治意识、大局意识、核心意识、看齐意识），坚定"四个自信"（中国特色社会主义道路自信、理论自信、制度自信、文化自信），做到"两个维护"（坚决维护习近平总书记党中央的核心、全党的核心地位，坚决维护党中央权威和集中统一领导）。

2. 坚持把立德树人作为根本任务

（1）立德树人的含义

①揭示了教育的本质，是对教育本质的最新认识。

②揭示了德育在学校教育中的突出地位，强调促进人的德性成长是教育的首要任务，体现了党对人的全面发展的最新要求。

③揭示了道德发展与人的全面发展的辩证关系，强调了德性成长是人的全面发展的根本保障，体现了党对教育规律的深刻认识。

（2）立德树人是人才成长的根本规律

习近平总书记在北京大学师生座谈会的讲话中强调，人才培养一定是育人和育才相统一的过程，而育人是本。人无德不立，育人的根本在于立德。习近平总书记在尊重教育规律，坚持立德树人，丰富、完善和发展党的教育方针方面提出了一系列新论断：

①强调扣好人生的第一粒扣子，即抓好青年时期的价值观养成。

②强调理想信念教育。没有理想信念，就会导致精神上"缺钙"。

③强调加强社会主义核心价值观教育。

④强调加强中华优秀传统文化教育。文化是一个国家、一个民族的灵魂。文化自信是一个国家、一个民族发展中更基本、更深沉、更持久的力量。

⑤强调加强劳动教育和实践教育。要力行，知行合一，做实干家。

（3）立德树人是人民满意教育的根本要求

立德树人既是人民满意教育的根本要求，也是人民满意教育的根本标准，进一步回答了为谁培养人的重大问题。

（4）立德树人是实施素质教育的根本目的

习近平总书记在考察八一学校时指出，素质教育是教育的核心。在党的十九大报告中，要求发展素质教育。在全国教育大会上指出，坚决克服唯分数、唯升学、唯文凭、唯论文、唯帽子的顽瘴痼疾，从根本上解决教育评价指挥棒问题。习近平总书记在北京大学师生座谈会上的讲话中强调，要把立德树人的成效作为检验学校一切工作的根本标准。

3. 坚持优先发展教育事业

习近平总书记关于优先发展教育事业的思想是建立在对社会主义现代化建设和中华民族伟大复兴的历史进程中教育所具有的先导性、基础性、全局性作用的深刻认识基础上的。

优先发展教育事业是建设教育强国的必然要求，是立德树人的本质要求，也是改善民生的必然选择。

4. 坚持社会主义办学方向

（1）把培养德智体美劳全面发展的社会主义建设者和接班人作为根本培养任务。

（2）把"四个服务"作为根本要求。习近平总书记在全国高校思想政治工作会议上强调，教育要"为人民服务，为中国共产党治国理政服务，为巩固和发展中国特色社会主义制度服务，为改革开放和社会主义现代化建设服务"。

（3）把坚持社会主义意识形态作为根本特征。

（4）把教师队伍建设作为根本依靠。

5. 坚持扎根中国大地办教育

习近平总书记在全国教育大会上明确指出，要坚持扎根中国大地办教育。办好中国特色社会主义教育必须牢牢扎根于中国大地，要始终坚持一切从中国实际和中国国情出发，继承而不守旧，借鉴而不照搬，追赶而不追随。

扎根中国大地办好中国特色社会主义教育，应坚持党的领导与遵循教育规律的统一，坚持学校为主体与多方紧密配合的统一，坚定文化自信与教育自信的统一，坚持放眼世界与中国特色的统一。

6. 坚持以人民为中心发展教育

坚持以人民为中心发展教育，办好人民满意的教育，是党"以人民为中心的发展思想"的重要体现，是党执政为民的内在要求，是我国教育改革发展的基本遵循和指南针。

7. 坚持深化教育改革创新

坚持深化教育改革创新是办好我国教育事业的根本要求和动力。

贯彻落实党的十九大精神，积极回应人民群众在新时代对更好教育的强烈期盼，办好人民满意的教育，关键在于全面深化教育领域综合改革。全面深化教育领域综合改革的重点就是要解决人民群众关心的教育热点问题，即促进教育公平和提升教育质量。

8. 坚持把服务中华民族伟大复兴作为教育的重要使命

要将教育使命与中华民族伟大复兴紧密结合在一起，要认清历史方位，审视教育使命；要把握国际坐标，发展教育使命；要立足中国现实，践行教育使命。

9. 坚持把教师队伍建设作为基础工作 ★★

（1）教师工作的本质是塑造灵魂、塑造生命、塑造人

习近平总书记在同北京师范大学师生代表座谈时指出，教师重要，就在于教师的工作是塑造灵魂、塑造生命、塑造人的工作。他在全国高校思想政治工作会议上强调，教师是人类灵魂的工程师，承担着神圣使命。

（2）四有好老师

习近平总书记在同北京师范大学师生代表座谈时，就如何做一名好老师提出了四点要求，要有理想信念、有道德情操、有扎实学识、有仁爱之心。

（3）四个引路人

习近平总书记在北京市八一学校与教师座谈时，提出了四个引路人：广大教师要做学生锤炼品格的引路人，做学生学习知识的引路人，做学生创新思维的引路人，做学生奉献祖国的引路人。

（4）三个牢固

习近平总书记向全国广大教师致慰问信时，对全国广大教师提出了殷切希望：希望全国广大教师牢固树立中国特色社会主义理想信念，牢固树立终身学习理念，牢固树立改革创新意识，为发展具有中国特色、世界和平的现代教育作出贡献。

（5）四个相统一

习近平总书记在全国高校政治工作会议上强调，要加强师德师风建设，坚持教书与育人相统一，坚持言传和身教相统一，坚持潜心问道和关注社会相统一，坚持学术自由和学术规范相统一，引导教师以德立身，以德立学，以德施教。

（6）做大先生

习近平总书记在清华大学考察时强调，教师要成为大先生，做学生为学、为事、为人的示范，促进学生成长为全面发展的人。

（7）做"经师"和"人师"的统一者

习近平总书记在中国人民大学考察时强调，培养社会主义建设者和接班人，迫切需要我们的教师既精通专业知识、做好"经师"，又涵养德行、成为"人师"，努力做精于"传道授业解惑"的"经师"和"人师"的统一者。

三、总战略和目标任务

1. 加快教育现代化

加快教育现代化是我国教育事业发展的总要求和目标。

以人民为中心推进教育现代化的新举措：①推动城乡义务教育一体化发展，高度重视农村义务教育，是努力让每个孩子都能享有公平而有质量的教育的基本要求，也是健全城乡发展一体化体制机制、推进基本公共服务均等化的关键环节。②使绝大多数城乡新增劳动力接受高中阶段教育、更多接受高等教育，将与我国即将普及高中阶段教育、实现高等教育内涵式发展等部署紧密相连，是新时代大力提高国民素质、增强综合国力和国际竞争力的客观需要。③办好网络教育、继续教育，加快建设学习型社会，与改革开放以来我们党重视全民学习、终身学习的重要理念一以贯之，是为实现"两个一百年"奋斗目标夯实人力资源基础的必然要求。

2. 建设教育强国

建设教育强国是中华民族伟大复兴的基础工程。教育强国战略是我国教育改革与发展的核心理念、总体方向和根本遵循。

建设教育强国的推进路径：①坚持教育的战略地位——始终把教育摆在优先发展的战略地位；②坚持根本任务不动摇——承担好立德树人、教书育人的神圣职责；③明确发展方向——发展具有中国特色、世界水平的现代化教育；④重视队伍建设保障——教师是立教之本、兴教之源；⑤重视发展动力——大力推动教育改革发展。

3. 办好人民满意的教育

办好人民满意的教育集中体现了教育以人为本的核心理念，体现了教育为人民服务的崇高宗旨，反映了新时代中国特色社会主义对教育的现实需要。

办好人民满意的教育是增强人民安全感、获得感、幸福感的过程，是把握群众主流意见的过程，是缩小群体间差距的过程，是掌握教育需求循序渐进节奏的过程，是实现需求侧和供给侧动态平衡的过程，是建设现代化教育强国的社会基础。

4. 推进教育公平

教育公平是社会公平的重要基础，要以教育公平促进社会公平正义。习近平总书记在党的十九大报告中指出，"努力让每个孩子都能享有公平而有质量的教育"。

教育公平通常指每个社会成员都享有同等的教育权利与教育机会，享有同等的教育资源，享有同等的教育质量，享有同等的就业机会，并向社会弱势群体给予一定的倾斜。

教育公平包括机会公平、过程公平和结果公平。从本质上看，机会公平属于起点公平；过程公平强调整个过程中教育制度或安排要平等对待每一位儿童，以消除外部经济障碍和社会障碍对儿童学业的影响；结果公平通过向儿童提供使个人的天赋得以发展的各种机会，使不同社会出身的儿童获得进步，进而获得平等的教育效果。

5. 全面提高教育质量

党的十八大以来，习近平总书记站在党和国家事业全局的高度，明确提出要"推进教育改革，提高教育质量，培养更多、更高素质的人才"，把提高教育质量作为教育改革发展的核心任务。

全面提升教育质量的举措：①创新育人方式；②健全教育质量标准；③深化课程教材改革；④加强教师队伍建设；⑤优化教育评价体系。

> **高分点睛**
>
> 【常考题型】单选、判断
>
> 【命题角度】
>
> （1）直接考查立德树人的含义及地位。
>
> （2）考查关于教师队伍建设的重要论述。

第二节　最新教育政策摘要

一、《关于进一步减轻义务教育阶段学生作业负担和校外培训负担的意见》（2021年发布）

"双减"是指减轻义务教育阶段学生的作业负担和校外培训负担。

1. 全面压减作业总量和时长，减轻学生过重作业负担

（1）分类明确作业总量。学校要确保小学一、二年级不布置家庭书面作业，可在校内适当安排巩固练习；小学三至六年级书面作业平均完成时间不超过60分钟，初中书面作业平均完成时间不超过90分钟。

（2）提高作业设计质量。发挥作业诊断、巩固、学情分析等功能，将作业设计纳入教研体系，系统设计符合年龄特点和学习规律、体现素质教育导向的基础性作业。鼓励布置分层、弹性和个性化作业，坚决克服机械、无效作业，杜绝重复性、惩罚性作业。

2. 提升学校课后服务水平，满足学生多样化需求

（1）保证课后服务时间。课后服务结束时间原则上不早于当地正常下班时间；对有特殊需要的学生，学校应提供延时托管服务；初中学校工作日晚上可开设自习班。学校可统筹安排教师实行"弹性上下班制"。

（2）提高课后服务质量。充分用好课后服务时间，指导学生认真完成作业，对学习有困难的学生进行补习辅导与答疑，为学有余力的学生拓展学习空间，开展丰富多彩的科普、文体、艺术、劳动、阅读、兴趣小组及社团活动。不得利用课后服务时间讲新课。

3. 坚持从严治理，全面规范校外培训行为

（1）坚持从严审批机构。各地不再审批新的面向义务教育阶段学生的学科类校外培训机构，现有学科类培训机构统一登记为非营利性机构。对原备案的线上学科类培训机构，改为审批制。各省（自治区、直辖市）要对已备案的线上学科类培训机构全面排查，并按标准重新办理审批手续。未通过审批的，取消原有备案登记和互联网信息服务业务经营许可证（ICP）。对非学科类培训机构，各地要区分体育、文化艺术、科技等类别，明确相应主管部门，分类制定标准、严格审批。

（2）规范培训服务行为。建立培训内容备案与监督制度，制定出台校外培训机构培训材料管理办法。严禁超标超前培训，严禁非学科类培训机构从事学科类培训，严禁提供境外教育课程。进一步健全常态化排查机制，及时掌握校外培训机构情况及信息，完善"黑白名单"制度。

4. 大力提升教育教学质量，确保学生在校内学足学好

提升课堂教学质量。教育部门要指导学校健全教学管理规程，优化教学方式，强化教学管理，提升学生在校学习效率。学校要开齐开足开好国家规定课程，积极推进幼小科学衔接，帮助学生做好入学准备，严格按课程标准零起点教学，做到应教尽教，确保学生达到国家规定的学业质量标准。学校不得随意增减课时、提高难度、加快进度；降低考试压力，改进考试方法，不得有提前结课备考、违规统考、考题超标、考试排名等行为；考试成绩呈现实行等级制，坚决克服唯分数的倾向。

高分点睛

1.【常考题型】单选、判断

2.【命题角度】

（1）考查"双减"的含义。

（2）考查不同学段书面作业总量。

二、《关于组织责任督学进行"五项管理"督导的通知》（2021年发布）

《关于组织责任督学进行"五项管理"督导的通知》指出，加强中小学生作业、睡眠、手机、读物、体质管理（简称"五项管理"），关系学生健康成长、全面发展，是深入推进立德树人的重大举措。

1.《教育部办公厅关于加强义务教育学校作业管理的通知》（2021年发布） ★★

（1）把握作业育人功能。在课堂教学提质增效基础上，切实发挥好作业育人功能，布置科学合理有效作业，帮助学生巩固知识、形成能力、培养习惯，帮助教师检测教学效果、精准分析学情、改进

教学方法，促进学校完善教学管理、开展科学评价、提高教育质量。

（2）严控书面作业总量。

（3）创新作业类型方式。鼓励布置分层作业、弹性作业和个性化作业，科学设计探究性作业和实践性作业，探索跨学科综合性作业。切实避免机械、无效训练，严禁布置重复性、惩罚性作业。

（4）提高作业设计质量。学校要将作业设计作为校本教研重点，系统化选编、改编、创编符合学习规律、体现素质教育导向的基础性作业。教师要提高自主设计作业能力，针对学生不同情况，精准设计作业，根据实际学情，精选作业内容，合理确定作业数量，作业难度不得超过国家课程标准要求。

（5）加强作业完成指导。教师要充分利用课堂教学时间和课后服务时间加强学生作业指导，培养学生自主学习和时间管理能力，指导小学生基本在校内完成书面作业，初中学生在校内完成大部分书面作业。

（6）认真批改反馈作业。教师要对布置的学生作业全批全改，不得要求学生自批自改，强化作业批改与反馈的育人功能。

（7）不给家长布置作业。严禁给家长布置或变相布置作业，严禁要求家长批改作业。

（8）严禁校外培训作业。

（9）健全作业管理机制。

（10）纳入督导考核评价。各地教育行政部门要将作业管理纳入县域义务教育和学校办学质量评价。

2.《教育部办公厅关于进一步加强中小学生睡眠管理工作的通知》（2021年发布）

（1）明确学生睡眠时间要求。根据不同年龄段学生身心发展特点，小学生每天睡眠时间应达到10小时，初中生应达到9小时，高中生应达到8小时。

（2）防止学业过重挤占睡眠时间。中小学校要提升课堂教学实效，加强作业统筹管理，严格按照有关规定要求，合理调控学生书面作业总量，指导学生充分利用自习课或课后服务时间，避免学生回家后作业时间过长，挤占正常睡眠时间。校外培训机构培训结束时间不得晚于20:30，不得以课前预习、课后巩固、作业练习、微信群打卡等任何形式布置作业。

（3）合理安排学生就寝时间。小学生就寝时间一般不晚于21:20；初中生一般不晚于22:00；高中生一般不晚于23:00。个别学生经努力到就寝时间仍未完成作业的，家长应督促按时就寝不熬夜，确保充足睡眠。

3.《教育部办公厅关于加强中小学生手机管理工作的通知》（2021年发布）

（1）有限带入校园。学校应当告知学生和家长，原则上不得将个人手机带入校园。学生确有将手机带入校园需求的，须经学生家长同意、书面提出申请，进校后应将手机交由学校统一保管，禁止带入课堂。

（2）细化管理措施。学校应将手机管理纳入学校日常管理，制定具体办法，明确统一保管的场所、方式、责任人，提供必要保管装置。应通过设立校内公共电话、建立班主任沟通热线、探索使用具备通话功能的电子学生证或提供其他家长便捷联系学生的途径等措施，解决学生与家长通话需求。加强课堂教学和作业管理，不得用手机布置作业或要求学生利用手机完成作业。

（3）加强教育引导。学校要通过国旗下讲话、班团队会、心理辅导、校规校纪等多种形式加强教育引导，让学生科学理性对待并合理使用手机，提高学生信息素养和自我管理能力，避免简单粗暴管理行为。

（4）做好家校沟通。学校要将手机管理的有关要求告知学生家长，讲清过度使用手机的危害性和加强管理的必要性。家长应履行教育职责，加强对孩子使用手机的督促管理，形成家校协同育人合力。

（5）强化督导检查。县级教育行政部门要指导学校细化手机管理规定，广泛听取意见建议，及时解决学校手机管理中存在的问题。教育督导部门要将学校手机管理情况纳入日常监督范围，确保有关要求全面落实到位，促进学生健康成长。

4.《中小学生课外读物进校园管理办法》（2021年发布）

本办法所称的课外读物是指教材和教辅之外的、进入校园供中小学生阅读的正式出版物（含数字出版产品）。

中小学校课外读物推荐应坚持以下原则：①方向性。坚持育人为本，严把政治关，严格审视课外读物价值取向，助力学生成为有理想、有本领、有担当的时代新人。②全面性。坚持"五育"并举，着眼于学生全面发展，围绕核心素养，紧密联系学生思想、学习、生活实际，满足中小学生德育、智育、体育、美育和劳动教育等方面的阅读需要，全面发展素质教育。③适宜性。符合中小学生认知发展水平，满足不同学段学生学习需求和阅读兴趣。课外读物应使用绿色印刷，适应青少年儿童视力保护需求。④多样性。兼顾课外读物的学科、体裁、题材、国别、风格、表现形式，贯通古今中外。⑤适度性。中小学校和教师根据教育教学需要推荐的课外读物，要严格把关、控制数量。

进校园课外读物要符合以下基本标准：①主题鲜明；②内容积极；③可读性强；④启智增慧。

5.《教育部办公厅关于进一步加强中小学生体质健康管理工作的通知》（2021年发布）

（1）开齐开足体育与健康课程。中小学校要严格落实国家规定的体育与健康课程刚性要求，小学一至二年级每周4课时，小学三至六年级和初中每周3课时，高中每周2课时，有条件的学校每天开设1节体育课，确保不以任何理由挤占体育与健康课程和学生校园体育活动。

（2）保证体育活动时间。合理安排学生校内、校外体育活动时间，着力保障学生每天校内、校外各1小时体育活动时间。全面落实大课间体育活动制度，中小学校每天统一安排30分钟的大课间体育活动，每节课间应安排学生走出教室适量活动和放松。

高分点睛

1.【常考题型】单选、判断

2.【命题角度】

（1）考查五项管理具体包括哪五项。

（2）考查不同学段学生睡眠时间要求。

三、《义务教育质量评价指南》（2021年发布）

1.基本原则

（1）坚持正确方向。践行为党育人、为国育才使命，坚持正确政绩观和科学教育质量观，促进义务教育公平发展和质量提升。

（2）坚持育人为本。面向全体学生，注重综合素质评价，促进全面培养，引导办好每所学校、教好每名学生。

（3）坚持问题导向。完善评价内容，突出评价重点，改进评价方法，统筹整合评价，着力克服"唯分数、唯升学"倾向，促进形成良好教育生态。

（4）坚持以评促建。坚持实事求是、客观公正，强化过程性评价和发展性评价，有效发挥引导、诊断、改进、激励功能，促进义务教育优质均衡发展。

2. 评价内容

（1）县域义务教育质量评价。主要包括价值导向、组织领导、教学条件、教师队伍、均衡发展等五个方面重点内容。

（2）学校办学质量评价。主要包括办学方向、课程教学、教师发展、学校管理、学生发展等五个方面重点内容。

（3）学生发展质量评价。主要包括学生品德发展、学业发展、身心发展、审美素养、劳动与社会实践等五个方面重点内容。

3. 评价方式

（1）注重结果评价与增值评价相结合。

（2）注重综合评价与特色评价相结合。

（3）注重自我评价与外部评价相结合。

（4）注重线上评价与线下评价相结合。

四、《中国学生发展核心素养》（2016年发布）

1. 总体框架

中国学生发展核心素养，以"全面发展的人"为核心，分为文化基础、自主发展、社会参与三个方面，综合表现为人文底蕴、科学精神、学会学习、健康生活、责任担当、实践创新六大素养。根据这一总体框架，可针对学生年龄特点进一步提出各学段学生的具体表现要求。

2. 基本内涵

（1）文化基础

文化是人存在的根和魂。文化基础，重在强调能习得人文、科学等各领域的知识和技能，掌握和运用人类优秀智慧成果，涵养内在精神，追求真善美的统一，发展成为有宽厚文化基础、有更高精神追求的人。

①人文底蕴

人文底蕴主要是学生在学习、理解、运用人文领域知识和技能等方面所形成的基本能力、情感态度和价值取向。具体包括人文积淀、人文情怀和审美情趣等基本要点。

②科学精神

科学精神主要是学生在学习、理解、运用科学知识和技能等方面所形成的价值标准、思维方式和行为表现。具体包括理性思维、批判质疑、勇于探究等基本要点。

（2）自主发展

自主性是人作为主体的根本属性。自主发展，重在强调能有效管理自己的学习和生活，认识和发现自我价值，发掘自身潜力，有效应对复杂多变的环境，成就出彩人生，发展成为有明确人生方向、有生活品质的人。

①学会学习

学会学习主要是学生在学习意识形成、学习方式方法选择、学习进程评估调控等方面的综合表现。具体包括乐学善学、勤于反思、信息意识等基本要点。

②健康生活

健康生活主要是学生在认识自我、发展身心、规划人生等方面的综合表现。具体包括珍爱生命、健全人格、自我管理等基本要点。

（3）社会参与

社会性是人的本质属性。社会参与，重在强调能处理好自我与社会的关系，养成现代公民所必须遵守和履行的道德准则和行为规范，增强社会责任感，提升创新精神和实践能力，促进个人价值实现，推动社会发展进步，发展成为有理想信念、敢于担当的人。

①责任担当

责任担当主要是学生在处理与社会、国家、国际等关系方面所形成的情感态度、价值取向和行为方式。具体包括社会责任、国家认同、国际理解等基本要点。

②实践创新

实践创新主要是学生在日常活动、问题解决、适应挑战等方面所形成的实践能力、创新意识和行为表现。具体包括劳动意识、问题解决、技术应用等基本要点。

典型例题（2021·石家庄·多选）中国学生发展核心素养以培养"全面发展的人"为核心，综合表现为六大素养，其中"健康生活"的基本要点具体包括（　　）。

A. 珍爱生命　　　　　　　　　　B. 信息意识

C. 健全人格　　　　　　　　　　D. 自我管理

【答案】ACD。

第六部分

新课程改革

PART 6

考情简报

本部分较为全面地阐述了新课程改革的背景与发展趋势、理论基础及目标、结构、新课程背景下教学观、教师观、学习方式、教育评价的转变。期望考生学习后能将新课程的理念贯彻到以后的教学中。

第一章就新课程改革中的关键问题进行探讨，涉及新课程改革的理论基础、理念、目标、新课程的结构。

第二章是新课程对教学观、教师观、学习方式、教育评价的新的要求。这一部分的知识可以联系传统的教育实际进行理解、记忆。

从题目分布情况上看，第二章题目占比较大，是本部分的重点章节。

从题目特点上看，第一章考题多涉及识记性内容，备考时需要加强记忆。例如，2022年邯郸考查了新课程结构的特点。

第二章考题多以例子、关键词和材料来考查对新课程背景下的转变的理解，如教师在师生关系上要尊重、赞赏学生；自主学习是一种主动学习，表现为"我要学"，评价的目的在于促进发展等。

备考重难点：

1.掌握新课程改革的理念、具体目标、新课程结构的基本特征和内容、综合实践活动的具体内容。

2.熟记并理解新课程背景下教学观、教师角色和行为等的转变，教育评价的基本特征。

3.掌握新课程倡导的学习方式和现代学习方式的基本特征。

第一章 新课程改革概述

第一节 新课程改革的背景与发展趋势

教育改革的核心内容是课程改革。2001年6月8日，教育部颁布了《基础教育课程改革纲要（试行）》（以下简称《纲要》），《纲要》规定了课程改革的目标、课程结构、课程评价和管理等内容，标志着我国基础教育新课程改革的正式实施。本次课程改革简称为"新课改"。

新课程改革是中华人民共和国成立以来我国的第八次课程改革，也是规模最大、影响最为深远的一次课程改革。

一、新课程改革的背景

国际背景：初见端倪的知识经济；人类的生存和发展面临困境；行业竞争日趋激烈。

国内背景：国家发展的需要；学生发展的需要；教育发展的必然；原有基础教育课程存在一些缺陷。我国原有基础教育课程存在的主要问题如下。

（1）过分注重知识传授，忽视了学生的社会性、价值性、创造性。

（2）课程内容"繁、难、偏、旧"，并且过于注重书本知识，脱离了学生的日常经验。

（3）课程结构过于强调学科本位，强调不同学科的独立性，科目过多，缺乏整合。

（4）学生学习过程过于强调接受式学习，死记硬背，机械训练。

（5）教育评价过于强调评价的甄别和选拔功能，忽视了评价促进学生发展和教师提高的功能。

（6）课程管理过于集中，忽视了地方和学校在课程管理与开发中的作用。

二、新课程改革的发展趋势 ★★

（1）以学生发展为本，促进学生全面发展与培养个性相结合。

（2）稳定并加强基础教育（课程的社会化、生活化和能力化，加强实践性，由"双基"到"四基"）。"双基"即基础知识、基本技能，"四基"即基础知识、基本技能、基本思想、基本活动经验。

（3）加强道德教育和人文教育，促进课程的科学性与人文性的融合。

（4）加强课程综合化。

（5）加强课程个性化和多样化，促进课程与现代信息技术相结合。

（6）加强课程法制化。

典型例题 （2020·石家庄·单选）中小学实施"双基"教学。"双基"包括（　　）。

A. 基础知识、基本技能　　　　　　　　B. 基本理论、基本技能

C. 基础知识、基本理论　　　　　　　　D. 基础理论、基本原理

【答案】A。

> **高分点睛**
>
> 1.【常考题型】单选、多选
>
> 2.【命题角度】
>
> （1）直接考查我国现行课程改革是第几次课程改革。
>
> （2）以多选的形式考查新课程改革的发展趋势。

第二节　新课程改革的理论基础、理念及目标

一、新课程改革的理论基础

新课程改革的理论基础有人的全面发展理论、建构主义理论及多元智能理论等。其中，主要的理论基础是建构主义理论和加德纳的多元智能理论。

考点1　建构主义理论

建构主义理论在学习观上强调学习的主动建构性、社会互动性和情境性，在教学上提倡研究性学习、基于问题的学习、合作学习、教学对话、认知学徒法和互惠教学等。

考点2　多元智能理论

多元智能理论认为，人的智能是多元化的，人的发展具有多种可能性，每一种智能都有相适应的职业。因而，最好的教育是最适合学生的潜能开发，并能使学生获得最好发展和理想职业的教育。该理论为我国新课改"建立促进学生全面发展的评价体系"提供了有力的理论依据与支持。

> **高分点睛**
>
> 1.【常考题型】单选、多选、判断
>
> 2.【命题角度】
>
> （1）以多选或判断的形式直接考查新课程改革的理论基础。
>
> （2）结合关键词考查新课程改革某一理论基础的具体内容。

二、新课程改革的理念 ★★★

考点1　新课程改革的核心理念

贯穿新课程改革的核心理念是"为了中华民族的复兴，为了每位学生的发展"。概括起来，新课程改革的核心理念就是教育以人为本，即"一切为了每一位学生的发展"。

典型例题（2020·廊坊·单选）李老师在谈到自己管理班级的成功经验时说："管理班级最重要的是给予学生最大的尊重。"据此可以看出，李老师的教育理念是（　　）。

A. 以教师为本　　　　　　　　B. 以学生为本

C. 以教材为本　　　　　　　　D. 以教学为本

【答案】B。解析：新教学理念下的学生观强调以学生为本，充分尊重学生的人格，充分发挥学生的主体作用。题干中，李老师认为管理班级最重要的是给予学生最大的尊重，这表明李老师的教育理念是以学生为本。

考点2　新课程改革的基本理念

1. 关注学生发展

新课程的课堂教学评价，要体现促进学生发展这一基本理念。这一理念首先体现在教学目标上，即要按照课程标准、教学内容的科学体系进行有序教学，完成知识、技能等基础性目标，同时还要注意学生发展性目标的形成。其次，体现在教学过程中，教师要认真研究课堂教学策略，激发学生的学习热情，体现学生主体，鼓励学生探究，高效实现目标。

2. 强调教师成长

依据新课程评价目标的要求，课堂教学评价的重点在于诊断教师课堂教学的问题，制定教师的个人发展目标，满足教师的个人发展需求。

3. 重视以学论教

新课程课堂教学要真正体现以学生为主体，以学生的发展为本，就必须对传统的课堂教学评价进行改革，体现以学生的"学"来评价教师的"教"的"以学论教"评价思想，强调以学生在课堂教学中呈现的状态为参照来评价课堂教学质量。

提倡"以学论教"，主要是从学生的情绪状态、注意状态、参与状态、交往状态、思维状态、生成状态六个方面进行评价。

考点3　新课程改革的价值追求

1. 教育公平

教育公平即课程必须谋求所有适龄儿童平等享受高质量的基础教育。这种课程既是平等的，又是高质量的。

2. 国际理解

国际理解意味着我国的课程体系必须追求国际性与民族性的内在统一。

3. 回归生活世界

回归生活世界的课程在目标上意味着要培养会做事、会与他人共同生活的人；在内容上意味着把科学、艺术、道德、个人世界、自由的日常交往都视为重要的课程资源；在范围上意味着要寻求学校课程、家庭课程、社区课程之间的内在整合和相互作用。

4. 关爱自然

关爱自然意味着课程必须把关爱自然、追求人与自然的可持续发展作为重要的价值追求。

5. 个性发展

课程必须尊重每一个学生个性发展的完整性、独立性、具体性和特殊性。人的个性成长是在生活中、在持续的社会交往中进行的，个性发展内在地包含了社会性，因此，课程体系应为学生创设个性发展的社会情境。同时，个性发展是持续终身的、无止境的完善过程，因此要构建适应终身学习的课程体系。

高分点睛

1.【常考题型】单选、多选、判断

2.【命题角度】

（1）直接考查新课程改革的核心理念、基本理念及价值追求。例如，新课程改革倡导的基本理念有哪些？答案：关注学生发展、强调教师成长、重视以学论教。

（2）结合例子分析其主要违背或体现了新课程改革的哪一理念或价值追求。

三、新课程改革的具体目标 ★★★

1. 实现课程功能的转变（改变课程功能）

改变课程过于注重知识传授的倾向，强调形成积极主动的学习态度，使获得基础知识与基本技能的过程同时成为学会学习和形成正确价值观的过程。

2. 体现课程结构的均衡性、综合性和选择性（调整课程结构）

改变课程结构过于强调学科本位、科目过多和缺乏整合的现状，整体设置九年一贯的课程门类和课时比例，并设置综合课程，以适应不同地区和学生发展的需求，体现课程结构的均衡性、综合性和选择性。

3. 密切课程内容与生活和时代的联系（精选课程内容）

改变课程内容"繁、难、偏、旧"和过于注重书本知识的现状，加强课程内容与学生生活以及现代社会和科技发展的联系，关注学生的学习兴趣和经验，精选终身学习必备的基础知识和技能。

4. 改善教师的教学方式和学生的学习方式（改进教学和学习方式）

改变课程实施过于强调接受学习、死记硬背、机械训练的现状，倡导学生主动参与、乐于探究、勤于动手，培养学生搜集和处理信息的能力、获取新知识的能力、分析和解决问题的能力以及交流与合作的能力。

5. 建立与素质教育理念相一致的评价与考试制度（改革评价和考试制度）

改变课程评价过分强调甄别与选拔的功能，发挥评价促进学生发展、教师提高和改进教学实践的功能。

6. 实行三级课程管理制度（重建课程管理体系）

改变课程管理过于集中的状况，实行国家、地方、学校三级课程管理，增强课程对地方、学校及学生的适应性。

> **高分点睛**
>
> 1.【常考题型】单选、多选
> 2.【命题角度】
> （1）直接考查某一具体目标中的重点内容。例如，"三级课程管理包含的内容""课程评价的功能"等。该知识点可同本章第一节原有基础教育课程存在的主要问题一起记忆。
> （2）以多选的形式考查新课程改革的具体目标。

四、新课程改革的任务

1. 基本任务

全面贯彻党的教育方针，调整和改革基础教育的课程体系、结构、内容，构建符合素质教育要求的新的基础课程体系。

2. 主要任务

更新观念，转变方式，重建制度是新课程改革的主要任务。即更新教与学的观念；转变教与学的方式；重建学校管理与教育评价制度。其中，转变学习方式是三大主要任务的核心，也是新课程改革的显著特征。

第三节　新课程的结构

课程结构指课程各部分的组织和配合，即课程内容有机联系在一起的组织方式。

一、新课程结构的基本特征　★★★

新课程改革要求体现课程结构的均衡性、综合性和选择性。这三个特征既是本次课程结构调整的三条基本原则，又是新课程结构区别于传统课程结构的三个基本特征。可以说，这三个特征是全面领会和理解新课程结构的三把钥匙。

1. 均衡性

课程结构的均衡性是指学校课程体系中的各种课程类型、具体科目和课程内容能够保持一种恰当、合理的比重。这一特征是针对以往学生动手实践能力低下、知识体系相互隔离、所学知识远离现实生活的状况提出的。它主张在引导学生掌握课程内容的同时，还引导其关注生活、社会发展和科技进步，能够积极开展探究活动，能够主动参与社会生活，实现学生素质的均衡发展。

2. 综合性

课程结构的综合性是针对过分强调学科本位、科目过多和缺乏整合的现状提出的，它体现在以下三个方面：①加强学科的综合性；②设置综合课程；③增设综合实践活动。

3. 选择性

课程结构的选择性是针对地方、学校与学生的差异而提出的，它要求学校课程要以充分的灵活性适应地方社会发展的现实需要，以显著的特色性适应学校的办学宗旨和方向，以选择性适应学生的个性发展。

典型例题 （2022·邯郸·不定项选择）新课程结构的特点包括（　　）。

A. 均衡性　　　　B. 综合性　　　　C. 单一性　　　　D. 选择性

【答案】ABD。

> **高分点睛**
> 1.【常考题型】单选、多选、判断
> 2.【命题角度】
> （1）直接考查新课程结构的三个基本特征及其地位。
> （2）结合例子或关键词，考查其体现了新课程结构的哪一基本特征。

二、新课程结构的内容

1. 整体设置九年一贯的义务教育课程

小学阶段以综合课程为主。初中阶段设置分科与综合相结合的课程。

2. 高中以分科课程为主

为使学生在普遍达到基本要求的前提下实现有个性的发展，课程标准应有不同水平的要求，在开设必修课程的同时，设置丰富多彩的选修课程，开设技术类课程。积极试行学分制管理。

3. 从小学至高中设置综合实践活动并作为必修课程

综合实践活动的内容主要包括信息技术教育、研究性学习、社区服务与社会实践以及劳动与技术教育。

4. 农村中学课程要为当地社会经济发展服务

在达到国家课程基本要求的同时，可根据现代农业发展和农村产业结构的调整因地制宜地设置符合当地需要的课程，深化"农科教相结合"和"三教统筹"等项目改革，试行通过"绿色证书"教育及其他技术培训获得"双证"的做法。城市普通中学也要逐步开设职业技术课程。

三、综合实践活动

综合实践活动是从学生的真实生活和发展需要出发，从生活情境中发现问题，转化为活动主题，通过探究、服务、制作、体验等方式，培养学生综合素质的跨学科实践性课程。

考点1　综合实践活动的性质和特征 ★★

综合实践活动具有如下性质：①综合实践活动是一种经验性课程；②综合实践活动是一种实践性课程；③综合实践活动是一种向学生生活领域延伸的综合性课程；④综合实践活动是一种最能体现学

校特色、满足学生个性差异的发展性课程。

与其他课程相比，综合实践活动具有如下特征：①综合性；②实践性；③开放性；④生成性；⑤自主性。

典型例题（2020·石家庄·单选）综合实践活动作为一门课程，具有不同于其他课程的基本特征。下列不属于综合实践活动基本特征的是（　　）。

A. 开放性　　　　　　　　　　　B. 完整性
C. 自主性　　　　　　　　　　　D. 生成性

【答案】B。

考点2　综合实践活动的内容 ★★★

1. 研究性学习

研究性学习是指学生基于自身兴趣，在教师指导下，从自然、社会和学生自身生活中选择和确定研究专题，主动地获取知识、应用知识、解决问题的学习活动。研究性学习强调学生通过实践，增强探究和创新意识，学习科学研究的方法，发展综合运用知识的能力。学生通过研究性学习，可以逐步掌握一种积极的、生动的、自主合作探究的学习方式。

2. 社区服务与社会实践

社区服务与社会实践是指学生在教师指导下，走出教室，进入社会，参与社区生活和社会实践活动，开展各种力所能及的社区服务性、公益性、体验性、学习性的活动，以获取直接经验、发展实践能力、增强社会责任感为主旨的学习活动。社区服务与社会实践的目标是发展学生的社会适应能力、社会参与意识和公民责任感及创新意识。

3. 劳动与技术教育

劳动与技术教育是以引导学生获得积极的劳动体验，形成良好的技术素养，获得多方面发展的具有操作性学习特征的教育活动。它强调学生通过人与物的作用、人与人的互动来从事操作性学习，强调学生动手与动脑相结合。

4. 信息技术教育

信息技术教育的目的在于帮助学生发展适应信息时代需要的信息素养，包括有效地利用信息技术的意识、能力，对浩如烟海的信息具有反思和鉴别能力，养成健康向上的信息伦理。

综合实践活动除上述四个国家设置的内容外，还包括大量非指定领域。例如，班团队活动、学校传统活动、学生同伴间的交往活动、学生个人或群体的心理健康活动等。

典型例题（2019·邢台·多选）综合实践活动课程的内容主要包括（　　）。

A. 信息技术教育
B. 研究性学习
C. 社区服务与社会实践
D. 劳动与技术教育

【答案】ABCD。

考点3　综合实践活动的课时安排

小学1~2年级，平均每周不少于1课时。小学3~6年级和初中，平均每周不少于2课时。高中执行课程方案相关要求，完成规定学分。

> **高分点睛**
>
> 1.【常考题型】单选、多选、判断
>
> 2.【命题角度】
>
> （1）以多选的形式直接考查综合实践活动的性质或内容。
>
> （2）结合关键词，要求选出相应的综合实践活动的特征。

第二章　新课程背景下的转变

第一节　教学观、教师观的转变

一、教学观的转变 ★★

新课改带来的教学观的转变的主要表现：①教学从"以教育者为中心"向"以学习者为中心"转变；②教学从"教会学生知识"向"教会学生学习"转变；③教学从"重结论轻过程"向"重结论更重过程"转变；④教学从"关注学科"向"关注人"转变。具体来说，新课程改革背景下新的教学观念包括以下几个方面。

1. 教学不只是课程传递和执行的过程，更是课程创生与开发的过程

传统课程的教学观认为教学的过程就是忠实而有效地传递课程，教师是既定课程的陈述者和传递者，学生是课程的接受者。

新课程的教学观认为教师和学生是课程的有机构成部分，是课程的创造者和主体，他们共同参与课程开发的过程。教学成为课程内容持续生成与转化、课程意义不断建构与提升的过程。这样，教学与课程相互转化，相互促进，彼此有机融为一体。

2. 教学不只是教师教、学生学的过程，更是师生交往、积极互动、共同发展的过程

传统教学中，教师负责教，学生只管学，教学就是教师对学生单向的培养活动。

新课程强调教学是教与学的交往、互动，师生双方相互交流、相互沟通的过程。在这个过程中，教师与学生分享彼此的思考过程、经验和知识，交流彼此的情感、体验与观念，丰富教学内容，求得新的发现，从而达成共识、共享、共进，实现教学相长和共同发展，彼此形成一个真正的"学习共同体"。

新课程提倡的师生关系是合作伙伴关系。

3. 教学重过程甚于重结论

从教学角度来讲，教学目的之一是使学生理解和掌握正确的结论，但如果不经过学生一系列的质疑、比较与判断，以及相应的分析、综合等认识活动，结论就难以获得，也难以得到真正的理解和巩固。更重要的是，如果没有以多样性、丰富性为前提的教学过程，学生的创新精神和创新思维就不可能培养起来。所以，教学不仅要重结论，更要重过程。

为此，教师要做到以下几点：①让学生经历过程；②创设生活情境，生活情境要具有含而不露、显而不僵、生动形象且符合实际的特点；③善于引导，因为教学的本质在于引导。

4. 教学更为关注人而不只是学科

传统的学校教育以学科为本，重认知轻情感，重教书轻育人。

新课程的核心理念要求在教学中关注人，它意味着教师要关注每一位学生，关注学生的情绪生活和情感体验，关注学生的道德生活和人格养成。

典型例题（2020·廊坊·单选）关于新课改的教学观，下列说法不正确的是（　　）。

A. 教学从"教育者中心"转向"学习者中心"

B. 教学从"关注人"转向"关注学科"

C. 教学从"重结论轻过程"转向"重结论的同时更重过程"

D. 教学从"教会学生知识"转向"教会学生学习"

【答案】B。

高分点睛

1.【常考题型】单选、多选、判断、材料分析

2.【命题角度】

（1）结合例子或直接考查教学观转变的主要表现以及新的教学观念的主要内容。

（2）结合材料，分析材料中教师的行为主要体现或者违背了哪一条新的教学观念。

（3）考查对"关注人"这一内涵的理解。

3.【识记技巧】新课程背景下的教学观念可以用口诀"学习过人"来帮助识记，对应如下。

"学"：以学习者为中心；"习"：教会学生学习；"过"：重过程甚于重结论；"人"：关注人而不是学科。

二、教师观的转变

考点1　教师角色的转变 ★★

1. 从教师与学生的关系看，教师应该是学生学习的促进者

教师是促进者的内涵主要包括两个方面：①教师是学生学习能力的培养者；②教师是学生人生道路上的引路人。这是教师最明显、最直接、最富时代性的角色特征，是教师角色特征中的核心特征。

2. 从教学与研究的关系看，教师应该是教育教学的研究者

教师在教学过程中要以研究者的心态置身于教学情境之中，以研究者的眼光审视和分析教学理论与教学实践中的各种问题，对自身的行为进行反思，对出现的问题进行探究，对积累的经验进行总结，使其形成规律性的认识。

3. 从教学与课程的关系看，教师应该是课程的建设者和开发者

新课程确立了国家、地方、学校三级课程管理政策，这就要求教师必须在课程改革中发挥主体性作用。教师要创造性地使用国家课程教材，积极参与地方课程和校本课程的建设，培养开发课程、评价课程、主动选择和创造性地使用新课程教材的能力。

4. 从学校与社区的关系看，教师是社区型的开放的教师

新课程特别强调学校与社区的互动，重视挖掘社区的教育资源。在这种情况下，教师的角色也要转变。教师不仅是学校的一员，而且是整个社区的一员，是整个社区教育、科学、文化事业建设的共建者。因此，教师的角色必须拓展为社区型的开放的教师。

考点 2　教师教学行为的转变 ★★

1. 在对待师生关系上,新课程强调尊重、赞赏

为了实现新课程的核心理念,教师必须尊重每一位学生做人的尊严和价值,特别是学习成绩不好的学生、有缺点和过错的学生。除此之外,教师不能体罚学生,不应大声训斥学生,不应羞辱嘲笑学生,不应随意当众批评学生,要学会赞赏每一位学生。

2. 在对待教学关系上,新课程强调帮助、引导

教师的本质在于引导。教师不仅要引导学生掌握学习的方法,学会如何思考,还要引导学生树立正确的价值观。

3. 在对待自我上,新课程强调反思

教学反思是教师专业发展和自我成长的重要因素。按教学的进程,教学反思分为教学前反思、教学中反思、教学后反思三个阶段。教学反思会促使教师形成自我反思的意识和自我监督的能力。

4. 在对待与其他教育者的关系上,新课程强调合作

在教育过程中,教师除了面对学生外,还要与其他教师保持联系,要与学生家长进行沟通与配合。新课程强调课程的融合,这需要教师之间的合作,不同年级、不同学科的教师要相互配合,齐心协力地培养学生。

高分点睛

1.【常考题型】单选、多选、材料分析

2.【命题角度】

(1) 给出例子,要求选出相应的新课程倡导的教师角色,或判断其体现或违背了哪一教学行为要求。

(2) 以多选的形式直接考查教师角色的转变或教师教学行为的转变。

(3) 结合材料分析教育情境中人物的行为体现或违背了哪些教师观。

3.【识记技巧】考生可以通过"四者一社区"来理解记忆新课程背景下教师角色的转变。

"四者"即学生学习的促进者、教育教学的研究者、课程的建设者和开发者;"一社区"即社区型的开放的教师。

第二节　学习方式的转变

一、新课程倡导的学习方式

考点 1　自主学习

1. 含义

自主学习关注学习者的主体性和能动性,是学生自主而不受他人支配的学习方式。它是与传统的接受学习相对应的一种现代化学习方式。

2. 特点

（1）自主学习是一种主动学习

主动性是自主学习的基本品质，与他主学习的被动性相对。自主学习在学生学习活动中表现为"我要学"。只有当学习的责任真正地从教师身上转移到学生身上，学生自觉地担负起学习的责任时，学生的学习才是一种真正的自主学习。

（2）自主学习是一种独立学习

独立性是自主学习的灵魂，表现为"我能学"。需要注意的是，自主学习并不否认教师的指导，强调脱离教师的指导进行的"独自"学习是片面的、不科学的。

（3）自主学习是一种元认知监控的学习

自主学习要求学生对为什么学习、能否学习、学习什么、如何学习等问题有自觉的意识和反应，主要表现在学生对学习的自我计划、自我调整、自我指导、自我强化上等。培养学生对学习的自我意识和自我监控并使之养成习惯，是促进学生自主学习的重要因素。

考点 2　探究学习 ★★★

1. 含义

探究学习是一种以问题为依托的学习，是学生通过主动探究解决问题的过程。它是相对于接受学习而言的，学习过程除被动接受知识外，还存在大量的发现与探究等认识活动。

2. 特点

（1）问题性

探究学习一方面强调通过问题来进行学习，把问题看作学习的动力、起点和贯穿学习过程中的主线；另一方面强调通过学习来生成问题，把学习过程看成是发现问题、提出问题、分析问题和解决问题的过程。

（2）过程性

这一特点强调的是探究的程序，也是探究的载体，它表明探究学习要经历一个什么样的过程。

（3）开放性

探究学习是一种描述性、开放性的学习方式，学习目标综合化、学习过程个性化、评价标准多元化。

3. 过程

（1）问题阶段：主要包括提出问题和确定选题两项内容。

（2）计划阶段：主要任务是分组和计划。

（3）研究阶段：主要是实施研究和探索。

（4）解释阶段：学习重点是将新旧知识连接起来，在旧知识的基础上，将实证研究所得的新知识纳入原有知识结构中，形成新的理解和解释。

（5）反思阶段：首先是小组内自我反思，其次是小组间的交流和共同反思。

4. 探究学习与接受学习的关系

联系：探究学习和接受学习是相辅相成的。学习主体的学习活动既不能是单纯的被动接受，也不能是纯粹的主动探究。前者往往会压抑学习主体的主动性与积极性，后者则往往容易导致学习主体的学习效益较低。

区别：在接受学习中，学习过程主要是接受，学习主体是知识的接受者；在探究学习中，学习过程主要是实践探索，学习主体是知识的发现者。

典型例题 1.（2020·石家庄·单选）探究学习的过程为（　　）。
A. 问题阶段—解释阶段—计划阶段—研究阶段—反思阶段
B. 问题阶段—计划阶段—研究阶段—解释阶段—反思阶段
C. 问题阶段—研究阶段—计划阶段—解释阶段—反思阶段
D. 问题阶段—计划阶段—解释阶段—研究阶段—反思阶段
【答案】B。

2.（2019·邢台·单选）探究性学习的基本特征不包括（　　）。
A. 过程性　　　　B. 开放性　　　　C. 互助性　　　　D. 问题性
【答案】C。

考点3　合作学习

1. 含义

合作学习是指学生为了完成共同的任务，有明确的责任分工的互助性学习。合作学习鼓励学生为集体的利益和个人的利益而一起工作，在完成共同任务的过程中实现自己的理想。

2. 特点和作用

合作学习的特点是互助性、互补性、自主性和互动性。

合作学习的作用：①能够激发创造性，有助于培养学生的合作意识和合作技能；②有利于学生之间的交流沟通，有利于培养团队精神，凝聚人心，增进认识与理解；③能够促使学生不断反省、不断提高。

高分点睛

1.【常考题型】单选、多选、材料分析
2.【命题角度】
（1）直接考查新课程倡导的三种学习方式、每种学习方式的特点及探究学习的过程。
（3）结合例子或材料，分析其主要体现了哪一种学习方式。

二、现代学习方式的基本特征

1. 主动性（首要特征）

现代学习方式与传统学习方式在学生的具体学习活动中表现为"我要学"和"要我学"。"我要学"是基于学生对学习的一种内在需要,"要我学"则是基于外在的诱因和强制。

2. 独立性（核心特征）

独立性表现为"我能学"。现代学习方式要求教师充分尊重学生的独立性，积极鼓励学生独立学习，并创造各种机会让学生独立学习。

3. 独特性

每个学生的学习方式是不同的，要尊重他们的独特个性和具体生活，为他们富有个性的发展创造空间。现代学习方式尊重学生的差异，并把它视为一种亟待开发和利用的教育教学资源，努力实现学生学习的个体化和教师指导的针对性。

4. 体验性（突出特征）

体验是指由身体性活动与直接经验产生的感情和意识。体验性学习不仅强调身体性参与，而且重视直接经验的获得。

5. 问题性

现代学习方式特别强调问题在学习活动中的重要性。问题意识是学生进行学习特别是发现学习、探究学习、研究性学习的重要心理因素。

高分点睛

1.【常考题型】单选、多选、判断

2.【命题角度】

（1）以多选的形式直接考查现代学习方式的基本特征。

（2）给出例子，要求分析其体现了现代学习方式的哪一特征。

第三节　教育评价的转变

教育评价是对教育活动满足社会与个体需要的程度做出判断的活动，是对教育活动现实的（已经取得的）或潜在的（还未取得，但有可能取得的）价值做出判断，以期达到教育价值增值的过程。

一、我国基础教育评价中存在的主要问题

（1）评价内容——仍然过多倚重学科知识，特别是课本上的知识，而忽视了对实践能力、创新精神、心理素质以及情绪、态度和习惯等综合素质的考查。

（2）评价标准——仍然过多强调共性和一般趋势，忽略了个体差异和个性化发展的价值。

（3）评价方法——仍以传统的纸笔考试为主，仍过多地倚重量化的方式而很少采用质性的评价手段与方法。

（4）评价主体——被评价者仍多处于消极的被评价地位，基本上没有形成教师、家长、学生、管理者等多主体共同参与、交互作用的评价模式。

（5）评价重心——仍过于关注结果，忽视被评价者在各个时期的进步状况和努力程度，没有形成真正意义上的形成性评价，不能很好地发挥评价促进发展的功能。

二、我国现代教育评价的发展趋势（基本特征）

（1）重视发展，淡化甄别与选拔，实现评价功能的转化。
（2）重视综合评价，关注个体差异，实现评价指标的多元化。
（3）强调质性评价，定性与定量相结合，实现评价方法的多样化。
（4）强调参与与互动、自评与他评相结合，实现评价主体的多元化。
（5）强调评价过程及评价结果的反馈，将终结性评价与形成性评价相结合，实现评价重心的转移。

> **高分点睛**
>
> 1.【常考题型】单选、多选、判断
> 2.【命题角度】
> （1）以多选的形式直接考查我国现代教育评价的发展趋势。
> （2）结合例子或关键词，分析其体现了我国现代教育评价的哪一发展趋势。

三、评价的改革重点

1. 学生评价的改革重点

（1）建立评价学生全面发展的指标体系。
（2）关注过程性评价。
（3）实现评价方式多样化。

2. 教师评价的改革重点

（1）建立发展性教师评价制度。打破唯学生学业成绩论教师工作业绩的传统做法，建立促进教师不断提高的评价指标体系，包括教师的职业道德、对学生的了解和尊重、教学实施与设计以及交流与反思等。
（2）建立反馈式和共同参与的教师评价制度。强调以自评的方式促进教师教育教学反思能力的提高，倡导建立教师、学生、家长和管理者共同参与的、体现多渠道信息反馈的教师评价制度。
（3）建立"以学论教"的发展性课堂教学评价模式。课程教学评价的关注点转向学生在课堂上的行为表现、情绪体验、过程参与、知识获得以及交流合作等诸多方面，而不仅仅是教师在教学过程中的具体表现，使教师的教真正服务于学生的学。

3. 课程实施评价的改革重点

（1）建立促进课程不断发展的评价体系。
（2）以学校评价为基础，促进新课程的实施与发展。

4. 考试的改革重点

（1）在考试内容方面，加强与社会实际和学生生活经验的联系，重视考查学生分析问题、解决问题的能力，关注学生实践动手能力和创新思维的发展。

（2）在考试方式方面，倡导给予多次机会，综合应用多种方法，打破唯纸笔测验的传统做法。

（3）在考试结果处理方面，要求做出具体的分析指导，不得公布学生考试成绩并按考试成绩排名。

（4）在升学考试与招生制度方面，倡导改变将分数简单相加作为唯一录取标准的做法，应考虑学生综合素质的发展，建议参考其他评价结果（如学校推荐性评语、特长、成长记录袋等）。

四、新课程提出的发展性评价

新课程改革提出要建立发展性课程评价体系。发展性评价的基本内涵如下。

1. 评价的根本目的在于促进发展

淡化原有的甄别与选拔的功能，关注学生、教师、学校和课程发展中的需要，突出评价的激励与调控功能，激发学生、教师、学校和课程的内在发展动力，促进其不断进步，实现自身价值。

2. 体现最新的教育观念和课程评价发展的趋势

关注人的发展，强调评价的民主化和人性化的发展，重视被评价者的主体性与评价对个体发展的建构作用。

3. 评价内容综合化

重视知识以外的综合素质的发展，尤其是创新、探究、合作与实践等能力的发展，以适应人才发展多样化的要求。

4. 评价标准层次化

关注被评价者之间的差异性和发展的不同需求，促进其在原有水平上的提高和发展的独特性。

5. 评价方式多样化

将量化评价方法与质性评价方法相结合，适应综合评价的需要，丰富评价与考试的方法。

6. 评价主体多元化

从单向转为多向，增强评价主体间的互动，强调被评价者成为评价主体中的一员，建立学生、教师、家长、管理者、社区和专家等共同参与、交互作用的评价制度，以多渠道的反馈信息促进被评价者的发展。

7. 关注发展过程

将形成性评价与终结性评价有机地结合起来，使学生、教师、学校和课程的发展过程成为评价的组成部分；而终结性的评价结果随着改进计划的确定亦成为下一次评价的起点，进入被评价者发展的进程之中。

第七部分

教学技能

PART 7

考情简报

教学技能是教师最基本的职业技能，与教师的教育教学实践密切相关。在部分市的教师招聘考试中，有一些题目会考查在教育教学实践过程中遇到的具体问题，彰显教学作为一门艺术所体现的技能和技巧。本部分较为全面地阐述了教学技能的表现形态、作用、特点和教学技能的构成等等，较好地呈现了教育实践中必备的技能类型和运用方式，期望考生学习后可以将其转化成自己的实践能力，为以后的教师之路增砖添瓦。

第一章是教学技能概述。这一章主要对教学技能的含义、表现形态、作用、特点、构成进行了简单的介绍。

第二章至四章介绍了教学技能的三个主要构成部分——教学设计技能、课程教学技能和教学研究技能。

从题目分布情况上看，第三章题目占比较大，是本部分的重点章节。其他章节题目较少。

从题目特点上看，第二章至四章题目考查时往往结合实例或情境来考查。例如，根据某一板书形式判断属于哪一种板书，根据某一具体案例考查课堂导入的方法。这就需要我们能灵活运用相关知识点来解题。

备考重难点：

1.掌握教案设计的类型、基本内容、教学反思技能的类型和形式。

2.了解教学设计的特点、原则、说课技能的基本内容。

3.重点理解课堂导入技能、课堂讲授的类型、课堂板书的类型、课堂教学结束的基本方法。

第一章 教学技能概述

第一节 教学技能的含义与表现形态

一、教学技能的含义

教学技能是教师在已有知识经验的基础上，通过实践练习和反思体悟而形成的一系列教学行为和心智活动方式。

二、教学技能的表现形态

教学技巧、教学技艺、教学艺术是教学技能在不同发展阶段表现出来的三种形态。

教学技巧是教学技能发展的初级形态，是教学技能达到一定熟练程度的标志。教学技巧是指不但会教，而且能够巧教。由教学技能发展到教学技巧的关键是教学实践。

教学技艺是指在巧教的基础上，教师有意识地积累教学经验、自觉探索、不断完善自身的教学技巧并有所创新，使教学呈现美感的一种技能形态。由教学技巧发展到教学技艺的关键是创新。

教学艺术是教学技能发展的最高形态，是在教学技艺的基础上，使教学处处闪烁着创造的火花，教学中刻意追求的痕迹越来越少，内化的个性特点由不随意性转化为随意性，真正到了收发自如的境地。其主要特征是教师形成了自己独特的教学风格。

> **高分点睛**
>
> 1.【常考题型】单选、多选、判断
> 2.【命题角度】直接考查教学技能的三种表现形态及某种形态的地位。

第二节 教学技能的作用、特点和构成

一、教学技能的作用

1. 教学技能是提高教学效果的手段

实践证明，在达到必要的智力和知识水平之后，从事教师工作不可缺少的思维能力、口头表达能力、组织教学活动的能力等教学技能是影响教学效果的决定因素。要从根本上促进教师专业成熟，提高教师专业素质，必须加强教师教学技能的训练。

2. 教学技能是衡量教师专业成熟度的重要尺度

一个专业成熟的教师不仅需要掌握所教知识，还应当具备与教育任务相适应的教学技能、技巧。

3. 教学技能是实现教师人生价值的前提和基础

只有能灵活运用有效的、启人心智的教学技能的人才能做教师。

二、教学技能的特点

1. 示范性

示范性是指教师教学技能的构成、水平与发展情况等对学生的发展和成长具有直接和间接的自发影响力，影响着学生的发展。这一特点是由学生的向师性和模仿性决定的。

2. 复杂性

教学技能的复杂性是由教育对象及其教育任务的特点决定的。

3. 发展性

教师的教学技能通过教学行为、活动方式表现，其具有一定的稳定性。但同时它也受教师自身努力、组织培养等因素的影响而发展变化。

4. 操作性

教学技能是教育教学理论应用时的熟练化表现，是教师在对教学技能理解的基础上，通过有计划、有步骤的训练获得并提高的，具有很强的操作性。

5. 整体性

各种教学技能各自独立，有其各自适用的范围。但总体来看，它们又构成了一个完整的紧密联系的统一体，要想做好课堂教学，需要各种教学技能有效地组合。

三、教学技能的构成 ★★

在我国，原国家教委在1994年下发的《高等师范学校学生的教师职业技能训练大纲》中，把教学技能分为五类：教学设计技能、使用教学媒体技能、课堂教学技能、组织和指导课外活动技能及教学研究技能。

胡淑珍等人编著的《教学技能》一书中把教学技能划分为四类，即教学设计技能、课堂教学技能、指导学生学习和活动技能、教学研究技能。

以教学过程为线索，教学技能可分为教学设计技能、课堂教学技能、作业批改和课后辅导技能、教学评价技能、教学研究技能等五个方面。

值得注意的是，课堂教学技能是整个教学技能的核心。

> **高分点睛**
>
> 1.【常考题型】单选、多选
> 2.【命题角度】直接考查教学技能的作用及教学技能的构成。

第二章 教学设计技能

第一节 教学设计

一、教学设计概述

考点 1　教学设计的特点

（1）指导性。教学设计是教师为组织和指导教学活动精心设计的施教蓝图，是教师有关下一步教学活动的一切设想。

（2）统合性（系统性）。教学设计是对诸多教学要素的系统安排与组合。

（3）操作性。在教学设计方案中，各类教学目标被分解成具体的、具有操作性的目标，教学设计者对教学内容的选择、教学方法的运用、教学时间的分配、教学环境的调适、教学评价手段的实施都做了具体明确的规定和安排，成为教师组织教学的可行依据。

（4）预演性。教师进行教学设计的过程，实质上就是实际教学活动的每个环节、每个步骤在教师头脑中的预演过程。

（5）突显性。教师在设计教学方案时，可以有目的、有重点地突出某一种或某几种教学要素（如突出某一部分教学内容的讲述等），以达到特定的教学目标。

（6）易控性。由于教学设计是对教学活动的预先规划和准备，教师便有充足的时间对整个教学过程进行周密计划、反复检查。同时，教学设计要确定明确的教学目标，教学目标对教学活动的诸要素具有较强的控制作用。

（7）创造性。教学设计的过程是教师根据不同的教学目标和不同学生的特点，创造性地思考、设计教学实施方案的过程。

考点 2　教学设计的依据

理论依据：①传播理论、教学理论与学习理论；②系统科学的原理与方法。

现实依据：①教学的实际需要（最基本的依据）；②学生的需要和特点；③教师的教学经验。

考点 3　教学设计的原则

（1）系统性原则。在进行教学设计时，教师需要考虑如何系统地安排教学环节和程序，即从分析和设置教学目标开始，到选择教学方式、方法和媒体，以及对教学目标进行检测和评价，所有的教学步骤必须互相承接和呼应，上一步骤的完成应有助于下一步骤的实施。

（2）最优化原则。在进行教学设计时，应从整体最优化的目标出发，使每一个要素、每一局部过程和每一环节都置于系统的整体设计之中，以协同实现教学设计整体功能的最优化，而且要特别注意各要素之间结构和功能的相互匹配。

（3）教学目标和内容设计的可接受性原则。一般来说，教师确定的教学目标应符合学生的心智发展水平，教学内容的难度和呈现形式应以学生的现实发展水平为基础，跨度要适中，应在学生的最近发展区内。

（4）教学手段设计的多样化原则。教学活动的组织形式、教学方法及教学媒体的选择和运用，应依据教学任务、学生的特点及各种教学方法和媒体的特点，灵活加以选择，相互配合运用，使教学获得最佳效果。

此外，教学设计还应遵循程序性原则、可行性原则和反馈性原则。

> **高分点睛**
>
> 1.【常考题型】单选、多选、判断
>
> 2.【命题角度】
>
> （1）结合关键词考查教学设计的某一特点。
>
> （2）以多选的形式直接考查教学设计的依据。
>
> （3）结合例子或关键词考查教学设计的原则。

二、教学设计的常用模式及基本程序

考点1　教学设计的常用模式

1. 系统分析模式

系统分析模式将教学过程看作一个"输入—产出"的系统过程，"输入"的是学生，"产出"的是受过教育的人。

2. 目标模式

目标模式又称系统方法模式，其基本特点是强调教学目标的基点作用，它最接近教师的实际教学，即在课程规定的教学内容、教学目标的条件下，如何根据学生的初始状态传递教学信息。

3. 过程模式

过程模式的基本特点是灵活、实用，教学设计人员可以根据教学情境的需要有侧重地设计教学方案。

过程模式与目标模式的主要区别在于，过程模式的设计步骤是非直线型的，设计者根据教学的实际需要，可从整个设计过程的任何一个步骤起步，向前或向后。

考点2　教学设计的基本程序 ★★

教学设计作为对教学活动系统规划、决策的过程，其程序如下。

（1）规定教学的预期目标，分析教学任务，尽可能用可观察和可测量的行为变化作为教学结果的指标。

（2）确定学生的起点状态，包括他们原有的知识水平、技能和学习动机、状态等。

（3）分析学生从起点状态过渡到终点状态应掌握的知识技能或应形成的态度与行为习惯。

（4）考虑用什么方式和方法给学生呈现教材，提供学习指导。

（5）考虑用什么方法引起学生的反应并提供反馈。

（6）考虑如何对教学的结果进行科学的测量与评价。

> **高分点睛**
>
> 1.【常考题型】单选、多选、判断
>
> 2.【命题角度】给出例子，要求结合关键词判断其属于哪一种教学设计模式。

第二节　教案设计技能

教案也称课时计划，是预设的教学活动方案，是教学设计工作的一种书面化表述。

教案编写的过程是对教学设计工作的总结过程，也是将各项分析工作以书面形式具体落实的过程。无论教师年龄和经验如何，都有必要设计和运用教案。

一、教案的类型 ★★

考点1　记叙式教案、表格式教案和卡片式教案（根据形式划分）

（1）记叙式教案是主要用文字形式将备课的结果表达出来的教案，是教学实践中最基本、最常用的一种教案形式。其具体编写形式有两种：一是讲稿式的详案；二是纲要式的简案。

（2）表格式教案是以表格形式呈现备课内容的教案。它有特定的栏目及结构，需要在每一个栏目之中研究、设计和安排相关内容。它的主要特点是具有提示特性，适合新教师使用。

（3）卡片式教案是教师将教案的纲要、重点、难点和易忘记的教学内容及需要补充的材料等以卡片的形式呈现出来的一种教案。卡片式教案适合于有一定教学经验的教师使用，也可以作为教师授课时的辅助材料。它通常有两种形式：一是教案纲要提示；二是教学内容提示和材料补充。

考点2　详案和简案（根据内容的详略划分）

（1）详案的特点是把教学过程中的教学内容、教学步骤、教学方法都详细写出来。

（2）简案又称纲要式教案，其特点是写出教学内容的要点、主要教学步骤和主要教学方法。

> **高分点睛**
>
> 1.【常考题型】单选、判断
>
> 2.【命题角度】直接考查教案的类型、适用人群及记叙式教案的地位。

二、教案的基本内容 ★★★

一份合乎规范的详案，主要由以下几部分组成。

（1）课题。课题是指某门课程中一个教学单元、一次课堂教学的课节名称，或实践教学单元、任务的名称。

（2）教学目标。教学目标是预期学生通过教学活动获得的学习结果。

（3）课型。课型可以说明是新授课、复习课、实验课、检查课等；也可以注明是单一课，还是综合课。

（4）课时。课时是完成课程内容需要的课程时间。如果是以具体课时内容为备课内容，则要指明是第几课时。

（5）教学重点。教学重点是教师在授课时根据教学目标和以往教学经验提出的必须解决的关键性问题。

（6）教学难点。教学难点是指学生难以理解、掌握或容易混淆、出现错误的内容。

（7）教学方法、手段。教学方法、手段是根据教学目标运用的教学方法（包括讲授法、讨论法、演示法、实习作业法、参观法等）和教学辅助手段（包括教具、图表、多媒体教学设备等）。

（8）教学过程（教案的核心和主体部分）。具体来讲，一个完整的教学过程包括导入、讲授新课、巩固练习和归纳小结。

（9）作业布置。作业布置是说明书面或口头作业的内容和要求的环节。

（10）板书设计。板书设计要布局合理。在教学中，教师要尽量保留全课正板书的内容，便于进行本课小结。

（11）教学后记。教学后记是教师课后的小结或教学随感。

> **高分点睛**
>
> 1.【常考题型】单选、判断
> 2.【命题角度】直接考查教案的基本内容。

三、教案编写的要求与常见课型教案的编写要点

教案编写的过程是对教学设计工作的总结过程，也是将各项分析工作以书面形式具体落实的过程。

考点1　教案编写的要求

（1）端正态度，高度重视。

（2）切合实际，坚持"五性"。教案的编写不仅要符合学生的实际，还要坚持"五性"，即科学性、主体性、教育性、经济性和实用性。

（3）优选教法，精设题型。

（4）重视"正本"，关注"附件"。"正本"即教案的主体，它通常包括教学目的、教学内容、教学重难点、教学程序和方法、时间分配及思考题等。"附件"指板书、板面计划和直观演示计划、物资保障计划（如多媒体设备、挂图、图钉等）。教师在备课时既要重视"正本"，编写出高质量的教案，又要抓好"附件"。

（5）认真备课，纠正"背课"。教师不要把备课理解为"背课"，把备课当成死记硬背教材教案的过程。

（6）内容全面，及时调整。在具体教学实施中，教师要根据课堂上的实际情况，随机应变，对教案进行必要的修改和调整，适应情况的变化，以更好地完成教学任务。

考点 2　常见课型教案的编写要点

（1）新授课教案：①抓好教学各环节的过渡与衔接。要设计好复习引课的内容，写明新授内容的逻辑层次，进行适当的巩固小结。②写明有效措施，便于突破难点。

（2）习题课教案：①设计好设问的问题和时机。②写好方法性总结。③启发引导思维的方向。

（3）复习课教案：①明确目标，提出问题。②对症下药，实施补救。

（4）实验课教案：①写明要求。②写清实验中易出现的问题及处理方法。

四、教案编写的原则

（1）自然性原则。在编写教案时，要求教师能把教学过程自然地叙述出来，能自然地设计与提出各种问题，能自然地把握好内容之间的衔接。否则，在课堂教学时就会出现前言不搭后语、知识内容断层等不良现象。

（2）明确性原则。教学的具体细节都要明明白白地写出来，以便教师上课时做到心中有数，有的放矢。切不可含含糊糊、忽视某些细节，因为细节的差错会影响到一堂课的教学质量。

（3）系统结构原则。在编写教案时，应注意内容的组织要系统，内容与内容之间应相互关联，形成一个完整的结构。避免出现内容零零碎碎，不着边际的情况。

（4）过程性原则。写教案应该是写一堂课的整个教学过程，包括新知识的导入过程，发现解题思路并对问题加以解决的过程，知识、思想、方法归纳概括的过程，学生可能的学习接受过程等。

高分点睛

1.【常考题型】单选、多选

2.【命题角度】

（1）结合关键词考查教案编写的原则。

（2）以多选的形式考查教案编写的要求。

第三章　课堂教学技能

第一节　课堂导入技能

一、课堂导入的含义及构成要素

考点1　课堂导入的含义

课堂导入是教师在一个新的教学内容和教学活动开始时，引导学生进入学习状态的行为方式。它要求教师能迅速创造一种融洽的教学情调和课堂氛围，把学生带进一个与教学任务和教学内容相适应的理想境界。因此，课堂导入也被称为课堂教学的"开场白"。

考点2　课堂导入的构成要素

课堂导入应该从明确教学内容的知识脉络、探明学生的认知脉络开始，据此设计契合的问题线索，选择恰当的导入素材，创设合理的活动、问题情境。

课堂导入一般包括引起注意、激起动机、组织指引、建立联系等要素。

二、课堂导入的功能

1. 集中注意

集中注意是指教师给学生一些恰当的、较强的信息刺激，让学生把兴奋点转移到新的学习上。

2. 激发兴趣

激发兴趣是指恰如其分、新颖有趣的导入能够激发学生的学习兴趣，使学生在学习开始时就产生积极的认知倾向。

3. 明确目的

明确目的是指教师通过直接展示或者提出问题等方式，让学生明确本节课的学习目标。

4. 联结知识

联结知识是指将导入的内容与即将学习的新知识相联系，为新知识的学习做铺垫。

5. 沟通情感

沟通情感是指良好的导入可以消除师生之间的心理紧张关系，还可以使师生之间产生亲近感、信任感等。

无论是从课堂导入的功能角度看，还是从课堂导入在整个教学链条中的地位来看，课堂导入环节必须完成学生心理准备上的两个任务：一是集中注意；二是产生学习新知识的动机。

高分点睛

1.【常考题型】单选、多选
2.【命题角度】
（1）结合例子或者关键词考查课堂导入的含义。例如，课堂教学的"开场白"指什么？答案：课堂导入。
（2）直接考查课堂导入的构成要素和功能。

三、课堂导入的方法

考点1　直接导入 ★★

直接导入又称直入主题式或开门见山式的导入，是指教师上课伊始直接阐明本节课的学习目标、要求及教学内容和教学安排，将学生的注意力迅速集中，并自然有效地导向教学内容的导入方法。其优点是主题突出、论点鲜明。直接导入是最简单和最常用的一种课堂导入方法。

直接导入一般在高年级采用，有些新任教师也常采用此法，因为他们不太了解学生的知识、能力水平及兴趣爱好，所以往往开门见山，直接点题。

【教学案例】

一位老师在讲解《为中华之崛起而读书》一文时的导入如下。

师：我们天天读书，从小学到初中到高中以至进入大学都要读书。读书为的是什么呢？就是为了中华的崛起，为了自强于世界民族之林，为了使我中华繁荣富强。周恩来在他的青少年时代就给我们树立了典范。今天我们要学习的课文是（板书）：为中华之崛起而读书。请同学们打开书，认真自读。

典型例题　（2018·石家庄·单选）张老师在教学《詹天佑》这篇课文时，他说："同学们，你们知道詹天佑吗？詹天佑是我国著名的铁路专家，他主持修建了京张铁路。今天我们来学习一下他的有关事迹。"这种课堂导入方法属于（　　）。

A. 直接导入　　　　B. 经验导入　　　　C. 故事导入　　　　D. 悬念导入

【答案】A。

考点2　复习导入 ★★

复习导入又称温故知新式导入、衔接导入，是指教师通过帮助学生复习与即将学习的新知识有关的旧知识，从中找到新旧知识的联结点，合乎逻辑、顺理成章地引导学生学习新知识的导入方法。复习导入是各学科常用的一种课堂导入方法。

【教学案例】

一位历史老师在讲"三国鼎立"这一历史事件时，首先问学生之前学过的黄巾起义的意义是什么，然后在学生回答的基础上很自然地导入新课："黄巾起义瓦解了东汉政权。在群龙无首的情况下，大小地方实力派和豪强拥兵自立，进行分裂割据。至于具体情况，就是今天我们这堂课要学习的内容。"

考点 3　悬念导入

悬念导入又称设疑导入，是指在教学中，创设带有悬念性的问题，营造出一种神秘感，从而激起学生的好奇心和求知欲的导入方法。制造悬念的目的主要有两点：一是激发兴趣；二是启动思维。悬念的设置应从学生的"最近发展区"出发，恰当、适度。

【教学案例】

一位语文教师在执教李白的《赠汪伦》这首诗时，首先给学生讲述这样一个布满疑团的故事："李白是我国唐代的大诗人，可是他上过一次当，受过一次骗。"（悬念已成）学生疑问："上的什么当？他还会受骗吗？"教师回答："这个骗他上当的人就是汪伦。"（同学们面面相觑，悬念更悬）

考点 4　情境导入 ★★

情境导入是指教师运用满怀情感的朗读、演讲或者通过音乐、动画、录像等创设有趣的学习情境，感染学生，引起学生丰富的想象和联想，使其情不自禁地进入学习情境的导入方法。具体生动的情境具有很强的感染力和说服力，可以触及学生的内心深处，使其思想与教学内容发生联结。教师运用情境导入新课时，创设的情境要具有针对性、新颖性、启发性和互动性。

【教学案例】

在讲"热爱社会主义祖国"一课时，一上课，教师把事先通过朗诵并配音乐录制好的一首诗——《说给母亲的话》播放给学生听。美妙的诗句、高亢的音乐、深沉的爱国情，具有强烈的感染力和吸引力，打动了学生的心灵，并使学生在感情上产生共鸣。教师由此启发学生领悟其中蕴含的深刻意境和丰富的哲理，轻松自然地导入了新课。

考点 5　直观导入 ★★

直观导入是指教师借助于实物、标本、挂图等直观教具，以及投影、录像等媒体或示范性试验，对与教学内容相关的信息进行演示，并引导学生通过观察产生疑问，进行思考，从而自然地进入新课学习的导入方法。这种导入有助于学生获得感性知识，调动学生学习的积极性。

运用直观导入方式要注意以下几点：①实物、模型、幻灯片、电视等内容，必须与新课内容有密切的关系，并能为讲授新课内容服务。②在观察中，老师要善于抓住时机提出问题并引导学生积极思考，为学生学习新课做好准备。③设计好演示程序，所用时间不要过长。④要让学生明确观察的目的，掌握观察的方法。

【教学案例】

在教《长城》一文时，教师先用幻灯片放映长城的图片，同时播放歌曲。学生看着雄伟壮丽、蜿蜒盘旋的长城，听着歌曲《我的中国心》。这种充满感染力的气氛，不仅使学生顿生爱国之心，而且极易激发学生的求知欲。

考点 6　问题导入

问题导入又叫提问导入，是指教师通过提出富有启发性的问题，引起学生回忆、联想、思考，从而激发学生产生学习和探究的欲望，进而导入新的教学内容的导入方法。问题导入能激发学生思维，活跃课堂气氛，使学生带着问题学习，从而促使学生对知识的理解更加深刻。

【教学案例】

王老师在教《蓝色的树叶》一课时，导入环节如下。

老师：同学们，你们见过的树叶都是什么颜色的呢？

学生 A：绿色的。

学生 B：红色的。

学生 C：黄色的。

老师：对，咱们平时见到的春夏的树叶是绿色的，秋季的树叶是黄色的，同时还有红色的枫叶。那么同学们，你们见过蓝色的树叶吗？大家知道蓝色的树叶是什么样子吗？知道蓝色的树叶从何而来吗？今天咱们就一起去学习课文《蓝色的树叶》，感受蓝色的树叶带给我们的体验。

考点 7　故事导入

故事导入是指教师利用中小学生普遍爱听故事的心理，通过讲述与教学内容有关的具有科学性、哲理性的故事，如神话、寓言、民间故事等，引导学生探究，从而使学生自觉学习新知识的导入方法。许多故事情节生动有趣且蕴含哲理，既能营造幽默轻松的学习氛围，又能启迪智慧，创设学习情境。故事导入的效果不仅与故事本身的趣味性有关，还与讲故事的方式有关。

运用故事导入需要注意所选故事必须与教学内容紧密相关，并力求简短，否则会占用过多的课堂教学时间，甚至会事倍功半。

【教学案例】

教师在物理课上通过讲《刻舟求剑》的寓言，引入了"运动与静止"这一知识点。

考点 8　实例导入

实例导入是指教师从学生实际生活中选择与教学内容有密切联系的实例开讲，从而使学生进入学习情境，引出教学内容的导入方法。应用实例导入新课，可把抽象的知识具体化，把深奥的道理通俗化，不仅能激发学生的兴趣，还有助于学生具体生动地理解知识。

运用实例导入应注意以下几点：所选实例必须真实、为学生所熟悉、紧扣教学内容；所选实例要典型、生动、符合学生特点。

【教学案例】

张老师上课之初通过举汽车加速的例子，引入了"加速度"这一知识点。

考点 9　审题导入

审题导入是指新课开始时，教师先板书课题或标题，然后从探讨题意入手，引导学生分析课题，导入新课的导入方法。

【教学案例】

教师在讲授《狼牙山五壮士》一课时，先板书课题：狼牙山五战士。刚刚写完，全班学生嚷了起来，"老师，你写错了！""老师，不是'战士'，是'壮士'。"这时老师说："壮士和战士不都是当兵打仗的？哪里不一样呢？""不一样，他们不是一般的战士，他们是勇敢顽强、不怕牺牲的壮士！"老师说："同学们回答得真好！那么，就让我们一起来看看他们'壮'在哪里……"

考点 10　实验导入

实验导入是指上课伊始，教师巧设实验，使学生通过对实验的观察发现规律，归纳总结，推导出结论，导入新课的导入方法。实验导入在中学生物、物理、化学教学中运用较多。

运用实验导入要注意以下两点：①实验设计要巧妙、新颖、有针对性；②教师要善于根据实验中出现的现象和结果提问和启发学生，以促进学生思考和探究。

【教学案例】

郑老师对于中学物理"大气压"这一知识点的教学导入如下。

郑老师把一张纸片盖在装满水的玻璃杯上，将水杯连同纸片一同倒置。当托住纸片的手撤离后，纸片并没有掉下来，杯里的水也没有流出来，学生十分好奇。郑老师说："今天学习的知识就能揭开这个秘密。"

考点 11　经验导入

经验导入是指以学生已有的生活经验、已知的素材为出发点，教师通过生动而富有感染力的讲解、谈话或提问，引起学生回忆，自然地导入新课，激发学生的求知欲的导入方法。

【教学案例】

教师通过提出"你和别人撞过衫吗？你喜欢跟别人撞衫吗？"等问题引导学生讲述撞衫的经历，从而导入"学会合理消费"相关内容，使学生真切地感受到消费的变化。

考点 12　游戏导入

游戏导入是指教师精心设计一些知识性、趣味性强并与教学内容密切相关的游戏，激发学生的学习兴趣，活跃课堂气氛，使学生在既紧张又兴奋的状态下不知不觉地进入学习情境的导入方法。要注意的是，导入的游戏必须具有教育性，能使学生获得丰富的精神体验和实践经验。

【教学案例】

英语教师在开展提高学生的词句发音准确性教学时，展开"鹦鹉学舌"传话游戏比赛，看哪个小组传得又快又正确。

考点 13　其他导入方法

（1）谜语导入，是将谜语与课文内容有机联系起来，以启迪思维，激发兴趣，使学生在情趣中自然接触课文内容而进入新课的导入方法。

（2）作者介绍法，是在讲解比较著名的作品前，先向学生介绍作者的导入方法。

（3）背景介绍法，是介绍与本堂课有关的背景的导入方法。

（4）题目解释法，是通过对题目的概念、意义、关系、结构等的阐释而导入新课的导入方法。

高分点睛

1.【常考题型】单选、判断
2.【命题角度】给出定义、例子或特点，要求判断其对应的课堂导入方法。

四、课堂导入的基本要求

（1）导入要有针对性。一是导入设计要与学科性质、教学内容和教学目标相适应；二是要针对不同年龄阶段学生的心理特点、知识基础、认识水平设计导入。

（2）导入要有启发性。教师可以通过设置悬念、创设情境、做游戏、展示现象等方法设计具有启发性的课堂导入。

（3）导入要有趣味性。导入的趣味性包括内容的趣味性、运用方法的趣味性和教师语言的趣味性等。为提高趣味性，课堂导入的设计要尽可能生动活泼、含蓄有趣，但不要故弄玄虚。

（4）要恰当把握导入的"度"。课堂导入应尽量做到简练省时，力争用最少的话语、最短的时间导入新课。一般来说，课堂导入的时间以 3~5 分钟为宜。

（5）导入要有艺术性。导入的艺术性表现在导入的内容与形式具有高度的统一性；导入设计上的科学性和教育性；导入语言上的准确性和生动性；导入与新课衔接上的自然巧妙性。导入的艺术性是课堂导入的最高要求，也是教师导入技能的综合体现。

高分点睛

1.【常考题型】单选、多选、判断
2.【命题角度】
（1）要求选出课堂导入的基本要求，或判断关于课堂导入的说法是否正确。
（2）直接考查课堂导入的时间要求。

第二节　课堂讲授技能

一、课堂讲授的含义与特点

考点1　课堂讲授的含义

课堂讲授是教师运用系统的口头语言，通过分析、解释、说明、论证、叙述、描绘等系统地向学生传授知识的教学行为方式。讲授是课堂教学最主要、最常用的方式。

考点2　课堂讲授的特点

第一，从信息传播的方向看，具有单向性。它不要求学生有对应的互动行为。

第二，有利于教师充分发挥主导作用。教师可以由易到难、由浅入深地传递信息，利于学生接受；传递信息的效率高，信息量大；没有学生数量上的限制；教师可自主控制教学时间，耗费课时少。

二、课堂讲授的类型

根据课堂讲授方式的不同，课堂讲授可分为讲述、讲解、讲读和讲演四种基本类型。

考点1 讲述

讲述是指教师通过系统地叙述或描述教学内容，使学生理解和掌握知识的课堂讲授方式。

根据讲述特点的不同，讲述可分为叙述和描述。叙述是指教师对事物的发展变化及其前因后果做出的口头表述。描述是指教师用生动形象的语言，把事物的内部结构、外部特征及人物的心理状态描绘出来。

叙述和描述都是在说事，而不是说理。两者的不同在于，叙述的语言简洁明快，朴实无华；描述的语言细腻形象，生动有趣。

考点2 讲解

讲解是指教师通过语言对教材内容进行解释、说明、分析、论证等，引导学生理解和掌握知识的一种讲授方式。其作用在于通过解释概念，说明事理背景，阐述知识本质，论证逻辑关系，使学生理解和掌握知识。讲解不是讲事，而是讲理，侧重于发展学生的逻辑思维能力。

考点3 讲读

讲读是在讲述、讲解的过程中，把阅读材料与教学有机结合的讲授方式。通常是一边读一边讲，以讲导读，以读助讲，讲不离文，讲读结合。讲读在语文教学中较为常用。

考点4 讲演

讲演是教师不仅要系统全面地描述事实、解释道理，还要通过深入地分析教材，论证事实，解释道理，进行比较、综合、概括、推理、判断等，做出科学的结论，使学生理解和掌握理论知识，形成正确的立场、观点和方法的讲授方式。讲演是讲授的最高形式，多用于中学高年级和大学的教学活动。

> **高分点睛**
>
> 1.【常考题型】单选、多选、判断
> 2.【命题角度】
> （1）结合关键词考查课堂讲授的含义与特点。
> （2）常以多选的形式考查课堂讲授的四种类型。
> （3）结合关键词考查讲述、讲解、讲读、讲演的含义及其特点。

三、课堂讲授的基本要求

（1）语言要规范、简明、生动。

（2）要时刻关注学生的反馈信息（如学生的表情、情绪变化等），及时调控讲授的方法、内容和进度。

（3）要与板书、教师的体态语言相配合，以使学生多种感官参与学习，从而加深对知识的理解。

（4）要紧密联系学生已有的知识经验。

第三节　课堂提问技能

一、课堂提问的含义

课堂提问是教师在课堂教学中，通过创设问题情境、设置疑问来引导和促进学生学习的教学行为方式。

课堂提问是一种最直接的师生双向交流的过程，是教师重要的教学手段。它被运用于教学过程的各个环节，是联系师生双边活动的纽带。

二、课堂提问的类型

根据不同的标准，提问可分为多种类型。

考点1　根据布卢姆认知目标层次的分类 ★★

根据布卢姆的教育目标分类学中认知目标的层次，课堂提问可分为回忆提问、理解提问、应用提问、分析提问、综合提问和评价提问六种类型。

1. 回忆提问（知识水平的提问、知识型提问）

回忆提问是从巩固所学知识出发设计的提问。通过提问，学生回忆、复习前面学过的知识，并结合旧知，获得新知。回忆提问有复述、认知和选择等形式。

在回忆提问中，教师常用的关键词主要有"谁""什么是""哪里""什么时候""哪些"等。例如，"中国的首都是哪里""说出平行四边形的定义"等。

2. 理解提问（理解水平的提问）

理解提问是检查学生对事物本质和内部联系的掌握程度的提问。理解提问有变换、解释、重组和对比四种类型。变换要求学生能将一种文字或形式变成另一种文字或形式。解释要求学生能用自己的话对信息进行说明概括。重组要求学生能将学习材料重新归类或列举新的例证以加深对概念的理解。对比要求学生能比较已经学过的两个或两个以上的内容。

在理解提问中，教师常用的关键词主要有"用自己的话叙述""比较""对照""解释"等。例如，"比较上海和北京两地发展工业的条件""请将最后一个自然段翻译成白话文"等。

3. 应用提问（运用水平的提问）

应用提问是检查学生应用所学概念、规则、原理解决实际问题的提问。应用是一种从抽象到具体、从一般到特殊的过程。

在应用提问中，教师常用的关键词主要有"应用""运用""分类""举例"等。例如，"运用所学知识，在地图上找出北京的经纬度"。

4. 分析提问（分析水平的提问）

分析提问是要求学生通过分析知识结构因素，弄清概念之间的关系进而得出结论的提问。分析提问多用于分析事物的构成要素、事物之间的关系和组织原理等方面。

在分析提问中，教师常用的关键词主要有"为什么""什么因素""证明""分析"等。例如，"为什么说五四运动是中国新民主主义革命的开端"。

5. 综合提问（综合水平的提问）

综合提问是要求学生发现知识之间的内在联系，并在此基础上把教材中的概念、规则等重新组合的提问。综合提问的目的在于训练学生掌握把事物的各个部分、方面、要素、阶段联结成为整体进行考察并找出其相互联系的思维方式。

在综合提问中，教师常用的关键词主要有"预见""总结""设计""开发"等。例如，"总结产生二氧化碳的方法"。

6. 评价提问（评价水平的提问）

评价提问是要求学生运用准则和标准对观念、作品、方法、资料等做出价值判断或者进行比较和选择的提问。评价提问是最高层次的提问，目的在于训练学生对人、事、物进行比较、鉴赏和评价的能力。评价提问对学生的思维、想象和创造能力的要求都很高，适用于实现较高的学习目标。

在评价提问中，教师常用的关键词主要有"判断""评价""证明""对……有什么看法"等。例如，"你怎么看待这篇文言文？""你对××实验有什么看法"等。

考点2 根据不同提问技巧的分类

根据不同的提问技巧，课堂提问还可分为以下几种。

1. 设问型提问

设问型提问是指教师精心设计问题提问学生，它的特点是用问题唤起学生的注意，并不要求学生作答，而是自问自答。

2. 追问型提问

追问型提问是指教师把所传授的知识分解为一个个小问题，一环扣一环系统地提问学生。

3. 互问型提问

互问型提问是指由学生提出问题、回答问题。互问是一种你来考考我、我来考考你的教学活动。

4. 比较型提问

比较型提问是指教师在所提的问题中，综合讲一些可供比较的内容，进行比较性提问，引发学生在比较中推出恰当的结论。

5. 开拓型提问

开拓型提问是指训练学生运用学到的基础知识及原理进行创造性思维的提问。

开拓型提问具体可分为三种类型：①方法性提问。目的在于引导学生回顾获得知识的学习过程，教会他们总结和运用科学的思维方法，提高获取新知识的效率。②规律性提问。目的是启发学生将所学知识加以比较和整理归类，学会发现知识体现的规律。③创造性提问。目的是培养学生创造性的思维能力，它的主要目标是发展学生的想象力。

> **知识拓展**
>
> 根据教学提问的信息交流形式的不同，提问可分为泛指式提问（面对全体学生），特指式提问（对某一个学生发问），重复式提问（突出重、难点，调动学生质疑、解疑的积极性），反诘式提问（针对回答错误提出反问）和自答式提问（教师自问自答）。
>
> 根据提问的内部结构的不同，提问可分为总分式提问、递进式提问、连环式提问和插入式提问。根据提问的具体方式的不同，提问可分为直问与曲问、正问与反问、单问与复问、快问与慢问。根据提问方式的视角的不同，提问可分为正问和逆问。

> **高分点睛**
>
> 1.【常考题型】单选、多选
>
> 2.【命题角度】
>
> （1）结合概念或例子，考查课堂提问的类型。
>
> （2）直接考查提问的所属类型。

三、课堂提问的过程

1. 引入阶段

教师用不同的语言或方式表示将要提问，让学生对接下来的提问做好心理准备。因此，提问前要有一个明显的界限标志，提示由语言讲解或讨论等转入提问。例如，"同学们，下面让我们共同考虑这样一个问题，……""好，通过上面的分析请大家考虑……"等。

2. 陈述阶段

陈述所提问题并作必要的说明。

（1）点题集中，引导学生理清提问的主题，或使学生能承上启下，将新旧知识联系起来。

（2）陈述问题，准确清晰地表述问题。

（3）提示结构，教师预先提醒学生有关答案的组织结构。

3. 介入阶段

在学生无法作答或回答不完整时才会引入此阶段，教师以不同的方式鼓励或启发学生回答问题，主要考虑以下几个方面。

（1）核查：核对或者查问学生是否清楚问题的意思。

（2）催促：使学生尽快作答或完成教学指示。

（3）提示：提示问题的重点或答案的结构。

（4）重复：在学生未听清题意的情况时，原样重复所提问题。

（5）重述：在学生对题意不理解时，用不同词句重述问题。

4.评价阶段

当学生作出回答后，教师用不同的方式处理回答，主要有以下几个方式。

（1）重复：教师复述学生的答案。

（2）重述：教师以不同的词句复述学生的答案。

（3）追问：根据学生回答中的不足之处，追问其中的要点。

（4）更正：纠正错误回答，给出正确答案。

（5）评论：教师评价学生的回答。

（6）延伸：依据学生的回答，引导学生思考另一个新的问题或更深入的问题。

（7）扩展：在学生的答案基础上加入新的材料或见解，以扩大学习成果或展开新的内容。

（8）核查：检查其他学生能否理解某学生的答案或反应。

> **高分点睛**
>
> 1.【常考题型】单选、多选、判断
>
> 2.【命题角度】
>
> （1）考查课堂提问的过程包括哪些阶段及各阶段的含义。
>
> （2）考查在课堂提问的某一阶段，教师的处理方式有哪些。

四、课堂提问的策略 ★★

课堂提问由发问、候答、叫答、理答四个环节组成，与此相应，每个环节的策略也不同。

（1）发问策略。问题要清晰，措辞要精练、具体明了，一次只提一个问题是保证问题清晰的最基本要求；保证高认知水平问题的比例适当；与学业有关的问题发问频率应维持在较高水平；依照具体目的，合理安排低认知水平和高认知水平问题的次序。

（2）候答策略。教师发问后，根据问题的认知水平和具体情境，等候3~5秒钟，给学生思考问题、组织答案的时间。如果在教师叫答后，学生没有说话，教师也应等待，直至学生给出实质性的回答。当然，有时在班级教学情况下，等候时间会对课的连续性造成威胁，这时可适当缩短等候学生回答的时间，及时采取理答行为。

（3）叫答策略。叫答需要保证每个学生有尽量多且均等的回答机会。教师可以按固定形式叫答，也可以待小组里学生共同商议答案后随机请各小组的某一位学生回答。

（4）理答策略。学生回答不同，教师的理答策略也应不同。例如，对于学生迅速而坚定的正确回答，教师应给予肯定、表扬或做出追问；对于不正确的回答或不回答，教师应明确原因并采取进一步的措施。

五、课堂提问的功能

1. 激发学生的学习动机和兴趣

提问能够激发学生的好奇心，使学生产生探究的欲望，迸发学习的热情，产生学习的需求。

2. 促进学生学习

提问能帮助学生复习巩固所学的知识和技能，提示教学重点，分散难点，促进学生对教材内容的记忆等。教师针对不同层次的学生，设计不同的题目，可让学生树立追求成功的信心。

3. 平稳过渡

提问可以为学生理清思路，把握学习内容之间内在的逻辑关系，实现教学内容各组成部分之间的平稳过渡。

4. 为学生提供参与教学过程的机会

提问是课堂上的一种召唤、动员行为，是集体学习中引起相互活动的有效手段。提问为学生提供了流露情感、发表看法，与老师和班级其他成员沟通、交流的机会。学生通过聆听他人对问题的回答，展开争论，从而开拓自己的思路，便于对学习内容进行梳理、理解、记忆。

5. 培养能力

提问可以培养学生的思维能力、口头表达能力和沟通交流能力。

6. 反馈教学信息

提问过程是一个教师"教"与学生"学"的双向过程。教师通过学生的回答，检查他们对知识的掌握情况（包括理解情况、记忆情况、运用情况等）。提问便于教师和学生及时把握教与学的效果，调整教学方式和学习方式。

7. 管理课堂教学

学生长时间听课，其注意力容易分散，课堂提问恰恰可以帮助学生集中注意力，提高学习效率。提问还可以活跃课堂气氛，促进师生之间的情感交流，吸引学生的注意，有助于课堂教学活动的顺利进行。

六、课堂提问的基本要求

1. 合理地设计问题

①围绕教学目标和学习要求，按照教学内容的逻辑顺序，循序渐进、由浅及深地设计不同层次的问题；②设计的问题要难易适中，深浅适度，符合学生的认知水平和个性特点，提出的问题最好位于学生思维的"最近发展区"；③教师在设计问题时，要善于设计问题的变式，提问的形式也应多种多样，促使学生对知识的深入理解；④提问的问题之间应是紧密联系、前后有序的，不应是孤立、零散的；⑤问题的设计要力求精练扼要，突出重点、难点和关键点。

2. 面向全体学生提问

①面向全体学生发问，让所有学生都能积极思考教师提出的问题。②面向不同层次的学生提问。提问要关注所有的学生，根据学生的知识水平提出不同要求的问题。

3. 目的明确，把握好时机

①课堂提问的目的要明确，应尽量避免与教学内容无关的信口提问。②教师提问要做到适时、适度，考虑学生的心理状态，寻找最佳时机发问。提问的最佳时机是指学生已开动脑筋，正在生疑、质疑而未能释疑之时。③在课堂教学的不同阶段根据教学进程有针对性地提问，促进学生对知识的理解和内化。

4. 提问的语言要准确，具有启发性

教师提问的语言要准确表达意图，条理清晰，逻辑性强，切忌含糊不清。同时，提问要有深刻性和发散性，能启发学生尽可能从多种角度思考和回答问题，培养学生的发散思维能力。

5. 提问的态度要温和自然

教师在提问时，态度要温和自然，要以亲切和期待的眼神鼓励每一位学生，这样可以拉近学生和教师的心理距离。教师切忌把提问作为惩罚学生的手段，否则会引起学生的抵触情绪，不利于教学的顺利进行和师生积极情感的培养。

6. 及时进行评价和总结

学生回答问题后，教师应对其回答予以分析并做出客观的评价，肯定正确部分，纠正错误部分，使问题有明确的结论。教师恰当的评价可强化提问的效果。同时，教师要及时归纳和总结学生回答问题的情况，以利于学生知识的系统化、认识的明晰化、思维的深化，便于学生找到自己学习上的不足之处。

> **高分点睛**
> 1.【常考题型】单选、多选、材料分析
> 2.【命题角度】直接考查或结合例子考查课堂提问基本要求的具体内容。

第四节　教学反馈和教学强化技能

一、教学反馈技能

考点1　教学反馈的含含义、特点与作用

教学反馈是教师在课堂教学中，有意识地收集教学信息和分析教与学的状况，并做出相应反应的教学行为。

有效的教学反馈具有准确性、针对性、激励性、适时性、多样性和交互性的特点。

教学反馈具有激励、调控、媒介和预测的作用。

考点2　教学反馈的方法

常用的教学反馈方法有课堂观察法（包括环视、点视、虚视等）、课堂提问法、课堂考查法和实

践操作法等。其中，课堂观察有利于促进教学的对话性，增强教师的反馈技能，改善课堂管理，提高教师的研究能力。

考点3 教学反馈的基本要求

（1）反馈必须准确。

（2）反馈必须及时。

（3）反馈必须有针对性。

（4）反馈必须贯彻教学过程的始终。

高分点睛

1.【常考题型】单选、多选

2.【命题角度】直接考查有效教学反馈的特点，以及教学反馈的作用包括哪些。

二、教学强化技能

考点1 教学强化的含义

教学强化是指教师采用一定方法促进和增强学生某一行为向教师期望的方向发展的教学行为。

考点2 教学强化的功能

1. 激励功能

为了获得某种引发快乐或者避免某种引发痛苦的学习强化物，学生必须明确学习目标，使自己的认识和行为朝着教师期望的方向发展，提高学习的正确率，这样，学生学习的外在动机和内在动机得到激发，就能积极主动地投入学习。例如，教师表扬一位同学"回答得很好！希望大家都能像他一样勤于思考，灵活运用知识"，这有助于激励其他学生向教师期望的方向发展。

2. 维持功能

强化可以促进教师与学生的双向交流，防止和减少非教学因素刺激对学生学习产生的干扰，使学生在教学过程中将注意力集中于学习活动，提高学生注意的持续性。例如，当学生不注意听讲时，教师放慢语速或戛然而止，并长久注视学生，能使学生在强化的作用下集中注意力。

3. 促进功能

强化可以增强学生某种与教学目标相符的认识和行为重复出现的可能性，学生的认识和行为逐渐从量变向质变发展，从而使最近发展区不断转化为现有发展区。例如，有的学生犯了小错误，自尊心又很强，如果教师能用信任的眼光注视他，他可能会很快振作精神，改正错误。

4. 巩固功能

强化使学生的正确认识和行为得到巩固。当学生做出正确的反应，如回答正确、思维灵活、见解独特等，符合甚至超过了教师的期望时，教师用肯定和赞许给予强化，会使学生获得成就感和满足感，促进学生的内部强化，从而巩固正确的认识和行为。

5. 强化功能

强化是师生相互作用的一个关键环节。学生在课堂上做出反应后，如果教师不进行任何反馈强化，学生得不到来自教师的反馈信息，他们就会无所适从，正确的反应会减弱，错误的反应可能会被重复和增强。

考点3　教学强化技术 ★★

1. 言语强化

言语强化是指教师通过语言对学生的行为及其结果给予肯定，从而使学生的行为向着教师希望的方向发展。言语强化有口头言语强化和书面言语强化两种形式。

2. 非言语强化

非言语强化是指教师通过某种非言语动作传递一种信息，对学生的某种行为表现表示赞赏或肯定。这些非言语的动作，可以是目光接触、点头微笑、靠近学生、体态放松或做出某种积极的姿态。在课堂中要善于运用非言语强化，因为它有时比言语强化的作用更大。研究表明，当教师的言语信息与非言语信息不一致时，学生倾向于接受非言语信息。

3. 替代强化

替代强化是指观察者因看到榜样受强化而受到的强化。替代强化的效果类似于榜样的作用。如果强化物选择和运用得恰当，那么替代强化就可以用来教会新的行为，激励已有行为，削弱、抑制不良行为。

4. 延迟强化

教师一般要对学生的理想行为表现予以及时强化，但有时也要对学生前一段时期的行为进行强化。这种对以前行为的强化就是延迟强化。

5. 局部强化

如果学生的行为表现只被部分认可，我们就可以采用局部强化，即只强化我们认可的那部分行为以及相应的欲望，激励学生继续实现理想。例如，某同学主动板演解题，但是解错了，老师没有批评他，反而称赞他勇气可嘉。局部强化是激励那些性格腼腆和能力较差的学生积极参与课堂活动的有效技术。

6. 符号强化（标志强化、代币制强化）

教师可以用一些醒目的符号、色彩的对比等来强化教学活动，或用数字、字母、彩色的图形等来强化学生的学习结果。

> **高分点睛**
>
> 1.【常考题型】单选、多选
>
> 2.【命题角度】
>
> （1）直接考查教学强化的含义。
>
> （2）要求判断例子体现了教学强化的哪种功能或哪种教学强化技术。

第五节　课堂板书技能

一、课堂板书概述

考点 1　课堂板书的含义

板书又称教学书面语言，从动态的角度理解，它是教师上课时在黑板上用文字、符号、图表等来传递教学信息的言语活动方式。从静态的角度理解，它是教师在教学过程中为帮助学生理解和掌握知识而利用黑板，以凝练的文字、符号、图表等呈现的教学信息的总称。

板书是课堂教学的重要组成部分，是完成课堂教学任务的有效手段，是教师语言艺术的书写形式。

考点 2　课堂板书的特点

1. 直观形象性

教师在课堂教学中一边讲解一边把重点内容用各种形式板书出来，这样就使信息的传递从单一的言语听觉刺激转向视听刺激的结合，使教学内容更直观、更生动。

2. 高度概括性

课堂板书的内容都是教师在确保教学内容准确、科学的基础上对讲授内容进行高度概括、浓缩，认真筛选和精心提炼出来的。

3. 艺术性

课堂板书在某种程度上说是一种艺术。课堂板书的内容、形式、构图及字体的和谐搭配，能引起学生的美感，给学生以美的享受和美的启迪，进而激发和提高学生的学习兴趣和求知欲望。

考点 3　课堂板书的作用

（1）课堂板书有助于教师阐述和讲解教学内容，使学生容易接受。

（2）课堂板书能将所学的内容，尤其是较复杂的教材内容分成层次与段落，主次分明，便于学生理解和掌握。

（3）课堂板书可以扩大、巩固学生的感知量。

（4）课堂板书是课堂教学内容的逻辑主线，是学生记学习笔记的主要依据。

（5）课堂板书可以突出课堂教学重点，有利于学生理解和掌握知识。

（6）课堂板书有利于启发学生思维，培养学生能力。

（7）课堂板书有利于发挥教师的主导作用，调动学生学习积极性。

考点 4　中小学常用的板书

中小学常用的板书，一般包括板书、板演、板画三种形式。

（1）板书是指教师写在黑板上的文字，它是各学科教学中经常用到的一种板书形式。

（2）板演是教师在黑板上推导公式、演算例题、书写方程式等，它是自然科学教学中常用的一种板书形式。

（3）板画是教师在黑板上描画的各种图形、符号、表格等，它是地理、美术、生物、数学、物理、化学等学科教学中常用的一种板书形式。

> **高分点睛**
>
> 1.【常考题型】单选、多选
>
> 2.【命题角度】
>
> （1）直接考查课堂板书的特点和作用有哪些。
>
> （2）给出定义或例子，要求判断其属于哪种常用的板书形式。

二、课堂板书的内容

1. 教学内容的内在逻辑结构

教学内容总是按照一定的逻辑结构组织起来的。有的以时间顺序为主，有的以空间顺序为主，有的以逻辑关系为主，有的则以对比关系为主等。课堂板书反映了教学内容的系统结构，便于学生理清教学的线索和脉络，建构知识结构。

2. 教学的重点和难点

课堂板书可以对教学重点和难点起到强调作用，集中学生的注意力，加深学生对重难点知识的理解和记忆。

3. 公式及其推导过程

板书公式及推导过程可以培养学生思维的严密性和逻辑性。

4. 教学内容的补充知识

为了拓展学生的知识面，开阔学生的思路，教师有时会补充一些背景材料或其他信息。这些补充知识有助于学生加深对教材的理解。

三、课堂板书的类型 ★★★

考点1　系统性板书和辅助性板书

按照板书的重要性和详略程度，板书可分为系统性板书和辅助性板书。

1. 系统性板书（主板书、基本板书）

系统性板书的作用一般有以下两点：①体现教学内容的主要事实、主要理论或主要观点、重点、难点、疑点、特点等；②反映教师的教学意图，表达教学的目标。

系统性板书内容的构成形式有以下四种。

（1）内容式板书，是以全面概括课文内容为主的板书，利于学生全面地理解课文内容，是板书内容构成的基本形式。

（2）强调式板书，是以发挥某种强调作用的板书，它可以根据需要，灵活机动地突出课文的某一部分或某种思想，以增强针对性，让学生把握学习重点。

（3）设问式板书，是用问号启发学生思考问题的板书，它可根据教学目标、要求，在课题的难点或重点下边引而不发地画上一个或几个问号，且配上必要的文字提示，来指导学生注意阅读和思考。

（4）序列式板书，是按内容发展的序列构设板书内容的板书，它能够比较清晰地显示内容轮廓，使学生对内容有完整的印象，且能领会其脉络。

2. 辅助性板书（副板书、附属板书）

辅助性板书一般用来表现与教学内容有关的诠释性、延伸性信息，提示有关的零散的知识。辅助性板书是对系统性板书的注释、说明、充实和补充，也是根据课堂教学需要、学生反馈随机出现的一种教学板书。辅助性板书一般随教学进程的发展随写随擦或择要保留。

典型例题（2019·石家庄·多选）以下表述正确的是（　　）。

A. 板书是完成课堂教学任务的有效手段，是教师语言艺术的书写形式

B. 主板书一般用来表现教学内容的主要事实、主要理论或主要观点、重点、难点、特点等，反映教师的教学意图，表达教学目标

C. 板书不是对教学内容的高度浓缩，而是教师教学能力的综合体现

D. 板书有助于集中学生的注意力，激发兴趣

E. 副板书一般随教学进程的发展随写随擦或择要保留

【答案】ABDE。

考点 2　文字板书、图画板书和综合式板书

1. 文字板书

文字板书是教师在黑板上以文字形式表述教学内容的一种板书形式。文字板书主要有纲要式板书、词语式板书、表格式板书、线索式板书、演算式板书和总分式板书等。

（1）纲要式板书（提纲式板书）

纲要式板书是指教师以讲授内容的内在逻辑关系为线索，把讲授内容进行编号并按顺序列出相应语句的逻辑地位，从而体现教学信息的结构体系的板书形式。纲要式板书是最基本、最常用、最传统的一种板书形式，几乎适用于所有学科。

纲要式板书的主要特点是层次清楚、重点突出、文字简明扼要，便于学生理解和记忆教学内容。

【教学案例】《荷塘月色》部分板书设计

一、夜出门

缘由：心情颇不宁静（情感基调，下文不断揭示和照应）

目的：看月下荷塘

二、漫步小路、总写荷塘月色

小路：曲折、幽僻、寂寞

树：蓊蓊郁郁

月光：淡淡（景物色调）

心情：淡淡的哀愁

（2）词语式板书

词语式板书是指教师从讲授内容中选择一些关键性的词语或者概括总结一些准确反映教学内容的词语，随着教学的进展依次书写到黑板上的板书形式。这种板书形式常用于语文、政治等学科。

词语式板书的主要特点是紧扣教学内容，重点突出，使学生能够以这些词语为生长点再现全部教学内容。

【教学案例】《白杨礼赞》板书设计

高原（烘托）：黄绿错综——无边无际——坦荡如砥（景美）

白杨树（细描）：笔直挺立（干）——紧紧靠拢（枝）——片片向上（叶）——光滑浑圆（皮）——力争上游——正直倔强——不折不挠（神美）

象征意义（联想）：北方农民——敌后哨兵——精神意志（人美）

（3）表格式板书

表格式板书是指教师根据教材内容在黑板上绘制表格，把在讲解过程中提炼出的关键词填入表格的板书形式。

表格式板书通常用于可以明显分项或具有明确对比性的教学内容中，最大的特点就是对比性强，通过分析和比较，使学生准确把握事物的本质。

【教学案例】"多面体的顶点数、面数、棱数关系"板书设计（表7-3-1）

表7-3-1 "多面体的顶点数、面数、棱数关系"板书设计

类别		长方体	正方体
顶点	个数	8	8
面	个数	6	6
	形状	每个面都是矩形	每个面都是正方形
	大小关系	相对面面积相等	6个面的面积相等
棱	条数	12	12
	长度关系	可分为3组（长、宽、高）每组长度分别相等	所有棱长都相等

（4）线索式板书（结构式板书）

线索式板书是指教师通过在黑板上板书教材内容的行文线索，使学生把握教学的主要内容的板书形式。

线索式板书的主要特点是指导性强，有利于学生认识的条理化和明晰化。

【教学案例】《小猴子下山》板书设计（图7-3-1）

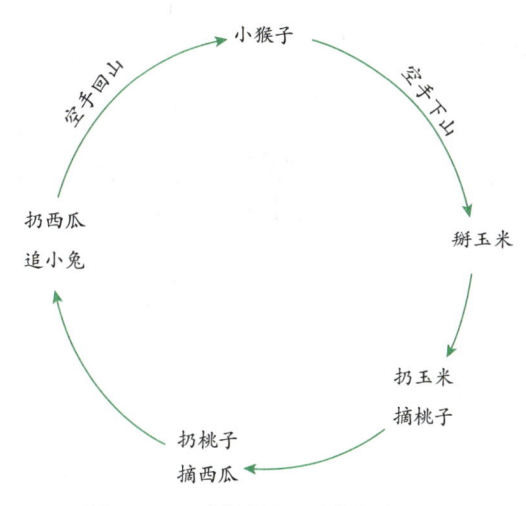

图 7-3-1 《小猴子下山》板书设计

（5）演算式板书

演算式板书是指教师在黑板上用文字、数字和数学符号等表述演算内容和证明过程的板书形式。演算式板书广泛应用于数学、化学、物理等理科教学中。演算式板书的主要特点是书写格式规范、条理清晰、逻辑性强。

（6）总分式板书

总分式板书适合于先总体叙述、后分述，先讲整体结构、后分别讲解细微结构的教学内容。这种板书条理清楚，从属关系分明，便于学生理解和掌握教材的结构，给人以清晰完整的印象。

【教学案例】"实数"板书设计（图 7-3-2）

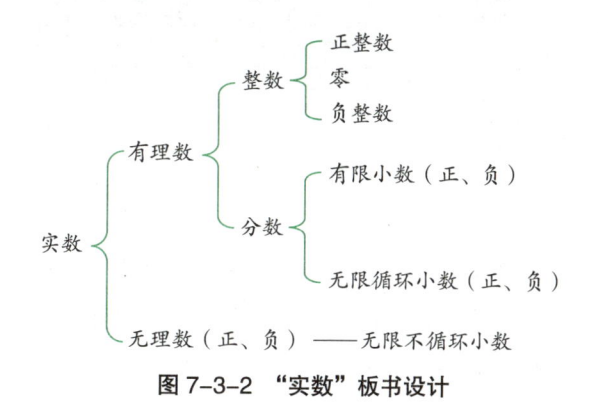

图 7-3-2 "实数"板书设计

2. 图画板书

图画板书是指教师在黑板上用图画来表述事物的形态和结构等内容的板书形式。图画板书可分为示意图和简笔画两种类型。

（1）示意图

示意图板书是指教师借助于图示、图表等示意图，形象生动地表现事物的发展变化过程及事物间的联系的板书形式。示意图板书一般用于物理过程、化学现象或抽象的逻辑知识的教学中。常见的示意图有关系图、流程图、系统图等。

【教学案例】"血液循环和淋巴循环"板书设计（图 7-3-3）

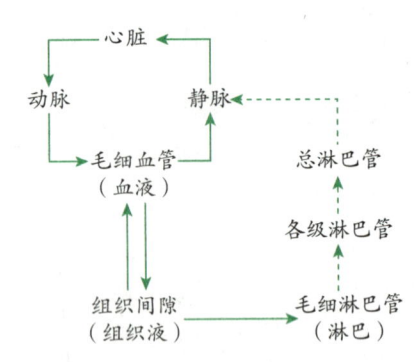

图 7-3-3 "血液循环和淋巴循环"板书设计

（2）简笔画

简笔画板书是指教师以最简练的线条来表述事物的形象和特征的板书形式。简笔画板书运用恰当，可以使教学生动直观，吸引学生的注意力，提高学生的学习兴趣，使学生加深对教学内容的理解。

3. 综合式板书

综合式板书是指教师综合运用各种板书形式来表述教学内容。综合式板书不是各种板书形式的生硬拼凑，而是要对课堂板书进行综合整体设计，科学合理地发挥各种视觉符号的优势。

> **高分点睛**
>
> 1.【常考题型】单选、多选、判断。
> 2.【命题角度】给出定义或关键词，要求判断其属于哪种课堂板书类型。

四、课堂板书的设计原则

1. 规范性原则

规范性原则是指要注意书写规范和内容规范。书写规范，就是要写规范汉字，不写错别字、繁体字和不规范的简化字；字体要匀称、工整。内容规范，就是要浓缩整节课的内容为一体，板书的词、句要简明精练，具有代表性和概括性；内容表达要明确、清晰。

2. 客观性原则

客观性原则体现为真实、准确，具体包括两个方面：一是要有明确的目的性。二是要确切地反映结构教学内容的各个要素（知识点），以及这些要素之间的联系（即教学内容本身具有的规律性）。

3. 针对性原则

针对性原则是指板书设计要针对教学内容和学生特点，因文因人制宜，要有鲜明的针对性，要做到凡是学生难理解、难记忆、难掌握以及学生易错误、易混淆的地方都应设计板书，并能起到突出重点、指导方法、预防错误的作用。

4. 启发性原则

启发性原则是指通过板书，促进学生思考，调动他们思维的积极性。

5.时效性原则

时效性原则要求讲课之前的板书，重在指引思路；讲课之中的板书，重在展示中心；讲课之后的板书，重在强化整体。

五、课堂板书的基本要求

（1）精选内容，突出重点。
（2）条理清晰，层次分明。
（3）形式灵活，布局合理。
（4）文字精当，科学性强。
（5）书写规范，示范性强。
（6）把握时机，适时板书。

六、板书结构化策略

板书结构化策略是使教学内容的逻辑结构、课堂教学的设计程序、学生的认知结构在板书中达到艺术性和科学性高度统一的方法。使用板书结构化策略时要注意以下几个问题。

（1）对教学内容要充分理解和加工。
（2）板书要有利于学生记忆和思考，特别要突出启发性。
（3）板书的字迹要端正和清楚，黑板四周要留空，保持结构美观。
（4）书写板书时应站在一边，尽可能让你的视线与学生接触，不要对着黑板讲话。
（5）可使用彩色粉笔，使结构化板书更具有艺术性。
（6）尽量形成习惯，将黑板分成两部分，一部分是教学内容结构化，另一部分是辅助性板书。

高分点睛

1.【常考题型】单选、多选
2.【命题角度】
（1）直接考查或结合例子考查课堂板书的设计原则。
（2）考查使用板书结构化策略需要注意的问题。

第六节　课堂教学结束技能

一、课堂教学结束的含义及意义

考点 1　课堂教学结束的含义

课堂教学结束也称课堂小结，是教师在一个教学内容结束或一节课的教学任务结束时，有目的、有计划地通过归纳总结、重复强调、实践等活动使学生对所学的新知识、新技能及时进行巩固、概括、运用，把新知识、新技能纳入原有的认知结构，使学生形成新的完整的认知结构，并为以后的教学做好过渡的教学行为。

考点 2 课堂教学结束的意义

（1）增强学生学习兴趣。

（2）整理教学知识要点。

（3）巩固强化学习内容。

（4）帮助学生理解升华。

（5）铺垫后续教学内容。

二、课堂教学结束的一般过程

（1）简单回忆。对整个教学内容进行简单回顾，整理认识的思路。

（2）提示要点。指出教学内容的重点、难点、关键点，必要时可做进一步的说明，进行巩固和强化。

（3）提出问题或采用其他形式检验学习结果。

（4）巩固应用。引导学生把所学知识应用到新的情境中去，在应用中解决新的问题，巩固知识，并进一步激发思维。

（5）拓展延伸。有时为了拓展学生的思路，开阔学生的视野，或把前后知识联系起来，形成系统，需要在结课时对课内教学内容进行必要的拓展延伸。

高分点睛

1.【常考题型】单选、多选

2.【命题角度】

（1）直接考查课堂教学结束的意义有哪些。

（2）结合例子考查课堂教学结束的一般过程。

三、课堂教学结束的基本方法（结课的方法）★★★

考点 1 归纳总结法（归纳法、总结法）

归纳总结法是指教师引领学生以准确简练的语言对课堂讲授的知识进行归纳、概括、总结，梳理讲授内容，理清知识脉络，突出重点和难点，归纳出一般的规律、系统的知识结构等。归纳总结法是中小学最常见的结课方式。

【教学案例】

教师在结束"平行四边形的判定方法"这节课的时候，可以通过带着学生概括这节课学习的几种平行四边形的判定方法来进行总结。

（1）两组对边分别平行的四边形是平行四边形。

（2）对边分别相等的四边形是平行四边形。

（3）一组对边平行且相等的四边形是平行四边形。

（4）对角线互相平分的四边形是平行四边形。

典型例题 （2019·石家庄·单选）中小学最常见的结课方式是（　　）。

A. 归纳总结法　　　B. 拓展延伸法　　　C. 设置悬念法　　　D. 比较异同法

【答案】A。

考点 2　拓展延伸法（延伸法、迁移扩展法）

拓展延伸法是指教师根据教材内容和实践教学目标的需要，在课堂结束阶段，指导学生向教材内容的相关知识和社会生活实际延伸、辐射或补充教材内容，使课堂教学的终点成为开阔学生知识视野和联系实际生活的起点的方法。

【教学案例】

"人们从蝙蝠身上得到启示，发明了雷达。同学们还知道哪些类似的实例吗？"同学们兴趣浓厚，一下子举出了十多个例子，教师由此延伸出一个新问题："你从什么中得到启示，觉得可以发明什么？"这种课堂教学结束的方式能把学生从课堂上激起的学习兴趣延续到课外，鼓励学生去探索课本以外的奥妙。

考点 3　设置悬念法（悬念启下法、悬念留疑法）

设置悬念法是指在课堂教学结尾时，教师根据教材和教学的需要，在学生掌握新知识的基础上，提出新问题，巧妙设疑置悬，诱发学生"知故欲求新"，促使其课后积极思考，并为上好下节课牵线搭桥、创设思维情境的方法。

【教学案例】

马老师对《少年闰土》的结课设计如下。

"同学们，课文中的'我'和少年闰土结下了深厚情谊，离别时难舍难分。那么，三十年后他们又见面了，会怎么样？（学生循着课文思路，纷纷发表自己的见解）大家说了很多，可惜都没说对。（学生困惑）三十年后，真实的情况是，闰土一见'我'便喊了一声'老爷'。这是怎么回事呢？大家课后阅读鲁迅的小说《故乡》就会明白了。"

考点 4　比较异同法（比较法）

比较异同法是在课堂结尾时，教师对教学内容中那些形式相似、意义相近或相异的概念、原理进行分析比较，同中求异，或异中求同，以深化学生对所学知识理解的方法。

【教学案例】

赵老师在结束"余弦函数"这一课时，将"余弦函数"的图像与上一节课学习过的"正弦函数"的图像放在一起，引导学生比较两者之间的共同点和不同点，从而使学生对学过的内容有了更加清晰的理解。

考点 5　活动法

活动法是采用讨论、实验、演示、知识竞赛、游戏等活动形式结束课堂教学的方法。教师主要通过多种活动引导学生积极参与，通过对比、分析、综合、概括等思维活动，印证、消化、掌握、巩固所学知识，促进学生知识的迁移，培养和发展学生的能力。

考点 6　呼应法

呼应法是教师在课堂结束时解答课堂开始时提出的问题，使课堂教学达到首尾相顾、完整统一的一种结课方式。

考点 7　激励式

使用激励式结课时，教师充满激情，且以意味深长的话语寄厚望于学生，经常能打动学生的心扉，进而留下难忘的印象。

高分点睛

1.【常考题型】单选、多选
2.【命题角度】
（1）考查结课的方法包括哪些内容。
（2）结合例子或关键词考查某种结课的方法。

四、课堂教学结束的一般要求与课堂小结巩固的方法

考点 1　课堂教学结束的一般要求

课堂教学结束的一般要求包括以下几点：①自然贴切，水到渠成；②语言精练，紧扣中心；③内外沟通，立疑开拓。

考点 2　课堂小结巩固的方法

（1）复述式巩固，指教师在课堂小结时，复述与新知相关的旧知，或教师要求学生复述所学的重要内容。

（2）问答式巩固，指教师针对学生学过的内容提问，由学生回答，以促进学生巩固所学知识。

（3）板演操作式巩固，指学生亲自板演和动手制作以达到巩固目的。

（4）图像式巩固，指教师展示大量静态图片及动态图像，或要求学生画图、说图，以达到复习巩固的效果。

（5）实验演示式巩固，指教师让学生上讲台模仿教师的演示来巩固所学知识。

（6）新旧知识对比式巩固，指教师要求学生将新旧知识对比，以此巩固知识。

（7）归纳表格式巩固。有些教学内容之间存在着相近的关系，学生的记忆容易产生混淆，教师应引导学生共同概括所学知识，并列成表格以达到巩固教学内容的目的。

（8）列举式巩固。对于公式或规律及其他需要熟练应用的教材内容，教师可以采用举例的方法进行巩固教学。

（9）练习式巩固，指通过课堂练习巩固所学知识。

> **高分点睛**
>
> 1.【常考题型】单选、多选
> 2.【命题角度】
> （1）直接考查结课的要求包括哪些。
> （2）给出例子，要求判断其使用了哪种课堂小结巩固方法。

第七节　课堂教学语言技能

一、教学语言的含义和功能

考点1　教学语言的含义

广义的教学语言包括教学过程中教师使用的教学口语、书面语言（如板书、作业批语等）、体态语言（如示范性或示意性动作等）。狭义的教学语言是指教学口语，它是教学语言的主要形式。

考点2　教学语言的功能

（1）教学语言是教学的主要工具。
（2）教学语言影响着教学效率。
（3）教学语言影响学生的思维能力。
（4）教学语言影响师生的情感交流。

二、教学口语技能与体态语言技能

考点1　教学口语技能

1. 教学口语的含义

教学口语是指教师在从事教育教学活动的过程中所使用的专业口头用语，它是教学信息的载体。教学口语是教师教学中最基本、最广泛的表达工具。它是经过转化的书面语和经过优化的口头语的结合。教学口语技能是每个教师应该具备的最基本的教育教学能力。

2. 教学口语的构成要素

教学口语的构成要素包括语音、吐字、音量、语速、语调、节奏、词汇、语法等。其中，语法是基本的语言技能，是课堂口语的基础。教师在授课时还应严格控制语速，一般情况下，教师应尽量把语速控制在每分钟150~200字。

3. 教学口语的特征和功能

教学口语的基本特征是教育性、科学性、针对性、规范性、口头性、启发性和可接受性。

教学口语的功能有以下几个：①传递信息；②调控课堂教学；③促进学生思维的发展；④促进师生关系的和谐发展；⑤提供语言示范；⑥进行美育。

4. 教学口语的类型

根据教学口语内容的性质不同，教学口语可分为以下几种。

（1）说明性语言。教师在教学中向学生说明事物、解释道理、分析问题、论证原理的语言。

（2）叙述性语言。教师在教学中客观地向学生陈述科学文化知识的语言。

（3）描述性语言。教师借助一定的修饰语，生动形象地表现事物形状或再现某种场景的语言。它具有简洁明快、优美生动、真实准确等特点，一般用于人物、物体、景物、环境、画面、图片等的描述。

（4）论证式语言。教师在教学中用事实、数据、论断等来证明论题或论点的真实性与准确性的语言。

（5）抒情式语言。教师在教学中用以抒发感情的语言。

（6）评价性语言。教师在教学中对教材、客观事物、学生学习状况和思想品质有所认定的语言。

（7）演示性语言。教师在教学中解说实物、标本、道具、图表或实验所显示事物的本来面目、发展和演变过程的语言。

（8）概述性语言。教师在教学中用简练的语言讲出材料的基本内容的语言。

5. 课堂教学口语的基本要求

课堂教学口语的基本要求包括以下几个方面：①符合规范，内容科学，合乎逻辑；②通俗易懂，生动活泼，富于启发；③条理清晰，层次分明，重点突出；④富于创造性，有独特的风格。

6. 提高教学口语技能的途径

提高教学口语技能的途径有以下三个：①提高内在修养水平；②强化语言外化能力；③在实践中进行训练。

> **高分点睛**
>
> 1.【常考题型】单选、多选、判断
>
> 2.【命题角度】
>
> （1）给出例子，要求判断其属于哪种教学口语。
>
> （2）直接考查提高教学口语技能的途径包括哪些。

考点2 体态语言技能

1. 体态语言的含义

体态语言是通过手势、身姿和面部表情等来进行信息传递、思想沟通、感情交流的活动方式，即用示范性或示意性动作来表达思想。课堂教学中教师的体态变化称为教态。

2. 体态语言的类型

体态语言可以分为身姿变化（站姿、走姿、手势等）、面部表情（眼神、微笑等）、外表修饰。其中，手势语可分为指示性手势、感情手势、摹状手势和象征手势四种。

3. 体态语言的基本要求

身姿要稳重端庄，自信得体；表情要真实自然，适度适当；衣着要朴实整洁，美观大方。

三、教学语言运用的要求

1. 规范性

教师为人师表，语言运用需要规范。关于教学语言规范性最基本的要求有以下两点：①教学语言必须使用标准的普通话；②教学语言要符合社会道德规范以及国家政策法规。

2. 科学性

运用学科的专业术语是教学语言科学性的基本特点。教师的语言必须符合不同学科特定的思维形式和逻辑方法，用语准确，合乎逻辑。

3. 针对性（可接受性）

针对性就是针对不同的教育对象、教学环境，运用不同的教学语言，即因材施教。学生是以原有的认知结构为基点来同化或顺应新知识的。教师的语言要因人而异，有针对性地进行变化。

4. 启发性

新课程提倡教学应该最大限度调动学生的积极性，引导学生进行自主学习和意义学习。

5. 审美性

教师的语言还要具有美学价值，体现出内容美、形式美，体现出教师的人格魅力。

6. 民族性

教学语言应具有民族性，能够反映民族的思想情感和丰富义理。教师必须深刻理解自己职业的特殊性，使用教学语言的表情达意不仅要理趣俱生，同时应该兼顾民族文化的传承，潜移默化地培养学生的民族自信心、自豪感，使他们正确对待外来的生活习俗、文化价值观等。在表达上，教学语言应能体现汉语言文字的优美神韵。

第四章　教学研究技能

第一节　教学反思技能

一、教学反思概述

考点1　教学反思的含义

教学反思是指教师以自己的教学活动过程为思考对象，对自己做出的某种教学行为、决策及由此产生的结果进行审视和分析的活动。

考点2　教学反思的基本特征

（1）课堂教学是教学反思的出发点和归宿。
（2）探索研究和解决问题方式是教学反思的着眼点。
（3）追求教学环节的最优化是教学反思的不竭动力。
（4）学会教学、学会学习是教学反思的最终目标。

考点3　教学反思的过程

（1）具体经验阶段。这一阶段的任务是意识到问题的存在并明确问题情境。
（2）观察分析阶段。在这一阶段，教师开始广泛地收集资料并分析相关的经验，特别是关于自己活动的信息，以批判的眼光反观自身，包括自己的思想、行为，也包括自己的信念、价值观、目的、态度和情感，明确问题的根源所在。
（3）重新概括阶段。在观察分析的基础上，教师反观旧思想，并积极寻找新的思想和策略来解决面临的问题。
（4）积极验证阶段。教师要检验上一阶段的假设，对其进行尝试或角色扮演。

在以上四个环节中，反思最集中地体现在观察分析阶段，但它只有和其他环节结合起来才会更好地发挥作用，在实际的反思活动中，以上四个环节往往前后交错，界限不甚分明。

考点4　教学反思的意义

（1）教学反思有利于教案的改进。
（2）教学反思为撰写教学研究、论文提供丰富的素材。
（3）教学反思有助于促进教师专业发展。

> **高分点睛**
>
> 1.【常考题型】单选、多选
> 2.【命题角度】
> （1）考查教学反思的出发点和归宿是什么。
> （2）结合关键词考查教学反思过程中各阶段的具体任务。

二、教学反思的类型

考点1　宏观层面的教学反思和微观层面的教学反思

1. 宏观层面的教学反思

宏观层面的教学反思要考虑教学行为本身的有效性和合理性，以及隐藏在行为背后的观念。因而，宏观层面的教学反思的内容应包含教师的教学行为与教学理念两个方面。

2. 微观层面的教学反思

微观层面的教学反思以教师的教学行为过程为对象，其内容主要包含以下几个方面：①反思教学态度；②反思教学目标；③反思教学计划与教学结构；④反思教学内容；⑤反思学习过程与课堂组织管理；⑥反思教学方法和策略；⑦反思媒体的配置与使用；⑧反思教学评价。

考点2　教学前反思、教学中反思和教学后反思 ★★

按教学的进程，教学反思可分为教学前、教学中、教学后三个阶段。

1. 教学前反思

教学前反思包括反思确定内容、阶段及具体实施方法对学生的需要和满足这些需要的具体目标，以及达到这些目标需要的动机、教学模式和教学策略。另外，还要对本学科、本册教材、本单元、本课时进行教学计划时列出的关键项目进行反思。例如，需要教给学生哪些关键概念、结论和事实，教学重难点的确定是否准确，教学内容的深度和范围对学生是否适度，设计的活动哪些有助于达到教学目标，教学内容的呈现方式是否符合学生的年龄和心理特征，哪些学生需要特别关注，哪些条件会影响课的效果等。

2. 教学中反思

教学中反思是教师在教学过程中对发生的不可预料情况进行的反思，以及教师在和学生互动教学中，根据学生的学习效果反馈，对教学计划进行的调整。不可预料情况发生时，教师要善于抓住有利于教学计划实施的因素，因势利导，不可让学生牵着鼻子走。根据学生反馈对教学计划进行的修改和调整要适当，不可大修大改。

3. 教学后反思

教学后反思主要围绕教学内容、教学过程、教学策略进行。

典型例题 （2020·石家庄·单选）在对待自我上，新课程强调反思。按教学的进程，教学反思可分为（　　）三个阶段。

A. 备课前、备课中、备课后　　　　B. 讲解前、讲解中、讲解后
C. 评价前、评价中、评价后　　　　D. 教学前、教学中、教学后

【答案】D。

考点3　纵向反思和横向反思

从参照看，教学反思可分为纵向反思和横向反思。

1. 纵向反思

纵向反思把教与学的今天与过去比较，同时不断地获取学生的反馈意见，以历史的、发展的眼光进行思考和梳理，发现并改善依然存在的问题。

2. 横向反思

横向反思把自己的教学与同行的教学比较，研究别人的教学长处，找出教学设计与实施上的差距，解析行为背后理念上的差异，从中获得改进教学的启示。

高分点睛

1.【常考题型】单选、多选、判断
2.【命题角度】
（1）直接考查微观层面的教学反思包括哪些内容。
（2）给出分类维度，要求选出对应的教学反思的名称或其具体内容。

三、教学反思的形式 ★★

1. 教学后记

教学后记（教后感）即回头看自己的教学过程，上完一节课后及时分析总结这一课的成败得失，并简明扼要地写在教案的后面，是教师对自己上完一课之后的回顾和思考。教学后记是教学过程中的一个重要环节，也是教案有机整体的一个重要组成部分，是实实在在的教学研究行为。

2. 案例研究

案例是包含问题或疑难情境在内的真实发生的典型事件，是解决教学问题的源泉。案例研究可以促使每个教师研究自己，分享别人成长的经验，积累反思素材，在实践中自觉调整教与学的行为，提高课堂教学效果。

3. 反思日记

反思日记是在一课时和一天的教学工作结束后，要求教师写下教学的心得体会，列出当日教学中的成功或不成功的教学事件及事件是由哪些原因造成的、事件中包含哪些理论、如何改进等问题，并与其指导教师共同分析的反思形式。教师也可把课堂教学分为教学目标、教学内容、教学过程、教学效果四个部分，然后对每个部分进行细分。

反思日记是教师将自己的课堂实践的某些方面，连同自己的体会和感受诉诸笔端，从而实现自我监控的最直接、最简易的方式，是教学反思最常用的方法。

4. 课后备课

课后备课是指教师在上完课后，根据教学中获得的反馈信息进一步修改和完善教案，明确课堂教学改进的方向和措施。课后备课有助于教师从正反两个方面及时总结经验教训，增强教学效果，提高教学专业水平。

5. 行动研究

教育领域中的行动研究是指教育实践的参与者（主要是教师）与专业教育研究者通过合作，共同研究本校本班的实际情况，解决日常教育、教学中出现的问题，从而不断改进教育、教学工作的研究。

6. 教学诊断

教师可以从对教学问题的研究入手，挖掘隐藏在其背后的教学理念方面的种种问题，收集各种教学"病历"，然后归类分析，找出典型"病历"，并对"病理"进行分析，重点讨论影响教学有效性的各种教学观念，最后提出解决问题的对策。

7. 观摩分析

教师应多观摩其他教师的课，并与他们交流。在观摩中，教师应分析其他教师是怎样组织课堂教学的，并与自己的课堂教学组织形式进行对比，寻求启发。

> **高分点睛**
>
> 1.【常考题型】单选、多选、判断
> 2.【命题角度】
> （1）结合例子考查某种教学反思形式的概念。
> （2）直接考查教学反思的具体形式包括哪些，以及教学反思最常用的方法是什么。

四、教学反思的基本途径 ★★

经常性的教学反思可使教师从经验型教学走向研究型教学，更新其固守的经验和模式，不断提高教学水平。

教学反思的基本途径包括以下几条：①记教学日记；②说课；③听课与评课；④征求学生的意见；⑤评价学生学习的效果；⑥总结和提炼教学经验。

> **高分点睛**
>
> 1.【常考题型】单选、多选、判断
> 2.【命题角度】
> （1）考查教学反思的基本途径包括哪些。
> （2）结合例子考查对教学反思的基本途径的理解。

第二节 说课技能

一、说课概述

考点1 说课的含义

广义的说课是指授课教师在钻研课程标准和充分备课的基础上，在没有学生参与的情况下，面对同行、领导或教研人员，系统地谈自己的教学设想及理论依据，以达到相互交流、共同提高的教研形式。

狭义的说课是指教师以口头表达的方式，以教育科学理论和教材为依据，针对某节课的具体特点，以教师为对象，在备课和上课之间进行的教学研究活动。

考点2 说课的意义

（1）说课是教学理论和教学实践结合的中介。
（2）说课有利于提高教研活动的实效。
（3）说课有利于提高教师备课的质量。
（4）说课有利于提高课堂教学的效率。
（5）说课有利于提高教师的自身素质。

考点3 说课的特点

（1）理论性。理论阐释在说课中占有突出的地位，是整个说课的灵魂所在。说课的核心在于说理。说课不仅要说出教什么、怎么教，还要说出为什么要教这些、为什么要这样教。

（2）阐发性。说课不仅仅是对教学设计或教学方案的简要说明，也不仅仅是对上课的预测和预演，它在兼具上述两点的基础上，更要凸显教学理论对教学设计的指导作用。

（3）演讲性。说课是对备课的解说、对上课的演示，主要靠语言来表达。这使说课具有演讲性，即面对同行或专家领导发表自己的施教演说。

（4）预见性。说课要求教师不仅要讲出怎样教，还要说出学生怎样学。所以，说课者要估计学生在新知识的学习中可能遇到什么困难，要说出根据不同情况所要采取的措施。

考点4 说课的注意事项 ★★

（1）说课不是备课，不是说教案，不是上课，也不是对上课一种浓缩性的表达。
（2）说课不是"背诵说课稿"。
（3）应注意说课课件与上课课件的区别。说课课件应当是对"说课稿"高度提炼的展示，以文字表达方式为主，而不是上课课件的嫁接与拼凑。
（4）说课的"说理"是说课区别于其他教育活动最突出的一个特征。从备课、上课只能看出教师

"教什么"和"怎样教",说课则不仅要说出"教什么""怎样教",更要说清楚"为什么"这样教。说"为什么",就是要"说理"。

考点 5　说课与讲课的区别（表 7-4-1）

表 7-4-1　说课与讲课的区别

类别	说课	讲课
对象	同行教师、评议者、学校领导、教学专家	学生
形式	教师解说	课堂教学
目的	向听者介绍关于一节课的教学设想,使听者了解教师的课堂教学设计	通过将书本知识传授给学生,培养学生的知识技能,教给学生适当的学习方法,引导学生学会学习
内容	解说自己对某执教课题的理解、教学设想、方法、策略以及组织教学的理论依据等	是对某课程的内容进行具体的分析,向学生传授知识技能以及学习的方法
重点	重理性和思维,即重点放在实践教学过程、完成教学任务、反馈教学信息、提高教学效率上	重感性和实践
意义	提高课堂教学的效率以及教研活动的实效	增加学生的基本知识以及引导学生领悟和应用新知识、掌握新技能

二、说课的类型

考点 1　研究性说课

研究性说课一般是指有明确的研究课题,为突破某一教学难点,解决教学中某一关键问题,探讨解决方法而进行的说课。研究性说课通常以教研组或年级组为单位,常常以集体备课的形式出现。这种说课是提高教师业务素质和研究能力的有效途径。

考点 2　示范性说课

示范性说课的目的是帮助教师认识说课规律,掌握说课的方法、步骤。示范性说课一般选择优秀教师,先向听课教师示范性说课,然后让说课教师将课的内容付诸课堂教学,最后组织教师或教研人员对该教师的说课及课堂教学做出客观公正的评析。示范性说课是培养教学能手的重要途径。

考点 3　检查性说课

检查性说课是指为了解、检查说课者的说课水平和教学能力等业务素质而安排的说课。检查说课效果的人,一般是教育行政领导、教育科研人员和专家学者等。检查性说课一般用于学校教学管理中检查教师的日常教学备课情况。这类说课通常没有事先准备好的说课稿,具体课题一般为近期的教学内容,说课内容较少、时间较短。

考点 4　评比性说课

评比性说课要求参赛教师按指定的教材，在规定时间内写出说课讲稿，然后登台演讲，最后听课评委评出比赛名次。评比性说课的主要目的是评价教师的说课水平以及教学基本功。评比性说课非常注重说课的艺术性，注重教师各项技能的发挥。这是培养学科带头人和教学行家的有效途径。

三、说课的基本内容 ★★

考点 1　说教材

说教材是说课最基本的内容，即说"教什么"的问题。说教材包括以下几个方面的具体内容。

（1）说教材的地位作用。从结构、内容、教育意义等方面阐述所说教材内容在本课、本书中的地位和作用。

（2）说教学目标。即说目标的完整性、可行性和可操作性。

（3）说教学的重点与难点。教师在教学中应弄清一般教学内容和重难点部分，其确定的依据主要从课程标准和教学目标等方面来说明。

考点 2　说学情（说学生）

说学情主要是说学生的学习情况。学生的学习情况及其水平是教师教学设计活动的重要基础之一，是确定教学目标及重点、难点的基本依据。说学情具体包括以下几个方面。

（1）说学生的知识经验。说明学生在学习新知识前具有的基础知识和生活经验，以及这种知识经验对学生学习新知识将产生的影响。

（2）说学生的技能态度。分析学生掌握学习内容必须具备的学习技巧，以及学习新知识必须掌握的技能和态度。

（3）说学生的特点风格。说明学生的年龄特点，以及由于身体和智力上的个别差异形成的学习方式与风格。

考点 3　说教法

说教法是指说"怎样教的问题"，其中贯穿着说明"为什么这样教"的理论依据。说教法具体要说明以下内容。

（1）说教法组合及其依据。一般一节课以一两种教学方法为主，穿插渗透其他教法。说教法组合的依据要从教学目标、教材编排形式、学生知识基础与年龄特征、教师的自身特点以及学校设备条件等方面进行。

（2）说教学手段及其依据。说明是怎样依据教学目标、教材内容、学生的年龄特征、学校设备条件、教具的功能等来选择教学手段的。

考点 4　说学法

说学法主要解决现代教学研究中"怎样学"的问题。学法是指学生获取知识、形成能力的方法。

说课中说的学法，实际上是对学法的指导。就学习的方法而言，它包括学习的态度、法则、程序、手段等。

教师可依据新的教学理念、课标要求、教材内容和学生特点的实际情况，在合作学习、自主学习、探究学习这三种学习模式的大前提下对学生进行具体学法指导，并在说课时解释清楚进行某些学法指导的做法和原因。

考点5 说教学程序

说教学程序就是介绍教学过程设计，这是说课的重点部分。说教学程序具体包括以下内容。

（1）说教学思路的设计及其依据。教学思路主要包括各教学环节的顺序安排及师生双边活动的安排。

（2）说教学重点、难点的处理。教师在说课时，必须有重点地说明突出教学重点、突破教学难点的基本策略，即要从知识结构、教学要素的优化、习题的选择和思维训练、教学方法和教学媒体的选用、反馈信息的处理和强化等方面说明突出重点、突破难点的步骤、方法和形式。

（3）说各教学环节的时间分配。

（4）说板书设计及其依据。说板书设计主要介绍这堂课的板书类型，在教学中什么时候板书，板书的具体内容是什么，板书的展现形式是什么等问题。一般在说课时间允许的情况下，教师要在说教学程序的过程中写出板书提纲。

考点6 说教学效果的预测

教师在说课时，要对学生的认知发展、智力开发、能力发展、思想品德的养成、身心发展等方面做出具体的可能的预测。

高分点睛

1.【常考题型】单选、多选、判断
2.【命题角度】
（1）考查对说课的特点的理解。
（2）考查说课与讲课的区别。
（3）考查说教材的地位和说课的基本内容。

第三节 听课、评课技能

一、听课、评课的含义

听课是听课者从课堂情境中获取教师教学和学生学习的相关信息的教学观摩、评价及研究活动。它是一种对课堂进行仔细观察的活动，对于了解和认识课堂有着极其重要的作用。听课不是目的，而是手段，是教学研究的重要手段，也是教师相互交流、相互学习和促进教师自我反思的重要途径。

评课是在听课活动结束之后，根据课程标准，对照课堂教学目标，对授课者的课堂教学得失、成败进行评议的教研活动。评课是教学评价的重要组成部分，客观、公正、科学地评价课堂教学，对探讨课堂教学规律、提高课堂教学效率、促进学生全面发展、促进教师专业成长、深化课程改革有着十分重要的意义。

听课、评课是最直接、最具体、最经常，也是最有效地提高课堂教学质量的方法和手段。

二、听课、评课的内容

考点1 听课的内容

（1）关注授课者的教学理念。
（2）关注授课者的教学环节设计。
（3）关注授课者的教学方法与学生的学习方法。
（4）关注授课者的教学基本功，包括授课者的板书、教态和语言等。

考点2 评课的内容

（1）评价授课者的教学理念。
（2）评价授课者对教材的处理效果。
（3）评价教学过程。
（4）评价教学效果。

三、听课、评课的基本要求

考点1 听课的基本要求

（1）听课者要在听课前做好充分准备，对教育教学的最新理论、课程标准、教材内容、教法、学情、目标达成、教学者的教学思想、听课班级的特点等要有一个预先的认识。
（2）在听课过程中，听课者要认真记录，善于思考。
（3）听课后要及时与授课者交流并对其授课内容进行评价。听课记录的基本内容应包括两个方面：一是教学实录；二是教学评点。

考点2 评课的基本要求

（1）评课标准要多元化。
（2）要坚持评课之道，切忌把评课变成批判会，评课是评课人和授课人全面交流、深入商讨、共同进步的过程。
（3）评课要有发展性。
（4）评课要有激励性。